Voilà un homme – Über Goethe, die Menschen und das Leben

Gerhard Danzer

Voilà un homme – Über Goethe, die Menschen und das Leben

Gerhard Danzer
Medizinische Klinik mit Schwerpunkt
Psychosomatik
Charité Campus Mitte sowie Medizinische
Hochschule Brandenburg (MHB)
Berlin und Neuruppin
Deutschland

ISBN 978-3-662-57671-7   ISBN 978-3-662-57672-4 (eBook)
https://doi.org/10.1007/978-3-662-57672-4

Die Deutsche Nationalbibliothek verzeichnet diese Publikation in der Deutschen Nationalbibliografie; detaillierte bibliografische Daten sind im Internet über http://dnb.d-nb.de abrufbar.

© Springer-Verlag GmbH Deutschland, ein Teil von Springer Nature 2019
Das Werk einschließlich aller seiner Teile ist urheberrechtlich geschützt. Jede Verwertung, die nicht ausdrücklich vom Urheberrechtsgesetz zugelassen ist, bedarf der vorherigen Zustimmung des Verlags. Das gilt insbesondere für Vervielfältigungen, Bearbeitungen, Übersetzungen, Mikroverfilmungen und die Einspeicherung und Verarbeitung in elektronischen Systemen.
Die Wiedergabe von Gebrauchsnamen, Handelsnamen, Warenbezeichnungen usw. in diesem Werk berechtigt auch ohne besondere Kennzeichnung nicht zu der Annahme, dass solche Namen im Sinne der Warenzeichen- und Markenschutz-Gesetzgebung als frei zu betrachten wären und daher von jedermann benutzt werden dürften.
Der Verlag, die Autoren und die Herausgeber gehen davon aus, dass die Angaben und Informationen in diesem Werk zum Zeitpunkt der Veröffentlichung vollständig und korrekt sind. Weder der Verlag, noch die Autoren oder die Herausgeber übernehmen, ausdrücklich oder implizit, Gewähr für den Inhalt des Werkes, etwaige Fehler oder Äußerungen. Der Verlag bleibt im Hinblick auf geografische Zuordnungen und Gebietsbezeichnungen in veröffentlichten Karten und Institutionsadressen neutral.

Umschlaggestaltung: deblik, Berlin

Springer ist ein Imprint der eingetragenen Gesellschaft Springer-Verlag GmbH, DE und ist ein Teil von Springer Nature.
Die Anschrift der Gesellschaft ist: Heidelberger Platz 3, 14197 Berlin, Germany

Vorwort und Einleitung: Ein Titel wird erläutert

Als Goethe 1808 in Erfurt dem Feldherrn und Kaiser Napoleon bei einer Audienz begegnete, soll dieser ihn mit den Worten begrüßt haben: *Voilà un homme!* (Sieh da, ein Mann!); nach anderer Überlieferung lautete die Begrüßungsformel: *Vous êtes un homme!* (Sie sind ein wirklich interessanter Mensch!). Gleichgültig, welchen Satz Napoleon gebrauchte und wie wir ihn im Detail übersetzen – er wollte seine Hochachtung vor jenem Dichter zum Ausdruck bringen, dessen *Werther* er mehrfach gelesen hatte, und den er als einen der bedeutendsten Literaten Europas schätzte.

Im Gegenzug war auch Goethe vom französischen Kaiser angetan. Einige Tage nach dem Erfurter Treffen schrieb er an den Verleger Johann Friedrich Cotta, noch enthusiasmiert von seinem Erlebnis: „Ich will gerne gestehen, dass mir in meinem Leben nichts Höheres und Erfreulicheres begegnen konnte, als vor dem französischen Kaiser, und zwar auf solche Weise, zu stehen... Indem er mit besonderem Zutrauen mich... gleichsam gelten ließ, und nicht undeutlich ausdrückte, dass mein Wesen ihm gemäß sei."[1]

Abgesehen davon, dass Goethe dem Kaiser gegenüber deutlich zu viel an Referenz-Empfindungen mobilisierte – schließlich hatte Napoleon 1808 schon eine beachtliche Blutspur in Europa hinterlassen, selbst wenn er diese mit den Idealen der Französischen Revolution rechtfertigte –, darf man sich als Leser fragen, was den Autor dazu veranlasste, *Voilà un homme!* als Titel für ein Buch über Goethe, die Menschen und das Leben zu wählen.

Ich meine, dass man die Napoleonische Begrüßungs- und Anerkennungsformel *Voilà un homme!* recht bedacht nicht nur auf Goethe, sondern auf viele oder fast jeden Menschen anwenden dürfte. Ohne damit die Ausnahmequalitäten des Weimarer Dichters auch nur ansatzweise schmälern zu wollen, begegnet uns doch auch in jedem anderen Menschen potenziell eine Person mit ihrer individuellen Welt. Die Ausprägungsgrade und Dimensionen der Personalität stellen sich von Individuum zu Individuum zwar ziemlich unterschiedlich dar – grundlegende personale Werte wie Achtung, Würde, Freiheit und Unantastbarkeit jedoch stehen allen Menschen zu.

In diesem Sinne ist mein Buch über Goethe konzipiert. Da ich weder Goethe-Experte noch Literaturwissenschaftler bin, interessieren mich meiner Ausbildung als Arzt und Psychologe gemäß an seinem Leben und Werk jene anthropologischen und tiefenpsychologischen Themen und Motive, die für viele Menschen relevant sind. An den literarischen Figuren Goethes und an der Art seiner Lebensführung lassen sich Probleme und Fragestellungen allgemein-menschlicher Natur erörtern, und in der Regel sind auch die Lösungsvorschläge, die der Dichter dafür unterbreitet hat, für die meisten von uns ausgesprochen überlegenswert.

---

1 Goethe: Brief an Cotta vom 2.12.1808, in: Briefe, HA Band 3, München 1988, S. 97

Sich mit Goethe verstehend auseinanderzusetzen heißt, sich dem Rätselhaften dieses Menschen immer wieder auszusetzen; und Goethe zu würdigen bedeutet, neben dem Kunstvollen, Glänzenden, Großartigen auch das Dissonante, Schwierige und Fragile seiner Existenz zu erspüren, das in seinem Werk und seinem Lebenslauf zum Ausdruck kommt, und das er mit Dichtung, Wissenschaft, Kunst und einem genial geknüpften Netz zwischenmenschlicher Beziehungen kompensieren wollte und konnte.

Goethes Biographie, sein dauerndes Bestreben, das eigene Dasein wie ein Kunstwerk zu gestalten, sowie sein Oeuvre sind in lebens- und menschenkundiger Hinsicht enorm interessant und lehrreich; einiges von dem, was ich bei ihm lernen konnte, habe ich auf den folgenden Seiten wiedergegeben. Die dabei entstandenen Kapitel sollen den Leser immer wieder auf sich selbst zurückverweisen. Unter dieser Maßgabe wird Goethes Leben und Werk hier vorgestellt. In den ersten vier Kapiteln stehen Passagen seiner Lebensgeschichte im Mittelpunkt, wobei keine Vollständigkeit beabsichtigt ist. Dieses Buch will keine Biographie über Goethe sein (die es in exquisiter Qualität zu Dutzenden gibt), sondern lediglich ein Essay über ihn; und ausgehend davon sind Essays über die Menschen und das Leben entstanden.

In den darauf folgenden Kapiteln erörtere ich jeweils bekannte Werke Goethes – die *Römischen Elegien / Wilhelm Meisters Lehrjahre / Die Wahlverwandtschaften / Faust I und II* – unter einer tiefenpsychologisch-anthropologischen Perspektive. Es folgen Texte über die Einflüsse auf Goethes Dichtung, Weltanschauung und Gesinnung (Humanismus, Spinozismus, Aufklärung) und umgekehrt über den Einfluss, den Goethe auf das 19. und 20. Jahrhundert genommen hat (Tiefenpsychologie und Psychoanalyse). Im letzten Kapitelblock werden Begriffe untersucht, die im Leben und Werk Goethes hohe Bedeutung hatten: Sehnsucht / Schönheit / Muße / Reisen. Auch diese Themen demonstrieren, wie sehr sie allgemein-menschliche Fragen und Motive berühren.

In einem Gespräch mit Eckermann (vom 6. Mai 1827) rechtfertigte sich Goethe in Bezug auf den ihm gemachten Vorwurf, er lasse in seiner Faust-Dichtung keinen rechten roten Faden erkennen: „Es hätte auch in der Tat ein schönes Ding werden müssen, wenn ich ein so reiches, buntes und höchst mannigfaltiges Leben (wie dasjenige von Faust) auf die magere Schnur einer einzigen durchgehenden Idee hätte reihen wollen." Ähnlich wäre es mir ergangen, wenn ich Goethes höchst mannigfaltiges Leben und Werk auf die mageren Schnüre meiner Essays hätte reihen wollen. Der Weimarer Dichter war viel zu polyvalent, polyphon, poly-intentional, poly-expansiv, poly-impulsiv, polyglott, um ihn auf einige wenige Schnüre zu fädeln. Die hier präsentierten Texte behandeln demnach nur eine kleine Auswahl jener tiefenpsychologischen und anthropologischen Motive, die sich bei Goethe im Übermaß finden lassen; unter denselben Perspektiven könnte man sich daher auch ganz andere Kapitel-Schwerpunkte vorstellen.

Hilfreich für meine Beschäftigung mit Goethe waren neben der von Erich Trunz herausgegebenen Hamburger Ausgabe (abgekürzt HA) seiner Werke und Briefe sowie neben der angegebenen Sekundärliteratur die Biographien und Werkanalysen von Nicholas Boyle, Georg Brandes, Karl Otto Conrady, Richard Friedenthal, Herman Grimm, Friedrich Gundolf, Hermann Korff, George Henry Lewes, Hans Mayer, Georg Simmel, Emil Staiger und Karl Viëtor.

Gesondert hinweisen möchte ich auf die Bücher *Goethe – Leben, Werk, Wirkung* (1999) sowie *Goethe – Persönlichkeit und geistige Gestalt* (2017) von Josef Rattner, die mir ebenso wie dieser Autor selbst den psychologisch-anthropologischen Zugang zu Goethe aufzeigten, ohne den Dichter zu pathologisieren und in seinem kulturellen Wert zu reduzieren. Doch nicht nur der vorliegende Text, sondern meine gesamte Entwicklung verdankt Josef Rattner unendlich viel.

Gerhard Danzer
Potsdam, im Sommer 2018

Inhaltsverzeichnis

1	Goethe – Wie man wird, was man (mit 25 Jahren) ist	1
2	Goethe, Schiller und das Abenteuer der Freundschaft	19
3	Goethes Farbenlehre – Geschichte eines produktiven Irrtums	35
4	Anthropologisch-psychologische Motive: Flucht, Inkognito, Entsagung	51
5	Römische Elegien und andere *Erotica*	67
6	Wilhelm Meisters Lehrjahre	83
7	Die Wahlverwandtschaften	101
8	Faust I und II	117
9	Humanismus und Humanität: Erasmus von Rotterdam	137
10	Pantheismus und Immanenz-Denken: Baruch de Spinoza	155
11	Aufklärung und Bildung: Immanuel Kant	173
12	Tiefenpsychologie, Unbewusstes, Dämonisches: Sigmund Freud	193
13	Variationen über die Sehnsucht	211
14	Langeweile, Muße, *dolce far niente*	227
15	Schönheit ist ein Versprechen von Sinn	245
16	Man reist nicht, um anzukommen, sondern um zu reisen	265
17	Aphorismen, bevorzugt von Goethe, über die Menschen und das Leben	285
	Serviceteil	
	Personenverzeichnis	294

Goethe – Wie man wird, was man (mit 25 Jahren) ist

Literatur – 17

Wer Goethe zu verstehen versucht, wird nach seinem Woher und Wohin fragen, nach seiner Abstammung, Kindheit und Jugend ebenso wie nach seinen Plänen, Entwürfen, Zielsetzungen und Wertkonstellationen sowie nach der Pyramide seines Daseins, die er möglichst hoch spitzen wollte – so hat er es Johann Caspar Lavater gegenüber einst ausgedrückt.

Wie bei biographischen Darstellungen üblich, beginnen auch wir mit der Geburt des Helden. Betrachtet man Abstammung, Kindheit und Jugend eines Menschen, lassen sich psychologische, anthropologische, soziologische, philosophische Fragestellungen entwickeln: Als wer oder was werden wir geboren: als Dichter, Forscher, Genie, als Philister, Klein- und Pfahlbürger, als *Winner* oder *Loser*, als Europäer oder Afrikaner, als Mann oder Frau, als Mitspieler des 18. oder des 21. Jahrhunderts? Wer legt den Werdens-Prozess fest? Wie sehr sind wir dabei als Einzelne gefragt, oder wie sehr sind hierfür die Umstände entscheidend? Wie kann der Einzelne aus Geburts- und Kindheitsumständen etwas machen, das nicht unbedingt in Genie- und Dichtertum einmünden muss, aber immerhin Ergebnisse zeitigt, von denen wir nach Jahren und Jahrzehnten feststellen, dass es ein individuelles, sinnvoll gestaltetes Dasein wurde?

Alle diese Fragen kann man bei Goethe bereits mit seiner Geburt assoziieren, und alle diese Fragen betreffen nicht nur diesen Dichter aus dem 18. Jahrhundert, sondern jeden von uns, selbst wenn wir weit entfernt von genialen kulturellen Leistungen ein scheinbar unscheinbares Leben führen. Goethe verfasste seine Autobiographie *Aus meinem Leben – Dichtung und Wahrheit* (vier Bände, zwischen 1811 und 1833 publiziert), in der er Antworten auf unsere Fragen gegeben hat.

Wir werden auf diese Autobiographie zurückkommen – mit der gebotenen Vorsicht, die man allen Selberlebens-Beschreibungen (so bezeichnete Jean Paul derlei Unterfangen) gegenüber haben darf und muss. Was das autobiographische Erinnern anbelangt, war Goethe selbst skeptisch und traute sich und anderen nicht immer über den memorierten Weg. Ähnlich wie bei anderen Autobiographien trifft auch auf Goethes Text das Diktum Jean-Paul Sartres zu (der mit *Die Wörter* ebenfalls eine interessante Selberlebensbeschreibung vorgelegt hat), dass es bei dieser Form der Selbstdarstellung vor allem interessant sei, was der Autor über sich jeweils *nicht* erwähnt.

„Am 28. August 1749, mittags mit dem Glockenschlage zwölf, kam ich in Frankfurt am Main auf die Welt. Die Konstellation war glücklich …" So lässt Goethe seine Autobiographie mit einem mittelgroßen Paukenschlag beginnen – wobei er mit Konstellation auf nichts Geringeres als auf den Stand der Gestirne anspielte. Doch nicht nur die stellaren, sondern auch die familiären, epochalen und sozioökonomischen Voraussetzungen und Rahmenbedingungen, in die Goethe hineingeboren wurde, waren günstig.

Blättert man in der Autobiographie Goethes, gewinnt man den Eindruck, dass er sich dieser Bedingungen durchaus bewusst war. Was hat mich wie geprägt? – dieser Frage ging er systematisch nach; und weiter: Wie kam es zu dieser Individualität, die später Goethe wurde? War es Zufall (Kontingenz), dass aus ihm ein Dichter, Naturforscher, Ministerialbeamter, Frauen-Liebhaber und Italien-Reisender, aber kein bildender Künstler, kein zweiter Newton wurde? Dass er Rotwein liebte, Bier ablehnte und Tabak hasste? Dass er in einer Großstadt (Frankfurt) aufwuchs, aber in dem Provinznest Weimar Jahrzehnte seines Lebens verbrachte – nicht in London, Paris, Wien oder Berlin?

Frankfurt am Main war Mitte des 18. Jahrhunderts eine bedeutsame Stadt. Kaiser wurden da gekrönt, und jahrelang beheimatete sie auch die Residenz des Kaisers. Als Goethe zur Welt kam, hatte Frankfurt etwa 30. 000 Einwohner – für seinerzeitige Verhältnisse eine Großstadt. Sein Großvater mütterlicherseits, Johann Wolfgang Textor, war Schultheiß (Bürgermeister) dieser … nun ja: Metropole. Man kann sich fragen, was aus Goethe geworden wäre, wenn er in irgendeiner Einöde aufgewachsen und sein Großvater ein tüchtiger Bauer oder Förster gewesen wäre.

Apropos Geburt: Diejenige von Goethe war kompliziert; fast wäre aus ihm nicht Goethe, sondern ein Anonymus geworden, der zur damals hohen Säuglingssterblichkeit beigetragen hätte. Aber nur beinahe! Weil er das Komplizierte, Bedrohliche, Außergewöhnliche seines Lebensbeginns gemeistert hatte, erwuchs ihm von seiner Umwelt und Familie von früh an eine doppelt intensive Willkommensatmosphäre: Er hat überlebt, und wir können uns glücklich schätzen, dass es ihn gibt: *Exultate! Jubilate!* – mit solchen und ähnlichen Empfindungen wurde der Knabe empfangen und ist er die meiste Zeit seiner Kindheit über groß geworden.

Bei Goethe lässt sich also konstatieren, dass er gleich zu Beginn des Lebens Heldenhaftes vollbrachte, indem er überlebte. Weiter schreibt er, dass der Umstand seiner Geburt dazu führte, dass sein Großvater Textor in Frankfurt den Hebammenunterricht einführte. Kaum geboren, löste der Säugling bereits enorme Wirkungen aus: „Schon in der Wiege war er den Menschen eine Wohltat", haben später seine Mutter und Bettina von Arnim in einem Brief festgestellt.

Großvater Textor war ein angesehener, wenngleich zuweilen auch aufbrausender Schultheiß. Wie aber stand es mit dem anderen Großvater Goethes? Ein Mann, der sich, seit er als Damenschneider in Lyon ein mittleres Vermögen gemacht hatte, *Göthé* schrieb, und der durch Heirat mit der verwitweten Cornelia Schellhorn in Frankfurt aus dem mittleren ein großes Vermögen werden ließ. Cornelia Schellhorn war die Inhaberin des Gasthauses *Zum Weidenhof*, eine ehemals exquisite Adresse in Frankfurt mit einem noch exquisiteren Weinkeller. Als deren Sohn Johann Caspar (der Vater von Johann Wolfgang) nach dem Tod des Schneidermeisters sein Erbe antrat, übernahm er gut 34.000 Liter Wein, von denen ungefähr 12.000 Liter in das frisch sanierte, repräsentative Wohnhaus am Großen Hirschgraben transportiert wurden. „Goethe kam auf einem immensen Weinvorrat zur Welt" – schrieben treffend die Herren Boehncke, Sarkowicz und Seng in ihrer lesenswerten Studie über *Monsieur Göthé*.[1]

Den Göthés wurden drei Kinder geboren; das jüngste war Johann Caspar, von dem die Eltern hofften, dass er einst über ihr eigenes soziales Niveau (Handwerker; Gastgewerbe) hinauswachsen werde. Er besuchte eine Eliteschule in Coburg, wo er Latein, Griechisch, Französisch, Mathematik, Physik und Astronomie, Geographie und Botanik und einiges Musische lernte. Später studierte er Jura in Gießen und Leipzig, promovierte und war danach aufgrund der ökonomischen Verhältnisse des Elternhauses derart wohlhabend, dass er keinem Brotberuf nachgehen musste.

Nach dem Tod des Vaters erbte er ein beachtliches Vermögen, darunter das Haus am Großen Hirschgraben, das er zu seinem Wohnsitz umbauen ließ. Das große Abenteuer seines Lebens war eine Italienische Reise, die er, ähnlich wie später sein Sohn Johann Wolfgang, ausführlich kommentierte und als Manuskript zusammenstellte. Als er 1748 die 20 Jahre jüngere Catharina Elisabeth Textor, älteste Tochter des Schultheiß Textor, ehelichte, war er auf der Leiter des sozialen Aufstiegs ziemlich weit oben angelangt.

Johann Wolfgang war das älteste von sechs Kindern des Paares; dann kam Cornelia Goethe. Die weiteren vier Kinder sind früh verstorben. Vater Goethe (seit seiner Schulzeit in Coburg schrieb er sich mit oe statt mit ö – die Dominanz der lateinischen Sprache an der Schule machte diese Änderung nötig) verlegte sich als Privatier auf die Erziehung und

---

1 Boehncke, H., Sarkowicz, H., Seng, J.: Monsieur Göthé, Berlin 2017 (siehe hierzu S. 31)

Bildung seiner beiden Kinder, wobei Johann Wolfgang noch lernwilliger und belastbarer war als seine Schwester. Goethe hat den pädagogischen Furor des Vaters geschätzt und manchmal auch verflucht. Johann Caspar unterrichtete den Sohn (und Cornelia) zuhause und vermittelte ihm wesentliche Inhalte der europäischen Kultur (Sprachen, Literatur, Mathematik, Physik, Historiographie); aber auch Fechten, Reiten, Klavierspielen stand auf dem Programm. Dieses ambitionierte Curriculum ließ Goethe meist ebenso klaglos über sich ergehen wie später die Auswahl seiner Studieninhalte und -orte (Jura in Leipzig und Straßburg; Referendariat in Wetzlar; *Grand Tour* nach Italien) durch den Vater.

Als günstiger Ausgleich für die konsequent leistungsorientierte und strenge Gangart von Vater Goethe erwies sich die verspielte Lebensweise der Mutter Johann Wolfgangs, von den meisten *Frau Aja* genannt. Von ihr ging ein verwöhnender, gewährender, außerordentlich bejahender Einfluss auf Goethe aus. Sigmund Freud hat eine solche Mutter-Sohn-Beziehung als entscheidende Voraussetzung für ein späteres glücklich-erfolgreiches Leben angesehen: Wer sich als Kind grundsätzlich und umfänglich (von seiner Mutter) geliebt, gesehen und geschätzt empfindet, verfügt als Erwachsener über ein kaum zu erschütterndes Fundament seines Selbstwerterlebens.

Die Konstellation, in der Goethe aufwuchs, war also in der Tat glücklich: Großeltern, die (wie die Textors) eine bedeutsame soziale Stellung erobert oder (wie die Göthés) ein mittleres Vermögen erarbeitet hatten; ein Vater, der nicht nur pedantisch, melancholisch und zwanghaft war (Urteile seiner Mitwelt), sondern der durchaus Bildung verkörperte (Kunstschätze, Bücher, Stiche) – für den Sohn eine stete Anregung und Herausforderung; eine Mutter mit sanguinischer Frohnatur, die sich mit ihrem *Hätschelhans* (wie sie Johann Wolfgang nannte) identifizierte; eine Familienatmosphäre, die auf weiteren sozialen und kulturellen Aufstieg hin ausgerichtet war und diesen Aufstieg auf autonomen Wegen (Privatier; ausreichendes Vermögen; Privatunterricht) und über den erstgeborenen Sohn Johann Wolfgang zu verwirklichen trachtete; bei alledem ein Knabe mit erstaunlicher Vitalität und Aufnahmekraft, der alles assimilierte und verarbeitete, was man ihm an sozialen, intellektuellen und kulturellen Aufgaben vorsetzte.

Diese Stoffwechselvorgänge dürfen wir uns beileibe nicht als bloßes Auswendiglernen von Fakten vorstellen. Goethe schreibt im Rückblick, dass er als kleiner Junge von Frau Aja Märchen erzählt bekam, bei denen er großen Wert darauf legte, dass sie auf bestimmte Art und Weise enden sollten. Abends hieß es jeweils, das Ende des Märchens werde morgen erzählt. Johann Wolfgang suchte daraufhin seine Großmutter auf und legte ihr nahe, wie das Märchen seiner Meinung nach auszugehen habe. Letztere berichtete dies Frau Aja, und diese teilte ihrem Hätschelhans eben jenes Finale am nächsten Tag mit, das er zuvor selbst ausgesponnen hatte. Was man als Kind dabei empfindet? Neben angeregten Fantasien erlebt man vor allem sich selbst rundum bestätigt; denn ureigenste Vorstellungen werden (erzählte) Wirklichkeit, und man spürt: Denken und Imaginieren verändert die Welt im eigenen Sinne. Dieses Empfinden verstärkte sich noch, als Johann Wolfgang ein Puppenspiel geschenkt bekam; nun konnte er Märchen und Geschichten nachspielen und mit eigenen Verläufen versehen. Als Erwachsener war er überzeugt, dass er bei dieser Art von Märchen- und Geschichten-Spielen früh sein zukünftiges Dichter- und Literaten-Dasein eingeübt hat.

Stellen wir uns Vater und Mutter Goethe als Paar vor, gewinnt man den Eindruck, dass zwischen ihnen eine merkliche Verschiedenartigkeit, bisweilen auch Dissonanz und Spannung eine Rolle gespielt haben muss. Goethe bestätigte dies in einem oft zitierten Gedicht: „Vom Vater hab ich die Statur, / des Lebens ernstes Führen, / vom Mütterchen die Frohnatur /

Kapitel 1 · Goethe – Wie man wird, was man (mit 25 Jahren) ist

und Lust zu fabulieren."[2] Ebenso hätte er seine Großeltern mit ihren jeweiligen Besonderheiten erwähnen dürfen, um weitere wesentliche Determinanten seiner Existenz namhaft zu machen. Und mit Recht fragte sich Goethe bei allen diesen psychosozialen Rahmenbedingungen, die sein Dasein, seine Gangart und seine Charakterstruktur mitbestimmten: „Sind nun die Elemente nicht / aus dem Komplex zu trennen, / was ist dann an dem ganzen Wicht / original zu nennen?"[3]

Das Originelle, so lässt sich mutmaßen, findet sich zum einen in der individuellen Strategie, wie Goethe die nichtaufgelösten Dissonanzen seiner Eltern und Großeltern als eigene Lebens- und Leidensgeschichte weiter geschrieben und modifiziert hat. Eine entsprechende Idee stammt aus Friedrich Nietzsches *Menschliches, Allzumenschliches* (1878), worin der Philosoph beschrieben hat, wie wir werden, wer wir sind. Ein Teil dessen, der wir geworden sind, ist – so Nietzsche – eine übernommene Lebens- und Leidensgeschichte, weil Spannungen und Konflikte von Eltern und Vorfahren nicht so ohne weiteres aufzulösen waren und als Themen (etwa nicht verheilte Wunden, Bagatellisierungsversuche etc.) in uns weiterwirken.

Bei künstlerisch und wissenschaftlich kreativen Menschen lässt sich zum andern dieser Gedanke erweitern: Die Dissonanzen von Eltern und naher Mitwelt wirken nicht nur als Komplexe und Störungsmuster, sondern oftmals auch als Stachel und Stimulus für Produktivität und Originalität (als Kompensations- und Ausgleichversuch – oder aber als wissenschaftlicher und künstlerischer Ausdruck für die nicht *ad acta* gelegte biographische Erbschaft).

In Goethes Kindheit und Jugend lassen sich einige gegenläufige und teilweise dissonante Einflüsse beschreiben, die jeweils Frau Aja oder seinem Vater zuzuordnen waren. Als mütterlich imponierte beispielsweise das Lustprinzip – ein Begriff aus der Psychoanalyse, der so viel besagt wie: Impulse werden empfunden und mehr oder minder direkt umgesetzt – gleichgültig, ob das immer den Normen und Erwartungen der Gesellschaft entspricht. Goethes Mutter gab in vielerlei Hinsicht dafür ein Paradebeispiel ab.

Auf den mütterlichen Einfluss war es auch zurückzuführen, dass Johann Wolfgang seinen Fantasien ungehinderten und grenzenlos freien Lauf lassen durfte. Die imaginäre Welt kannte für ihn keine Limitierung und Schranken; er durfte und konnte sich alles Mögliche ausmalen und auf seinem Puppentheater nachspielen – und wurde hierbei von seiner Mutter applaudierend bewundert.

Hinzu kam bei Frau Aja ein bedingungsloses Verwöhnungsprinzip. Intuitiv wusste sie, warum sie verwöhnte: „Ich verwöhne, weil ich an den Knaben und seine große Zukunft glaube" – so oder so ähnlich darf man sich dieses Prinzip bei Mutter Goethe vorstellen. Die Biographen schildern die Mutter Goethe daneben als eine Frau, die sich durch ein hohes Maß an verbliebener Kindlichkeit auszeichnete und selbstverständlich dazu stehen konnte. Auch bei Johann Wolfgang unterstützte sie dessen Kindlichkeit – wobei verbliebene Kindlichkeit nicht mit Kindisch-Sein verwechselt werden darf. Kindlichkeit bedeutet: spielen können; eigene Impulse ernst nehmen; selbstvergessen sein können.

Zuletzt sei noch der Aspekt der Sinnlichkeit bei Frau Aja erwähnt. Die meisten meinten über sie, dass sie außerordentlich vital, fröhlich und lebendig gewesen ist und auch in dieser Hinsicht ein Modell für Johann Wolfgang abgegeben hat. Diese Wertdimensionen finden wir tatsächlich bei Goethe wieder: Mit traumwandlerischer Sicherheit bevorzugte und wählte er später in seinem Dasein jene Situationen, die ihm Lebendiges und Sinnliches versprachen.

---

2   Goethe: Zahme Xenien IV (1827), in: HA Band 1, München 1981, S. 320
3   Goethe: Zahme Xenien IV (1827), in: HA Band 1, München 1981, S. 320

Und der väterliche Einfluss? Korrespondierend zum Lustprinzip von Frau Aja verorten wir bei Vater Goethe das Realitätsprinzip. Des Weiteren hat er vieles, was sein eigenes Leben, aber auch das Leben seiner Familie betraf, konsequent mit von ihm gestalteter Struktur versehen. Er vertrat die Prinzipien von Form, Gestalt und Struktur – der Mann mochte und kannte Formen und klagte sie auch von seinen Kindern und seiner Ehefrau ein.

Obwohl er selbst ein ziemlich langdauerndes, achtjähriges Studium sowie eine *Grand Tour* (Italienische Reise) absolviert hatte und damit eher als Bummelstudent galt, schlug sich Vater Goethe als Familienvorstand entschieden auf die Seite des Leistungsprinzips. Er wollte, dass sein Sohn genauso wie Cornelia und seine Gattin ordentliche bis außerordentliche Fortschritte hinsichtlich ihrer Studienaufgaben machten – inklusive damit verbundener Prüfungen. Vater Goethe war Repräsentant der bürgerlichen Erwachsenenwelt mit allen ihren Regeln und Gesetzmäßigkeiten.

Legt man die mütterlichen und die väterlichen Einflüsse auf Goethe nebeneinander, zeichnet sich ein Muster ab, das von Friedrich Schiller in *Über die ästhetische Erziehung des Menschen* (1795) beschrieben wurde. Schiller meinte, zwei antagonistische und zugleich ergänzende Prinzipien in persönlichen wie kulturellen Zusammenhängen erkannt zu haben, die er Stofftrieb (Sinnlichkeit, Natur) und Formtrieb (Vernunft, Gesetz) nannte. Halten sich diese beiden Triebe einigermaßen die Waage, resultiert daraus günstigenfalls der Spieltrieb – eine Art kreatürlich-freie Energie und Kraft, die Neues und Überraschendes zu schaffen vermag.

Im 20. Jahrhundert griff der niederländische Kulturhistoriker Johan Huizinga (1872–1945) diesen Gedanken auf. In seinem Buch *Homo ludens* (1938) wies er nach, wie sehr der Ursprung der Kultur im Spiel und in spielerischen Verhaltensweisen von Menschen zu finden ist. Der Homo ludens (also der spielende Mensch) erwirbt sich, intrinsisch motiviert, über zweckfreies Spiel Welt- und Selbstkenntnis, wohingegen der Homo faber (der arbeitende Mensch) zweckgerichtet das Spiel allenfalls für seine nicht selten extrinsisch vorgegebenen Ziele einsetzt und gebraucht. Für Huizinga war der Homo ludens im Vergleich zum Homo faber die attraktivere Variante für die Kulturentwicklung – wobei man sich unter Spiel keinen Tand und keine Albernheiten, sondern ernsthafte, selbstvergessene, den jeweiligen Aufgaben hingegebene Existenzvollzüge imaginieren darf – Formen des Daseins, wie wir sie als Kinder kannten, wenn Spiele uns in ihren Bann zogen und wir Ort, Zeit, Herkommen und Fortkommen, Schule, Hausarbeiten und anderes mehr vergessen haben.

Im Rückblick hat Goethe seine Entfaltung als Schriftsteller, Dichter und Künstler von ähnlichen Faktoren beeinflusst gesehen, wie Schiller und Huizinga es mit ihren Konzepten vom spielenden Menschen beschrieben haben. In *Dichtung und Wahrheit* merkte Goethe zum Verhältnis von Form und Stoff (in seinem Leben) sowie zum Umgang mit seinen Fantasien selbstkritisch an: „Wenn ich nicht nach und nach, meinem Naturell gemäß, diese Luftgestalten und Windbeuteleien zu kunstmäßigen Darstellungen hätte verarbeiten lernen, so wären solche aufschneiderischen Anfänge gewiss nicht ohne schlimme Folgen für mich geblieben."[4]

Wäre Goethe nicht über das Niveau luftiger Windbeuteleien (also bloßer Einfälle, Impulse, Fantasien) hinausgewachsen, und hätte er nicht die Strenge der künstlerischen Gestaltung bei sich walten lassen, hätten wir es heute nicht mit *dem* Dichter, sondern womöglich mit einem Schelm und Traumtänzer zu tun. Die Stoff- und Bilder-Massen, die in ihm bereits als Kind hochstiegen, mussten in Form und Gestalt gebracht werden; oder anders

---

4   Goethe: Dichtung und Wahrheit (1811-33), in: HA Band 9, München 1981, S. 50

ausgedrückt: Mütterliche Einflüsse (Ermutigung zu ungebremster Fantasietätigkeit – Stofftrieb) und väterliche Einflüsse (Bedürfnis nach Struktur und Gestalt – Formtrieb) durften sich miteinander arrangieren und zu einem oftmals fragilen Ausgleich kommen (Spieltrieb), damit bei Goethe Kunst und nicht Kitsch, dichterische Wahrheit und nicht fantastische Unwahrscheinlichkeit generiert wurden.

Mit Goethe begegnet uns ein Kind und später ein Adoleszenter und Erwachsener, bei dem man die Geburt des Künstlers aus dem Geiste des Homo ludens beobachten kann. Spielend hieß in seinem Falle, die Spannung von Sinnlichkeit und Form, Stoff und Gestalt, Natur und Kultur zu ertragen, ohne dass diese Spannungen je zum endgültigen und befriedigenden Ausgleich gekommen wären. Im Gegenteil: Goethe versuchte, den Bogen zwischen Sinnlichkeit und Form, Stoff und Gestalt bis zum Ende seines Lebens immer neu zu spannen, wenn er abzuflachen drohte. Er spürte, dass die Antagonismen, Konflikte und Erschütterungen, die damit verbunden waren, zu seinem Daseinsgesetz gehörten und ein dynamisierendes Elixier seiner künstlerischen Originalität bedeuteten. Und in gewisser Weise sublimierte Goethe die polar angelegten Seiten und Strebens-Richtungen seiner Eltern auch insofern, als er die Polarität zu einem regelrechten Prinzip erkor. In manchen seiner theoretischen Schriften (zur Farbenlehre, zur Morphologie der Pflanzen) wie auch in dichterischen Werken (*Wahlverwandtschaften, Faust, Prometheus*) taucht dieses Motiv auf; in *Faust* erwächst aus der Dynamik zwischen den Polen Mephisto und Gott sogar eine Kosmogonie, also eine Theorie über die Entstehung von Welt und Universum.

Eng mit dem Topos der Polarität assoziiert sind bei Goethe der Begriff und das Phänomen der Steigerung. So wie in der Natur zwischen zwei Polen (Plus und Minus in der Elektrizität; Nord- und Südpol beim Magnetismus) ein Spannungszustand besteht, der zu Entladungen und Veränderungen der Materie führen kann, meinte Goethe auch in sozialen und geistigen Bezügen viele Evolutionen jeweils durch Polarität und davon ausgehender Spannung verstehen und einordnen zu können: „Die Formel der Steigerung lässt sich auch im Ästhetischen und Moralischen anwenden."[5] Auch seine eigene Entwicklung als Künstler sah Goethe im Rückblick als durch seinen Umgang mit Polaritäten (der Eltern, des Lebens, der Natur und Kultur) und durch produktive Steigerungsprozesse mitbedingt.

Wie sehr Goethe bereits als Kind vitalisierende Spannungen erlebte und sogar genoss, wird an Anekdoten deutlich, die zum großen Teil von Bettina von Arnim aufgezeichnet wurden. Sie publizierte *Goethes Briefwechsel mit einem Kinde* einige Jahre nach seinem Tod – dieses Kind war sie selbst. In den Briefwechsel hat sie nicht nur Briefe an und von Goethe integriert, sondern auch viele biographische Details, die sie von Frau Aja (mit der sie befreundet war) erfahren hatte. In diesem *Briefwechsel mit einem Kinde* finden sich Anekdoten, die mehrheitlich das Vitale am jungen Goethe betonen. „Er war überhaupt viel mehr zum Zürnen wie zum Weinen zu bringen." – lesen wir da. Es ist dies ein Hinweis auf die Leidenschaftlichkeit bei dem Knaben: Der Vitale neigt eher zum Zorn als zum Weinen, da Zorn Expansion bedeutet, indes Weinen den Rückzug und die Resignation anzeigt. Goethe imponierte als Kind überwiegend sthenisch und lebendig – jedenfalls deutlich häufiger als zurückgezogen und asthenisch.

Eine andere Anekdote zeigt ein hohes Maß an Selbstwertgefühl an. Mit sieben Jahren unterhält sich Goethe mit seiner Mutter: „Mutter, werden die Sterne das halten können, was sie mir bei meiner Geburt versprochen haben?" Frau Aja beruhigt Johann Wolfgang:

---

5   Goethe: Gespräch mit Friedrich Wilhelm Riemer (24.03.1807) in: Goethes Gespräche, Biedermannsche Ausgabe Band 2, München 1988, S. 205

die Sterne seien geduldig, verlässlich und, und, und. Doch dann fragt sie ihren Hätschelhans, warum er überhaupt den Beistand der Sterne benötige – andere Leute kämen doch auch ohne Sterne zu Rande. Die Antwort des Siebenjährigen: „Mit dem, was anderen Leuten genügt, kann ich nicht fertig werden!" Neben Vitalität lässt sich hier ein für einen Siebenjährigen überraschend ausgeprägtes Selbstbewusstsein diagnostizieren: Da denkt einer groß von sich, ohne größenwahnsinnig zu sein. Groß (und ehrfürchtig) von sich zu denken ist eine wesentliche Voraussetzung dafür, irgendwann bedeutsam zu werden. Wenn dann noch die Mitwelt diesbezüglich nicht dämpfend und minimierend einwirkt – wie es bei Frau Aja ihrem Sohn gegenüber der Fall war: sie hat seine Vitalität und Eigeneinschätzung stets unterstützt –, entwickelt sich womöglich eine Person ähnlich wie Goethe.

Bei wieder einer anderen Anekdote lesen wir, dass sich Goethe, als er drei oder vier Jahre alt war, maßlos darüber aufregen konnte, wenn er mit Kindern spielen sollte, die er als nicht schön empfand. Man kann sich fragen, was derlei zu bedeuten hat, und man kann vermuten, dass in dieser Anekdote bereits ein Motiv aus Goethes Leben anklingt, das ihn später ausführlich beschäftigte – die Verschönerung der Existenz:

> Er spielte nicht gern mit kleinen Kindern, sie mussten denn sehr schön sein. In einer Gesellschaft fing er plötzlich an zu weinen und schrie: „Das schwarze Kind soll hinaus, das kann ich nicht leiden"; er hörte auch nicht auf mit Weinen, bis er nach Hause kam, wo ihn die Mutter befragte über die Unart; er konnte sich nicht trösten über des Kindes Hässlichkeit. Damals war er drei Jahre alt.[6]

Es gibt Hinweise darauf, dass Goethe ein Mensch war, der das Unschöne, Hässliche, Missgestaltete – was immer das für ihn im Detail gewesen sein mag – energisch mied. Karikaturen waren ihm ein Gräuel, und wenn irgendetwas verzerrt dargestellt wurde, suchte er das Weite. Ähnlich erging es ihm mit Krankheit, Siechtum und Tod. Wenn ein Beerdigungszug durch Weimar angesagt wurde, war es für ihn ausgemachte Sache, die Fensterläden zu schließen. Todesnachrichten schob er weit von sich und verdrängte sie. Stattdessen lässt sich in allen Belangen seines Daseins die Tendenz zur Verschönerung nachweisen: Es gibt Ölgemälde, auf denen der 15-jährige Goethe tipptopp geschniegelt und aufrecht stehend wie Napoleon abgebildet ist. Als er mit sechzehn Jahren in Leipzig studierte, gab er immens viel Geld für feinste Kleidung aus (die Abstammung vom großväterlichen Schneidermeister machte sich bemerkbar). Seine späteren Wohnstätten in Weimar ließ er teilweise wie Museen ausgestalten. Jahrelang war er fest davon überzeugt, das Zeug zum Kunstmaler oder Zeichner zu haben – demgemäß aquarellierte er ansprechende Skizzen und Bilder.

Von seinen Mitmenschen wurde mehrfach erwähnt, dass Goethe über eine wohltönende Stimme und mehr noch über ausnehmend lebendige, funkelnde, dunkle Augen verfügte. Selbst als älterer Herr soll er eine imposante Gestalt gewesen sein, die sehr auf ihr Äußeres bedacht war. Und es nimmt nicht Wunder, dass dieser Mann in seine Sprache und besonders in die von ihm verfassten Schriften neben außerordentlicher Klugheit vor allem auch viel Schönheit investierte. Der Stil ist der Mensch selbst – heißt es beim französischen Naturforscher Georges Buffon. Den Stil Goethes machte zweifellos die Tendenz zur Verschönerung seiner eigenen wie der Welt der Mitmenschen aus.

Noch eine letzte Anekdote soll Erwähnung finden. Eingangs wurde erzählt, dass neben Johann Wolfgang und Cornelia noch vier weitere Geschwister existierten, die alle früh gestorben sind – so auch der Bruder Jakob, der starb, als Johann Wolfgang etwa sechs Jahre alt war.

---

6   Arnim, B.v.: Goethes Briefwechsel mit einem Kinde (1835); Frankfurt am Main 1984, S. 418

Kapitel 1 · Goethe – Wie man wird, was man (mit 25 Jahren) ist

Bei dessen Beerdigung war Frau Aja aufgefallen, dass ihr Sohn keine Zeichen von Trauer zeigte, und sie fragte ihn, ob er seinen Bruder nicht gemocht habe und ihm dessen Tod nicht nahegehe. Johann Wolfgang lief daraufhin in sein Zimmer und holte viele Seiten Papier, die er beschrieben hatte und die verdeutlichten, was er Jakob in der nächsten Zeit alles beibringen und lehren wollte. Neben Vitalität, Selbstwertempfinden und Vorliebe für Schönheit kommt in dieser Anekdote ein vierter Wesenszug Goethes zum Vorschein: die Neigung, anderen etwas zu zeigen und deren Lehrer zu werden.

In seinem Gedicht *Zueignung* (1787) spielte Goethe auf diesen Zug seines Wesens an, wenn er schrieb: Für andre wächst in mir das edle Gut, / Ich kann und will das Pfund nicht mehr vergraben! / Warum sucht ich den Weg so sehnsuchtsvoll, / Wenn ich ihn nicht den Brüdern zeigen soll?[7] Bei seinem Bruder Jakob hat er derlei früh eingeübt und unter Beweis gestellt. Wer lehren will, muss lernen; wer seriös auf mehreren Gebieten lehrend auftreten will, muss ausdauernd und sehr viel lernen; und wer (wie später der erwachsene Goethe) den Ehrgeiz besitzt, Lehrer in diversen Künsten und Wissenschaften sowie vor allem in der grundlegenden Kunst des Lebens werden zu wollen, braucht sich über die Spanne und Inhalte seines lebenslangen Curriculums nicht zu besorgen. Goethe lernte ausnehmend gerne, viel und schier unvorstellbar schnell. Zusammen mit Cornelia besuchte er kurz eine öffentliche Spiel- und Elementarschule. Ab dem siebten Lebensjahr kümmerte sich Vater Goethe um die Koordinierung und Umsetzung des Unterrichts am Großen Hirschgraben; für ausgefallenere Sprachen kamen Privatlehrer ins Haus. Darüber hinaus erlebte Johann Wolfgang eine musische Ausbildung; neben dem erwähnten Klavierspiel, dem Tanzen, Fechten und Reiten versuchte er sich eine Weile am Cello. Außerdem erhielt er Zeichenunterricht, wobei Goethe es vom Zeichnen über das Aquarellieren erfolgreich bis zum Radieren brachte. Später, in Leipzig, besuchte er Kurse beim Maler und Zeichenlehrer Adam Friedrich Oeser (1717–1799), dem Direktor der Leipziger Zeichenakademie.

Lernen ereignet sich auf dem Boden von Offenheit, im günstigen Fall sogar von Weltoffenheit; im Gegenzug kann man Verschlossenheit als häufigstes Haupthindernis für Lernvorgänge aller Art detektieren. Bei der Fülle des assimilierten Stoffes und der enormen Geschwindigkeit seiner Aufnahme darf man bei Goethe seit seiner frühen Kindheit getrost ein Höchstmaß an Offenheit vermuten, das dazu beigetragen hat, dass er willig die für ein Kind nicht immer naheliegenden Lerninhalte verarbeitete. Als Beispiel hierfür mag das Lektüreprogramm Johann Wolfgangs gelten: Die Bibel (mit Merians Kupferstichen); Homers *Ilias* und *Odyssee*; Ovids *Metamorphosen*, Daniel Defoes *Robinson Crusoe*, das deutsche Volksbuch *Historia von D. Johann Fausten*; daneben die Publikationen der zeitgenössischen Dichter Gellert, Lessing und Klopstock. An französischer Literatur las Johann Wolfgang Texte von Molière, Racine, Corneille, Pierre Bayle sowie Buffons *Naturgeschichte* – und dies alles im Alter zwischen ungefähr sieben und zehn Jahren. Sein Gehirn war, so erinnert er sich in *Dichtung und Wahrheit*, „schnell genug mit einer Masse von Bildern und Begebenheiten, von bedeutenden und wunderbaren Gestalten und Ereignissen angefüllt".[8]

Große Offenheit bietet die Chance, viel Welt aufzunehmen – sie ist jedoch auch mit der Gefahr größerer Verletzlichkeit und Erschütterbarkeit verbunden. Nicht wenige Menschen wappnen sich bereits in ihrer Kindheit und Jugend mit einem sogenannt dicken Fell oder einer Panzerung gegen unangenehme und belastende Einflüsse und Eindrücke ihrer Mitwelt – und bezahlen dies in der Regel mit einer Einbuße an Sensibilität, Offenheit und

---

7 Goethe: Zueignung (1787), in: HA Band 1, München 1981, S. 151
8 Goethe: Dichtung und Wahrheit (1811-33), in: HA Band 9, München 1981, S. 35

Lernfähigkeit. Nicht so Goethe, der sich von der Welt um ihn her fast ungefiltert beeindrucken ließ. Dies trug dazu bei, dass er beispielsweise 1755 beim heftigen Erdbeben von Lissabon, dem Zehntausende Bewohner der Stadt zum Opfer fielen, zutiefst erschüttert und mitgenommen war. Die Stadt war durch das Beben bis auf *Alfama* (das Rotlichtviertel) beinahe vollständig zerstört worden. Für die Theologen war es damals keine ganz einfache Übung, den Gläubigen zu erläutern, wie ein gütiger, weiser und allmächtiger Gott derart Destruktives zulassen und dabei just die Häuser der Prostituierten verschonen mochte; auch der junge Goethe stellte sich entsprechende Fragen:

> Der Knabe, der alles dieses wiederholt vernehmen musste, war nicht wenig betroffen. Gott, der Schöpfer und Erhalter Himmels und der Erden, den ihm die Erklärung des ersten Glaubens-Artikels so weise und gnädig vorstellte, hatte sich, indem er die Gerechten mit den Ungerechten gleichem Verderben preisgab, keineswegs väterlich bewiesen. Vergebens suchte das junge Gemüt sich gegen diese Eindrücke herzustellen …[9]

Intensive, manchmal zutiefst verstörende oder verletzende, manchmal aber auch euphorisierende *Eindrücke* waren Resultate der Offenheit des jungen Goethe; ein korrespondierender Effekt bestand im *Ausdruck* dessen, was sein Gemüt zuvor an Impressionen in Wallung versetzt hatte. Ausdruck bei Johann Wolfgang hieß: Er begann zu dichten bzw. Verse zu drechseln. Beruhigend für jeden Nicht-Literaten ist dabei, dass selbst Goethe mit recht schlichten Zeilen seine poetische Laufbahn begonnen hat; irritierend bleibt allerdings, dass er dies bereits mit elf, zwölf Jahren umsetzte und sich von seinen dilettierenden Anfängen mit hoher Geschwindigkeit auf ein professionelles Niveau der Dichtkunst hin bewegte. Zum Neujahrsfest 1762 erhielten die Großeltern Textor jedenfalls noch überschaubar Schlichtes aus der literarischen Werkstatt ihres zwölfjährigen Enkels:

> Großeltern, da dies Jahr heut seinen Anfang nimmt, / So nehmt auch dieses an, das ich für Euch bestimmt. / Und ob Apollo schon mir nicht geneigt gewesen, / So würdiget es doch, nur einmal durchzulesen.

Im Oktober 1765 ging Goethe zum Studium nach Leipzig und blieb dort fast drei Jahre lang. Obwohl er sich sehr für Literatur, Sprachen, Kunst und Geschichte interessierte und eine akademische Lehrstelle für sich als Ziel ausdachte, studierte er dem Wunsch des Vaters gemäß Jurisprudenz – zumindest offiziell. Inoffiziell belegte er neben juristischen vor allem auch Lehrveranstaltungen in Historiographie, Philosophie, Philologie, Theologie, Poesie, Morallehre, Physik, Literaturtheorie. Außerdem war er regelmäßig Schüler in Oesers Zeichenakademie und häufig als Besucher im Leipziger Theater ebenso wie in Auerbachs Hof (mit Auerbachs Keller). Bei einem Ausflug nach Dresden lernte er in der dortigen Gemäldegalerie niederländische Meisterwerke aus dem Goldenen Zeitalter (17. Jahrhundert) kennen, die ihn völlig begeisterten. Goethe nahm an Kultur auf, was immer sich ihm bot; sein soziokultureller Appetit war unersättlich, und sein dazugehöriger Verdauungstrakt erwies sich als überaus belastbar.

„Ich mache hier große Figur", schrieb er in einem seiner Briefe – wobei nicht unerwähnt bleiben soll, dass er dabei monatlich so viel Geld (etwa 100 Gulden) ausgab, wie ein guter Handwerker seinerzeit im Jahr verdiente. Diese finanzielle Ausstattung war letztlich dem großväterlichen Damenschneider, der großmütterlichen Gastwirtin sowie Vater Goethe

---

9   Goethe: Dichtung und Wahrheit (1811-33), in: HA Band 9, München 1981, S. 30 f.

Kapitel 1 · Goethe – Wie man wird, was man (mit 25 Jahren) ist

zu verdanken; Letzterer geizte nie, wenn es um die materiell-ökonomische Unterstützung seines Sohnes ging. Ebenso großzügig zeigte er sich aber auch gegenüber Cornelia und seiner Gattin – beide trugen jeweils neueste und sündhaft teure Kleidungsstücke und Mode-Accessoires.

Bei allen diesen Expansionsschritten Goethes blieb es nicht aus, dass er auch Eroberungen auf zwischenmenschlichem Terrain ins Auge fasste. Der Buchhändler Reich, der Verleger Breitkopf, der Kunstsammler Kreuchauff, der Kupferstecher Stock, die Literaten Gottsched und Gellert, der Gastwirt Schönkopf sowie der Freund Ernst Behrisch wurden von dem forschen Studiosus aus Frankfurt aufgrund seiner gewinnenden Art, seiner Klugheit und seiner geistigen Reife regelrecht überwältigt und waren noch so gerne bereit, mit dem jungen Goethe in Kontakt zu treten.

Dabei kam es zu einer ersten Liebschaft Goethes. Käthchen Schönkopf, drei Jahre älter als er und Tochter des erwähnten Gastwirts, war (da sie in der Wirtschaft des Vaters oftmals mithalf) gewöhnt, mit männlichen Gästen zu flirten – schließlich hebt derlei den Umsatz. Goethe war einer dieser Gäste und hat dies Flirten als tiefgehendes und ernsthaftes Liebesgefühl missverstanden. Er war von Käthchens alleiniger Zuneigung ihm gegenüber fest überzeugt und dementsprechend massiv eifersüchtig, als er zu gewärtigen hatte, dass die junge Dame noch andere Männer als Objekte ihrer flirtenden Weltbeziehung akzeptierte. Eine Briefpassage an Freund Behrisch spiegelt den affektiven Ausnahmezustand wider, in den Käthchen den 18-jährigen Goethe brachte, als er seine vermeintliche Geliebte mit einem anderen Verehrer (Herrn Ryden) im Theater entdeckte:

> » Sie saß an der Ecke, … Hinter ihrem Stuhl Herr Ryden, in einer sehr zärtlichen Stellung. Ha! Denke mich! Denke mich! Auf der Galerie! Mit einem Fernglas – das sehend! Verflucht! Oh Behrisch, ich dachte, mein Kopf spränge mir vor Wut! … Ich knirschte die Zähne und sah zu. Es kamen mir Tränen in die Augen, aber sie waren vom scharfen Sehen, ich habe diesen ganzen Abend noch nicht weinen können.[10]

Der jugendliche Goethe hat seine Leipziger Erlebnisse, Emotionen, Siege und Niederlagen nicht nur in Briefen dokumentiert – er hielt sie auch als literarisch-dichterische Exerzitien fest: Schäferspiele, Lieder, Oden an den Freund, Gelegenheitsgedichte, Lustspiele, Übertragungen – der Student übte sich unermüdlich in seiner zukünftigen Rolle als Dichter, doch das meiste fiel einem Autodafé zum Opfer; er fand es nicht exzellent genug:

> » So begann diejenige Richtung, von der ich mein ganzes Leben über nicht abweichen konnte, nämlich dasjenige, was mich erfreute oder quälte oder sonst beschäftigte, in ein Bild, ein Gedicht zu verwandeln und darüber mit mir selbst abzuschließen, um sowohl meine Begriffe von den äußeren Dingen zu berichtigen, als mich im Innern deshalb zu beruhigen. Die Gabe hierzu war wohl niemand nötiger als mir, den seine Natur immerfort aus einem Extreme in das andere warf.[11]

Im Sommer 1768 kehrte Goethe nach Frankfurt ins Elternhaus zurück: todkrank. Der junge Gipfelstürmer hatte einen lebensbedrohlichen, heftigen Blutsturz erlebt, wahrscheinlich im Rahmen einer Tuberkulose, womöglich aber auch als Symptom eines blutenden Magengeschwürs. Für beide Erkrankungen hätte es Grund genug gegeben: psychosoziale Belastungen (Käthchen), aber auch ein schwindelerregendes Programm der Expansion und des

---

10 Goethe: Brief an Behrisch (14.11. 1767), in: Briefe, HA Band 1, München 1988, S. 59 f.
11 Goethe: Dichtung und Wahrheit (1811-33), in: HA Band 9, München 1981, S. 283

personalen Höhenwachstums, bei dem man sich allen Ernstes fragen konnte, wann der Junge überhaupt geschlafen und ob er etwas Essbares zu sich genommen hat.

Dem Leipziger Abenteuer entkam er gleichsam als Schiffbrüchiger (so hat Goethe sich selbst damals charakterisiert) und Flüchtling, der sich in seiner Studentenstadt von niemandem verabschiedet hatte und jählings nach Frankfurt zurückgekehrt war. Der Neurologe Kurt Goldstein (1878–1965) beschrieb derlei in seinem Hauptwerk *Der Aufbau des Organismus* (1934) als Katastrophenreaktion und meinte, dass eine akut einsetzende Krankheit (Goethes Blutsturz) bei Patienten Empfindungen und Affekte wie Angst, Panik, Ohnmacht und Verzweiflung auslöst. Diese Emotionen halten so lange vor, bis die Betreffenden ein stabiles Plateau erreichen, das Goldstein mit dem Begriff der Selbsterhaltung bezeichnete.

Diesen Zustand erlebte Goethe im Hause seiner Eltern am Großen Hirschgraben, wobei es eineinhalb Jahre Zeit der Genesung bedurfte, um ihn wieder zuversichtlich und mutig genug für eine neuerliche Expansion (dann in Richtung Straßburg) werden zu lassen. Der Rückzug nach Frankfurt und die Regression ins elterliche Milieu taten bitter Not, um die von Goldstein mit Selbstverwirklichung titulierte dritte Phase von Krankheit und ihrer Verarbeitung einzuleiten: ein günstigenfalls veränderter, neuer Aufbruch in die Welt.

Man kann die Krankheit Goethes wie auch die lange Phase seiner *Restitutio ad integrum* (Wiederherstellung der Gesundheit) als eine Art erzwungener Selbstbewahrung interpretieren. Alles, was Goethe in Leipzig als junger Student nicht hinreichend realisieren konnte – Mitte und Maß; Rücksicht auf eigene (Ruhe)-Bedürfnisse; Dosierung der interessanten und zum Teil abenteuerlichen Angebote dieser Stadt (Studien, Kunst, soziale Kontakte); ein ihm adäquates Verhältnis von Eindrücken und Ausdrucksformen –, all dies war er nun gezwungen, in einem protrahiert-langanhaltenden Prozess der Selbsterhaltung respektive Selbstbewahrung nachzuholen. Während dieser Zeit nahm er Kontakte zu pietistischen Gruppen, zu den Herrnhutern auf und lernte dabei die Pietistin Susanna Katharina von Klettenberg, eine Freundin seiner Mutter, kennen. Ihre autobiographischen Aufzeichnungen konnte er Jahrzehnte später als Material für ein Kapitel seines Romans *Wilhelm Meisters Lehrjahre* (1795/96) verwenden; diese Frau stand dabei auch Modell für sein Konzept der schönen Seele.

In Frankfurt befasste sich Goethe ausführlich mit Lektüre, allerdings in einem mehr rezeptiven Sinne und ohne Anspruch, daraus sofort wieder neue, selbstverfasste Literatur entstehen zu lassen. Außerdem übte er sich darin, mit der eigenen Person und ihren Vorzügen Maß zu halten: Er nahm sich vor, sich nicht mehr (wie in Leipzig) zu verschleudern, indem er Hunderte Gedichte zu Tausenden Ereignissen abgeliefert hatte. Und er begann, *Ephemeriden* (was übersetzt Tagebücher oder auch Eintagsfliegen heißt) zu schreiben. Damit war eine Wertschätzung des Alltäglich-Unspektakulären verknüpft, das er als Rekonvaleszent im Elternhaus am Großen Hirschgraben erlebte und auf einen Modus der Existenz hinauslief, der sich mit „ereignisarm, aber gedankenreich" charakterisieren lässt.

Dieses Moratorium in Frankfurt, so belastend es aufgrund diverser körperlicher Symptome, allgemeiner Schwäche sowie der angespannten Beziehung zu seinem Vater auch gewesen sein mag, eröffnete für Goethe die Möglichkeit, Themen wie Bewahrung sowie Erziehung und Bildung seiner Person intensiv in seinem Gemüt zu bewegen. Er spürte, dass er neben den bis anhin erfolgreichen Strategien seines Daseins – das waren vor allem die Selbstdurchsetzung (Expansion, sthenische Verhaltensweisen) sowie die Selbsthingabe (bevorzugt im Hinblick auf Lernen, Unterordnung unter Curricula, Lehrinhalte) – für ihn ungewohnte Strategien (Selbstbewahrung) entwickeln musste, um im Leben bestehen zu können.

Kapitel 1 · Goethe – Wie man wird, was man (mit 25 Jahren) ist

Eine damals von Goethe ins Auge gefasste Autobiographie sollte unter der Überschrift *Selbstbildung durch Verwandlung des Erlebten in ein Bild* entstehen, wobei die notwendige und beabsichtigte Selbstbewahrung in Form von Kunst, Literatur und Poesie bereits anklang. Das Erlebte in Bilder, Worte und schlussendlich in (schöne!) Gedichte, Dramen und Romane zu transponieren, versprach für Goethe Selbstbewahrung auch in jenen Momenten, in denen er sich an Situationen oder Personen hingeben sollte und die Sorge nicht ganz unberechtigt war, sich dabei (wie bei Käthchen Schönkopf) eventuell in Affekten zu verheddern oder fast zu verlieren. Ein Brief an die ehemalige Geliebte Anfang 1770 (also eineinhalb Jahre, nachdem er Leipzig Hals über Kopf verlassen musste) verdeutlicht, wie weit Goethe in seinem Selbsterziehungs- und -bildungs-Programm gekommen war:

» Sie sind ewig das liebenswürdige Mädchen und werden auch die liebenswürdige Frau sein. Und ich, ich werde Goethe bleiben. Sie wissen, was das heißt. Wenn ich meinen Namen nenne, nenne ich mich ganz, und Sie wissen, dass ich, so lang als ich Sie kenne, nur als ein Teil von Ihnen gelebt habe.[12]

Wenn ich meinen Namen nenne, nenne ich mich ganz! Nun also empfand Goethe sich bei sich, und er ahnte, dass zukünftige Situationen der Hingabe (an Frauen) mit seiner neu entwickelten Strategie der Selbstbewahrung durch Poesie (Selbstbildung durch Verwandlung des Erlebten in ein Bild) in den von ihm als bedrohlich erlebten Aspekten entschärft und abgemildert werden konnten. Fürderhin wird er noch viel mehr als bei Käthchen Schönkopf immer nur als Teil des jeweiligen Gegenübers leben und sich nicht mehr mit Haut und Haar anderen Situationen oder Personen verschreiben.

So sehr er während dieser Zeit in Frankfurt mit seinem Vater Kummer und Hader auszustehen hatte, so sehr hat Goethe damals jene Wesenszüge seines Vaters wertschätzen gelernt, die er nach und nach auch bei sich selbst entwickelte: Rückzug, Sparsamkeit mit sich selbst, Selbstbewahrung. Selbstdurchsetzung und Selbsthingabe hatte er bei Frau Aja erlebt und wie selbstverständlich von ihr übernommen; das väterliche Modell hingegen musste er mühsamer erlernen. Sigmund Freud, der sich oft und gern in seinem Dasein mit Goethe beschäftigte und sich immer wieder auf ihn und dessen Aussagen berufen hat, betonte in einer Abhandlung über den Dichter (*Eine Kindheitserinnerung aus Dichtung und Wahrheit*) den besonderen Einfluss von Frau Aja auf dessen Charakter, Gangart und Lebensstil:

» Wenn man der unbestrittene Liebling der Mutter gewesen ist, so behält man fürs Leben jenes Eroberer-Gefühl, jene Zuversicht des Erfolges, welche nicht selten wirklich den Erfolg nach sich zieht. Und eine Bemerkung solcher Art wie: Meine Stärke wurzelt in meinem Verhältnis zur Mutter, hätte Goethe seiner Lebensgeschichte mit Recht voranstellen dürfen.[13]

Mit demselben Recht hätte Freud (und Goethe) jedoch auf das väterliche Modell und die damit assoziierten günstigen Effekte für die Daseinsgestaltung des Dichters verweisen können. Beim Vater konnte Goethe neben Selbstdurchsetzung vor allem die Kunst der Selbstbewahrung studieren – eine Kunst, die er eine Weile zu gering erachtet hatte, die er nun als wesentliche Selbstbildungs-Chance für sich verstand, und die er fürderhin in Form von

---

12 Goethe: Brief an Käthchen vom 23.01. 1770, in: Briefe, HA Band 1, München 1988, S. 102
13 Freud, S.: Eine Kindheitserinnerung aus Dichtung und Wahrheit (1917), in: GW Band XII, Frankfurt am Main 1999, S. 26

Rückzug auf Poesie und Literatur umzusetzen gewillt war. Als Goethe im Frühjahr 1770 neuerlich von zuhause aufbrach, um seine Jura-Studien (dieses Mal in Straßburg) fortzuführen und abzuschließen, nahm ein veränderter, nachdenklicherer junger Mann Abschied von seinen Angehörigen. Der Gedanke der Selbstbildung und Selbsterziehung hatte ihn erfasst; diesen Themen wollte er sich künftig mit allem existentiellen Ernst widmen.

Kaum in Straßburg angekommen, konfrontierte er sich bewusst mit dem dortigen Münster – also mit gotischem Baustil, den er bis dahin abgelehnt und mit einer Reihe von unguten Vorurteilen versehen hatte. Das Straßburger Münster überzeugte ihn derart, dass er in einer Abhandlung *Von deutscher Baukunst* (1772) versuchte, seiner Begeisterung über dieses architektonische Meisterwerk auf die Spur zu kommen:

> » Die großen harmonischen Massen, zu unzählig kleinen Teilen belebt: wie in Werken der ewigen Natur, bis aufs geringste Zäserchen, alles Gestalt und alles zweckend zum Ganzen; wie das festgegründete ungeheure Gebäude sich leicht in die Luft hebt, wie durchbrochen alles und doch für die Ewigkeit.[14]

Goethe registrierte neben seinen Vorurteilen die Gotik betreffend auch persönliche Hemmungen, die er als derart störend empfand, dass er sich Wege für ihre Überwindung ausmalte. Ein starker Schall beispielsweise, so beschrieb er es in der Autobiographie, war ihm zuwider; Situationen von Krankheit und Verfall induzierten bei ihm Ekel und Abscheu (bereits erwähnt: sein Umgang mit Beerdigungen); besonders unangenehm fiel ihm jedoch seine Höhenangst auf, die sich als Schwindel und Herzrasen bemerkbar machte. Allen diesen Symptomen rückte er mit großer Entschiedenheit zu Leibe und scheuchte sich selbst wiederholt in alle jene angstbesetzten Situationen, die er bis dahin gemieden hatte. In der Verhaltenstherapie bezeichnet man ein solches Verfahren als *flooding*, als Überschwemmung des Patienten mit seinen eigenen Angst-Affekten, von denen er bemerken soll, dass sie ihm trotz aller Dramatik dieser Emotionen nichts Relevantes anhaben können. Im Gegenteil: Die Betreffenden lernen dadurch, den angstauslösenden Situationen Stand zu halten.

Goethe berichtete, sein Selbsttherapie- und Erziehungs-Programm so energisch absolviert zu haben, dass er damit seine phobischen Zustände erfolgreich überwinden konnte. Als ähnlich tapfer erwies er sich im Umgang mit Johann Gottfried Herder (1744–1803), den er in Straßburg kennenlernte; dieser wollte und musste sich dort einer komplizierten operativen Revision seines Tränenkanals unterziehen. Herder war fast dauernd missgelaunt und nörglerisch und verteilte statt Anerkennung regelmäßig Kritik. Goethe ertrug die emotionale Dysbalance dieses Mannes, weil er spürte, dass er von dem fünf Jahre Älteren eine große Menge kultureller Anregungen erhalten konnte. Herder machte ihn auf Shakespeare, Laurence Sterne, Oliver Goldsmith, Shaftesbury, Voltaire, Rousseau und Holbach aufmerksam, so dass Goethe rückblickend von ihm als dem bedeutendsten Ereignis seiner Straßburger Zeit sprach.

Im Herbst 1770 stieß Goethe bei Reitausflügen rund um Straßburg auf Sesenheim, ein kleines Dorf, etwa vierzig Kilometer nordöstlich von Straßburg gelegen. Er kehrte dort beim Pfarrer namens Brion ein und fühlte sich aufgrund der idyllischen Verhältnisse von Pfarrhof und Dorf an den Roman *Der Vikar von Wakefield* (1766) des irischen Schriftstellers Oliver Goldsmith erinnert. Vollends begeistert war Goethe, als er Friederike, die 18-jährige Tochter des Pfarrers, erblickte:

---

14 Goethe: Von deutscher Baukunst (1772), in: HA Band 12, München 1981, S. 12

Kapitel 1 · Goethe – Wie man wird, was man (mit 25 Jahren) ist

> In diesem Augenblick trat sie in die Türe; und da ging fürwahr an diesem ländlichen Himmel ein allerliebster Stern auf ... Die Anmut ihres Betragens schien mit der beblümten Erde und die unverwüstliche Heiterkeit ihres Antlitzes mit dem blauen Himmel zu wetteifern.[15]

Goethe verliebte sich heftig in Friederike Brion – und mit ihr in die Wakefield-Atmosphäre sowie in die Liebesgefühle generell. Herder hatte ihn in Straßburg auf den Wert von Volksliedern aufmerksam gemacht, und so ging Goethe nun daran, seine von Eros überschäumenden Gemüts-Zustände in die Dichtung der *Sesenheimer Lieder* zu transponieren. Diese wurden später von Ludwig van Beethoven und Franz Schubert vertont; eines der bekanntesten Lieder ist das *Maifest* (1771):

> Wie herrlich leuchtet / Mir die Natur! / Wie glänzt die Sonne! / Wie lacht die Flur! / Es dringen Blüten / Aus jedem Zweig / Und tausend Stimmen / Aus dem Gesträuch ... / Oh Mädchen, Mädchen, / Wie lieb' ich dich! / Wie blinkt dein Auge, / Wie liebst du mich![16]

Es kam, wie es nach dem Lebensgesetz Goethes kommen musste: Er spürte, nachdem er das Herz Friederikes erobert hatte, die Möglichkeiten und Risiken einer Hingabe an diese junge Frau, die (wie er selbst schrieb) auf der Grenze zwischen Bäuerin und Städterin stand – und schreckte vor einer umfassenden Hingabe zurück. Stattdessen erfolgte die Bewegung hin zur Selbstbewahrung, die es ihm erlaubte, seine Liebes- wie auch Schuldgefühle (nach der Trennung) poetisch zu verarbeiten. Anders als bei Käthchen Schönkopf nämlich erlebte Goethe nach der Trennung von Friederike massive Schuldaffekte. Diese gingen so weit, dass er nach seinem endgültigen Adieu auf dem Weg von Sesenheim zurück nach Straßburg ein eigentümliches Déjà-vu-Erlebnis hatte, das ihn überaus irritierte. Außerdem verwechselte er im Gedicht *Willkommen und Abschied* (1771), das er kurze Zeit nach der Trennung von Friederike niederschrieb, die Rollen von „Opfer" und „Täter"; in dem Gedicht heißt es im Gegensatz zu den tatsächlichen Vorkommnissen:

> *Du gingst, ich stund* und sah zur Erden / Und sah dir nach mit nassem Blick. / Und doch, welch Glück, geliebt zu werden, / Und lieben, Götter, welch ein Glück![17]

Das Schuld-Empfinden Goethes muss mächtig gewesen sein, so dass er im Gedicht die Rolle des Verlassenen und nicht des Verlassenden für sich in Anspruch nahm – eine Fehlleistung, von der man annehmen darf, dass sie sich unbewusst ereignet hat. Vier Jahrzehnte später revidierte er diese Zeilen; nun konnte er seiner Verantwortung von damals auch poetischen Ausdruck verleihen:

> *Ich ging, du standst* und sahst zur Erden / Und sahst mir nach mit nassem Blick: / Und doch, welch Glück, geliebt zu werden! / Und lieben, Götter, welch ein Glück![18]

Im Sommer 1771 kehrte Goethe nach Frankfurt zurück. Mit in seinem Reisegepäck hatte er ein juristisches Lizenziat (*cum applausu*), das es ihm ermöglichte, als Jurist zu arbeiten. In Straßburg gelang, woran Goethe in Leipzig noch gescheitert war: ein Abschluss des Studiums, wenngleich aus der beabsichtigten Promotion nichts wurde, weil es sich der Kandidat

---

15 Goethe: Dichtung und Wahrheit (1811-33), in: HA Band 9, München 1981, S. 433 / 456
16 Goethe: Maifest (1771), in: HA Band 1, München 1981, S. 30 f.
17 Goethe: Willkommen und Abschied (1771), in: HA Band 1, München 1981, S. 28
18 Goethe: Willkommen und Abschied (1810), in: HA Band 1, München 1981, S. 29

nicht hatte nehmen lassen, in die Paragraphen seiner Promotions-Verteidigung ketzerische Gedanken über das Christentum als bloße Erfindung einiger Jünger einzubauen. Entscheidend war jedoch vor allem für Vater Goethe, dass sein Sohn nun eine Zulassung zur Advokatur am Frankfurter Schöffengericht erhielt und in den kommenden Jahren als Rechtsanwalt tätig werden konnte.

Besser gesagt: Goethe *hätte* als Jurist tätig werden können, wenn er sich denn entsprechend engagiert hätte. Im Winter 1771 verfasste er, statt sich bevorzugt mit trockenen Anwaltsakten abzuplagen, sein Sturm-und-Drang-Drama *Götz von Berlichingen mit der eisernen Hand* (1773), das 1774 uraufgeführt wurde und schlagartig dazu beigetragen hat, aus Goethe den Star der damaligen Literaturszene in Deutschland werden zu lassen. Dem Vater zuliebe ging Goethe im Sommer 1772 einige Monate an das Reichskammergericht in Wetzlar, um dort seine juristische Expertise zu vervollständigen. Diese Institution imponierte ähnlich langweilig wie das 5000-Seelen-Städtchen Wetzlar, das sich nur dadurch auszeichnete, dass es Frau Charlotte Buff in seinen Stadtmauern beherbergte. Charlotte war allerdings mit dem Legationssekretär Johann Kestner verlobt, was Goethe jedoch in keiner Weise hinderte, sich zügig in sie zu verlieben:

> So lebten sie, den herrlichen Sommer hin, eine echt deutsche Idylle, wozu das fruchtbare Land die Prosa und eine reine Neigung die Poesie hergab.[19]

Nach einigen Monaten kam es zu erheblichen emotionalen Verwerfungen zwischen Charlotte, ihrem Verlobten und Goethe, denen sich Letzterer – ähnlich wie in Leipzig bei Käthchen Schönkopf sowie in Sesenheim bei Friederike Brion – durch fluchtartigen Abschied ohne jede Grußformel entzog. Immerhin hatte er ein Stück Papier hinterlassen, auf dem Kestner und seine Braut zu lesen bekamen: „Wäre ich einen Augenblick länger bei euch geblieben, ich hätte nicht gehalten. – Ich bin nun allein und darf weinen, ich lasse euch glücklich und gehe nicht aus eurem Herzen."

Wieder kehrte Goethe nach Frankfurt ins elterliche Haus zurück, und wieder war Vater Goethe nachhaltig irritiert ob der dürftigen Resultate, die sein Sohn von seiner juristischen Weiterbildung in Wetzlar mitbrachte. Dieser erhielt wenige Wochen darauf Nachricht vom Suizid Karl Wilhelm Jerusalems, eines Wetzlarer Bekannten, der in einer vergleichbaren Situation wie Goethe gewesen war (unglückliche Liebe zur Gattin eines Legationsrates) und sich aus Ratlosigkeit und Verzweiflung mit der Pistole von Johann Kestner erschoss. Als Goethe davon erfuhr, war er zutiefst erschüttert, da er beinahe sich selbst an Jerusalems Stelle sah:

> Jerusalems Tod ... schüttelte mich aus dem Traum, und weil ich nicht bloß mit Beschaulichkeit das, was ihm und mir begegnet, betrachtete, sondern das Ähnliche, was mir im Augenblicke selbst widerfuhr, mich in leidenschaftliche Bewegung setzte; so konnte es nicht fehlen, dass ich jener Produktion, die ich eben unternahm (*Werther*), alle die Glut einhauchte, welche keine Unterscheidung zwischen dem Dichterischen und dem Wirklichen zulässt.[20]

Die Leiden des jungen Werther – so lautete der Titel jener Produktion, auf die Goethe anspielte – wurden 1774 publiziert; dieser Briefroman trug wie auch *Götz von Berlichingen* dazu bei, dass nicht nur ein Autor, sondern ein Genie geboren schien. Dass es sich bei Goethe um keinen alltäglichen Juristen, sondern um einen Ausnahmemenschen handelte, musste sogar sein Wetzlarer Kollege Kestner, der Verlobte von Charlotte, anerkennen, der

---

19 Goethe: Dichtung und Wahrheit (1811-33), in: HA Band 9, München 1981, S. 544
20 Goethe: Dichtung und Wahrheit (1811-33), in: HA Band 9, München 1981, S. 587

trotz seiner verständlichen Eifersucht auf Goethe und dessen Umgang mit seiner Braut treffend über ihn schrieb:

> Er besitzt, was man Genie nennt, und eine … außerordentliche Einbildungskraft. Er ist in seinen Affekten heftig. Er hat eine edle Denkungsart. Er ist ein Mensch von Charakter … Er ist bizarr und hat in seinem Betragen, seinem Äußerlichen verschiedenes, das ihn unangenehm machen könnte. Aber bei Kindern, bei Frauenzimmern und vielen andern ist er wohl angeschrieben. Er tut, was ihm einfällt, ohne sich darum zu bekümmern, ob es anderen gefällt … Er geht nicht in die Kirche, auch nicht zum Abendmahl, betet auch selten. Denn: „Ich bin dazu nicht genug Lügner."[21]

Mitte der 70-er Jahre des 18. Jahrhunderts war aus Goethe zwar kein promovierter, aber immerhin ein lizenzierter Jurist geworden, der sich – vor allem bei dem ökonomischen Hintergrund seiner Herkunftsfamilie – ein kommodes Dasein als Rechtsanwalt in seiner Heimatstadt hätte einrichten können. Doch hinter der Fassade seiner bürgerlichen Herkunft, Ausbildung und Bildung hatte sich bei Goethe seit längerem schon eine Entwicklung angebahnt, die ihn zu anderen Identitäts-Horizonten führte und bei ihm mächtige Impulse der Individualisierung, der künstlerisch-literarischen Produktion und einer nonkonformistischen Existenzgestaltung freisetzten, die er im großen Maßstab umzusetzen gedachte. Aus Goethe war unter der Hand ein Künstler und Dichter geworden, und als er mit seinen beiden Erstlings-Werken *Götz* und *Werther* für zeitgeistbedingte Furore sorgte (Sturm und Drang), gab es für ihn kein Halten mehr in den bloß etabliert-bürgerlichen Bahnen des Daseins.

Goethe war allerdings keiner, der sich in antibürgerlicher Attitüde gefallen hätte. Im Gewande des Bürgers und unter Wertschätzung der bürgerlichen Tugenden (die bei seinem Vater in hohem Ausprägungsgrad vorhanden waren) wollte er mit seiner Dichtkunst wie auch mit der konkreten Gestaltung seiner Existenz die Grenzen der Bürgerlichkeit transzendieren, wo immer sie ihm als zu eng gezogen, zu philiströs, bigott oder inhuman erschienen. In seinem Gedicht *Prometheus* (1774) kommen diese Impulse des jungen Goethe nach Emanzipation von fragwürdigen Autoritäten (den Göttern) und nach Selbstgestaltung, Selbsterziehung und Selbstbildung des eigenen Daseins (und damit einem modellhaften Leben eventuell auch für andere) prägnant zum Ausdruck:

> Hier sitz' ich, forme Menschen / Nach meinem Bilde, / Ein Geschlecht, das mir gleich sei, / Zu leiden, weinen, / Genießen und zu freuen sich, / Und dein nicht zu achten, / Wie ich.[22]

Literatur

1. Arnim, B.v.: Goethes Briefwechsel mit einem Kinde (1835), Frankfurt am Main 1984
2. Boehncke, H., Sarkowicz, H., Seng, J.: Monsieur Göthé, Berlin 2017
3. Freud, S.: Eine Kindheitserinnerung aus Dichtung und Wahrheit (1917), in: GW Band XII, Frankfurt am Main 1999
4. Goethe: Gedichte und Epen I, in: HA Band 1, München 1981
5. Goethe: Von deutscher Baukunst (1772), in: HA Band 12, München 1981
6. Goethe: Dichtung und Wahrheit (1811-33), in: HA Band 9, München 1981
7. Goethe: Briefe, HA Band 1-4, München 1988
8. Goethes Gespräche, Biedermannsche Ausgabe Band 1-6, München 1988
9. Safranski, R.: Goethe (2013), Frankfurt am Main 2015

---

21 Kestner, J.: Briefentwurf, zit. n. Safranski, R.: Goethe, Frankfurt am Main 2015, S. 137
22 Goethe: Prometheus (1774), in: HA Band 1, München 1981, S. 46

Goethe, Schiller und das Abenteuer der Freundschaft

Literatur – 34

© Springer-Verlag GmbH Deutschland, ein Teil von Springer Nature 2019
G. Danzer, *Voilà un homme - Über Goethe, die Menschen und das Leben*,
https://doi.org/10.1007/978-3-662-57672-4_2

Wer je in Weimar war, wird bei der Erwähnung der Namen Goethe und Schiller unweigerlich das imposante Standbild der beiden vor Augen haben, das vor dem Deutschen Nationaltheater in Weimar zu bewundern ist: Wie Heroen stehen sie auf ihrem Sockel und umfassen gemeinsam einen Lorbeerkranz. Goethe legt Schiller seine linke Hand auf die Schulter und sieht scheinbar zu uns, auf das Fußvolk herab, indes Schillers Blick in die Ferne schweift. Der Dresdner Bildhauer Ernst Rietschel, der dieses Denkmal Mitte des 19. Jahrhunderts schuf, hat nicht nur darauf geachtet, dass die beiden Figuren etwa gleich hoch geraten sind, obwohl die Körperlänge von Goethe fast zwanzig Zentimeter (etwa 1,70 Meter) unter derjenigen von Schiller lag. Darüber hinaus hat er bei Goethe dessen naturverbundene Sinnlichkeit und bei Schiller dessen Idealismus als unterschiedliche Blickrichtungen entsprechend dargestellt.

Von Schiller und Goethe spricht man nicht selten als Dioskuren und meint damit, dass sie wie Castor und Pollux, die Zwillingssöhne von Zeus aus der griechischen Mythologie, ein unverbrüchliches Freundes-Paar abgegeben haben. Nebenbei sei erwähnt, dass sich im 20. Jahrhundert Simone de Beauvoir und Jean-Paul Sartre gegenseitig Castor und Pollux nannten, um das Unverbrüchliche ihrer unkonventionellen Partnerschaft zum Ausdruck zu bringen. Ob und, wenn ja, in welcher Hinsicht man die Freundschaft zwischen Schiller und Goethe mit den Dioskuren der Antike vergleichen und ihrer Beziehung etwas Unverbrüchliches attestieren darf, und welche speziellen Aspekte das Verhältnis zwischen diesen beiden Künstlern aufwies, soll uns auf den kommenden Seiten interessieren.

Schiller und Goethe – Geschichte einer Annäherung. Lange Zeit galt es durchaus nicht als ausgemachte Sache, dass sich zwischen den beiden Dichtern eine kollegiale oder sogar freundschaftliche Beziehung ergeben könnte. Im Gegenteil: Auf beiden Seiten kam es jahrelang zu Affekten, Distanzmanövern, Missverstehen und Entwertungen, die eine Annäherung als eher unwahrscheinlich erscheinen ließen.

Diese Distanz machte sich bereits beim ersten, allerdings völlig zufälligen Zusammentreffen 1779 bemerkbar. Damals studierte Schiller an der Hohen Karlsschule in Stuttgart Medizin und litt unter der militärischen Strenge dieser Institution, die als Rekrutierungseinrichtung für Beamte und Offiziere vom württembergischen Herzog Karl Eugen eingerichtet worden war. 1779 erhielt Schiller einen Jahrgangspreis; Goethe und der Herzog Karl August von Sachsen-Weimar-Eisenach wohnten der Zeremonie bei, wobei Goethe über den ihm unbekannten Schiller hinwegsah und von ihm keine Notiz nahm. Wenige Jahre später – Schiller hatte inzwischen *Die Räuber* (1782, am Nationaltheater von Mannheim uraufgeführt) sowie *Kabale und Liebe* (1784, ebenfalls in Mannheim uraufgeführt) veröffentlicht und damit beachtliche Erfolge beim Publikum erlangt – konnte man über den jungen Dramatiker aus Württemberg nicht mehr so ohne weiteres hinwegsehen. Auch Goethe war gezwungen, ihn zur Kenntnis nehmen, was ihm sichtlich Unbehagen bereitete, da Schiller mit jenem Sturm-und-Drang-Stil reüssierte, mit dem er, Goethe, ein Jahrzehnt zuvor (mit *Götz* und *Werther*) Erfolg gehabt und den er in der Zwischenzeit jedoch *ad acta* gelegt hatte.

1787 unternahm Schiller einen ersten Anlauf, um mit Weimar und seinen berühmten Zelebritäten in Kontakt zu kommen. Mit *Don Carlos* (1787) brachte er damals ein weiteres Erfolgsstück auf die Bühne, und so waren die Herren Wieland und Herder wie auch die Herzoginmutter Anna Amalia gerne bereit, den jungen Erfolgsdichter in Weimar zu empfangen. Bei seinen Unterhaltungen mit ihnen und anderen Weimarern wandte sich das Gespräch jedoch mit schöner Regelmäßigkeit von seinen Leistungen weg und hin auf diejenigen des abwesenden Herrn von Goethe, der noch in Italien weilte, und von dessen Rückkunft man

Kapitel 2 · Goethe, Schiller und das Abenteuer der Freundschaft

nicht sicher war, ob und wann genau sie zu erwarten stand. Schiller war darüber ziemlich verärgert und kommentierte in einem Brief an seinen Freund Christian Gottfried Körner aus Leipzig seine Kontakte in Weimar (vor allem den abwesenden Goethe betreffend) einigermaßen kritisch:

> Armes Weimar! Goethes Zurückkunft ist ungewiss, und seine ewige Trennung von Staatsgeschäften bei vielen schon wie entschieden. Während er in Italien malt, müssen die Voigts und Schmidts für ihn wie Lasttiere schwitzen. Er verzehrt in Italien für Nichtstun eine Besoldung von 1800 Talern, und sie müssen für die Hälfte des Geldes doppelte Lasten tragen.[1]

Aus diesen und weiteren Briefpassagen ist unschwer zu entnehmen, wie Ressentimentgeladen und neidisch Schiller seinerzeit die Person Goethe beurteilte. Dem Weimarer Dichter hatte er immer schon bescheinigt, ohne allzu große Anstrengungen auf die Sonnenseite des Lebens gefallen zu sein, wohingegen er, Schiller, sich jeden Schritt auf dem steinigen Weg des Erfolgs mühsam erkämpfen musste. Der scheele Blick, mit dem er Goethe beurteilte, wurde noch verstärkt durch die Tatsache, dass Schiller seit Mitte der 80-er Jahre mit ernsthaften Gesundheitsproblemen zu kämpfen hatte (die sich als Tuberkulose herausstellten), indes Goethe als Ausgeburt von körperlicher Kraft und Schönheit galt.

Und Goethe? Nach seiner Rückkehr aus Italien fühlte sich Goethe ziemlich vereinsamt und missverstanden. Die Freunde von einst konnten seine vielfältigen Erfahrungen und die Veränderungen seiner Person, die sich als Resultate seiner beinahe zweijährigen Auszeit in Arkadien (wie er Italien für sich bezeichnete) ergeben hatten, nicht richtig einordnen. Dieses Missverstehen steigerte sich noch, als er bald nach seiner Rückkunft eine Liebschaft mit Christiane Vulpius begann, die von der überwiegenden Mehrheit der Weimarer als für ihn unpassend eingestuft und entsprechend entwertet wurde. In dieser Situation hatte Goethe nun noch zu gewärtigen, dass es mit Friedrich Schiller ein neues, funkelndes Licht am literarischen Sternenhimmel gab, einen Aufsteiger, Konkurrenten und Rivalen, der ihm seinen Rang streitig zu machen drohte; und dass dieser Schiller mit seinen Dramen in der zweiten Hälfte der 80er Jahre noch bekannter und berühmter geworden war als er selbst. Entsprechend groß war seine Abneigung dem zehn Jahre Jüngeren gegenüber:

> Nach meiner Rückkunft aus Italien … fand ich neuere und ältere Dichterwerke in großem Ansehen, von ausgebreiteter Wirkung, leider solche, die mich äußerst anwiderten – ich nenne nur … Schillers *Räuber* … Dieser (war mir verhasst), weil ein kraftvolles, aber unreifes Talent gerade die ethischen und theatralischen Paradoxien, von denen ich mich zu reinigen gestrebt, recht im vollen hinreißenden Strome über das Vaterland ausgegossen hatte.[2]

Nota bene: Goethe sprach an dieser Stelle seiner Erinnerungen, etwa drei Jahrzehnte nach den seinerzeitigen Ereignissen und Empfindungen, noch von Affekten wie Hass und Angewidert-Sein – für den Weimarer Dichter ungewöhnlich heftige Ausdrücke und Emotionen.

Die Beziehung zwischen Schiller und Goethe änderte sich erst allmählich. Charlotte von Lengefeld (die spätere Frau Schillers) arrangierte im Herbst 1788 im Hause ihrer Familie in Rudolstadt ein Treffen zwischen den beiden. Weil noch weitere Gäste anwesend waren und

---

1 Schiller, F.: Brief an Körner (19. Dezember 1787), in: Die Schiller Chronik, hrsg. von Karin Wais, Frankfurt am Main 2005, S. 91
2 Goethe: Glückliches Ereignis (1817), in: HA Band 10, München 1981, S. 538

Goethe wie so oft im Mittelpunkt stand und von seiner Italienreise erzählte, blieb für Schiller die Rolle des Zuhörers, der wieder keinen Zugang zu Goethe finden konnte. Aber immerhin bemerkte Schiller ambivalente Empfindungen dem Älteren gegenüber und musste sich eingestehen, dass er von ihm liebend gerne wahrgenommen und beurteilt worden wäre. Selbst heftige Kritiken an seiner Person oder seinem Werk wären Tausendmal besser gewesen als nicht registriert zu werden (den anderen absichtlich oder unabsichtlich nicht zur Kenntnis zu nehmen gilt als große Kränkung, die Menschen einander zufügen können). Besonders die selbstverständliche und nonchalante Art, wie Goethe andere Menschen zu gewinnen und an sich zu binden verstand und sich selbst dabei nur sparsam an die Mitmenschen hinzugeben wusste, echauffierte Schiller nachhaltig:

> Mir ist er dadurch verhasst, ob ich gleich seinen Geist von ganzem Herzen liebe und groß von ihm denke. Ich betrachte ihn wie eine stolze Prüde, der man ein Kind machen muss, um sie vor der Welt zu demütigen … Eine ganz sonderbare Mischung von Hass und Liebe ist es, die er in mir erweckt hat.[3]

Obwohl Schiller vernommen hatte, dass Goethe eines seiner Gedichte (*Die Götter Griechenlands*) positiv beurteilte, und obwohl er spürte, dass das Urteil dieses Mannes aufgrund seiner Unbestechlichkeit in Sachen Kunst und Kultur und aufgrund seiner immensen literarischen Erfahrungen eine herausgehobene Bedeutung aufwies, kam er zu dem vorläufigen Schluss: „Öfters um Goethe zu sein, würde mich unglücklich machen: er hat auch gegen seine nächsten Freunde kein Moment der Ergießung, er ist an nichts zu fassen."

Ende der 80-er Jahre sah also alles danach aus, als ob Schiller und Goethe ihre eigenen Entwicklungswege ohne merkliche Bezugnahme aufeinander weiter verfolgen und den jeweils anderen aus der Distanz heraus betrachten würden. Immerhin hatte Goethe aber, der inzwischen als Minister im Kabinett des Herzogs Karl August auch für die Universität Jena zuständig war, dafür Sorge getragen, dass Schiller eine Professur für Geschichte an der *Alma mater* von Jena erhalten hatte. Im Mai 1789 hielt dieser seine grandiose Antrittsvorlesung *Was heißt und zu welchem Ende studiert man Universalgeschichte*, mit der er sich zu einem der Lieblings-Professoren des zahlreich vertretenen Auditoriums machte. Der zukünftigen Schwägerin Caroline von Lengefeld hatte Schiller schon Monate vor seinem Professur-Antritt in Jena mitgeteilt, dass er nun nicht mehr auf die Anerkennung durch Goethe warten und sich stattdessen nur noch um sein Fortkommen als Dichter, Wissenschaftler und Denker kümmern wolle:

> Da ich nicht an dieses einzige Wesen gebunden bin, da jeder in der Welt, wie Hamlet sagt, seine Geschäfte hat, so habe ich auch die meinigen; und man hat wahrlich ein wenig bares Leben, um Zeit und Mühe daran zu wenden, Menschen zu entziffern, die schwer zu entziffern sind … Ich habe zu viel Trägheit und zu viel Stolz, einem Menschen abzuwarten, bis er sich mir entwickelt hat … Wenn jeder mit seiner ganzen Kraft wirkt, so kann er dem andern nicht verborgen bleiben.[4]

Wenige Wochen nach der denkwürdigen Antrittsvorlesung Schillers kam es in Paris zur Erstürmung der Bastille – ein Ereignis, das für Historiker den Beginn der Französischen Revolution markiert. Für Schiller bedeutete dieses Datum (14. Juli 1789) und der sich

---

3 Schiller, F.: Brief an Körner (2. Februar 1789), in: Briefe, Königstein/Taunus 1983, S. 141 f.

4 Schiller: Brief an Caroline von Lengefeld / Beulwitz (25. Februar 1789), in: friedrich-schiller-archiv.de, Friedrich Schiller Archiv, Weimar 2018

anschließende Revolutions-Prozess eine Umsetzung und Bekundung des Freiheits-Gedankens, den er in vielen Texten als zentralen Wert angesehen hatte. Für Goethe dagegen handelte es sich bei den revolutionären Veränderungen in Frankreich um eine massive Gefährdung der gesellschaftlichen wie auch der kulturellen Ordnung. Er sah ein Agieren von Demagogen und Fanatikern sowie der undifferenzierten Volksmasse am Werke, aus dem nichts Produktives und Kulturschöpferisches entstehen konnte.

Um 1790 kam es bei Schiller zu einer derart massiven Lungen- und Rippenfell-Entzündung, dass man in manchen Gegenden Deutschlands und Europas schon den Tod des Dichters betrauerte. Als sich das Gerücht über sein Ableben nicht bestätigte, waren die Anhänger und Bewunderer Schillers überaus erleichtert. Zu ihnen zählte auch der dänische Dichter Jens Baggesen, der über die Nachricht von Schillers Weiterleben derart erfreut war, dass er beim dänischen Herzog Friedrich Christian von Augustenburg und dem Grafen Ernst von Schimmelmann für seinen literarischen Kollegen eine dreijährige Pensionszahlung von jeweils 1000 Talern erwirkte, damit Schiller neben seinen gesundheitlichen nicht auch noch finanzielle Sorgen plagen sollten.

Anfang der 90-er Jahre erlebten demnach sowohl Schiller als auch Goethe Destabilisierendes. Schiller bereitete die Tuberkulose-Erkrankung mächtige Ungewissheit hinsichtlich seiner nackten Existenz; sein Körper erwies sich als krankheitsanfällig und wenig belastbar. Mit Recht kann man sagen, dass die Ordnung in und bei ihm selbst in Gefahr geriet, was ihn ängstigte und desillusionierte.

Bei Goethe waren nicht das innere Ordnungsgefüge, sondern die Strukturen und Ordnungen um ihn her ins Wanken geraten. Die Französische Revolution hatte für umwälzende politisch-gesellschaftliche Veränderungen in Frankreich und Gesamteuropa gesorgt und so manche scheinbare Sicherheit des 18. Jahrhunderts über Nacht hinweggefegt. 1792 begleitete Goethe seinen Herzog Karl August sogar bei Feldzügen der Koalitionstruppen gegen die französische Revolutionsarmee; in der *Campagne in Frankreich* (1822) hat der Dichter über die grauenhaften Szenen, die er bei den kriegerischen Handlungen mit ansehen musste, im Nachhinein berichtet.

Beide also, Goethe wie Schiller, waren damals verunsichert aufgrund der Gefährdungen von inneren (Organismus) und äußeren Ordnungen (Revolution, Krieg), und beide reagierten gemäß ihres Charakters und Lebensstils auf diese Gefährdungen. Bei Schiller ließ sich in den Jahren bis 1795 ein regelrechter *Sturm auf die Kunst* als Raum der Freiheit und universalen Kommunikation konstatieren, daneben aber auch ein stürmisches Erobern der Philosophie, vor allem derjenigen von Immanuel Kant. Im Gegensatz dazu kam es bei Goethe zum *Rückzug auf die Kunst*, die ihm neben der Wissenschaft (Farbenlehre, Morphologie) als Zufluchtsstätte und Schutzraum imponierte:

> Mein herumschweifendes Leben und die politische Stimmung aller Menschen treiben mich nach Hause, wo ich einen Kreis um mich ziehen kann, in dem außer Lieb und Freundschaft, Kunst und Wissenschaft nichts herein kann.[5]

Auch die künstlerischen, literarischen, intellektuellen Reaktionen auf die Verunsicherungen Anfang der 90-er Jahre fielen bei Goethe und Schiller unterschiedlich aus. Der Erstere versuchte, die Fragen und Probleme, die nach der Revolution in Frankreich (Autoritarismus und Terror) und Europa (Kriege, staatliche Instabilitäten, Neuordnungen) entstanden waren, sinnlich-anschaulich auf die Bühne zu bringen; neben der Arbeit an *Reineke Fuchs*

---

5 Goethe: Brief an Jacobi 19.8. 1793, in: Literatur, Goethe, Johann Wolfgang, Briefe, 1793, zeno.org

(Tier-Epos) beschäftigte sich Goethe damals mit den Dramen *Der Bürgergeneral* (1793) sowie *Die Aufgeregten* (1793, Fragment). Schiller hingegen, der wenige Kilometer von Weimar entfernt in Jena ein ansprechendes Domizil gefunden hatte, begegnete der eigenen, gesundheitlichen Erschütterung wie auch den Zeitläuften mit intellektuell anspruchsvollen theoretischen Abhandlungen. Aus den Jahren bis 1795 sind die Publikationen *Über Anmut und Würde* (1793), *Über das Erhabene* (1793) *Über die ästhetische Erziehung des Menschen* (1795) sowie *Über naive und sentimentalische Dichtung* (1795) erwähnenswert.

Beginn einer Freundschaft. Goethe wie Schiller waren demnach in der ersten Hälfte der 90-er Jahre aus jeweils unterschiedlichen Gründen verunsichert und bedürftig. Im Frühjahr 1794 kam es zu einem Gespräch zwischen Schiller und dem Verleger Cotta in Tübingen, bei dem die Herausgabe einer neuen Zeitschrift (*Die Horen*) beschlossen wurde. Als Mitarbeiter und Beiträger für dieses Periodikum waren neben Schiller unter anderem Körner, Wilhelm von Humboldt, Fichte, Herder, Jacobi, Alexander von Humboldt und August Wilhelm Schlegel vorgesehen. Bei diesem erlauchten Kreis, so Schiller, durfte und sollte Goethe nicht fehlen, und daher rang er sich zu einem Brief an den Weimarer Dichter durch, der in einem werbenden Ton gehalten war, und von dem Schiller gleichwohl nicht überzeugt war, dass er positiv beantwortet werden würde:

> Beiliegendes Blatt enthält den Wunsch einer Sie unbegrenzt hochschätzenden Gesellschaft, die Zeitschrift, von der die Rede ist, mit Ihren Beiträgen zu beehren, über deren Rang und Wert nur Eine Stimme unter uns sein kann. Der Entschluss Euer Hochwohlgeboren, diese Unternehmung durch Ihren Beitritt zu unterstützen, wird für den glücklichen Erfolg derselben entscheidend sein, und mit größter Bereitwilligkeit unterwerfen wir uns allen Bedingungen, unter welchen Sie uns denselben zusagen wollen.[6]

Es dauerte keine zwei Wochen, und Schiller erhielt ein Antwortschreiben Goethes, das ihn mehr als überraschte. Nicht nur, dass sein Weimarer Kollege sich herbeigelassen hatte, innert kurzer Zeit Echo zu geben, ohne sich dabei auf seine bekannte Art formvollendet, höflich und vage auf ein potentielles Eventuell zurückgezogen zu haben. Im Gegenteil: Den Zeilen Goethes war zu entnehmen, dass es ihm eine Ehre war, angefragt worden zu sein, und dass er mit entschiedener Zustimmung diesem Unterfangen seine Mitarbeit zusichern wollte:

> Ich werde mit Freuden und von ganzem Herzen von der Gesellschaft sein. Sollte unter meinen ungedruckten Sachen sich etwas finden, das zu einer solchen Sammlung zweckmäßig wäre, so teile ich es gerne mit; gewiss aber wird eine nähere Verbindung mit so wackeren Männern, als die Unternehmer sind, manches, was bei mir ins Stocken geraten ist, wieder in einen lebhaften Gang bringen.[7]

Goethe hielt sich an seine Zusage und gab in der Folge einige Gedichte aus dem Zyklus der *Römischen Elegien* an Schiller, der sie in *Die Horen* publizierte, obschon er ihren Inhalt (Eros und Sexus) als delikat einstufte. Gleichzeitig anerkannte er an den Gedichten deren hohen künstlerischen Gehalt und spürte, dass sie nirgendwo die Grenzen zur Laszivität oder

---

6 Schiller, F.: Brief an Goethe (13. Juni 1794), in: Der Briefwechsel zwischen Schiller und Goethe, Band 1, Leipzig 1984, S. 7
7 Goethe: Brief an Schiller (24. Juni 1794), in: Der Briefwechsel zwischen Schiller und Goethe, Band 1, Leipzig 1984, S. 8

Kapitel 2 · Goethe, Schiller und das Abenteuer der Freundschaft

Obszönität überschritten – also waren sie für *Die Horen* hochwillkommen und steigerten außerdem deren Auflage.

Die Zusammenarbeit im Rahmen der *Horen* war also gebahnt, als es am 20. Juli 1794 in Jena zu einem zufälligen Treffen zwischen Goethe und Schiller kam. Beide hörten im alten Schloss einen Vortrag über Botanik; weil der Sommerabend lau war, plauderten sie nach dem Vortrag noch über das Gehörte und gingen in Richtung von Schillers Wohnung (Unterm Markt 1). Noch Jahrzehnte später erinnerte sich Goethe genau an dieses Treffen:

> Wir gelangten zu seinem Hause, das Gespräch lockte mich hinein; da trug ich die Metamorphose der Pflanzen lebhaft vor und ließ, mit manchen charakteristischen Federstrichen, eine symbolische Pflanze vor seinen Augen entstehen. Er vernahm und schaute das alles mit großer Teilnahme, mit entschiedener Fassungskraft; als ich aber geendet, schüttelte er den Kopf und sagte: "Das ist keine Erfahrung, das ist eine Idee."[8]

Bei aller Unterschiedlichkeit der Auffassungen erlebten beide den Abend als „glückliches Ereignis" – als Beginn einer intensiven Beziehung, eines Bundes, „der ununterbrochen gedauert und für uns und andere manches Gute gewirkt hat" – so charakterisierte Goethe ihre Zusammenarbeit noch Jahre später. Der erste persönliche Schritt zum gedeihlichen Miteinander war getan; „Schillers Anziehungskraft war groß" – musste Goethe neidlos und begeistert anerkennen. Monate nach diesem glücklichen Ereignis kam Schiller noch einmal auf den Beginn und die exquisite Qualität ihrer nunmehrigen Freundschaft zu sprechen. Jenseits früherer Animositäten und Rivalitäten hätte er bei sich festgestellt, dass ihn letztlich das Vortreffliche in Goethes Person in seinen Bann geschlagen habe, und „dass es dem Vortrefflichen gegenüber keine Freiheit gibt als die Liebe".[9] Wie sehr die beiden Dichter in den folgenden Jahren aufeinander bezogen waren und voneinander profitieren konnten, wird unter anderem an diesem Satz deutlich, der bei Goethe in *Die Wahlverwandtschaften* (1809) fast unverändert wieder auftaucht: „Gegen große Vorzüge eines Anderen gibt es kein Rettungsmittel als die Liebe." – heißt es da.

Nach dem glücklichen Ereignis im Sommer 1794 intensivierten sich die Zusammenarbeit und der Gedankenaustausch beider Schriftsteller enorm. Bei manchen persönlichen Treffen in Weimar oder Jena sprachen Schiller und Goethe von Vormittags bis in die späten Nachtstunden, ohne dass es längere Pausen gegeben hätte. Die Gespräche drehten sich von Fragen der Kunst bis hin zu Problemen der Erziehung von Einzelnen oder ganzer Sozietäten. Nur wenige Themen blieben regelmäßig ausgespart, wozu die „wilde Ehe" Goethes mit Christiane Vulpius gehörte. Neben ihren Unterhaltungen wechselten Schiller und Goethe auch Hunderte von Gedanken zur Dichtung, Kunst, Erziehung und Bildung, Natur und Kultur in einem ausführlichen Briefwechsel. Inzwischen ist diese Korrespondenz in einigen Bänden publiziert, an denen sich die enorme Weite ihrer Interessen und die Weltoffenheit ihrer Gesinnungen trefflich ablesen lassen.

Als gemeinsame Projekte bearbeiteten Schiller und Goethe neben den *Horen* noch weitere Periodika. Zusammen formulierten sie Dutzende und Aber-Dutzende von *Xenien* – ein Begriff, der im Altertum so viel wie Gastgeschenke bedeutete. Schiller und Goethe verwendeten diese Bezeichnung polemisch; ihre oft nur wenige Zeilen umfassenden Gedankensplitter waren delikate Gastgeschenke, die teilweise heftige und derbe Attacken auf den

---

8 Goethe: Glückliches Ereignis (1817), in: HA Band 10, München 1981, S. 540
9 Schiller: Brief an Goethe (2.7. 1796), in: Der Briefwechsel, 1. Band, Leipzig 1984, S. 180

Kulturbetrieb und einzelne Autoren enthielten. Erschienen sind sie in Schillers *Musenalmanach* (1796–1800). Einige Beispiele der *Xenien* seien zitiert. Unter dem Stichwort *Wissenschaft* lesen wir: „Einem ist sie die hohe, die himmlische Göttin, dem andern / Eine tüchtige Kuh, die ihn mit Butter versorgt." Und unter dem Stichwort *Ein deutsches Meisterstück* steht: „Alles an diesem Gedicht ist vollkommen, Sprache, Gedanke, / Rhythmus, das einzige nur fehlt noch: es ist kein Gedicht."

Schiller engagierte sich als Herausgeber des *Musenalmanachs*, und Goethe stand ihm mit der Herausgabe der *Zeitschrift für bildende Kunst – Propyläen* nicht nach. Diese Zeitschrift erschien zwischen 1798 und 1900 und sollte den Kunstgeschmack des Publikums bilden. Entsprechend waren in ihr Plädoyers für die Klassik und gegen die aufkommende Romantik abgedruckt, wobei sich als engste Mitarbeiter Johann Heinrich Meyer, Wilhelm von Humboldt sowie Friedrich Schiller erwiesen. Das Programm der *Propyläen* (griechisch: Vorhalle, Vorhof) konnte man bereits in der Einleitung zu diesem Periodikum in Erfahrung bringen:

> Der Mensch ist der höchste, ja der eigentliche Gegenstand bildender Kunst. Um ihn zu verstehen, um sich aus dem Labyrinthe seines Baues heraus zu wickeln, ist eine allgemeine Kenntnis der organischen Natur unerlässlich.[10]

Als besonderen Vertrauensbeweis darf man das Faktum bewerten, dass Goethe bei seiner Arbeit an *Wilhelm Meisters Lehrjahre* (erschienen 1795/96) lange Passagen von Schiller Korrektur lesen ließ und dessen Ideen und Kommentare in den eigenen Schaffensprozess mit integrierte. Schiller stürzte sich begeistert auf das Manuskript und machte Vorschläge für die Gestaltung von Charakteren und Figuren, beurteilte die situativen Momente des Romans und äußerte Anerkennung wie auch Kritik:

> Ich kann Ihnen nicht beschreiben, wie sehr mich die Wahrheit, das schöne Leben, die einfache Fülle dieses Werks bewegt … Nur ein kleines Bedenken habe ich dabei …[11]

Weit davon entfernt, auf dieses eine kleine Bedenken Schillers (dem sich viele weitere kleine Bedenken anschlossen) auch nur im Geringsten empfindlich oder gekränkt zu reagieren, antwortete Goethe wenige Tage später zustimmend und anerkennend:

> Fahren Sie fort, mich mit meinem Werk bekannt zu machen … Durch den guten Mut, den mir die neuliche Unterredung eingeflößt, belebt, habe ich schon das Schema zum 5. und 6. Buch ausgearbeitet. Wie viel vorteilhafter ist es, sich in anderen als in sich selbst zu bespiegeln.[12]

Man kann nachvollziehen, dass ein derart generöser Umgang miteinander zu gegenseitiger Steigerung der Produktivität wie auch der stilistischen und inhaltlichen Eleganz und Perfektion beigetragen hat. Beide Dichter profitierten nachhaltig vom jeweiligen Gegenüber, dem sie nunmehr ohne Vorbehalte und Rivalitäts-Empfindungen ein wert- und niveauvolles Echo bedeuteten. Jahrzehnte nach dem Tod Schillers (1805) urteilte Goethe immer noch enthusiasmiert über seinen einstigen Freund:

---

10 Goethe: Einleitung in die Propyläen (1798), in: HA 12, München 1981, S. 43
11 Schiller, F.: Brief an Goethe (2.7. 1796), in: Der Briefwechsel zwischen Schiller und Goethe, Band 1, Leipzig 1984, S. 181
12 Goethe: Brief an Schiller (7.7. 1796), in: Der Briefwechsel zwischen Schiller und Goethe, Band 1, Leipzig 1984, S. 194

Kapitel 2 · Goethe, Schiller und das Abenteuer der Freundschaft

> Nichts geniert ihn, nichts engt ihn ein, nichts zieht den Flug seiner Gedanken herab; was in ihm von großen Ansichten lebt, geht immer frei heraus, ohne Rücksicht und ohne Bedenken.[13]

Der beiderseitige Entschluss zur Freundschaft und Kooperation, den sie im Sommer 1794 jeder für sich vorbereitet und zusammen umgesetzt haben, machte sich für Schiller wie für Goethe gleichermaßen bezahlt. Beide überwanden damit ihre gegenseitigen Affekte und kompensierten ihre relative Isolation (Goethe) respektive ihre inferiore, weniger günstige Startposition als Künstler (Schiller). Diese Lösung durch Anerkennung und Freundschaft könnte man mit einem schönen Wort des Philosophen Max Scheler (1874–1928) auch als eine Art „Hinauf-Lieben" bezeichnen.

Doch nicht nur die persönliche Lebens- und Arbeitssituation von Schiller und Goethe profitierte von ihrer Freundschaft. Darüber hinaus lässt sich die enge Kommunikation und Kooperation der beiden Künstler als Voraussetzung und Nucleus dessen begreifen, worauf mit dem Begriff *Weimarer Klassik* abgezielt wird. Gemeinhin subsumiert man unter diesem Terminus die kulturellen Effekte jener wundersamen gemeinsamen Jahre von 1794 bis 1805, in denen Schiller und Goethe tatsächlich ein intellektuelles Dioskuren-Paar abgegeben haben.

Die Weimarer Klassik als gemeinsame Schaffensperiode Schillers und Goethes wird häufig mit den Namen Wieland und Herder sowie (in einer weiter gefassten Definition) mit dem gesamten Weimarer Musen-Hof in Verbindung gebracht. Als Resultate und zentrale kulturelle Projekte gelten dabei die Antworten von Schiller und Goethe sowie anderer Weimarer Künstler auf die Französische Revolution; ihre Konzepte für die evolutionäre Entwicklung von Personen und Staaten; die Überwindung von Sturm und Drang als Kultur-Epoche; ihre Modelle der Erziehung von Individuen und Sozietäten durch Literatur und Kunst; die starke Orientierung an Antike und Renaissance; ihre Wertorientierung (z. B. Toleranz, Humanität); ihre Wertschätzung von Natur (Goethe) und Geschichte (Schiller).

Wie produktiv die Zusammenarbeit zwischen Goethe und Schiller sowie ihre gegenseitige Anteilnahme am Werk und an den Projekten des jeweils anderen waren, demonstriert ein kurzer Blick auf die Publikationen, die vor allem Schiller damals zuwege brachte: 1799 konnte er *Wallenstein* beenden; 1800 stellte er *Maria Stuart* fertig; 1801 wurde *Die Jungfrau von Orleans* beendet; 1803 gelang Schiller der Abschluss der Arbeit an *Die Braut von Messina*; 1804 schließlich schloss er *Wilhelm Tell* ab. Zusätzliche Inspiration für seine spekulative und künstlerische Arbeit soll er dem Geruch fauler Äpfel in der Schreibtischschublade verdankt haben. Es war dies womöglich eine Art geistiger Kompensationsbewegung weg vom Materiell-Verwesenden hin zum Spirituell-Idealen, das ihm lebenslang ein zentrales Thema bedeutete. Noch viel wertvoller war ihm jedoch der anhaltende intellektuelle wie auch emotionale Austausch mit Goethe, der für ihn Ansporn, Echo und Korrektiv auf höchstem kulturellen und sozialen Niveau wurde – wie auch Goethe umgekehrt diese Qualitäten an Schiller überaus schätzte:

> Das günstige Zusammentreffen unserer beiden Naturen hat uns schon manchen Vorteil verschafft ... Wenn ich Ihnen zum Repräsentanten mancher Objekte diente, so haben Sie mich von der allzu strengen Beobachtung der äußeren Dinge und ihrer Verhältnisse

---

13 Eckermann, J.P.: Gespräch mit Goethe (11.09. 1828), in: Gespräche mit Goethe, Berlin 1956, S. 407

auf mich selbst zurückgeführt, ... Sie haben mir eine zweite Jugend verschafft und mich wieder zum Dichter gemacht, welches zu sein ich so gut als aufgehört hatte.[14]

Insgeheime, teilweise aber auch sehr bewusste Funktionen der Freundschaft zwischen Goethe und Schiller bestanden darin, am anderen sich selbst zu erkennen – und zwar sowohl im Sinne der Spiegelung als auch im Sinne des Differenz-Erlebens. Des Weiteren beabsichtigten beide, sich mit Hilfe des jeweils anderen anzuerkennen; und darüber hinaus erinnerten sich Schiller wie Goethe jeweils an ihre Potentialitäten und ermutigten sich gegenseitig, die ihnen gemäßen literarischen, künstlerischen und spekulativen Aufgaben anzugehen und zu bearbeiten.

Die antagonistischen Unterschiedlichkeiten, die sich bereits im Sommer 1794 bei ihrem legendären Gespräch über Erfahrung und Idee angedeutet hatten, bestätigten sich in den Jahren ihrer Freundschaft immer wieder, ohne dass sie sich im Hinblick auf ihre intellektuellen Osmose-Prozesse als sonderlich hinderlich erwiesen hätten. Viel eher induzierten die Charakter- und Lebensstil-bedingten Antagonismen produktive Spannungen zwischen den Dichtern:

Goethe verkörperte mehr das Chthonische der Natur, indes Schiller auf das Geistig-Ideale hin ausgerichtet war; Goethe bevorzugte bildhafte und atmosphärische Schilderungen, wohingegen Schiller klare Begriffe und logische Zusammenhänge suchte; Goethe kannte die Dunkelheit des Unbewussten und Dämonischen, Schiller jedoch präferierte die Helligkeit des Bewusstseins; ein hoher Wert für Goethe bedeutete die Anerkennung schicksalhafter Notwendigkeit, und im Gegenzug war Schiller vor allem vom Wert der Freiheit angetan. Goethe fühlte sich wohl in der Welt der Anschauungen und erhielt von Schiller Einführungen in idealistische Geistigkeit; und Schiller, der sich gerne in der Sphäre der Ideen bewegte (Freiheit), wurde von Goethe mit Prinzipien der realen Natur (Determinismus und Materie) konfrontiert. Kein Wunder, dass sich viele ihrer Gespräche und Auseinandersetzungen um Themen von Freiheit und Notwendigkeit, Natur und Kultur sowie Materie und Geist drehten. Beiden waren die Unterschiede der Anschauungen und Herangehensweisen bewusst, ohne diese Diversität als Übel zu begreifen, das man beseitigen müsste:

> Mein Verhältnis zu Schiller gründete sich auf die entschiedene Richtung beider auf einen Zweck, unsere gemeinsame Tätigkeit auf die Verschiedenheit der Mittel, wodurch wir jenen zu erreichen strebten.[15]

> Freundschaft kann sich bloß praktisch erzeugen, praktisch Dauer gewinnen ... Die wahre, die tätige, produktive, besteht darin, dass wir gleichen Schritt im Leben halten, dass der Freund meine Zwecke billigt, ich die seinigen, und dass wir so unverrückt zusammen fortgehen, wie auch sonst die Differenz unserer Denk- und Lebensweise sein möge.[16]

Die Freundschaft zwischen Schiller und Goethe changierte während des Jahrzehnts ihres Bestehens trotz ihrer intellektuellen und emotionalen Intensität nie in jene intime Selbstverständlichkeit, wie sie Goethe etwa mit seinem „Urfreund" Karl Ludwig von Knebel oder später mit dem Herzog Karl August und vor allem mit Carl Friedrich Zelter, dem Freund

---

14 Goethe: Brief an Schiller (6. Januar 1798), in: Briefe, HA Band 2, München 1988, S. 323
15 Goethe: Maximen und Reflexionen (1825), in: HA Band 12, München 1981, S. 471
16 Goethe: Maximen und Reflexionen (1825), in: Briefe, HA Band 2, München 1988, S. 550

Kapitel 2 · Goethe, Schiller und das Abenteuer der Freundschaft

in den letzten drei Lebensjahrzehnten Goethes, erlebt hat. Im Gegensatz zu Knebel, Karl August und Zelter, die er duzte, blieb Goethe bei Schiller stets beim Sie. Welche Bedeutung der Letztere für Goethe dennoch hatte, wird an einer Briefpassage deutlich, die der Weimarer Dichter kurz nach dem Tod seines Freundes 1805 geschrieben und an Zelter in Berlin (den er damals noch siezte) geschickt hat:

> Seit der Zeit, dass ich Ihnen nicht geschrieben habe, sind mir wenig gute Tage geworden. Ich dachte mich selbst zu verlieren, und verliere nun einen Freund und in demselben die Hälfte meines Daseins. Eigentlich sollte ich eine neue Lebensweise anfangen; aber dazu ist in meinen Jahren auch kein Weg mehr. Ich sehe also jetzt nur jeden Tag unmittelbar vor mich hin und tue das Nächste, ohne an weitere Folgen zu denken.[17]

Was heißt und zu welchem Ende suchen wir Freundschaft? – Nicht erst diese Reaktionen Goethes auf den Tod Schiller bestätigen, dass es sich bei ihrer Beziehung um eine Freundschaft gehandelt hat. Doch welche Eigenschaften und Besonderheiten lassen aus zwischenmenschlichen Verhältnissen eine Freundschaft erwachsen, und welche dieser Aspekte spielten in der Beziehung zwischen Goethe und Schiller eine maßgebliche Rolle? Hier einige knappe (historische) Antworten auf diese Fragen. Den dringenden Wunsch von Menschen nach Freundschaft hat in der Antike unter anderem Aristoteles (384–322 v.Chr.) bedacht. In seiner *Nikomachischen Ethik* lesen wir:

> Sie (die Freundschaft) ist eine Tugend oder mit der Tugend verbunden. Ferner ist sie fürs Leben das Notwendigste. Ohne Freundschaft möchte niemand leben, hätte er auch alle anderen Güter.[18]

Im Weiteren machte sich Aristoteles Gedanken, welche Voraussetzungen gegeben sein müssen, damit sich freundschaftliche Beziehungen ergeben. Die einen, so meinte er, plädieren für möglichst hohe Übereinstimmungen von Charakter und Gesinnung – Menschen von gleicher Art suchen und finden einander und stiften am ehesten Freundschaften. Aber mit ebenso guten Argumenten betonen andere, dass sich Gegensätze anziehen – die „Gleichen" seien einander allesamt feind wie Töpfer dem Töpfer". Wie dem auch sei: Aristoteles war es in der *Nikomachischen Ethik* wichtig, tatsächliche Freundschaften von jenen Beziehungen zu unterscheiden, in denen Schmeicheleien oder der Geltungstrieb die Oberhand haben – wir bezeichnen derartige Relationen heute als narzisstische Arrangements. Als Unterscheidungsmerkmal schlug Aristoteles das hohe Maß an Anerkennung vor, das in einer freundschaftlichen Beziehung vorhanden ist.

In der Spätrenaissance äußerte sich ein weiterer Experte zur Frage nach dem Wesen von Freundschaft: Michel de Montaigne (1533–1592) – Politiker, Moralist, Essayist, Skeptiker, Humanist und Autor eines einzigen Buches, den *Essais* (1580 ff.). Obwohl Montaigne nur dieses eine Buch publizierte (abgesehen von autobiographischen Reisebeschreibungen), wurde er damit aufgrund der offen-authentischen Schilderungen seines eigenen Lebens weltberühmt. Montaigne erlebte ein überzeugendes Modell von Freundschaft: seine Beziehung mit Étienne de la Boëtie (1530–1563), der zur selben Zeit wie er selbst als Gerichtsrat in Bordeaux tätig war, und der sich daneben als Gelegenheitsautor mit der *Abhandlung über die freiwillige Knechtschaft* versucht hatte. Kaum dreißig Jahre alt, starb la Boëtie an einer

---

17 Goethe: Brief an Zelter (1. Juni 1805), in: Briefe, HA Band 3, München 1988, S. 7
18 Aristoteles: Nikomachische Ethik, achtes Buch (1155a2), in: Philosophische Schriften 3, Darmstadt 1995, S. 181

Seuche. Die stattliche Bibliothek des Freundes (ca. 1000 Bände) übernahm Montaigne; sie bildete einen Großteil seiner eigenen Bibliothek im Turm von Schloss Montaigne, in den er sich zurückzog, da er „genug für andere gelebt" und den Entschluss gefasst hatte, sich fürderhin selbst zu bilden und über diesen Prozess ungeschönt Auskunft zu erteilen. Ausgehend von seiner außergewöhnlichen Beziehung zu la Boëtie definierte Montaigne Freundschaft als etwas Seltenes und Exquisites. Ein Freund sei wie ein zweites Ich, ein *alter Ego*, das zur Selbstverwirklichung der eigenen Person wesentlich beitrage:

> Bei dem, was wir gewöhnlich Freunde und Freundschaften nennen, handelt es sich allenfalls um nähere Bekanntschaften ... Bei der Freundschaft hingegen, von der ich spreche, verschmelzen zwei Seelen und gehen derart ineinander auf, dass sie sogar die Naht nicht mehr finden, die sie einte.[19]

Man kann verstehen, dass Montaigne nach dem Tode seines einzigen und idealisierten Freundes la Boëtie ähnlich reagierte wie Goethe nach dem Ableben Schillers. „Seit dem Tage, da ich ihn verlor", schrieb Montaigne in den *Essais*, „schleppe ich mich mit versiegenden Kräften dahin ... Ich war schon so gewöhnt und darin eingeübt, stets ich zu zweit zu sein, dass mich dünkt, jetzt lebte ich nur noch halb."[20] Kein Wunder also, dass weder Montaigne noch Goethe in ihrem Leben je wieder die Erfahrung derart großer Übereinstimmung und Bezugnahme zueinander machten wie bei la Boëtie respektive bei Schiller.

Um vieles skeptischer, nüchterner und pessimistischer positionierte sich im Hinblick auf die Möglichkeiten einer tatsächlichen Freundschaft Arthur Schopenhauer (1788–1860). In *Parerga und Paralipomena* (1851) und hier vor allem in den *Aphorismen zur Lebensweisheit* äußerte sich der Philosoph mehrfach zur Qualität zwischenmenschlicher Beziehungen. Wer den misanthropisch eingestellten Denker kennt, wird nicht überrascht sein, wenn er bei ihm der Ansicht begegnet, man könne auf das Schwanzwedeln eines ehrlichen Hundes bedeutend mehr geben als auf Hunderte von Freundschafts-Demonstrationen und -Gebärden der ach so lieben Zeitgenossen. Dass Schopenhauer aber bei aller Skepsis nicht in blanken Zynismus verfiel, macht eine Textstelle deutlich, wo er neben die Diagnose des unter Menschen weit verbreiteten Egoismus auch eine zarte Andeutung eventueller, wenn auch überaus seltener Freundschafts-Gefühle platzierte:

> Indessen gibt es mancherlei in der Hauptsache freilich auf versteckten egoistischen Motiven der mannigfaltigsten Art beruhende Verbindungen zwischen Menschen, welche dennoch mit einem Gran jener wahren und echten Freundschaft versetzt sind, wodurch sie so veredelt werden, dass sie ... mit einigem Fug den Namen der Freundschaft führen dürfen.[21]

Ein im übertragenen Sinne Schüler Arthur Schopenhauers war Friedrich Nietzsche (1844–1900), der sich in seiner dritten unzeitgemäßen Betrachtung mit dem Titel *Schopenhauer als Erzieher* (1874) zu ihm als wesentlichen Einfluss auf sein eigenes Denken bekannt hat. Wie so oft bei Nietzsche kam es später allerdings zu einer merklichen Distanzierung von Schopenhauer und dessen Philosophie, ohne diesen jedoch als Person und redlichen Denker zu disqualifizieren.

---

19 Montaigne: Essais (1580 ff.), Frankfurt am Main 1998, S. 101
20 Montaigne: Essais (1580 ff.), Frankfurt am Main 1998, S. 104
21 Schopenhauer, A.: Aphorismen zur Lebensweisheit, in: Parerga und Paralipomena I (1851), Zürich 1994, S. 450

Kapitel 2 · Goethe, Schiller und das Abenteuer der Freundschaft

In die Äußerungen Nietzsches über Freundschaft flossen seine Sehnsucht nach einer innigen Seelenverwandtschaft mit einem anderen Menschen ebenso mit ein wie die Enttäuschungen im Hinblick auf seine Versuche, eine solche Beziehung mit manchen seiner Zeitgenossen zu verwirklichen. Nietzsche empfand sich in seinem Dasein überwiegend als einsam und viel zu wenig gesehen und verstanden; die Schilderung eines Freundes in *Also sprach Zarathustra* darf deshalb auch als eine intensive Wunschvorstellung des Autors gelesen werden:

> Nicht den Nächsten lehre ich euch, sondern den Freund: Der Freund sei euch das Fest der Erde und ein Vorgefühl des Übermenschen. Ich lehre euch den Freund und sein übervolles Herz: Aber man muss verstehen, ein Schwamm zu sein, wenn man von übervollen Herzen geliebt sein will. Ich lehre euch den Freund, in dem die Welt fertig dasteht, eine Schale des Guten, – den schaffenden Freund, der immer eine fertige Welt zu verschenken hat.[22]

Nietzsche war jedoch viel zu sehr Realist, als dass er sich von solchen Traum- und Wunschbildern illusionär hätte in seinen Bann ziehen lassen. Aus der eigenen Biographie wie auch aus den Lebensläufen der anderen kannte er zur Genüge jene Momente der Desillusionierung und Entfremdung, die aus scheinbar unverbrüchlichen Freundschaften distanzierte Beziehungen oder sogar Feindschaften entstehen lassen. Dennoch, so Nietzsche, sei es angebracht, den ehemaligen Wert einer Freundschaft (falls denn eine Beziehung einen solchen Wert hatte) nicht in Bausch und Bogen zu desavouieren, sondern die Motive für eine Entzweiung in den jeweiligen Entwicklungswegen und -richtungen der Protagonisten zu suchen; bei zwei oder mehreren Menschen verlaufen diese nur ausgesprochen selten parallel:

> Wir waren Freunde und sind uns fremd geworden. Aber das ist recht so ... Wir sind zwei Schiffe, deren jedes sein Ziel und seine Bahn hat; wir können uns wohl kreuzen und ein Fest miteinander feiern, wie wir es getan haben ... Dann trieb uns die allmächtige Gewalt unserer Aufgabe wieder auseinander, in verschiedene Meere und Sonnenstriche ... Dass wir uns fremd werden müssen, ist das Gesetz über uns: eben dadurch sollen wir uns ehrwürdiger werden! Eben dadurch soll der Gedanke an unsere ehemalige Freundschaft heiliger werden! Es gibt wahrscheinlich eine ... Sternenbahn, in der unsere so verschiedenen Ziele als kleine Wegstrecken einbegriffen sein mögen ... So wollen wir an unsere Sternen-Freundschaft glauben, selbst wenn wir Erden-Feinde sein müssten.[23]

Ein Soziologe, der sich sowohl mit Goethe (z. B. in *Kant und Goethe – Zur Geschichte der modernen Weltanschauung*, 1906; oder in *Goethe*, 1913) als auch mit Schopenhauer und Nietzsche (z. B. in *Schopenhauer und Nietzsche*, 1907) tiefgründig auseinandergesetzt hat, war Georg Simmel (1858–1918) – wobei seine Beschäftigung mit Goethe von nicht wenigen damaligen Germanisten als ungebührliche Besitznahme des Dichters durch einen philosophierenden Soziologen und soziologisch denkenden Philosophen bekrittelt wurde.

Auch Simmel hat sich, ähnlich wie Schopenhauer und Nietzsche, mehrfach zum Thema Freundschaft geäußert, so etwa in *Soziologie der Freundschaft* (1908). Anders als in der Antike, bei Montaigne oder später in der Romantik vermochte Simmel im 20. Jahrhundert keine idealen oder totalen Freundschaften mehr zu erkennen; der Individualisierungsgrad,

---

22 Nietzsche, F.: Also sprach Zarathustra (1883-85), in: KSA Band 4, München 1988, S. 78
23 Nietzsche, F.: Die fröhliche Wissenschaft (1882), in: KSA Band 3, München 1988, S. 523 f.

so der Soziologe, habe derart zugenommen, dass ein umfängliches gegenseitiges Verständnis zur Rarität verkommen sei. Stattdessen wollte Simmel eine Zunahme sogenannt differenzierter Freundschaften erkannt haben:

> » Es scheint, dass deshalb die moderne Gefühlsweise sich mehr zu differenzierten Freundschaften neigte, d.h. zu solchen, die ihr Gebiet nur an je einer Seite der Persönlichkeiten haben ... Diese differenzierten Freundschaften ... stellen in Hinsicht der Diskretionsfrage, des Sich-Offenbarens und -Verschweigens eine völlig eigenartige Synthese dar; sie fordern, dass die Freunde gegenseitig nicht in die Interessen und Gefühlsgebiete hineinsehen, die ... nicht in die Beziehung eingeschlossen sind, deren Berührung die Grenze des gegenseitigen Sich-Verstehens schmerzlich fühlbar machen würde.[24]

Da war Nicolai Hartmann (1882–1950), nur eine Generation jünger als Georg Simmel, doch ganz anderer Meinung. Hartmann, der mit Werken wie *Ethik* (1926), *Das Problem des geistigen Seins* (1933), *Grundlegung der Ontologie* (1935) oder *Ästhetik* (1953) von sich reden machte, vertrat in Bezug auf das Thema Freundschaft durchaus Ideen, wie sie etwa die Antike oder Montaigne hätten hervorbringen können:

> » Die Gewissheit des gegenseitigen Eintretens füreinander, die stationär feste Sicherheit durcheinander, ... gegenseitige Aufrichtigkeit, Verlässlichkeit, Treue ... das ist es, was den Grundstock der Freundschaft ausmacht.[25]

Es gehörte zu den Qualitätsmerkmalen dieses Denkers, dass er Fragen der Ethik – und dazu zählte er das Thema der Freundschaft – mit einer elaborierten Axiologie (Wertlehre) zu beantworten suchte. Ähnlich wie sein philosophischer Kollege Max Scheler war Hartmann überzeugt, die diversen ethischen Konflikte und Dilemmata, in die Menschen wiederholt geraten, nicht mit Prinzipien (wie etwa mit dem kategorischen Imperativ) beantworten zu können. Vielmehr handele jedermann in Situationen von Konflikt und Entscheidung seinem inneren Werthorizont und seiner Werte-Pyramide gemäß, die ihm (oft genug unbewusst) die Richtung seines Handelns vorgeben. Hartmann unterschied niedere, hohe und höchste Werte, vitale, geistige und personale Werte und ordnete einzelne ethische Phänomene dieser Werte-Hierarchie gemäß ein; Freundschaft wurde von ihm als basal und andere ethische Phänomene und Werte (wie etwa die Liebe) fundierend definiert:

> » Der Freund ist in erster Linie der fest Glaubende, den nichts erschüttern kann, auch die Lieblosigkeit nicht. Freundschaft ist objektiver fundiert als die Liebe ... Freundschaft vollendet sich in der Liebe. Aber sie beruht nicht auf ihr.[26]

Bei derart vielen männlichen Definitions- und Beschreibungsversuchen von Freundschaft ist es an der Zeit, diesbezüglich endlich auch eine Frau zu Wort kommen zu lassen. Silvia Bovenschen (1946–2017), Essayistin, Literaturwissenschaftlerin und Roman-Autorin, erfuhr bereits als Mitte 20-Jährige, dass sie an Multipler Sklerose erkrankt war. Bovenschen ging mit bewundernswerter Souveränität und Tapferkeit mit ihrer Erkrankung um, die sie in den letzten Jahren ihres Lebens in den Rollstuhl zwang.

---

24 Simmel, G.: Psychologie der Diskretion (1906), in: Gesamtausgabe Band 8, Frankfurt am Main 1993, S. 112
25 Hartmann, N.: Ethik (1926), Berlin 1962, S. 473
26 Hartmann, N.: Ethik (1926), Berlin 1962, S. 473

Kapitel 2 · Goethe, Schiller und das Abenteuer der Freundschaft

Über Freundschaft hat Bovenschen vor allem in ihrem Buch *Über-Empfindlichkeit – Spielformen der Idiosynkrasie* (2000) nachgedacht. Idiosynkrasie lässt sich als Eigentümlichkeit oder eigentümliche Mischung übersetzen, wobei Bovenschen davon ausging, dass man die Individualität eines jeden von uns als jeweils spezifische Mischungsverhältnisse (biologische, soziale, kulturelle Einflüsse betreffend) interpretieren kann. Und so, wie es individuelle Ausprägungen einzelner Personen gibt, lassen sich auch individuelle Muster, Dynamiken und Verläufe von Freundschaften beobachten:

> Jede Freundschaft ist regiert von einer besonderen, unvergleichbaren (idiosynkratischen) Form der Sympathie. Das ist das Geheimnis ihrer Mischung. Und das ist auch der Grund dafür, dass es gefährlich ist, die Freundschaften, die wir haben, zu vergleichen oder gar vergleichend zu hierarchisieren.[27]

So sehr das Konzept der Idiosynkrasie als Charakterisierungsversuch von Freundschaft dem 21. Jahrhundert entspricht, so sehr scheinen manche Gesichtspunkte, die Bovenschen als essentiell für Freundschaften anführt, der Jahrtausende umfassenden Tradition eines philosophisch-literarischen Freundschafts-Diskurses zu entstammen. Vor allem die Bedeutung von Gespräch und Verständigung erinnert bei ihr an antike Freundschaftslehren etwa von Sokrates, Aristoteles oder Epikur:

> So ist das Gespräch das Ferment der Freundschaft … Es ist ein gemischtes Gespräch, ein einmischendes Gespräch, gleitend zwischen Erhabenem und Profanem, Öffentlichem und Privatem, Nahem und Entlegenem – und es geht der Freundschaft voraus. Wenn man feststellt, dass man befreundet ist, hat man … bereits „etliche Scheffel Salz miteinander gegessen" (Aristoteles), man hat schon viel miteinander gesprochen.[28]

Fasst man diese unterschiedlichen Freundschaftskonzepte der letzten zweieinhalb Tausend Jahre zusammen, die leicht um weitere Beschreibungen ergänzt werden könnten, lassen sich einige Charakteristika benennen, die auch im 21. Jahrhundert ihre Relevanz behalten, selbst wenn sich unter der Dominanz von Facebook die Begriffe von *friends and likes* zu wandeln scheinen.

Freundschaften im 21. Jahrhundert und im europäischen Kulturkreis könnte man daher als zwischenmenschliche Beziehungen beschreiben, die … gesellschaftlich kaum normiert sind; eigene Daseinsformen der Freunde widerspiegeln; auf Authentizität hin angelegt und mit eigener Gefühlskultur versehen sind (Idiosynkrasie); als reziproke Beziehungen die wechselseitige Anerkennung zu ihrem Ziel haben; sich als persönliche Beziehungen jenseits von Zweck und Notdurft bewegen; mit Intentionen des gegenseitigen Kennens und Verstehens versehen sind; dem Prinzip der Äquivalenz (Gaben, Tausch, Verteilung) verpflichtet sind; geprägt sind von der Spannung zwischen Nähe und Distanz und damit dem jeweils anderen Geheimnisse und Privates zugestehen.

Legt man diese Kriterien an die Beziehung zwischen Goethe und Schiller an, kann man deren Freundschaft als durchaus modern und auch für das 21. Jahrhundert modellbildend bezeichnen. Sie unterhielten eine, wie Georg Simmel es nennen würde, differenzierte Beziehung, die nicht den Anspruch der totalen Nähe, Offenheit und Intimität aufwies, sich auf Seiten und Aspekte des jeweiligen Gegenüber beschränkte, die dieses präsentieren wollte und konnte, dem anderen dessen Geheimnisse und nicht zu kommunizierenden Bereiche

---

27 Bovenschen, S.: Über-Empfindlichkeit – Spielformen der Idiosynkrasie, Frankfurt am Main 2000, S. 134
28 Bovenschen, S.: Über-Empfindlichkeit – Spielformen der Idiosynkrasie, Frankfurt am Main 2000, S. 138

seiner Person beließ und sich als dauerndes Gespräch (als Briefwechsel wie auch in Form ausführlicher persönlicher Kontakte) verwirklichte. Besonders vom letzteren Aspekt lebte ihre Freundschaft; die stete Bereitschaft beider zu vorbehaltloser Kommunikation kann als eine wesentliche Quelle ihrer künstlerischen Originalität und Produktivität verstanden werden.

Schiller wie Goethe waren sich der Qualität ihrer Freundschaft wie auch mancher Ursachen für diese stabile Beziehung bewusst und haben sie dementsprechend pfleglich behandelt. Goethe nahm in einem Brief an Siegmund August Wolfgang Herder, an einen Sohn Johann Gottfried Herders, auf die Voraussetzungen für derartige seltene Freundschaften Bezug und schrieb:

> Wenn wir immer vorsichtig genug wären und uns mit Freunden nur von einer Seite verbänden, von der sie wirklich mit uns harmonieren, und ihr übriges Wesen nicht in Anspruch nähmen, so würden die Freundschaften weit dauerhafter und ununterbrochener sein. Gewöhnlich aber ist es ein Jugendfehler, den wir selbst im Alter nicht ablegen, dass wir verlangen, der Freund solle gleichsam ein anderes Ich sein, solle mit uns nur ein Ganzes ausmachen, worüber wir uns denn eine Zeit lang täuschen, das aber nicht lange dauern kann.[29]

Literatur

1. Aristoteles: Nikomachische Ethik, in: Philosophische Schriften 3, Darmstadt 1995
2. Bovenschen, S.: Über-Empfindlichkeit – Spielformen der Idiosynkrasie, Frankfurt am Main 2000
3. Eckermann, J.P.: Gespräche mit Goethe, Berlin 1956
4. Goethe: Briefe, HA Band 1-4, München 1988
5. Goethe und Schiller: Der Briefwechsel zwischen Schiller und Goethe, Band 1, Leipzig 1984
6. Goethe: Einleitung in die Propyläen (1798), in: HA Band 12, München 1981
7. Goethe: Glückliches Ereignis (1817), in: HA Band 10, München 1981
8. Hartmann, N.: Ethik (1926), Berlin 1962
9. Montaigne: Essais (1580ff.), Frankfurt am Main 1998
10. Nietzsche, F.: Also sprach Zarathustra (1883-85), in: KSA Band 4, München 1988
11. Nietzsche, F.: Die fröhliche Wissenschaft (1882), in: KSA Band 3, München 1988
12. Schiller, F.: Briefe, Königstein/Taunus 1983
13. Schopenhauer, A.: Aphorismen zur Lebensweisheit, in: Parerga und Paralipomena (1851), Zürich 1994
14. Simmel, G.: Psychologie der Diskretion (1906), in: Gesamtausgabe Band 8, Frankfurt am Main 1993

---

29 Goethe: Brief an Siegmund August Wolfgang Herder, Dezember 1798, in: Briefe, HA Band 2, München 1988, S. 364

Goethes Farbenlehre – Geschichte eines produktiven Irrtums

Literatur – 50

Bei der Frage, mit welchen Themen und Werken sich Goethe am längsten in seinem Dasein beschäftigt hat, werden in der Regel wiederholt der Faust-Stoff, *Wilhelm Meister* sowie seine Autobiographie *Dichtung und Wahrheit* genannt. Auch hinsichtlich des Umfangs sind nicht wenige gewillt, diese Texte als die voluminösesten zu taxieren. Noch deutlich länger allerdings als mit diesen Manuskripten hat sich Goethe mit einer Problematik auseinandergesetzt, die man nicht im Bereich der Kunst, sondern in demjenigen der Wissenschaft oder besser gesagt der Naturforschung respektive Naturphilosophie ansiedeln darf: die Farbenlehre, verknüpft mit Überlegungen zur Wahrnehmung generell und zur Psychologie und Metaphysik der Farben speziell.

Ein umfangreiches Konvolut zur *Farbenlehre* publizierte Goethe erst 1810 – wohl wissend, dass dieser Text nicht sein letztes Wort in dieser Angelegenheit sein sollte. Allererste Abhandlungen zu dieser Thematik stammen schon aus dem Jahr 1769 (Goethe war damals 20-jährig); in einem Brief an Friederike Oeser stellte er tiefsinnige Reflexionen über Licht, Nacht und Dämmerung an. Weitere Betrachtungen zum Licht in Form von Überlegungen zum Phänomen farbiger Schatten notierte sich Goethe beim Abstieg vom Brocken im Winter 1777. Vor allem aber während seiner Italienischen Reise (1786–1788) war er hin und weg von der Idee, das Wesen der Farbe und der Wahrnehmung (Sehen) näher zu erkunden: Was bedeutet Farbe, was bedeutet Licht? Wie kommen die Künstler zur Farbe, und wie kommen Maler dazu, mit bestimmten Farben je eigene Effekte beim Betrachter auszulösen?

Erste Abhandlungen mit einem quasi wissenschaftlichen Anspruch zur Farbtheorie gab es von Seiten Goethes seit den 1790-er Jahren: *Beiträge zur Optik, erstes Stück* (1791); *Beiträge zur Optik, zweites Stück* (1792); *Ankündigung eines Werks über die Farben* (1791) sowie etwa 40 weitere kleine Abhandlungen zur Farbenlehre (1790 ff.). Summiert man diese und andere Arbeiten zur Wahrnehmungs- und Farbenlehre Goethes, liegt mit einem Umfang von etwa 1.300 Seiten tatsächlich das voluminöseste Werk seines gesamten Oeuvres vor. Die Frage sei daher erlaubt: Was faszinierte den Mann so nachhaltig an dieser Thematik, bei der er sich alles andere als Meriten verdiente?

Goethe nämlich erlebte bei seiner Beschäftigung mit den Farben permanent Frustrationen. Das begann schon in den 90-er Jahren, als er seine ersten Aufsätze über Farbe und Licht publizierte: Es gab entweder keinerlei Reaktion von denjenigen, die sich beruflich mit derlei Fragestellungen beschäftigen (z. B. Physiker), oder es hagelte Kritik. Nachdem die Farbenlehre 1810 komplett publiziert worden war, taten die meisten Experten sie als etwas Schrulliges ab: Goethe galt für sie als alt und zunehmend putzig – besonders, weil die in der Farbenlehre propagierten Ideen und Theorien mit der elaborierten Newtonschen Optik und Farbenlehre in keiner Weise kompatibel waren. Aller öffentlicher Kritik und Ablehnung zum Trotz meinte Goethe später jedoch zu Eckermann, dass seine Farbenlehre jene Leistung sei, worauf er eigentlich stolz ist:

> » Auf alles, was ich als Poet geleistet habe, bilde ich mir gar nichts ein. Es haben treffliche Dichter mit mir gelebt, es lebten noch trefflichere vor mir, und es werden ihrer nach mir sein. Dass ich aber in meinem Jahrhundert in der schwierigen Wissenschaft der Farbenlehre der einzige bin, der das Rechte weiß, darauf tue ich mir etwas zugute, und ich habe daher ein Bewusstsein der Superiorität über viele.[1]

Und wieder dürfen wir uns fragen: Wie kam Goethe zu dieser grandiosen Fehleinschätzung seiner Lebensleistung? Wir Heutigen sind von ihm als dem Dichter des *Faust*, der

---

1 Eckermann: Gespräch mit Goethe (19.02. 1829), in: Gespräche mit Goethe, Berlin 1956, S. 464

Kapitel 3 · Goethes Farbenlehre – Geschichte eines produktiven Irrtums

Wahlverwandtschaften, des *Wilhelm Meister* und seiner Autobiographie *Dichtung und Wahrheit* begeistert – doch keiner käme auf die Idee, ihn als den Kolumbus des Farben-Kontinents zu feiern. Er selbst jedoch war felsenfest von der Großartigkeit seiner Lehre und Richtigkeit seiner Farbentheorie überzeugt und verteidigte dieselbe rigoros nicht nur als Wissenschaft, sondern fast wie ein religiöses Dogma. Man kann verstehen, warum Albrecht Schöne seine Abhandlung über Goethes Theorie des Lichts mit dem Titel *Goethes Farbentheologie* (1987) versah. Wie man in der Religion bestimmte Wahrheiten nicht zur Disposition stellt, so wurde auch Goethe zum regelrechten Farbtheologen, der in Bezug auf seine Farbtheorie keinen Widerspruch duldete. Selbst bei seinem treuen Eckermann reagierte der Dichter allergisch, als dieser es wagte, an einer Stelle eine harmlos-kritische Frage zu den Ansichten seines Meisters zu stellen:

> Es geht mir mit meiner Farbenlehre ... gerade wie mit der christlichen Religion. Man glaubt eine Weile, treue Schüler zu haben, und ehe man es sich versieht, weichen sie ab und bilden eine Sekte. Sie (gemeint war Eckermann) sind ein Ketzer wie die anderen auch, denn Sie sind der erste nicht, der von mir abgewichen ist. Mit den trefflichsten Menschen bin ich wg. bestrittener Punkte in der Farbenlehre auseinander gekommen.[2]

Um die Hartnäckigkeit und das starre Festhalten Goethes an seinen Ideen besser einordnen zu können, tut es not, etwas auszuholen und auf den in dieser *Causa* bedeutenden Kontrapart Goethes einzugehen: auf Sir Isaac Newton (1643–1727). Newton war der bekannteste Naturforscher des 17. und beginnenden 18. Jahrhunderts und hatte den Lucasischen Lehrstuhl für Mathematik in Cambridge inne – benannt nach Henry Lucas (1610–1663), der diesen Lehrstuhl gestiftet hat. Stephen Hawking, den viele wegen seiner grandiosen Leistungen in Astrophysik (trotz seiner massiven Muskelerkrankung) kennen, saß zeitweise ebenfalls auf diesem Lehrstuhl.

Isaac Newton hatte nicht nur die Gravitationsgesetze formuliert und als erster (diesbezüglich stritt er sich mit Leibniz) in der Mathematik die Infinitesimalrechnung erfunden. Darüber hinaus publizierte er 1704 seine *Optik oder eine Abhandlung über die Reflexion, Brechung, Krümmung und die Farben des Lichtes*, mit der er eine naturwissenschaftlich konsistente Theorie des Lichts und der Farben vorlegte. Newton war ein Star der Naturwissenschaften und wurde in Westminster Abbey zu Grabe getragen – in jener Kirche, in der die Könige Englands begraben liegen. Alexander Pope erdachte einen witzig-anerkennenden Spruch für dieses Grab, der jedoch nicht umgesetzt wurde: *Nature and Nature's Laws lay hid in Night: / God said, Let Newton be! and all was Light.*

Schon der Einleitungssatz zu Newtons *Optik* verdeutlicht, mit welch wissenschaftlicher Verve er sich den Fragen nach dem Wesen von Licht und Farben widmen wollte: „Meine Absicht in diesem Buch ist nicht, die Eigenschaften des Lichts durch Hypothesen zu erklären, sondern sie mittels logischer Argumentation und durch Experimente vorzustellen und zu beweisen." Ausgehend von diesem Programm konnte Newton zeigen, dass weißes Licht, das er durch sehr kleine Öffnungen in einen dunklen Raum einfallen ließ, aus den sogenannten Spektralfarben zusammengesetzt ist. Diese Spektralfarben bestehen aus allerkleinsten Teilen, den Korpuskeln, deren Bewegungen Newton berechnete – das Licht wurde damit in Maß und Zahl exprimierbar und konnte mathematisiert werden. Diese Qualität ist notwendig, um eine befriedigend exakte Naturwissenschaft des Lichts und der Farben betreiben zu können.

---

2 Eckermann: Gespräch mit Goethe (19.02. 1829), in: Gespräche mit Goethe, Berlin 1956, S. 463

Mit seiner Berechnung von Licht und Farben gelang es Newton, die farblichen Phänomene etwa eines Regenbogens naturwissenschaftlich nachvollziehbar zu erklären. Er entwarf einen Farbenkreis, in dem er – ausgehend von seinen Experimenten und Berechnungen – verschiedene Komplementär-Farben zu einem überzeugenden Gesamtspektrum zusammenfügte; eine kohärente und die damalige Fachwelt überzeugende Theorie des Lichts war formuliert.

Und wie reagierte Goethe darauf? In seiner Farbenlehre finden sich drei große Abschnitte: ein polemischer, ein historischer, ein didaktischer. Im polemischen attackierte Goethe den englischen Physiker auf eine Art und Weise, wie man sie von ihm kaum erwartet hätte. Die Vorwürfe von Lüge und Betrug sind da noch harmlos zu nennen; an Schiller schrieb Goethe, dass es sich bei Newtons Abhandlungen um pfäffische Einfälle handele. Sein wesentlicher Vorbehalt bestand darin, dass sich Newton als Mathematiker an ein natürliches Phänomen wie die Farben gewagt hatte:

» Durch eine sonderbare Verknüpfung von Umständen ist die Farbenlehre in das Reich, vor den Gerichtsstuhl des Mathematikers gezogen worden, wohin sie nicht gehört … Es geschah … dadurch, dass ein großer Mathematiker die Farbenlehre bearbeitete und, da er sich als Physiker geirrt hatte, die ganze Kraft seines Talents aufbot, um diesem Irrtum Konsistenz zu verschaffen.[3]

Neben dem polemischen gibt es den historischen Teil, in dem Goethe bis in die Antike ausholte, um Theorien der letzten Jahrtausende zu Licht und Farben zu rekapitulieren. Viel interessanter ist der didaktische Teil, in dem er seine eigene Theorie des Lichts vorstellte. Darin beschrieb er Phänomene wie Assimilation, Helligkeitstäuschung, Komplementärfarben, Nachbilder, Kontraste-Sehen. Anhand dieser und anderer Phänomene wollte er unmissverständlich demonstrieren, wie sehr es in Newtons Erklärungssystem des Lichts Untiefen und Fragezeichen gibt, die er, Goethe, mit seiner Farbenlehre bei weitem eleganter und der Natur des Lichts entsprechend zu lösen gedachte.

Goethe ging davon aus, dass sich die Farben als ein Zusammenspiel des Hellen, des Dunklen und des Trüben ergeben. Das Helle (weiß, der Tag) und das Dunkle (schwarz, die Nacht) sind in der Regel nicht völlig pur, sondern mit Trübem gemischt vorhanden. Wenn wir Trübes vor Weißem oder Hellem sehen, verdunkelt sich das Weiß, und es entstehen die Farben gelb oder rot. Wenn wir Trübes vor Dunklem sehen, wird das Dunkle aufgehellt, und es entsteht blau bis violett – so Goethes Theorie der Farbentstehung. Doch nicht nur die Farb-Genese interessierte Goethe; mehr noch faszinierte ihn das Zusammenspiel von Farben (z. B. bei Dingen, Pflanzen, Tieren, Naturphänomenen) und dem rezipierenden Auge des Menschen:

» Die Farben sind Taten des Lichts, Taten und Leiden … Farben und Licht stehen zwar untereinander in dem genauesten Verhältnis, aber wir müssen uns beide als der ganzen Natur angehörig denken: denn sie ist es ganz, die sich dadurch dem Sinne des Auges besonders offenbaren will.[4]

Unser Auge, meinte Goethe, sei so gebaut, dass es Licht-Phänomene erkennen kann. Im Laufe von vielen Jahrzehntausenden habe es sich derart entwickelt, dass es für Farben empfänglich wurde – wobei das Licht als Stimulus für diesen Prozess gedacht werden muss:

---

3   Goethe: Vorwort zur Farbenlehre (1810), in: HA Band 13, München 1981, S. 328
4   Goethe: Vorwort zur Farbenlehre (1810), in: HA Band 13, München 1981, S. 315

> Das Auge hat sein Dasein dem Licht zu verdanken. Aus gleichgültigen tierischen Hilfsorganen ruft sich das Licht ein Organ hervor, das seinesgleichen werde, und so bildet sich das Auge am Lichte fürs Licht, damit das innere Licht dem äußeren entgegentrete.[5]

Man sieht: Goethe war durchaus bereit, seine Theorien ebenfalls in einen konsistenten Rahmen einzustellen, der jedoch von deutlich mehr Poesie und erzählerischen Elementen geprägt war als derjenige von Newton. So lesen wir im Vorwort zu Goethes Farbenlehre: „Wär nicht das Auge sonnenhaft, / Wie könnten wir das Licht erblicken? / Lebt nicht in uns des Gottes eigne Kraft, / Wie könnt uns Göttliches entzücken?"

Neben der Physiologie des Farbensehens (visuelle Wahrnehmung) entwickelte Goethe in seiner Farbenlehre vor allem eine Psychologie der Farbempfindungen. Anders als bei Newton, der naturwissenschaftliche Physik des Lichts und der Farben betrieben hat, begegnet uns bei Goethe ein System der Physiologie und mehr noch der Psychologie der Farben. So begeisterte sich der Dichter beispielsweise an der Farbe Purpur, die er als höchste aller Farb-Erscheinungen feierte, und der er die Qualitäten von Würde, Ernst und Anmut attestierte. Außerdem ordnete er die Farben einer Plus- oder Minusseite zu:

> Die Farben von der Plusseite sind Gelb, Rotgelb (Orange) und Gelbrot (Mennig, Zinnober). Sie stimmen regsam, lebhaft, strebend (§ 764). / Die Farben von der Minusseite sind Blau, Rotblau und Blaurot. Sie stimmen zu einer unruhigen, weichen, sehnenden Empfindung (§ 777). / Blau ist als Farbe eine Energie; allein sie steht auf der negativen Seite und ist in ihrer höchsten Reinheit gleichsam ein reizendes Nichts. Es ist etwas Widersprechendes von Reiz und Ruhe im Anblick (§779).

Solche Worte und Beschreibungen findet man bei Newton mitnichten – bei Goethe jedoch wiederholt. Man kann unter anderem anhand dieser poetischen Sprache besser verstehen, was der Dichter mit seiner Farbenlehre bezweckte. Ausgehend von seiner Theorie des Lichts und dessen Wahrnehmung entwickelte Goethe nämlich eigene Vorstellungen, wie die Wissenschaften nicht nur der Farben, sondern der Natur ganz generell beschaffen sein und forschend vorgehen sollten: auf keinen Fall so, wie Newton es tat!

Goethe war skeptisch in Bezug auf die Mathematisierung der Natur. Newtons Berechnungen der Spektralfarben waren ihm zutiefst suspekt, und er weitete seine Skepsis auf analytisch-wissenschaftliche Vorgehensweisen generell aus, bei denen komplexe Phänomene auf stets kleinere Einheiten heruntergebrochen und untersucht werden. Maß und Zahl und damit *Quantitäten* waren seiner Meinung nach völlig untauglich, *Qualitäten* der Natur zu erfassen und abzubilden.

Ebenfalls als Sakrileg erachtete es Goethe, dass Newton und mit ihm die immer größer werdende Schar der Naturwissenschaftler im 19. Jahrhundert das forschende Subjekt und damit die Subjektivität aus ihren Experimenten und Untersuchungskonstellationen verbannen wollten. Bei Newton sollte der Untersucher möglichst aus dem Experiment subtrahiert werden, so dass die Farben, die Spektralfarben, das Licht ungestört im Mittelpunkt stehen konnten. Diese von den individuellen Personen abgesonderten Experimente ärgerten Goethe sehr, besonders, wenn sich zwischen dem Forscher und seinem Objekt komplizierte Apparaturen der Beobachtung schoben. Der größte und genaueste physikalische Apparat, den es geben kann, ist der Mensch selbst – so war Goethes Überzeugung. Wir haben doch exzellente Augen und Ohren – wozu dann diese Apparaturen, die uns von der Natur entfremden und distanzieren?

---

5   Goethe: Vorwort zur Farbenlehre (1810), in: HA Band 13, München 1981, S. 323

Goethe wollte den Forscher als Subjekt im Experiment möglichst nahe an den jeweils zu beforschenden Phänomenen wissen. Aus mitleidend-solidarischen Empfindungen heraus empfand er es als eine Zumutung für das Licht, durch (wie bei Newtons Experimenten geschehen) eine kleine Öffnung gezwängt zu werden – dies laufe auf eine regelrechte Vergewaltigung des Lichts, der Farben und vieler anderer Naturphänomene hinaus! Jahre später schrieb Goethe in *Wilhelm Meisters Wanderjahre* (Betrachtungen im Sinne der Wanderer) vom Ideal der zarten Empirie, welche den Wissenschaftler auszeichne: „Es gibt eine zarte Empirie, die sich mit dem Gegenstand innigst identisch macht und dadurch zur eigentlichen Theorie wird. Diese Steigerung des geistigen Vermögens aber gehört einer hochgebildeten Zeit an."[6] Verglichen mit dieser zarten Empirie benahm sich Newton für Goethe geradezu grobianisch und barbarisch.

Des Weiteren plädierte Goethe dafür, Naturphänomene als solche auf sich wirken zu lassen und sich nicht permanent auf die Suche nach irgendwelchen Gesetzmäßigkeiten zu begeben, die sich in oder hinter den Phänomenen verbergen sollten: „Das Höchste wäre, zu begreifen, dass alles Faktische schon Theorie ist. Die Bläue des Himmels offenbart uns das Grundgesetz der Chromatik. Man suche nur nichts hinter den Phänomenen; sie selbst sind die Lehre."[7] Solche Gedanken lassen Goethe schon Jahrzehnte vor Edmund Husserl (dem Begründer der Phänomenologie) als einen Vorläufer und frühen Vertreter dieser philosophischen Richtung erscheinen.

Ebenfalls anders als bei Newton und auch im 21. Jahrhundert trat Goethe für eine strikte Trennung von Mathematik einerseits sowie Physik, Chemie und Biologie andererseits ein. Physik bedeutete für ihn die Kunde von der Natur, und diese Natur sollte von Naturforschern und Naturwissenschaftlern liebend, verehrend, fromm, ehrfürchtig betrachtet und umsorgt werden. Hingegen gehe es den Mathematikern laut Goethe nicht um den Inhalt der Natur, sondern um deren Form. Mathematik sei, so schreibt er an einer Stelle, der Rhetorik vergleichbar, und Newton sei ein typischer Mathematiker, der sich aus Versehen (und damit zum großen Schaden seiner Theorie) um die physikalischen Inhalte von Licht und Farben gekümmert habe.

Fasst man die Gedanken, Konzepte und Kritikpunkte Goethes aus seiner Farbenlehre zusammen, entsteht der Eindruck, dass es ihm dabei nicht nur um das Wesen von Licht und Farben zu tun war. Diese wollte er zwar durchaus in seinem Verständnis dem Leser nahebringen; doch dazu hätte es womöglich nicht 1.300 Seiten Manuskript sowie ein gehöriges Maß an Leidenschaft und Affekt (besonders Newton gegenüber) bedurft.

Worum es Goethe in der Farbenlehre noch viel mehr ging, war eine Klärung des Verhältnisses der Menschen zur Natur – ein Verhältnis, das er an den Wissenschaften von der Natur exemplifizieren und modellhaft in seinem Sinne entwickeln wollte. Der forschend-wissenschaftliche Zugang zur Natur sollte Goethe zufolge ein poetischer sein, wobei dieser Begriff aus dem Griechischen stammt und ursprünglich so viel wie Erschaffung (*poiesis*) bedeutete.

Was Goethe vorschwebte, war ein Umgang mit der Natur, der dieselbe „schafft" und nachbildet und sie gerade nicht in Einheiten zerkleinert; sie betrachtet, anstatt in sie einzudringen; sie in ihrer erhabenen Schönheit und Vulnerabilität wahrnimmt und achtet; ihre Gesetzmäßigkeiten ahnt und als Modell für die eigene Lebensgestaltung ernstnimmt; sich mit ihr grundlegend identifiziert und ihre Entseelung und Entleibung (Vergeudung, Missbrauch, Zerstörung, Achtlosigkeit) nicht zulässt; sie als Verlängerung des eigenen Organismus und

---

6   Goethe: Wilhelm Meisters Wanderjahre (1829), in: HA Band 8, München 1981, S. 302

7   Goethe: Wilhelm Meisters Wanderjahre (1829), in: HA Band 8, München 1981, S. 304

Kapitel 3 · Goethes Farbenlehre – Geschichte eines produktiven Irrtums

diesen als Verlängerung der Natur begreift; sie als Freund und Heimat des Menschen und als Teil von Mutter Erde (Gäia-Prinzip) ansieht. Eine Natur-Wissenschaft unter solchen Kautelen nähert sich – wie Goethe es in der Geschichte der Farbenlehre gefordert hat – merklich der Kunst an:

> So müssen wir uns Wissenschaft notwendig als Kunst denken, wenn wir von ihr irgendeine Art von Ganzheit erwarten … Um aber einer solchen Forderung sich zu nähern, müsste man keine der menschlichen Kräfte bei wissenschaftlicher Tätigkeit ausschließen: Die Abgründe der Ahndung, ein sicheres Anschauen der Gegenwart, mathematische Tiefe, physische Genauigkeit, Höhe der Vernunft, Schärfe des Verstandes, bewegliche, sehnsuchtsvolle Fantasie, liebevolle Freude am Sinnlichen.[8]

Eine derartige Natur-, Welt- und Lebensanschauung wäre überlegenswert nicht nur für (Lebens)-Künstler, sondern auch für (Natur)-Wissenschaftler. Sie gesteht der Natur, dem Kosmos und dem Leben Dimensionen von Sinn, Wert und Bedeutung zu und verhindert damit, alles, was wir erleben und in den Wissenschaften untersuchen, auf das Prokrustes-Bett der Mathematik und damit von Maß und Zahl zu zwingen. Obwohl sich die Farbenlehre Goethes bezüglich der physikalischen Vorstellungen ihres Autors als Irrtum herausgestellt hat, besitzt sie auch zwei Jahrhunderte nach ihrem Erscheinen im Hinblick auf ihre Farb-Psychologie, viel mehr aber noch im Hinblick auf die ihr zugrundeliegende Welt-, Natur- und Lebensanschauung und die daraus abgeleitete Idee von (Natur)-Wissenschaft unbestritten hohen Wert. Goethes Farbenlehre ist recht verstanden eine Lebenslehre, geprägt von Solidarität, Sorge und Mitgefühl mit allem, was lebendig ist, und von der Idee, dass sich Menschen mit der Natur heimisch fühlen und sich entsprechend in ihr einrichten könnten.

Über ein Jahrhundert nach Goethes Farbenlehre publizierte der erwähnte Edmund Husserl (1859–1938) seine Schrift *Die Krisis der europäischen Wissenschaften und die transzendentale Phänomenologie* (1934). Husserl beabsichtigte mit diesem Text Ähnliches wie Goethe: Auch ihm war es ein zentrales Anliegen, die Entfremdung vieler Menschen von dem, was er Lebenswelt nannte, zu benennen und wenn irgend möglich zu reduzieren. Husserls Begriff der Lebenswelt und Goethes Begriff der Natur entsprechen sich teilweise, und über den Terminus der Lebenswelt wie auch über das vorsichtig-subtile, betrachtend-schauende Vorgehen in der Phänomenologie haben einige Gedanken Goethes zum Umgang mit Natur und Leben sowie zum Wesen von Licht und Farben, zu Wahrnehmung und Empfindung doch Eingang in die wissenschaftliche Debatte des 20. Jahrhunderts gefunden.

Die Überschrift dieses Kapitels suggeriert, dass Goethes Farben- und Wahrnehmungslehre mit einigen Irrtümern durchsetzt war; worin sie bestanden, haben wir soeben rekapituliert. Dass es zumindest partiell fruchtbare Irrtümer waren, welche die Tiefenpsychologie und Anthropologie in den letzten Jahrzehnten zu interessanten Überlegungen provozierten, soll an den Wahrnehmungstheorien einiger phänomenologisch orientierter Ärzte und Philosophen demonstriert werden. Wir beginnen mit Erwin Straus (1891–1975), der eine Weile in Berlin als Psychiater arbeitete, bevor ihn die nationalsozialistischen Verhältnisse (er war jüdischer Abstammung) ins Exil in die Vereinigten Staaten von Amerika vertrieben. Zuvor hatte er 1935 noch in Deutschland sein Buch *Vom Sinn der Sinne* veröffentlicht, das sich als sein Hauptwerk herausstellen sollte. 20 Jahre später publizierte er in den USA eine veränderte zweite Fassung dieses Werks, aus der wir zitieren.

---

8   Goethe: Geschichte der Farbenlehre (1810), in: HA Band 14, München 1981, S. 41

Wendet man sich dem Thema der menschlichen Sinne zu, denkt man meist an Organe wie Auge, Nase, Ohr, Zunge und Haut, die das biologische Fundament der Sinnestätigkeit und -wahrnehmung darstellen. An diesen Organen und den dazugehörigen Anteilen des zentralen und peripheren Nervensystems kann man zeigen, wie ein physikalischer Reiz – ein Lichtstrahl oder ein Ton – auf spezielle und sensible Zellen trifft, für elektrische und chemische Veränderungen sorgt und dazu beiträgt, an verschiedenen Stellen des Gehirns (Seh-Rinde, Hör-Rinde) Aktivitäten auszulösen, die als komplexe Bilder oder Tonfolgen erlebt werden.

In den letzten Jahrzehnten haben Physiologen, Neuroanatomen und klinische Disziplinen der Medizin – Augenärzte, HNO-Ärzte, Haut-Ärzte, Schmerztherapeuten, Neurologen – viele faszinierende Details der menschlichen Sinnestätigkeit ans Licht gehoben. Diese biologischen und physiologischen Befunde sollen trotz ihrer glänzenden Erkenntnisse hier nicht zur Debatte stehen; vielmehr heben wir auf Goethes Gedanken aus seiner Farbenlehre ab, dass Sinnesaktivitäten beim Menschen (Empfindungen, Wahrnehmungen, bei Goethe häufig als visuelle Aktivität erörtert) jeweils Sinn, Wert und Bedeutung aufweisen.

Dies entsprach auch der Grundüberzeugung von Erwin Straus. Ihm zufolge geht man grundsätzlich fehl, wenn man den Körper des Menschen mit einer Maschinen-Metapher zu begreifen sucht. Zwar gibt es beim Sehvorgang manche Ähnlichkeiten zwischen dem Auge (Retina, Seh-Nerv und Seh-Rinde) und mechanisch-optischen Apparaturen; nicht zufällig greifen Augenärzte auf viele Erkenntnisse aus der optischen Physik zurück, um Patienten korrekt zu diagnostizieren und zu therapieren. Bei allen diesen Analogien bestehen jedoch auch gravierende Unterschiede, auf die Straus mehrfach und entschieden hinwies.

Zugegebenermaßen treffen optische, akustische, olfaktorische (den Geruchssinn betreffende), gustatorische (den Geschmack betreffende) oder taktile Reize der Umwelt auf entsprechende Rezeptoren des Körpers und werden über Nervenzellen zum Zentralnervensystem geleitet, wo sie verarbeitet, archiviert und mit vegetativen und motorischen Reaktionen des Organismus beantwortet werden. Diese Verarbeitung, Archivierung, Beantwortung geschieht jedoch merklich different zu photomechanischen Ablichtungen, Tonaufnahmen oder Bewegungsmeldern. Das Gehirn ist kein Organ, das lediglich zwischen Reiz und Reaktion, Input und Output vermittelt – es ist vielmehr ein Mittler zwischen physikalischer und erlebter Welt, ein Organ der Transformation und nicht lediglich der Transmission:

> » Das Gehirn ist ein Organ im ursprünglichen Sinn des Wortes. Die Griechen haben die Glieder des Leibes Organe, also Werkzeuge genannt. Das Werkzeug vermittelt zwischen dem Menschen und dem natürlichen Geschehen. In einem ähnlichen Sinn vermittelt das Auge oder das Nervensystem zwischen dem physikalischen Geschehen und der dem erlebenden Wesen erscheinenden Welt. Atomares Geschehen zusammenfassend, lässt es die großen stabilen Ordnungen erstehen, in denen Tier und Mensch sich orientieren und orientierend handeln.[9]

Wenn wir von den menschlichen Sinnen sprechen, fallen uns rasch die oft zitierten fünf Sinne ein: Sehen, Hören, Riechen, Schmecken und Tasten. Diese Sinnesqualitäten werden eingeteilt in Nah- und Fernsinne: Riechen, Tasten und Schmecken zählen zu den Nah-, Sehen und Hören zu den Fernsinnen. Bei Ersteren müssen Menschen in engen Kontakt mit ihrer Welt kommen, um etwas wahrzunehmen; bei den Letzteren gelingt die Wahrnehmung auch auf einige Distanz hin. Neben diesen Sinnen wurden schon seit geraumer Zeit weitere

---

9   Straus, E.: Vom Sinn der Sinne (1935/56), Berlin 1978, S. 189

Sinnesqualitäten beim Menschen beschrieben: der Gleichgewichtssinn, die Tiefensensibilität oder Propriozeption, der Temperatursinn sowie die Schmerzempfindung. Außerdem attestiert man manchen Menschen einen sechsten Sinn, um damit zum Ausdruck zu bringen, dass die Betreffenden angeblich etwas Übersinnliches wahrnehmen oder spüren. Auf keinen Fall übersinnlich sind jedoch der Magnetsinn oder auch die Empfindung von elektrischen Feldern, die man bei einzelnen Tierarten nachgewiesen hat.

Die Einteilung in Nah- und Fernsinne verweist auf psychologische und soziale Bedeutungen. Vor allem die Nahsinne werden beim Erleben und bei der Gestaltung intimerer zwischenmenschlicher Beziehungen aktiviert, wobei parallel mit den Sinneswahrnehmungen stets auch eine emotionale Tönung entsteht. Dementsprechend häufig nehmen Menschen in sprichwörtlichen Redewendungen auf Riech-, Schmeck- und Tast-Organe Bezug, um ihre Emotionen sowie Zu- oder Abneigung im Kontakt mit ihren Mitmenschen auszudrücken.

Erwin Straus unterschied pathische (passiv sich ereignende) und gnostische (erkennende) Aspekte sinnlicher Wahrnehmung: Beim Hören, Riechen und Schmecken überwiege der pathische Anteil, wohingegen das Sehen dem Pol des Gnostischen zugeordnet sei. Der taktile Sinn enthalte beide Qualitäten; Menschen greifen und können dadurch etwas begreifen (gnostisch), oder sie berühren und werden dadurch berührt (pathisch). Daneben könne man analytische (Sehen) und synthetische (Hören) sowie permanente und momentane Sinneseindrücke diskriminieren.

Viele Sinneseindrücke sind auf vorsprachlicher Ebene angesiedelt. Vor aller Benennung erleben Menschen also Empfindungen, die ihre Verhaltensweisen und Stimmungen beeinflussen, ohne dass sie sich ihrer bewusst werden. Der Einzelne kommuniziert sympathetisch mit seiner Welt, ohne dass er auf Begriffe zurückgreift. Er erlebt sinnlich-leibhaftig Zustände ohne Distanz zu Dingen, Verhältnissen oder Mitmenschen um ihn her; die Kategorien von innen und außen sind außer Kraft gesetzt: „Im sinnlichen Erleben trennt uns kein Rahmen vom Gegenstand; es ist ein und dieselbe Welt, die uns und das *Andere* umfasst."[10]

Auf der Ebene sympathetischer Kommunikation gibt es für den Menschen Lockendes oder Schreckendes, dem er sich annähert, mit dem er sich vereinigt oder von dem er sich entfernt. Empfindungen sind immer mit Bewegungen verknüpft, die sich zum Beispiel als Begehren, Abscheu oder Flucht beschreiben lassen. Diese Elementarreaktionen beziehen sich weder auf Vergangenheit noch Zukunft; sie sind auf den aktuellen Zustand oder – in den Worten von Straus – auf den präsentischen Raum und die präsentische Zeit ausgerichtet.

Von den Empfindungen unterschied Straus die Wahrnehmungen. Diese sind bewusst und werden sprachlich mit Anderen (Gespräch) oder im betreffenden Individuum (Selbstgespräch, Denken) kommuniziert. Der Wahrnehmende erlebt sich nicht mehr vollständig eingelassen ins sympathetische Feld seiner Eindrücke; im Prozess der Wahrnehmungen wird er zu einem erkennenden und nicht selten distanzierten Gegenüber von Mitmensch, Welt und Kultur:

> » Die Wahrnehmung bedarf wie alle Erkenntnis eines allgemeinen objektiven Mediums. Die Wahrnehmungswelt ist eine Welt von Dingen mit festen und veränderlichen Eigenschaften in einem allgemeinen objektiven Raum und einer allgemeinen objektiven Zeit. Der Raum der Empfindungen verhält sich zum Raum der Wahrnehmungswelt wie die Landschaft zur Geographie.[11]

---

10 Straus, E.: Ästhesiologie und Halluzinationen (1949), in: Psychologie der menschlichen Welt, Berlin 1960, S. 246

11 Straus, E.: Vom Sinn der Sinne, a. a.O., S. 334

Anhand vieler Beispiele (von der Psychopathologie bis zur Dichtung und Kunstmalerei) beschrieb Straus Unterschiede zwischen landschaftlichem und geographischem Raum sowie den korrespondierenden zeitlichen Daseinsweisen. In Landschaften sind Menschen eingelassen, von einem Horizont umgeben; Raum und Zeit erleben sie präsentisch und subjektiv. Distanz dazu in Form eines ordnenden Überblicks ist nur möglich, wenn sie eine geographische Perspektive einnehmen, die mit objektiven und messbaren Raum- und Zeitangaben assoziiert ist.

Sinneseindrücke lösen beim Menschen also oft Wahrnehmungen, immer aber Empfindungen und Emotionen aus, die in der Regel so eng miteinander gekoppelt sind, dass Wahrnehmen, Empfinden und Fühlen ins eins fallen. Vorstellungen, Erinnerungen, Fantasien, Wünsche und Emotionen aller Art begleiten unsere Wahrnehmungen, ohne dass wir die einzelnen Elemente voneinander separieren könnten; die Sinnesorgane können wir deshalb zumindest indirekt auch als Organe des Fühlens und Erlebens bezeichnen.

Eine zweite Bedeutung von Sinnesorganen und der Sinne ist mit der ersten eng assoziiert. Vermittelt über unsere Sinne kommunizieren wir mit den Mitmenschen und der Umwelt, und nur über unsere Sinnesorgane sind wir im sozialen Nexus verankert und beheimatet. Die Sinnesorgane – so drückte dies der französische Philosoph Maurice Merleau-Ponty (1908–1961) aus – verankern uns regelrecht in der Welt. Dies lässt sich schon bei kleinen Kindern und sogar bei noch nicht Geborenen nachweisen. Man weiß, dass Feten bereits Wochen vor ihrer Geburt hören und Geräusche diskriminieren. Dabei nehmen sie vor allem den mütterlichen Herzschlag wahr, der in seinem Rhythmus und seiner Regelmäßigkeit auf sie entweder beruhigend oder aber beunruhigend wirken kann. Auch nach der Geburt legen kleine Kinder nicht selten großen Wert darauf, stets in Hör- oder Sehweite ihrer Eltern oder Erzieher zu sein. Aus vielen Konstellationen ist überliefert, dass Kinder zwar zu Bette gehen, dabei jedoch Türen geöffnet bleiben sollen, damit die Erwachsenen noch gehört werden können; die auditive Nabelschnur wird so noch eine Weile aufrecht erhalten.

Umgekehrt kann das Gehör der Eltern ebenfalls als außerordentlich soziales, auf die Kinder hin orientiertes Organ interpretiert werden. Viele Mütter berichten, dass sie während der ersten nachgeburtlichen Monate selbst im Schlaf das Schreien ihres Babys vernehmen, obwohl sie durch anderen Lärm nicht geweckt werden. Hierbei haben wir es mit einer sozialen Funktion des Gehörs und einer Selektion des Gehörten zu tun.

Dass die Sinnesfunktion des Hörens soziale Haltungen des Hörenden umfasst und nach sich zieht, wird an Begriffen wie Hinhören, Gehorsam und Hörigkeit deutlich. Jedes Hören gelingt nur als Hinhören in Form von Ausrichtung auf das und Zuwendung zum Gegenüber. Wer sich innerlich oder äußerlich abwendet und wer narzisstisch in sich verfangen bleibt, übt sich dagegen in der Kunst des Weghörens und Missverstehens. Hinhören ist ein Akt der Kooperation und Beziehungsaufnahme. In diesem Zusammenhang kennt unsere Sprache schon lange das Wort des Gehorsams oder des Gehorchens. Allgemein gilt es als ausgemacht, dass nur jener gehorchen kann, der auf andere hört. Eventuell besteht aber auch das umgekehrte Verhältnis, dass nur jener gut hören kann, der gelernt hat, zu gehorchen.

Gehorchen meint in unserem Zusammenhang nicht das unkritische Akzeptieren autoritärer und verdummender Strukturen und Institutionen oder das Befolgen von Imperativen, deren Sinn und Bedeutung nicht gekannt oder als unsinnig eingeordnet wird. Vielmehr geht es um ein Hören auf die Stimmen von Vernunft, Aufklärung und Humanität sowie von Mitmenschlichkeit und Solidarität. Wer als Kind gelernt hat, auf derlei Stimmen zu hören, wird als Erwachsener über die Fähigkeit verfügen, bei sich und anderen die Stimme des Maßes und der Vernunft wahrzunehmen und ihr gemäß zu urteilen und zu handeln.

Kapitel 3 · Goethes Farbenlehre – Geschichte eines produktiven Irrtums

Wie groß die Gefahr ist, dass das Hören-Auf … zu Abhängigkeit und Unfreiheit führt, kommt in dem Begriff der Hörigkeit zum Ausdruck. Dieser Terminus meint eine Form der Beziehungsgestaltung, die am ehesten als Unterwürfigkeit und devotes Gehorchen charakterisiert werden kann. Hier wird das Hören-Auf … zum Autonomieverlust sowie zur Aufgabe von Eigenverantwortung pervertiert; besonders im Bereich sexueller Hörigkeit werden mit diesem Gehorsam die eigentümlichsten Sexualpraktiken begründet. Hörig ist, wer dem anderen so viel Macht über sich zugesteht, dass er letztlich ihm gehört.

Eine interessante Spielart des Zuhörens ist das Hören mit dem dritten Ohr. Dieser Ausdruck stammt von Friedrich Nietzsche und wurde von dem Psychotherapeuten Theodor Reik als Überschrift für sein Buch *Hören mit dem dritten Ohr – Die Innere Erfahrung eines Psychoanalytikers* (1948) verwendet. Beide Autoren wollten damit das Phänomen beschreiben, dass kundige und hellhörige Menschenkenner den Äußerungen ihrer Zeitgenossen viel mehr Informationen entnehmen können, als diese bewusst mitteilen. Insbesondere für die Wahrnehmung unbewusster oder sehr dezent angedeuteter Verlautbarungen der Mitmenschen braucht es das Organ des „dritten Ohres". Dieses Organ, das nicht bei allen vorhanden oder ausgebildet ist, sammelt Informationen, indem es z. B. auf den Tonfall, die Sprachmelodie, das Räuspern, Hüsteln, Lachen, Stöhnen oder auch auf Lücken und Pausen im Dialog mit dem Gegenüber achtet.

Was soeben für das Hören ausgeführt wurde, gilt analog auch für das Sehen. Wir schauen nicht einfach wahllos in die Welt hinein und wundern uns über das Gesehene; vielmehr wenden wir uns Motiven oder Ereignissen zu, um daran etwas zu entdecken oder zu erkennen. Diese Eigenschaft des Bewusstseins, welche die Aktivität der Sinnesorgane und des ganzen Wahrnehmungsprozesses beeinflusst, nennt man Intentionalität. Menschliches Erleben und Wahrnehmen ist stets intentional, ausgerichtet auf bestimmte Themen, Fragen und Motive.

Das interessanteste Motiv der Welt sind die Mitmenschen. Unsere Blicke suchen normalerweise stets die Mitmenschen, um uns an ihnen zu orientieren, von ihnen Echo zu erhalten oder auch, um ihnen Echo zu geben. Ähnlich wie das Gehör stellt auch der Gesichtssinn ein soziales Phänomen dar. Diese Aspekte des Sehens und Blickens hat Jean-Paul Sartre (1905–1980) intensiv bedacht. In *Das Sein und das Nichts* (1943) beschrieb er soziale und interpersonelle Konsequenzen gegenseitiger Blicke. Er erläuterte, wie sich Personen, sobald sie erblickt werden, nicht mehr als Subjekte, sondern als Objekte erleben und in diesem Moment bemerken, dass sich irgendwo ein anderes Subjekt befinden muss, das sie erblickt.

Der Blickende dominiert nach Sartre die Situation; er ist das Subjekt im Zentrum seiner Welt, und der andere, der Erblickte, wird zum Objekt, das durch den Blick an die Peripherie der Welt gerückt wird. Sartre legte in den Blick des Menschen Qualitäten wie Dominanz, Macht, Herrschaft und Überlegenheit; dem Erblickt-Werden hingegen ordnete er Unterlegenheit und Objektiviert-Werden zu. Was er zu wenig beschrieben hat, sind verliebte oder liebende Blicke, mit denen sich zwei Menschen anerkennen, ohne einander beherrschen und unterwerfen zu wollen. Doch Sartre hatte Recht, wenn er betonte, dass die Sinnesfunktion des Sehens mit sozialen Funktionen wie Urteilen, Taxieren, Einordnen, Anerkennen, Entwerten und Objektivieren der Mitmenschen assoziiert ist. Mittels unserer Blicke regulieren wir weite Bereiche unseres Soziallebens – ein Faktum, das sich in vielen Redewendungen niedergeschlagen hat; man denke an die Blicke, die töten könnten, an den verklärten oder verzerrten Blick oder auch an den kalten, herzlosen, zynischen, gleichgültigen Blick.

Ein analoges Wahrnehmungsorgan wie das dritte Ohr postulierte für das visuelle System Antoine de Saint-Exupéry (1900–1944): „Man sieht nur mit dem Herzen gut!" Der Dichter wollte damit zum Ausdruck bringen, dass eine lediglich physiologische Verarbeitung von

Sinnesreizen kaum je zu verlässlichen Urteilen und Orientierungen im Rahmen des Soziallebens führt. Hierfür braucht es ein Sehen, Wahrnehmen und Empfinden, das Emotionales sowie die Werthorizonte an den Mitmenschen ins Visier nimmt.

Weiter oben wurden die Nah- von den Fernsinnen unterschieden. Beim Menschen lässt sich beobachten, dass er in seiner Entwicklung eine Veränderung im hauptsächlichen Gebrauch seiner Sinne aufweist. Babys und Kleinkinder greifen bevorzugt auf die Nahsinne zurück, um sich in der Welt zu orientieren; bei ihnen sind Tasten, Greifen, Spüren, Riechen und Schmecken die dominanten sinnlichen Wahrnehmungsmodalitäten. Beim heranwachsenden Kind und mehr noch beim Erwachsenen schieben sich Hören und Sehen in den Vordergrund. Dies liegt einerseits am aufrechten Gang und den vermehrten Möglichkeiten, in der Ferne etwas wahrzunehmen. Andererseits erfordert die Kultureinfügung von Individuen die Akzeptanz und zunehmende Übung der Fernsinne.

So ist das Fundament unserer Kultur, die Sprache, daran geknüpft, dass Kinder und Schüler hören und sehen können. Wer nicht hört, erlernt die gesprochene Sprache nicht oder nur rudimentär, und wer nicht sieht, erleidet ein analoges Schicksal in Bezug auf die Schrift. Der Zeichen- und Symbolgebrauch bedeutet das Fundament des Hineinwachsens in eine Kultur, und wir werden nur dann *animal symbolicum* (Ernst Cassirer), wenn uns Hören und Sehen nicht vergeht, sondern im Gegenteil Freude macht. Dies liegt am Charakter und Aufbau unserer Kultur. Anders als in manchen archaischen Kulturen mit geringem Abstraktionsgrad von Zeichen und Symbolen dominieren in unserer Kultur jene Bereiche, die außerordentlich viele abstrakte Zeichen und Symbole verwenden. Philosophie, Kunst, Wissenschaften, Rechtssysteme, Wirtschaft können in Bezug auf ihre Aussagen, Erkenntnisse und Methoden in der Regel nicht ertastet, gerochen, geschmeckt werden – sie müssen sehend und hörend erfasst und verstanden werden. Vorrangig bei den Fernsinnen kann man daher neben den sozialen auch kulturelle Funktionen beschreiben. Der Sinn dieser Sinne liegt in der Vorbereitung und Verwirklichung von Kultureinfügung; man kann sie als funktionstüchtig bezeichnen, wenn sie unter anderem dazu dienen, sozial und kulturell Wertvolleres von Wertloserem zu diskriminieren.

Bei allen emotionalen, sozialen sowie geistig-kulturellen Qualitäten und Eigentümlichkeiten unserer Sinne darf man nicht vergessen, dass ihre Funktionen stets als ergänzend und komplettierend verstanden werden dürfen. Darauf haben die Gestaltpsychologen Wolfgang Köhler (1887–1967), Kurt Koffka (1886–1941) und Max Wertheimer (1880–1943) in der ersten Hälfte des 20. Jahrhunderts hingewiesen. Ausgehend von ihren Wahrnehmungsexperimenten konnten sie zeigen, dass Menschen sowohl im Hinblick auf ihre Nah- als auch Fernsinne nach den Prinzipien von Prägnanz, Ergänzung sowie Vorder- und Hintergrund wahrnehmen. Das meiste von dem, was Individuen sehen, hören, riechen oder tasten, weist fragmentarischen Charakter auf; zugleich macht sich die Tendenz bemerkbar, die wahrgenommenen Fragmente zur Ganzheit oder Gestalt so zu ergänzen, dass die Betreffenden das jeweilige Objekt ihrer Wahrnehmung als rund, komplett und prägnant erleben.

Prominente Beispiele dafür sind ein nicht ganz bis zum Ende durchgezogener Kreis, fehlende Buchstaben bei einem Wort oder das zu Ende Hören einer Melodie, obwohl die letzten Töne nicht gespielt werden. Ein eindrückliches Beispiel für Gestaltwahrnehmung schilderte Goethe in seiner *Italienischen Reise*: Als er in Verona die Überreste des antiken Theaters sah, ergänzte er vor seinem geistigen Auge das Oval der Ruine zur architektonischen und atmosphärischen Ganzheit.

Die menschliche Sinnestätigkeit unterliegt ebenso wie das gesamte Verhaltensrepertoire der Gattung Homo den Gesetzen von Ganzheit und Prägnanz: Sie ist auf Ordnung, Form und Struktur von Gestalten hin ausgerichtet, deren Erhaltung oder Neugestaltung sie beabsichtigt. Mittels unserer Wahrnehmungen und Empfindungen ergänzen wir inkomplette und unvollkommene Verhältnisse der Welt zur anscheinenden oder tatsächlichen Vollkommenheit. Aufgrund dieser gestaltpsychologischen Erkenntnisse kamen Philosophen und Anthropologen zur Überzeugung, dass Wahrnehmungen beim Menschen als aktiver und passiver Vorgang charakterisiert werden müssen – als ein Vorgang, der die Welt nicht nur abbildet, sondern sie in mancherlei Aspekten erst entstehen lässt, und der sie durch Wahrnehmung andauernd verändert.

Wahrnehmung schafft Wirklichkeit, und der Wahrnehmende sowie das Wahrgenommene sind eng miteinander verwoben und bedingen sich gegenseitig. Besonders nachdrücklich kann dies bei sich selbst erfüllenden Prophezeiung (*self fulfilling prophecies*) demonstriert werden. Hierbei führen Vorurteile und Überzeugungen dazu, dass zuletzt jene Details an einer Sache oder einem Menschen wahrgenommen werden, die aufgrund der Vormeinungen an ihnen erwartet werden. Man sieht nicht nur, wie Goethe meinte, was man weiß; man sieht vielmehr das, was man zu wissen glaubt.

Als literarisches Beispiel hierfür kann das Stück *Andorra* (1961) von Max Frisch gelten. Darin bestätigen sich an einem in Andorra ansässigen Juden alle jene Vorurteile im Hinblick auf sein Aussehen und seinen Charakter, die über jüdische Menschen gemeinhin im Umlauf sind. Weil die Andorraner sicher sind, dass ihre Sinne sie nicht trügen, wird der Jude zuletzt sogar getötet. Erst später stellt sich heraus, dass er ein Findelkind gewesen ist, dessen Eltern Andorraner waren wie alle anderen auch. Max Frisch hat seine Skepsis in Bezug auf die Verlässlichkeit von Sinnesorganen und Wahrnehmungen und die daraus abgeleiteten Urteile in dem Satz zusammengefasst: „Du sollst Dir kein Bildnis machen!" Doch trotz solcher Vorsätze generieren wir dauernd Bilder der Wirklichkeit, die von unseren Erfahrungen, Gefühlen, Meinungen, Erwartungen und Vorurteilen geprägt sind, und die scheinbar auch noch durch die Tätigkeit unserer Sinnesorgane, durch das von uns Gesehene und Gehörte also, bestärkt und bestätigt werden.

Diese tendenziösen Formen der Wahrnehmung sind keine Trugwahrnehmungen, sondern spezifische Gewichtungen dessen, was die Sinnesorgane uns an Bildern, Tönen und Gerüchen zur Verfügung stellen. Je nach eigener emotionaler, sozialer, weltanschaulicher Verfassung urteilen wir über die Mitmenschen und die Welt nicht nur unterschiedlich – wir nehmen dann an ihnen auch Unterschiedliches im Vordergrund wahr, wohingegen sich jene Aspekte an ihnen in den Hintergrund schieben, die nicht stimmig und kompatibel zum eigenen momentanen Konzept über sie passen.

Wir können festhalten, dass nicht nur die Aktivitäten unserer Sinnesorgane eine bestimmte emotionale Tönung bei uns provozieren, sondern dass umgekehrt unsere Emotionen, Bedürfnisse, Fantasien und ideologischen Denkmuster die Auswahl unserer zum Bewusstsein gelangenden Wahrnehmungen beeinflussen. Ähnlich wie Immanuel Kant überzeugt war, dass die Menschen mit vorgefertigten und angeborenen Denkstrategien ihre Welt erkennen, können wir davon ausgehen, dass die gewachsenen Erfahrungen und Vorurteile, aber auch Ängste, Begierden und Affekte eines Individuums dessen konkret wahrgenommene Umwelt maßgeblich präformieren.

Am ehesten nähern wir die Ergebnisse von Sinnesaktivitäten den (scheinbar!) tatsächlichen Verhältnissen um uns her an, wenn wir über tragfähige soziale Kontakte zu Mitmenschen verfügen. Wie wesentlich eine stabile soziale Einbettung für jegliche Form von Wahrnehmung ist, hat Maurice Merleau-Ponty (1908–1961) betont. Eine die Wirklichkeit zumindest in Umrissen widerspiegelnde Wahrnehmung ist dem Philosophen zufolge unweigerlich an die Anwesenheit anderer Menschen geknüpft. Trugwahrnehmungen hingegen bedeuteten ihm Symptome, die sich vor dem Hintergrund von Vereinsamung, Lockerung der zwischenmenschlichen Beziehungen sowie Misstrauen zur Welt ereignen. Beinahe unmerklich nämlich korrigiert, bestätigt und erzeugt der soziale Nexus der anderen dauernd unsere

Wahrnehmungen – ein Korrektur- und Produktionsfaktor, dessen Defizite das Auftreten von Wahn, Halluzinationen und anderen psychopathologischen Symptomen begünstigen.

Distanz und Einsamkeit sind verantwortlich dafür, dass Individuen den in ihnen aufsteigenden Bildern, Fantasien und Hirngespinsten mehr oder minder hilflos ausgeliefert sind; sie müssen an sie glauben, sobald der Korrekturfaktor Mitmensch und damit dessen potentielles Augenmaß wegfallen. Eklatant erlebt man dies nachts im Schlaf, wenn Traumbilder uns eventuell derart bedrängen, dass wir uns nach dem Erwachen noch einige Zeit wie in ihnen gefangen fühlen und eventuell erst der Kontakt mit anderen Menschen uns wieder in die Realität zurückholt. Analog berichten Menschen, die freiwillig oder gezwungenermaßen lange Zeit einsam leben (z. B. Isolierhaft; alleine auf langen Segeltörns), dass sie ebenfalls Opfer innerer Bilder und Gedankenfetzen werden, ihre Umwelt illusionär verkennen und zu halluzinieren beginnen. Normalerweise gesunden sie wieder, sobald sie in einen stabilen zwischenmenschlichen Nexus zurückkehren.

Eine ähnliche Position wie Merleau-Ponty vertrat auch Alfred Adler (1870–1937). In seinen Schriften wies er wiederholt auf seine Beobachtung hin, dass die Sinnesorgane von Menschen am besten ihren Dienst versehen, wenn sie auf die Sozietät hin ausgerichtet und im weiten Sinne sozial sind. Der Begründer der Individualpsychologie griff auf einen schon im Mittelalter gebräuchlichen Terminus zurück, um Individuen mit gut sozialisierten Sinnesorganen zu charakterisieren; er belegte sie mit dem Begriff des *Sensus communis*, dem Gemeinsinn oder – in seiner Terminologie – dem Gemeinschaftsgefühl (*Common sense*). In diesen Begrifflichkeiten wird auf die enge Verwandtschaft zwischen Wahrnehmungs- und Sinnesfunktionen, den wahrgenommenen und den realisierten Sinn- und Bedeutungsgehalten sowie der daraus resultierenden Einstellung der betreffenden Person zu sich, zur Welt und zu den Mitmenschen angespielt. Wie sehr die soziale Funktion von Sinnesorganen für Adler einen hohen Wert darstellte, wird an seiner Definition seelischer Gesundheit deutlich. Sie war für ihn eng mit dem Gemeinschaftsgefühl vergesellschaftet, das er wie folgt umschrieb: „Mit den Augen des anderen sehen, mit den Ohren des anderen hören, und mit dem Gemüt des anderen fühlen."

Sinneseindrücke, Empfindungen und Wahrnehmungen sind nicht *im* Betreffenden allein zu verorten – sie ereignen sich vielmehr in einem Feld sympathetischer Kommunikation, im Geflecht von einzelner Person, Mitmenschen, Natur, Kultur und Welt. Doch nicht nur mit den anderen verbinden uns die Sinnesorgane; in gewisser Weise ermöglichen erst sie es uns zu existieren, also draußen in der Welt zu sein. Unsere Augen sind nicht nur – wie Leonardo da Vinci einmal meinte – die „Fenster der Seele"; sie sind auch die Fenster zur Welt. Sehend, tastend, riechend und hörend leben wir ekstatisch beim Sichtbaren, bei Oberflächen, Gerüchen und den Tönen der Welt und versuchen, an diesen Oberflächen Halt und Orientierung der eigenen Person zu finden. Wir nehmen die Welt und das Sein nicht nur wahr, sondern auch in Besitz, indem wir mittels unserer Sinnesorgane in sie eindringen und uns bei und in ihnen niederlassen.

Derartige Zusammenhänge wurden wiederholt von Existenzphilosophen erläutert. Für sie bedeutete menschliches Dasein ein Außer-sich-Sein, ein Sich-Ergießen oder Explodieren des Bewusstseins in die Welt hinein. Von daher ist es verständlich, dass z. B. Sartre, Merleau-Ponty, Heidegger oder Jaspers die Wahrnehmung nicht als rein passiven Akt der Sinnesorgane aufgefasst haben. Sehen, Hören, Riechen, Schmecken, Tasten bedeutete für sie nicht nur eine physiologische Reizverarbeitung, an dessen Ende Bilder oder Töne in unserem Gehirn entstehen. Stattdessen definierten sie die Wahrnehmung als aktiven Prozess: Die Sinne, das wahrnehmende Bewusstsein und die wahrgenommene Welt verschmelzen – zusammen ergeben sie Prägnanz, Gestalt, Ordnung, Vordergrund, Hintergrund und schließlich auch Sinn

Kapitel 3 · Goethes Farbenlehre – Geschichte eines produktiven Irrtums

und Bedeutung. Das menschliche Bewusstsein wird weder nur passiv affiziert, noch kippt es einfach Sinn und Bedeutung über das Wahrgenommene und rührt diese dann der Welt unter. Vielmehr wird partieller, der Welt innewohnender und sich spontan organisierender Sinn über unsere Sinne wahrgenommen, ausgewählt, bewertet, eingeordnet und eventuell gesteigert.

Nach Erwin Straus sind wir (wie Goethe den Türmer Lynkeus in *Faust II* von sich sagen lässt) „zum Sehen geboren, zum Schauen bestellt". Das heißt, dass Sinneseindrücke zur interpretierenden und sinnstiftenden Abbildung der Wirklichkeit führen. Wir sehen nicht nur dieses oder jenes – zugleich wird dem Gesehenen immer eine Bedeutung, ein Sinn und ein Wert zuerteilt, und damit wird es zum Geschauten. Aktivität von Sinnesorganen und Wahrnehmung ist demnach stets mit Sinngebung und Bedeutungszuschreibung assoziiert: Ähnlich wie die Handlungen eines Menschen können auch seine Wahrnehmungen als schöpferische Taten interpretiert werden, die ihn mit der Welt verweben oder ihn von ihr distanzieren, und die dazu führen, dass er vorhandene Sinnpartikel zu größeren Einheiten, Strukturen, Gestalten und Ganzheiten ergänzt und zusammenfügt – respektive dass er diesen Möglichkeiten nicht entspricht und stattdessen sich, das Dasein und die Welt als fragmentiert, sinnwidrig, verdunkelt und absurd erlebt.

Die Sinne (Wahrnehmung) und der Sinn (verstanden als Bedeutung oder auch als Wert) gehören nicht nur aufgrund ihrer gemeinsamen etymologischen Wurzel zusammen; mit Hilfe unserer Sinne nehmen wir Sinn wahr; umgekehrt führt der vorhandene und der Welt innewohnende Sinn (und nicht nur der Unsinn) im günstigen Falle dazu, dass er durch unsere Sinnesorgane rezipiert und realisiert wird. Auf diese Wechselwirkung wollte Erwin Straus mit dem Titel seines Buches *Vom Sinn der Sinne* hinweisen, wobei er betonte, dass wir die Möglichkeiten und Bedeutungen unserer Sinnesorgane erst erfasst haben, wenn wir die Wahrnehmung auf das Wert- und Gehaltvolle hin ausrichten und die Organe der Wahrnehmung in den Dienst der Sinnverwirklichung stellen. Menschen sind potenziell wertsichtige Wesen; als solche erfüllen sie eine wichtige Aufgabe, die von anderen Lebewesen im Kosmos wahrscheinlich kaum übernommen wird.

Das Wert- und Sinnvolle zu erkennen gelingt demjenigen, der über emotionale, soziale und weltanschauliche Haltungen verfügt, wie Goethe sie in einem Satz ausdrückte: „Ich sah die Welt mit liebevollen Blicken." Der Dichter wusste, dass wir nicht nur darauf warten dürfen, über allfällig Wertvolles in der Welt zu stolpern; wer in seinem Leben Sinn, Wert und Bedeutung wahrnehmen und erleben will, muss diesem Leben und dem Kosmos Sinn und Wert verleihen. Für Goethe war eine solche Haltung auch Voraussetzung für eine wissenschaftliche Beschäftigung mit der Welt.

Im 21. Jahrhundert haben wir uns jedoch daran gewöhnt, vor allem bei Naturwissenschaftlern einen nüchternen Blick auf ihre Objekte sowie ein kühl-berechnendes Eindringen in deren Struktur und Materie anzutreffen. Hand in Hand mit geschickten Technikern haben sie es aufgrund dieser Strategie „so herrlich weit gebracht" (*Faust*), dass ein selbstkritisches Innehalten und Umdenken (im Sinne von liebevollem, sorgendem Blick bzw. zarter Empirie) zumindest von den meisten Vertretern dieser Zunft nicht zu erwarten steht.

Im 20. Jahrhundert versuchten einige namhafte Wissenschaftler, die Anregungen Goethes in das eigene Wissenschaftsverständnis mit zu integrieren: Werner Heisenberg mit *Die Goethe'sche und Newton'sche Farbenlehre im Lichte der modernen Physik* (1941); Adolf Portmann mit *Goethes Naturforschung* (1953/54); Hans Joachim Schrimpf mit *Über die geschichtliche Bedeutung von Goethes Newton-Polemik und Romantik-Kritik* (1963). Unter den Philosophen haben Gernot Böhme mit *Ist Goethes Farbenlehre Wissenschaft?* (1977) und Olaf Müller mit *Mehr Licht – Goethe mit Newton im Streit um die Farben* (2015) eine wertschätzend-differenzierte Darstellung der Farbenlehre und Wissenschaftsauffassung des Dichters vorgelegt. So tiefsinnig, einfühlsam und seriös diese Texte auch verfasst sind, so wenig haben sie jedoch bisher den naturwissenschaftlich-technischen Mainstream zu beeinflussen vermocht.

Es bleibt eine Aufgabe für das 21. Jahrhundert, Goethes Impulse und Sichtweisen im Hinblick auf unseren (wissenschaftlichen) Umgang mit der Natur erstens weiter zu rezipieren und zweitens weiter zu entwickeln. Wer Sinn, Wert und Bedeutung der Natur – also ihre Qualität – in ein Spiel der Zahlen verwandelt und sie dann als bloße Quantität vor sich sieht, ist leicht geneigt, dieser Natur ausbeutend und missbrauchend zu begegnen. Die Mathematisierung von Naturwissenschaft und Technik wird man nicht revidieren können und wollen; es wäre jedoch schon viel gewonnen, wenn die Physiker, Chemiker, Biologen, Techniker, Ingenieure der Zukunft in ihre Ausbildungs-Curricula umfassende Lehrveranstaltungen in Natur-Ethik, Natur-Philosophie, Natur-Lyrik, Natur-Malerei sowie exakter sinnlicher Fantasie und zarter Empirie integrieren. Womöglich erwächst ihnen damit ein Wert-Sensorium, das sie in die Lage versetzt, eine Idee Goethes aus *Wilhelm Meisters Wanderjahren* zumindest ansatzweise in ihr gelebtes Wissenschaftler- oder Techniker-Dasein umzusetzen:

» Als getrennt muss sich darstellen: Physik von Mathematik. Jene muss in einer entschiedenen Unabhängigkeit bestehen und mit allen liebenden, verehrenden, frommen Kräften in die Natur und das heilige Leben derselben einzudringen suchen, ganz unbekümmert, was die Mathematik von ihrer Seite leistet und tut.[12]

Mithilfe eines derartigen Wertsensoriums wird es auch möglich, einen zentralen Gedanken von Immanuel Kant nachzuvollziehen, den Goethe in dessen *Kritik der Urteilskraft* (1790) besonders schätzte: dass die Natur wie die Kunst zweckmäßige Gebilde in sich bedeuten und deshalb keiner von außen hinzutretender, von Menschen formulierter Zwecke bedürfen – als solche sollten wir sie denn auch uneingeschränkt respektieren:

» Es ist ein grenzenloses Verdienst unseres alten Kant um die Welt, … dass er in seiner *Kritik der Urteilskraft* Kunst und Natur nebeneinander stellt und beiden das Recht zugesteht: aus großen Prinzipien zwecklos zu handeln … Natur und Kunst sind zu groß, um auf Zwecke auszugehen …[13]

Literatur

1. Böhme, G.: Ist Goethes Farbenlehre Wissenschaft? (1977), in: Studia Leibnitiana Band 9, H. 1
2. Engelhardt, W. von: Goethes Weltansichten – Auch eine Biographie, Weimar 2007
3. Goethe: Vorwort zur Farbenlehre (1810), HA Band 13, München 1981
4. Goethe: Geschichte der Farbenlehre (1810), HA Band 14, München 1981
5. Goethe: Wilhelm Meisters Wanderjahre (1829), HA Band 8, München 1981
6. Goethe: Briefe, HA Band 1-4, München 1988
7. Heisenberg, W.: Die Goethe'sche und Newton'sche Farbenlehre im Lichte der modernen Physik (1941), in: Wandlungen in den Grundlagen der Naturwissenschaft, Stuttgart 1959
8. Müller, O.L.: Mehr Licht – Goethe mit Newton im Streit um die Farben, Frankfurt am Main 2015
9. Portmann, A.: Goethes Naturforschung (1953/54), in: Neue Schweizer Rundschau, Jg. 21, Heft 7
10. Schöne, A.: Goethes Farbentheologie, München 1987
11. Schrimpf, H.J.: Über die geschichtliche Bedeutung von Goethes Newton-Polemik und Romantik-Kritik (1963), in: Der Schriftsteller als öffentliche Person, Berlin 1977
12. Straus, E.: Vom Sinn der Sinne (1935/56), Berlin 1978
13. Straus, E.: Psychologie der menschlichen Welt, Berlin 1960

---

12 Goethe: Wilhelm Meisters Wanderjahre (1829), in: HA Band 8, München 1981, S. 303
13 Goethe: Brief an Zelter (29. Januar 1830), in: Briefe, HA Band 4, München 1988, S. 370

Anthropologisch-psychologische Motive: Flucht, Inkognito, Entsagung

Literatur – 65

Die Biographie ebenso wie das literarische Werk Goethes sind überreich an tiefenpsychologisch-anthropologisch relevanten Themen und Motiven. Sie bedeuten einen *embarras de richesse*, einen Überfluss an Möglichkeiten, aus denen für dieses Kapitel nur wenige ausgewählt werden. Dazu zählen die Flucht, das Inkognito sowie die Entsagung.

Flucht und Inkognito. Erwähnt man im Zusammenhang mit Goethes Biographie die Begriffe Flucht und Inkognito, sind jene, die mit dem Leben des Dichters einigermaßen vertraut sind, rasch geneigt, an den Beginn der italienischen Reise zu denken. Der Aufbruch nach Arkadien trug Züge einer Flucht an sich, und die Tatsache, dass Goethe unter falschem Namen monatelang in Italien weilte, darf getrost unter die Rubrik Inkognito eingeordnet werden. Man springt jedoch zu kurz, wenn man die Phänomene Flucht und Inkognito lediglich auf Goethes italienische Reise beziehen wollte. Diese tiefenpsychologisch und anthropologisch interessanten Themen tauchen in der *Vita* des Dichters immer wieder auf und begleiteten ihn jahrzehntelang – Grund genug, sich diese Begriffe näher zu besehen.

Erste fluchtartige Lebensbewegungen ließen sich beim jungen Goethe bereits in Leipzig während seiner Studentenzeit registrieren. Hier erlebte er eine Phase mächtiger Verliebtheit (in Käthchen Schönkopf, die Tochter eines Gastwirts) und von ausgeprägten Eifersuchtsattacken; hier gewann er die Zuneigung von Professoren, Zelebritäten und angesehener Familien; und hier assimilierte er alles Soziale und Kulturelle, dessen er habhaft werden konnte, in rasender Geschwindigkeit.

Bekanntlich endete die Leipziger Zeit für Goethe in einem Fiasko: massive Krankheitssymptome, ein Blutsturz, existenzielle Verunsicherung, Abbruch des Studiums sowie – fluchtartige, regressive Bewegung zurück nach Frankfurt in den Schoß der Familie. Ikarus war jählings abgestürzt, sein Höhenflug unterbrochen, und er konnte von Glück reden, mit dem Leben davongekommen zu sein.

Einige Jahre später in Straßburg respektive in Sesenheim: Goethe war wieder obenauf, trieb erfolgreich sein Jura-Studium voran, eroberte neuerlich interessante Zeitgenossen (z. B. Jung-Stilling, Herder) und verliebte sich aufs Neue mit aller emotionalen Verve, die ihm zur Verfügung stand. Dieses Mal war es Friederike Brion, Tochter des Sesenheimer Pastors, deren Herzschlag er mit dem Rhythmus des eigenen synchronisierte, und die Hals über Kopf mit ihm ein gemeinsames Leben geführt hätte, wenn – ja, wenn dieser angehende Dichter und Jurist nicht fluchtartig Sesenheim und Friederike und die wundersame Idylle bei Straßburg hinter sich gelassen und sie viele Jahre lang nicht mehr kontaktiert hätte.

Wieder stiegen Krankheitssymptome in Goethe auf (dieses Mal in Form von massiven Schuldkomplexen sowie Déjà-vu-Erlebnissen), und wieder kehrte er nach Frankfurt zurück, wo er bei den Eltern Unterschlupf fand. Nach einigen Monaten der Stabilisierung ging Goethe nach Wetzlar ans Reichskammergericht, um seine juristische Ausbildung abzurunden – ein Unterfangen, das in einer Liebelei mit Charlotte Buff, der Verlobten des Legationssekretärs Johann Christian Kestner, und – weil die emotionalen Verstrickungen ihm über den Kopf zu wachsen begannen – in einer Flucht zurück in die Vaterstadt endete. Nach dem erotisch-flirrenden Sommer mit Charlotte: kein Abschied, keine Erklärung, nicht der Anflug von Verbindlichkeit.

Stattdessen dominierte bei Goethe eine affektive Dysbalance, die er – vor allem, als er die Nachricht vom Suizid des Wetzlarer Bekannten Karl Wilhelm Jerusalem vernommen hatte, der in einer analogen Situation wie Goethe gewesen war und aus der vertrackten Liebelei eine fatale Konsequenz gezogen hatte – literarisch nutzte und innert kurzer Zeit *Die Leiden des jungen Werther* (1774) verfasste.

Kapitel 4 · Anthropologisch-psychologische Motive: Flucht, Inkognito, Entsagung

Das Jahr 1775 sah den inzwischen berühmt gewordenen Sturm-und-Drang-Dichter vorerst zuhause in Frankfurt ohne rechten Horizont und Plan, in welche Richtung er sein Daseins-Schiffchen hätte lenken können und wollen. Aber immerhin ergab sich eine neue Liebschaft, nunmehr mit Lili Schönemann, Tochter eines Frankfurter Bankiers, die ihrem Namen alle Ehre machte („Sie war schön wie ein Engel, und ich hatte sie in 4 Tagen nicht gesehen. Und lieber Gott: wie viel ist sie noch besser als schön!" – so der Originalton Goethes über seine neue Angebetete), und mit der er sich kurzerhand verlobte.

Es kam, wie es kommen musste: Wenige Wochen später brach Goethe zu seiner ersten Schweiz-Reise auf – ohne Lili Schönemann. Und als er Monate später nach Frankfurt zurückkehrte (es war nun der Herbst 1775 angebrochen), erhielt er das Angebot von Karl August, nach Weimar zu übersiedeln. Neuerlich erlebte sich Goethe in emotionaler Dysbalance und ambivalenter Unübersichtlichkeit, aus der er sich – wie schon in den Jahren zuvor – mittels einer jähen, von außen betrachtet nur bedingt nachvollziehbaren Bewegung befreite, um wenige Tage darauf in dem kleinen Herzogtum Sachsen-Weimar-Eisenach zu landen.

Hier begann für Goethe jenes Jahrzehnt einer Art Galeerenarbeit, die ihn als Minister und Verwaltungsbeamten in Diensten des Herzogs und als platonisch liebenden Troubadour in Diensten der Frau von Stein sah. Beide Aktionsfelder waren für seine künstlerische ebenso wie persönliche Entwicklung essentiell, obwohl beide auch zu Empfindungen der Sterilität und Selbstentfremdung beigetragen und ganz wesentlich die eingangs erwähnte Fluchtbewegung nach Italien mitinduziert haben.

Charlotte von Stein (1742–1827) war seit 1758 Hofdame bei Anna Amalia gewesen; seit 1764 war sie mit dem Oberstallmeister Freiherr von Stein in unerfüllt-gleichgültiger Ehe verheiratet. Ihre sanfte Schönheit und schlichte Eleganz, ihre vielseitige Bildung und solide Bescheidenheit, ihr nüchtern-skeptischer Charakter sowie die Beherrschung von Etikette und höfischen Umgangsformen ließ sie zu einer idealen Lehrmeisterin für den in vielen Belangen noch unerfahrenen Dichter werden.

Und Goethe? Jahrelang idealisierte er Frau von Stein enorm. Sie bedeutete ihm eine wichtige Inspirationsquelle, ein Musterbeispiel für zarteste Sittlichkeit und sanfteste Humanität sowie eine dauernde, nicht selten quälende Herausforderung zur Sublimierung, Entsagung, Verzichtsleistung hinsichtlich seiner Leidenschaften, Antriebe, Begierden. In Hunderten von Briefen und kleinen Mitteilungen, aber auch in manchen Gedichten sind diese sublimierten Energien Goethes spürbar:

> Warum gabst du uns die tiefen Blicke, / Unsre Zukunft ahndungsvoll zu schaun, / Unsrer Liebe, unserm Erdenglücke / Wähnend selig nimmer hinzutraun? / Warum gabst uns, Schicksal, die Gefühle, / Uns einander in das Herz zu sehn, / Um durch all' die seltenen Gewühle / Unser wahr Verhältnis auszuspähen? ... / Sag', was will das Schicksal uns bereiten? / Sag', wie band es uns so rein genau? / Ach, du warst in abgelebten Zeiten / Meine Schwester oder meine Frau.[1]

Man kann nachvollziehen, dass bereits zu Lebzeiten Goethes Gerüchte aufkamen, ob dieser attraktive, feurige, stürmische, verführerische Dichter tatsächlich über ein Jahrzehnt lang erotische Frondienste bei Frau von Stein realisierte, ohne dabei auch nur den Hauch von Intimität und Sexualität genießen zu dürfen; oder ob sich hinter der perfekten Fassade der platonischen Troubadour-Beziehung andere Verhältnisse etablierten, denen man merklich weniger Entsagungs- und Sublimierungs-Charakter attestieren durfte.

---

1 Goethe: Verse an Lida (1781/89), in: HA Band 1, München 1981, S. 122 f.

Eine Variante, die in den 80er Jahren des 18. Jahrhunderts von der Gräfin Görtz favorisiert wurde, lautete, dass Goethe mit Anna Amalia, der Mutter des Herzogs Karl August, eine heimliche Liaison unterhielt. Anna Amalia war lange schon Witwe gewesen und wirkte aber aufgrund ihrer Vitalität und Bildungsneugier durchaus jugendlich und anziehend. Zugleich wäre jedoch eine offene Beziehung zwischen der Herzoginmutter und dem bürgerlichen Goethe in keiner Weise vorstellbar gewesen.

In neuerer Zeit hat Ettore Ghibellino (geboren 1969) dieses Gerücht wieder aufgegriffen und in seinem Buch *Eine verbotene Liebe* (1. Auflage 2003) zu belegen versucht. Der gelernte Jurist lebt als Schriftsteller seit Anfang unseres Jahrhunderts in Weimar und provoziert mit dieser These bis heute den Großteil der Goethe-Gemeinde sowie der Goethe-Exegeten und Goethe-Experten – wobei diese ihn dafür fast *unisono* mit Nichtachtung und Nicht-Zitierung belohnen.

Wie dem auch gewesen sein mag: Dass Goethe ein Jahrzehnt lang nur dem Minnedienst bei Frau von Stein nachkam, ohne dass er die Flucht in andere Lebensumstände oder aber in ein oder mehrere Geheimnisse angetreten hat, darf zumindest mit einem kleinen Fragezeichen versehen werden. Worin die eventuellen Geheimnisse bestanden haben, wird man womöglich nie mit Sicherheit feststellen können. Goethe war ein Meister der Maske und des Inkognito und hat, falls es denn je Spuren irgendwelcher Affären oder Beziehungen gegeben haben sollte, dieselben wohl penibel beseitigt. Dem Staatskanzler Friedrich von Müller gegenüber, mit dem Goethe eine Weile sehr gut befreundet war, teilte er jedenfalls in einem persönlichen Gespräch mit:

> Die wahre Geschichte der ersten zehn Jahre meines weimarischen Lebens könnte ich nur im Gewande der Fabel oder eines Märchens darstellen; als wirkliche Tatsache würde die Welt es nimmermehr glauben. … Ich würde Vielen weh, vielleicht nur Wenigen wohl, mir selbst niemals Genüge tun. … Was ich geworden und geleistet, mag die Welt wissen; wie es im Einzelnen zugegangen, bleibe mein eigenstes Geheimnis.[2]

Wie sehr Goethe es verstand, sich aus bedrängenden, unübersichtlichen, einengenden Situationen entweder durch unangekündigten Rückzug (von außen betrachtet Flucht) oder durch Verwandlung (Maske, Schauspiel, Inkognito) zu befreien, wird auch am nächsten Beispiel deutlich. Im Mai 1777 hatte seine Schwester Cornelia ihre zweite Tochter entbunden. Zu Cornelia hatte Goethe seit seiner Kindheit eine enge und vertraute Beziehung, wobei er ihre Eheschließung mit Johann Georg Schlosser als unpassend empfand; viel eher konnte sich Goethe seine Schwester seit je als Äbtissin in einem Kloster vorstellen.

Nach der Geburt der zweiten Tochter erholte sich Cornelia nicht vom Wochenbett und starb kurze Zeit darauf im Juni 1777. Goethe war zu Tode betrübt und schrieb an Auguste zu Stolberg, mit der er über deren Brüder in näherem Kontakt stand: „ Alles gaben Götter die unendlichen / Ihren Lieblingen ganz / Alle Freuden die unendlichen / Alle Schmerzen die unendlichen ganz."[3] Und seiner Mutter teilte er brieflich mit: „Mein Herz und Sinn ist seither gewohnt, dass das Schicksal Ball mit ihm spielt."[4]

Goethe muss die Zeit nach dem Tod seiner Schwester tatsächlich wie das irre Herumgeschleudert-Werden durch eine grausam-unerbittliche Macht erlebt haben; gleichzeitig

---

2   Friedrich von Müller: Unterhaltungen mit Goethe, Weimar 1956, S. 281
3   Goethe: Brief an Auguste zu Stolberg (17. Juli 1777), in: Briefe, HA Band 1, Hamburg 1988, S. 234
4   Goethe: Brief an Frau Aja (16. November 1777), in: Briefe, HA Band 1, Hamburg 1988, S. 240

quälten ihn seine Trauer-Affekte und sein Schmerz über den Verlust der geliebten Schwester. In dieser Situation griff er wieder zur gewohnten Strategie und brach ohne Ankündigung und Abschied zu einer Harzreise auf. Es war tiefster Winter, als Goethe am 10. Dezember 1777 zusammen mit einem ortskundigen Förster den Brocken bestieg – für damalige Verhältnisse ein tollkühnes Unterfangen.

In den Momenten fluchtartigen Verlassens der einen und Aufsuchens einer anderen Situation hat der Dichter neben befreiender Emanzipation wohl etwas wie Selbstvergewisserung empfunden. Mächtig auf sich selbst zurückgeworfen, konnte er sich Antworten auf Fragen geben, die an den Kern seiner Existenz rührten: Sind die Sterne mir noch wohlgesonnen? Kann ich Unmögliches wagen, bestehen? Kann ich den Selbstverlust, den der Kontakt zu Alltag, Mitmenschen, zu Affekten und Verstimmungen, zu irritierenden, selbstentfremdenden Verhältnissen beschert, kann ich ihn revidieren, sobald ich diese Verhältnisse weit hinter mir lasse?

Die Harzreise hatte für Goethe, so beschwerlich und riskant sie auch war, als Ziel und Zweck eine Begegnung mit seinem Ich, und zwar mit seinem selteneren Ich. Dieses wird erlebbar in ungewohnter, fremder Umgebung und im Kontakt mit Menschen, die uns nicht kennen. Derlei hatte Goethe seinerzeit auch mit der Wahl eines falschen Namens im Sinn, unter dem er seine Reise antrat und durchführte.

Als ein Herr Weber (ein angeblicher Zeichenkünstler) besuchte er bei seiner Harzreise den gemütskranken Friedrich Viktor Lebrecht Plessing (1749–1806), der später als Professor der Philosophie in Duisburg tätig war. 1776 hatte dieser an Goethe einen Brief geschickt, in dem er ihn um Unterstützung bei seinen Weltschmerz-Erlebnissen bat. Goethe hatte den Brief seinerzeit unbeantwortet gelassen und suchte den Mann nun im Winter 1777 in Wernigerode auf, ohne ihm zu entdecken, wer er denn sei. So konnte er sich mit ihm über einen gewissen Goethe in Weimar unterhalten, ohne dass Plessing Verdacht schöpfte. An Charlotte von Stein berichtete Goethe über seine Identitäts-Erlebnisse:

» Mir ist's eine sonderbare Empfindung, unbekannt in der Welt herumzuziehen, es ist mir, als wenn ich mein Verhältnis zu den Menschen und den Sachen weit wahrer fühlte. Ich heiße Weber.[5]

Das Inkognito oder die Maske erlauben es, Distanz zu sich und zum alltäglichen Ich einlegen. Fixierte Rollen- und Identitätsmuster werden für eine gewisse Zeit in ihrer Gültigkeit reduziert, und an ihre Stelle tritt ein Plus an Freiheitsgraden und Möglichkeiten. Friedrich Nietzsche plädierte deshalb dafür, der Maske einen hohen Stellenwert bei der Entwicklung der eigenen Persönlichkeit zuzuerkennen: „Jeder tiefe Geist braucht eine Maske: mehr noch, um jeden tiefen Geist wächst fortwährend eine Maske, dank der beständig falschen, nämlich flachen Auslegung jedes Wortes, jedes Schrittes, jedes Lebens-Zeichens, das er gibt."[6]

Zurück zu Goethe und seinen Tendenzen zu Flucht und Inkognito. Als Paradebeispiel dafür zählt seine schon mehrfach erwähnte italienische Reise, die er sorgsam, aber völlig diskret vorbereitete (dem Diener Philipp Seidel hinterließ er genaue Instruktionen für die Zeit seiner Abwesenheit), und die er aus der Perspektive seiner Freunde und Bekannten ganz und gar überraschend und ohne jede Verabschiedung antrat:

---

5   Goethe: Brief an Charlotte von Stein vom 6. 12. 1777, in: Briefe, HA Band 1, Hamburg 1988, S. 243
6   Nietzsche, F.: Jenseits von Gut und Böse (1886), in: KSA 5, München 1988, S. 58

> Früh drei Uhr stahl ich mich aus Karlsbad, weil man mich sonst nicht fortgelassen hätte … Ich warf mich ganz allein, nur einen Mantelsack und Dachsranzen aufpackend, in eine Post-Chaise.[7]

Italien hatte bereits für den jungen Goethe einen mythischen Glanz, der von den Abbildungen und Schilderungen in seinem Vaterhaus ebenso wie von den Schriften Johann Joachim Winckelmanns herrührte. Als Knabe erhielt Goethe Italienisch-Unterricht durch den Sprachlehrer Dominico Antonio Giovinazzi, der aufgrund seiner Biographie und Wesensart Italien noch einmal mehr als faszinierendes Sehnsuchts-Land erscheinen ließ.

Als junger Erwachsener hatte Goethe mehrfach Anläufe zu einer Italienreise unternommen und sie dann doch – seiner inneren Stimme, seinem Daimonion folgend – nicht realisiert. Als er nun 1786 seinen lang gehegten Plan verwirklichen wollte, bestand ein Motiv, denselben geheim zu halten, in Goethes eigenem Zweifel, ob er denn dieses Mal gelingen werde. Dabei wollte er sicher gehen, dass niemand (Karl August, Frau von Stein, Anna Amalia, Herder, Wieland) Einspruch dagegen erheben konnte.

Goethe reiste inkognito mit falschen Papieren, die auf den Namen Jean Philippe Möller ausgestellt waren. Zum einen hatte er damit die eben schon beschriebenen Effekte hinsichtlich seines Identitäts-Erlebens zu gewärtigen; zum anderen war damit einigermaßen gesichert, dass er auf der monatelangen Reise nicht aufgespürt werden konnte. Damals war es üblich, dass die Zeitungen über Neuankömmlinge und Reisende, die sich in einer Stadt aufhielten, berichteten; Goethe hatte daher verständliche Sorge, dass er sich schon wenige Tage nach dem Start seiner Tour als bekannter Dichter in einer Zeitung wiedergefunden und damit sein ganzes Unterfangen gefährdet hätte.

Goethes Route führte ihn über München, Innsbruck, den Brenner, vorbei am Gardasee bis nach Verona und dann weiter nach Venedig, Ferrara, Bologna und Perugia, bis er endlich Ende Oktober Rom erreichte; von Karlsbad aus waren also beinahe zwei Monate ins Land gezogen. Während dieser Zeit und auch in den kommenden Monaten führte Goethe ein Tagebuch, das er einerseits für Charlotte von Stein und andererseits für sich selbst konzipiert hatte; einige Jahrzehnte später nutzte er seine Aufzeichnungen, um die autobiographische Schrift der *Italienischen Reise* (1813/17) zu verfassen.

Erst nach seiner Ankunft in Rom fühlte sich Goethe sicher, und erst aus Rom gab er den Zuhause-Gebliebenen brieflich kund, wo er sich aufhielt – fern genug von Weimar, angekommen in einer anderen Welt. Unter anderem Karl August, der die Reise des Dichters finanzieren sollte, wurde mit einer Mitteilung bedacht:

> Endlich kann ich den Mund auftun und Sie mit Freuden begrüßen, verzeihen Sie das Geheimnis und die gleichsam unterirdische Reise … Kaum wagte ich mir selbst zu sagen, wohin ich ging; selbst unterwegs fürchtete ich noch, und nur unter der *Porta del Popolo* war ich mir gewiss, Rom zu haben.[8]

Daneben benachrichtigte Goethe auch seine Mutter vom Unterfangen seiner Italien-Tour, wobei er im Brief an sie ebenfalls auf das Geheimnisvolle, Stille und Masken-Artige seiner Unternehmung zu sprechen kam:

---

7   Goethe: Italienische Reise, 3.9. 1786 (1813/17), in: HA Band 11, München 1981, S. 9
8   Goethe: Brief an Carl August (03. November 1786), in: Briefe, HA Band 2, München 1988, S. 16

Kapitel 4 · Anthropologisch-psychologische Motive: Flucht, Inkognito, Entsagung

> Vor allem anderen muss ich Ihnen sagen, liebe Mutter, dass ich glücklich und gesund hier angelangt bin. Meine Reise, die ich ganz im Stillen unternahm, hat mir viel Freude gemacht. Ich bin ... hierher gekommen, ganz allein und unbekannt, auch hier observiere ich eine Art Inkognito.[9]

Am unverbindlichsten waren die Zeilen an Frau von Stein gehalten, deren platonischer Geliebter Goethe ein Jahrzehnt lang gewesen war – wobei sich die Vergangenheitsform für ihre Beziehung bewahrheiten sollte:

> Lass dich's nicht verdrießen, meine Beste, dass dein Geliebter in die Ferne gegangen ist, er wird dir besser und glücklicher wiedergegeben werden. Möge mein Tagebuch, das ich bis Venedig schrieb, bald und glücklich ankommen ...[10]

Man kann verstehen, dass Frau von Stein *not amused* war. Goethe, der sich sonst über fast alle oder sehr viele Themen seines Daseins mit ihr ausgetauscht hatte, war zwei Monate lang wie vom Erdboden verschluckt und ohne ihr Wissen und Einverständnis nach Italien gegangen – eine existentielle Weichenstellung, von der sie zu Recht spürte, dass sie das Ende ihres erotischen Verhältnisses bedeuten konnte, und die Goethe wohl auch aus diesem Grund geheim gehalten hat.

Zu den vielen stimulierenden und überraschenden Erlebnissen und Veränderungsprozessen, die Goethe während seiner beinahe zwei Jahre währenden italienischen Reise gewärtigen durfte, zählte auch die Liebschaft mit Faustina, einer Frau aus recht einfachen Verhältnissen. Der Dichter war in Bezug auf seine (versuchten) Liebesaffären in Italien mit konkreten Mitteilungen zurückhaltend. Die wenigen Andeutungen, die man den *Römischen Elegien* entnehmen kann, sind mehr als diskret, und auch in den Tagebüchern und sonstigen Aufzeichnungen Goethes finden sich kaum Anhaltspunkte, die über das Liebesleben während seiner Jahre in Arkadien Auskunft geben.

Es bedurfte der kriminalistischen Ermittlungen des römischen Gelehrten und Schriftstellers Roberto Zapperi (geboren 1932), um in den Archiven der Ewigen Stadt auf Briefe, Quittungen, Notizzettel und sonstige Hinweise zu stoßen, die etwas Licht in das Dunkel der Goethe'schen Erotik jenseits des Alpenhauptkammes gebracht haben. Die Ergebnisse seiner Recherchen hat Zapperi im amüsant zu lesenden Buch *Das Inkognito – Goethes ganz andere Existenz in Rom*[11] publiziert. Darin stoßen wir auf Maddalena Riggi, um die sich Goethe so lange bemühte, bis sie mit ernsthafter Eheanbahnung drohte; auf Constanze Roesler, Tochter eines deutschen Schankwirts in Rom, die das Werben des Dichters vernahm, ohne darauf in seinem Sinne zu reagieren; und eben auf Faustina, die in den *Römischen Elegien* namentlich erwähnt wird:

> Darum macht Faustine mein Glück, sie teilet das Lager / Gerne mit mir, und bewahrt Treue dem Treuen genau. / Reizendes Hindernis will die rasche Jugend; ich liebe, / Mich des versicherten Guts lange bequem zu erfreun. / Welche Seligkeit ist's! wir wechseln sichere Küsse, / Atem und Leben getrost saugen und flößen wir ein. / So erfreuen wir uns der langen Nächte, wir lauschen, / Busen an Busen gedrängt, Stürmen und Regen und Guss. / Und so dämmert der Morgen heran, es bringen die Stunden / Neue Blumen

---

9 Goethe: Brief an Frau Aja (04. November 1786), in: Briefe, HA Band 2, München 1988, S. 17 f.
10 Goethe: Brief an Frau von Stein (07. November 1786), in: Briefe, HA Band 2, München 1988, S. 18
11 Zapperi, R.: Das Inkognito – Goethes ganz andere Existenz in Rom, München 1999

herbei, schmücken uns festlich den Tag. / Gönnet mir, o Quiriten! das Glück, und jedem gewähre / Aller Güter der Welt erstes und letztes der Gott!¹²

Die Frage, ob Goethe in Italien das allererste Mal (bei und mit Faustina) umfängliche Intimität und Sexualität genossen hat, wird wahrscheinlich auch zukünftig eine offene bleiben. Dass es aber in Rom zu solchen Momenten jubilierender Lustempfindungen gekommen sein muss, bestätigt jedenfalls unmissverständlich auch der Text Roberto Zapperis. Es waren auch diese Aspekte seiner italienischen Reise, die beim Dichter jenen Prozess der Selbstsuche und Selbstrealisation angestoßen haben, den er sich von jener Zeit im Land, wo die Zitronen blühen, erhoffte:

> Die Hauptabsicht meiner Reise war: mich von den physisch moralischen Übeln zu heilen, die mich in Deutschland quälten und mich zuletzt unbrauchbar machten; sodann den heißen Durst nach wahrer Kunst zu stillen.¹³

Wenn er dem Herzog gegenüber in dieser Briefpassage vollständig offen seine Hauptabsichten mitgeteilt hätte (wie es in manchen anderen Briefen der Fall war), wäre wohl auch sein heißer Durst nach tatsächlich erlebter Zärtlichkeit und Sexualität zur Sprache gekommen – ein Durst, den er Frau von Stein gegenüber immerhin im Februar 1787, beinahe ein halbes Jahr, nachdem er in den Süden aufgebrochen war, brieflich zum Ausdruck brachte:

> Ach liebe Lotte, du weißt nicht, welche Gewalt ich mir angetan habe und antue, und dass der Gedanke, dich nicht zu besitzen, mich doch im Grunde, ich mag's nehmen und stellen und legen, wie ich will, aufreibt und aufzehrt.¹⁴

Noch ein weiterer sehnlicher Wunsch hat den Dichter jahrelang weg von Weimar (und der damit verbundenen Identität) nach Italien und den damit assoziierten Möglichkeiten gelockt, neue oder ehemalige Seiten seiner Identität zu entdecken oder zu revitalisieren. Mehrfach sprach Goethe von *rinascita*, also von Wiedergeburt, die er in seinem Arkadien erleben wollte, und die ihn von den „physisch moralischen Übeln" seines Weimarer Jahrzehnts kurieren sollte: „Täglich werfe ich eine neue Schale ab und hoffe, als ein Mensch wiederzukehren … "¹⁵

Bedenkt man, dass es Goethe bei seinem Unterfangen um nichts Geringeres als den Versuch ging, authentische Seiten seines Charakters, Wesens, Lebensstils und seiner individuellen Ziele und Möglichkeiten im Leben aufzuspüren und zu entfalten, versteht man noch einmal besser, warum er seine Reise im Geheimen vorbereitete, fluchtartig begann und inkognito durchführte. Er wollte sich so radikal wie immer möglich häuten und die alten, abgestandenen und von ihm als selbstentfremdet taxierten Identitätshüllen nördlich der Alpen zurücklassen.

Als welches Ich sich Goethe im Süden wiederfinden würde, war ihm selbst ein Rätsel – er wusste es schlicht nicht. Insofern hatte der Begriff des Inkognito für den Dichter während seiner italienischen Reise etwas doppelt Passendes: inkognito stammt vom lateinischen *incognitus*, was so viel wie unerkannt oder nicht wissend bedeutet. 1788 konnte er jedoch seinem Herzog mitteilen: „Ich habe mich in dieser anderthalbjährigen Einsamkeit selbst

---

12 Goethe: Römische Elegien, Elegie XVIII (1795), in: HA Band 1, München 1981, S. 170
13 Goethe: Brief an Karl August (25. Januar 1788), in: Briefe, HA Band 2, München 1988, S. 78
14 Goethe: Brief an Frau von Stein (21. Februar 1787), in: Briefe, HA Band 2, München 1988, S. 50
15 Goethe: Brief an Frau von Stein (6. Januar 1787), in: Briefe, HA Band 2, München 1988, S. 40

Kapitel 4 · Anthropologisch-psychologische Motive: Flucht, Inkognito, Entsagung

wiedergefunden – aber als was? – Als Künstler!"[16] Und Jahrzehnte später bestätigte er Eckermann, wie sehr ihn das Empfinden von Authentizität damals glücklich gestimmt hat: „Ja, ich kann sagen, dass ich nur in Rom empfunden habe, was eigentlich ein Mensch sei. Zu dieser Höhe, zu diesem Glück der Empfindung bin ich später nie wieder gekommen; ich bin ... eigentlich nachher nie wieder froh geworden."[17]

Entsagung. Dieser Begriff weckt aufs erste Hören und Lesen hin ungute Assoziationen: Ein Geschmack von moralinhaltiger Askese, Resignation, fadem Seniorenteller und abgestandener Luft macht sich breit, und man fragt sich, wie dieser Terminus in das ansonsten so lebensbejahende und sinnenfreudige Daseins Goethe hineinfinden und sich dort so festsetzen konnte, dass er heute in keinem halbwegs soliden Register der Werke, Briefe und Gespräche des Dichters fehlt.

Leicht ist man gewillt, die Entsagung als typischen Begriff des alten oder zumindest älteren Goethe einzuordnen; man vergisst dabei jedoch, dass er dieser Thematik schon früh in seinem Leben begegnete. Beispiele hierfür sind sein Liebesfrondienst bei Charlotte von Stein, der ihn über ein Jahrzehnt seines Daseins beschäftigte und ihm immer wieder mächtige Verzichtsleistungen (im Hinblick auf gelebte Sexualität) abverlangte.

Ähnlichen Verzicht hat er sich selbst ebenfalls bereits deutlich vor seiner italienischen Reise auferlegt, als er jahrelang sein Hauptgeschäft der Dichtkunst hintanstellte und sich stattdessen mit den leidigen Fragen der Verwaltung eines kleinen Herzogtums (Sachsen-Weimar-Eisenach), mit den Problemen von Wege- und Bergbau sowie mit den administrativen Sitzungen des Geheimen Konsiliums herumschlug und seine kostbare Zeit und Energie in Projekte investierte, die für ihn letztlich Selbstentfremdung bedeuteten: „Meine Schriftstellerei subordiniert sich dem Leben"[18] – so drückte er es in einem Brief an Freund Kestner aus.

Aber handelte es sich in diesen Lebensphasen Goethes wirklich um Entsagung? Er selbst sah sich seinerzeit durchaus in einer Situation des Lernens und Wachsens, selbst wenn sich manche hochgesteckten Ziele (den Sexus wie die Dichtung betreffend) noch nicht realisieren ließen. An seine Mutter schrieb er beruhigende Zeilen, die womöglich auch einen Schuss Autosuggestion beinhalteten:

> Merck und mehrere beurteilen meinen Zustand ganz falsch, sie sehen das nur, was ich aufopfere, und nicht, was ich gewinne, und sie können nicht begreifen, dass ich täglich reicher werde, indem ich täglich so viel hingebe.[19]

Doch noch einmal die Frage: Was bedeutete für Goethe der Begriff der Entsagung – und was kann er für uns jenseits der erwähnten Vorurteile bedeuten? Betrachtet man den Lebenslauf des voritalienischen Goethe, kann man die Akzentsetzungen seiner damaligen Existenz als notwendige und letztlich lehrreiche Umwege, nicht aber unbedingt als Entsagungen einordnen. Diese Umwege boten sich ihm an, ohne dass er seinerzeit die Konsequenzen hätte vollständig überblicken können. Er ließ sich auf sie ein, und erst im Nachhinein wurde ihm klar, welchen Weg er eingeschlagen und welche Möglichkeiten er damit ausgeschlagen hatte.

---

16 Goethe: Brief an Carl August (17. März 1788), in: Briefe, HA Band 2, München 1988, S. 85
17 Eckermann, J.P.: Gespräch mit Goethe (9. Oktober 1828), in: Gespräche mit Goethe, Berlin 1956, S. 416
18 Goethe: Brief an Kestner (14. Mai 1780), in: Briefe, HA Band 1, München 1988, S. 303
19 Goethe: Brief an Frau Aja (11. August 1781), in: Briefe, HA Band 1, München 1988, S. 368

Als eine erste sehr bewusste und die Folgen für sein Dasein wohl abwägende Verzichtsleistung darf jedoch Goethes Entscheidung in Rom 1788 gelten, sein ach so geliebtes Arkadien, wo er sich wie niemals zuvor und danach als glücklich und selbstrealisiert erlebte, wieder zu verlassen und nach Weimar zurückzukehren. Dieser Verzicht resultierte sowohl aus einer Grenz-Überlegung (wie lange Zeit bleibt mir, um aus meinem Leben etwas sehr Sinn- und Wertvolles werden zu lassen?) als auch aus dem imperativen Empfinden, seine Talente nicht verschleudern zu dürfen:

> Täglich wird mir's deutlicher, dass ich eigentlich zur Dichtkunst geboren bin, und dass ich die nächsten zehn Jahre, die ich höchstens noch arbeiten darf, dieses Talent exkolieren (ausbilden) und noch etwas Gutes machen sollte.[20]

Der Verzicht auf sowie der Abschied von Rom kamen Goethe ungemein schwer an. Er erlebte sich regelrecht als Exilierter und verglich sich mit dem Dichter Ovid, der – wie Goethe schrieb – ebenfalls „verbannt in einer Mondnacht Rom verlassen" und sein weiteres Dasein „weit hinten am Schwarzen Meer, im trauer- und jammervollen Zustand"[21] fristen musste.

So hart wurde es für Goethe nun doch wieder nicht. Weimar war nicht Tomis (so hieß die Stadt am Schwarzen Meer, in der Ovid die letzten Jahre seines Lebens in der Verbannung zubrachte), und obwohl er nach seiner Rückkehr in die Stadt an der Ilm Mühe hatte, alte Freundschaften zu reaktivieren, gelang es ihm bald, eine die Sexualität integrierende Liebesbeziehung mit Christiane Vulpius zu beginnen, die ihn die nächsten Jahrzehnte über außerordentlich zufriedenstellte.

Doch das Thema der Entsagung verließ den Dichter trotz seines privaten Glücks und vieler literarischer Erfolge nicht mehr. Dies betraf zum einen sein Tätigkeitsfeld oder besser ausgedrückt seine Interessensfelder, von denen er spürte, dass er sie nicht alle und im selben Maße würde bedienen können. Schon in Italien hatte er sich von der lange gehegten Idee verabschiedet, aus ihm könnte neben einem Dichter auch ein passabler bildender Künstler werden – eine Vorstellung, die bis auf seine Kindheit zurückzuverfolgen war, und der er viel Zeit und Energie geopfert hatte, um sie Wirklichkeit werden zu lassen. Der intensive Kontakt mit Kunstmalern in Rom und Italien (z. B. Johann Wilhelm Tischbein, Friedrich Bury, Philipp Hackert, Angelika Kauffmann, Johann Heinrich Meyer) belehrten Goethe jedoch eines Besseren, und er begrub fürderhin diesen Kindheitstraum.

Eine analoge Erfahrung hatte Goethe im Hinblick auf die vielfältigen administrativen Aufgaben gemacht, die ihn ein Jahrzehnt lang in Weimar in Beschlag genommen hatten: Kriegs- und Bergwerkskommission, Wege- und Wasserbau-Direktion, Verantwortung für Bildungswesen und Kirchenpolitik, später Leitung des Weimarer Theaters (Autor, Intendant, Regisseur, Dramaturg, in manchen Stücken auch Schauspieler). Für jeden dieser Bereiche hätte es jeweils mindestens eine Person gebraucht, um sie ordentlich auszufüllen – Goethe erledigte alle diese Aufgaben als *One-man-Show*. Ohne diese Weimarer Zeit im Detail auszuführen, hat Goethe in *Aus meinem Leben – Dichtung und Wahrheit* (1811–1833) zumindest indirekt darauf Bezug genommen:

> Es ist immer ein Unglück, in neue Verhältnisse zu treten, in denen man nicht hergekommen ist; wir werden oft wider unsern Willen zu einer falschen Teilnahme

---

20 Goethe: Italienische Reise (Rom, 22. Februar 1788), in: HA Band 11, München 1981, S. 518 f.
21 Goethe: Italienische Reise (Rom, 22. Februar 1788), in: HA Band 11, München 1981, S. 555

gelockt, uns peinigt die Halbheit solcher Zustände, und doch sehen wir weder ein Mittel sie zu ergänzen, noch ihnen zu entsagen.[22]

Hinzu kam, dass Goethe nicht nur Dichter (Lyriker, Dramatiker, Epiker, Autobiograph, Biograph, Tagebuch-Autor, Briefe-Schreiber), sondern auch Wissenschaftler (Optik, Anatomie, Wetterkunde, Astronomie, Physik, Mineralogie, Botanik, Geographie) und Sammler (Bücher, Majolika, Skelette, Pflanzen, Steine, Stiche, Bilder, Gemmen, Figuren) war und sein wollte. Das Renaissance-Ideal des *uomo universale*, des universal und allseitig gebildeten Menschen, gehörte mit zu seinem Wesenskern, Charakter und zu seinem Lebens-Gesetz, und es fiel ihm sichtlich schwer, an einer oder mehreren dieser Neigungen und Interessen Abstriche vorzunehmen.

Im Roman *Wilhelm Meisters Wanderjahre* (1829), der im Titel den Zusatz *Oder die Entsagenden* führt, wird der Held Wilhelm Meister vor eben jene Aufgabe gestellt: Er soll sich für *eine* Ausbildung entscheiden und auf diesem Terrain meisterlich werden, anstatt sich in hunderterlei Neigungen und Interessen zu verzetteln. Kein Zweifel, dass Goethe damit auch ein für ihn lange Zeit virulentes Entsagungsthema der eigenen Existenz touchiert hatte. Anders als in *Wilhelm Meisters Lehrjahre* (1795/96), in denen die Hauptfigur Wilhelm Meister in die verschiedensten Richtungen des Lebens ausschreiten, diverse Bereiche von Gesellschaft und Kultur kennenlernen und sich dabei an alle möglichen Situationen hingeben und verlieren darf, soll sich derselbe Wilhelm Meister drei Jahrzehnte später auf nur wenige Themen konzentrieren und lernen, mit Limitierungen und Beschränkungen produktiv umzugehen.

Entsagung bedeutet nicht Resignation – oder wenn, dann nicht wie in der römischen Antike ursprünglich als Kapitulation gemeint (*resignare* heißt übersetzt: das Feldzeichen senken, also kapitulieren). Vielmehr zielt Entsagung auf eine Akzeptanz des Unausweichlichen ab, auf Einsicht in das Begrenzende sowie auf freiwillige und damit geschmeidige Einfügung in die biologischen, psychosozialen und kulturellen Gegebenheiten des Daseins.

Eine solche Haltung kann ein durchsetzungsstärkeres, kraftvolleres Auftreten des jeweiligen Individuums auf jenen Existenzfeldern nach sich ziehen, die von Entsagungen nicht betroffen sind. Wer seine Energie nicht an den unbeweglichen Teilen der Welt verpulvert, kann sich mit Verve den beweglichen Teilen zuwenden und diese in seinem Sinne gestalten.

Doch wie lassen sich bewegliche von unbeweglichen Aspekten des Lebens unterscheiden? Welche Limitierungen gilt es zu respektieren und, wenn möglich, mit Anmut und Geschicklichkeit ins eigene Daseinskonzept zu integrieren, und welche Grenzen fordern dazu auf, überschritten und transzendiert zu werden? Wie kann man Notwendigkeit von Möglichkeit, Tagträume, Sehnsüchte und Fantasien von klugen Zukunftsplänen, das Vermeidliche vom Unvermeidlichen und den umsetzungswürdigen Antrieb vom bloßen somatischen Triebimpuls diskriminieren?

Goethe kannte aus leidvollen Erfahrungen nicht nur die Schwierigkeiten, diese Fragen theoretisch zu beantworten, sondern vor allem auch, sich der konkreten Entsagung hinzugeben. Dies betraf zum einen literarische und wissenschaftliche Projekte, von denen wir heute jeweils nur das Gelungene und Siegreiche, nicht aber die vergeblichen Anläufe, das Misslungene und Abgebrochene und nicht zu Ende Geführte sehen. „Vollkommenheit ist die Norm des Himmels, Vollkommenes wollen die Norm des Menschen" – heißt es in den *Maximen und Reflexionen* (Nr. 828). Man kann erahnen, welchen Ehrgeiz und welch

---

22 Goethe: Aus meinem Leben – Dichtung und Wahrheit (1811-1833), in: HA Band 9, München 1981, S. 585 f.

Vollkommenheits-Ideal Goethe in sich trug, und wie schwer es ihm daher manchmal fallen musste, den einen oder anderen literarischen oder wissenschaftlichen Expansionsplan *ad acta* zu legen und zu begraben.

Mindestens ebenso schmerzhaft waren jedoch Verzichtsleistungen für ihn hinsichtlich seiner persönlichen Verhältnisse. So empfand er jene Situationen außergewöhnlich erschütternd, die ihm die Limitierungen von Eros und Sexus signalisierten. Einen ersten Vorgeschmack auf derartige Begrenzungen bot seine Beziehung mit Marianne von Willemer, die er zusammen mit ihrem Gatten, dem Bankier Johann Jakob von Willemer, 1814 in Frankfurt am Main kennengelernt hatte.

Im Sommer 1815 kam es zu einem neuerlichen Besuch Goethes bei den Willemers, und spätestens bei der Feier seines Geburtstages auf der Gerbermühle in der Nähe von Frankfurt musste sich der nunmehr 66-jährige Dichter eingestehen, dass er sich in die 25 Jahre jüngere Frau seines Freundes heftig verliebt hatte. Seine Empfindungen und Gefühle Marianne von Willemer gegenüber transponierte Goethe jedoch nicht in gelebten Sexus, sondern in betörend schöne Lyrik, die nach dem ersten Kontakt mit Marianne bereits zarte Konturen und nach dem Sommer 1815 mächtigen Auftrieb erhalten hatte. Zur effektiven Sublimierung seiner erotischen Stimmungslage war Goethe auch deshalb in der Lage, weil ihm Marianne von Willemer kongeniale Gedichte *retour* sandte; aus dieser lyrischen Korrespondenz erwuchs der *West-östliche Divan* (1819 publiziert).

Die Entsagung in Bezug auf gelebte Intimität und Sexualität lenkte Goethe also in eine Richtung, die seit Sigmund Freud als Sublimierung bezeichnet wird: die Wandlung von sexueller Triebenergie in soziale und kulturelle Beitragsleistung. Wie sehr wir Heutigen von Goethes damaliger Entsagung profitieren, mag ein Gedicht dieses Zyklus verdeutlichen:

> » Wenn zu der Regenwand / Phöbus sich gattet, / Gleich steht ein Bogenrand / Farbig beschattet. / Im Nebel gleichen Kreis / Seh' ich gezogen, / Zwar ist der Bogen weiß, / Doch Himmelsbogen. / So sollst du, muntrer Greis, / Dich nicht betrüben: / Sind gleich die Haare weiß, / Doch wirst du lieben.[23]

In der letzten Zeile des Gedichts spielte Goethe noch mit dem Gedanken einer tatsächlichen Liebesbeziehung mit seiner lyrischen Korrespondenz-Partnerin. Als aber im Sommer 1816 (nach dem Tod Christianes) Goethe neuerlich nach Frankfurt aufbrach und auf dem Weg dorthin die Kutsche verunglückte, interpretierte der Dichter dies als ein Zeichen nicht des Himmels, sondern des *Daimonions* (Schicksal, Schutzgeist, Unbewusstes) und beschloss, umzukehren. Marianne von Willemer sah und sprach er nie mehr persönlich.

Eine noch bedeutend erschütterndere Entsagungs-Situation mutete das Schicksal Goethe einige Jahre später zu. Im Sommer 1821 weilte der Dichter in Marienbad, wo es zu einem ersten Zusammentreffen mit Amalie von Levetzow (1788–1868) und deren Tochter Ulrike (17-jährig) kam. Ein Jahr darauf ergab sich in Marienbad dieselbe Konstellation, und Goethe verliebte sich mächtig – nicht in Amalie (die Mama), sondern in Ulrike von Levetzow (1804–1899), die nunmehr immerhin bereits 18-jährig war. Und wieder ein Jahr später, im Sommer 1823, ließ Goethe über den Herzog Karl August um die Hand von Ulrike anhalten.

Letztere schlug diese Werbung aus („keine Liebschaft war es nicht" – so kommentierte Ulrike von Levetzow im Alter ihre Beziehung respektive Nicht-Beziehung mit Goethe), was den Dichter in einen verzweifelten und schier aussichtslosen Zustand versetzte. An souveräne Entsagungs- und Verzichtsleistung war vorerst nicht zu denken, wohl aber an die bestens

---

23 Goethe: Phänomen, aus: West-östlicher Divan (1819), in: HA Band 2, München 1981, S. 13

Kapitel 4 · Anthropologisch-psychologische Motive: Flucht, Inkognito, Entsagung

bewährte Strategie Goethes, Leben – und schmeckte es noch so gallig-bitter – in Dichtung zu verwandeln. So entstand die *Marienbader Elegie*, deren erste Strophen Goethe noch in der Kutsche notierte, die ihn aus Marienbad zurück nach Weimar brachte. Dieses Gedicht war ihm zeitlebens kostbar, und nur wenige Auserwählte durften es lesen:

> Wie leicht und zierlich, klar und zart gewoben / Schwebt seraphgleich aus ernster Wolken Chor, / Als glich' es ihr, am blauen Äther droben / Ein schlank Gebild aus lichtem Duft empor; / So sahst du sie in frohem Tanze walten, / Die lieblichste der lieblichsten Gestalten ... /
> In unsers Busens Reine wogt ein Streben, / Sich einem Höhern, Reinern, Unbekannten / Aus Dankbarkeit freiwillig hinzugeben, / Enträtselnd sich den ewig Ungenannten; / Wir heißen's: fromm sein! — Solcher seligen Höhe / Fühl ich mich teilhaft, wenn ich vor ihr stehe ... /
> Mir ist das All, ich bin mir selbst verloren, / Der ich noch erst den Göttern Liebling war; / Sie prüften mich, verliehen mir Pandoren, / So reich an Gütern, reicher an Gefahr; / Sie drängten mich zum gabeseligen Munde, / Sie trennen mich — und richten mich zugrunde.[24]

Als Motto versah Goethe die *Marienbader Elegie* mit Versen aus seinem Drama *Torquato Tasso* (1790): „Und wenn der Mensch in seiner Qual verstummt, / Gab mir ein Gott zu sagen, was ich leide." Noch weit davon entfernt, sich mit dem Altern und damit einer unbarmherzig nahegerückten, allerletzten Limitierung arrangiert zu haben, erkrankte Goethe im Herbst 1823 so schwer, dass seine Freunde um sein Leben fürchteten. Als Zelter ihn in Weimar besuchte, fiel ihm als erstes eine eisig-frostige, thanatische Atmosphäre im Haus am Frauenplan auf. Als Medizin gegen die unerklärlich hartnäckige Krankheit des Dichters verabreichte der lebenskluge Musikdirektor aus Berlin jene Panazee, die Goethe selbst gemischt und angerichtet hatte: Zelter las seinem Freund viele Male die *Marienbader Elegie* vor. Im Nachhinein ist es müßig zu spekulieren, ob es diese Arznei oder der biologische Spontanverlauf von Goethes Krankheit war, die ihn letztlich wieder gesunden ließ. Fakt ist, dass dem Dichter fast noch ein Jahrzehnt Lebenszeit blieb, um sich weiter in Entsagung zu üben:

> Betrachten wir uns in jeder Lage des Lebens, so finden wir, dass wir äußerlich bedingt sind, vom ersten Atemzug bis zum letzten; dass uns jedoch die höchste Freiheit übrig geblieben ist, uns innerhalb unsrer selbst dergestalt auszubilden, dass wir uns mit der sittlichen Weltordnung in Einklang setzen und ... dadurch mit uns selbst zum Frieden gelangen können ... Jeder Morgen ruft uns zu: das Gehörige zu tun und das Mögliche zu erwarten.[25]

So verstandene Entsagung bedeutet ein hohes Maß an Realitätssinn, der den Einzelnen anleitet, an die Stelle individueller Größenideen und Allmachtfantasien den *Common sense* zu setzen, den bereits Immanuel Kant als Korrektiv und Maßstab der Vernunft empfohlen hat. Als privat in uns selbst versponnene oder narzisstisch-selbstreferentiell nur auf uns selbst bezogene Menschen neigen wir nicht selten dazu, das Ungehörige statt des Gehörigen zu tun sowie das Unmögliche statt des Möglichen zu erwarten. Entsagung im Goethe'schen Sinne zieht vor allem den Verzicht auf derlei Größenideen und Allmachtfantasien nach sich – und

---

24 Goethe: Marienbader Elegie (1827), in: HA Band 1, München 1981, S. 381 ff.
25 Goethe: Brief an den Grafen von Brühl (23. Oktober 1828), in: Briefe, HA Band 4, München 1988, S. 306

erst in einem zweiten Schritt den eventuellen Verzicht auf ach so konkrete Versprechungen, Verlockungen, Versuchungen.

Der alternde Goethe rang in den letzten Jahren seines Lebens wiederholt mit den harten Fakten der Endlichkeit und der süßen Fantasie der Unendlichkeit. Dass eine derart komplexe und auf höchstem Niveau gebildete Persönlichkeit wie die seinige irgendwann sang- und klanglos zu Ende gehen und keine Fortsetzung finden sollte, mochte der Dichter nicht akzeptieren. Die Natur, so war er überzeugt, werde und müsse ihm bzw. seiner Entelechie (Form, Gestalt) nach dem Tode eine neue biologische Basis und Chance zuspielen, damit sein Geist weiter wirken könne. Keine kindliche Vorstellung eines einfachen Weiterlebens im Himmel, wie die Religionen es billigerweise ihren Gläubigen offerieren, sondern eine Art Weitergabe von geistig-kulturellen Errungenschaften, Differenzierungsgraden auf verändertem materiellen Fundament schwebte Goethe bisweilen vor – bisweilen war er aber auch mit merklich weniger ewigem Leben zufrieden:

> Sollte es nicht möglich sein, dass eine ein für allemal gebetene Gesellschaft sich täglich in meinem Hause zusammenfände? ... Man triebe Musik, spielte, läse vor, schwatzte, alles nach Neigung und Gutfinden. Ich selber erschiene und verschwände wieder ... So wäre denn ein *ewiger Tee* organisiert, wie die ewige Lampe in gewissen Kapellen brennt.[26]

Die Gäste dieser ein für allemal gebetenen Gesellschaft wurden jedoch Jahr für Jahr weniger. 1827 starb 84-jährig Charlotte von Stein, wovon sich in den Tagebüchern oder Briefen Goethes keinerlei Notiz findet; auch die Teilnahme an ihrer Beerdigung mied er. Ein Jahr darauf war der Tod des Herzogs Karl August zu beklagen – ein Ereignis, das der Dichter mit den Worten kommentierte: „Das hätte ich nicht erleben sollen!" Goethe zog sich daraufhin für Wochen auf die Dornburger Schlösser zurück, um mit der Trauer und dem Verlust des Freundes fertig zu werden. Wiederum zwei Jahre später wurde er 1830 mit der Nachricht aus Rom konfrontiert, dass sein Sohn August, der es dem Vater und Großvater gleichtun wollte und eine Reise nach Italien unternahm, gestorben war. August wurde 40 Jahre alt; die Obduktion ergab einen massiv alkoholgeschädigten Körper. Die Reaktion Goethes auf die Nachricht vom Ableben seines Sohnes war denkbar lapidar: *non ignoravi me mortalem genuisse* (ich wusste, dass ich einen Sterblichen gezeugt hatte).

1831 schloss Goethe *Faust II* ab und versiegelte das Manuskript; das Hauptgeschäft seines Lebens war erledigt. Im Sommer des Jahres unternahm er einen Ausflug nach Ilmenau und auf den Kickelhahn – in jene Gegend, die er ein halbes Jahrhundert zuvor häufig aufgesucht hatte, unter anderem, um das Bergwerkswesen in Ilmenau zu revitalisieren. Auf dem Kickelhahn fand er auf einem Bretterhäuschen seine Inschrift von vor fünfzig Jahren: „Über allen Gipfeln / Ist Ruh', / In allen Wipfeln / Spürest Du / Kaum einen Hauch; / Die Vögelein schweigen im Walde. / Warte nur! Balde / Ruhest du auch." In einem Brief an Zelter berichtete er davon:

> Nach so vielen Jahren war denn zu übersehen: das Dauernde, das Verschwundene. Das Gelungene trat vor und erheiterte, das Misslungene war vergessen und verschmerzt.[27]

---

26 Friedrich von Müller: Unterhaltungen mit Goethe, Weimar 1956, S. 92
27 Goethe: Brief an Zelter (4. September 1831), in: Briefe, HA Band 4, München 1988, S. 442

Literatur

1. Eckermann, J.P.: Gespräche mit Goethe, Berlin 1956
2. Friedrich von Müller: Unterhaltungen mit Goethe, Weimar 1956
3. Goethe: Gedichte und Epen I, in: HA Band 1, München 1981
4. Goethe: Wilhelm Meisters Wanderjahre – Oder die Entsagenden (1829), in: HA Band 8, München 1981
5. Goethe: Aus meinem Leben – Dichtung und Wahrheit (1811-1833), in: HA Band 9 und 10, München 1981
6. Goethe: Italienische Reise, in: HA Band 11, München 1981
7. Goethe: Briefe, HA Band 1-4, München 1988
8. Nietzsche, F.: Jenseits von Gut und Böse (1886), in: KSA 5, München 1988
9. Zapperi, R.: Das Inkognito – Goethes ganz andere Existenz in Rom, München 1999

Römische Elegien und andere *Erotica*

Literatur – 82

© Springer-Verlag GmbH Deutschland, ein Teil von Springer Nature 2019
G. Danzer, *Voilà un homme - Über Goethe, die Menschen und das Leben*,
https://doi.org/10.1007/978-3-662-57672-4_5

Goethe war – das gehört unter Goethe-Experten zu den unumstrittenen psychologischen Charakteristika seines Lebens – ein multipolarer Mensch: nobilitierter Minister und zugleich in der Regel ein guter Junge, unkomplizierter Freund und Zeitgenosse; einerseits ein hingabefähiger Dichter und Literat sowie andererseits ein zurückgezogen-vorsichtiger Mann und Geliebter; ein gravitätisch-würdevoller Grandseigneur sowie ein übermütiger Springinsfeld; ein Protagonist provinziell-überschaubarer Lebensverhältnisse (Weimar, Jena, Ilmenau, Marienbad, Dornburger Schlösser) wie zugleich ein überzeugter Europäer (Rom, Venedig, Neapel, Schweizer und Italienische Reise) und ein geistig-kultureller Weltbürger (*West-östlicher Divan*).

Römische Elegien. Wie sehr ihn neben dem Provinziellen auch das Großstädtische zu persönlicher Entwicklung und literarischer Produktivität inspirierte, kann man an seinen italienischen Reisen ablesen, die ihn in eindrückliche Städte wie Rom, Neapel, Palermo und Venedig brachten; vor allem die erste Italienreise bedeutete für Goethe einen enormen Auf- und Umschwung seiner Existenz als Dichter wie auch als Person.

Ein literarisches Resultat dieser Entwicklung waren die *Römischen Elegien*. Dieser Gedichtzyklus entstand in den Jahren 1788 bis 1790, also kurz nach der ersten italienischen Reise Goethes, die er von September 1786 bis Mai 1788 unternommen hatte, und von der er autobiographisch in seinem Text *Italienische Reise* (1813/17) Auskunft gab. Publiziert wurden die *Römischen Elegien* 1795 erstmals in der von Friedrich Schiller herausgegebenen Zeitschrift *Die Horen*, wobei sich Goethe davon überzeugen ließ, einige der sinnlich-erotisch kühnsten und delikatesten Gedichte nicht zu veröffentlichen (darunter zwei priapeische Gedichte); sie wurden später zögerlich in diverse Gedichtsammlungen und Gesamtausgaben des Weimaraners integriert. Trotz der Weglassung von insgesamt vier Elegien waren die Zeitgenossen des Dichters nicht wenig erstaunt und teilweise empört über den freizügigen Tonfall dieser Lyrik; Johann Gottfried Herder plädierte dafür, Schillers Publikationsorgan *Die Horen* aufgrund der veröffentlichten Elegien von Goethe von da an mit einem „u" zu schreiben (also: *Die Huren*).

In die insgesamt 24 Elegien hat Goethe unterschiedlichste private wie historische, künstlerische und kulturelle Motive einfließen lassen: Sein persönliches, in Rom wahrscheinlich erstmals zu vollumfänglich-sinnlicher Sexualität erblühtes Liebesleben kommt darin ebenso wie die antike Geschichte, Kunst, Mythologie und Architektur der Ewigen Stadt in Versen mit klassischer Form (Distichen) zum Ausdruck. Die Themenkreise Liebe, Antike und Mythos überlappen sich darin auf kunstvoll-natürliche Weise.

In die lyrischen Schilderungen von Goethes Liebesabenteuern sind jedoch nicht nur seine konkreten Erlebnisse in Rom eingeflossen. Wenige Wochen, nachdem der Dichter 1788 aus Rom nach Weimar zurückgekehrt war, lernte er Christiane Vulpius, die spätere Lebensgefährtin und Gattin, kennen. Mit ihr ergab sich bald eine sexuelle Beziehung, und daher sind sich die Goethe-Experten einig, in der Geliebten der *Römischen Elegien* eine poetische Verdichtung und Synthese von Faustina (so der Name von Goethes Römischer Liebes-Bekanntschaft) und Christiane aus Weimar zu erkennen.

Der Begriff *Elegie* könnte zur Vermutung Anlass geben, es handele sich um eine Art Klagegesang; immerhin haben antike Poeten wie Tibull, Properz, Catull oder Ovid ihre Elegien bevorzugt als Ausdruck von Trauer und Resignation gestaltet – wobei bei manchen von ihnen auch das Motiv von Liebesfreude (Liebeselegie) Erwähnung fand. Friedrich Schiller hat in seiner Schrift *Über naive und sentimentalische Dichtung* (1795) die Elegie ebenfalls als Kunstform definiert, welche die schmerzhaft-niederdrückende Erfahrung ausdrücken soll, dass Menschen ihre ursprüngliche Heimat (die Natur) verloren haben und die Welt der Ideale nie ganz erreichen werden. Goethe selbst hat Jahrzehnte später in der *Marienbader Elegie* (1823) ein Gedicht verfasst, das dieser Definition von Elegie als Klagelied entspricht – eine Klage, welche Goethes erschütternde Enttäuschung nach seinem vergeblichen Versuch, die junge Ulrike von Levetzow als Liebespartnerin zu erobern, zum Ausdruck brachte.

Goethe hat mit der Gattung Elegie ebenso wie mit dem formalen Gestaltungsmittel der Distichen (zweizeiliges Versmaß mit abwechselnd Hexameter und Pentameter) auf die antiken Vorläufer Bezug genommen. Gleichzeitig demonstrierte er in den *Römischen Elegien*, dass sich unter dieser Überschrift bevorzugt sinnlich-erotische Themen gestalten lassen. Ähnlich weit gefasst wollte im 20. Jahrhundert Rainer Maria Rilke diesen Terminus in den *Duineser Elegien* verstanden wissen: Sie sind hymnische Gesänge eines ekstatischen Daseinsvollzugs. Und auch Bertolt Brecht mit seinen *Buckower Elegien* (1953) zielte zwar auf Skepsis und Sorge (angesichts der politisch-gesellschaftlichen Entwicklungen der damaligen Zeit), nicht aber auf Resignation und Trauer ab.

Dass Goethe zum Versmaß der Distichen griff, wurde von ihm als eine formale Strenge verstanden, die es ihm erlaubt, sich inhaltlich umso freizügiger zu geben. In den Gesprächen mit Eckermann kam der Dichter mehrfach auf die *Römischen Elegien* und deren Form zurück:

> Es liegen in den verschiedenen poetischen Formen geheimnisvolle große Wirkungen. Wenn man den Inhalt meiner *Römischen Elegien* in den Ton und in die Versart von Byrons *Don Juan* übertragen wollte, so müsste sich das Gesagte ganz verrucht ausnehmen.[1]

Mit dem Versmaß der Distichen jedoch gelang es Goethe, das Sinnlich-Erotische, Leidenschaftliche und eventuell auch das Körperlich-Verruchte in eine Form zu bringen, die es ermöglichte, den Sexus (der durchaus konkret in diesen Gedichten anwesend ist) in seinen diversen Spielarten bezaubernd direkt und zugleich poetisch-schwebend darzustellen, so dass er nie ins Obszöne, Banale oder Laszive abstürzte. Das Triebhafte (Sexus) ist in den *Römischen Elegien* derart in die Kultur (Distichen) eingebettet, dass sich daraus keine Reduktion auf, aber auch keine Negierung von Bios und Animalität ergibt.

Schon in den ersten Zeilen der *Römischen Elegien* stoßen wir auf Goethes Hoffnungen, Ansprüche und Erwartungen, was der Besuch von Rom für ihn bedeuten und wie er ihn womöglich verändern werde: „Saget, Steine, mir an, oh sprecht, ihr hohen Paläste! / Straßen, redet ein Wort! Genius, regst du dich nicht? / Ja, es ist alles beseelt in deinen heiligen Mauern, / Ewige Roma; nur mir schweiget noch alles so still."[2] Ebenfalls in dieser ersten Elegie (das ursprüngliche Anfangsgedicht *An Priapus* wurde von Goethe zurückgehalten) wird bereits das Palindrom ROMA – AMOR erwähnt, eine Buchstabenkette, die man vorwärts wie rückwärts lesen kann, und die dabei jeweils einen Sinn ergibt:

> Doch bald ist es vorbei, dann wird ein einziger Tempel, / Amors Tempel nur sein, der den Geweihten empfängt. / Eine Welt zwar bist du, oh Rom; doch ohne die Liebe / Wäre die Welt nicht die Welt, wäre denn Rom auch nicht Rom.[3]

Die darauf folgenden Elegien halten gekonnt die Mitte zwischen Roma und Amor: Neben der antiken Mythologie und ihren verschiedenen Göttern, neben der Kunst und Architektur

---

1   Eckermann, J.P.: Gespräch mit Goethe (25.02. 1824), in: Gespräche mit Goethe, Berlin 1956, S. 108
2   Goethe: Römische Elegien (1795), in: HA Band 1, München 1981, S. 157
3   Goethe: Römische Elegien (1795), in: HA Band 1, München 1981, S. 157

der Ewigen Stadt (deren christliche, römisch-katholische und barocke Seiten Goethe geflissentlich überging) stoßen wir immer wieder auf Schilderungen erotischer Szenen, von denen man als Leser nicht den Eindruck gewinnt, dass ihr Verfasser lediglich seinen Fantasien freien Lauf gelassen hätte – vielmehr scheinen ihm die Erinnerungen an reale Erlebnisse die Feder geführt zu haben:

> Lass' dich, Geliebte, nicht reun, dass du mir so schnell dich ergeben! / Glaub' es, ich denke nicht frech, denke nicht niedrig von dir. / Vielfach wirken die Pfeile des Amor: einige ritzen, / Und vom schleichenden Gift kranket auf Jahre das Herz. / Aber mächtig befiedert, mit frisch geschliffener Schärfe / Dringen die andern ins Mark, zünden behände das Blut. / In der heroischen Zeit, da Götter und Göttinnen liebten, / Folgte Begierde dem Blick, folgte Genuss der Begier.[4]

Goethe schildert in seinen Elegien jedoch nicht nur den von Sinnlichkeit überwältigten Dichter, der aus dem freudlosen Norden kommend in eine Welt von fast selbstverständlicher, überwältigender Schönheit sowie lässig-entspannter Lebenskunst eintaucht und sich vorbehaltlos dem für ihn fremden, ungewohnten Existenzstil anpasst. Angesichts einer ihn faszinierenden Begegnung mit der jungen Römerin Faustina, deren Erotik seine eigene Sexualität sehr entschieden stimuliert und befreit, wird er seiner Identität als Schriftsteller und Lyriker dennoch nicht untreu. Allerdings erlebt er dabei eine merkliche Wandlung seiner kulturellen Interessen sowie seiner Art des literarischen Arbeitens und Dichtens:

> Froh empfind' ich mich nun auf klassischem Boden begeistert, / Vor- und Mitwelt spricht lauter und reizender mir. / Ich befolg' den Rat, durchblättre die Werke der Alten / Mit geschäftiger Hand, täglich mit neuem Genuss. / Aber die Nächte hindurch hält Amor mich anders beschäftigt; / Werd' ich auch halb nur gelehrt, bin ich doch doppelt beglückt. / Und belehr' ich mich nicht, wenn ich des lieblichen Busens / Formen spähe, die Hand leite die Hüften hinab? / Dann versteh' ich den Marmor erst recht: ich denk' und vergleiche, / Sehe mit fühlendem Aug', fühle mit sehender Hand. / Raubt die Liebste denn gleich mir einige Stunden des Tages; / Gibt sie Stunden der Nacht mir zur Entschädigung hin. / Wird doch nicht immer geküsst, es wird vernünftig gesprochen; / Überfällt sie der Schlaf, lieg' ich und denke mir viel. / Oftmals hab' ich auch schon in ihren Armen gedichtet / Und des Hexameters Maß leise mit fingernder Hand, / Ihr auf den Rücken gezählt.[5]

Nicht nur an dieser Stelle der *Römischen Elegien* darf die Frage erlaubt sein, in welchem Umfang Goethe aus seinem Erlebten Dichtung und aus Dichtung etwas zu Erlebendes werden ließ. An Frau von Stein schrieb er bereits in den 70-er Jahren, sie wisse, „wie symbolisch mein Dasein ist"[6] – eine Formulierung, die darauf schließen lässt, dass sich der Autor dieser existentiellen Thematik schon als junger Mann bewusst war. Das Leben, bevorzugt die Phasen von erotischem Aufschwung, nutzte Goethe als Transmissionsriemen für seine literarische und poetische Produktivität, so dass er sich in den *Venezianischen Epigrammen* die künstlerisch nur unwesentlich verbrämte Frage stellte: „Welch ein Wahnsinn ergriff dich am Müßiggang, hältst du nicht inne? / Wird dies Mädchen ein Buch?"[7] Doch Goethe

---

4   Goethe: Römische Elegien (1795), in: HA Band 1, München 1981, S. 158
5   Goethe: Römische Elegien (1795), in: HA Band 1, München 1981, S. 160
6   Goethe: Brief vom 10.12. 1777 an Frau von Stein, zit. n. Projekt Gutenberg > Johann Wolfgang von Goethe > Briefe an Charlotte Stein, Band 1, Kapitel 22
7   Goethe: Venezianische Epigramme (1796), in: Erotische Gedichte, Frankfurt / Main 1991, S. 106

kannte sehr wohl auch die umgekehrte Richtung der Beeinflussung: dass aus einem Buch ein Mädchen, aus einem Gedanken die Tat und aus Erdichtetem das Erlebte wurde. So waren die *Römischen Elegien* in manchen Passagen nicht nur Erinnerungen an unbeschwerte Tage und Nächte in Rom, sondern auch Vorwegnahmen und Entwürfe für analoge Atmosphären und Erlebnisse in Weimar. Manche Verse lassen sich auch als Vorfreude auf Christiane und als planerische Fantasie für das nächste Rendezvous mit ihr lesen:

> Schon fällt dein wollenes Kleidchen, / So wie der Freund es gelöst faltig zum Boden hinab. / Eilig trägt er das Kind, in leichter linnener Hülle / Wie es der Amme geziemt, scherzend aufs Lager hinan … / Nehme dann Jupiter mehr von seiner Juno, es lasse / Wohler sich, wenn er es kann, irgendein Sterblicher sein. / Uns ergötzen die Freuden des echten nacketen Amors / Und des geschaukelten Betts lieblicher knarrender Ton.[8]

Intime Nähe erlebt der Dichter nicht nur mit seiner Geliebten (Faustina / Christiane). Mindestens ebenso häufig tauchen in den *Elegien* die Götter Griechenlands respektive des antiken Roms und mit ihnen eine Reihe von mythologischen Erzählungen auf, mit, unter und in denen sich der Autor beinahe wie selbstverständlich bewegt. Aurora, Ariadne, Theseus, Jupiter, Juno, Anchises, Luna, Hero, Leander, Proteus, Thetis und einige Gottheiten mehr werden von Goethe wie selbstverständlich in seine Gedichte integriert, und es entsteht dadurch der Eindruck, als ob die individuelle erotische Melodie des Dichters in der großen und allgemeinen Symphonie uralter mythischer Klänge und Gesänge aufgehoben und durch sie zugleich verstärkt wurde:

> Rhea Silvia wandelt, die fürstliche Jungfrau, der Tiber / Wasser zu schöpfen, hinab, und sie ergreift der Gott. / So erzeugte die Söhne sich Mars! – Die Zwillinge tränket / Eine Wölfin, und Rom nennt sich die Fürstin der Welt / … Fromm sind wir Liebende, still verehren wir alle Dämonen, / Wünschen uns jeglichen Gott, jegliche Göttin geneigt. / Und so gleichen wir euch, o römische Sieger! Den Göttern / Aller Völker der Welt bietet ihr Wohnungen an.[9]

Neben anderen Gottheiten wird von Goethe (im Zusammenhang mit Eros und Sexus nicht verwunderlich) auch Tyche, die Göttin des Zufalls und der glücklichen Fügung, mit einigen Versen bedacht. Wer den Kairos, den günstigen Augenblick nicht erkennt und beim Schopfe packt, wird im Hinblick auf Verliebtheit und Liebe womöglich stets den Kürzeren ziehen. Es gehören Wachheit und Wagemut dazu, das Nahen jener Göttin zu erspüren und die Chancen, die sie bietet, als Aufforderung zu begreifen, aus ihnen Wirklichkeiten entstehen zu lassen:

> Diese Göttin, sie heißt *Gelegenheit*; lernet sie kennen! / Sie erscheinet euch oft, immer in andrer Gestalt. / … Einst erschien sie auch mir, ein bräunliches Mädchen, die Haare / Fielen ihr dunkel und reich über die Stirne herab, / Kurze Locken ringelten sich ums zierliche Hälschen, / Ungeflochtenes Haar krauste vom Scheitel sich auf. / Und ich verkannte sie nicht, ergriff die Eilende; lieblich / Gab sie Umarmung und Kuss bald mir gelehrig zurück. / O wie war ich beglückt! – Doch stille, die Zeit ist vorüber, / Und umwunden bin ich, römische Flechten, von euch.[10]

---

8 Goethe: Römische Elegien (1795), in: Erotische Gedichte, Frankfurt / Main 1991, S. 47
9 Goethe: Römische Elegien (1795), in: HA Band 1, München 1981, S. 159
10 Goethe: Römische Elegien (1795), in: HA Band 1, München 1981, S. 159 f.

Man darf sich am häufigen Gebrauch der Wörter Gott oder Gottheiten in den *Römischen Elegien* nicht stoßen. In der Tat bevölkern sie diesen Gedicht-Zyklus ähnlich divers und zahlreich wie in den griechisch-antiken Dramen oder Epen, und sie übernahmen für Goethe eine vergleichbare Funktion, wie sie in der Literatur und Mythologie der alten Griechen und Römer gegeben war. Für ihn waren die Götter keineswegs übernatürliche Wesen – den Glauben an Transzendentes hatte Goethe schon seit seinen jungen Erwachsenenjahren gegen ein konsequentes Immanenz-Denken eingetauscht –, und in diesem Sinne bedeuteten ihm die Götter bloße Steigerungen von natürlichen Phänomenen:

> Goethe konnte seine eigene Art, zu den antiken Göttern zu stehen, in den lateinischen Elegien wiederfinden. Ihm waren diese Götter Ideen, und zwar künstlerisch aufgefasste. Sie bedeuteten die Natur außerhalb und innerhalb des menschlichen Kreises … Alles, wodurch eine Begebenheit oder ein Lebewesen über sich hinausreicht und an Höheres grenzt, heißt gleichfalls Gott.[11]

So sehr sich die *Römischen Elegien* bevorzugt um die Themen von Erotik, Sexualität und Liebe einerseits sowie von antiker Mythologie andererseits drehen, so sehr finden sich in ihnen wiederholt auch Verse, welche die *Conditio humana* aus einer grundsätzlichen und allgemeinen Perspektive heraus betrachten. Die zehnte Elegie etwa bietet eine nachdenklich stimmende Überlegung zur Hierarchie und Bedeutung von Werten. Für Goethe rangierte unzweifelhaft der Wert des eigenen Lebens, der Vitalität und der Steigerung von Lebenslust vor den anderen Wertgruppierungen, und in den Zeilen dieser Elegie schwingt neben einem *memento mori* auch die Aufforderung mit, die knapp bemessene Daseinsspanne nicht zu vertändeln, sondern zu nutzen, bevor wir am Ende unseres Daseins in Kontakt mit dem Fluss Lethe (der Fluss des Vergessens in der Unterwelt) kommen:

> Alexander und Cäsar und Heinrich und Friedrich, die Großen, / Gäben die Hälfte mir gern ihres erworbenen Ruhms, / Könnt' ich auf *eine* Nacht dies Lager jedem vergönnen; / Aber die Armen, sie hält strenge des Orkus Gewalt. / Freue dich also, Lebend'ger, der lieberwärmeten Stätte, / Ehe den fliehenden Fuß schauerlich Lethe dir netzt.[12]

An anderer Stelle macht Goethe sich Gedanken über die Art und Weise, wie wir die Kultur und Geschichte der Antike aufnehmen und mit ihr umgehen. Ähnlich wie einige Jahrzehnte später Friedrich Nietzsche warnt er vor einer Idealisierung des Althergebrachten und der Historie. Nur weil Dinge, Sachverhalte oder Traditionen uralt sind, weisen sie noch keinen Wert an sich auf, und eine Historisierung um der Geschichte willen führt womöglich nur zu steriler Antiken-Verehrung, nicht aber zu lebendiger und fortschrittlicher Entwicklung von Gegenwart und Zukunft:

> Ich, der Lehrer, bin ewig jung, und liebe die Jungen. / Altklug lieb' ich dich nicht! Munter! Begreife mich wohl! / War das Antike doch neu, da jene Glücklichen lebten! / Lebe glücklich, und so lebe die Vorzeit in dir![13]

Was wir heute als großartige kulturelle und gesellschaftliche Leistungen unserer Altvorderen und damit als deren Kultur- und Mentalitätsgeschichte bewundern, entstand zu deren Lebzeiten als das Neue, Überraschende und nicht selten auch Unerhörte. Wir haben sie wie

---

11 Kommerell, M.: Gedanken über Gedichte, Frankfurt am Main 1943, S. 228
12 Goethe: Römische Elegien (1795), in: HA Band 1, München 1981, S. 163
13 Goethe: Römische Elegien (1795), in: HA Band 1, München 1981, S. 166

Kapitel 5 · Römische Elegien und andere *Erotica*

auch unsere eigenen Möglichkeiten und Aufgaben nur unzureichend verstanden, wenn wir uns lediglich im Vergangenheitskult gefallen und das Althergebrachte über die Gegenwart dominieren lassen.

Wer glücklich und zufrieden lebt, kann sich aus den Lebensmustern und Kulturgestalten der Vergangenheit am ehesten jene Partikel wählen, die zu seiner individuellen oder kollektiven Entwicklung passen, und die eine produktive und nach vorn gerichtete Form des ehrenden Gedenkens alter und uralter Menschheitsleistungen darstellt. Wie aber werden wir glücklich und zufrieden? Wenige Zeilen nach den obigen gibt Goethe uns darauf eine Antwort, die uns nicht überraschen wird, und die neuerlich auf das enge Verflochten-Sein von Eros und Kultur abhebt:

> Stoff zum Liede, wo nimmst du ihn her? Ich muss dir ihn geben, / und den höheren Stil lehret die Liebe dich nur. / … Diese Formen, wie groß! Wie edel gewendet die Glieder! / Schlief Ariadne so schön: Theseus, du konntest entfliehn? / Diesen Lippen ein einziger Kuss! O Theseus, nun scheide! / Blick' ihr ins Auge! Sie wacht! – Ewig nun hält sie dich fest.[14]

Venezianische Epigramme. 1790 unternahm Goethe auf Wunsch der Herzoginmutter Anna Amalia, die aus Süditalien und Rom kommend in Oberitalien abgeholt werden wollte, eine zweite Reise nach Italien. Die Lust auf diese Reise hielt sich beim Dichter in Grenzen, da er in Weimar Christiane sowie seinen wenige Monate zuvor geborenen Sohn August zurückließ. Außerdem bedeutete die Reise eine Unterbrechung einiger naturwissenschaftlicher und poetischer Aufgaben.

Über Innsbruck, Verona und Padua erreichte Goethe Ende März Venedig, wo er auf Anna Amalia wartete, deren Ankunft sich verspätete. Diese traf erst Anfang Mai in *La Serenissima* (Beiname der Stadt mit der Bedeutung: die Durchlauchtigste) ein und blieb mit Goethe noch bis Ende Mai dort; Mitte Juni waren sie wieder zurück in Weimar.

Wie schon während seines ersten Italienaufenthalts führte Goethe auch bei seiner zweiten italienischen Reise ein Tagebuch. Neben Reise-Impressionen fertigte er etliche Skizzen zur vergleichenden Anatomie, zur Farbtheorie sowie zur Metamorphose von Pflanzen an. Darüber hinaus entstanden innerhalb weniger Wochen über einhundert Epigramme, die er später nach dem Ort ihres Entstehens als *Venezianische Epigramme* bezeichnete und in ihrer fast vollständigen Gänze als Zyklus in Schillers *Musenalmanach für das Jahr 1796* publizierte.

Epigramme sind wörtlich übersetzt Aufschriften, die sich früher auf Weihegeschenken, Grabmalen oder Kunstwerken fanden. Nach und nach entwickelten sich aus diesen kurzen Bezeichnungen kleine poetische Kunstwerke, die – meist in Form von Distichen – knappen Gedanken oder Stimmungslagen Ausdruck verliehen, wobei sich die Epigramm-Dichter oft eines scharf-bissigen wie auch erotisch-anzüglichen Tons befleißigten.

In der römischen Antike war es Martial (40–104 n.Chr.), der die epigrammatische Kunst in hoher Vollkommenheit beherrschte. Von dem Meister dieser lyrischen Form sind weit über 1500 Epigramme erhalten, die gesellschaftliche und politische Begebenheiten ebenso wie lasterhafte Szenen oder auffällig-eigenwillige Menschentypen zu ihrem Inhalt haben. Seine Gedichte spielten auf die unterschiedlichsten mythologischen und historischen Ereignisse und Namen an; gleichzeitig verwandte Martial den poetischen Ausdruck und seine bissig-kecke Sprache für banale Alltags- wie auch für vulgäre Situationen. In einem seiner Epigramme etwa fordert er seine Gattin zu deutlich mehr sexueller Aktivität und Hingabe auf:

---

14 Goethe: Römische Elegien (1795), in: HA Band 1, München 1981, S. 166 f.

> Mich ergötzt es, die Nacht beim Pokale in Lust zu verbringen: / Du trinkst, Traurige, Wasser, und eilst geschwinde davon … / Was ich von dir empfange, stand einst der Großmutter an. / Reglos liegst du im Bette, kein Wort, kein kosender Finger, / als wolltest Weihrauch du brennen, und Messwein opfern dazu / Hinter der Tür masturbierten die phrygischen Diener, wenn reitend / wie auf einem Pferd des Hektors Gemahlin saß, / und mochte ihr Ithaker auch im Bette gewaltig schnarchen, / entzog Penelope doch die helfende Hand ihm nicht … / Wenn Ehrbarkeit dich so ergötzt, magst du immer bei Tage / eine Lucretia sein: Eine Lais will ich in der Nacht.

Zur Erläuterung: Lucretia war eine mythologische Figur im antiken Rom, die für ihre Schönheit, mehr aber noch für ihre Tugendhaftigkeit berühmt war; die Hetären hingegen wurden in der Antike auch als Lais benannt. Goethe wählte in Venedig den epigrammatischen Ausdruck, um seine Eindrücke, Gedanken und Stimmungen in eine lyrische Form zu gießen. Die dabei zu Papier gebrachten Gedichte sind im Vergleich mit den *Römischen Elegien* künstlerisch auf einem etwas weniger exzellenten Niveau angesiedelt. Das Weniger an Poesie wird aber kompensiert durch die Schärfe von Beobachtung, Stil und Sprache, die in mancher Hinsicht Anleihen bei Martial nahmen. Anders als in den *Elegien* beschäftigte sich Goethe in den *Epigrammen* neben erotischen Themen auch mit sozialen, politischen und gesellschaftlichen Gegebenheiten, und dies nicht nur die Lagunenstadt, sondern Italien und Europa generell betreffend.

Dass Goethe bei seinem Aufenthalt in Venedig von seiner Italien-Sehnsucht und -Begeisterung der 80-er Jahre weit entfernt war, kann man verschiedenen Epigrammen mühelos entnehmen. Daraus aber das Urteil abzuleiten, bei den *Venezianischen Epigrammen* handele es sich im Grunde genommen um ein *Buch des Unmuts*, wie einige Rezensenten es ausdrückten, wird dem Gedichtzyklus nicht gerecht. Eines der Epigramme, das in ziemlich desillusioniertem und nüchternem Ton Italien beschreibt, lautet allerdings:

> Das ist Italien, das ich verließ. Noch stäuben die Wege, / Noch ist der Fremde geprellt, stell' er sich, wie er auch will. / Deutsche Redlichkeit suchst du in allen Winkeln vergebens; / Leben und Weben ist hier, aber nicht Ordnung und Zucht; / Jeder sorgt nur für sich, misstraut dem andern, ist eitel, / Und die Meister des Staats sorgen nur wieder für sich. / Schön ist das Land! Doch ach, Faustinen find' ich nicht wieder. / Das ist Italien nicht mehr, das ich mit Schmerzen verließ.[15]

Statt Faustina hatte Goethe in der Zwischenzeit Christiane gefunden, die ihm nicht nur Geliebte, sondern auch Partnerin und Mutter seines Sohnes geworden war. Wie intensiv der Dichter während seines Venedig-Aufenthaltes emotional und in Gedanken in Weimar weilte, verdeutlicht ein weiteres Epigramm aus der Lagunenstadt:

> Glänzen sah ich das Meer, und blinken die liebliche Welle, / Frisch mit günstigem Wind zogen die Segel dahin. / Keine Sehnsucht fühlte mein Herz; es wendete rückwärts, / Nach dem Schnee des Gebirgs, bald sich der schmachtende Blick. / Südwärts liegen der Schätze wie viel! Doch einer im Norden / Zieht, ein großer Magnet, unwiderstehlich zurück.[16]

Doch man würde dem zweiten Italien-Aufenthalt Goethes nicht gerecht, wenn man nicht auch seine angenehmen und positiven Effekte für den Dichter berücksichtigt. So beurteilte

---

15   Goethe: Venezianische Epigramme (1796), in: HA Band 1, München 1981, S. 175
16   Goethe: Venezianische Epigramme (1796), in: HA Band 1, München 1981, S. 182

Kapitel 5 · Römische Elegien und andere *Erotica*

er im Nachhinein in den *Tag- und Jahres-Heften* seine Venedig-Reise als durchaus gelungen: „Ein längerer Aufenthalt in der wunderbaren Wasserstadt, erst in Erwartung der von Rom zurückkehrenden Herzogin Amalia, sodann aber ein längeres Verweilen daselbst im Gefolge dieser, alles um sich her auswärts und zu Hause, belebenden Fürstin, brachten mir die größten Vorteile."[17]

Ein in den Epigrammen immer wieder auftauchendes Motiv ist das fahrende Volk und hier besonders die Gauklerin Bettine. Dieses androgyn wirkende Mädchen, das einige Verwandtschaft mit der Figur der Mignon in *Wilhelm Meisters Lehrjahre* aufweist, hat es Goethe bzw. dem lyrischen Ich der *Venezianischen Epigramme* sichtlich angetan. Zuerst bewundert er ihre ästhetischen Proportionen, ihre außerordentliche Körperbeherrschung sowie ihre anmutigen Bewegungsmuster:

» Wie von der künstlichsten Hand geschnitzt das liebe Figürchen / Weich und ohne Gebein wie die Mollusca nur schwimmt. / Alles ist Glied und alles Gelenk und alles gefällig / Alles nach Maßen gebaut, alles nach Willkür bewegt.[18]

Fasziniert beobachtet der Dichter die Gauklerin bei ihren verschiedenen Übungen und Kunststücken. Obwohl sie die Umstehenden immer wieder in ihren Bann zieht, scheint sie sich kaum für ihr Publikum zu interessieren und bewegt ihren Körper wie in selbstversunkener Trance. Gelenkig wie sie ist, berührt sie mit der Zunge ihr eigenes Geschlecht – auch dieser Moment wird von Goethe ganz natürlich epigrammatisch geschildert, ohne dass man als Leser das Empfinden hat, als ungehöriger Voyeur in den Intimbereich Bettines einzudringen. Die selbstverständliche Kunstfertigkeit der Gauklerin, mit der sie Impulsen nachgeht und aus ihnen Rhythmen, Formen, Gestalten entspringen lässt, ruft bei Goethe Vergleiche zwischen ihrer Existenz und einer dichterischen wie der seinigen wach:

» Wartet, bald will ich die Könige singen, die Großen der Erde, / Wenn ich ihr Handwerk und sie besser begreife wie jetzt. / Unterdessen sing ich Bettinen, denn Gaukler und Dichter / Sind gar nahe verwandt, und die Verwandtschaft zieht an.[19]

Dass der Dichter trotz seiner glücklichen privaten Verhältnisse in Weimar den verführerischen Momenten in Venedig gegenüber nicht blind und taub war, vermitteln jene Epigramme, die auch als Lazerten-Gedichte benannt werden. Lazerte sind Eidechsen, die sich huschend, blitzschnell zwischen Steinritzen und kleinen Höhlen bewegen und dem Betrachter nur für Sekunden die Möglichkeit geben, sie zu erkennen. Kaum sieht man sie, sind sie auch schon wieder verschwunden. Ähnlich hat Goethe manche jungen Frauen und besonders die Prostituierten in Venedig erlebt, und die Epigramme, die er über sie und die Kontakte mit ihnen verfasste, heißen seither auch die Lazerten-Gedichte:

» Wer Lazerten gesehen, der kann sich die zierlichen Mädchen / Denken, die über den Platz fahren dahin und daher. / Schnell und beweglich sind sie und gleiten, stehen und schwatzen, / Und es rauscht das Gewand hinter den eilenden drein. / Sieh, hier ist sie und hier! Verlierst du sie einmal, so suchst du / Sie vergebens, so bald kommt sie nicht wieder hervor. / Wenn du aber die Winkel, die Gässchen und Treppchen nicht scheuest; / Folg ihr, wie sie dich lockt, in die Spelunke hinein.[20]

---

17 Goethe: Tag-und-Jahres-Hefte, zit. n. Osterloh, M.: Versammelte Menschenkraft – Die Großstadterfahrung in Goethes Italiendichtung, Würzburg 2016, S. 78
18 Goethe: Venezianische Epigramme (1796), in: Erotische Gedichte, Frankfurt am Main 1991, S. 102 f.
19 Goethe: Venezianische Epigramme (1796), in: Erotische Gedichte, Frankfurt am Main 1991, S. 106 f.
20 Goethe: Venezianische Epigramme (1796), in: Erotische Gedichte, Frankfurt am Main 1991, S. 110

Zumindest das lyrische Ich folgt den Lazerten in die Gassen und dunklen Ecken Venedigs, wobei ihr Verführungspotential als beachtlich geschildert wird. Die Vorschläge, die sie unterbreiten (beispielsweise *branlieren*, vom Französischen *branler*: schwanken, schlenkern; vulgärer Ausdruck für Sexualität), induzieren flirrend-erregende Atmosphären, von denen aus den Gedichten nicht immer eindeutig zu ersehen ist, wie sehr der Dichter davon nur genippt oder sie bis zur Neige ausgekostet hat.

Die *Venezianischen Epigramme* sind jedoch kein bloßes Erotikon. Nur in wenigen anderen Texten finden sich, wie in diesen Gedichten, derart scharf-bissige Kommentare Goethes zu Religion, Kirche, Staat und offiziell verkündeter Moral. Auch in dieser Hinsicht diente Martial dem Weimaraner allem Anschein nach als inhaltlicher wie auch stilistischer Maßstab, dem er gerne Folge leistete.

Unter Goethe-Experten gab es in der Vergangenheit in Bezug auf dessen Religiosität unterschiedliche Einschätzungen, inwiefern er nicht nur ins Lager der Pantheisten, sondern sogar der Rechtgläubigen (Christen) einzuordnen sei. Liest und blättert man in den *Venezianischen Epigrammen*, scheint diese Frage eindeutig beantwortet: Goethe war ein Heide *sui generis*, der es als degoutant und würdelos empfunden hätte, sich den Lehren des Christentums oder irgendeiner anderen Religion zu unterwerfen. Insbesondere die lust- und leib- und damit lebensfeindlichen Vorschriften und Dogmen waren ihm ein Dorn im Auge:

> Viele folgten dir gläubig und haben des irdischen Lebens / Rechte Wege verfehlt, wie es dir selber erging. / Folgen mag ich dir nicht; ich möchte dem Ende der Tage / Als ein vernünftiger Mann, als ein vergnügter mich nahn. / Heute gehorch ich dir doch und wähle den Pfad ins Gebirge; / Diesmal schwärmst du wohl nicht, König der Juden: leb wohl.[21]

In der Zeit, als Goethe in Venedig auf die Herzoginmutter wartete, fanden dort gerade die Osterfeierlichkeiten der katholischen Kirche statt. Für die Christen bedeutet das Osterfest mehr noch als das Weihnachtsfest den Höhepunkt des Kirchenjahres. Das Drama um die Kreuzigung Christi und das großartige Wunder seiner Wiederauferstehung (so lautete jedenfalls die Interpretation seines leeren Grabes) gehören zu den wesentlichen und unbestrittenen Glaubensinhalten des Christentums. In Venedig wurde die Grablegung Christi in einer bewegenden Zeremonie nachgestellt, an der auch Goethe mit kritisch-skeptischem Blick teilnahm:

> Feierlich sehn wir neben dem Dogen den Nuntius gehen, / Sie begraben den Herrn, dieser versiegelt den Stein. / Ob der Doge der Schelm ist? Ich weiß es nicht, aber der andre, / Nuntius, Evangelist, Lügner, Betrüger sind eins.[22]

Und einige Epigramme weiter kommentiert Goethe spöttisch das ach so grandiose Wunder der Wiederauferstehung:

> Offen steht das Grab! Welch herrlich Wunder der Herr ist. / Auferstanden! – Wer's glaubt! Schelmen, ihr trugt ihn ja weg.[23]

Im 18. Jahrhundert hatten französische Aufklärer eine Religionskritik formuliert, deren Hauptinhalt sich auf den sogenannten Priesterbetrug erstreckte. Ausgehend von den unerhörten Wundertaten Jesu Christi und anderen Unwahrscheinlichkeiten, die in der

---

21 Goethe: Venezianische Epigramme (1796), in: Erotische Gedichte, Frankfurt am Main 1991, S. 96
22 Goethe: Venezianische Epigramme (1796), in: Erotische Gedichte, Frankfurt am Main 1991, S. 97
23 Goethe: Venezianische Epigramme (1796), in: Erotische Gedichte, Frankfurt am Main 1991, S. 100

christlichen Religion seit Jahrtausenden als fixe Fakten gehandelt werden, vermuteten diese Religionskritiker zu Recht, dass diejenigen, die solche unglaublichen Eigentümlichkeiten als Wahrheiten ausgeben, persönliche Vorteile daraus ziehen. Diese bestehen in narzisstischer Aufwertung (Priester als einer, der über Geheimwissen verfügt), in finanziellen Gewinnen (Kollekte) oder in Machtansprüchen (religiöse Dogmen als Herrschaftswissen). Mit seinen *Epigrammen* reihte sich Goethe in die Schar dieser Kritiker ein und bekannte summarisch:

> Vieles kann ich ertragen! Die meisten beschwerlichen Dinge / Duld'ich mit ruhigem Mut, wie es ein Gott mir gebeut. / Wenige sind mir jedoch wie Gift und Schlange zuwider, / Viere: Rauch des Tabaks, Wanzen und Knoblauch und Christ.[24]

Doch es sind nicht nur die Priester und andere Vertreter von Religion und Kirche, die sich als Schelmen und Betrüger gerieren. In die gleiche Kerbe schlägt Goethe, wenn er die öffentlichen Auftritte und Verlautbarungen von Herrschenden und Regenten oder die philiströsen Auslassungen von amtlich bestallten oder selbsternannten Sittenwächtern und Moralaposteln beurteilt. In weiten Bereichen musste der Dichter im 18. Jahrhundert in dieser Hinsicht ähnliche Verhältnisse konstatieren wie wir Heutigen:

> Dich betrügt der Regente, der Pfaffe, der Lehrer der Sitten, / Und dies Kleeblatt – wie tief betest du Pöbel es an. / Leider lässt sich noch kaum etwas Rechtes denken und sagen, / Das nicht grimmig den Staat, Götter und Sitten verletzt.[25]

Eine damals wie heute oft gehörte Erklärung für die wahrheitsklitternde Form der Kommunikation zwischen Herrschenden und dem Volk verweist auf das angebliche oder tatsächliche Bildungsdefizit, das weite Teile einer Sozietät auszeichnet. Weil es das Volk (wer oder was immer darunter zu subsumieren ist) nicht besser weiß, will und muss das Volk betrogen und mit unlauteren Mitteln manipuliert werden – so die Argumentation mancher in der Hierarchie von Kirche und Staat weit oben Angesiedelter.

Auch in Bezug auf diese seit vielen Jahrhunderten zu vernehmende Positionierung von Herrschenden ihren Völkern gegenüber nahm Goethe eine kritische Haltung ein. Ihm war der Bildungsmangel weiter Bevölkerungsteile durchaus bewusst, wobei er jedoch die Ursachen dafür nicht im Volk, sondern eben in jenen Regenten und Kirchenfürsten sah, die sich ihrerseits als Schelmen, Betrüger und Manipulatoren hervorgetan hatten. Wer das Volk und die Menge (Untertanen, Gläubige, Abhängige) systematisch und über lange Zeit hinweg für dumm verkauft, muss sich nicht wundern, wenn diese schlussendlich tatsächlich dumm sind:

> „Schweig, du weißt es besser: Wir müssen den Pöbel betrügen, / Sieh, wie ungeschickt wild, sieh nur, wie dumm er sich zeigt." / Ungeschickt scheint er und dumm, weil ihr ihn eben betrüget. / Seid nur redlich, und er – glaubt mir – ist menschlich und klug.[26]

Dass ein Volk jedoch nur begrenzte Leidensfähigkeit aufweist und sich nicht immer jede Unwahrhaftigkeit seiner Regenten gefallen lässt, konnte man zur Zeit von Goethes zweiter italienischen Reise eindrücklich in Frankreich studieren. Im Sommer 1789 war es zur *Grande Révolution* gekommen, und als der Dichter ein dreiviertel Jahr später in Venedig weilte, hatten sich die Herrschaftsverhältnisse im Nachbarland bereits mächtig verändert. Für

---

24 Goethe: Venezianische Epigramme (1796), in: Erotische Gedichte, Frankfurt am Main 1991, S. 120
25 Goethe: Venezianische Epigramme (1796), in: Erotische Gedichte, Frankfurt am Main 1991, S. 107
26 Goethe: Venezianische Epigramme (1796), in: Erotische Gedichte, Frankfurt am Main 1991, S. 107 f.

Goethe, der seinem Naturell nach evolutionär und keineswegs revolutionär eingestellt war, konnte man die gesellschaftlichen Umwälzungen in Frankreich aufgrund der seinerzeitigen Misswirtschaft mit Hunger und Verarmung des vierten Standes sowie der zynischen Art der Regentschaft von Ludwig XVI. zwar durchaus verstehen – gutgeheißen oder als nachahmenswertes Modell für andere Staaten empfohlen hat der Dichter diese Vorgänge jedoch nicht:

> » Frankreich hat uns ein Beispiel gegeben: Nicht, dass wir es wünschten / Nachzuahmen; allein merkt und beherzigt es wohl.[27]

Man hat Goethe oftmals attestiert, dass er hinsichtlich seiner politischen Gesinnung zu sehr ein Fürstenknecht und zu wenig ein Mann der Revolte gewesen sei. An diesem Urteil ist manches richtig gesehen. Allerdings muss man zugestehen, dass der Dichter eine durchaus realitätsadäquate Skepsis in Bezug auf jene an den Tag legte, die sich als die agierenden Revolutionäre hervortaten und mit dem Brustton der Überzeugung für die Ideale der Revolution eintraten, um sie (die Ideale) kurze Zeit später zu verraten oder ins Gegenteil zu verkehren. Nicht wenige dieser Agitatoren bekämpften zum Beispiel zu Recht den Zynismus von Ludwig XVI., um hernach, kaum dass sie selbst das Ruder des Staates übernommen hatten, eine Schreckensherrschaft ungeahnten Ausmaßes zu installieren. Goethes skeptische Epigramme waren daher überaus hellsichtig:

> » Alle Freiheitsapostel, sie waren mir immer zuwider, / Denn es suchte doch nur jeder die Willkür für sich. / Willst du viele befrei'n, so wag' es, vielen zu dienen. / Wie gefährlich das sei, willst du wissen? Versuchs.[28]

Das Tagebuch. Dieses Gedicht, aufgebaut aus 24 Stanzen (bestehend also aus jeweils acht Versen mit jeweils elf Silben pro Verszeile), entstand 1810. Goethe hat *Das Tagebuch* nie zum Druck freigegeben, es jedoch unter Freunden und im geselligen Kreis öfters vorgelesen. Obwohl der Autor dieses Gedichtes eindeutig zu identifizieren war, wurde es aufgrund des delikaten Inhalts weder in Gesamtausgaben Goethes aufgenommen noch (von manchen) als ein Text des Weimaraners akzeptiert. Siegfried Unseld, der in den 70er Jahren des letzten Jahrhunderts das Gedicht als *„Das Tagebuch" Goethes und Rilkes „Sieben Gedichte"* (Frankfurt am Main 1978) herausgegeben hat, zitierte in dieser Ausgabe einen Brief des angeblichen Goethe-Kenners Geheimrat von Amstetter, der um 1900 zum Gedicht anmerkte:

> » Erstens: Goethe macht nicht ... solche einsilbigen Verse, zweitens nicht solche schlechten Reime; drittens, er ließe das noch reine, aber ungebildete Mädchen nicht mit dem bombastischen Vers ausbrechen: „Schwur dich zu genießen" ... Viertens, dass der *Iste* sich bei der Erinnerung an die Domina regt, mag zupassen, aber infolge welcher Reminiszenzen? Da ist ja von Liebe keine Spur, wohl aber von frivolster Geilheit und gemeinster Ausübung derselben mit der eigenen Frau! Und doch hält ihn diese geistige Onanie ab, nunmehr das Mädchen zu genießen.[29]

Ein ungewollter oder zumindest nicht bewusst induzierter Effekt derartiger Rezensionen und Verurteilungen besteht nicht selten darin, dass ihre Leser und Empfänger doppelt und dreifach neugierig auf den Ursprungs-Text werden. So ergeht es auch uns, und wir sind

---

27 Goethe: Venezianische Epigramme (1796), in: Erotische Gedichte, Frankfurt am Main 1991, S. 102
28 Goethe: Venezianische Epigramme (1796), in: Erotische Gedichte, Frankfurt am Main 1991, S. 102
29 Geheimrat von Amstetter: zit.n. Ammer, A. (Hrsg.): Goethe – Erotische Gedichte, Frankfurt am Main 1991, S. 230

Kapitel 5 · Römische Elegien und andere *Erotica*

gespannt auf Goethes „frivolste Geilheit" und „geistige Onanie", von einem gewissen *Iste* ganz zu schweigen, der sich bezüglich einer Domina zu regen beginnt.

Das Tagebuch ist ein Gedicht, in dem Goethe ein mit großer Wahrscheinlichkeit autobiographisches Ereignis „ohne allen Rückhalt natürlich und wahr" (so Johann Peter Eckermann in den Gesprächen mit Goethe über dieses Poem) geschildert hat. Freimütig berichtet er darin sowohl über seine Impulse zu einem sexuellen Abenteuer mit einem noch ziemlich jungen Schankmädchen als auch über seine dabei offenkundig gewordene Erektionsstörung, die einen Koitus verunmöglichte. Dies alles ereignete sich auf dem Rückweg zu Christiane nach Weimar von einem Ausflug, bei dem das lyrische Ich respektive Goethe gezwungen waren, aufgrund eines defekten Wagens in einem Gasthof zu übernachten. Dort lernte er eine hübsche Bedienerin kennen, die ihn aufgrund ihrer jugendlichen Anmut in ihren Bann schlug:

> Sie geht und kommt; ich spreche, sie erwidert. / Mit jedem Wort erscheint sie mir geschmückter. / Und wie sie leicht mir nun das Huhn zergliedert / Bewegend Hand und Arm, geschickt, geschickter. / Was auch das tolle Zeug in uns befiedert, / Genug, ich bin verworr'ner, bin verrückter, / Den Stuhl umwerfend spring' ich auf und fasse / Das schöne Kind; sie lispelt: Lasse, lasse![30]

Goethe lässt das Mädchen fürs Erste, um sich aber mit ihr für Mitternacht auf seinem Zimmer zu verabreden. Tatsächlich besucht die Bedienerin ihn nachts und legt sich zu ihm, nicht ohne zu betonen, dass sie ansonsten bisher spröde auf das Ansinnen von Männern reagierte, die mit ihr intimen Kontakt suchten. Bei Goethe jedoch spürte sie, „wie das Herz sich kehre: / Du bist mein Sieger, lass Dich's nicht verdrießen / Ich sah, ich liebte, schwur, Dich zu genießen."[31] Goethe, der ganz hingerissen ist von dem wunderschönen Geschöpf an seiner Seite, beginnt mit Zärtlichkeiten aller Art, sie und sich zu erregen – allein, er muss registrieren, das sein Meister *Iste* (wie er seinen Penis zu nennen pflegte) ihm den Dienst versagt und eine veritable Erektionsstörung beschert:

> Und wie ich Mund und Aug' und Stirne küsste, / So war ich doch in wunderbarer Lage: / Denn der so hitzig sonst den Meister spielet / Weicht schülerhaft zurück und abgekühlet.[32]

Das Mädchen, das sich als *virgo intacta* zu erkennen gibt, ist mit dem Verlauf des zärtlich-erotischen Spiels zufrieden und schläft, ohne dass es zum Koitus gekommen wäre, selig lächelnd ein. Goethe jedoch liegt lange neben ihr wach und reflektiert seine momentane wie auch seine generelle Situation. Immer wieder kommt ihm seine Gattin in den Sinn, die zuhause auf ihn wartet, und bei der er solch autonome Nicht-Bewegungen seines Meisters *Iste* noch nicht erlebt hat. Und je mehr er sich an Christiane erinnert, umso mehr spürt er die physiologische Funktion des Unterleibs:

> Doch Meister *Iste* hat nun seine Grillen / Und lässt sich nicht befehlen noch verachten. / Auf einmal ist er da und ganz im Stillen / Erhebt er sich zu allen seinen Prachten … / Wer hat zur Kraft ihn wieder aufgestählet? / Als jenes Bild, das ihm auf ewig teuer, / Mit dem er sich in Jugendlust vermählet, / Dort leuchtet her ein frisch erquicklich Feuer …[33]

---

30 Goethe: Das Tagebuch (1810), in: Erotische Gedichte, Frankfurt am Main 1991, S. 162
31 Goethe: Das Tagebuch (1810), in: Erotische Gedichte, Frankfurt am Main 1991, S. 164
32 Goethe: Das Tagebuch (1810), in: Erotische Gedichte, Frankfurt am Main 1991, S. 164
33 Goethe: Das Tagebuch (1810), in: Erotische Gedichte, Frankfurt am Main 1991, S. 166 f.

Und obwohl Goethe nun in der Lage wäre, mit dem Mädchen an seiner Seite nicht nur zärtlich zu turteln, sondern vollumfänglich ihr „Sieger" zu werden, bleibt er eingedenk seiner Gattin zurückhaltend: Nun ist er nicht mehr versagend, sondern entsagend, und dieses Thema der Entsagung hat den damals 60-jährigen Dichter bis zu seinem Lebensende nicht mehr verlassen. *Das Tagebuch* endet, wie es begonnen hat, mit einer allgemein gehaltenen Stanze, in der sich die Lebenserfahrung Goethes, mit Toleranz und humorvoller Weltanschauung durchtränkt, ausdrückt:

> » Das Beste bleibt, wir geben uns die Hände / Und nehmen's mit der Lehre nicht empfindlich: / Denn zeigt sich auch ein Dämon uns versuchend / So waltet was, gerettet ist die Tugend ... / Wir stolpern wohl auf unsrer Lebensreise, / Und doch vermögen in der Welt, der tollen, / Zwei Hebel viel aufs irdische Getriebe: / Sehr viel die Pflicht, unendlich mehr die Liebe.[34]

Sexus, Eros und Kultur. Wenn wir im 21. Jahrhundert die *Römischen Elegien*, die *Venezianischen Epigramme* oder *Das Tagebuch* lesen, neigen wir zum kopfschüttelnden Schmunzeln ob der teilweise prüde sich empörenden Reaktionen, die im 19. Jahrhundert die Publikation dieser Gedichte hervorriefen. Als die Großherzogin Sophie von Sachsen 1885 zur Erbin des Familienarchivs Goethes eingesetzt wurde und daranging, zusammen mit einigen Fachleuten die *Weimarer Ausgabe* vorzubereiten und herauszugeben – jene Ausgabe von Texten, die „das Ganze von Goethes literarischem Werk nebst Allem, was uns als Kundgebung seines persönlichen Wesens hinterlassen ist, in Reinheit und Vollständigkeit darstellen" sollte –, griff die resolute Dame, ausgehend von ihren eigenen sittlich-moralischen Wertmaßstäben, zum Rotstift und hielt Textstellen, Worte und Gedichte Goethes zurück, von denen sie meinte, dass sie einem Klassiker nicht gut zu Gesichte stünden. Über die Effekte dieser Zensur sind wir bestens, über ihre eigenen (sinnlich-angeregten?) Reaktionen auf die Lektüre der zensurierten Passagen hingegen leider nur sehr unzureichend informiert.

Doch nicht nur das 19. Jahrhundert war darauf bedacht, sich einen stubenreinen, körperlosen, heiligen Goethe zurechtzubiegen, der die Bedürfnisse des Publikums nach Klassizität und übermenschlicher Größe erfüllen sollte, und der deshalb als vergeistigter Cephalopode (Kopffüßler) ohne Unterleib erscheinen musste. Friedrich Nietzsche hätte auf derlei Idealisierung wohl mit seinem Aphorismus reagiert: Wir schließen vom Ideal auf den, der es nötig hat.

Also nicht nur im 19., sondern auch noch im 20. Jahrhundert waren manche Herausgeber von Goethes Schriften und manche Biographen und germanistische Experten nicht frei von der Tendenz, sittlich makellose und damit von sinnlich-erotischen Teststellen gereinigte Goethe-Bilder zu zeichnen. So verzichtete der ob seiner immensen Goethe-Kenntnisse zu Recht gerühmte Germanist Erich Trunz, immerhin Herausgeber der bekannten *Hamburger Ausgabe* von Goethes Werken, auf den Abdruck von vier der insgesamt 24 Römischen Elegien (den Prolog *An Priapus* und den Epilog *Spricht Priapus* hinzugezählt), und auch *Das Tagebuch* sucht man vergebens in der ansonsten sehr verlässlichen *Hamburger Ausgabe*. Wer sich in Bezug auf den ganzen Goethe (inklusive dieser und anderer Erotica) kundig machen will, kann zu einem im Insel-Verlag erschienen Taschenbuch (1991) greifen, dessen Titel *Goethe – Erotische Gedichte* (herausgegeben von Andreas Ammer) nicht zu viel verspricht. Hier finden sich viele jener Textpassagen, die uns von der Großherzogin Sophie von Sachsen sowie von anderen wohlmeinenden Herausgebern lange Zeit vorenthalten wurden.

---

34 Goethe: Das Tagebuch (1810), in: Erotische Gedichte, Frankfurt am Main 1991, S. 161 / 168

Kapitel 5 · Römische Elegien und andere *Erotica*

Die Lektüre dieser *Erotica* bestätigt, was sich in den *Römischen Elegien*, den *Venezianischen Epigrammen* und im *Tagebuch* angedeutet hat: Goethe besaß die seltene Gabe, Vitales und Leidenschaftliches, Animalisches und Triebhaftes am Menschen – kurz: Bios und Natur in die Zeichen und Symbole von Literatur und Kunst zu kleiden, ohne ihnen ihre explosive Dynamik und ihre anarchische Unergründlichkeit zu rauben. Er muss ein Mensch gewesen sein, der nur Weniges an sich verdrängte und verleugnete und seinen Impulsen und Begierden gegenüber Gelassenheit walten ließ, weil er wusste, dass er sie in eine Form bringen konnte, die kulturell und ästhetisch höchsten Ansprüchen genügte und das Ordinäre und Gemeine mit traumwandlerischer Sicherheit mied. Ähnliches hat Friedrich Schiller an Goethe wahrgenommen, als er über die *Römischen Elegien* an den Herzog von Augustenburg schrieb:

> Die Elegien sind vielleicht in einem zu freien Tone geschrieben, und vielleicht hätte der Gegenstand, den sie behandeln, sie von den *Horen* ausschließen sollen. Aber die hohe poetische Schönheit, mit der sie geschrieben sind, riss mich hin, und dann gestehe ich, dass ich zwar eine konventionelle, aber nicht die wahre und natürliche Dezenz dadurch verletzt glaube.[35]

Ebenfalls auf die künstlerisch-ästhetischen Qualitäten der *Römischen Elegien* zielte Friedrich Gundolf in seinem *Goethe* (1916) ab. Für ihn hat der Weimaraner dabei die sinnlich-glückliche Liebe besungen, zugleich jedoch einem bildnerischen Verlangen Raum gegeben: „Goethe hat einmal Lord Byrons Dichtungen verhaltene Parlamentsreden genannt – in ähnlichem Sinne kann man einen Teil seiner Elegien verhaltene Gemälde nennen … Nackte oder mythisch gewandete Körper in Ruhe, Bewegung und Gruppierung waren für ihn der Gipfel und das Ziel der Bildnerkunst."[36]

Noch begeisterter und den Spannungsbogen zwischen Natur und Kultur bei Goethe umfänglich erfassend charakterisierte Friedrich Nietzsche den Dichter. In *Götzen-Dämmerung* (1889) schrieb er, kurz bevor er seiner Gehirnerkrankung (Paralyse als wahrscheinliches Endstadium einer Lues-Infektion) Tribut entrichten musste, über Goethe und dessen Fähigkeit, Multipolares bei sich und in seiner Umgebung auszutarieren:

> Goethe … ein großartiger Versuch, das achtzehnte Jahrhundert zu überwinden durch eine Rückkehr zur Natur, durch ein Hinaufkommen zur Natürlichkeit der Renaissance, … er löste sich nicht vom Leben ab, er stellte sich hinein; er war nicht verzagt und nahm so viel als möglich auf sich, über sich, in sich. Was er wollte, das war Totalität; er bekämpfte das Auseinander von Vernunft, Sinnlichkeit, Gefühl, Wille … er disziplinierte sich zur Ganzheit, er schuf sich … Goethe konzipierte einen starken, hochgebildeten, in allen Leiblichkeiten geschickten, sich selbst im Zaume habenden, vor sich selber ehrfürchtigen Menschen, der sich den ganzen Umfang und Reichtum der Natürlichkeit zu gönnen wagen darf, der stark genug zu dieser Freiheit ist; … den Menschen, für den es nichts Verbotenes mehr gibt, es sei denn die Schwäche, heiße sie nun Laster oder Tugend.[37]

Man kann Goethes Leistung in den *Römischen Elegien*, den *Venezianischen Epigrammen*, im *Tagebuch* und anderen, die Erotik touchierenden Texten – vor allem die Art und Weise, wie

---

35 Schiller, F.: Brief an den Herzog von Augustenburg vom 5.7. 1795, zit. n. www.friedrich-schiller-archiv.de/briefe-schillers/an-herzog-v-augustenburg/schiller-an-h-v-augustenburg-5-juli-1795
36 Gundolf, F.: Goethe, Berlin 1916, S. 444
37 Nietzsche, F.: Götzen-Dämmerung (1889), in: KSA Band 6, München 1988, S. 151 f.

er die Erotik dabei abhandelte – nicht hoch genug einschätzen. Bedenkt man, dass Sigmund Freud in *Das Unbehagen in der Kultur* (1930) die Frage, wie Menschen ihre Antriebe, Begierden und Impulse in eine sozial und kulturell verträgliche Form bringen können, als das zentrale und in der Regel ungelöste Problem für die meisten Erdenbewohner bezeichnete und gleichzeitig davon ausging, dass diese Problematik bei den Menschen ein nachhaltiges Unbehagen in der Kultur induziert (da Kulturen meist Triebverzicht und Impulskontrolle einfordern und Lustgewinn sanktionieren), erscheint Goethes literarische Integration von Natur in Kultur als doppelt wertvoll und zukunftsweisend.

Literatur

1. Eckermann, J.P.: Gespräche mit Goethe, Berlin 1956
2. Goethe: Römische Elegien, in: HA Band 1, München 1981
3. Goethe: Erotische Gedichte, hrsg. von Andreas Ammer, Frankfurt am Main 1991
4. Goethe: Brief vom 10.12. 1777 an Frau von Stein, zit. n. Projekt Gutenberg>Johann Wolfgang von Goethe>Briefe an Charlotte Stein, Band 1, Kapitel 22
5. Gundolf, F.: Goethe, Berlin 1916
6. Kommerell, M.: Gedanken über Gedichte, Frankfurt am Main 1943
7. Miller, N.: Der Wanderer – Goethe in Italien, München 2002
8. Nietzsche, F.: Götzen-Dämmerung (1889), in: KSA Band 6, München 1988
9. Osterloh, M.: Versammelte Menschenkraft – Die Großstadterfahrung in Goethes Italiendichtung, Würzburg 2016
10. Schiller, F.: Brief an den Herzog von Augustenburg vom 5.7. 1795, zit. n. www.friedrich-schiller-archiv.de/briefe-schillers/an-herzog-v-augustenburg/schiller-an-h-v-augustenburg-5-juli-1795

Wilhelm Meisters Lehrjahre

Literatur – 99

Wilhelm Meister war nach Goethes eigenen Aussagen ein „armer Hund", der treffender Wilhelm Schüler hätte heißen sollen. In seinen Lehrjahren mit Dutzenden von Lebensirrtümern versehen, wird er gerade deshalb zu einem Modell für Selbstentfaltung und Identitätssuche, mit dem wir uns Leser gerne identifizieren.

1) *Wilhelm Meisters Lehrjahre* gelten gemeinhin als *das* Beispiel eines Bildungsromans. Der Philologe und Bibliothekar Karl Morgenstern (1770–1852) war der erste, der diesen Begriff in der literaturwissenschaftlichen Debatte verwendete. Man versteht darunter ein episches Werk, das die Entwicklung einer (jugendlichen) Hauptfigur zu seinem Inhalt hat. Oft gehorchen Bildungsromane einer zeitlichen und biographischen Dreiteilung: Sie erzählen die Jugend, die Lehr- und Wanderjahre sowie die Zeit der Reife (Meisterschaft) ihrer Helden. Diese setzen sich im Text mit verschiedenen Weltbereichen auseinander und erleben dadurch prägende Entfaltungen ihres Wesens. Neben der bloßen Evolution und Veränderung einer Hauptfigur betont dieses Roman-Genre jedoch auch die Bildung des Protagonisten – ein Begriff, der besonders in der Epoche der Aufklärung eine zentrale Rolle spielte.

Goethes *Wilhelm Meister* erweist sich im Hinblick auf die eben genannten Merkmale schon auf einen ersten und oberflächlichen Blick als typischer Bildungsroman. Die Handlung setzt mit einer unglücklichen Liebesgeschichte Wilhelms ein, der noch im elterlichen Haushalt wohnt, aber dabei ist, sich von seinem Vater zu emanzipieren. Als erfolgreicher Kaufmann wünscht dieser sich für seinen Sohn eine analoge bürgerliche Ausbildung und Karriere im Handels- und Kaufmannsbereich – ein Wunsch, der in keiner Weise den Beifall Wilhelms findet.

Wie sehr sich Wilhelm eine andere Richtung seiner Entwicklung ausmalt, wird unter anderem an seiner Liebschaft mit Mariane deutlich, die sich als Schauspielerin versucht. Da Wilhelm davon ausgeht, dass sich Mariane noch mit einem Nebenbuhler abgibt, verlässt er sie schweren Herzens, nicht wissend, dass sie von ihm schwanger ist. Jahre später wird er auf einen Jungen namens Felix treffen und realisieren, dass dieser der Sohn seiner ehemaligen Geliebten Mariane und von ihm ist.

2) Doch wir greifen vor. Noch lebt Wilhelm im Einflussbereich des Vaters und imaginiert für sich eine Existenzform, die über eine bloße bürgerliche Daseinsgestaltung hinausgeht. Mit seinem zukünftigen Schwager Werner, der sich in einer ähnlichen Situation wie er selbst befindet (er ist ebenfalls Sohn eines Kaufmanns), diskutiert Wilhelm leidenschaftlich über ihre jeweilige Zukunft. Für Werner ergeben sich dabei weniger Probleme, weil er sich mit der väterlichen Welt vollumfänglich identifiziert und aus ihr sein eigenes Lebensprogramm bezieht – ein Programm, das über zweihundert Jahre nach seiner Formulierung überraschend aktuell, weil heutzutage als neoliberaler Kapitalismus weit verbreitet anmutet:

> Das ist also mein lustiges Glaubensbekenntnis: seine Geschäfte verrichtet, Geld verschafft, sich mit den Seinigen lustig gemacht und um die übrige Welt sich nicht mehr bekümmert, als insofern man sie nutzen kann.[1]

Die Sphäre der Kaufleute: Zahlen und Bilanzen, Obligo, Debit und Kredit, in die sich Werner ebenso wie Wilhelm hineinbegeben sollen, wird von Letzterem weitaus kritischer als von Ersterem beurteilt. So sehr es unter pekuniären Kautelen befriedigend erscheinen mag, seinen finanziellen Schnitt zu machen und ansonsten Gott einen lieben Mann sein zu lassen, so sehr kann eine solche Einstellung unter existentiellen Gesichtspunkten betrachtet zum Verfehlen

---

1   Goethe: Wilhelm Meisters Lehrjahre (1795/96), HA Band 7, München 1981, S. 287

Kapitel 6 · Wilhelm Meisters Lehrjahre

tragfähiger und sinnstiftender Lebensinhalte beitragen. Wilhelm spürt derlei, wenn er an Werner gerichtet vorwurfsvoll mahnend formuliert:

> Gewöhnlich vergesst ihr aber auch über eurem Addieren und Bilanzieren das eigentliche Fazit des Lebens.[2]

Worin aber besteht das eigentliche Fazit des Lebens? Es wäre verfrüht, schon auf den ersten Seiten des Romans darauf Antworten zu erwarten. Was Wilhelm vor Werner jedoch auszeichnet ist seine Ahnung, dass es im Leben mehr geben darf und soll, als lediglich auf seine Kosten zu kommen und die Unkosten anderen in Rechnung zu stellen.

3) Wilhelm zielt mit seiner von ihm vorgestellten Entwicklung auf anderes ab als auf wiederholende Aufrechterhaltung vorgefundener Lebensmuster. Ohne in heftige Dispute mit seinem Vater zu verfallen (dies entspräche durchaus nicht Goethes Stil und Gangart), will er jenseits des bürgerlichen Koordinatensystems von Erfolg und Behaglichkeit Wege der individuellen Selbstsuche und Selbstverwirklichung einschlagen – Wege, die mit mehr Irrtümern und Hindernissen versehen sind als die ausgetretenen Pfade der Tradition und Konvention. In den *Lehrjahren* werden diese Irrtümer im Hinblick auf Selbstwerdung und Identitätssuche allemal höher taxiert als ein fehlerfrei-normiertes, dafür aber oftmals selbstentfremdetes Existieren dem allgemein anerkannten Verhaltens-Codex gemäß:

> Ein Kind, ein junger Mensch, die auf ihrem eigenen Wege irregehen, sind mir lieber als manche, die auf fremdem Wege recht wandeln. Finden jene, entweder durch sich selbst oder durch Anleitung, den rechten Weg, das ist den, der ihrer Natur gemäß ist, so werden sie ihn nie verlassen, anstatt dass diese jeden Augenblick in Gefahr sind, fremdes Joch abzuschütteln und sich einer unbedingten Freiheit zu übergeben.[3]

Im Roman versetzte Goethe seinen entwicklungs- und erlebnishungrigen Helden in einen freien Schwebezustand zwischen den damals noch recht festgefügten Ständen von Aristokratie und Bürgertum. Auch nach der gescheiterten Beziehung mit Mariane behält die Welt des Schauspiels für Wilhelm seinen Reiz, und so sucht er bei diversen Geschäftsreisen immer wieder Kontakt zu Komödianten-Gruppen und zum fahrenden Volk (etwa zu den Möchtegern-Schauspielern Herr und Frau Melina), wodurch er in Berührung mit dem Landadel kommt. Das Plus an freiem Lebensvollzug der Schauspieler bedeutet jedoch auch ein Minus an Verwurzelung und fragloser Standeszugehörigkeit, und ihre scheinbare Autonomie entpuppt sich bei genauerer Betrachtung als Abhängigkeit von der Anerkennung und Unterstützung durch das bürgerliche oder aristokratische Publikum. Einer aus der Truppe, Laertes, gibt Wilhelm gegenüber unumwunden zu, dass er und andere Künstler nichts weiter sind als „ein paar Trümmer einer Schauspielergesellschaft, die vor kurzem hier scheiterte".[4]

Neben Laertes lernt Wilhelm die Schauspielerin Philine kennen, die ihre weiblichen Reize allerdings nicht nur ihm gegenüber zur Geltung bringt. Wilhelm ist darüber fasziniert und irritiert zugleich – wobei ihn die unkonventionellen und vital-lustvollen Verhaltensweisen Philines letztlich mehr anziehen als abstoßen. Die Welt – so konstatiert Wilhelm – wird offensichtlich nicht nur von nüchtern rechnenden Kaufleuten bevölkert, und er muss zugeben, dass ihn vor allem die tiefen Blicke Philines, die „bis an die Türe seines Herzens" vordringen, mächtig beeindrucken. Um davor nicht vollends zu kapitulieren, unterbricht er

---

2 Goethe: Wilhelm Meisters Lehrjahre (1795/96), HA Band 7, München 1981, S. 37
3 Goethe: Wilhelm Meisters Lehrjahre (1795/96), HA Band 7, München 1981, S. 520 f.
4 Goethe: Wilhelm Meisters Lehrjahre (1795/96), HA Band 7, München 1981, S. 92

die Konversation ihrer Blicke bisweilen mit Erläuterungen beispielsweise über das menschliche Erkenntnisinteresse und rettet sich so vor der „zusammenschlagenden Falle einer weiblichen Umarmung":

> Der Mensch ist dem Menschen das Interessanteste und sollte ihn vielleicht ganz allein interessieren. Alles andere, was uns umgibt, ist entweder nur Element, in dem wir leben, oder Werkzeug, dessen wir uns bedienen. Je mehr wir uns dabei aufhalten, je mehr wir darauf merken und teil daran nehmen, desto schwächer wird das Gefühl unseres eigenen Wertes und das Gefühl der Gesellschaft.[5]

4) Spätestens mit solchen Szenen wird deutlich, dass Goethe den Begriff der Bildung weit gefasst verstanden wissen wollte. Wilhelm Meister gerät mit zunehmender Dauer der Erzählung in immer komplexere Beziehungen zu Menschen und Situationen, die in ihm jeweils Lernprozesse anstoßen und ihn veranlassen, neue Seiten seiner Individualität aufzuschlagen. In einem Brief an Schwager Werner formuliert er diesen Selbsterkenntnis- und Werde-Prozess mit den Worten:

> Mich selbst, ganz wie ich da bin, auszubilden, das war dunkel von Jugend auf mein Wunsch und meine Absicht.[6]

Worauf aber zielt dieser Bildungsbegriff im Detail ab? Wilhelm beschreibt den Wunsch und die Absicht nach Entfaltung seiner eigenen Person als anfänglich nur halb- oder sogar unbewusste Intention. Als Jugendlicher meinte er gespürt zu haben, dass er aus sich etwas machen könnte, ohne auch nur annäherungsweise sagen zu können, welche Richtungen, Inhalte und welches Profil mit diesen Akten der Selbst-Realisation verbunden sein werden.

Sich als ungeformten Stoff zu begreifen, der auf seine Bearbeitung, seine steinmetzende Veränderung und damit auf seine zukünftige Gestalt noch wartet und diese Gestaltung als eine Dynamik versteht, die vom betreffenden Individuum, ebenso aber auch von den Umgebungsvariablen abhängt – dieses Stoff-Sein und erst noch Gestalt-Werden bedeutet das hauptsächliche Existenz-Erleben Wilhelms als Adoleszenter und junger Erwachsener; und dieses Empfinden begleitet ihn wie ein *basso continuo* auch während seiner weiteren Entwicklung:

> Des Menschen größtes Verdienst bleibt wohl, wenn er die Umstände so viel als möglich bestimmt und sich so wenig als möglich von ihnen bestimmen lässt. Das ganze Weltwesen liegt vor uns wie ein großer Steinbruch vor dem Baumeister, der nur dann den Namen verdient, wenn er aus diesen zufälligen Natur-Massen ein in seinem Geiste entsprungenes Urbild mit der größten Ökonomie, Zweckmäßigkeit und Festigkeit zusammen stellt. Alles außer uns ist nur Element, ja, ich darf wohl sagen, auch alles an uns; aber tief in uns liegt diese schöpferische Kraft, die das zu erschaffen vermag, was sein soll, und uns nicht ruhen und rasten lässt, bis wir es außer uns oder an uns auf eine oder die andere Weise dargestellt haben.[7]

5) Die Figur des Wilhelm Meister wurde von Goethe derart konzipiert, dass er immer wieder dieser schöpferischen Kraft Möglichkeiten einräumt, die in ihm angelegten Talente und Potentialitäten zu registrieren und nach und nach zu entfalten. Dabei folgt er dem Motto:

---

5   Goethe: Wilhelm Meisters Lehrjahre (1795/96), HA Band 7, München 1981, S. 101
6   Goethe: Wilhelm Meisters Lehrjahre (1795/96), HA Band 7, München 1981, S. 290
7   Goethe: Wilhelm Meisters Lehrjahre (1795/96), HA Band 7, München 1981, S. 405

Kapitel 6 · Wilhelm Meisters Lehrjahre

„Der Sinn erweitert, aber lähmt; die Tat belebt, aber beschränkt." Reflexionen und sinnierendes Fantasieren verbringen Wilhelm in Atmosphären der beinahe grenzenlosen Entwürfe seines Daseins – ohne dass daraus konkrete Realitäten erwachsen. Verbliebe er im Status des bloßen Imaginierens, wäre er lediglich ein Ritter des Konjunktivs, der sich im Ausmalen von Existenz-Varianten gefällt, ohne je zu Entscheidungen und Handlungen vorzudringen. Bewegte er sich andererseits nur von Tat zu Tat und von Ereignis zu Ereignis, blieben ihm deren Sinn, Wert und Bedeutung verborgen, und er selbst wäre von den Geschehnissen fast vollständig getrieben und determiniert.

Der Wechsel von Sinn und Tat, von reflektierender Einordnung auf der einen und Entscheidung für und Gestaltung von Situationen auf der anderen Seite ermöglicht es Wilhelm, hin und wieder zum Baumeister seiner Individualität und Persönlichkeit zu werden – ohne dass wir uns dies Bauen am eigenen Selbst bloß als Souveränität oder kontrollierende Aktivität vorstellen dürfen. Sobald sich Wilhelm nämlich für eine Aufgabe oder zwischenmenschliche Beziehung entschieden hat, empfindet er auch schon deren Last und Zwänge sowie deren unübersichtliche Dynamik, die ihn mindestens so sehr bestimmen, als dass er sie bestimmen könnte.

6) Eindringlich erlebt Wilhelm dies bei zwei sonderlichen Figuren des Romans: bei Mignon und beim Harfenspieler. Beiden begegnet er im Gefolge der Schauspieltruppe von Laertes und Philine, und beide erregen aufgrund ihrer geheimnisvoll-zerbrechlichen Art seine Aufmerksamkeit und lösen zugleich seine Sorge um sie aus.

Mignon ist ein etwa zwölf- oder dreizehnjähriges Mädchen mit stark androgynen Zügen. Anfänglich gehört sie zu einer Gruppe von Artisten, Fahrensleuten und Schaustellern. Nachdem sie vom Leiter dieser Truppe geschlagen wird, kauft Wilhelm sie frei, woraufhin sie für ihn halb zu einer Dienerin und halb zu seiner Tochter wird. Mignon liebt Wilhelm heiß und innig, ohne dass es zu einer sexuellen Vereinigung kommt. In der Nacht nämlich, in welcher das Mädchen zu Wilhelm in seine Kammer schleicht, um sich zu ihm zu legen, bemerkt sie, dass ihr eine andere Frau (wie sich später herausstellt: Philine) zuvorgekommen ist.

Auffällig an Mignon ist ihre große Affinität zu Italien, dem Land – so heißt es in ihrem Lied in *Wilhelm Meister* – wo die Zitronen blühen. Ihrer Sprache hört man an, dass sie längere Zeit im Süden gelebt haben muss: gebrochenes Deutsch, mit italienisch-französischen Worten durchflochten. Das Land, wo die Zitronen blühen, wird für sie zu einer Metapher für Heimat und Glück, nach denen sie sich sehnt, ohne so recht daran zu glauben, dass aus ihrem Sehnen und Trachten jemals Wirklichkeit werden kann. Goethe legte ihr daher noch ein zweites Lied in den Mund:

> Nur wer die Sehnsucht kennt, / Weiß, was ich leide! / Allein und abgetrennt / Von aller Freude, / Seh' ich ans Firmament / Nach jener Seite. / Ach! Der mich liebt und kennt, / Ist in der Weite. / Es schwindelt mir, es brennt / Mein Eingeweide. / Nur wer die Sehnsucht kennt, / Weiß, was ich leide![8]

Die sehnsüchtige Klage Mignons ebenso wie ihre androgyne Erscheinung erklären sich im Laufe des Romans. Sie stammt tatsächlich aus Italien und ist die Tochter des Harfners und von dessen Schwester Sperata. Beide wussten bei ihrer Heirat nichts von ihrem Geschwisterdasein, und als der inzestuöse Charakter ihrer Verbindung offenkundig wurde, erkrankte

---

8   Goethe: Wilhelm Meisters Lehrjahre (1795/96), HA Band 7, München 1981, S. 240 f.

Sperata seelisch schwer und starb. Der Harfner zog daraufhin einsam und psychisch heftig angeschlagen durch die Welt, und seine Tochter Mignon wurde von Zirkusleuten geraubt und misshandelt.

Von dieser Erbschaft kann Mignon sich nie mehr erholen, und auch die liebevolle Zuwendung Wilhelms vermag die Wunden, die ihr das Leben geschlagen hat, nicht zu heilen. Als Wilhelm später im Beisein Mignons eine Frau umarmt (Therese, mit der sich jedoch keine dauerhafte Liebesbeziehung ergibt), ist die sehnsuchtsvolle Mignon derart erschüttert, dass sie an gebrochenem Herzen stirbt.

7) In eine ebenfalls tragisch endende Beziehung gerät Wilhelm mit dem Harfenspieler. Ohne von dessen Vorgeschichte (inzestuöse Beziehung mit Sperata, Vaterschaft Mignons) Kenntnis zu haben, kümmert sich Wilhelm rührend um den seltsamen Alten, dessen Harfenspiel etwas Wehmütiges und Anrührendes ausstrahlt. Ansonsten aber hinterlässt der Harfner bei den Mitmenschen einen befremdlich-distanzierenden Eindruck: Einsam, wortkarg, zurückgezogen, misstrauisch, aggressiv und schrullig, zeigt er zunehmend Symptome von Wahnkrankheit. Wilhelm sieht sich veranlasst, ihn zu einem Landgeistlichen zu bringen, der „dergleichen Leute" mit den damals zur Verfügung stehenden Mitteln behandelt. Der Pfarrer erläutert Wilhelm in Bezug auf den Harfner nötige und mögliche Therapieschritte, die in manchen Dimensionen moderne Züge und ein vertieftes Wissen um die psychosoziale Stabilität und Gesundheit von Menschen aufweisen:

> » Außer dem Physischen ... finde ich die Mittel, vom Wahnsinne zu heilen, sehr einfach. Es sind ebendieselben, wodurch man gesunde Menschen hindert, wahnsinnig zu werden. Man errege ihre Selbsttätigkeit, man gewöhne sie an Ordnung, man gebe ihnen einen Begriff, dass sie ihr Sein und Schicksal mit so vielen gemein haben, dass das außerordentliche Talent, das größte Glück und das höchste Unglück nur kleine Abweichungen von dem Gewöhnlichen sind, so wird sich kein Wahnsinn einschleichen, und, wenn er da ist, nach und nach wieder verschwinden.[9]

Doch auch diese seelsorgerische Behandlung rettet den Harfner letztlich nicht. Nachdem er zum Schluss des Romans hin in einem Anfall von Wahn vergeblich versucht hat, Felix (den Sohn Wilhelms) zu vergiften, bringt er sich schließlich selbst um. Für sein Schicksal trifft zu, was er schon Jahre zuvor formulierte, als man ihm die inzestuöse Beziehung mit seiner Frau und Schwester Sperata entdeckte:

> » Wenn die Natur verabscheut, so spricht sie es laut aus; das Geschöpf, das nicht sein soll, kann nicht werden, das Geschöpf, das falsch lebt, wird früh zerstört.[10]

Mit dem Harfner ergeht es Wilhelm ähnlich wie mit Mignon: Beide rühren ihn so sehr an, dass er sich in tiefe, emotional bewegende Beziehungen mit ihnen einlässt. Mag die Entscheidung für oder gegen diese jeweiligen zwischenmenschlichen Beziehungsaufnahmen und Situationen auch noch in den Freiheitsspielraum Wilhelms gefallen sein – die aus der Situation und Beziehung erwachsenden komplexen Folgen unterliegen kaum mehr seinem Autonomie- und Souveränitätsbedürfnis. Sie gehen à Konto einer zwischenmenschlichen Dynamik, die vom Einzelnen oftmals deutlich mehr erlitten und ertragen werden muss, als dass er sie in Maßen gestalten und verändern kann.

---

9   Goethe: Wilhelm Meisters Lehrjahre (1795/96), HA Band 7, München 1981, S. 346 f.
10 Goethe: Wilhelm Meisters Lehrjahre (1795/96), HA Band 7, München 1981, S. 584

Wer jedoch erfahren und erkennen will, was an ihm ist und wer er werden kann, muss sich auf die Welt, die Mitmenschen und auf allfällige Aufgaben und Situationen mit allen ihren Risiken und Unwägbarkeiten einlassen. Bisweilen werden wir gefragt, in welche Welt und Situation wir uns hineinbegeben wollen; sehr häufig jedoch entscheiden wir nicht mehr vollumfänglich mit, welche Konsequenzen daraus erwachsen, und ob und wie diese Einflüsse uns prägen, bilden und verändern.

Im Zweifelsfall hätte Goethe aber stets dafür plädiert, dass wir uns hinsichtlich der uns bildenden und erziehenden Personen und Situationen an Großem und Vitalem orientieren, selbst wenn diese unüberschaubar und manchmal sogar überwältigend wirken. Besser in derartigen Lebens-Verhältnissen kräftig erschüttert und touchiert, als in sterilen Atmosphären jahrzehntelang den eigenen Stillstand konstatiert:

> Kühnheit, Keckheit und Grandiosität – ist das nicht alles bildend? Wir müssen uns hüten, es stets im entschieden Reinen und Sittlichen suchen zu wollen. Alles *Große* bildet, sobald wir es gewahr werden.[11]

Weder moralische noch ästhetische oder geistig-spirituelle Einschränkung hätte Goethe akzeptiert, wenn es um Bildung, Selbstentfaltung und Suche nach Identität ging. Diese Prozesse empfand er allumfassend und total, und jeder Art von erzieherischer Festlegung haftete für ihn der Geruch von Schablone und Dogmatismus an, welche den individuellen Wachstums-Gegebenheiten einzelner Personen nicht gerecht werden.

8) Unter den Gesichtspunkten von Persönlichkeitsentwicklung und Suche nach Identität lassen sich Mignon und der Harfner als zwei Romanfiguren verstehen, deren Profile von Goethe bewusst unscharf und geheimnisvoll gezeichnet wurden. Für Wilhelm ebenso wie für den Leser bedeuten sie „die Anderen" und Fremden, deren Herkommen, Geschlecht, Aussehen, Alter, Abstammung, Wohnort (als die konkreten Aspekte einer Identität) genauso wie deren Empfindungen, Affekte, Wünsche und Intentionen im Unbekannten oder Ungefähren verbleiben und nicht selten ins unheimlich Anmutende changieren. Anscheinend kommen sie von anderswoher und gehen nach anderswohin, und alle Formen herkömmlicher Identitäts-Zuschreibungen prallen an ihnen ab. Wenn Goethe Wilhelm auf Mignon und den Harfner treffen lässt, heißt dies unter anderem, dass für dessen Selbst-Entwicklung und -Entfaltung auch prägende Begegnungen mit den Atmosphären von Fremdheit, Anders-Sein und Nicht-Ich wesentlich sind.

Jedes Selbst weist eigentümliche und oftmals negierte Seiten auf, welche der Einzelne aufgrund ihrer moralisch angeblich nicht akzeptablen Qualitäten bei sich oft nicht wahrhaben will, und die er deshalb verleugnet oder in einem Akt der Entlastung auf andere projiziert. Solange Individuen mit diesen Dimensionen ihrer Person auf verleugnende oder projizierende Weise umgehen, unterhalten sie eine Art inneres Ausland bei sich. Sobald sie zufällig damit konfrontiert werden, reagieren sie in der Regel ängstlich und ablehnend darauf, ohne dass sich an ihrer Akzeptanz oder ihrem Verständnis dafür etwas ändert.

Oft genug sind es Begegnungen mit andersgearteten, eigentümlich und fremd wirkenden Mitmenschen, die uns an unser inneres Ausland und damit das eigene Verdrängte, Verleugnete und Exkommunizierte erinnern. Umfassendere Entwicklung, Bildung und Selbstentfaltung ereignet sich deshalb nicht selten beim verstehenden Eintauchen in fremdartige

---

11 Eckermann, J.P.: Gespräch mit Goethe (16. Dezember 1828), in: Gespräche mit Goethe, Berlin 1956, S. 443

und unheimliche Welten, die sich bei genauerer Kenntnisnahme als verdrängte Aspekte der eigenen Person erweisen. Wer auf Fremdes und Anderes nur im Modus der Xenophobie (Angst vor Fremden und Fremdenfeindlichkeit) reagiert, verpasst entscheidende Erkenntnis- und Entwicklungs-Chancen. Wohl auch deshalb wurde Wilhelm im Roman von Goethe ausführlich mit Mignons und des Harfners eigenartiger Charakterstruktur, Gangart und Lebensanschauung konfrontiert, und manches an diesen befremdlichen Nicht-Ichen registrierte er schließlich als Teil seines Ich.

9) Einen ersten, frühen und ausführlichen Anlauf zum *Wilhelm Meister* unternahm Goethe bereits in den 70-er Jahren des 18. Jahrhunderts mit einem Romanentwurf, betitelt mit *Theatralische Sendung*. Darin schilderte er das Schicksal und die Entwicklung von Wilhelm als vorrangig von der Welt des Theaters und der Kunst bestimmt. Die ersten fünf von insgesamt acht Büchern der endgültigen Romanfassung sind noch stark von dieser Thematik beherrscht, und nicht von ungefähr kann man behaupten, dass Wilhelm lange Zeit versucht, sein Selbst als ein (schau-)spielerisches und künstlerisches zu begreifen und zu entwickeln.

Schon die ersten Worte des Romans verweisen auf die Theater- und Kunstwelt: Wilhelm wird darin als eine Person geschildert, die bereits als Kind vom Puppenspiel fasziniert war. Diese Neigung, sich lieber in den poesiegetränkten Kulissen- und Scheinwelten eines Theaters als in der nackten und prosaischen Wirklichkeit aufzuhalten, behält Wilhelm weit über seine Kindheit und Jugend hinaus bei, und in gewisser Weise taucht dieses Motiv sogar in den letzten Kapiteln von *Wilhelm Meister* wieder auf – wenngleich in einer merklich abgeklärteren und distanzierteren Form.

Theater, Schauspiel und Kunst verhandeln stets das dialektische Thema von Schein und Sein – ein Thema, das auch die Identitätssuche Wilhelms (und von uns allen) mittangiert. Anfänglich verwechselt der Held noch Wirklichkeit und Spiel, und er ist überzeugt, auf den Brettern, die lediglich die Welt bedeuten, eine tatsächliche Welt zu finden, die dort jedoch nur imaginativ erzeugt wird. „Ernst ist das Leben, heiter die Kunst" – heißt es im Prolog zu Schillers *Wallenstein*. Doch gibt es nicht, so könnte man mit Wilhelm fragend entgegnen, ein heiteres Leben und eine ernsthafte Kunst? Und ließe sich davon ausgehend Persönlichkeitsbildung nicht als Prozess verstehen, bei dem Spielerisches ebenso wie Seriöses, Heiteres wie auch Nüchternes zu ihrem Recht kommen?

Das Leben als ernstgemeintes Spiel, und die personale Identität als vom Imaginären, Phantasievollen, Heiteren und Künstlerisch-Kreativen durchsetztes Phänomen, das trotz aller freischwebenden Leichtigkeit das existentielle Gewicht der Welt und des eigenen Daseins nicht leugnet und verkennt – so könnte man wohl das Bildungs- und Entwicklungsprogramm Wilhelm Meisters charakterisieren, das ihn zumindest in den ersten fünf Büchern des Romans umtreibt und beherrscht. Weil er jedoch unerfahren und mit zu wenig Menschenkenntnis versehen ist, sieht er als junger Mann in dilettierenden Theaterfiguren wie Herrn und Frau Melina bereits die große Kunst am Werke.

Es macht einen Teil seiner Entwicklung aus, dass er nach und nach zwischen hoher Kunst, Artistik und Schaustellerei zu unterscheiden lernt. Wesentlich hierfür sind wiederum Begegnungen mit anderen Menschen, die über ein höheres Maß an Vornehmheit, Wissen und Bildung verfügen als er selbst und dieses an ihn weitergeben. Als die Schauspieltruppe um Melina, Laertes und Philine auf einem gräflichen Schloss gastiert, lernt Wilhelm den Hausherrn und dessen Günstling Jarno kennen; Letzterer macht ihn auf Shakespeare aufmerksam. Der Graf ebenso wie Jarno weist genug künstlerischen Geschmack auf, um rasch zu bemerken, dass es sich bei der Truppe um Möchtegern-Schauspieler mit begrenztem

Kapitel 6 · Wilhelm Meisters Lehrjahre

Talent handelt. Jarno hält mit seinem Urteil nicht hinter dem Berg und rät Wilhelm, sich vom Theater als Schauplatz der Selbstverwirklichung abzuwenden:

> Lassen Sie den Vorsatz nicht fahren, in ein tätiges Leben überzugehen, und eilen Sie, die guten Jahre, die Ihnen gegönnt sind, wacker zu nutzen.[12]

Wilhelm reagiert zunächst gekränkt auf diesen Ratschlag. Zuletzt jedoch empfindet er Dankbarkeit, weil ihn Jarno mit den Dramen Shakespeares auf Bezirke der hohen Kunst gestoßen hat. Nachdem die Truppe das gräfliche Schloss verlassen hat und auf der Suche nach neuen Engagements weiterzieht, trifft Wilhelm auf den Theaterdirektor Serlo, der wie Jarno die Schauspieler um Melina als für höhere Aufgaben nicht brauchbar einschätzt. Anders als bei Jarno ist Wilhelm nun nicht mehr nur enttäuscht, sondern lässt die Kritik des erfahrenen Serlo gelten. Zwar wirkt dieser auf den ersten Blick als innerlich kalt und sozial autark – so, als ob er keine zwischenmenschliche Anerkennung benötigt. Daneben stammen von ihm aber auch Überlegungen, die für den weiteren Entwicklungs- und Bildungsprozess Wilhelms zentral werden und über den engeren Bereich der Schauspielerei und Kunst hinausweisen:

> Man sollte alle Tage wenigstens ein kleines Lied hören, ein gutes Gedicht lesen, ein treffliches Gemälde sehen und, wenn es möglich zu machen wäre, einige vernünftige Worte sprechen.[13]

10) Dass sich Wilhelm des Spiel-Charakters seines Lebens (zumindest während der ersten Bücher des Romans) durchaus bewusst wird, zeigt sich im letzten Buch von *Wilhelm Meister*, als der Held kritisch auf sein bisheriges Dasein zurückblickt und dabei zugeben muss:

> Da ich ohne Zweck und Plan leicht, ja leichtfertig lebte, kamen mir Freundschaft, Liebe, Neigung, Zutrauen mit offenen Armen entgegen, ja sie drängten sich zu mir; jetzt, da es Ernst wird, scheint das Schicksal mit mir einen anderen Weg zu nehmen.[14]

Wilhelm befindet sich nun in einer Phase seines Lebens, die er mit einer Formulierung aus *Faust I* charakterisieren könnte: zu alt, um nur zu spielen, zu jung, um ohne Wunsch zu sein.[15] Bei allem neu gewonnenen Ernst ist und bleibt er ein Mensch, dem die Freiheitsgrade der Veränderung und des spielerisch-kreatürlich sich immer wieder neu Erfindens auch weiterhin hohe Werte bedeuten, und der sie dem Sohn Felix gegenüber entsprechend hervorhebt und betont:

> Du bist ein wahrer Mensch! rief Wilhelm aus, komm mein Sohn! komm mein Bruder, lass uns in der Welt zwecklos hinspielen, so gut wir können.[16]

Bevor aber Wilhelm derart mit seinem Sohn kommuniziert, erlebt er sich noch eine Weile mit dem Theater und der Kunst aufs Engste verbunden. Zusammen mit Serlo sowie mit der hinlänglich bekannten Theatertruppe wagt er sich an eine Inszenierung von *Hamlet*. Die von

---

12 Goethe: Wilhelm Meisters Lehrjahre (1795/96), HA Band 7, München 1981, S. 193
13 Goethe: Wilhelm Meisters Lehrjahre (1795/96), HA Band 7, München 1981, S. 284
14 Goethe: Wilhelm Meisters Lehrjahre (1795/96), HA Band 7, München 1981, S. 534
15 Goethe: Faust I (1808), HA Band 3, München 1981, S. 53 (Vers 1546–47)
16 Goethe: Wilhelm Meisters Lehrjahre (1795/96), HA Band 7, München 1981, S. 569

ihm und Serlo geführten Debatten über Interpretations- und Inszenierungsmöglichkeiten des Dramas wurden von Goethe-Experten wiederholt daraufhin befragt, inwieweit sie die Meinungen des Weimarer Autors selbst zu Fragen der Aufführungstechnik, Dramaturgie sowie zur englischen im Gegensatz zur französischen Dramenkunst repräsentieren. Auch Goethes grundsätzliche Hoch- und Wertschätzung von Shakespeare als Verfasser von tiefsinnigen und zugleich stilistisch leichtfüßigen Tragödien und Komödien kommt im *Wilhelm Meister* beredt zum Ausdruck.

Daneben zielt die Beschäftigung Wilhelms mit dem Hamlet-Stoff aber auch darauf ab, seine Fragen und Probleme in Bezug auf die eigene Identität anhand einer literarischen Analog-Figur – derjenigen des gehemmt und melancholisch wirkenden Dänenprinzen – zu erörtern und wenn möglich zu überwachsen. Ähnlich wie in *Hamlet* ein Stück im Stück aufgeführt wird, das dem Dänenprinzen Gewissheit über sich und die für ihn anstehenden Taten geben soll, baute Goethe nun das Drama im Roman an prominenter Stelle ein, um Wilhelm intensive Überlegungen zur Identität sowie zum Daseins- und Bewegungsgesetz Hamlets (und damit auch zu sich selbst) anstellen zu lassen.

Dabei registriert Wilhelm manche Parallelen zwischen ihm und der Dramengestalt von Shakespeare. Hamlets Entscheidungsschwäche und zögernde Attitüde (sie ist nur zu verständlich – schließlich handelt es sich bei den vor ihm liegenden Aufgaben um nichts Geringeres als um Rache, Mord und Totschlag) sowie seine Vorliebe fürs Räsonieren anstelle rascher oder vorschneller Taten ordnet Wilhelm als eine Haltung ein, die er ebenfalls kennt: die Bevorzugung freien und ungebundenen Denkens vor den Zwängen, Limitierungen und Konsequenzen, die sich in der Regel aus vollendeten Handlungen ergeben. Aus dem Bühnenschicksal Hamlets leitet Wilhelm für sich eine Bestätigung ab, seinen eigenen Freiraum des Fantasierens und Probehandelns so weit dimensioniert und lange wie immer möglich aufrechterhalten zu wollen.

Darüber hinaus erfährt Wilhelm an *Hamlet* aber auch ein exquisites Beispiel für die immensen Dimensionen des Shakespeare'schen Kunst- und Dramen-Kosmos. Die detaillierte Beschäftigung mit *Hamlet* bedeutet für Wilhelm ein hochrangiges Bildungserlebnis, das ihm demonstriert, auf welchem Niveau sich Kunst ereignen darf und muss, wenn sie denn mehr als lediglich nette Unterhaltung sein und zum kulturellen wie individuellen Erkenntnisgewinn beitragen will. Voll tief empfundener Anerkennung für die tiefgründig-substanzvolle Welt- und Menschenkenntnis des englischen Renaissance-Künstlers bricht Wilhelm bei seinen Shakespeare-Studien in wahre Begeisterungsstürme aus:

» Man glaubt vor den aufgeschlagenen ungeheuren Büchern des Schicksals zu stehen, in denen der Sturmwind des bewegtesten Lebens saust und sie mit Gewalt rasch hin und wider blättert.[17]

11) Die Auseinandersetzung mit der Figur des Hamlet erlaubt es Wilhelm auch zu erkennen und zu akzeptieren, dass jedermann sich seine sehr individuellen und speziellen Aufgaben und Herausforderungen im Dasein suchen und wählen muss, um sich seinem Wesen gemäß entwickeln zu können. Spielt uns das Schicksal Bewährungsproben zu, für die wir nicht gebaut und in keiner Weise geeignet sind, bedeutet dies Niederlagen und Scheitern, nicht aber Entfaltung unserer Persönlichkeit. Hamlet gerät in eine derartige Situation, die ihn im Hinblick auf seinen Charakter völlig überfordert, und deren Dynamik (die Rache an

---

17 Goethe: Wilhelm Meisters Lehrjahre (1795/96), HA Band 7, München 1981, S. 192

seinem Oheim hinterlässt zuletzt viele Tote einschließlich Hamlet selbst) ihn deshalb nicht zu einer heroischen, sondern zu einer tragischen Figur werden lässt:

> Eine große Tat auf eine Seele gelegt, die der Tat nicht gewachsen ist ... Ein schönes, reines, edles, höchst moralisches Wesen, ohne die sinnliche Stärke, die den Helden macht, geht unter einer Last zugrunde, die es weder tragen noch abwerfen kann; jede Pflicht ist ihm heilig, diese zu schwer. Das Unmögliche wird von ihm gefordert, nicht das Unmögliche an sich, sondern das, was ihm unmöglich ist.[18]

Ein in mancherlei Gesichtspunkten viel gelungeneres Modell für die Wahl individueller und wesensgemäßer Aufgaben begegnet Wilhelm in einem autobiographischen Text, der in das Romankonvolut als sechstes Buch, betitelt mit *Bekenntnisse einer schönen Seele*, in den Gang der Handlung eingeschaltet ist. Als Leser ist man zunächst irritiert über diesen Einschub, dessen Funktion sich jedoch im Laufe der weiteren Kapitel erschließt.

Goethe hatte Anfang der 90-er Jahre von seiner Mutter Aja den schriftlichen Nachlass einer mit ihr eng befreundeten Stiftsdame namens Susanna Katharina von Klettenberg (1723–1774) erhalten, worin sich jene Unterhaltungen und Briefe befanden, die er in *Wilhelm Meisters Lehrjahre* als die *Bekenntnisse einer schönen Seele* wiedergab und zusammenfasste. Fräulein von Klettenberg war in ihrem Leben am Pietismus orientiert, der neben der Aufklärungsgesinnung im 18. Jahrhundert als moderne Welt- und Religionsanschauung galt. Die Stiftsdame hatte sich eine individuelle Form des Pietismus erobert, die weit über alle orthodoxen Spielarten der Religiosität hinauswies und ihre eigene Persönlichkeit widerspiegelte.

Die autobiographischen Aufzeichnungen Fräulein von Klettenbergs demonstrierten einen zu Wilhelm fast konträren Individuations- und Bildungsprozess, dessen Ergebnis nichtsdestotrotz überlegenswert wirkt. Die Stiftsdame entwickelte sich vom Mädchen, das zunächst die Liebe als wesentlichen Inhalt ihres Daseins für sich entdeckte, danach zu einer jungen Frau, die sich naturwissenschaftliches sowie musisches und spirituelles Wissen aneignete, und dann zu einer reifen Dame, die man nicht von ungefähr als schöne Seele bezeichnet hat, da sie ihre natürliche Religiosität mit aufgeklärtem Denken und sozialem Handeln verband.

Der Begriff der schönen Seele lässt sich bis in die Antike zu Platon zurückverfolgen. Wieland verwendete ihn im deutschsprachigen Raum als erster, indem er im *Deutschen Merkur* einen Aufsatz mit dem Titel *Antwort auf die Frage: Was ist eine schöne Seele?* (1774) publizierte. Schiller folgte ihm darin, als er in seiner Abhandlung *Über Anmut und Würde* (1793) einen langen Passus zu diesem Thema einfügte:

> In einer schönen Seele ist es ... , wo Sinnlichkeit und Vernunft, Pflicht und Neigung harmonieren, und Grazie ist ihr Ausdruck in der Erscheinung. Nur im Dienst einer schönen Seele kann die Natur zugleich Freiheit besitzen und ihre Form wahren, da sie Erstere unter der Herrschaft eines strengen Gemüts, Letztere unter der Anarchie der Sinnlichkeit einbüßt.[19]

Goethe verwendete die Bezeichnung schöne Seele für einen Entwicklungsgang, der zwar bedeutend introvertierter ablief als derjenige von Wilhelm, der aber den unverkennbaren Vorteil aufwies, über bloß materielle oder zwischenmenschliche Erfolgs- und

---

18 Goethe: Wilhelm Meisters Lehrjahre (1795/96), HA Band 7, München 1981, S. 245 f.
19 Schiller, F.: Über Anmut und Würde (1793), in: Sämtliche Werke Band V, Darmstadt 1993, S. 468 f.

Fortschrittsetappen (berufliche Ausbildung, Meisterschaft, Liebesbeziehungen etc.) hinaus auf komplexe intellektuelle und soziale Bildungs- und Persönlichkeitsziele hin ausgerichtet zu sein. Dies führte bei Fräulein von Klettenberg respektive in der Goethe'schen Kompilation zu einer überzeugenden Konsistenz von Gesinnung und Tat, Haltung und Handlung und damit zu einer personalen Identität, der man verständlicherweise das Attribut der Schönheit zugeschrieben hat. Auch Wilhelm Meister ist von der Lektüre dieses Textes überwältigt und schwärmt von der hohen Seelenkultur der Stiftsdame:

> Was mir am meisten aus dieser Schrift entgegenleuchtete, war, ich möchte so sagen, die Reinlichkeit des Daseins, nicht allein ihrer selbst, sondern auch alles dessen, was sie umgab, diese Selbständigkeit ihrer Natur und die Unmöglichkeit, etwas in sich aufzunehmen, was mit der edlen, liebevollen Stimmung nicht harmonisch war.[20]

Anders als der Dänenprinz Hamlet, der sich von den Zeitläuften und vom Geist seines gemeuchelten Vaters Aufgaben überhelfen ließ, die seinem Gemüt und seiner Gangart völlig fremd waren und ihn deshalb überforderten, spürte die Stiftsdame recht genau, welche kulturellen und sozialen Themen zu ihr und der Entfaltung ihres Wesens passten. Intuitiv schlug sie deshalb jene Entwicklungspfade ein, die zu gelungener Individuation beitragen, und von denen der marxistische Literaturwissenschaftler Georg Lukács schrieb, dass die schöne Seele bei Goethe eine wesensadäquate und stimmige Vereinigung von Bewusstsein und Spontaneität, von weltlicher Aktivität und harmonisch ausgebildetem Innenleben[21] darstellt.

12) Im Roman-Ganzen nehmen die *Bekenntnisse* auch die Funktion ein, nach den ersten fünf Büchern mit ihrem raschen Wechsel von Situationen, Beziehungen, Gestalten und Ereignissen ein Reflexionsplateau zu bieten, das einordnende Überlegungen und Erkenntnisse (für Wilhelm ebenso wie für den Leser) zulässt. Wie bei einer Rückblende werden allgemeine Motive der Persönlichkeitsentwicklung wiederaufgenommen, die Wilhelm handelnd und leidend durchlaufen hat, ohne sie jeweils reflektierend vollumfänglich zu verstehen.

Darüber hinaus bereiten die *Bekenntnisse* den Leser auch auf die letzten beiden Bücher des Romans und damit auf eine nochmals veränderte Form der Selbst- und Identitätssuche Wilhelms vor. Mit dem Pietismus, vor allem aber mit den Gedanken der Aufklärung, die in den *Bekenntnissen* eine gewichtige Rolle spielen, klingen bereits jene Themen an, die für die folgende Entwicklung Wilhelms grundwesentlich werden. Außerdem entpuppt sich die Stiftsdame als Tante von Natalie und Baron Lothario – zwei geschwisterlichen Romanfiguren, die für die weitere Zukunft Wilhelms mitbestimmend sind.

Mit und nach der Lektüre der *Bekenntnisse einer schönen Seele* wendet sich Wilhelm von der Welt des Theaters ab und bewegt sich auf eine Gruppierung von Menschen zu, die im Roman als Turmgesellschaft bezeichnet werden. Diese residiert auf dem Gutswesen von Lothario in einem sonderlichen Schloss mit merkwürdigen An- und Umbauten. Neben Baron Lothario trifft Wilhelm hier wieder auf Jarno (der ihn auf Shakespeare aufmerksam gemacht hatte), auf einen Wundarzt, einen Abbé sowie auf verschiedene Frauen, darunter Therese, die Wilhelm umarmt – über die Folgen für Mignon wurde weiter oben schon berichtet.

Goethe verlieh der Turmgesellschaft Züge einer Freimaurerloge, wobei er die Aspekte von Aufklärung und Humanismus in den Vordergrund rückte; die quasi-religiösen Gesichtspunkte vernachlässigte er. Wie sich nach und nach herausstellt, beobachteten die Mitglieder

---

20   Goethe: Wilhelm Meisters Lehrjahre (1795/96), HA Band 7, München 1981, S. 518
21   Lukács, G.: Goethe und seine Zeit (1947), Berlin 1955, S. 63

der Turmgesellschaft die Entwicklung Wilhelm Meisters bereits eine geraume Weile, und in mancherlei Hinsicht scheinen sie auch mehr oder minder direkt in dessen Schicksal lenkend eingegriffen zu haben. Einiges von dem, was sich in Wilhelms Leben seinem Empfinden nach rein zufällig ergeben hatte, scheint nun Ausdruck eines Plans zu sein. Wilhelm kommt ins Grübeln, wie sehr er selbst bisher Schmied seines Daseins war und welche Rolle der Zufall oder die Turmgesellschaft dabei spielte:

> „Sonderbar!" sagte er bei sich selbst, „sollten zufällige Ereignisse einen Zusammenhang haben? Und das, was wir Schicksal nennen, sollte es bloß Zufall sein?"[22]

Unsere Bildungs- und Entwicklungsprozesse werden oft genug per Zufall angestoßen, und viele Begegnungen mit anderen Menschen ebenso wie das Erleben von historischen Ereignissen oder soziokulturell prägenden Situationen gehorcht keinem von uns oder anderen ausgehecktem Plan. Was wir allerdings aus allen diesen Zufälligkeiten machen, wie wir auf sie reagieren und welche Bedeutung wir ihnen zuschreiben, reicht weit über die Sphäre des Kontingenten (Zufalls) hinaus. Hier melden sich unser Charakter und Lebensstil, unsere Weltanschauung und das Bedürfnis, aus einzelnen Momenten unseres Lebens zusammenhängende Geschichten werden zu lassen – und dementsprechend wird aus unserer zufälligen Existenz schlussendlich eine schicksalhaft scheinende Essenz. Paul Klee bezeichnete derlei einmal als „Verwesentlichung des Zufälligen".[23]

Im Kreis der Turmgesellschaft wird Wilhelm mit neuen Seiten seiner Persönlichkeitsentwicklung und Identitätssuche konfrontiert. War er bisher vorrangig mit Atmosphären eines Konsequenz-armen Spiels und eines jederzeit Freiheit und Veränderung verheißenden Scheins (meist auf den Brettern und in den Kulissen des Theaters) befasst, verkörpern die Mitglieder der Turmgesellschaft einen existentiellen Ernst, der für ihn ungewohnt ist und ihm gleichwohl als wertvoll imponiert. Da ihn die Turmgesellschafter als im Kern seiner Person seriösen Menschen schätzen, eröffnen sie ihm nach und nach die Gepflogenheiten und Wertdimensionen, denen sie sich selbst nahe fühlen. Außerdem erhält Wilhelm vom Abbé einen auf ihn und seine Bildungsbelange zugeschnittenen Lehrbrief, der neben speziellen auch einige allgemein gültige Aussagen und Empfehlungen enthält:

> Die Kunst ist lang, das Leben kurz, das Urteil schwierig, die Gelegenheit flüchtig. Handeln ist leicht, Denken schwer; nach dem Gedanken handeln unbequem. Aller Anfang ist heiter, die Schwelle ist der Platz der Erwartung. Der Knabe staunt, der Eindruck bestimmt ihn, er lernt spielend, der Ernst überrascht ihn ... Nur ein Teil der Kunst kann gelehrt werden, der Künstler braucht sie ganz. Wer sie halb kennt, ist immer irre und redet viel; wer sie ganz besitzt, mag nur tun und redet selten oder spät ... Des echten Künstlers Lehre schließt den Sinn auf; denn wo die Worte fehlen, spricht die Tat.[24]

Der Zürcher Germanist Emil Staiger hat diesen Lehrbrief in seinem dreibändigen *Goethe* als „Evangelium reinster Menschlichkeit" bezeichnet, „das gereift ist in langer Erfahrung und einen bildungswilligen Geist wohl bis zum Tode beschäftigen könnte".[25] Auch bei Wilhelm hinterlassen die Gedanken des Lehrbriefes tiefe Spuren in seinem Gemüt, das aufgrund

---

22 Goethe: Wilhelm Meisters Lehrjahre (1795/96), HA Band 7, München 1981, S. 494
23 Klee, P.: Schöpferische Konfession (1920), in: Schriften, Rezensionen und Aufsätze, Köln 1976, S. 118–122
24 Goethe: Wilhelm Meisters Lehrjahre (1795/96), HA Band 7, München 1981, S. 496
25 Staiger, E.: Goethe, Band II (1956), Zürich 1970, S. 157

seiner bisherigen Erfahrungen für derartige Überlegungen empfänglich geworden ist. Besonders deutlich tritt der veränderte Lebensernst und die Bereitschaft Wilhelms, Verantwortung zu übernehmen, im Hinblick auf den Knaben Felix zu Tage. Nachdem sich für ihn der Verdacht erhärtet, dass es sich um seinen eigenen Sohn handeln könnte, und ihm dies vom Abbé bestätigt wird, ist er zur Übernahme der Vaterrolle bereit:

> » Er sah die Welt nicht mehr wie ein Zugvogel an, ein Gebäude nicht mehr für eine geschwind zusammengestellte Laube, die vertrocknet, ehe man sie verlässt. Alles, was er anzulegen gedachte, sollte dem Knaben entgegenwachsen, und alles, was er herstellte, sollte eine Dauer auf einige Geschlechter haben. In diesem Sinne waren seine Lehrjahre geendigt, und mit dem Gefühl des Vaters hatte er auch alle Tugenden eines Bürgers erworben.[26]

Hier klingen Motive an, die Goethe verschiedentlich in seinen Schriften ausgeführt hat. Vor allem die Themen von Entsagung und Beschränkung beschäftigten ihn als zentrale Aufgabe der Selbstwerdung in der zweiten Hälfte des Lebens. Goethe bedachte während und nach seiner italienischen Reise wiederholt dieses existentiell bewegende Phänomen, das jedem von uns verdeutlicht, dass wir endlich sind, und dass sich die grenzenlosen Wünsche, Vorstellungen und Fantasien unserer Jugend und Adoleszenz mit den Limitierungen des höheren Alters arrangieren müssen.

Wer sich weigert, solch beschränkende und begrenzende Aspekte des Daseins akzeptierend wahrzunehmen und seine Lebensgestaltung entsprechend zu modifizieren, mag sich zwar lange in der Illusion ewiger Jugend und stets neuartiger Existenz-Konstellationen wiegen. Damit aber verbleibt er im Status des Ungefähren und Möglichen, ohne tiefer in die Sphären von Handlung, Tat und Realität einzutauchen, und entsprechend mager fallen dann oftmals die sozialen und kulturellen Beitragsleistungen des Betreffenden aus.

Identität mit erkennbarem Profil gewinnt derjenige, der sich neben der unverbindlichen Abwechslung an Erfahrungen und Gelegenheiten in einigen Bereichen seiner Existenz auch die Konzentration auf Themen mit dem Anspruch auf meisterliche Vervollkommnung zutraut. „Zu vollenden ist nicht die Sache des Schülers, es ist genug, wenn er sich übt."[27] – meint Wilhelm als junger Mann. Als Mitglied der Turmgesellschaft muss er später jedoch anerkennen, dass die „wahre Kunst wie gute Gesellschaft (ist): Sie nötigt uns auf die angenehmste Weise, das Maß zu erkennen, nach dem und zu dem unser Innerstes gebildet ist".[28]

13) Der Entfaltungsgang Wilhelms und damit auch die Entwicklung seines Selbst und seiner Identität kennt die Emanzipation von verschiedenen Gruppierungen und Gesellschaften: Auf seine kaufmännisch-bürgerlich orientierte Primärfamilie folgen diverse Schauspiel-Ensembles, und nach der Gesellschaft des fahrenden Volks und der Künstler integriert er sich in die aufgeklärt-humanistische Turmgesellschaft. Jede Gruppierung hält für ihn verschiedene Wachstums- und Prägungserlebnisse bereit, die mit den zwischenmenschlichen Beziehungen und den je differenten Sinn- und Wertdimensionen verknüpft sind, in die er dabei gerät.

Auch innerhalb der Turmgesellschaft stößt Wilhelm auf Personen, deren unterschiedliche Charakterstrukturen und Wertorientierungen (bei allen grundsätzlichen Übereinstimmungen der Mitglieder dieser Sozietät) offensichtlich sind. Eindrücklich erfährt Wilhelm dies in der Beziehung mit zwei attraktiven Frauen der Turmgesellschaft: mit Therese und mit

---

26 Goethe: Wilhelm Meisters Lehrjahre (1795/96), HA Band 7, München 1981, S. 502
27 Goethe: Wilhelm Meisters Lehrjahre (1795/96), HA Band 7, München 1981, S. 36
28 Goethe: Wilhelm Meisters Lehrjahre (1795/96), HA Band 7, München 1981, S. 516

Natalie. Die Erstere kleidet sich amazonenhaft-männlich und besticht durch ihre nüchterne und rationale Art. Reinlich, ordentlich, klar und klug – so könnte man Thereses hauptsächliche Qualitäten zusammenfassen. Jarno urteilt über sie und über die Ausprägung der drei christlichen Kardinaltugenden bei ihr: „Statt des Glaubens … hat sie die Einsicht, statt der Liebe die Beharrlichkeit, und statt der Hoffnung das Zutrauen."[29] Auch Natalie zeigt amazonenhafte Züge, wenngleich bedeutend anmutiger und subtiler ausgeprägt als Therese. Jarno vergleicht sie mit Therese hinsichtlich ihrer Art, Kinder zu erziehen: „Therese dressiert ihre Zöglinge, Natalie bildet sie."[30] Natalies Erziehungsmaxime, die zugleich als Anleitung für den zwischenmenschlichen Umgang generell gelesen werden kann, lautet daher folgerichtig:

> Wenn wir … die Menschen nur nehmen, wie sie sind, so machen wir sie schlechter; wenn wir sie behandeln, als wären sie, was sie sein sollten, so bringen wir sie dahin, wohin sie zu bringen sind.[31]

Eine Weile lang wird der Leser in dem Glauben gehalten, dass Wilhelm und Therese ein Paar werden – eine Vorstellung, von der man annehmen könnte, dass Wilhelm sich zusammen mit seiner zukünftigen Gattin im einst von ihm als zu bieder erlebten bürgerlichen Milieu etablieren und ein gewisses Maß an Zufriedenheit realisieren wird. Nach einigen Irritationen und Verwicklungen sowie nach deren Auflösungen heiratet Therese aber Lothario, und Wilhelm und Natalie finden zueinander. Auch diese Liaison löst Fantasien über den weiteren Entwicklungsweg Wilhelms aus, der für ihn an der Seite Natalies mehr poetisch-ästhetische Akzentsetzungen, aber auch ein Plus an Unsicherheit verspricht.

Wieder sind es also die zwischenmenschlichen Konstellationen, für die sich Wilhelm entscheidet respektive in die er hineingerät, welche die Richtung und den Inhalt seiner weiteren Entwicklung mitbestimmen. Wer wie Wilhelm wissen will, wer er ist oder werden kann, darf als Antwort die Reihe der für ihn wesentlichen Bezugspersonen Revue passieren lassen und sich deren Wesen und Wertorientierung möglichst illusionsfrei und unvoreingenommen vor Augen halten – diese spiegeln zu einem nicht unerheblich Maße unsere eigenen Gesinnungen, Orientierungen und Strebens-Richtungen wider.

Daneben aber sind es unsere Aufgaben, Taten und Handlungen, die darüber richten, wer wir sind und was an uns ist. Wilhelm wird von den Mitgliedern der Turmgesellschaft in dieser Hinsicht immer wieder darauf hingewiesen, dass seine Ausflüge in die Welt des Theaters dilettierende, aber notwendige Irrtümer waren – und dass seine zukünftigen Aufgaben anderer Natur sein sollten. Jarno etwa plädiert für soziale und kulturelle Verantwortungsübernahme im Sinne eines Weltbürgertums, ohne dass er Wilhelm konkretere Vorschläge im Hinblick auf die dafür nötigen Schritte unterbreitet:

> Es ist gut, dass der Mensch, der in die Welt tritt, viel von sich halte, dass er sich viele Vorzüge zu erwerben denke, dass er alles mögliche zu machen suche; aber wenn seine Bildung auf einem gewissen Grade steht, ist es vorteilhaft, wenn er sich in einer größeren Masse verlieren lernt, wenn er lernt, um anderer willen zu leben und seiner selbst in einer pflichtmäßigen Tätigkeit zu vergessen. Da lernt er erst sich selbst kennen; denn das Handeln vergleicht uns mit andern.[32]

---

29 Goethe: Wilhelm Meisters Lehrjahre (1795/96), HA Band 7, München 1981, S. 532
30 Goethe: Wilhelm Meisters Lehrjahre (1795/96), HA Band 7, München 1981, S. 532
31 Goethe: Wilhelm Meisters Lehrjahre (1795/96), HA Band 7, München 1981, S. 531
32 Goethe: Wilhelm Meisters Lehrjahre (1795/96), HA Band 7, München 1981, S. 493

Wilhelm wie auch die Leser werden am Ende des Romans desillusioniert: Identität kann nicht als etwas einmal Gefundenes und auf Dauer Fixiertes begriffen werden. Auch wenn Wilhelm seiner Vaterrolle gerecht wird, Natalie sich als für ihn passende Gefährtin erweist und er Aufgaben wählt, die seinen Talenten und Strebens-Impulsen gemäß sind, wird er immer nur für seltene und glückliche Momente ein Empfinden von „Ich bin oder werde ein Selbst" verspüren. „Seine Lebensbeschreibung ist ein ewiges Suchen und Nichtfinden" – meint Therese über Wilhelm[33]; und diese suchend-strebende Bewegung auf irgendwelche Wert- und Sinnhorizonte hin bringen erst jenes Schöne, Glückliche und manchmal sogar Vollkommene hervor, von dem nicht wenige Menschen überzeugt sind, dass es sie bereits gibt, und dass man sie mit der geeigneten Strategie nur finden müsse. Goethe hätte solchen Überzeugungen energisch widersprochen und darauf verwiesen, dass Ordnung, Sinn und Wert nur dann entstehen, wenn Chaos, Absurdität und Unwert durch schöpferische Kraft jeweils konterkariert und überwunden werden.

Weil diese schöpferische Kraft von Individuum zu Individuum sehr unterschiedliche Ausmaße und Dimensionen aufweist, vermag nicht jedermann sein persönliches Chaos in Ordnung oder die vielfältigen Absurditäten der Welt in Sinn- und Wertvolles zu verwandeln. Im Roman sind es vor allem Mignon und der Harfner, deren plastische Kapazität eng begrenzt ist, und deren Biographie zu wenige günstige Voraussetzungen für eine Metamorphose ihres Daseins hin zum Heileren und Helleren für sie bereithält.

Auf diese individuelle schöpferisch-wandelnde Kraft als Existenz- und Rahmenbedingung eines jeden von uns verweist Jarno, indem er den Abbé zitiert: „Eine Kraft beherrscht die andere, aber keine kann die andere bilden; in jeder Anlage liegt auch allein die Kraft, sich zu vollenden."[34] Weil jeder über eigene Kräfte, Anlagen und Talente verfügt, kommt alles darauf an, dieselben zu erkennen und sie wenn möglich zu vervollkommnen. In *Wilhelm Meisters Lehrjahre* vertrat Goethe die Ansicht, dass derlei zur Bildung und Entwicklung unserer Persönlichkeit entscheidend beiträgt, und dass wir solche Erkenntnis- und Vervollkommnungs-Leistungen nicht alleine, sondern nur mit geeigneten anderen bewerkstelligen können.

14) Wer jedoch glaubt, mit *Wilhelm Meisters Lehrjahre* abschließende Antworten auf die eingangs gestellten Fragen nach Selbstwerdung und personaler Identität geliefert zu bekommen, sieht sich am Ende des Romans arg enttäuscht. Alle Entwicklungsetappen Wilhelms haben, so sehr er sie im jeweiligen Moment auch als für ihn passend erlebt, etwas Vorläufiges und Überwindens-Würdiges, und alle im Text vorgestellten individuellen oder kollektiven Modelle der Selbstrealisation (so die schöne Seele oder die Turmgesellschaft) weisen Limitierungen auf, sobald sie auf Wilhelm (oder den Leser) eins zu eins übertragen werden sollten.

Die *Lehrjahre* sind ein Buch des Suchens und Fragens, der Irrtümer und überraschenden Fügungen, der Niederlagen, Verletzungen und nur partiellen Vernarbungen. Begriffe wie Heilung, Heil oder Glückseligkeit wären deplatziert, wollte man den Bildungs- und Entwicklungsprozess des Helden charakterisieren; immerhin hat er in den wenigen Jahren seines von Goethe meist behaglich und wie leichthin geschilderten Lebens fünf Tote zu beklagen und zu begraben: den Vater, Mariane, Aurelie, Mignon und den Harfner. Und selbst die heitersten oder unbeschwerten Momente seines Daseins – die diversen Liebesszenen mit

---

33 Goethe: Wilhelm Meisters Lehrjahre (1795/96), HA Band 7, München 1981, S. 532
34 Goethe: Wilhelm Meisters Lehrjahre (1795/96), HA Band 7, München 1981, S. 552

Mariane, Philine, der Gräfin, Therese und Natalie; die Begegnungen mit den Schauspielern, mit Serlo, dem Abbé, der Turmgesellschaft oder seinem Sohn Felix – versah Goethe mit mehr oder minder prominenten Facetten von Ernsthaftigkeit, Fragwürdigkeit und völlig offenem Ende, so dass Wilhelms existentielle Aufgaben des dauernden Wachsens und Werdens nie aus seinem und dem Gesichtsfeld des Lesers geraten.

Wilhelm und damit potenziell jedem Menschen wird von Goethe die Fähigkeit wie auch die Anforderung zuerkannt, aus seinem Leben etwas Wert- und Bedeutungsvolles zu machen – wobei es prinzipiell gleichgültig ist, ob die äußeren Rahmenbedingungen günstig oder katastrophal sind. Natürlich unterscheiden sich die Ergebnisse dieser individuellen Werdens- und Bildungsgeschichten fundamental, je nachdem, welche persönlichen und kollektiven Verhältnisse der Einzelne vorfindet, welche Situationen ihm der Zufall oder das Schicksal (oder eine Turmgesellschaft?) zuspielt, und welche Entscheidungen er trifft oder zu treffen meint. So oder so aber kann das Individuum danach streben, aus einem Sinndefizit, aus Chaos und Absurditäten aller Art ein Plus an Sinn, Wert und Bedeutung werden zu lassen – so nebensächlich dieselben immer auch imponieren mögen.

Wenn irgend möglich, darf und soll sich der Einzelne dabei weit dimensionierten und ihn selbst manchmal scheinbar sogar überfordernden kulturellen und zwischenmenschlichen Einflüssen aussetzen. Das soziale, emotionale, intellektuelle Niveau der Themen, Aufgaben und Mitmenschen um uns her, die wir auf uns wirken lassen, entscheidet maßgeblich über das Profil und die Substanz unserer personalen Identität mit, die wir werdend realisieren und am Ende unseres Lebens geworden sind:

> Wir bringen wohl Fähigkeiten mit, aber unsere Entwicklung verdanken wir tausend Einwirkungen einer großen Welt, aus der wir uns aneignen, was wir können und was uns gemäß ist … Die Hauptsache ist, dass man eine Seele hat, die das Wahre liebt und die es aufnimmt, wo sie es findet.[35]

Literatur

1. Brandes, G.: Goethe (1922), Berlin o.J.
2. Conrady, K.O.: Goethe – Leben und Werk (1985), Zürich 1994
3. Eckermann, J.P.: Gespräche mit Goethe (1836/48), Berlin 1956
4. Friedenthal, R.: Goethe – Sein Leben und seine Zeit, München 1963
5. Goethe: Wilhelm Meisters Lehrjahre (1795/96), in: HA Band 7, München 1981
6. Lukács, G.: Goethe und seine Zeit (1947), Berlin 1955
7. Schiller, F.: Über Anmut und Würde (1793), in: Sämtliche Werke Band V, Darmstadt 1993
8. Schulz, G.: Die deutsche Literatur zwischen Französischer Revolution und Restauration, Erster Teil: 1789–1806, in: Geschichte der deutschen Literatur Band VII/1, hrsg. von De Boor / Newald, München 1983
9. Staiger, E.: Goethe, Band II (1956), Zürich 1970
10. Viëtor, K.: Goethe – Dichtung, Wissenschaft, Weltbild, Bern 1949

---

35 Eckermann, J.P.: Gespräch mit Goethe (16. Dezember 1828), in: Gespräche mit Goethe, Berlin 1956, S. 437

Die Wahlverwandtschaften

Literatur – 116

Die Wahlverwandtschaften erschienen 1809 und sind Goethes eigenem Urteil zufolge sein gelungenster Roman. So will es jedenfalls eine Anekdote wissen, der zufolge sich eine Dame im Umkreis des Dichters kurz nach dem Erscheinen des Textes über dessen große Unmoralität echauffierte, woraufhin Goethe nach einigem Schweigen mit großer Innigkeit gesagt haben soll: „Das tut mir leid, es ist doch mein bestes Buch."

1) Dass nicht alle Leser dieser Meinung waren, ist verständlich – handelt der Roman doch von nichts Harmloserem als von Ehebruch und Moral, von Eros, Sexus, Liebe und von deren tragischen Verwicklungen. Doch nicht allein dieses Sujet, das in Dramen und Novellen von Dichtern vor Goethe bereits abgehandelt wurde, sondern vor allem die Art des Umgangs damit sorgte für kopfschüttelnde Entrüstung bei den Zeitgenossen. Hierbei erwies sich Goethe nicht als Vertreter behaglich-gesitteter Bürgerlichkeit, als den man ihn in deutschen Wohnzimmern gerne zitierte, sondern als parteilos-nüchterner Kommentator einer fatalen zwischenmenschlichen Konstellation, die scheinbar gesetzmäßig und mit heilloser Dynamik die Protagonisten ins Verderben stürzt. Was wir Heutigen an den *Wahlverwandtschaften* modern erleben, hat das Publikum vor zweihundert Jahren nachhaltig verstört: Dass es keine Lösungen, kein Richtig oder Falsch und kein Entweder / Oder für die *dramatis personae* gibt. „Wie man den Leuten nur so viel Kummer bereiten kann!" – seufzte entsprechend Clemens Brentano nach seiner Lektüre von *Die Wahlverwandtschaften*.

2) Karl Solger (1780–1819), ein von Goethe hochgeschätzter Philologe und Philosoph, hat schon 1810 in einer Rezension des Romans auf diesen Mangel hingewiesen. Für ihn standen die unlösbaren und dramatischen Konflikte ihrer Hauptpersonen für die zunehmende Tendenz der Neuzeit, dem Einzelnen die Verantwortung für sein Tun und Lassen in die eigenen Hände zu legen; gleichzeitig seien diese Einzelnen jedoch kaum in der Lage, die Motive ihres Handelns zu überblicken:

> Es kann also heutzutage jeder seinen Gott nur in sich selbst finden und auch seine Philosophie und seine Kunst … Wer seine Individualität falsch versteht und meistert oder … die Stimme des Gewissens überhört und dem klügelnden Verstand folgt, der geht unter. Und das ist der Gipfel der heutigen Kunst, der tragische Roman.[1]

In *Die Wahlverwandtschaften* vertraute Goethe nicht mehr wie noch im Bildungsroman *Wilhelm Meisters Lehrjahre* (1795/96) der Entwicklung der Hauptfiguren und damit deren Fähigkeiten, Hürden und Hindernisse ihres Daseins erfolgreich zu überwachsen. Stattdessen bedeutete menschliche Existenz für den Autor der *Wahlverwandtschaften* eine Gleichung mit viel zu vielen Leerstellen und Unbekannten, um daraus rasche und elegante Lösungen ableiten zu können.

3) Wie gestaltete nun Goethe die konfliktträchtigen Situationen in seinem tragischen Roman? Vier Personen ließ er aufeinandertreffen: Charlotte und der reiche Baron Eduard sind seit geraumer Zeit verheiratet. Das Paar widmet sich mit großer Behaglichkeit dem Aus- und Umbau von Eduards Landgut, wobei es Fragen von Architektur, Landschaftsbau, Pädagogik, Kunst sowie der Kultivierung von Wildnis und Natur in vollkommener Harmonie miteinander bespricht und – da es ökonomische Grenzen nicht zu geben scheint – auch verwirklicht.

---

1 Solger, K.: Rezension zu *Die Wahlverwandtschaften* (1810), in: Nachgelassene Schriften und Briefe (1819), Band I, Heidelberg 1973, S. 177 f.

Kapitel 7 · Die Wahlverwandtschaften

Eduard wünscht sich, seinen Freund Otto als Gesprächspartner bei sich auf seinem Schloss zu wissen. So betritt dieser (ein in Not geratener Hauptmann) als dritte Figur die Szene. Da Charlotte aus Gründen der Parität und aus Sorge vor einer Dysbalance ihrer Ehe darauf besteht, ihre früh verwaiste Nichte und Pflegetochter Ottilie ebenfalls auf das Landgut einzuladen, gesellt sich diese (noch mehr Kind als erwachsene Frau) als Gehilfin zu den anderen drei Protagonisten. Damit sind jene vier Personen auf den Plan getreten, zwischen denen Goethe wie im Experiment ein unnachsichtiges Kräftespiel von Anziehung, Abstoßung, Verschmelzung – ein „Kammerspiel des Sozialen" (Hartmut Böhme) – beginnen lässt.

Es kommt, wie es der Romantitel andeutet: Die Frauen und Männer verlieben sich über Kreuz, und die so tragfähig und seriös scheinende Ehe von Charlotte und Eduard zerbricht. Der Besuch eines in freier Partnerschaft lebenden Paares auf dem Landgut verstärkt noch die Trennungsabsichten des Schlossherrn, und die religiös-schlichten Predigten und Ermahnungen eines Mannes namens Mittler (ehemaliger Geistlicher) mildern diese Absichten in keiner Weise.

Während sich die selbstbeherrschte Charlotte und der Hauptmann darauf verständigen, ihrer Liebe zu entsagen, ist Eduard zu derartiger Zurückhaltung weder bereit noch aufgrund seines Charakters in der Lage. Die auf Hingabe und Symbiose ausgerichtete Ottilie folgt ihm in seinem Liebes- und Eroberungsverlangen vorerst uneingeschränkt. Als sie jedoch aufgrund eines affektiv getönten Missgeschicks zum Tod von Otto, dem Kind von Eduard und Charlotte beiträgt (es ertrinkt im See von Eduards Landgut), deutet sie dies als Zeichen schwerster Schuld. Wie eine Heilige hungert sie sich zu Tode, und kurz darauf stirbt auch ihr Geliebter. Beide werden in einer gemeinsamen Grabstätte beerdigt:

» So ruhen die Liebenden nebeneinander. Friede schwebt über ihrer Stätte, heitere, verwandte Engelsbilder schauen vom Gewölbe auf sie herab, und welch ein freundlicher Augenblick wird es sein, wenn sie dereinst wieder zusammen erwachen.[2]

4) Die Geschichte endet also mit einer wahrscheinlich ironisch gemeinten Wendung. Denn dass der Skeptiker Goethe im Ernst an die Auferstehung und ein Weiterleben nach dem Tode geglaubt und sie als Lösung seines tragischen Romans angeboten hätte, bezweifeln die meisten Experten. Zweifelsohne allerdings war Goethe von der immensen Macht menschlicher Leidenschaften überzeugt. Alle vier Hauptpersonen werden von ihnen ergriffen und – obgleich unterschiedlich stark – dominiert. Wer meint, man käme den Leidenschaften mit frommen Wünschen oder festen und bewussten Vorsätzen bei, irrt entschieden und verursacht mit diesem fundamentalen Irrtum eventuell sogar noch mehr Leid und Kummer:

» Das Bewusstsein … ist keine hinlängliche Waffe, ja manchmal eine gefährliche für den, der sie führt.[3]

Man kann ergänzen: gefährlich nicht nur für den, der sie führt, sondern auch für die mitbetroffenen Personen. So täuscht sich Charlotte doppelt, wenn sie meint, dass ihre bewusst herbeigeführte Entscheidung gegen eine vollzogene Liebesbeziehung mit dem Hauptmann sowohl ihre eigene als auch die Verliebtheit Eduards besänftigen oder zum Versiegen bringen könnte: „Unsere Leidenschaften sind wahre Phönixe. Wie der alte verbrennt, steigt der neue

---

2   Goethe: Die Wahlverwandtschaften (1809), in: HA Band 6, München 1981, S. 490
3   Goethe: Die Wahlverwandtschaften, in: HA Band 6, München 1981, S. 248

sogleich wieder aus der Asche hervor."⁴ Und manche Interpreten, so Georg Brandes in seinem *Goethe* (1922), sind der Meinung, dass Charlotte mit ihrer lang anhaltenden Weigerung, die Ehe mit Eduard aufzukündigen, zwar ihre Ideale hoch und aufrechthält, damit aber zugleich die destruktive Dynamik ihrer Beziehung weiter anfacht:

> Die Menschen werden hier (bei Goethe) nicht als das Neue betrachtet, das dort beginnt, wo die Natur endet, sondern als ein Teil der Natur, in der Gewalt der Natur, ihren Gesetzen unterworfen … Weder er (Eduard) noch sie (Charlotte) bricht die Ehe in des Wortes gewöhnlicher Bedeutung. Sie birst in ihrem Innersten, gerade weil sie äußerlich bewahrt wird.⁵

5) In einer Selbstanzeige wenige Wochen vor Erscheinen des Romans hat Goethe im *Morgenblatt für gebildete Stände* manche Intentionen seines Textes erläutert. Unter anderem betonte er, dass sich die Handlungen der Protagonisten zwischen den Polen der „heiteren Vernunftfreiheit" und der „leidenschaftlichen Notwendigkeit" ereignen. Ersteres meint das sich frei, autonom wähnende Bewusstsein; Letzteres dagegen steht für unbewusst Dämonisches und damit für Zwangsläufiges und Naturgesetzmäßiges.

Menschliches Dasein ereignet sich innerhalb dieses unauflöslichen Spannungsfeldes. Von Immanuel Kant stammt die Formulierung, dass der Mensch „Bürger zweier Welten" sei: der Natur sowie der Kultur. Eines von beiden zu leugnen oder gering zu achten, trägt zum Missverstehen des Menschen bei und reduziert ihn entweder auf seine materiale Biologie und deren Gesetzmäßigkeiten (Bedingtheit, Notwendigkeit, Kausalität, Zwang) oder aber auf seine ideale Geistigkeit und deren nur relativ vorhandene Freiheitsgrade (Autonomie, Finalität). Ottilie notiert Dementsprechendes in ihrem Tagebuch:

> Niemand ist mehr Sklave, als der sich für frei hält, ohne es zu sein. – Es darf sich einer nur für frei erklären, so fühlt er sich den Augenblick als bedingt. Wagt er es, sich für bedingt zu erklären, so fühlt er sich frei.⁶

6) Mit diesen Gedanken kommen wir zum Titel des Romans, den Goethe vom schwedischen Naturforscher Torbern Bergman (1735–1784) entlehnt hat. Dieser Chemiker und Mineraloge sprach in seiner wissenschaftlichen Abhandlung *De attractionibus electivis* (1775) von Kräften der Anziehung und Verwandtschaft, die zwischen chemischen Elementen zu bestimmten Reaktionen führen, denen sie nicht entrinnen können. Alkalische und saure Substanzen etwa, die eigentlich zueinander in Gegensatz stehen, streben beim Zusammentreffen aufgrund dieser Kräfte jeweils neue und stabile Verbindungen an. In den *Wahlverwandtschaften* werden auf vielerlei Arten Analogien zwischen der Chemie (Natur) und den sozialen Verhältnissen hergestellt: Bringen Sie Paare in Berührung, A wird sich zu D, C zu B werfen – so lesen wir es bei Goethe. Der Dichter übernahm Konzepte aus der Natur und den Naturwissenschaften und übertrug sie auf zwischenmenschliche Konstellationen – als ob er allein damit schon zeigen wollte, wie sehr wir bei aller gewähnten Freiheit von den Determinanten unserer Biologie abhängen.

In diesem Sinne erläutert der Hauptmann Charlotte im Beisein von Eduard chemische Grundmechanismen, die mühelos auf interpersonelle Situationen und Dynamiken übertragen werden können. Am Beispiel von Schwefelsäure und Kalkstein, bei deren

---

4   Goethe: Die Wahlverwandtschaften, in: HA Band 6, München 1981, S. 385
5   Brandes, G.: Goethe (1922), Berlin o.J., S. 617 f.
6   Goethe: Die Wahlverwandtschaften, in: HA Band 6, München 1981, S. 397

Zusammentreffen Gips und Luftsäure entsteht, demonstriert der Hauptmann das Spiel von Trennung und neuerlicher Verbindung von chemischen Elementen – ein Spiel, das sich leicht auf Charlotte und den Hauptmann, Eduard und die bald hinzukommende Ottilie anwenden lässt.

Allerdings äußert vor allem Charlotte manche Einwände gegen ein allzu simples Analogsetzen von Naturvorgängen und sozialen Relationen. Zu Recht wendet sie ein, dass man bei den geschilderten chemischen Reaktionen genaugenommen nicht von freier Wahl sprechen könne – hier dominierten doch Notwendigkeiten und Zwang. Sobald die sich einander anziehenden Elemente zusammentreffen, ergeben sich naturnotwendige Reaktionen; die Wahl liege lediglich in den Händen des Chemikers, der sie in eine Nähe zueinander bringt: „Gelegenheit macht Verhältnisse, wie sie Diebe macht!" Und im Hinblick auf eine schlichte Parallelisierung von Wahl und Wahlverwandtschaft in der Natur und beim Menschen warnt Charlotte eindringlich:

》 Diese Gleichnis-Reden sind artig und unterhaltend, und wer spielt nicht gern mit Ähnlichkeiten! Aber der Mensch ist doch um so manche Stufe über jene Elemente erhöht.[7]

7) Inwiefern diese Behauptungen Charlottes von der menschlichen Wirklichkeit gedeckt sind, wird in den *Wahlverwandtschaften* von Goethe wiederholt erörtert. Besonders in Bezug auf diese Thematik erweist er sich als unbestechlicher Experimentator, der haarklein über die Ergebnisse seines literarisch-erotischen Versuchs mit vier Personen einen nüchternen Bericht erstattet.

Der Mensch ist manchmal in der Lage, sich partiell von Materie und Bios zu emanzipieren, denn er besteht nicht nur aus belebter Materie, sondern im günstigen Fall auch aus beseelter und vergeistigter Biologie. Falls, ja falls genügend Ich-Stärke, Willenskraft, Charakterbildung, soziale und situative Kompetenz sowie emotionale, axiologische (die Werte betreffende) und weltanschauliche Differenziertheit vorhanden sind, ist der Einzelne seinen vitalen Impulsen, Antrieben, Affekten und Leidenschaften gegenüber nicht immer hilflos ausgeliefert – er kann je nach Persönlichkeit selten, häufig oder meistens diese Phänomene bei sich wahrnehmen und hinsichtlich ihrer Umsetzung ja sagen, ein Veto einlegen oder zumindest Akzente setzen.

Im Roman sind es vor allem im ersten Hauptteil Charlotte und der Hauptmann, denen Goethe derartige Persönlichkeitsausprägungen und Kompetenzen zugeschrieben hat. Bis auf einen ersten und zugleich letzten Kuss kommt es zwischen ihnen zu keinen Intimitäten, obschon sich beide ihrer Liebe versichern, und obwohl Gelegenheiten genug gegeben sind, in denen es zu Zärtlichkeit und Sexualität kommen könnte. Trotz leidenschaftlicher Versuchungen leben beide konsequent und vernünftig das Programm eines entsagenden Triebverzichts, ohne dass Goethe sie im Roman deshalb als sonderlich sauertöpfisch gezeichnet hätte.

Wie sehr jedoch das Unbewusste (zumindest von Charlotte, aber auch des Hauptmanns) trotz aller beherrscht-zurückhaltenden Attitüde dem konkret gelebten Sexus zugeneigt wäre, wird an jener von Goethe genial komponierten Szene deutlich, bei der Eduard und Charlotte miteinander schlafen und sich dabei jeweils Ottilie und den Hauptmann als begehrten Sexualpartner imaginieren. Aus diesem Beischlaf, der einen fantasierten doppelten Ehebruch bedeutete und von den Ehepartnern am nächsten Morgen mit gedämpfter Stimmung und beiderseitigem Schuldgefühl quittiert wird, entspringt ein Kind, das letztlich Ottilie und

---

7 Goethe: Die Wahlverwandtschaften, in: HA Band 6, München 1981, S. 275

dem Hauptmann (also den beiden lediglich in der Fantasie anwesenden Sexualpartnern) zum Erschrecken aller außerordentlich ähnlich sieht. Es wird auf den Namen Otto getauft – so lauten der Vorname des Hauptmanns und der zweite Vorname Eduards. Ebenso ist im Namen Otto eine Anspielung auf die Namen Ottilie wie auch auf Charlotte zu erkennen. Das Kind stammt demnach zumindest nominell von allen Vieren ab.

8) Als Metapher und Analogon für die Beherrschung der eigenen Impulse und Antriebe verwendete Goethe im Roman die Gestaltung des Gartens und der parkartigen Umgebung rund um das Schloss des Barons. Schon in der Eingangsszene klingt dabei das Motiv des Gärtnerns an: Eduard pfropft Reiser auf junge Baumstämme.

So wie die wilde, urwüchsige Natur zu Ziersträuchern, fruchtbaren Obstbäumen und zur Kulturlandschaft veredelt werden soll, darf und muss auch (so lässt sich der Roman lesen) der individuelle Organismus eines Menschen mit seinen stark von der Biologie determinierten Affekten, Trieben, Begierden und Impulsen einem umfassenden Sozialisations- und Kultivierungsprozess anheimgestellt werden. Dabei erweist es sich als grundwesentlich, welches Garten- und Zuchtideal dem Gärtner oder Erzieher vorschwebt. Hängt er zum Beispiel einer französischen oder vielmehr einer englischen Gestaltung von Park- und Gartenlandschaften an, oder sollen sogar – wie es der Hauptmann in den *Wahlverwandtschaften* entschieden propagiert – „Schweizer Ordnung und Sauberkeit" die leitenden Prinzipien von Umbau und Veredelung der Natur, von Pflege und Architektur der Landschaft (ebenso wie diejenigen der Bildung und Erziehung der eigenen Person respektive eines Mündels) abgeben?

Auch hinsichtlich dieser Fragen bezog Goethe keine eindeutigen Positionen. Je nach Beschaffenheit eignet sich die Natur für jeweils unterschiedliche Wachstums- und Kultureingriffe, und es macht die Kunst und Kompetenz eines Gärtners oder Landschaftsarchitekten aus, den für die individuelle Situation passenden Eingriff zu wählen. Charlotte und der Hauptmann sind jedenfalls einem strengen französischen Landschaftsstil zuzuordnen, indes sich der Lebensstil von Eduard und Ottilie entschieden in englisch-romantischen Parkanlagen widerspiegelt. Überträgt man diese botanischen Überlegungen auf das Gebiet der Erziehung und Selbsterziehung, lässt sich Goethe als Verfechter einer Pädagogik lesen, die mit einem morphologischen Blick versehen vom je einzelnen Zögling und nicht von einem allgemeinen Curriculum ausgeht. Es ergibt wenig Sinn, von einem Individuum Lern- und Wachstumsschritte respektive Leistungen einzufordern, für die es (noch) nicht in der Lage ist:

> Die Pflanze gleicht den eigensinnigen Menschen, von denen man alles erhalten kann, wenn man sie nach ihrer Art behandelt. Ein ruhiger Blick, eine stille Konsequenz, in jeder Jahreszeit, in jeder Stunde das ganz Gehörige zu tun, wird vielleicht von niemand mehr als vom Gärtner verlangt.[8]

Auf die Person Eduards bezogen bedeutet eine „Behandlung nach seiner Art", dass er weitläufige Bildungs- und Selbsterziehungsprozesse bei sich induzieren müsste, um wie Charlotte und der Hauptmann zu Entsagungs- und Verzichtsleistungen hinsichtlich einer Liebesbeziehung mit Ottilie fähig zu werden: „Kein Mensch kann eine Faser seines Wesens ändern, ob er gleich vieles an sich bilden kann" – heißt es in einem Brief Goethes an Friedrich Heinrich Jacobi.[9] Weil Goethe jedoch Eduard als ungestümen, verwöhnten, raum- und

---

8   Goethe: Die Wahlverwandtschaften, in: HA Band 6, München 1981, S. 423 f.
9   Goethe: Brief an H.F. Jacobi (31. März 1784), zit. n. Rothe, W.: Der politische Goethe, Göttingen 1998, S. 34

Kapitel 7 · Die Wahlverwandtschaften

besitzgreifenden sowie ziemlich ichbezogenen Menschen konzipierte, dem es nachweislich große Mühe macht, Takt und Rhythmus (etwa beim gemeinsamen Musizieren) zu halten, steht von ihm nicht zu erwarten, dass er seinen Leidenschaften Einhalt gebieten kann. Er drängt „nach seiner Art" auf rasche Trennung von Charlotte und auf eine baldige Verbindung mit Ottilie:

> In Eduards Gesinnungen wie in seinen Handlungen ist kein Maß mehr. Das Bewusstsein, zu lieben und geliebt zu werden, treibt ihn ins Unendliche ... Kein Gewissen spricht ihm zu; alles, was in seiner Natur gebändigt war, bricht los ...[10]

9) Selbst wenn ihm das Ideal der Entsagung eingeleuchtet hätte, hätte Eduard es aufgrund des Webmusters seines Wesens nicht verwirklichen können. In einem Gespräch mit Eckermann vom 21. Januar 1827 betonte Goethe, dass er die Figur des Eduard aufgrund ihres Eigensinns „selber nicht leiden" konnte, und dass es aber zugleich notwendig war, sie derart zu entwerfen. Nur so war gewährleistet, dass die Konflikte des Romans wie auch die verschiedenen Reaktionen der diversen Protagonisten darauf überdeutlich zu Tage traten. Dem befreundeten deutschstämmigen, lange Zeit für Frankreich tätigen Diplomaten Karl Friedrich Reinhard (1761–1837) hingegen teilte Goethe in einem Brief eine andere, von ihm als wertvoll erachtete Facette von Eduards Charakter mit: „Da Sie mir ... dem Eduard Gerechtigkeit widerfahren lassen, der mir wenigstens ganz unschätzbar scheint, weil er unbedingt liebt ..."[11]

Wie für den gesamten Roman und die darin agierenden Personen, lassen sich auch für die Beurteilung Eduards Charakterausprägungen und Polaritäten namhaft machen, die Goethe bei der Konzeption dieser Figur bei sich selbst verspürt hat, und die er von sich bestens kannte. Dem Dichter waren aus dem Zeitraum vor und während der Niederschrift der *Wahlverwandtschaften* etwa die Themen Entbehrung und Entsagung aus eigenem Erleben präsent (er verzichtete seinerzeit, obwohl heftig verliebt, auf eine Beziehung mit der vierzig Jahre jüngeren Minna Herzlieb sowie mit der fünfunddreißig Jahre jüngeren Sylvie von Ziegesar). Doch kannte er bei sich mindestens ebenso sehr Impulse des Unbedingten und eines erotischen Existierens jenseits von Mäßigung und souverän beherrschter Zurückhaltung.

So schilderte Goethe fünf Jahre nach den *Wahlverwandtschaften* in seinem Gedicht *Das Tagebuch* (1814) eine Begebenheit auf einer seiner Reisen, bei der er sich mit einer bildhübschen Kellnerin jählings einigte, die anstehende Nacht im Gasthaus gemeinsam zu verbringen. Als sich die hingabebereite Schöne zu ihm legte, bemerkte er allerdings ein Malheur: Meister Iste (so bezeichnete Goethe seinen Penis), der „so hitzig sonst den Meister spielet, / weicht schülerhaft zurück und abgekühlet". Nicht eine *Versagung*, sondern ein *Versagen* (Erektionsstörung) führte demnach dazu, dass Goethes Abenteuer mit der jungen Kellnerin nicht in erregend-leidenschaftliche Sexualität, sondern in ein anrührendes und großartiges, weil authentisches und moralinfreies Gedicht einmündete.

10) Was sollen wir tun? Was sollen, oder besser: was können wir lassen? Eindeutige Antworten auf diese Fragen dürfen wir uns von Goethe nicht erhoffen, wohl aber eine Zuspitzung der Themen und Probleme, die sich in ihnen verbergen. So kann man anhand der *Wahlverwandtschaften* auch fragen: *Wann* sollen und können wir etwas tun oder lassen? Damit

---

10   Goethe: Die Wahlverwandtschaften, in: HA Band 6, München 1981, S. 328
11   Goethe: Brief an Karl Friedrich Reinhard (21.02. 1810), in: Briefe, HA Band 3, München 1988, S. 120

streifen wir den Topos der Zeit, die im Roman eine zentrale Rolle spielt. Im Eingangskapitel berichtet Goethe, dass sich Charlotte und Eduard bereits als junge Menschen liebten. Ungünstige Umstände ließen beide eine vernünftige, aber keineswegs leidenschaftlich-erotische Ehe mit anderen Partnern eingehen. Der Zufall wollte es, dass sie sich Mitte ihres Lebens als Freigelassene wiedertrafen, „damit wir das früh so sehnlich gewünschte, endlich spät erlangte Glück ungestört genießen möchten".[12] So weit, so gut. Goethe legte Eduard jedoch einen kritischen Kommentar zu dieser scheinbar glücklichen Fügung in den Mund:

» Wer in einem gewissen Alter frühere Jugendwünsche und Hoffnungen realisieren will, betrügt sich immer; denn jedes Jahrzehnt des Menschen hat sein eigenes Glück, seine eigenen Hoffnungen und Aussichten. Wehe dem Menschen, der vorwärts oder rückwärts zu greifen durch Umstände oder durch Wahn veranlasst wird![13]

Ein Teil der Verantwortung und Verursachung für die heikle, anderweitigen Liebschaften gegenüber durchlässige Ehe von Eduard und Charlotte liegt demnach lange vor jenen Ereignissen, die in den *Wahlverwandtschaften* erzählt werden. Wer einst nicht dem eigenen Herzen, sondern vernünftelnden Gründen gehorchte und meint, dies Versäumte nach Jahrzehnten revidieren oder aufholen zu können, belastet eine dann geschlossene Beziehung mit einer kaum zu tilgenden Hypothek. Aus beiden Protagonisten sind inzwischen andere Menschen geworden, die sich bestenfalls an ihre Gefühle füreinander noch erinnern, dieselben aber normalerweise nicht mehr in vergleichbarer und paralleler Intensität und Höhe empfinden. Vor allem Eduard wollte derlei jedoch nicht wahrhaben und bedrängte Charlotte so lange, bis diese der späten Ehe zustimmte:

» Er insistiert; er sträubt sich gegen das Werden und Vergehen, die Verwandlung, auf der das Leben beruht … Er nimmt nicht Abschied; er vergisst nicht. Er sündigt an seinem inneren Wachstum. Das ist bei Goethe immer wieder der Keim des seelischen Verderbens und dessen, was man „tragisch" nennt.[14]

11) Die Griechen der Antike kannten zwei unterschiedliche Zeitbegriffe: Kairos und Chronos. Mit dem Ersteren waren die Ausnahmesituationen und entscheidenden Weichenstellungen des Daseins sowie das subjektiv für das jeweilige Individuum relevante Zeitempfinden gemeint, indes der zweite Begriff die Zeit als zerteilte Bewegung (Aristoteles) und als für alle Menschen gleiche physikalische Einheit definierte. Für eine tatsächlich leidenschaftliche, bewegende Liebe zwischen Charlotte und Eduard hätte es einen Kairos gegeben, den sie vor vielen Jahren ungenutzt vorüberziehen ließen. Nun waren sie zwar verheiratet, aber für das nachholende Leben und Erleben ihrer ehemals erotischen Zuneigung war es zu spät.

Was Eduard mit Charlotte verabsäumte, will er nun mit Ottilie auf jeden Fall verwirklichen. Bei ihr, so ist er überzeugt, hat sich ihm neuerlich der Kairos offenbart, und dieses Mal will er ihn beim Schopfe packen. Ungestüm und wild entschlossen betreibt er die Annäherung an die junge Frau, deren stille, geschmeidige und Anlehnung signalisierende Haltung er als Liebe ihm gegenüber interpretiert. Ottilie dagegen wird als Person skizziert, die aufgrund ihrer zurückhaltenden Art zu vielfältigen Projektionen (vor allem von Seiten Eduards) einlädt. Dies wird bereits deutlich, als Ottilie auf dem Schloss ankommt:

---

12 Goethe: Die Wahlverwandtschaften, in: HA Band 6, München 1981, S. 246
13 Goethe: Die Wahlverwandtschaften, in: HA Band 6, München 1981, S. 448
14 Staiger, E.: Goethe, Band 2 (1956), Zürich 1970, S. 485

Kapitel 7 · Die Wahlverwandtschaften

> Sie ward den Männern vorgestellt und gleich mit besonderer Achtung als Gast behandelt. Schönheit ist überall ein gar willkommener Gast. Sie schien aufmerksam auf das Gespräch, ohne dass sie daran teilgenommen hätte. Den andern Morgen sagte Eduard zu Charlotten: „Es ist ein angenehmes, unterhaltendes Mädchen." – „Unterhaltend?" versetzte Charlotte mit Lächeln; „sie hat ja den Mund noch nicht aufgetan." – „So?" erwiderte Eduard, indem er sich zu besinnen schien, „das wäre doch wunderbar!"[15]

Von Christoph Martin Wieland (1733–1813) ist überliefert, dass er nach der Lektüre der *Wahlverwandtschaften* meinte, Goethe stünde allein wegen der in dieser Stelle meisterhaft subtil geschilderten zwischenmenschlichen Psychologie ein formidables Landgut als Belohnung zu. Weil Ottilie nicht nur im rechten Moment schweigt, sondern auch als formvollendete Schönheit und damit (nach Stendhal) als ein Versprechen von Glück imponiert, ist es nur eine Frage der Zeit, bis sich Eduard in sie verliebt. Hinzu kommt, dass sich Ottilie ihm und seinen Eigentümlichkeiten gegenüber ausgesprochen taktvoll einstellt: Eduards Schwierigkeiten beim Klavierspiel (er kann den Rhythmus nicht halten) kompensiert sie gekonnt, und in einem ihrer Briefe an ihn bemerkt er mit Erstaunen und Entzücken, dass sie ihre Handschrift völlig der seinigen angeglichen hat. Das Maß der Anpassung Ottiliens an Eduard reicht bis in ihr gemeinsames Schmerz-Erleben hinein: Eduard leidet manchmal an rechts betonten Cephalgien (Kopfschmerzen); Ottilie nimmt mit nur geringer zeitlicher Verzögerung bei sich ebenfalls Kopfschmerzen wahr – allerdings linksseitig betont.

Ottilie liebt nach dem jugendlichen Muster von Hingabe, Symbiose und Verschmelzung; der narzisstisch-anerkennungshungrige Eduard hingegen verwechselt begierig jedes Zeichen von Ottilies idealisierender Zuneigung zu ihm mit den Gunstbeweisen einer reifen Frau. Für Ottilie kommt die Liebesbeziehung mit einem Mann wie Eduard viel zu früh: Sie muss als Adoleszente in die Rolle einer Erwachsenen schlüpfen, was ihr aufgrund ihrer ernsten Lebensgesinnung vorerst gelingt. Ihre Liebe wird jedoch von vornherein überschattet durch die Tatsache, dass sie Anlass für das Scheitern einer Ehe wird – ein Faktum, das bei Ottilie den Beginn eines grundlegenden Schuldgefühls markiert. Dieses verstärkt sich massiv, nachdem sie wesentlich mit verantwortlich für den Tod des Kindes Otto wird. So reift und altert Ottilie innerhalb von wenigen Monaten um Jahre, ohne dass ihr das Leben ausreichend Zeit zu einem adäquaten Wachstum zugestanden hätte.

Wie sehr sie das oberflächlich-sorglose, tändelnde, unverbindliche und selbstvergessene Dasein einer adoleszenten jungen Frau ungelebt an sich vorüberziehen ließ, machte Goethe an Luciane, einer Parallelfigur zu Ottilie deutlich. Luciane ist die leibliche Tochter aus Charlottes erster Ehe. Sie ist ähnlich alt wie Ottilie und wurde mit ihr zusammen im selben Mädchenpensionat erzogen. Ganz im Gegensatz zu Ottilie ist Luciane ein Ausbund an fröhlich-kecker Ausgelassenheit; über sie heißt es im Roman: „So peitschte Luciane den Lebensrausch im geselligen Strudel immer vor sich her."[16] Von einem derartigen Daseinsvollzug trennen Ottilie Welten. So wie Eduard und Charlotte nicht zur rechten Zeit ihre Liebe realisieren konnten, so versucht Ottilie – mächtig stimuliert vom kindlich-verwöhnten Eduard – zur Unzeit wie eine Erwachsene zu lieben. Was sich für die einen zu spät ereignete (ihre Eheschließung), erweist sich für die anderen als viel zu früh (eine angestrebte Verbindung).

---

15 Goethe: Die Wahlverwandtschaften, in: HA Band 6, München 1981, S. 281
16 Goethe: Die Wahlverwandtschaften, in: HA Band 6, München 1981, S. 385

Wie sehr alle vier Protagonisten durch ihre erotisch-libidinösen Verwicklungen aus den üblichen und alltäglichen Zeitabläufen gefallen sind, illustrierte Goethe noch an einer weiteren kleinen Begebenheit: Der Hauptmann, normalerweise ein Inbegriff von Exaktheit, Ordnung und Regelmäßigkeit, vergisst aufgrund seines emotionalen Engagements bei Charlotte einmal prompt, seine Taschenuhr – also sein Chronometer – aufzuziehen. Im Sinne Sigmund Freuds und der Psychoanalyse kann man dieses Vergessen als klassische Fehlleistung bezeichnen. Manche Vertreter der griechischen Antike hätten hingegen wohl davon gesprochen, dass nicht mehr Chronos, sondern Kairos die Macht über den Hauptmann innehatte – über einen Mann, den Goethe ansonsten als einen Meister der Planung und Logistik charakterisierte; als einen Menschen, der Pläne erstellt, um sie umzusetzen und zu vollenden – ansonsten käme er nicht auf die Idee, einen Plan zu machen. Redlich, aufrichtig, verlässlich wie er war, muss es für ihn zutiefst verstörend gewirkt haben, seine Taschenuhr nicht bedient zu haben.

12) Doch wer ergreift hier wen? Sind es die Gottheiten Chronos oder Kairos, die um Einfluss auf den Menschen ringen? Ist es das individuelle Unbewusste, das sich koboldartig in die angeblich bewussten Willensakte und Handlungen von Personen einschleicht und sein überraschendes Unwesen treibt? Reklamiert hier das Dämonische sein Recht, oder wirkt hier der bloße und blinde Zufall, den die Menschen als Prinzip nicht gerne anerkennen, und den sie deshalb umso lieber zum Schicksal, Fatum oder zur Vorsehung umdeuten? Goethe stellte sich in den *Wahlverwandtschaften* verschiedentlich diesen Fragen, und seine Antworten darauf fielen durchaus schillernd aus. So lässt er selbst die überwiegend von ihrem Bewusstsein und ihren willentlichen Vorsätzen dominierte Charlotte, die sich den dunkleren Aspekten ihrer Existenz gegenüber skeptisch und distanziert verhält, im Laufe der Ereignisse räsonieren:

> Indem uns das Leben fortzieht, … glauben wir aus uns selbst zu handeln, unsre Tätigkeit, unsre Vergnügungen zu wählen, aber freilich, wenn wir es genau ansehen, so sind es nur die Pläne, die Neigungen der Zeit, die wir mit auszuführen genötigt sind.[17]

Goethe brachte hier also weitere Stell- und Determinationsgrößen eines individuellen Daseins ins Spiel: die Sozietät, der Zeitgeist, die Tradition und Geschichte sowie die epochalen Verhältnisse. Charlotte vermutet zu Recht, dass der Einzelne nur begrenzt die Akzente und Richtungen seiner Existenz autonom wählen kann. Stets findet diese Wahl vor einem Hintergrund kollektiver Muster, Meinungen und Klischees statt, die das Individuum prägen und nicht selten auch beherrschen.

Eine introvertiertere Antwort auf die Fragen nach dem *agens movens* der menschlichen Existenz gibt Ottilie. Nachdem sie sich als zunehmend schuldhaft verstrickt in die verworrenen Verhältnisse zwischen Charlotte, Eduard, dem Hauptmann und sich selbst erlebt, und nachdem ihr keine Möglichkeit einer glückhaften Lösung dieser Wirrnisse und – wie sie es nennt – Verbrechen als gegeben erscheint, kommt sie zu dem resignativen Urteil:

> Ich bin aus meiner Bahn geschritten, und ich soll nicht wieder hinein. Ein feindseliger Dämon, der Macht über mich gewonnen, scheint mich von außen zu hindern, hätte ich mich auch mit mir selbst wieder zur Einigkeit gefunden.[18]

---

17   Goethe: Die Wahlverwandtschaften, in: HA Band 6, München 1981, S. 417
18   Goethe: Die Wahlverwandtschaften, in: HA Band 6, München 1981, S. 476 f.

Kapitel 7 · Die Wahlverwandtschaften

Nicht nur sich selbst, sondern auch die anderen Personen der Geschichte sieht Ottilie von einer dämonischen Kraft beherrscht, die dazu beiträgt, dass die Einzelnen sogar gegen ihren erklärten eigenen Willen zu Taten veranlasst werden, die ins Tragische münden (womit noch nicht geklärt ist, ob das Dämonische als eine von außen wirkende oder im Inneren der Person aufsteigende Energie gedacht werden soll). Und obwohl die heillosen Folgen ihrer Handlungen teilweise vorauszusehen waren, fühlten sich die darin involvierten Personen nicht imstande, auf sie zu verzichten oder ihnen effektiv Paroli zu bieten.

Halb sind es dabei jeweils unselige Zufälle, halb die unbewussten Sehnsüchte und Missgeschicke der Einzelnen, die sich zu einem nicht aufzulösenden Knäuel von Ursachen und Wirkungen zusammenfinden, und die sich in ihrer Destruktivität gegenseitig potenzieren. Man kann verstehen, dass sich die Agierenden (oder besser: die Reagierenden) im Roman wie die Figuren einer griechisch-antiken Tragödie erleben: einem Schicksal ausgesetzt, dem zuwiderzuhandeln sinnlos ist, dem sie sich trotz alles Aufbegehrens fügen müssen, und das seinen fatalen Plan so unerbittlich und konsequent weiterverfolgt, bis auch der Letzte vor ihm kapituliert:

> Es sind gewisse Dinge, die sich das Schicksal hartnäckig vornimmt. Vergebens, dass Vernunft und Tugend, Pflicht und alles Heilige sich ihm in den Weg stellen: Es soll etwas geschehen, was ihm recht ist, was uns nicht recht scheint; und so greift es zuletzt durch, wir mögen uns gebärden, wie wir wollen.[19]

13) Diese Sätze stammen von Charlotte, die sich eingestehen muss, dass sich ihre hehren Vorsätze und Ideale sowie ihre entschiedenen Willensbekundungen angesichts der Wirkmächtigkeit des Fatums als null und nichtig erwiesen haben. Noch viel entschiedener als Charlottes Leben imponiert hingegen dasjenige von Eduard als eine Aneinanderreihung von Handlungen und Ereignissen, die zwar von ihm ausgeführt oder induziert, im Grunde aber nicht von ihm als von einem tatsächlich freien Wesen gewählt und entschieden wurden. Goethe als Kommentator des gesamten Geschehens wie auch der einzelnen Charaktere fasste Eduards Gangart entsprechend in einem kurzen Satz zusammen: „Und so blieb er, wie er wollte, wie er musste."[20]

Wenige Jahre nach den *Wahlverwandtschaften* schuf der Dichter sein Poem *Urworte. Orphisch* (verfasst 1817, veröffentlicht 1820), in dem er auf das Schicksalhaft-Dämonische im Menschen zu sprechen kam. Die erste von insgesamt fünf Stanzen, überschrieben mit *Dämon*, wirkt wie eine fortgesetzte und erläuternde Beschreibung einiger Figuren aus den *Wahlverwandtschaften*:

> Wie an dem Tag, der dich der Welt verliehen, / Die Sonne stand zum Gruße der Planeten, / Bist alsobald und fort und fort gediehen / Nach dem Gesetz, wonach du angetreten. / So musst du sein, dir kannst du nicht entfliehen, / So sagten schon Sibyllen, so Propheten; / Und keine Zeit und keine Macht zerstückelt / Geprägte Form, die lebend sich entwickelt.[21]

So wie Eduard ergeht es vielen oder den meisten Menschen: Sie können zwar tun, was sie (unbewusst) wollen, aber sie können weder die Richtung ihres Wollens beeinflussen noch ihrem Wollen entsagen noch können sie diesem Manko entfliehen. Ihnen mangelt es sowohl

---

19 Goethe: Die Wahlverwandtschaften, in: HA Band 6, München 1981, S. 460
20 Goethe: Die Wahlverwandtschaften, in: HA Band 6, München 1981, S. 478
21 Goethe: Urworte. Orphisch (1817/1820), in: HA Band 1, München 1981, S. 359

an Gestaltungs- als auch an entschiedener Veto-Kraft, und daher sind sie zu einem dauernden und undifferenzierten Ja verurteilt: Sie bejahen und realisieren mehr oder minder bedingungslos ihre Impulse, Antriebe, Affekte und Leidenschaften ohne die Möglichkeit, diese „Wildwasser der Seele" (Friedrich Nietzsche) in andere Flussbette umzuleiten oder für sie Staudämme und Kraftwerke zu errichten, um wertvolle Energie für weitere Aufgaben (Sublimierung) zu gewinnen.

In den *Wahlverwandtschaften* werden am ehesten Charlotte und dem Hauptmann die Fähigkeiten zugeschrieben, ihre emotionale Situation (heftige gegenseitige Liebesempfindungen) richtig einzuschätzen und trotzdem Zurückhaltung hinsichtlich der Umsetzung dieser Emotionen zu formulieren und zu verwirklichen. Ohne philiströs, kleinbürgerlich oder moralinhaltig zu argumentieren, gestehen sie sich ihre sinnlich-erotischen Neigungen sowie die Macht der Natur in ihnen vollumfänglich ein.

Zugleich bringen sie beide die Disziplin und den Willen auf, ihre Vernunft über die Leidenschaften obsiegen zu lassen, wobei sie ahnen, dass sie lediglich die Bedingungen ihres Zusammenseins, nicht aber ihre Emotionen direkt steuern können. Nach einem Kuss und einer kurzen Umarmung meint Charlotte zum Hauptmann: „Nur insofern kann ich Ihnen, kann ich mir verzeihen, wenn wir den Mut haben, unsre Lage zu ändern, da es von uns nicht abhängt, unsre Gesinnung zu ändern."[22] Beeinflussen lässt sich für beide lediglich der situative Rahmen ihrer Beziehung – über die emotionalen Inhalte haben sie keine Verfügungsgewalt.

Die Verzichtsleistung auf gelebte Zärtlichkeit und Sexualität war für Charlotte und den Hauptmann eine mögliche Lösung – für Eduard und Ottilie war sie es nicht. Alle Beteiligten müssen im Laufe der Geschichte lernen, dass die Grade von Autonomie, Selbstbeherrschung, Pflichtgefühl, Vernunft sowie Gestaltungs- und Entsagungsspielräume individuell sehr verschieden ausgeprägt und willentlich kaum zu beeinflussen sind. Die oft gepriesene Freiheit des Menschen erweist sich bei genauem Zusehen als minimal; man muss als Person schon überdurchschnittliche Fähigkeiten der Selbsterkenntnis, Metamorphose und Selbsterziehung aufbringen, um beispielsweise in wahlverwandtschaftlichen Situationen (ähnlich wie den im Roman geschilderten) nicht zum Spielball von inneren und äußeren Dämonen zu werden.

Doch selbst hochentwickelte Persönlichkeiten können aus ihrer oft unbewussten Daseinsdynamik und dem Jahrzehnte eingeübten Lebensstil kaum aussteigen. Im Gegenteil: Viele Entscheidungen von Menschen vor allem auch bezüglich der Gestaltung ihrer Liebesbeziehungen unterliegen einem geheimen Wiederholungszwang (Sigmund Freud), den sie trotz angestrengter Reflexion und guter Vorsätze meist nicht durchschauen:

> Was einem jeden Menschen gewöhnlich begegnet, wiederholt sich mehr, als man glaubt, weil seine Natur hierzu die nächste Bestimmung gibt. Charakter, Individualität, Neigung, Richtung, Örtlichkeit, Umgebungen und Gewohnheiten bilden zusammen ein Ganzes, in welchem jeder Mensch wie in einem Elemente, in einer Atmosphäre schwimmt, worin es ihm allein bequem und behaglich ist. Und so finden wir die Menschen, über deren Veränderlichkeit so viel Klage geführt wird, nach vielen Jahren zu unserm Erstaunen unverändert und nach äußeren und inneren unendlichen Anregungen unveränderlich.[23]

14) Diejenige, die im Roman den zumindest äußerlich einschneidensten und radikalsten Veränderungsprozess erfährt, ist Ottilie. Erinnern wir uns: Anfänglich ist die junge Dame

---

22 Goethe: Die Wahlverwandtschaften, in: HA Band 6, München 1981, S. 326
23 Goethe: Die Wahlverwandtschaften, in: HA Band 6, München 1981, S. 478

ganz auf Hingabe und Einfügung in die sie umgebenden Situationen eingestellt. Still, zart, fast demütig, introvertiert und beinahe überirdisch schön, gelingt es Ottilie stets im Nu, sich an die verschiedenen Menschen um sie her anzupassen. Besonders eindrücklich kann man ihr geschmeidiges Wesen im Umgang mit Eduard studieren. Nicht nur, dass sie es versteht, ihr eigenes Musizieren seinen eigenwilligen Taktvorgaben anzupassen und ihre Handschrift in die seinige übergehen zu lassen. Sogar im Hinblick auf ihre körperlichen Symptome geben die beiden ein perfekt harmonierendes Duett ab, wie Eduard schon zu Beginn des Romans über seine Nichte Ottilie anmerkt:

> Es ist doch zuvorkommend von der Nichte, ein wenig Kopfweh auf der linken Seite zu haben; ich habe es manchmal auf der rechten. Trifft es zusammen und wir sitzen gegeneinander, ... muss das ein Paar artige Gegenbilder geben.[24]

Diese den Menschen zugewandte, schwebende, knospende, verheißungsvolle junge Frau entwickelt sich im Laufe der Geschichte in ein holdes, ätherisches sowie geschlechts-, leib- und zuletzt auch lebloses Wesen, das sich mit eisernem Willen selbst abschafft und zu Tode hungert. Aus dem scheinbar bedingungslosen Ja (Hingabe) wird ein unbeugsames und schließlich zutiefst destruktives Nein (Verweigerung und Trotz).

Die Ursachen für diese Wandlung, die nur oberflächlich betrachtet eine Wandlung bedeutet – recht eigentlich handelt es sich bei dieser Form von Ja und Nein um die beiden Seiten ein und derselben Medaille, die man als Radikalität bezeichnen –, die Ursachen also verlegte Goethe wie bei den anderen Figuren seines Romans in die Vorgeschichte und den Charakter Ottilies. Auch sie gehorcht *nolens volens* ihrem Seins- und Werde-Gesetz, dem sie nicht entfliehen kann. So erfahren wir von einem Medaillon, das Ottilie stets an ihrer Brust trägt und ein Bildnis ihres früh verstorbenen Vaters zeigt. Ihn – so dürfen wir mutmaßen – idealisierte sie grenzenlos, wobei nun ein Gutteil dieser Idealisierung auf Eduard übertragen wird. Goethe drückte dies symbolhaft aus, indem er Ottilie das Medaillon an Eduard übergeben lässt. „Ihm war", so heißt es im Roman daraufhin, „als wenn ihm ein Stein vom Herzen gefallen wäre, als wenn sich eine Scheidewand zwischen ihm und Ottilie niedergelegt hätte."[25]

Die nun folgende Geschichte der Annäherung, Verliebtheit, Liebe zwischen Eduard und Ottilie darf von Seiten der jungen Frau als Versuch gelesen werden, das Ideal des Vaters im realen Baron wiederzufinden – ein Versuch, der bereits unter normalen Bedingungen mit Enttäuschungen assoziiert wäre, unter den romanhaft gegebenen Verhältnissen jedoch im Desaster enden muss. Ottilie wurde von Goethe als Mädchen-Frau konzipiert, die sich ausgesprochen stark in ein Reich des Idealen imaginiert und die Realität lediglich mit Vorsicht und Zurückhaltung zur Kenntnis nimmt. Sie hütet sich peinlichst vor einem Übermaß an Wirklichkeitskontakt – so etwa, indem sie mit der Nahrungsaufnahme bereits als Kind und Jugendliche nur mäßig verfährt oder sich bei Gesprächen eher als die Zuhörende denn die aktiv Plaudernde einstellt.

Die Liebesbeziehung mit Eduard mitsamt den damit verbundenen dramatischen Verwicklungen bedeutet für das Lebenskonzept Ottilies eine enorme Überforderung. Sie, die im Ätherischen, Reinen und Idealen ihre Zelte aufgeschlagen hat, erfährt bei allen Schritten, die sie in der Wirklichkeit von Eduards Welt wagt, einen Zuwachs an Kummer, Leid und Missgeschick, für die sie mitverantwortlich zeichnet. Wer immer sich ins pralle Leben

---

24 Goethe: Die Wahlverwandtschaften, in: HA Band 6, München 1981, S. 280 f.
25 Goethe: Die Wahlverwandtschaften, in: HA Band 6, München 1981, S. 293

stürzt, begibt sich in die Niederungen von Fehler, Schuld und Versagen und verliert den Nimbus des Heiligen.

Spätestens nach dem Tod des Kindes Otto, den Ottilie ungewollt (oder als tragisch-unbewusste Fehlleistung doch „gewollt") induziert hat, beschließt sie, radikal den Weg zurück in die Idealität anzutreten und die krude und schmutzige Wirklichkeit hinter sich zu lassen. So wie manche an Anorexie erkrankte junge Frauen, die an der Realität genippt und deren Geschmack für zu herbe, unrein und erschreckend empfunden haben, versucht Ottilie über Nahrungs- und Sprachverweigerung, den Status der Unschuld wieder zu erlangen. Die fundamental verneinende Kraft für ihre Entsagung und Verweigerung bezieht sie aus ihrer überspitzten Idealität sowie aus einer seelischen Dynamik, die Goethe in die treffenden Worte fasste: „Dass man sich selbst peinigt, wenn man einmal auf dem Wege ist, gepeinigt zu werden."[26]

15) Ein weiterer Gedanke sei erwähnt, der in den *Wahlverwandtschaften* eine Rolle spielt. Goethe demonstriert in seinem Roman einerseits Ideale wie Entsagung, Sublimierung und Vernunft – besonders verkörpert von Charlotte und dem Hauptmann. Andererseits schildert er die Ideale von Genuss, Aufgehen im Jetzt und Hingabe an den Augenblick: Hier ist Rhodos, hier und jetzt wird getanzt! Man kann diesen letzteren Idealen die Qualität der Unbedingtheit attestieren, die jedoch beim großen Ausmaß an Bedingtheiten des menschlichen Lebens von Goethe mit einem gewissen Verständnis versehen werden, selbst wenn sie (die Ideale der Unbedingtheit, verkörpert von Eduard und Ottilie) im Text zu Tragik und Unglück führen.

Berücksichtigt man die Abläufe des Romans und Goethes direkte wie indirekte Kommentare dazu, lässt sich feststellen, dass Ideale nicht *per se* gut oder schlecht, produktiv oder destruktiv sind. Je nach Situation und Person wirken ein und dieselben Ideale entweder produktiv, erotisch, leitend und aufbauend oder aber destruktiv, hemmend, zerstörerisch und thanatisch. Ein Ideal am falschen Objekt und in der falschen Situation realisiert, induziert eventuell eindeutig Destruktives, und dasselbe Ideal in einer richtigen Situation und mit der passenden Person realisiert, wird zum Hebel für ein schönes und glückliches Leben. Insbesondere, wenn ein oder mehrere Ideale als absolut gesetzt und dementsprechend fundamentalistisch umgesetzt werden, besteht die Gefahr, dass mit ihrer Verwirklichung – so sehr mit ihnen auch etwas Wertvolles intendiert gewesen sein mag – etwas Sinnwidriges und Inhumanes entsteht. Das erschütterndste Beispiel im Roman gibt hierfür Ottilie ab, die ihre Ideale der Reinheit und Askese systematisch auf die Spitze treibt und zuletzt an ihnen stirbt.

Wie sehr man Idealen gegenüber bei allen ihren unzweifelhaft produktiv intendierten Effekten kritisch bleiben sollte, hat unter anderem Friedrich Nietzsche betont. Von ihm stammt der Gedanke, dass man vom Ideal auf denjenigen schließen darf, der es (das Ideal) nötig hat. Damit wird auf die hinter der oftmals als hehr und heilig imponierenden Welt der Ideale verborgenen Fragen, Probleme, Defizite und menschlichen Nöte abgehoben, für deren Lösung es meist bedeutend günstiger wäre, statt großartiger Ideale schlichte Offenheit, Solidarität und Mitmenschlichkeit walten zu lassen. Goethe hatte derlei im Sinn, als er im Gespräch mit Eckermann über die *Wahlverwandtschaften* meinte, dass darin kein Strich enthalten sei, „der nicht erlebt, aber auch kein Strich so, *wie* er erlebt worden"[27] sei.

---

26 Goethe: Die Wahlverwandtschaften, in: HA Band 6, München 1981, S. 433
27 Eckermann, J.P.: Gespräch mit Goethe (17. Februar 1830), in: Gespräche mit Goethe, Berlin 1956, S. 528

16) Das Experiment der *Wahlverwandtschaften* endet mit drei Toten (das Kind Otto, Eduard, Ottilie), zwei Entsagenden (Charlotte, der Hauptmann) und einer angeblichen „Himmelfahrt der bösen Lust". Mit dieser kritisch gemeinten Formulierung hat der tief religiöse Philosoph und Schriftsteller Friedrich Heinrich Jacobi (1743–1819) auf die *Wahlverwandtschaften* kurz nach deren Erscheinen in einem Brief an den befreundeten Theologen und Philosophen Friedrich Köppen (1775–1858) reagiert:

» Dieses Goethe'sche Werk ist durch und durch materialistisch oder, wie Schelling sich ausdrückt, *rein physiologisch*. Was mich völlig empört, ist die scheinbare Verwandlung am Ende der Fleischlichkeit in Geistigkeit; man dürfte sagen: die Himmelfahrt der bösen Lust.[28]

Die Vorwürfe, die Jacobi den *Wahlverwandtschaften* gegenüber machte, bedeuten für uns Heutige überwiegend ihre Qualitäten. Nach Hans Mayer handelt es sich bei diesem Text um eine „erste … Form des bürgerlichen Desillusionierungsromans"[29] und damit um eine Innovation, der im 19. Jahrhundert die berühmten Erzählwerke von Stendhal (*Rot und Schwarz*, 1830), Flaubert (*Madame Bovary*, 1857), Tolstoi (*Anna Karenina*, 1877/78) und Fontane (*Effi Briest*, 1896) folgten. Zeitgleich mit diesen Epikern beschäftigten sich etwa Arthur Schopenhauer und Friedrich Nietzsche sowie die Philosophen aus der Gruppe der Linkshegelianer (Feuerbach, Stirner, Marx, Engels) mit dem Projekt der Desillusionierung.

Anfang des 20. Jahrhunderts übernehmen die Tiefenpsychologen und Soziologen eine desillusionierende Funktion. Ähnlich wie ihre literarisch-künstlerischen und philosophischen Vorläufer entdeckten und erforschten sie hinter den blendenden Fassaden der wohlanständigen Bürgerlichkeit oder des religiös motivierten Altruismus die unbewussten, delikat-prekären Aspekte von Affekten, Leidenschaften und Begierden. Bei Sigmund Freud lesen wir ganz im Duktus der *Wahlverwandtschaften*, dass der Mensch nicht mehr Herr im eigenen Hause sei.

So kann man Goethes „besten Roman" als einen Text verstehen, in dem sein Verfasser einen großen Teil jener anthropologischen Fragen und Probleme angeschnitten hat, die uns zwei Jahrhunderte nach seinem Erscheinen immer noch bewegen, und die wir am ehesten als Polaritäten charakterisieren können. Menschliches Dasein ereignet sich zwischen den Antagonismen von Neigung und Pflicht, Leidenschaft und Rationalität, Affekten und Mäßigung, Zufall und schicksalhaften Zusammenhängen, Lebens- und Todesgefahr, zwangsmäßig ablaufenden Naturgesetzen und „heiterer Vernunftfreiheit" (wie Goethe dies benannte), ohne dass es einen stabilen Zustand von Ruhe und Spannungsfreiheit geben kann.

Für diese Themen unterbreitete Goethe keine Lösungen oder Vorschläge zur Güte. Es wäre ihm wahrscheinlich ein Leichtes gewesen, die *Wahlverwandtschaften* mit augenzwinkernden Humanitätsfloskeln enden und den Leser auf dem sicheren Ufer des *Happy end* landen zu lassen. Stattdessen mutete er sich und uns vielfältige und ungetrübte, nicht geschönte Spiegelungen der *Conditio humana* zu, ohne dabei weder Lust und Natur noch Vernunft und Kultur zu verteufeln oder sie auf heilige Himmelfahrten zu schicken.

---

28 Jacobi, F.H.: Brief an Friedrich Köppen vom 12. Januar 1810, zit. n. Hörisch, J.: „Die Himmelfahrt der bösen Lust" in Goethes „Wahlverwandtschaften" – Versuch über Ottiliens Anorexie, in: Bolz, N.W. (Hrsg.): Goethes Wahlverwandtschaften – Kritische Modelle und Diskursanalysen zum Mythos Literatur, Hildesheim 1981, S. 309

29 Mayer, H.: Goethe – Ein Versuch über den Erfolg (1973), in: Goethe, Frankfurt am Main 1999, S. 126

Literatur

1. Benjamin, W.: Goethes Wahlverwandtschaften (1925), in: Goethe im 20. Jahrhundert – Spiegelungen und Deutungen, hrsg. von Hans Mayer, Frankfurt am Main 1987
2. Bolz, N.W. (Hrsg.): Goethes Wahlverwandtschaften – Kritische Modelle und Diskursanalysen zum Mythos Literatur, Hildesheim 1981
3. Brandes, G.: Goethe (1922), Berlin o.J.
4. Conrady, K.O.: Goethe – Leben und Werk (1985), München – Zürich 1994
5. Goethe: Die Wahlverwandtschaften (1809), in: HA Band 6, München 1981
6. Ders.: Urworte. Orphisch (1817/1820), in: HA Band 1, München 1981
7. Ders.: Briefe, HA Band 3, München 1988
8. Mann, Th.: Zu Goethes Wahlverwandtschaften (1925), in: Goethes Laufbahn als Schriftsteller, Frankfurt am Main 1982
9. Mayer, H.: Goethe, Frankfurt am Main 1999
10. Michelsen, P.: Wie frei ist der Mensch? Über Notwendigkeit und Freiheit in Goethes *Wahlverwandtschaften*, in: Goethe-Jahrbuch 113 (1996), Weimar 1997
11. Solger, K.: Nachgelassene Schriften und Briefe (1819), Heidelberg 1973
12. Staiger, E.: Goethe, Band 2 (1956), Zürich

Faust I und II

Literatur – 135

In Knittlingen (im heutigen Baden-Württemberg gelegen) soll er um 1480 geboren sein, jener Wunderheiler, Alchemist und Magier Johann Georg Faust, der Jahrzehnte lang ob seiner sagenhaften Qualitäten für Aufsehen sorgte und 1540 in Staufen im Breisgau gestorben ist. Als Astrologe, Chiromant und Wahrsager machte er ebenso von sich reden wie als Zauberer und Goldmacher – wobei ihn die Versuche, edles Metall aus unedlen Materialien zu gewinnen, angeblich sein Leben gekostet haben. Im Staufener *Hotel zum Löwen* soll Faust bei Explosionen umgekommen sein, die er mit seinen Experimenten auslöste, und die ihn als Leiche in einem so missgestalteten Zustand zurückließen, dass die Zeitgenossen überzeugt waren, hier müsse der Teufel selbst seine Hand mit im Spiel gehabt haben.

Ähnlich wie bei dem fast zeitgleich lebenden Arzt, Philosophen und Mystiker Paracelsus (1493–1541) mischten sich schon bald nach dem Tod von Johann Georg Faust fantastisch anmutende Sagengeschichten in die Berichte über dessen Dasein. Als der Buchdrucker Johann Spies 1587 eine *Historia von Doktor Johann Fausten* publizierte, war der historische Faust unter einem Wust von grandiosen Zuschreibungen, ketzerischen Aussagen und Ansichten sowie satanischen Kungeleien begraben und nur noch schemenhaft zu erkennen.

Seit der Renaissance also wird eine historisch-literarische Gestalt namens Doktor Faust tradiert, der inzwischen bei weitem mehr Sagenhaft-Mythologisches denn real Erlebtes anhaftet, und die beinahe in die Rolle und Funktion eines Archetypus eingerückt ist. Viele Dichter und Künstler fühlten sich in dem halben Jahrtausend seit Fausts tatsächlicher Existenz bemüßigt, sein Leben nachzuerzählen und entsprechend ihrer eigenen Akzentsetzungen auszuschmücken und umzudichten.

So berichtet Johann Spies in seiner *Historia* vom Theologie- und Medizinstudium Fausts, von Zauberei und einem Teufelspakt, den der maßlose Doktor zum Schluss mit seiner Höllenfahrt bezahlen musste. In Christopher Marlowes *Die tragische Historie vom Doktor Faustus* (1589) überwiegt – anders als bei Johann Spies – die Sympathie des Autors mit dem wissensdurstigen und erlebnishungrigen Faust, der mit Mephisto einen Kontrakt schließt, um die ihm gesteckten Grenzen von Erkenntnis, Macht und irdischem Lebensglück Mal um Mal zu überschreiten.

1759 veröffentlichte Gotthold Ephraim Lessing einige Szenen eines von ihm geplanten Faust-Dramas, bei dem die Hauptperson mit durchaus nachvollziehbaren Impulsen nach einer wissenschaftlich-philosophischen Durchdringung der Welt gezeichnet wurde. Jakob Michael Reinhold Lenz entwarf eine lyrische Figur des Faust, der es sichtlich an Liebesfähigkeit mangelt, wohingegen Maximilian Klinger in dem 1791 publizierten Roman *Fausts Leben, Taten und Höllenfahrt* seinen Helden als halb aufgeklärte und halb irrationale Figur konzipierte.

Das 19. Jahrhundert erlebte viele Faust-Dichtungen: Neben Goethe (*Faust I*, 1808; *Faust II*, 1832) waren es Adalbert von Chamisso (*Faust. Ein Versuch*, 1803), Alexander Puschkin (*Szene aus dem Faust*, 1826), Christian Dietrich Grabbe (*Don Juan und Faust*, 1828), Nikolaus Lenau (*Faust. Ein Gedicht*, 1836), Jens Baggesen (*Der vollendete Faust*, 1836) und Henrik Ibsen (*Peer Gynt*, 1867). Diese Autoren versetzten ihre Faust-Figuren in Langeweile (Puschkin) oder satirisch kommentierte Erkenntnis-Bemühungen (Baggesen) oder transformierten den Faust-Mythos in die nordische Märchen- und Sagenwelt (Ibsen). Außerdem gelang Charles Gounod eine exquisite Opern-Fassung von *Faust* (1859).

Auch im 20. Jahrhundert nahmen sich Dichter des Faust-Stoffes an: Diese reichen von Heinrich Manns *Professor Unrat* (1905) über Michael Bulgakows *Der Meister und Margarita* (1940) und Paul Valérys *Mon Faust* (1946) bis zu Thomas Manns *Doktor Faustus* (1947). Im letztgenannten Roman gerät (als Kommentar Manns zu den Zeitläuften) die Hauptfigur Adrian Leverkühn, ein Tonsetzer, zur Metapher einer individuellen wie kollektiven Hybris, die im Desaster endet. Hanns Eisler verfasste 1952 ein Opernlibretto *Johann Faustus*, in dem er mit Bezug auf den historischen Doktor Faust das Schicksal der Unterdrückten in den Bauernkriegen zu Beginn des 16. Jahrhunderts schilderte.

Man sieht: Die Geschichte sowohl des Johann Georg Faust als auch die vielen verschiedenen literarischen und künstlerischen Bearbeitungen des Faust-Stoffes ist illuster, wobei sich ein Teil der unterschiedlichen Motive auch in Goethes Faust-Dramen findet. Der Germanist Gerhard Schulz (geb. 1928) hatte Recht, als er schrieb, *Faust* sei „ein Werk, das viele Interpretationen ermöglicht, von denen nur diejenige unbedingt falsch ist, die sich als die einzige versteht".[1]

Faust I. Diesen Fehler wollen wir unbedingt vermeiden, und deshalb finden sich auf den folgenden Seiten zwar diverse Einordnungs-Versuche, aber keine endgültigen Wahrheiten über Goethes Faust-Dramen. Einen interpretatorischen Schwerpunkt bilden tiefenpsychologische und anthropologische Gesichtspunkte.

Die Handlung von *Faust I* ist einerseits rasch erzählt – und auf der anderen Seite überaus komplex und vielschichtig, weil von Dutzenden von Themen und Motiven durchzogen. Um es kurz zu machen: Der belesene, vielstudierte Heinrich Faust, ein angesehener Forscher und Gelehrter, ist mit seinem bisherigen Leben unzufrieden. Weder hat er wissenschaftlich herausragende Erkenntnisse zuwege gebracht, noch kann er sein Dasein wirklich genießen. Seine Unzufriedenheit nimmt solch große Ausmaße an, dass er ernsthaft erwägt, sich das Leben zu nehmen.

Vor diesem Hintergrund wird verständlich, warum Faust sich auf ein Angebot von Mephisto einlässt: Falls es diesem gelingen sollte, ihn, Faust, so für das Leben zu begeistern, dass er zum Augenblicke sagt, „verweile doch, du bist so schön!", würde Mephisto nach seinem (Fausts) Tod in den Besitz seiner Seele gelangen. Diesen Teufelspakt versucht Mephisto mit allen ihm zur Verfügung stehenden Möglichkeiten umzusetzen. Er zeigt dem verjüngten Gelehrten die grandiosen Seiten der Welt – begonnen in Auerbachs Keller in Leipzig, wo er mit Studenten einen feucht-fröhlichen Abend mit teuflischem Ende erlebt, über die Walpurgisnacht auf dem Blocksberg (Brocken) im Harz, wo ihm die ganze Palette der Sinnlichkeit in Form obszön-lasziver Hexen begegnet, bis hin zu seiner Begegnung mit Gretchen, in die Faust jählings verliebt ist („Beim Himmel, dieses Kind ist schön! / So etwas hab' ich nie gesehen." Vers 2609-10), und die sich ihm mit Hilfe Mephistos bald hingibt.

Aus dieser Liaison erwächst jedoch nichts Gutes und erst recht keine umfängliche und dauerhafte Befriedigung für den Gelehrten. Im Gegenteil: Faust wird schuldig zuerst am Tod von Gretchens Mutter und Bruder, sodann aber auch (zumindest indirekt) an der Tatsache, dass aus Gretchen eine Kindsmörderin wird (Faust hatte sie geschwängert, und die junge Mutter tötete ihren Nachwuchs aus Hilflosigkeit und Verzweiflung). Zuletzt muss Faust („Oh wär' ich nie geboren!") erleben, dass Margarete hingerichtet wird – wobei eine Stimme von oben korrigierend kommentiert: „Ist gerettet!"

So weit und kurz zusammengefasst der Plot dieses Dramas, das auch als *Der Tragödie erster Teil* tituliert wird. Als tragisch lässt sich das Schicksal Gretchens bezeichnen, aber ebenso enden Fausts Intentionen und Handlungen in der Regel tragisch – wobei Mephisto seinen Teil dazu beiträgt. So beabsichtigt Faust, Gretchens Mutter einen Schlaftrunk zu verabreichen, damit er nachts ungestört zu seiner Geliebten kommen kann; doch der Trunk

---

1 Schulz, G.: Die deutsche Literatur zwischen Französischer Revolution und Restauration, Teil 2, München 1989, S. 672

wirkt tödlich, weil Mephisto Gift zum Tranke gab. Und als Faust mit Valentin, dem Bruder Gretchens, ein Duell ausficht, das dieser suchte, um die Ehre seiner Schwester wiederherzustellen, ringt er nicht nur mit dem Gelehrten, sondern auch mit dessen unsichtbarem Gehilfen Mephisto; schlussendlich ist der Bruder tot.

In diese Geschichte des Doktor Faust hat Goethe derart viele menschheitliche Motive und Problemfelder hineingeflochten, dass seit der Veröffentlichung von *Faust I* (1808) der Text beinahe als Lehrbuch für diverse Disziplinen – begonnen bei der Theologie über Anthropologie, Psychologie und Soziologie bis hin zur Mentalitäts- und Ideen-Historiographie – gelesen werden kann. Nicht wenige Verse des Dramas werden in den verschiedensten Zusammenhängen wie Lehrsätze oder Sprichwörter zitiert, wenngleich *Faust I* bei alledem vor allem auch ein Kunstwerk ist.

Ein Kunstwerk freilich, das nicht wie aus einem Guss gefertigt wirkt, sondern dem man die Etappen seines (nimmt man *Faust II* noch hinzu) beinahe sechs Jahrzehnte währenden Entstehungsprozesses anmerkt. Schiller gegenüber verglich Goethe den Charakter seines Menschheits-Dramas daher mit einem organischen Geflecht, das er „zu männiglicher Verwunderung und Entsetzen, wie eine große Schwammfamilie, aus der Erde wachsen"[2] spüre, ohne dass den jeweiligen Betrachtern, die lediglich die Oberfläche der Pilzkolonie zu Gesicht bekommen, deren unterirdische Zusammenhänge so ohne weiteres nachvollziehbar und verständlich seien. In einem ersten Entwurf zum *Faust*-Epilog verwies Goethe bereits auf das Fragmentarische und Disparate, das diesem Drama zukomme, als zentrales Wesensmerkmal nicht nur des Stückes, sondern des Menschen schlechthin: „Des Menschen Leben ist ein episches Gedicht: / Es hat wohl Anfang, hat ein Ende, / Allein ein Ganzes ist es nicht."[3]

Schon im *Vorspiel auf dem Theater* werden die Dimensionen deutlich, innerhalb derer sich die Figur des Doktor Faust und damit das gesamte Drama bewegen wird und soll. Ein Theater-Direktor, ein Dichter sowie eine lustige Person unterhalten sich über Sinn und Zweck von Theateraufführungen, Kunst, Dichtung, wobei vor allem der Direktor die Weite und den immensen Umfang und Gehalt im Visier hat, die sich auf Theaterbühnen ereignen können und dürfen: „So schreitet in dem engen Bretterhaus / Den ganzen Kreis der Schöpfung aus / Und wandelt mit bedächt'ger Schnelle / Vom Himmel durch die Welt zur Hölle."[4]

Vom Himmel durch die Welt zur Hölle und retour! – so kann man in der Tat den Horizont umreißen, vor dem sich Fausts Dramenschicksal ereignet. Könnte man den ersten Teil der *Faust*-Dichtung mit inhaltlichen Argumenten noch als Gelehrten- und Gretchen-Tragödie charakterisieren, weitet sich *Faust II* sowohl thematisch als auch zeitlich zum kosmischen und epochalen Geschehen, das Jahrtausende der Menschheits- und Kulturgeschichte umgreift.

Doch auch in *Faust I* wird mehr als nur die unglückliche Liebesbeziehung zwischen einem maßlos wirkenden, frustrierten, älteren Gelehrten und seiner jugendlichen Geliebten verhandelt. Im *Prolog im Himmel*, einem zweiten Vorspiel der Tragödie, treten keine Geringeren als Gott (der Herr), drei Erzengel sowie der Teufel (Mephistopheles) auf den Plan. Während die Erzengel nicht müde werden, die Großartigkeit der göttlichen Schöpfung zu besingen, übernimmt Mephisto die Rolle des nüchtern-realistischen Skeptikers und schildert Gott, dem Herrn, das Los und die Existenzverhältnisse der Menschen auf Erden:

---

2   Goethe: Brief an Schiller vom 01.07. 1797, in: Briefe, HA Band 2, München 1988, S. 282
3   Goethe, zit. n. Zabka, Th.: Faust II – Das Klassische und das Romantische: Goethes Eingriff in die neueste Literatur, Tübingen 1993, S. 43
4   Goethe: Faust I (1808), Vers 239-242

> Der kleine Gott der Welt bleibt stets vom gleichen Schlag, / Und ist so wunderlich als wie am ersten Tag. / Ein wenig besser würd' er leben, / Hättest du ihm nicht den Schein des Himmelslichts gegeben; / Er nennt's Vernunft und braucht's allein, / Nur tierischer als jedes Tier zu sein.[5]

Aus dieser anthropologischen Beschreibung hört man unschwer einen merklichen Schuss Vernunftkritik und damit auch eine Infragestellung des höchsten Wertes des 18. Jahrhunderts heraus. Im *Siècle des Lumières* galt es als ausgemachte Sache, dass die Vernunft als schönste Blüte des menschlichen Geistes der Gattung *Homo* Glück, Erfolg und Zufriedenheit bescheren wird, wenn sie (die Vernunft) denn endlich Dominanz erringen und ihren Siegeslauf antreten kann. Wie sehr aber Vernunft und Irrationalität, Gut und Böse, Göttliches und Dämonisches, Heil und Unheil, Gesundes und Krankes, Irrtum und Wahrheit miteinander verwoben und dialektisch aufeinander angewiesen sind, wird in den wenigen Strophen des *Prologs im Himmel* überdeutlich. So ist es womöglich nicht nur ein ideengeschichtlicher Zufall, dass Goethe ein Jahr nach Hegels *Phänomenologie des Geistes* (1807) im Vorspiel von *Faust* die Begriffe von Herr (für Gott) und Knecht (für Faust) gebraucht – wobei sich im Stück Herr-Knecht-Beziehungen auch zwischen Faust und Mephisto, Faust und seinem Famulus Wagner sowie zwischen Faust und Gretchen abzuzeichnen beginnen, ohne dass die jeweilige Rollenzuteilung immer klar zu erkennen wäre.

Trotz dieser begrifflichen und motivischen Übereinstimmung sollte (wie Gerhard Schulz in *Die deutsche Literatur zwischen Französischer Revolution und Restauration* richtig vermerkt) weder Goethe als Illustration von Hegels Philosophie noch das philosophische Denken des Letzteren als Interpretation des Ersteren missverstanden werden. Beide gehörten demselben Kulturkreis und derselben Zeitgeist-Situation an und bildeten – wie Goethe es oben für *Faust* ausgedrückt hat – zusammen mit anderen Künstlern und Literaten eine Art kultureller Schwamm-Familie, deren Mitglieder sich parallel an den Themen ihrer Zeit abarbeiteten, ohne direkt aufeinander Bezug nehmen zu müssen.

Im *Prolog im Himmel* jedenfalls wird bereits offensichtlich, dass die Funktion Mephistos in Relation zu Gott wie auch zu Faust eine doppelte sein wird. Mit Gott (dem Herrn) geht er eine Wette ein, dass er Faust (dessen Knecht) ins Verderben, Chaos und ins große Nichts führen wird, wenn er denn lange genug Einfluss auf ihn ausüben darf („Staub soll er fressen, und mit Lust, / Wie meine Muhme, die berühmte Schlange."). Der Allmächtige lässt sich auf diese Wette ein, wobei seine Beschreibung von Faust („Es irrt der Mensch, solang' er strebt … Ein guter Mensch in seinem dunklen Drange / Ist sich des rechten Weges wohl bewusst.") das Risiko des Wettverlustes als gering erscheinen lässt; dem Verlauf dieses Spiels kann Gott, der Herr, entspannt entgegensehen.

Nicht so Mephisto, der sich als Knecht von Faust verdingt, um sich letztlich als dessen Herr seiner Seele bemächtigen zu dürfen. Er spürt die Nöte, Grenzen und Verzweiflung des vielstudierten Mannes, der trotz aller Gelehrtheit sein relatives Nicht-Wissen und Nicht-Können konstatieren muss, und der sich – da er ein mittleres Maß und Menschentum bei sich nur schwer akzeptieren kann – nicht als Gottheit, sondern als allzu simple Kreatur definiert: „Den Göttern gleich' ich nicht! Zu tief ist es gefühlt; / Dem Wurme gleich' ich, der den Staub durchwühlt."[6]

---

5 Goethe: Faust I (1808), Vers 281-286
6 Goethe: Faust I (1808), Vers 652-653

Faust, der sich mit Teilwahrheiten und partiellen Erkenntnissen nie und nimmer zufrieden gibt und stattdessen wissen will, „was die Welt / Im Innersten zusammenhält" (Vers 382–383), wird von Mephisto und dessen Angeboten auch deshalb so sehr angezogen, weil ihm dieser die Totalität von Ja und Nein, von Spruch und Widerspruch, These und Antithese, Gut und Böse zu versprechen scheint. Es wirkt beinahe, als ob eine Gottheit (und nicht der Teufel in Form eines Pudels) in die Studierstube Fausts gekommen ist und auf seine Frage „wer bist du denn?" mephistophelisch antwortet:

> Ein Teil von jener Kraft, / Die stets das Böse will und stets das Gute schafft … / Ich bin der Geist, der stets verneint! / Und das mit Recht; denn alles, was entsteht, / Ist wert, dass es zugrunde geht … / Ich bin ein Teil des Teils, der anfangs alles war, / Ein Teil der Finsternis, die sich das Licht gebar, / Das stolze Licht, das nun der Mutter Nacht / Den alten Rang, den Raum ihr streitig macht …[7]

Faust, der von sich selber sagt, er sei „zu alt, um nur zu spielen, / Zu jung, um ohne Wunsch zu sein",[8] ist von Mephistos Selbst-Charakterisierung angetan und geht auf dessen Handel ein, der ihm zum Preis seiner Seele nach dem Tode eben jene Momente der Begierde-freien Befriedigung und des bedingungslosen Glücks verspricht, nach denen sich der Gelehrte seit Jahrzehnten sehnt – und von denen er überzeugt ist, dass auch Mephisto trotz aller Anstrengungen sie ihm nicht verschaffen können wird:

> Werd' ich beruhigt je mich auf ein Faulbett legen, / So sei es gleich um mich getan! / Kannst du mich schmeichelnd je belügen, / Dass ich mir selbst gefallen mag, / Kannst du mich mit Genuss betrügen, / Das sei für mich der letzte Tag! … / Werd' ich zum Augenblicke sagen: / Verweile doch! du bist so schön! / Dann magst du mich in Fesseln schlagen, / Dann will ich gern zugrunde gehn![9]

Nun steigert sich jenes maß-, rast- und ruhelose faustische Leben, das auf holistische Erkenntnis und ebensolchen Lustgewinn ausgerichtet ist, und von dem der Knecht Mephisto seinem gelehrten Herren vergebens versichert, „dieses Ganze / Ist nur für einen Gott gemacht!"[10] Wenn dem so sei, so reklamiere er, Faust, exakt jenes göttliche Vorrecht auch für sich und beauftrage seinen teuflischen Gesellen, ihm jene Situationen herbei zu schaffen, die geeignet sind, wie eine Gottheit zu empfinden und dabei „Der Menschheit Krone zu erringen / Nach der sich alle Sinne dringen".[11]

Mephisto gibt sich alle Mühe, den Auftrag Fausts auszuführen: In Auerbachs Keller demonstriert er ihm, „wie leicht sich's leben lässt. / Dem Volke hier wird jeder Tag ein Fest."[12]; die Hexenküche wird der Ort, an dem Faust sich verjüngen kann, und an dem er im Spiegel „Das schönste Bild von einem Weibe!"[13] (Helena) nebelhaft erkennt – ein Bild, das ihn schier verrückt werden lässt, so groß wird seine Begierde, diese Frau leibhaftig zu sehen und zu besitzen; und nachdem Faust ungläubig das Hexen-Einmaleins angehört und danach den

---

7   Goethe: Faust I (1808), Vers 1335 ff.
8   Goethe: Faust I (1808), Vers 1546-1547
9   Goethe: Faust I (1808), Vers 1692 ff.
10 Goethe: Faust I (1808), Vers 1780-1781
11 Goethe: Faust I (1808), Vers 1804-1805
12 Goethe: Faust I (1808), Vers 2160-2161
13 Goethe: Faust I (1808), Vers 2436

Sud der alten Hexe zu sich genommen hat, der ihn deutlich jünger und erotisch-sexuell ansprechbarer machen wird, will er noch einmal das schöne Frauenbild im Spiegel sehen – woraufhin Mephisto leise und im Vorgriff auf die Begegnung Fausts mit Gretchen vor sich hinmurmelt: „Du siehst, mit diesem Trank im Leibe, / Bald Helenen in jedem Weibe."[14]

„Mein schönes Fräulein, darf ich wagen, / Meinen Arm und Geleit Ihr anzutragen?"[15] Diese Frage Fausts an Margarete ist der Auftakt zu einer der tragischsten Liebesbeziehung der Literaturgeschichte, über die sich seit ihrem Erscheinen nicht nur Friedrich Nietzsche gewundert hat: „Eine kleine Näherin wird verführt und unglücklich gemacht; ein großer Gelehrter aller vier Fakultäten ist der Übeltäter. Das kann doch nicht mit rechten Dingen zugegangen sein!"[16] Stimmt, möchte man mit Nietzsche meinen: Mephisto hatte seine Hand mit im Spiel, und also kann es nicht mit rechten Dingen zugegangen sein. Stimmt nicht, könnte man jedoch auch sagen: Denn Margarete wie Faust folgen im Drama den jeweiligen existentiellen Bewegungsgesetzen, und also ging alles doch mit rechten Dingen zu.

Das minderjährige Mädchen Margarete, hübsch, aber schüchtern und selbstunsicher, spürt bei aller Werbung dieses Doktor Faust um seine Gunst nur zu gut, dass dessen Ansinnen und der daraus erwachsenden Beziehung etwas zutiefst Unpassendes anhaftet. Gleichzeitig fühlt sie sich enorm geehrt und herausgehoben aus einem wenig aufregenden Alltag, und daher liebt und verehrt sie diesen Doktor Faust mit aller emotionalen Verve, die ihr zur Verfügung steht, und lässt sich (trotz ausweichender Antworten seinerseits auf ihre Fragen nach seiner Religiosität und damit nach seiner sittlich-ethischen Solidität) auf ihn ein.

Und Faust? Wie Mephisto es prognostiziert und letztlich eingefädelt hat, verwechselt Faust Margarete nicht nur mit Helena, sondern mit allen nur erdenklichen Situationen von Begierde, Sehnsucht und Erotik. Indes Gretchen die zerklüftete Person des Doktor Faust erahnt und ihn bis in seine Abgründigkeit („Heinrich! Mir graut's vor Dir!"[17]) hinein zu lieben versucht, ist Faust allenfalls in erotische Stimmungen, Atmosphären und Situationen, nur partiell jedoch in die Person Margarete vernarrt. Er meint zu lieben, doch er sucht im Grunde genommen sich und die Steigerung der unbezähmbaren Daseinslust: Bei diesem narzisstisch-selbstreferentiellen Existenzmanöver, zu dem ihn Mephisto angestachelt hat, verstrickt sich Faust massiv in Schuld, und seine angebliche Liebe hinterlässt zuletzt vier Tote (Mutter, Bruder und das Kind von Margarete sowie sie selbst).

Josef Rattner hat in *Goethe – Leben, Werk, Wirkung*[18] zu Recht darauf verwiesen, dass der Dichter mit dieser Gestaltung der Gretchen-Tragödie in *Faust I* ein eigenes Schuldgefühl in Bezug auf seine frühen, unglücklichen Liebschaften literarisch angedeutet und bearbeitet hat. Zwar hinterließ der junge Goethe bei Friederike Brion, Charlotte Buff, Lili Schönemann und weiteren Liebschaften seiner Adoleszenz keine Leichen, aber immerhin gebrochene Herzen, und Goethes eigenen Angaben zufolge löste dies bei ihm in der Regel Empfindungen von Schuld sowie Gewissens-Bisse aus – Empfindungen, die in Gedichten, aber eben auch in Dramen wie *Faust* zum Ausdruck kamen.

Wie weit die Liebesgefühle Fausts Margarete gegenüber tragen, wird wenige Szenen nach ihrem ersten Rendezvous offenkundig, als der vielstudierte Mann von Mephisto in die Lust- und Sexus-geschwängerten Atmosphären der Walpurgisnacht auf dem Blocksberg

---

14 Goethe: Faust I (1808), Vers 2603-2604
15 Goethe: Faust I (1808), Vers 2605-2606
16 Nietzsche, F.: Menschliches, Allzumenschliches (1878/80), in: KSA Band 2, München 1988, S. 606
17 Goethe: Faust I (1808), Vers 4610
18 Rattner, J.: Goethe – Leben, Werk, Wirkung, Würzburg 1999

eingeführt wird. In dieser Nacht sieht und erlebt er, was es bedeutet, wenn Triebhaft-Leidenschaftliches bis hin zum Obszön-Animalischen die Oberhand gewinnt und in Form von alten und jungen Hexen von der Leine gelassen wird. Mephisto jedenfalls ist davon ganz angetan und kommentiert das Geschehen regelrecht begeistert:

> Das drängt und stößt, das rutscht und klappert! / Das zischt und quirlt, das zieht und plappert! / Das leuchtet, sprüht und stinkt und brennt! / Ein wahres Hexenelement! … / Da seh'ich junge Hexchen nackt und bloß, / Und alte, die sich klug verhüllen. / Seid freundlich, nur um meinetwillen; / Die Müh'ist klein, der Spaß ist groß … / Der ganze Strudel strebt nach oben; / Du glaubst zu schieben und du wirst geschoben.[19]

Albrecht Schöne in *Götterzeichen, Liebeszauber, Satanskult* (1982) hat unter Hinzuziehung von Goethes nicht publizierten Entwürfen sowie seiner Selbstzensur zum Opfer gefallenen Auslassungen gezeigt, inwiefern die Walpurgisnacht-Passage in *Faust I* vom Dichter lange Zeit als eine Art Satansmesse konzipiert war, die ein Gegengewicht zu den himmlischen Atmosphären des Prologs bilden sollte. Mephisto in der Rolle des Luzifer imponiert dabei als Antipode zum Herrn und Gott des Vorspiels, als ein manichäisch gedachter Gegengott (Gottheit der Finsternis), dem Goethe in den *Faust*-Entwürfen ähnlich große Macht- und Einfluss-Möglichkeiten zugestand wie dem Gott der Helligkeit und des Lichts.

Dem alten Luzifer-Mythos gemäß verkörperte Satan nicht nur das Böse, sondern induzierte die Entstehung von Kosmos, Welt und Materie. Gott war dabei als ein sich seit Ewigkeiten her stets gleich produzierendes Prinzip gedacht, das immer aufs Neue Geist und Logos war und in alle Zukunft bleiben musste. Es brauchte ein dazu konträres Prinzip (Satan, Luzifer), um den stabilen Status des göttlichen Logos in die Dynamik einer Kosmogonie zu verwandeln – wobei Luzifer (Gegenprinzip) irgendwann vergaß, dass auch er göttlichen Ursprungs war, und so tat, als ob die Welt mit ihren Phänomenen allein auf ihn zurückzuführen sei.

Während einer Satansmesse nun sollen sich Menschen, Hexen und andere Lebewesen an die essentielle Rolle Luzifers bei der Entstehung des Kosmos erinnern und ihren Dank dafür an ihn entrichten. Höhepunkt dieser Zeremonie ist unter anderem, wenn Einzelne nicht nur die Klauen, sondern auch das Hinterteil des Teufels küssen – eine Szene, die Goethe wie manch Weiteres einer Satansmesse entworfen und poetisch-literarisch ausgeführt hat. Solche Szenen fehlen in den meisten Ausgaben von *Faust I* ebenso wie jene satanischen Verse, mit denen Mephisto auf derb-burschikose Art den Mädchen auf dem Blocksberg Anweisungen gibt, woraufhin sie denn ihr Dasein ausrichten sollten:

> Für euch sind zwei Dinge / Von köstlichem Glanz: / Das leuchtende Gold / Und ein glänzender Schwanz – / Drum wisst euch, ihr Weiber, / Am Gold zu ergötzen / Und mehr als das Gold / Noch die Schwänze zu schätzen.[20]

Auch die Walpurgisnacht mit ihren verführerisch-lustvollen oder auch abstoßenden Angeboten vermag Faust nicht dermaßen in ihren Bann zu schlagen, dass er sein unbedingtes Wollen und Streben vergessen könnte. Im Gegenteil: Als Faust bei einer jungen Sängerin sieht, wie ihr ein rotes Mäuschen aus dem Munde springt, und er daraufhin ein blasses Kind

---

19 Goethe: Faust I (1808), Vers 4017-4019 / 4046-4049 / 4116-4117
20 Goethe: Faust I (Entwürfe), zit. n. Schöne, A.: Götterzeichen, Liebeszauber, Satanskult – Neue Einblicke in alte Goethe-Texte, München 1982, S. 225

mit Margarete verwechselt, an deren Hals er bereits die Spuren der zukünftigen Hinrichtung meint zu erkennen, fällt für ihn der ganze geile Blocksberg-Zauber in sich zusammen.

Nach einem Traum-Intermezzo erwacht Faust in einer verzweifelt trüben Wirklichkeit: Margarete, als Kindsmörderin wahnkrank geworden und eingekerkert, wartet auf ihre tödliche Strafe. Völlig außer sich, wütet Faust gegen Mephisto, der ihm schulterzuckend-kühl lediglich entgegenhält: „Wer war's, der sie ins Verderben stürzte? Ich oder du?" Und als der Gelehrte zu Margarete in ihren Kerker kommt, um sie, wie er meint, befreien zu können, muss er bekennen: „Der Menschheit ganzer Jammer fasst mich an."[21]

Die zum Tode verurteilte Margarete ist überzeugt, dass ihr Henker sie aufsucht und ihre letzte Stunde geschlagen hat. Als sie gewahr wird, dass Faust es ist, der ihr zur Flucht verhelfen will, wankt sie zwischen Erleichterung und neuerlicher, wahnhafter Verzweiflung: „Wie kommt es, dass du dich vor mir nicht scheust? – / Und weißt du denn, mein Freund, wen du befreist?"[22] Überzeugt von ihrer abgrundtiefen Schuld, kann sie auf die wiederholten und bittenden Angebote ihres Geliebten, mit ihm zu fliehen, nicht eingehen. Stattdessen übergibt sie sich ihrem Schicksal und dem himmlischen Gericht, das zum Schluss von *Faust I* (als Stimme von oben) die Rettung und nicht (wie von Mephisto lakonisch festgestellt) die Verdammnis Margaretes andeutet.

Margarete weigert sich jedoch nicht nur aufgrund ihrer Schuld und ihres Strafbedürfnisses, mit Faust ins Freie zu fliehen. Intuitiv spürt sie die fragwürdige Verlässlichkeit des von ihr so sehr verehrten Mannes und drückt dies auch zum ersten Mal ihm gegenüber aus: „Oh weh! deine Lippen sind kalt, / Sind stumm. / Wo ist dein Lieben / Geblieben? / Wer brachte mich drum? … Deine liebe Hand! – Ach aber sie ist feucht! / Wische sie ab! Wie mich deucht, / Ist Blut dran. / Ach Gott! was hast du getan!"[23] Auf diesen Faust, so kann man Margaretes Haltung und Vorbehalte zusammenfassen, lässt sich nicht bauen, weil seine Liebe viel zu kalt und selbstbezogen wirkt und er sie trotz aller anderslautenden Beteuerungen nicht anrührend und Halt gebend erreicht. So endet *Faust I* als Gelehrten- wie auch als Gretchen-Tragödie, deren tragische Dynamik sich aus Fausts mangelnder Fähigkeit zu Eros und *Common sense* (Mitmenschlichkeit) speist.

Faust II. Verglichen mit dieser Figur treffen wir in *Faust II* auf einen in vielerlei Hinsicht veränderten Menschen. Nicht mehr das subjektive, oftmals leidenschaftlich-affektive Empfinden und das dementsprechende Handeln eines bis zur Verzweiflung unbefriedigt-frustrierten und bis zur Hybris anspruchsvoll-überspannten Gelehrten stehen im Mittelpunkt des Geschehens. Vielmehr begegnet uns ein älter und weiser gewordener Mann mit der Neigung, objektivere Urteile zu fällen und ein distanzierteres, überlegteres und damit würdigeres Verhältnis zur Welt einzugehen.

Dies wird schon in der Eingangsszene offensichtlich. Keine enge Studierstube, kein „Habe nun, ach!" und keine Vergeblichkeits-Diagnose mit daran assoziierten Suizid-Impulsen dominiert die Bühnenatmosphäre; stattdessen lautet die Regie-Anweisung: „Anmutige Gegend; Faust auf blumigen Rasen gebettet." Ein schlafsuchender und ruhender Faust – wer hätte sich ihn während der Ereignisse von *Faust I* dergestalt imaginieren können! Und wer dächte an den stets auf dem Sprung befindlichen Mann, wenn man in *Faust II* die

---

21 Goethe: Faust I (1808), Vers 4406
22 Goethe: Faust I (1808), Vers 4504-4505
23 Goethe: Faust I (1808), Vers 4493-4496 / 4512-4514

ersten Verse aus seinem Munde vernimmt – Verse, die von Entspannung und Kontemplation Zeugnis ablegen:

> » Des Lebens Pulse schlagen frisch lebendig, / Ätherische Dämmerung milde zu begrüßen; / Du, Erde, warst auch diese Nacht beständig / Und atmest neu erquickt zu meinen Füßen, / Beginnest schon, mit Lust mich zu umgeben, / Du regst und rührst ein kräftiges Beschließen, / Zum höchsten Dasein immerfort zu streben. – / Im Dämmerschein liegt schon die Welt erschlossen, / Der Wald ertönt von tausendstimmigem Leben, / Tal aus, Tal ein ist Nebelstreif ergossen …[24]

Die Handlung – wenn man denn von einer solchen sprechen mag – spielt im ersten Akt in einer kaiserlichen Pfalz. Es treten dabei nicht nur mittelalterliche Figuren auf den Plan; daneben spielt das Personal beinahe der gesamten abendländischen Kulturgeschichte eine Rolle. So unterhält sich der Luftgeist Ariel (in Shakespeares *Der Sturm* Erwähnung findend) mit anderen Elfen über Möglichkeiten, Fausts Schuldgefühle mittels Heilschlaf und Kontakt mit Lethe, dem Fluss des Vergessens, zu verringern und ihm seine ehemaligen Expansions- und Strebens-Impulse zurückzugeben.

Der zu neuem Tatendrang erwachte Faust wird von Mephisto in die kaiserliche Pfalz eingeführt. Mephisto hat für den Kaiser die Funktion des Hofnarren übernommen, und als solcher darf er unangenehme Diagnosen formulieren: „Wo fehlt's nicht irgendwo auf dieser Welt? / Dem dies, dem das, hier aber fehlt das Geld. / Vom Estrich zwar ist es nicht aufzuraffen; / Doch Weisheit weiß das Tiefste herzuschaffen."[25] Um Geld herbeizuholen, entwickelt Mephisto die grandiose Idee, anstelle von geprägten Münzen (die ihren Wert durch das dafür verwendete Material wie Gold oder Silber in sich selbst tragen) Papiergeld zu drucken, dessen Deckung durch Bodenschätze gegeben ist, die dem Kaiser gehören, die zukünftig gehoben werden könnten, und für die sein Name bürgt.

Goethe beschrieb damit in *Faust II* einen wesentlichen Aspekt der modernen Geldpolitik, die heute noch viel mehr als im 19. Jahrhundert auf virtuelle Werte setzt und uns lehrt, auf das Erleben und Begreifen realer materieller Gegenwerte von Geldscheinen oder Kontodaten zu verzichten. Unsere Barschaft hat sich bei den meisten in eine Kreditkarte verwandelt, und wir vertrauen im Zusammenleben mit den Mitmenschen darauf, dass bargeldlose Geschäfte ebensolche Effekte zeitigen wie vor Jahrhunderten der Tausch von Waren und die Bezahlung mit schweren Gold- oder Silbermünzen.

Ähnlich wie in unseren Zeiten verwendet der Kaiser das frisch gedruckte Papiergeld für Festivitäten, Tand und Karneval. Ein Herold moderiert ein derartiges Großereignis, bei dem verschiedenste Gestalten und Lebewesen auftreten. So unterhalten sich ein Olivenzweig mit Rosenknospen und einem Ährenkranz; aus der griechischen Antike begegnen uns Grazien, Parzen und Furien; es geben sich die Furcht, die Hoffnung und die Klugheit die Hand; ein Knabe Wagenlenker und Plutus (der Gott von Reichtum und Fülle) plaudern angeregt miteinander; ein Abgemagerter vertritt frauenfeindliche Ansichten; Faune, Nymphen, Satyrn, Gnome, Riesen und schließlich auch noch Pan versetzen uns in die griechisch-antike Mythologie.

Zum Schluss des Spektakels wünscht der Kaiser von Faust, zwei bekannte mythologische Gestalten der griechischen Antike (Helena und Paris) zu sehen – ein Wunsch, den Faust ihm partout nicht ausschlagen mag, und den Mephisto erfüllen soll. Nachdem Mephisto dies

---

24 Goethe: Faust II (1832), Vers 4679-4688
25 Goethe: Faust II (1832), Vers 4889-4892

Unterfangen als einigermaßen herausfordernd bezeichnet hat, antwortet ihm Faust: „Du hast, Geselle, nicht bedacht, / Wohin uns deine Künste führen; / Erst haben wir ihn (nämlich den Kaiser) reich gemacht, / Nun sollen wir ihn amüsieren."[26]

Um das Amüsement des Kaisers zu ermöglichen, muss Faust dem Ratschlag Mephistos Folge leisten und „zu den Müttern" hinabsteigen. Allein der Begriff und die Vorstellung der Mütterwelt löst bei Faust Schreck und Schauder aus, und Mephistos Beschreibung dieses geheimnisvollen Ortes macht das ganze Unterfangen für Faust doppelt zu einem äußerst gewagten. Auf die Frage Fausts nach dem rechten Weg zu den Müttern antwortet sein satanischer Geselle geheimnisvoll:

» Kein Weg! Ins Unbetretene, / Nicht zu Betretende; ein Weg ans Unerbetene, / Nicht zu Erbittende. Bist du bereit? – / Nicht Schlösser sind, nicht Riegel wegzuschieben, / Von Einsamkeiten wirst umhergetrieben. / Hast du Begriff von Öd' und Einsamkeit?[27]

Mephisto übergibt dem bangen Faust einen Schlüssel, mit dem dieser die Mütter finden soll. Faust kommentiert den Schlüssel als „kleines Ding", wobei er erleichtert merkt: „Er wächst in meiner Hand! er leuchtet, blitzt." Mephisto versichert ihm: „Der Schlüssel wird die rechte Stelle wittern, / Folg ihm hinab, er führt dich zu den Müttern." Faust verspürt daraufhin etwas Mut („Das Schaudern ist der Menschheit bestes Teil."), und zuletzt wirkt er regelrecht begeistert: „Wohl! fest ihn fassend fühl' ich neue Stärke, / Die Brust erweitert, hin zum großen Werke."[28]

Es konnte nicht ausbleiben, dass die Aufforderung „zu den Müttern" sowie dieser Dialog von Psychoanalytikern als klassisches Beispiel einer ödipalen Inzestsituation interpretiert wurden. Georg Groddeck (1870–1934) war einer der ersten, der sich in einem 1927 an der Lessing-Hochschule in Berlin gehaltenen Vortrag über *Faust*[29] in diesem Sinne geäußert hat, und Kurt Eissler (1908–1999) betonte ausgehend davon in seiner Goethe-Studie,[30] dass der Dichter in *Faust II* im dargestellten Muttermythos die psychisch unlösbare Beziehung zwischen Mutter und Kind (Sohn) andeuten wollte. Bei C.G. Jung schließlich wurde abweichend davon diese Passage nicht sexuell, sondern als Auseinandersetzung einer Person mit den Archetypen (menschheitliche Urbilder) eingeordnet; insbesondere Archetypen wie Anima und Animus (Frau und Mann) sowie die große Mutter (Urmutter) seien hierfür in Betracht zu ziehen.

Jenseits solcher Interpretationsmuster lässt sich die Aufforderung Mephistos an Faust, die Mütter aufzusuchen, womöglich schlicht als unvoreingenommenes, von Verdrängungen möglichst wenig beeinflusstes Erinnern und Verstehen der eigenen Geschichte und des eigenen Herkommens einordnen. Im zweiten Akt von *Faust II* heißt es: „ Wer zu den Müttern sich gewagt, / Hat weiter nichts zu überstehen."[31] – wodurch zum Ausdruck kommt, dass die Erinnerungsarbeit kein triviales Unterfangen ist, sondern mit schmerzlicher Korrektur von Größenideen und illusionären Vorstellungen, die eigene Identität und Person betreffend, verknüpft sein kann.

---

26 Goethe: Faust II (1832), Vers 6189-6192
27 Goethe: Faust II (1832), Vers 6223-6227
28 Goethe: Faust II (1832), Vers 6259 ff.
29 Groddeck, G.: Faust (1927), in: Psychoanalytische Schriften zur Literatur und Kunst, Wiesbaden 1964, S. 204 und 220
30 Eissler, K.: Goethe – Eine psychoanalytische Studie (1963), Frankfurt am Main 1983/85, Band 1, S. 321
31 Goethe: Faust II (1832), Vers 7060-7061

Faust jedenfalls gelingt es, nachdem er bei den Müttern war, dem Kaiser und seinem Hofstaat in einem Flammengaukelspiel Helena und Paris als flüchtige Gestalten erscheinen zu lassen. Sein Schreckensgang, so stellt er fest, „bringt seligsten Gewinn", und er ist von der Schönheit der griechischen Göttin derart fasziniert, dass er bereit ist, ihr „Neigung, Lieb', Anbetung, Wahnsinn" zu zollen: „Gewagt! Ihr Mütter! Mütter! müsst's gewähren! / Wer sie erkannt, der darf sie nicht entbehren."[32] Beim Versuch allerdings, Helena zu berühren und zu besitzen, löst sich ihre Gestalt im Dunst auf. Es ereignet sich eine Explosion, bei der Faust zu Boden geschleudert wird, wo er bewusstlos liegen bleibt.

Der zweite Akt spielt vorerst in der alten Studierstube Fausts. Mephisto unterhält sich mit einem Famulus und einem Baccalaureus über die Fortschritte und Möglichkeiten der Wissenschaft. Während Mephisto die Position der Alten übernimmt und sich über die Jungen mokiert, denen ihre Lehrer vieles beibringen, nur damit ihre Adepten hinterher meinen, all das Gelernte aus dem Eigenen geschöpft zu haben, attackiert ihn der Baccalaureus mit unverhohlener Schärfe: „Gewiss! das Alter ist ein kaltes Fieber / Im Frost von grillenhafter Not. / Hat einer dreißig Jahr vorüber, / So ist er schon so gut wie tot. / Am besten wär's, euch zeitig totzuschlagen."[33] Dazu passt, dass Goethe dem Baccalaureus einen Satz in den Mund gelegt hat, der inzwischen wie ein altes Sprichwort wirkt: „Im Deutschen lügt man, wenn man höflich ist."[34]

Im Folgenden werden wir Zeugen, wie Wagner, der Schüler Fausts, in einem Laboratorium einen seit Urzeiten der Menschheit ventilierten Traum Wirklichkeit werden lässt: In einer Phiole schafft er nicht nur neues Leben, sondern einen ganzen Homunculus. Einzig das Faktum, dass er die Phiole nicht verlassen kann, unterscheidet diese Kreatur von natürlich gezeugten Menschen: „Das ist die Eigenschaft der Dinge: / Natürlichem genügt das Weltall kaum, / Was künstlich ist, verlangt geschloss'nen Raum."[35] Nur nebenbei sei erwähnt, dass Goethe mit dieser Formulierung eine Charakterisierung des Menschen vorweggenommen hat, wie sie in der philosophischen Anthropologie im 20. Jahrhundert *in extenso* erfolgte: Der Mensch (so heißt es da) ist ein weltoffenes Wesen.

Der Homunculus, Mephisto sowie Faust, der inzwischen wieder aus seiner Bewusstlosigkeit erwacht ist, geraten jetzt in eine Walpurgisnacht, die sich jedoch grundlegend von derjenigen in *Faust I* unterscheidet. Zwar tritt wieder eine Hexe in Erscheinung (Erichtho, eine Gestalt aus der antik-römischen Literatur), deren Aufgabe aber nicht in sinnlicher, sondern in geistiger Verwirrung ihrer Gäste besteht: Sie vermischt in Erzählungen die vorolympische Geschichte Griechenlands mit der Zeit des römischen Bürgerkriegs und des griechischen Befreiungskampfes zu Beginn des 19. Jahrhunderts. Faust, der antiken Boden unter den Füßen spürt, sucht nun erneut nach Helena, indes sich Mephisto von vampirartigen Bestien, den Lamien, bezirzen lässt, bis er zugeben muss: „Viel klüger, scheint es, bin ich nicht geworden; / Absurd ist's hier, absurd im Norden" (Vers 7791).

Homunculus, der immer noch in seiner Phiole eingepfercht lebt, will mit Hilfe der beiden Philosophen Thales und Anaximander zur vollgültigen menschlichen Existenzweise gelangen – was jedoch fehlschlägt. Obwohl sie Proteus aufsuchen, jene Meeresgottheit, die am profundesten über die Geheimnisse der Verwandlung (Metamorphose) Auskunft geben kann,

---

32 Goethe: Faust II (1832), Vers 6558-6559
33 Goethe: Faust II (1832), Vers 6785-6789
34 Goethe: Faust II (1832), Vers 6771
35 Goethe: Faust II (1832), Vers 6882-6884

misslingt der Versuch des Homunculus, sich seiner Phiole zu entledigen: Er zerschellt am Muschelwagen der Meeresgöttin Galatee und induziert dabei ein grandioses Meeresleuchten:

> So leuchtet's und schwanket und hellet hinan: / Die Körper, sie glühen auf nächtlicher Bahn, / Und ringsum ist alles vom Feuer umronnen; / So herrsche denn Eros, der alles begonnen![36]

Der dritte Akt sieht die Vermählung von griechischer Antike und Mittelalter vor. Zuerst werden wir an den Palast des Menelaos von Sparta versetzt, wo uns Helena, die Gattin des Spartaner-Königs, begegnet. Dem Mythos zufolge galt Helena als schönste Frau der antiken Welt, und jeder, der sie sah, begehrte sie jählings als sein Weib. Es überrascht daher nicht, dass Goethe anhand dieser Figur das Thema der Schönheit erörtern wollte. Helena, die sich selber anfangs als „bewundert viel und viel gescholten" charakterisiert, erzählt die verworrene Geschichte des Trojanischen Kriegs und ihrer eigenen Rolle dabei. Menelaos, aus dem Krieg zurückkehrend, hat sie nach Hause vorausgeschickt, um Opferzeremonien vorzubereiten. Im Palast trifft sie auf Phorkyas, eine grauhaarige Alte, hinter der sich kein anderer als Mephisto verbirgt, der sie mit folgenden Worten begrüßt:

> Alt ist das Wort, doch bleibet hoch und wahr der Sinn, / Dass Scham und Schönheit nie zusammen, Hand in Hand, / Den Weg verfolgen über der Erde grünen Pfad. / Tief eingewurzelt wohnt in beiden alter Hass, / Dass, wo sie immer irgend auch des Weges sich / Begegnen, jede der Gegnerin den Rücken kehrt. / Dann eilet jede wieder heftiger, weiter fort, / Die Scham betrübt, die Schönheit aber frech gesinnt.[37]

Weil Menelaos sich der Gattin aufgrund ihrer Schönheit und der dadurch bei vielen Männern hervorgerufenen Begehrlichkeiten niemals ganz sicher sein kann, erwägt er, bei den anstehenden Zeremonien Helena als Opfer zu wählen. Helena ahnt dergleichen, und weil sie sich nicht opfern lassen will, stimmt sie dem Angebot von Phorkyas zu, sie auf eine mittelalterliche Burg zu bringen, wo sie vor dem Zugriff ihres Gatten sicher ist. Im Burghof trifft Helena auf Faust, der einen Gefesselten an seiner Seite mit sich führt. Es handelt sich um den Turmwächter Lynkeus, der – Ausschau haltend – angesichts der Schönheit der sich nähernden Helena völlig seine Pflichten vergaß. Diese bittet Faust, seinen Türmer freizugeben – eine Bitte, der Faust widerstandslos nachkommt. Wenige Strophen später sind die beiden schon ein Paar geworden:

> HELENA: Ich fühle mich so fern und doch so nah, / Und sage nur zu gern: Da bin ich! Da!
> FAUST: Ich atme kaum, mir zittert, stockt das Wort; / Es ist ein Traum, verschwunden Tag und Ort.
> HELENA: Ich scheine mir verlebt und doch so neu, / In dich verwebt, dem Unbekannten treu.
> FAUST: Durchgrüble nicht das einzigste Geschick! / Dasein ist Pflicht, und wär's ein Augenblick.[38]

Faust spielt an dieser Stelle zwar auf jenen Augenblick an, von dem er im ersten Teil ankündigte, er würde noch so gern zugrunde gehen, wenn er ihm (dem Augenblick)

---

36 Goethe: Faust II (1832), Vers 8476-8479
37 Goethe: Faust II (1832), Vers 8754-8761
38 Goethe: Faust II (1832), Vers 9411-9418

Ewigkeits-Charakter attestieren dürfte – er tut dies jedoch im Konjunktiv (und *wär's* ein Augenblick), und also neigt sich Fausts Dasein wie auch das Drama seinem Ende noch lange nicht zu. Dem Paar wird ein Sohn geboren, Euphorion mit Namen, der das Glück der beiden komplett erscheinen lässt. Sein Vater hat ihm aber das unbedingte Streben nach oben ins Gemüt gepflanzt, so dass sein Sohn ausruft: „Zu allen Lüften / Hinaufzudringen, / Ist mir Begierde, / Sie fasst mich schon."[39] Trotz aller Mahnungen zur Mäßigung steigert sich Euphorion in einen Daseinstaumel und stürzt wie Ikarus bei einem Flugversuch tödlich ab. Helena will ihren Sohn in den Hades begleiten und verabschiedet sich von Faust:

> Ein altes Wort bewährt sich leider auch an mir: / Dass Glück und Schönheit dauerhaft sich nicht vereint. / Zerrissen ist des Lebens wie der Liebe Band; / Bejammernd beide, sag' ich schmerzlich Lebewohl / Und werfe mich noch einmal in die Arme dir.[40]

Wieder also scheitert Fausts großangelegtes Unterfangen, als Liebender Momente der Begierde-losen Befriedigung und satten Zufriedenheit auf Dauer zu stellen, die ihm ein „Verweile doch" entlocken und seine unbedingte Seele mit den Bedingtheiten der Welt versöhnen könnten. Wie bei Margarete – wenngleich unter gänzlich anderen Rahmenbedingungen – bleibt er allein als Überlebender zurück, und wie im ersten Dramen-Teil stirbt auch in *Faust II* das Kind, das seiner Liebesbeziehung entstammte. Beide Schönheiten – diejenige des Gemüts bei Gretchen und diejenige der Gestalt bei Helena – vermochte er nicht festzuhalten, und dieses Scheitern zog ihm, so Faust, „das Beste meines Innern mit sich fort."[41]

Auf die Frage Mephistos, in welche Richtung Fausts Ehrgeiz ihn denn nunmehr drängen werde, antwortet er: „Die Tat ist alles, nichts der Ruhm."[42] Und um zu verdeutlichen, wie ernst er es mit diesem Satz meint, weiht er seinen Gesellen in seinen nächsten, durchaus von Großartigkeit geprägten Plan ein: Er will dem Meer und dessen Spiel von Ebbe und Flut Land abgewinnen. „Zwecklose Kraft unbändiger Elemente!" – so nennt er dieses Spiel, von dem er überzeugt ist, es mithilfe Mephistos und seines eigenen hochfliegenden Verstandes überlisten zu können.

Bevor jedoch Faust an die Ausführung der Landgewinnungspläne gehen kann, müssen er und Mephisto (im vierten Akt) noch kriegerische Auseinandersetzungen zwischen dem Kaiser und einem Gegenkaiser bestehen. Aufgrund ihres beherzten Engagements behält der Kaiser die Oberhand, und als Dankesgeste überlässt er Faust ein beträchtliches Terrain von Dünen- und Küstenland zur freien Verfügung.

Nun schreitet der älter und noch entschiedener gewordene Faust zur Tat und beginnt seine mächtige geologisch-maritime Umgestaltung. Von seinem Palast in die Ferne blickend, stößt sein Auge auf das kleine Anwesen eines alten Ehepaars (Philemon und Baucis), das immer schon an dieser Stelle ein Häuschen bewohnte. Faust empfindet dies als störend und bespricht mit Mephisto, dass er die Umsiedlung der beiden Alten wünscht („So geht und schafft sie mir zur Seite!") – ein Wunsch, dem sein satanischer Knecht umgehend nachzukommen verspricht. Da Philemon und Baucis aber nicht so ohne weiteres bereit sind, ihre Hütte zu räumen, gebraucht Mephisto mit einigen Helfern Gewalt („Es ging nicht gütlich ab."), wobei die beiden Alten zu Tode kommen und ihr Anwesen in Flammen aufgeht. Lynkeus der Türmer auf seiner Schlosswarte, der aus der Ferne den Brand beobachtet, hatte zuvor noch entspannt gesungen:

---

39 Goethe: Faust II (1832), Vers 9713-9716
40 Goethe: Faust II (1832), Vers 9939-9943
41 Goethe: Faust II (1832), Vers 10066
42 Goethe: Faust II (1832), Vers 10188

» Zum Sehen geboren, / Zum Schauen bestellt, / Dem Turme geschworen, / Gefällt mir die Welt … / Ihr glücklichen Augen, / Was je ihr gesehen, / Es sei wie es wolle, / Es war doch so schön! …

Doch nachdem er Zeuge dieses Verbrechens geworden ist, bleibt ihm nach einer langen Pause des Verstummens nur ein trauriger Abgesang: „Was sich sonst dem Blick empfohlen, / mit Jahrhunderten ist hin."[43] Faust hört seinen Türmer klagen, und auch ihn jammert diese Untat Mephistos, die sein eigenes Schuldkonto mit neuen Toten massiv belastet. Statt die Verwirklichung eines grandiosen Plans zu feiern, muss er den Besuch von vier grauen Weibern gewärtigen, die sich namentlich vorstellen: „Ich heiße der Mangel." / „Ich heiße die Schuld." / „Ich heiße die Sorge." / „Ich heiße die Not."[44] Drei der Besucherinnen verlassen ihn wieder, doch eine Vierte (Sorge) bleibt und verstärkt Fausts enorme Zweifel, die in ihm im Rückblick auf sein bisheriges Leben und den verdammten Teufelspakt hochsteigen:

» Könnt ich Magie von meinem Pfad entfernen, / Die Zaubersprüche ganz und gar verlernen, / Stünd' ich, Natur, vor dir ein Mann allein, / Da wär's der Mühe wert, ein Mensch zu sein.[45]

Zum ersten Mal seit langem dämmert es Faust, dass er als Person etwas zutiefst Menschliches verkörpern könnte, wenn er sich aller Mogelpackungen, Größenideen, über- und unterirdischer Machtgebärden sowie aller mephistophelischen Hilfsangebote entledigen würde und nackt und bloß und authentisch, als Heinrich Faust mit allen seinen Mängeln, Unebenheiten und Begrenzungen, aber auch mit seinem tatsächlichen Wissen und Können, sein Dasein führen würde.

Doch gleichzeitig spürt er, dass er sich in dem dichten Gestrüpp aus Unzufriedenheit und hybriden Ehrgeizzielen verheddert und verfangen und dass er sich zur Aufrechterhaltung seines Existenz-Stils an die „Droge Mephisto" gewöhnt hat: „Nun ist die Luft von solchem Spuk so voll, / Dass niemand weiß, wie er ihn meiden soll."[46] Nebenbei sei angemerkt, dass Sigmund Freud diese Strophe als Motto für sein Hauptwerk *Die Traumdeutung* (1900) wählte, womit er auf die unbewussten Anteile des menschlichen Seelenlebens abzielte, die seiner Meinung nach ähnlich mephistophelisch imponieren wie das unermüdliche Agieren von Fausts satanischem Gesellen.

Inzwischen befinden wir uns im fünften und letzten Akt von *Faust II*, und der ehemals himmelstürmend-extravertierte Gelehrte ist zunehmend introvertiert geworden. Nicht zuletzt aufgrund der unnachgiebigen Fragen und Anmerkungen der Sorge, die sich bei ihm einquartiert hat, beginnt Faust sein abgelaufenes Dasein und Lebensmuster kritisch zu beleuchten:

» Ich bin nur durch die Welt gerannt; / Ein jed' Gelüst ergriff ich bei den Haaren, … / Ich habe nur begehrt und nur vollbracht / Und abermals gewünscht und so mit Macht / Mein Leben durchgestürmt; erst groß und mächtig, / Nun aber geht es weise, geht bedächtig. / Der Erdenkreis ist mir genug bekannt, / Nach drüben ist die Aussicht uns verrannt; / Tor, wer dorthin die Augen blinzelnd richtet, / Sich über Wolken seinesgleichen dichtet![47]

---

43 Goethe: Faust II (1832), Vers 11288 ff.
44 Goethe: Faust II (1832), Vers 11384-11385
45 Goethe: Faust II (1832), Vers 11404-11407
46 Goethe: Faust II (1832), Vers 11410-11411
47 Goethe: Faust II (1832), Vers 11433-11444

Dies wirkt wie ein dichterisches Bekenntnis zu einer konsequent immanenten Weltanschauung, die auf alle Transzendenz-Versuchungen verzichtet und uns ähnlich wie in Friedrich Nietzsches *Also sprach Zarathustra* (1883–1885) auffordert, der Erde treu zu bleiben. Goethe blieb in dieser Hinsicht bis zu seinem Lebensende Spinozist, der das Göttliche in der Natur und nirgendwo sonst verortete, und der seine strikte Diesseits-Gläubigkeit dem alternden Faust in den Mund legte:

> » Er (der Mensch) stehe fest und sehe hier sich um; / Dem Tüchtigen ist diese Welt nicht stumm. / Was braucht er in die Ewigkeit zu schweifen! / Was er erkennt, lässt sich ergreifen. / Er wandle so den Erdentag entlang; / Wenn Geister spuken, geh' er seinen Gang, / Im Weiterschreiten find' er Qual und Glück, / Er, unbefriedigt jeden Augenblick![48]

Es passt zu den introvertierten Existenzstimmungen Fausts, dass er zum Ende des Dramas hin erblindet und seine Lebensenergie mehr nach innen denn nach außen richtet. Wie beim Seher Teiresias in der altgriechischen Mythologie, dessen prophetische Gaben mit Blindheit assoziiert waren, erkennt auch Faust wesentliche Aufgaben, Gesetze und Bedingungen seines wie aller Menschen Daseins erst im hohen Alter und als Blinder: „Das ist der Weisheit letzter Schluss", heißt es an einer Stelle, „Nur der verdient sich Freiheit wie das Leben, / Der täglich sie erobern muss." Und einige Zeilen weiter spielt er auf den *Common sense*, die brüderliche und zugleich liberale Solidarität mit den Mitmenschen und Zeitgenossen an, der den tragenden Sinn und Zweck seiner Existenz bedeuten kann:

> » Auf freiem Grund mit freiem Volke stehn. / Zum Augenblicke dürft' ich sagen: / Verweile doch, du bist so schön! … / Im Vorgefühl von solchem hohen Glück / Genieß' ich jetzt den höchsten Augenblick.[49]

Conclusio. Es bleibt noch nachzutragen, dass Faust nach diesen Worten stirbt, wobei er als Blinder zuvor das Klirren von Schaufeln und Spaten als Weiterarbeit an seinem Großprojekt der Landgewinnung und nicht als das, was es war – das Ausheben seines Grabes – missinterpretiert hat. Und ebenfalls erwähnenswert bleibt die Schlusspointe des Dramas, bei der wie im *Prolog im Himmel* wiederum Engel eine kommentierend-urteilende Rolle spielen, und die einen versöhnlich-zuversichtlichen Ton anschlägt:

> » Gerettet ist das edle Glied / Der Geisterwelt vom Bösen, / Wer immer strebend sich bemüht, / den können wir erlösen.[50]

Nota bene: Die Verlautbarung von Engels Seite her heißt, dass Erlösung unter Umständen möglich ist, aber kein Automatismus im Sinne von „den Strebenden werden wir auf alle Fälle erlösen" vorliegt. Worauf aber zielen dann die über 12.000 Zeilen dieses Weltendramas ab, und hätte man die vage Aussicht auf Erlösung (was immer dieser Begriff für den der christlichen Religion gegenüber skeptisch eingestellten Goethe zu bedeuten hatte) nicht einfacher und ohne den Riesenaufwand von zwei abendfüllenden Tragödien erreichen können? Der Dichter selbst hat sich in Gesprächen mit Eckermann mit solchen Einwänden befasst:

---

48 Goethe: Faust II (1832), Vers 11445-11452
49 Goethe: Faust II (1832), Vers 11580-11586
50 Goethe: Faust II (1832), Vers 11934-11937

Kapitel 8 · Faust I und II

> Da kommen sie und fragen, welche Idee ich in meinem *Faust* zu verkörpern gesucht. Als ob ich das selber wüsste ... *Vom Himmel durch die Welt zur Hölle*, das wäre zur Not etwas; aber das ist keine Idee, sondern Gang der Handlung. Und ferner, dass der Teufel die Wette verliert, und dass ein aus schweren Verirrungen immerfort zum Besseren aufstrebender Mensch zu *erlösen* sei, das ist zwar ein wirksamer ... Gedanke, aber es ist keine *Idee*, die dem Ganzen ... zugrunde liege. Es hätte auch in der Tat ein schönes Ding werden müssen, wenn ich ein so reiches, buntes und höchst mannigfaltiges Leben, wie ich es im *Faust* zur Anschauung gebracht, auf die magere Schnur einer einzigen durchgehenden Idee hätte reihen wollen![51]

Ein reiches, buntes und mannigfaches Leben: Eine solche Beschreibung gestehen heute viele nicht nur einer Faust-Figur, sondern den meisten von uns als Charakteristikum oder zumindest grundwesentliche Zielsetzung unseres Daseins zu. Wer wünschte sich nicht eine erfüllte, volle, schöne und rundum befriedigende Existenz, die noch dazu regelmäßig mit Glücksmomenten aufgegipfelt und mit Empfindung von singulär-seltener Individualität belohnt wird!

Derartige Vorstellungen, so lehren es die Mentalitäts-Historiker, gibt es verstärkt und vermehrt in der neuzeitlich-westlichen Welt, vor allem im Abendland seit der Renaissance. Goethe hat in Faust keinen x-beliebigen und erst recht keinen mittelalterlichen oder antiken Menschen skizziert; Faust geriet ihm vielmehr zum Prototyp eines *Homo expansivus* der Moderne, wie er uns seit einigen Jahrhunderten im Wirtschaftsleben, in der Politik, in Technik, Wissenschaft und Kunst begegnet, und wo er staunenden Applaus ebenso wie grauenerregende Abscheu zu induzieren wusste und weiß.

Dieser *Homo expansivus* bewegte und veränderte die Welt in den letzten fünfhundert Jahren mindestens ebenso sehr wie Faust mit seinen Projekten des Papiergelds, der Landgewinnung, des Schöpfungsakts (in Form des Homunculus) oder der zauberhaften Verwandlung mythischer Figuren in leibhaftige Personen (Helena). Wie der Gelehrte in Goethes Drama griffen und greifen Menschen der Moderne auf mephistophelische Hilfe und Dynamik zurück, um ihre Ziele zu erreichen; bisweilen schrecken sie auch vor regelrechten Teufelspakten nicht zurück, wie Thomas Mann es in *Doktor Faustus* (1947) mit Bezug auf den europäischen Faschismus und Totalitarismus dargestellt hat.

Man mündet jedoch in eine unangebrachte und undifferenzierte Kulturkritik, wollte man die Entwicklungen der abendländischen Neuzeit in Bausch und Bogen als satanisches Blendwerk und bloße Destruktivität verdammen. So wie Goethe die intra- und interpsychische Dynamik von und zwischen Faust und Mephisto als überaus vielschichtig und komplex charakterisiert hat, sind auch die Strebens- und Expansionsrichtungen des *Homo expansivus* sowie die Effekte seiner Aktivitäten und Bewegungen alles andere als eindeutig gut oder böse. In dieser Hinsicht bewahrheitet sich der Satz Mephistos, er sei jene Kraft, die stets das Böse will und stets das Gute schafft – aber auch *vice versa*.

Wie aber früh genug Gut und Böse diskriminieren sowie günstige von ungünstigen Entwicklungen unterscheiden? Wie verhindern, dass sich Faustisches mit Mephistophelischem zum Schaden von Menschen liiert und Scheitern, Untergang und Nihilismus induziert? Sucht man in Goethes Drama auf Antworten darauf, stößt man unwillkürlich auf Begriffe wie Maß und Mäßigung, Begrenzung, Anmut, Eros, Menschlichkeit sowie Vernunft, Geist, Kunst und Kultur.

---

51 Eckermann, J.P.: Gespräch mit Goethe (06.05. 1827), in: Gespräche mit Goethe, Berlin 1956, S. 330 f.

Alle diese Begriffe, Haltungen und Einstellungen sind von Einzelnen nur um den Preis ihrer Person-Werdung und Individuation (C.G. Jung) zu realisieren. Tiefenpsychologische *Faust*-Interpretationen (etwa von Freud, Adler, Jung, Rattner) tendieren daher, wenngleich mit differenter Terminologie, mehrheitlich dazu, in der Figur und im Schicksal Fausts ein Modell für Chancen wie auch Schwierigkeiten der Entwicklung von Personalität und Individualität zu erblicken.

Als eine wesentliche Voraussetzung der Person-Werdung lässt sich aus *Faust* die kontinuierliche Reduktion von Größenideen herauslesen – von Ideen, welche die eigene Biographie und Bedeutsamkeit ebenso wie die Beurteilung anderer Menschen oder die ins Auge gefassten Zielsetzungen für sich oder ganze Sozietäten betreffen können. Diese Größenideen nehmen nicht selten die Funktion kleiner oder mittelgroßer Gottheiten an, die wir insgeheim anbeten wie in früheren Zeiten die Götter des Christen- oder Judentums, und die wie Miniatur-Religionen wirken: Sie verheißen uns (bei ihrer Realisierung) Ruhm, Ehre, Selbstwertgefühl, Grandiositäts-Empfindungen, Allmacht, Schöpfertum; sie sind mit Tabus und Ritualen assoziiert (z. B. keine Schwächen haben oder zeigen); und sie induzieren Schuldgefühle und Strafbedürfnisse, sobald wir uns gegen sie versündigen und ihnen nicht bedingungslos und möglichst unterwürfig Folge leisten.

Wenn Goethe jene als Toren bezeichnet hat, die sich über Wolken ihresgleichen erdichten, kann man dies auf die herkömmlichen Götter und Religionen, aber auch auf die Größenideen beziehen, die uns dominieren und sogar tyrannisieren wie einst die Rache- und Strafgötter in den monotheistischen Religionen. Und wenn Goethe als Weltanschauung und Lebenseinstellung die Immanenz empfahl, zielte er nicht nur auf das „Blinzeln nach drüben" ab, das wir uns versagen sollten, sondern auch auf humane, nachsichtige sowie lebens- und antriebsfreundliche Wert- und Norm-Konstellationen beim Einzelnen und in Sozietäten.

Person-Werdung ist darüber hinaus vorstellbar im Medium von Eros und *Common sense*. Eros (verstanden als Kraft, die größere Einheiten schafft und erhält) und *Common sense* (vernunftgemäße Übernahme von Verantwortung für sich, für andere Menschen und für die Kultur) sind in der Tragödie erster Teil bei Faust noch gering ausgeprägt – ein Mangel, der sich in der Liebesbeziehung mit Margarete ebenso wie in seinen diversen Strebungen, Impulsen und Begierden bemerkbar macht.

Der zweite Teil der Tragödie weitet sich nicht zufällig sowohl im Hinblick auf dessen zeitlichen und räumlichen Rahmen (griechisch-antike Mythologie und Philosophie; Mittelalter; Neuzeit) als auch im Hinblick auf die verschiedenen Aufgabenfelder und Herausforderungen, mit denen sich Faust konfrontiert sieht (Wirtschaftsleben; Politik; Krieg; wissenschaftliche Experimente; Landgewinnung). Nicht mehr das kleine, überschaubare und dennoch tragische Privatleben eines frustrierten Gelehrten und Geliebten wird hier verhandelt – vielmehr wird Faust in eine komplexe Welt von gesellschaftlichen Bezügen, historischen Querverweisen, politischen Kalamitäten, wissenschaftlichen und wirtschaftlichen Innovationen sowie mythologischen, religiösen, ethischen und weltanschaulichen Problem- und Fragestellungen versetzt, die von ihm Verantwortungsübernahme, Urteilskraft und Gestaltungswillen erforderlich machen.

Und auch die Liebesbeziehung in *Faust II* weist im Vergleich mit der Gretchen-Tragödie anderes Formniveau auf. Zwar scheitert sie letztlich; aber zwischenzeitlich gelingt es Faust im liebenden Kontakt mit Helena, dass sich diese mythologisch-literarische Gestalt passager zu einer realen Person wandelt. Dass seine erotische Kraft nicht hinreichte, Helena auf Dauer seine Gefährtin werden zu lassen, gehört jedoch ebenso wie das Faktum von Irrtum, Schuld und Scheitern zum Koordinatensystem menschlicher Existenz, das unserem Streben und Bemühen immer wieder Limitierungen und Enttäuschungen zumutet.

Personalität, Eros und *Common sense* wachsen und entwickeln sich (oder aber sie verkümmern) innerhalb dieses Koordinatensystems und sind daher ohne mephistophelischen Einfluss nicht denkbar. Wie sehr wir diesen Gesellen uns dienstbar machen oder aber wir ihm zu Diensten stehen (wer ist Herr und wer ist Knecht?), entscheidet wesentlich mit über Wohl und Wehe unseres Daseins. Es ist fraglich, ob wir „erlöst" werden, wenn wir an unserem Lebensende feststellen, dass wir bevorzugt Ersteres versucht haben – aber tröstlich wäre eine derartige Feststellung allemal.

Literatur

1. Eckermann, J.P.: Gespräche mit Goethe (1836-48), Berlin 1956
2. Eissler, K.: Goethe – Eine psychoanalytische Studie (1963), Frankfurt am Main 1983/85
3. Goethe: Faust I und II, in: HA Band 3, München 1981
4. Groddeck, G.: Faust (1927), in: Psychoanalytische Schriften zur Literatur und Kunst, Wiesbaden 1964
5. Nietzsche, F.: Menschliches, Allzumenschliches (1878/80), in: KSA Band 2, München 1988
6. Rattner, J.: Goethe – Leben, Werk, Wirkung, Würzburg 1999
7. Schöne, A.: Götterzeichen, Liebeszauber, Satanskult – Neue Einblicke in alte Goethe-Texte, München 1982
8. Schulz, G.: Die deutsche Literatur zwischen Französischer Revolution und Restauration, Teil 2, München 1989
9. Zabka, Th.: Faust II – Das Klassische und das Romantische: Goethes Eingriff in die neueste Literatur, Tübingen 1993

Humanismus und Humanität: Erasmus von Rotterdam

Literatur – 153

© Springer-Verlag GmbH Deutschland, ein Teil von Springer Nature 2019
G. Danzer, *Voilà un homme - Über Goethe, die Menschen und das Leben*,
https://doi.org/10.1007/978-3-662-57672-4_9

Goethe war sich als Mensch wie als Autor seiner Herkunft und Wurzeln sowie der geistesgeschichtlichen Traditionen, die ihn geprägt hatten und denen er über die Jahrhunderte hinweg seine Referenz erwies, in vielerlei Hinsicht bewusst. Die griechische und römische Antike mit ihren historischen und mythologischen Figuren spielten in seinem Denken und Werk ebenso eine Rolle wie die Gedichte des altpersischen Lyrikers Hafis (1315–1390 n.Chr.), den er 1813 durch eine Übersetzung von dessen Gedichten so recht erst schätzen gelernt hatte, und mit dessen kulturellem Erbe er sich im *West-östlichen Divan* ausführlich befasste.

Eine Epoche, auf die Goethe in seinen Texten immer wieder Bezug nahm, war die Renaissance. Mit den Idealen jener auf das Mittelalter folgenden Zeit – Entdeckung und Betonung des Individuums; breit angelegte Bildungs- und Erziehungs-Konzepte (*uomo universale*); künstlerisch-literarische und philosophische Durchdringung des Daseins; grenzenlose Neugier, Wissbegierde, Expansionsimpulse; entschiedene Diesseits-Orientierung; Leibfreundlichkeit – konnte er sich vollumfänglich identifizieren, und man tut ihm nicht Unrecht, ihn als verspäteten, ins 18. und 19. Jahrhundert versetzten Renaissance-Menschen zu bezeichnen.

Wie sehr ihn der Zeitraum und die Kultur zwischen 1400 und 1600 n.Chr. vor allem in Italien, aber auch in Frankreich, England, Holland und Deutschland faszinierten, wird an manchen der literarischen Produktionen Goethes deutlich. So fertigte er eine Übersetzung der Autobiographie des Renaissance-Künstlers und Goldschmieds Benvenuto Cellini (1500–1571) an, die 1803 unter dem Titel *Leben des Benvenuto Cellini, florentinischen Goldschmieds und Bildhauers – von ihm selbst geschrieben* erschienen ist. Über seine Arbeit daran teilte Goethe an Johann Heinrich Meyer mit:

> » Es geht mit der Übersetzung eines Buches, wie Sie von dem Kopieren eines Gemäldes sagen: Man lernt beide durch die Nachbildung erst recht kennen. *Cellini*, mit seiner Kunst und mit seinem Lebenswandel, ist für uns ein trefflicher Standpunkt, von dem man, in Absicht auf neue Kunst vorwärts und rückwärts sehen kann.[1]

Neben Benvenuto Cellini, den Goethe aufgrund seines problematischen Lebenswandels (der Italiener war immer wieder in Auseinandersetzungen auch körperlicher Natur bis hin zu Mord und Totschlag involviert) durchaus ambivalent beurteilte, beschäftigte er sich auch mit dessen Zeitgenossen, dem Arzt, Philosophen und Mathematiker Gerolamo Cardano (1501–1576). Die Autobiographie dieses Humanisten (*De propria vita*) studierte Goethe ausführlich, wobei ihn sowohl der Lebenslauf des ungewöhnlichen Mannes als auch die von ihm angestoßenen und teilweise umstrittenen Wissenschaftsprojekte (Astrologie) interessierten.

Vielfältige literarische Bezüge zur Renaissance lassen sich auch in den Goethe-Dramen *Egmont*, *Torquato Tasso* und *Faust* aufzeigen. In das letztere Bühnenstück sind Anregungen von Christopher Marlowes *Tragical History of Doctor Faustus* (um 1590) ebenso wie alchemistische Ideen von Paracelsus (1493–1541) eingeflossen. Des Weiteren tauchen im Werk Goethes wiederholt Bezugnahmen zu Shakespeare auf, begonnen mit den umfänglichen Überlegungen zu *Hamlet* in *Wilhelm Meisters Lehrjahre* bis hin zur Abhandlung *Shakespeare und kein Ende* (1813–1816), in der Goethe an seinem englischen Vorläufer das Verhältnis von Antike und Moderne erläutern wollte.

Über Johann Heinrich Merck war Goethe darüber hinaus mit den Malern der italienischen und deutschen Renaissance bekannt geworden. Namen wie Leonardo da Vinci,

---

1 Goethe, J.W. v.: Brief an Johann Heinrich Meyer vom 3. März 1796, in: Briefe, HA Band 2, München 1988, S. 216

Michelangelo, Raffael, Tizian, Giotto und Tintoretto sowie Albrecht Dürer und die Cranach-Familie waren ihm vertraut, und manche ihrer Werke besaß er als Reproduktionen, die er über alle Maßen schätzte. Giorgio Vasaris vielbändige Kunstgeschichte, in der die meisten italienischen Renaissance-Künstler gebührend gewürdigt werden, hatte für Goethe hohe Bedeutung und wurde für ihn – neben den Überlegungen von Johann Joachim Winckelmann und denjenigen von Johann Heinrich Meyer zur Entwicklung und zum Wesen von Kunst – zu einem wichtigen Maßstab für die ästhetische Beurteilung und Bewertung von Kunstwerken aller Art.

Neben dem Erblühen von Kunst und Literatur zeichnete sich die Renaissance auch durch eine originelle Adaptation und Weiterentwicklung von philosophischen Grundgedanken der griechisch-römischen Antike aus. Goethe las die neulateinischen Texte von Pico della Mirandola, Francesco Petrarca, Giovanni Boccaccio, Marsilio Ficino, Leon Battista Alberti, Pietro Bembo und anderen, die sich in Italien als Philosophen und Schriftgelehrte einen Namen machten. Sie verfolgten ein vorwiegend säkulares Bildungs- und Erziehungsprogramm, das sich grundlegend von den kirchlich-klösterlichen Schulungsangeboten des Mittelalters unterschied und die Humanitas, also die Menschennatur, ins Zentrum ihrer Lehre rückte. Ab dem 19. Jahrhundert bezeichnete man diese Renaissance-Denker deshalb folgerichtig als Humanisten – ein Begriff, der erstmals zum Ende des 15. Jahrhunderts aufgetaucht ist.

Italien und hier besonders Florenz bildeten den Kristallisationskern des Renaissance-Humanismus. Daneben entwickelte sich diese Art des Denkens und der Bildung auch in anderen europäischen Ländern weiter. Im deutschsprachigen Raum machten Willibald Pirckheimer, Hartmann Schedel, Sebastian Brant, Ulrich von Hutten, Beatus Rhenanus oder Johann Reuchlin von sich reden. Und in England zählte Thomas Morus, in Frankreich (unter bestimmten Kriterien) Michel de Montaigne und in den Niederlanden Erasmus von Rotterdam zu den Humanisten. Die *Essais* (1580/87) von Montaigne kannte und schätzte Goethe, und auch dessen italienisches Reisetagebuch hatte er mit Gewinn gelesen.

Weil Humanitas und Humanität im Oeuvre Goethes einen zentralen Platz einnehmen, weil der Dichter neben Herder sowie neben Wilhelm und Alexander von Humboldt ein entscheidender Takt- und Ideengeber für den Neuhumanismus wurde und weil es auch im 21. Jahrhundert gute Gründe gibt, den Humanismus als Weltanschauung und Lebensmaxime zu begreifen, die für den Fortbestand der Menschheit essentiell werden kann, rücken wir den Terminus Humanismus und einen seiner wirkmächtigsten Vordenker (Erasmus von Rotterdam) ins Zentrum unserer Ausführungen.

Erasmus wird als Ahnherr und Initiator verschiedener kultureller Traditionen namhaft gemacht. Die Theologen reklamierten ihn als Mann des Ausgleichs zwischen Reformation und Katholizismus; Wilhelm Dilthey erkannte in ihm einen Aufklärer und bezeichnete ihn als Voltaire des 16. Jahrhunderts; Johan Huizinga in seinem Erasmus-Buch charakterisierte ihn als letzten großen Vertreter des Humanismus, indes Stefan Zweig ihn als ersten bewussten Europäer titulierte.

Biographisches. Um die Geburt von Erasmus ranken sich Unklarheiten. So ist uns zwar der Tag (28. Oktober), nicht aber das Jahr seiner Geburt (1466, 1467 oder 1469) bekannt. Auch die Abstammungsverhältnisse sind fraglich: Während Erasmus in seinen autobiographischen Schriften betonte, dass sich sein Vater nach seiner Geburt entschlossen habe, Priester zu werden, gehen die meisten Biographen davon aus, dass unser Autor der uneheliche Sohn einer Arzttochter namens Margarethe und eines bei der Zeugung längst schon geweihten Theologen war. Sein drei Jahre älterer Bruder Peter stammte aus demselben Liebesverhältnis.

Mit vier Jahren schickten die Eltern Erasmus auf eine Schule in Gouda und bald darauf auf die Domschule in Utrecht, wo er Chorknabe wurde. Ab dem zehnten Lebensjahr besuchte er die Schule der Brüder vom Gemeinsamen Leben in Deventer. Dort soll er bei dem wegen seiner Gelehrsamkeit berühmten Rudolf Agricola Vorlesungen gehört haben, die ihn beeindruckten. Auch andere Lehrkräfte von Format unterrichteten den Jungen, so dass sein Wissensdurst nachhaltig geweckt wurde.

Im Rahmen einer Pestepidemie starben beide Eltern des Erasmus, als dieser noch keine vierzehn Jahre alt war. Ein Vormund sorgte dafür, dass sein Mündel zuerst in die Klosterschule Herzogenbusch und dann in das Augustiner-Chorherren-Kloster Steyn bei Gouda gesteckt wurde. Beide Anstalten wiesen in keiner Weise den pädagogischen Glanz von Deventer auf; dementsprechend unwohl fühlte sich Erasmus dort, und gegen das Klosterleben entwickelte er einen mächtigen Widerwillen: „Ich kenne die Welt nicht, das Klosterleben nicht und mich selbst nicht, und ich möchte noch einige Jahre auf Schulen gehen, um mit mir selbst ins Reine zu kommen" – so die skeptische Haltung des jungen Erasmus.

1492 empfing der unwillige Mönch zwar die Priesterweihe; ein Jahr später jedoch ergab sich für ihn die Gelegenheit, das Kloster zu verlassen: Er wurde Sekretär des Bischofs von Cambrai, der einen des Lateinischen kundigen Übersetzer suchte. In dieser Funktion reiste Erasmus mit seinem Herrn durch halb Europa, wobei er sich gerne in Bibliotheken aufhielt und tagelang alte Schriften studierte. Man versteht, warum er später von sich sagte: „Dort ist meine Heimat, wo ich meine Bibliothek habe."

Mit Eifer las Erasmus jene Autoren, die ihm schon in Deventer begegnet waren: Virgil, Horaz, Ovid, Juvenal, Martial, Tibull, Properz, Cicero, Quintilian, Terenz, aber auch damals zeitgenössische Schriftsteller wie Poggio und Valla. Letzterer hatte das sechsbändige Werk *Die Eleganz der lateinischen Sprache* (1471) verfasst, das für Erasmus bis in sein Alter hinein zum stilistischen und existenziellen Maßstab wurde: Er wollte denken, sprechen und fühlen wie ein alter Lateiner.

Mit einigem Glück ergab sich für Erasmus 1495 die Möglichkeit zum Studium am *Collège Montaigu*, einer damals berühmten Hochschule in Paris. Neben den spitzfindigen Ausführungen der Scholastiker, die in ihm mehr Spott als Begeisterung auslösten, quälten ihn die verfaulten Eier und der verseuchte Schlafraum des Kollegs und machten ihn regelrecht krank. Glücklich war er, wenn er mit Robert Gaguin zusammentraf, einem französischen Humanisten, dem er bei der Abfassung von Texten helfen durfte – eine wertvolle Vorübung für den späteren Literaten Erasmus.

Da die finanzielle Situation von Erasmus angespannt war, begann er junge Leute zu unterrichten und für sie in lateinischer Sprache Briefe oder Anleitungen für ein schönes Leben zu entwerfen. Später haben sich aus den kleinen Übungs-Episteln die *Vertraulichen Gespräche* entwickelt, mit denen Erasmus berühmt wurde. Darüber hinaus beschäftigte er sich mit dem Aufbau einer eigenen Korrespondenz, die er ebenfalls in Latein erledigte – Latein beherrschte er souveräner als das Niederländische.

Von 1499 bis 1500 kam es zur ersten Englandreise von Erasmus. Der Aufenthalt auf der Insel veränderte ihn, und nicht nur die Freundschaft mit Thomas Morus (1478–1535), dem zukünftigen Autor der *Utopia* und kommenden Staatsmann, stand auf der Habenseite seiner Tour. Daneben eroberte er sich jene Formen des eleganten Auftretens, die ihn von nun an als Mann von Welt auszeichneten. In Briefen berichtete er über Jagd- und Reitausflüge, aristokratischen Umgang mit angesehen Persönlichkeiten (z. B. dem Erzbischof von Canterbury), artige Mädchen mit unverkennbarer Neigung zu höflichen Küssen und sogar über entfernte Kontakte zum Königshaus – kurz: Erasmus befand sich fast durchgehend *in high spirits*.

Bei seiner Rückreise von England nach Frankreich ereilte Erasmus ein folgenschweres Missgeschick. Weil seine Freunde ihm versichert hatten, dass er seine gesamte Barschaft unbehelligt auf den Kontinent mitnehmen könne, gab er dem englischen Zoll gegenüber auf Heller und Pfennig genau an, wie viel Geld er mit sich führte. Die Zöllner reagierten ihren Vorschriften gemäß und konfiszierten fast alles, was Erasmus bei sich trug. Als er wieder in Paris eintraf, war er mittellos. Seine Ersparnisse der letzten Jahre waren der englischen Krone in die Hände gefallen, und so sah er sich gezwungen, wie ehedem Bittbriefe zu verfassen. Außerdem beschloss er, sich nicht (wie zuerst beabsichtigt) der Wissenschaft zuzuwenden, sondern ein populäres Buch zusammenzustellen, mit dem er seinen Lebensunterhalt verdienen wollte: Damit war die Idee für die *Adagia* (1500) geboren.

Die *Adagiorum Collectanea* – so der vollständige Titel; zu Deutsch: *Sammlung von Sprichwörtern* – will Erasmus innerhalb weniger Tage ausgearbeitet haben. Ungefähr 800 sprichwörtliche Wendungen, viele aus der römischen oder griechischen Antike stammend, hatte er zu Papier gebracht und für seine Zeitgenossen verständlich erläutert und aktualisiert. Obwohl der Autor damit lediglich seine finanziell prekäre Situation verbessern wollte, gelang ihm mit seiner Sprichwort-Sammlung ein Volltreffer: Er brachte in Europa den Geist der Antike in Umlauf, den die Autoren der italienischen Renaissance sowie einige Humanisten vor Erasmus bereits beschworen hatten – ohne ihn popularisiert zu haben.

Mit den *Adagia* begann der Ruhm des Erasmus, der ihn während seines Lebens nicht mehr verlassen hat. Um 1500 lebte eine Reihe von Humanisten, doch allein der Name des Mannes aus Rotterdam wuchs damals zur fixen Größe heran. Bald schon wurden Neuauflagen der Sprichwort-Sammlung nötig, die der Autor nach und nach um Gleichnisse, Metaphern, Sprüche, Allegorien und Anekdoten erweiterte. In den *Adagia* präsentierte Erasmus so reichhaltige Weisheiten und kluge Anleitungen zum gelingenden Leben, wie man sie seit Petrarca und den Tagen der Frührenaissance nicht mehr gelesen hatte. Obwohl in Latein verfasst, schrieb der niederländische Gelehrte in einem Duktus, den viele verstanden: leichtfüßig, elegant, durchsetzt von der Autorität und dem Wissen der Alten, ohne Hemmungen und falsche Tabus, und immer auf das wirkliche Leben abzielend. Man kann nachvollziehen, warum allein im 16. Jahrhundert 150 Editionen der *Adagia* erfolgten, deren Wirkung bis weit in die Neuzeit hinein anhielt. Goethe etwa empfahl Schiller:

> Zugleich würde ich raten, sich die *Adagia* des Erasmus anzuschaffen, die leicht zu haben sind. Da die alten Sprichwörter auf geographischen, historischen, nationalen und individuellen Verhältnissen beruhen, enthalten sie einen großen Schatz von reellem Stoff.[2]

In den *Adagia* kommen bereits Seiten des Erasmus zur Geltung, die ihn später zum Fürsten der Humanisten werden ließen: universale Gelehrsamkeit, wohltemperierte Sprache, feiner Spott und weltanschauliche Autonomie. Einige Essays zu den Sprichwörtern wurden so bekannt, dass der Autor sie später eigenständig publizierte; so etwa *Dulce bellum inexpertis* (Süß scheint der Krieg den Unerfahrenen).

Zwischen 1500 und 1505 wohnte Erasmus abwechselnd in Paris und in den Niederlanden, dort bevorzugt in Löwen. 1503 publizierte er das *Handbüchlein eines christlichen Streiters*, ein Vademekum für allfällige Versuchungssituationen, in die vor allem Männer geraten

---

2 Goethe: Brief an Schiller (16.12. 1797), in: Der Briefwechsel zwischen Schiller und Goethe, erster Band, Leipzig 1984, S. 456

können. Lange hat man gerätselt, was denn der Anlass für den Gelehrten gewesen sein mag, sich mit dieser Thematik zu beschäftigen. Inzwischen weiß man, dass es sich um eine Auftragsarbeit gehandelt hat. Die Gattin des seinerzeit bekannten Geschützgießers Johannes Poppenreuter war in ernster Sorge hinsichtlich der Fähigkeiten ihres Mannes, sich an die ehelichen Treuegelübde zu halten. Daher bat sie Erasmus, in literarisch ansprechender Form günstig auf ihren Gatten einzuwirken, woraus kurz darauf das *Handbüchlein* entstand.

Obwohl Frau Poppenreuter zwanzig Jahre später zugeben musste, dass die Schrift des Erasmus nur geringe Effekte in Bezug auf die *Vita sexualis* ihres Mannes erzielt hatte, wurde das *Handbüchlein* für seinen Verfasser zu einem weiteren Baustein des Ruhms. Einige Zeit galt es sogar als christliche Moralfibel, wobei zu vermuten steht, dass nicht alle Käufer des Buches den Text genau studiert haben. Denn es finden sich darin Passagen, bei denen man den Eindruck gewinnt, Erasmus habe mit Johannes Poppenreuter und dessen sexuellen Nöten mehr Solidarität empfunden, als man von kirchlichen Ethiklehrern erwartet: „Mönchstum ist nicht Frömmigkeit, sondern eine Art zu leben, dem einzelnen entsprechend der Beschaffenheit des Körpers und der Begabung entweder nützlich oder schädlich. Wie ich dir nicht zurate, so rate ich dir natürlich auch nicht davon ab" – heißt es sibyllinisch im *Handbüchlein*.

Nach einem zweiten Aufenthalt in England reiste Erasmus 1506 nach Italien, wo er vier Jahre lang blieb. Zunächst legte er in Turin sein Doktor-Examen in Theologie ab. Daraufhin wandte er sich nach Bologna und Florenz, und während dieser Zeit erlebte er Papst Julius II. als einen bewaffneten Triumphator, was ihn zutiefst befremdete. Dass das Kirchen-Oberhaupt alles andere als friedfertig und versöhnlich war, widersprach den pazifistischen wie auch religiösen Überzeugungen von Erasmus. Seine Italienreise brachte den Gelehrten auch nach Venedig, wo er den Verleger Aldus Manutius traf, mit dem zusammen er an Publikationen arbeitete. Außerdem vertiefte er sich in die dortigen Bibliotheken, so dass er von der italienischen Renaissance-Architektur und -Malerei kaum etwas registrierte.

In Venedig lebte der inzwischen 40-jährige Erasmus das erste Mal sein Dasein ganz nach dem ihm eigenen Stil: Lesend und schreibend saß er oft tagelang im Verlagshaus von Manutius, korrigierte Druckfahnen, entwarf neue Paragraphen seiner *Adagia*, plauderte mit den Setzern und Druckergesellen und freute sich wie ein Kind über die bibliophile Machart seiner Bücher, die ihm der Verleger vorbeibrachte. Doch trotz dieser paradiesischen Zustände zog es Erasmus weiter. Als ihm berichtet wurde, dass einer seiner früheren Schüler als Heinrich VIII. den englischen Thron bestiegen hatte, beschloss er kurzerhand, neuerlich den Kontinent hinter sich zu lassen. Vom frisch gekrönten König Englands erwartete er eine entschiedene Förderung von Wissenschaften und Philosophie; diesem Prozess wollte Erasmus gestaltend beiwohnen.

Als er im Sommer 1509 die Alpen in Richtung Norden überquerte, verbrachte er einige Monate auf Pferderücken und in Kutschen, so dass er weder konzentriert lesen noch schreiben konnte. Die Zeit nutzte er, indem er sich ein Konzept für ein Buch zurechtlegte, das er – kaum dass er englischen Boden unter seinen Füßen spürte – innerhalb kurzer Zeit aufs Papier warf: *Das Lob der Torheit* (1511). Wenngleich viele Leser über den eigentümlichen Stil wie auch den ungewöhnlichen Inhalt dieser Publikation nicht wenig staunten, waren sich die meisten Kritiker rasch darin einig, dass dem Autor damit ein brillantes Stück Literatur gelungen war. Erasmus griff zwar hie und da auf Vorbilder wie Sebastian Brants *Narrenschiff* (1494) oder Schelmenromane zurück; gleichzeitig aber schuf er mit *Lob der Torheit* eine originelle literarische Reflexion, die von anthropologischen Überlegungen bis hin zur Ideologiekritik reicht.

Kapitel 9 · Humanismus und Humanität: Erasmus von Rotterdam

In dieser Schrift, die er seinem Freund Thomas Morus gewidmet hat, schlüpft Erasmus in die Rolle der Torheit und schildert aus ihrer Sicht die Menschen und den Weltenlauf. Dabei beherrscht er souverän jenes Spiel, das man später als das eigentliche Qualitätsmerkmal des Gelehrten verstanden hat: Das Changieren von einer weltanschaulichen Position in die nächste, den Wechsel der Meinungen und Standpunkte sowie den Verweis auf immer neue Perspektiven der Betrachtung und des Urteils.

Wer in *Lob der Torheit* liest, wird schwindelig ob der vielen scheinbaren Gegensätze, Widersprüche und Fragwürdigkeiten, von denen man nie so genau weiß, inwiefern sie den eigentlichen Standpunkt des Verfassers bedeuten; er wird aber auch angesteckt von der witzigen und entspannten Art der Darstellung, die einen immer wieder schmunzeln macht. Und wenn den Leser an manchen Stellen der Zweifel übermannt, inwiefern er diesen Text überhaupt ernst nehmen soll, kann er sich an die Gebrauchsanleitung halten, die Erasmus im Widmung-Schreiben an Thomas Morus formuliert hat: „Ich möchte meinen Kritikern nahe legen, sich einfach vorzustellen, ich hätte nur zu meinem eigenen Vergnügen Schach gespielt oder wäre, wenn sie so wollen, auf dem Steckenpferd meiner Schreibfeder spazieren geritten."

In England blieb Erasmus fünf Jahre lang, wobei er hauptsächlich in Cambridge seine Zeit mit Lehrtätigkeit zubrachte. Außerdem beschäftigte er sich mit der Neu-Edition des gesamten Neuen Testaments. Und wie nebenbei entstand ein größeres Pamphlet gegen Julius II., mit dem er sich seine Enttäuschung über das kurz zuvor verstorbene machtversessene Kirchenoberhaupt von der Seele schrieb. 1514 kehrte Erasmus wieder auf den Kontinent zurück. Er traf mit Ulrich von Hutten, Johann Reuchlin, Sebastian Brant und weiteren Humanisten zusammen, deren Schriften er schätzte. In Basel kam es zum fruchtbaren Kontakt mit dem Verleger Johannes Froben, in dessen Druckhaus er noch günstigere Arbeitsbedingungen vorfand als im Verlag von Aldus Manutius. 1516 war die revidierte Fassung des Neuen Testaments fertig gestellt, die Erasmus dem Papst Leo X. widmete. Wie sehr ihn diese Aufgabe belastet hatte, wird am Kommentar an einen Bekannten deutlich: „Endlich bin ich der Basler Tretmühle entronnen, in der ich in acht Monaten die Arbeit von sechs Jahren geleistet habe."

Nach der Neuherausgabe des Neuen Testament wurde Erasmus nicht nur mit Applaus bedacht. Orthodoxe kirchliche Kreise kritisierten ihn wegen angeblicher Abweichungen vom rechten Glauben, wohingegen die sich nach und nach formierenden reformatorisch orientierten Theologen in ihm zuerst einen der Ihren vermuteten. Weil der Niederländer außerdem die Attacken auf Luther verurteilte, die jener nach seinen Wittenberger Thesen zu gewärtigen hatte, sahen sich viele Reformorientierte in ihrer anfänglichen Einschätzung von Erasmus bestätigt. Doch in den 20-er Jahren wurden alle Parteiungen – orthodoxe und reformfreudige Katholiken ebenso wie die zukünftigen Protestanten – eines Besseren belehrt. Erasmus weigerte sich entschieden, sich vor weltanschauliche oder religiöse Karren spannen zu lassen, und er begann, zu Luther, Zwingli und Calvin wie zu den Gegenreformatoren der römischen Kurie auf Distanz zu gehen.

Erasmus störten der militante Ton der Auseinandersetzungen wie auch inhaltliche Aspekte der Streitigkeiten, bei denen seiner Meinung nach antihumanistische Positionen vertreten wurden. Er spürte, dass es nicht um Fragen von Wissenschaft oder Religion, sondern um Macht- und Herrschaftsinteressen ging, und dass massive Affekte bis hin zu Hass, Verachtung und Vernichtungswillen bei den Beteiligten im Spiele waren. Den aggressiv ausgetragenen Religions- und Kirchenstreit versuchte er auf seine Art zu kommentieren und auszugleichen. Er publizierte 1524 die Schrift *Über den freien Willen*, worin er mäßigend eine religiös-philosophische Diskussionsebene eröffnen wollte, auf der sich verfeindete Gruppierungen treffen und mit der sie sich identifizieren können sollten. Diese waren jedoch in fundamentalistischen Grabenkämpfen verfangen, so dass sie für die Stimme der Vernunft nicht zugänglich waren.

Einige Schriften von Erasmus sind noch nachzutragen, die während seiner ersten Basler Zeit entstanden und sich nicht mit Religionsdebatten beschäftigten. 1516 gab er *Die Erziehung des christlichen Fürsten* heraus – ein Fürstenspiegel, der als Komplementärschrift zu Machiavellis *Der Fürst* (1514/32) eingeordnet wird. Darin plädierte er für eine Mischung monarchischer, demokratischer und aristokratischer Herrschaftselemente. Außerdem geißelte er Formen von Willkür und Machtmissbrauch und wandte sich gegen Krieg als Mittel der Politik. Seinen pazifistischen Standpunkt unterstrich Erasmus wenig später in *Die Klage des Friedens* (1516). Ebenso wie in *Süß scheint der Krieg den Unerfahrenen* aus seinen *Adagia* wies er unmissverständlich auf die Gräuel und Schrecken kriegerischer Aktionen hin und räumte gründlich mit der Illusion auf, es gäbe hinreichende Motive für einen gerechten Krieg: Der Verlust des Friedens ist durch nichts zu rechtfertigen.

1518 wurden *Vertrauliche Gespräche* veröffentlicht. Dies geschah vorerst ohne Wissen des Verfassers, dessen Freund und Schüler Beatus Rhenanus eine vorübergehende Abwesenheit von Erasmus nutzte, um die alten Übungs-Episteln seines Lehrers als Buch herauszugeben. Der Ärger des Autors über die Eigenmächtigkeit von Rhenanus hielt sich allerdings in Grenzen: Als Erasmus sah, dass sich die *Colloquia* (so der lateinische Titel) gut verkauften, sorgte er selbst für baldige Neuauflagen. Beinahe noch kesser und witziger als *Das Lob der Torheit*, hat sich der Humanist in den *Vertraulichen Gesprächen* eines freiheitlichen und fortschrittlichen Denkstils befleißigt, der heute noch Hochachtung abverlangt. Etwas anders als in den Platonischen Dialogen verhandeln in den *Colloquia* zum Teil eigentümliche Gestalten die ganze Breite der *Conditio humana*: Fragen der Ernährung, der Lebensgestaltung, des freundschaftlichen Umgangs untereinander, der Erziehung bis hin zu den Details von Zärtlichkeit und Sexualität:

> Vor allem musst du dich meiner Ansicht nach davor hüten, dass es im Schlafzimmer oder im Bett zu Zänkereien kommt. Sorge vielmehr, dass da immer alles angenehm und vergnüglich ist. Es gibt Weibsbilder, die derart launisch sind, dass sie sogar beim Beischlaf zanken und klagen. Die Lust, die aus dem Herzen gewöhnlich hinwegspült, was an Widerwärtigem drinnen war, machen sie durch ihr keifendes Benehmen zur Unlust und verderben so gerade jene Arznei, die es ihnen erlaubt hätte, die Kränkungen zu heilen.[3]

Nicht nur den heutigen Leser interessiert, woher Erasmus solche Einblicke in die Dynamik intimer Liebesbeziehungen hatte. Schon kurz nach ihrem Erscheinen meldeten sich jedenfalls kirchliche Sittenwächter zu Wort und verurteilten die *Gespräche* als gottlos und irrig. In England und Spanien kam es zu einem Verbot des Buches, und als man den Verfasser nach seinem Tod auf den *Index* setzte, dann vor allem wegen seiner *Colloquia*. Die 20-er Jahre des 16. Jahrhunderts bedeuteten für Erasmus den steten Wechsel von persönlicher Anerkennung und massiver Kritik. Man bot ihm Professuren an fünf verschiedenen Universitäten an, und sowohl bei Franz I. (Frankreich) wie auch bei Heinrich VIII. (England) und Karl V. (Habsburg) hätte er an deren Höfen hohe Ämter übernehmen können. Alle diese Avancen beschied der Gelehrte negativ: „Ich wollte immer ein Einzelner sein und hasse nichts mehr als eingeschworene Anhänger und Parteigänger."

---

3   Erasmus: Vertrauliche Gespräche (1518), Zürich 2000, S. 64

Ebenfalls zu dieser Zeit bemühten sich die bedeutendsten Künstler der Epoche, Erasmus zu porträtieren. Von Albrecht Dürer stammen einige Kupferstiche, und Hans Holbein der Jüngere malte von ihm Bilder in Öl. Alle Konterfeis zeigen einen vergeistigt wirkenden Gesichtsausdruck: Der konzentrierte Blick geht in die Ferne oder gilt einer Arbeit auf dem Schreibtisch; die Lippen umspielt ein feines Lächeln, dessen emotionale Skala von der Introversion bis zur Spottlust reicht. Dem Antlitz Erasmus' sieht man jedoch auch die Enttäuschungen an, die ihm der Zeitenlauf bescherte. Weder religiöse noch politische Konflikte hatte er maßgeblich beeinflussen können, und seine Aufrufe zu friedlicher Koexistenz und Toleranz waren kaum gedruckt, da wurden sie durch die historischen Ereignisse auch schon *ad absurdum* geführt: Karl V. führte mit Franz I. mehrere Kriege um die Vorherrschaft in Europa; der *Sacco di Roma* (1527) beendete die goldene Zeit der italienischen Renaissance; die Bauernkriege (unter der Führung von Thomas Müntzer) breiteten sich vom Elsass bis nach Tirol und Thüringen aus; die Spaltung der Kirche war nach den Reichstagen zu Speyer, Augsburg und Nürnberg unumkehrbare Wirklichkeit geworden.

Ende der 20-er Jahre sah sich Erasmus gezwungen, aufgrund von reformatorischer Unduldsamkeit in Basel die ihm lieb gewordene Stadt am Rhein zu verlassen und ins nahe gelegene Freiburg auszuweichen. Dem über 60-jährigen Mann kam diese Verpflanzung keineswegs zupass: „Ich sitze hier in Freiburg zwischen Tür und Angel. Ich sehe keinen stillen Hafen für mich." Kurz vor seiner Übersiedlung hatte der Autor noch zwei sprachkritische und pädagogische Texte veröffentlicht: *Der Ciceronianer* sowie *Über die Notwendigkeit einer frühzeitigen allgemeinen Erziehung der Kinder* (1529). In Freiburg schließlich publizierte er die Schrift *Über die Vorbereitung auf den Tod*, der man eine gewisse Resignation anmerkt.

Als der Gelehrte 1535 wieder nach Basel zurückkehren konnte, war inzwischen sein geschätzter Verleger Johannes Froben gestorben – ein Verlust, der ihn schmerzte. Im selben Jahr hatte er auch das tragische Schicksal von Thomas Morus zu beklagen, den man in England des Hochverrats für schuldig befunden und hingerichtet hatte. Man versteht, dass der Lebensmut von Erasmus sank. Hinzu kamen Krankheiten, die ihn bedrängten; unter anderem litt er an Nierensteinen. Die Koliken ertrug er tapfer wie Jahrzehnte später Montaigne, und ähnlich wie dieser beschrieb er mit stoischer Unbewegtheit seine Beschwerden:

> » Schon seit einigen Jahren quälten mich grausam Nierensteine, es war kein Ende mit Wehen, Geburten und Empfängnis – ich wundere mich, dass mein Körperchen den vielen Qualen standgehalten hat. Die Qual führte häufig zum Erbrechen; dann nahm der Magen volle sechzehn Tage überhaupt keine Speise an außer Süppchen. Endlich spürte ich oben an der Eichel etwas, wie man es als Knabe, vom Winde durchweht, zu bekommen pflegt: die sogenannte kalte Pisse. Ich merkte, wie eine große Menge Steine und allerlei kleines Zeug mit dem Urin herauskam, unter Verletzung der Schleimhäute. Das geschah in der Nacht mehr als zehnmal.[4]

1536 starb Erasmus. Kurz zuvor noch hatte er die Würde eines Kardinals abgelehnt, um zum wiederholten Mal seine Unabhängigkeit unter Beweis zu stellen: Der Papst bemühte sich vergebens, ihn – wie Erasmus selbst es ausdrückte – „in Gold zu fassen". Obwohl der Gelehrte Zeit seines Lebens um Geld und Besitz wenig Aufhebens gemacht und angeblich kaum eine Barschaft besessen hatte, hinterließ er testamentarisch eine Stiftung von

---

4 Erasmus: Briefe, zit. n. Schultz, U.: Erasmus von Rotterdam – Der Fürst der Humanisten, München 1998, S. 235

500 Gulden. Sie wurde so gut angelegt, dass das *Legatum Erasmianum* lange Bestand hatte; noch heute kann die Universität Basel jährlich zwei Studienstipendien aus dem Nachlass des Erasmus vergeben.

Humanismus. Der Begriff Humanismus leitet sich vom lateinischen Wort für Menschlichkeit ab und bedeutet eine philosophische, weltanschauliche und lebenspraktische Orientierung an den Werten, Interessen und der Würde des Menschen. Weder irgendwelche sie übersteigende Mächte (Götter, Herrscher, Hierarchien) noch fragwürdige Ziele und Zwecke sollen und dürfen dem Humanismus zufolge die Menschen dominieren. Die Idee wie auch der Terminus der *Humanitas* waren bereits den Römern der Antike bekannt. Besonders Cicero plädierte für eine ethisch-kulturelle Hoch- und Höchstentfaltung der menschlichen Fähigkeiten und Kräfte, die in ästhetisch ansprechender Form sowie mit gelassener und entspannter Stimmung erfolgen sollte. Nicht zuletzt das aufkommende Christentum sorgte mit seinen andersgearteten Moralvorstellungen – von Friedrich Nietzsche als Sklavenmoral tituliert – dafür, dass derlei Konzepte humaner Entwicklung in den Hintergrund gedrängt wurden oder partiell in Vergessenheit gerieten.

Die eben erwähnten Ideen Ciceros und weitere Gedanken der Antike wurden während des italienischen Frühhumanismus neu entdeckt und wertgeschätzt. Dante, Petrarca und Boccaccio zählten mit zu seinen prominentesten Vertretern, deren geistig-kulturelle Ausrichtung wesentlich zur Entstehung und Gestaltung der Renaissance beitrug. Auf sie folgten in Italien und anderswo Gelehrte, Künstler und Philosophen, die später als Humanisten bezeichnet wurden (z. B. Rudolf Agricola, Sebastian Brant, Willibald Pirckheimer, Albrecht Dürer, Thomas Morus, Ulrich von Hutten, Philipp Melanchthon, Michel de Montaigne). Sie alle einte ihr nachhaltiges Interesse an antiker Kultur, lateinischer Sprache, freiheitlichem Denken und größtmöglicher Bildung des Menschen.

Ähnliche Intentionen vertraten die Neuhumanisten im Ausgang des 18. und zu Beginn des 19. Jahrhunderts. Lessing, Herder, Wilhelm und Alexander Humboldt ebenso wie Goethe und Schiller orientierten sich an humanistischen Idealen, die sie in Erkenntnis- und Geschichtstheorien, in künstlerische, pädagogische und ethisch-sittliche Ausgestaltungen ihres Lebens und Werks sowie in gesellschaftliche und kulturelle Konzepte einfließen ließen. Goethe nahm in *Iphigenie auf Tauris* (1786) auf diese Gedanken der Humanität Bezug und schrieb: „Alle menschlichen Gebrechen / Sühnet reine Menschlichkeit." Jahrzehnte später allerdings meinte er selbstironisch zu Schiller, dieses Drama sei ihm „ganz verteufelt human" geraten; er wollte kein Humanitäts-Salbader sein oder werden.

Der Humanismus im 20. Jahrhundert griff auf skeptisch-agnostische Positionen der Aufklärung sowie der Ideologie- und Religionskritik zurück; man spricht in diesem Zusammenhang auch von säkularem Humanismus. Als seine Hauptvertreter gelten Albert Einstein, Bertrand Russell, Albert Camus und Jean-Paul Sartre (*Ist der Existentialismus ein Humanismus?*, 1946). Daneben gibt es liberaldemokratische, marxistische oder auch integrale Spielarten des Humanismus, so dass die Kritik von Ernst Robert Curtius an einem fast inflationären Gebrauch dieses Terminus nicht ganz unberechtigt ist:

> Wie schattenhaft der Begriff Humanismus geworden ist, ersieht man daraus, dass sich die meisten Leute nichts Bestimmtes mehr darunter vorstellen können … Hinz und Kunz gaben vor, das Publikum damit beliefern zu können. Wie viele Erasmusse gab es damals in Deutschland …[5]

---

5 Curtius, E.R.: Büchertagebuch, Bern – München 1960, S. 65 ff.

Kapitel 9 · Humanismus und Humanität: Erasmus von Rotterdam

Eingedenk dieser Zeilen werden im Folgenden anhand der Person und des Werks von Erasmus einige Strukturmerkmale benannt, die den Humanismus kennzeichnen, ohne aus ihm ein weltanschauliches Einerlei werden zu lassen. Vollständigkeit ist dabei ebenso wenig intendiert wie wissenschaftlich-philologische Ausführlichkeit; vielmehr sollen jene Aspekte hervorgehoben werden, mit denen sich Goethe identifizieren konnte, und die uns Heutigen noch etwas zu bedeuten haben.

Pazifismus. Könnten wir Erasmus nach der Hierarchie seiner Werte und Ideale befragen, würde er uns wohl mit einem Verweis auf seine Schriften zum Krieg respektive zum Pazifismus geantwortet haben. Sein erstes und höchstes Ziel im Leben war die Gewaltfreiheit in allen nur erdenklichen Situationen. Sowohl in *Süß scheint der Krieg den Unerfahrenen* wie auch in *Die Klage des Friedens* geißelte Erasmus jede Form gewaltsamer Auseinandersetzung. Die von der katholischen Kirche lange und bis in die Neuzeit hinein vertretene Lehre vom gerechten Krieg entlarvte er ebenso als unhaltbar und destruktiv wie alle anderen, angeblich nachvollziehbaren Motive für kriegerisch-aggressive Handlungen.

Ausgehend von seiner Frage, wie denn die Mitra zum Helm passe, empörte er sich besonders über jene (z. B. Julius II.), welche die Kirche, das Christentum und den Militarismus als miteinander vereinbar beschrieben. Darüber hinaus lehnte Erasmus auch alle inner- und zwischenstaatliche Gewalt ab. So verglich er etwa die Todesstrafe mit den Gräueln und dem Wahn des Krieges; in beiden Fällen, so der Gelehrte, handele es sich um staatlich legitimierten Mord:

> Es ist angemessen, Verbrechern zu zürnen, aber können wir etwas anderes tun, als die von Furien Getriebenen beweinen? Sie sind gerade deshalb so beklagenswert, weil sie sich selbst nicht beweinen, und sie sind umso unglücklicher, weil sie ihr Unglück nicht bemerken, da es ja schon der erste Schritt zur Gesundheit hin ist, die Schwere der eigenen Krankheit zu erkennen.[6]

Wenngleich Erasmus ein Mensch war, der Prinzipien kannte und diesen treu blieb, wäre er wohl nie auf den Gedanken verfallen, den Grundsätzen seiner Weltanschauung zuliebe irgendwelche Kreuzzüge zu veranstalten. Er war ein zutiefst friedliebender Denker, der zwar von sich sagte, er werde nie aufhören, sich gleich zu bleiben, und der in seinem Petschaft (Siegelring) den Satz *Ich weiche keinem* eingraviert hatte. Aber zu den Waffen hätte er deshalb nie und nimmer gegriffen; und einer Verbindung von *Humanismus und Terror*, wie der französische Philosoph Maurice Merleau-Ponty sie 1947 in seinem gleichnamigen Buch bezüglich der stalinistischen Gräueltaten beschreiben musste, die im Namen eines angeblich marxistischen Humanismus begangen wurden, wäre er immer absolut fremd und ablehnend gegenüber gestanden.

Obwohl Goethe kein dezidierter Pazifist war, verabscheute er doch die Brutalitäten, Inhumanitäten und das unsagbare Leid, die mit Kriegen stets verbunden sind. Als er 1792, von seinem Herzog Karl August halb genötigt, die Koalitionstruppen auf ihrem Feldzug gegen die französische Revolutions-Armee begleitete, erlebte er Abstoßendes und Traumatisierendes *en masse*, von dem er später in seiner *Campagne in Frankreich* berichtete:

> So zwischen Ordnung und Unordnung, zwischen Erhalten und Verderben, zwischen Rauben und Bezahlen lebte man immer hin, und dies mag es wohl sein, was den Krieg für

---

6   Erasmus: Ausgewählte Schriften Band 5, Darmstadt 1975, S. 363

das Gemüt eigentlich verderblich macht ... Man gewöhnt sich an Phrasen ... hierdurch entsteht nun eine Art von Heuchelei, die einen besonderen Charakter hat und sich von der pfäffischen, höfischen ganz eigen unterscheidet.[7]

Toleranz. Im Hinblick auf Pazifismus und Gewaltfreiheit treffen wir in den Schriften des Erasmus auf einen Autor, dem es mit seiner Haltung völlig ernst war, und der diesbezüglich keinerlei Witz und Humor gelten ließ; allenfalls erlaubte er sich gallige Ironie und bitterbösen Sarkasmus, um den Krieg und seine katastrophal inhumanen und destruktiven Folgen zu charakterisieren.

Ganz anders verfuhr er, wenn er seinen Lesern jene Haltung nahe zu bringen versuchte, die er als das Fundament zwischenmenschlicher Friedfertigkeit begriff: die Toleranz. Natürlich wusste Erasmus um die menschlichen Schwächen, Laster und Affekte, und das Faktum allfälliger Meinungsverschiedenheiten und Konflikte war ihm nicht fremd. Dass es divergierende Ansichten und Interessen gibt, liegt in der Natur der Sache, und dass die Angehörigen unterschiedlicher Völker, Religionen, Staaten und Rassen sich durch eigentümliche Sitten, Bräuche, Normen sowie je differente Denk- und Empfindungsstile auszeichnen, überraschte den Autor keineswegs. Problematisch werden alle diese Differenzen jedoch, wenn sie nicht mit Toleranz beantwortet, sondern einem Nivellierungsdruck unterworfen werden. Intoleranz war für Erasmus das Einfallstor für Missverstehen, Ablehnung und feindliche Behandlung des anderen bis hin zu dessen Vernichtung; dementsprechend entschieden plädierte er für tolerante Welt- und Lebensanschauungen, welche die Fülle der Meinungen und Überzeugungen bestehen lassen, ohne mit Angst oder Aggression darauf zu reagieren.

Zweihundert Jahre vor John Locke wurde Erasmus zu einem Verfechter des Toleranzgedankens, der später in der Aufklärungsepoche von vielen Gelehrten und Philosophen vertreten wurde. Mit dieser Idee war der Autor seiner Zeit weit voraus, die sich vor allem im Hinblick auf religiöse Intoleranz bis hin zu den Grausamkeiten der Inquisitionsgerichte und Glaubenskriege hervorgetan hat. Er wollte es stattdessen, wie er sich ausdrückte, lieber mit einem aufrichtigen Türken als mit einem falschen Christen zu tun haben.

Ambiguitätsfähigkeit. Eine Tugend, die zur Toleranz anderen gegenüber beiträgt, ist die Fähigkeit zur Ambiguität. Darunter versteht man eine geistige und psychosoziale Einstellung, die bei strittigen Fragen möglichst alle Facetten, Argumente und Gegenargumente eines Problems kennt und gelten lässt und ein endgültiges Urteil darüber lange in der Schwebe hält. Übersetzt bedeutet Ambiguität auch Zweideutigkeit, Doppelsinnigkeit und Mehrdeutigkeit eines Sachverhalts, einer Lehre oder einer Situation – wobei Doppelsinnigkeit und Mehrdeutigkeit keinesfalls mit Unentschiedenheit oder einem vagen Sowohl-als-Auch verwechselt werden dürfen. Dies brachte auch Goethe in *Wilhelm Meisters Wanderjahre* zum Ausdruck, wobei man den Widerwillen des Autors merkt, billige oder Sowohl-als-Auch-Kompromisse bei relevanten Konflikten einzugehen:

» Man sagt: Zwischen zwei entgegengesetzten Meinungen liege die Wahrheit mitten inne. Keineswegs! Das Problem liegt dazwischen, das Unschaubare, das ewig tätige Leben, in Ruhe gedacht.[8]

---

7   Goethe: Campagne in Frankreich (1822), in; HA Band 10, München 1981, S. 213 f.
8   Goethe: Wilhelm Meisters Wanderjahre (1828), in: HA Band 8, München 1981, S. 309

Kapitel 9 · Humanismus und Humanität: Erasmus von Rotterdam

Erasmus war ein Meister der Ambiguität und des Vorbehalts. Besonders hinsichtlich der religiösen Konflikte seiner Epoche hat er sich durch Ausgeglichenheit, Zurückhaltung und umsichtiges Abwägen ausgezeichnet, wofür man ihm jedoch nicht nur Applaus spendete. Von Luther und seinen Anhängern bis hin zur römisch-katholischen Kurie gab es nicht wenige, die diese Erasmische Haltung als viel zu zögerlich, unentschieden oder sogar feige denunzierten. Der Gelehrte ließ sich von derlei Diffamierungen nur selten beirren. Er wusste, dass sich hinter den aktuellen Auseinandersetzungen ein bunter Strauß komplexer, zum Teil lange tradierter Probleme verbarg, die durch einfache und rasche Aktionen nicht gelöst werden konnten. Und er spürte, dass sein Charakter ein Zuwenig an Härte und Fanatismus sowie ein (zu) großes Quantum an Quietismus, Reflexionsvermögen und Wohlwollen aufwies, um ein Mensch der raschen Tat zu werden. Seine eigene Rolle sah Erasmus daher nicht in der Formulierung simpler Vorschläge und Handlungsanweisungen, sondern in der mühseligen Erziehung zu Geduld und vielschichtiger Urteilsfähigkeit bei sich und anderen:

> Ich will eine Hermesstatue sein, die als Wegweiser den Wanderer oft dahin führt, wohin er selbst nicht kommen wird; ich will, poetisch gesprochen, ein Wetzstein sein, der ein Eisen scharf machen kann, aber selbst nicht schneidet.[9]

Bildung. Eine hauptsächliche Hürde für ausgewogenes, tolerantes und humanes Denken, Fühlen und Handeln sah Erasmus in den eklatanten Wissens- und Bildungslücken seiner Zeitgenossen gegeben. In keiner seiner Schriften fehlen Hinweise auf dieses Manko, wobei er Herrschende ebenso wie Priester, Mönche und sogenannte Gelehrte für diesen Mangel verantwortlich machte. Obschon er eines seiner bekanntesten Bücher mit dem ironischen Titel *Lob der Torheit* versah, kann man Erasmus als Apologeten des Wissens- und Bildungs-Zuwachses als Fundament von intellektueller und emotionaler Autonomie auffassen. Wer sich kritische Unabhängigkeit des Denkens erobern will, wird um den umfassenden Erwerb kultureller Inhalte und Traditionen nicht herumkommen.

Im *Lob der Torheit* hat der Autor manche Passagen jenen Institutionen und Individuen gewidmet, die allein durch ihre Existenz sowie ihre Art des Fragens und Probleme-Wälzens das Volk von tatsächlichem Erkenntniszuwachs und Wissen abhalten. Karikierend schreibt er etwa über die Scholastiker, die sich mit ach so weltbewegenden Themen abgeben wie:

> Durch welche Kanäle das Unheil der Erbsünde in die Nachkommen Adams gelangt ist; zu welcher Größe und mit welcher Schnelligkeit Christus in der Gebärmutter der Jungfrau heranwuchs; ist es denkbar, dass Gott in einer Frau, einem Teufel, einem Esel, einem Kürbis oder Kieselstein Gestalt geworden wäre? Wie würde ein solcher Kürbis öffentlich predigen, Wunder tun und ans Kreuz geschlagen werden?[10]

Wer Bildung für sich oder andere ermöglichen will, muss derlei Pseudo-Wissenschaft und Pseudo-Philosophie durchschauen lernen und darf sie entschieden demaskieren. Erasmus erkannte bereits im 16. Jahrhundert, dass alle Formen des Aberglaubens massive Denkhemmungen bei den Menschen provozieren, die es kirchlichen und weltlichen Machthabern erlauben, ihren Untergebenen Widersinniges bis hin zur Absurdität als erlösende Wahrheit zu verkaufen. Skepsis und Kritik hieß die Medizin, die Erasmus gegen die Krankheiten von

---

9   Erasmus: Ausgewählte Schriften Band 3, Darmstadt 1975, S. 121
10 Erasmus: Lob der Torheit (1511), Frankfurt am Main 1979, S. 91

Dummheit, Denkunfähigkeit, Torheit sowie Geist- und Bildungsarmut verabreichte oder zumindest empfahl.

Und Goethe? Beinahe möchte man meinen, dass sein gesamtes Sinnen und Trachten danach ausgerichtet war, sich und andere zu bilden. Begonnen bei seiner Kindheit, die von pädagogischen Impulsen seinen Geschwistern gegenüber geprägt war, bis hin zu den *Faust*-Dramen oder *Wilhelm Meisters Lehr- und Wanderjahren* zieht sich wie ein roter Faden die Überzeugung des Dichters, dass die Hauptaufgabe der Menschen in ihrer Vervollkommnung, Entfaltung und gegenseitigen Bildung besteht. Im Laufe seines Lebens wurde er allerdings skeptischer im Hinblick auf die Möglichkeit, ein Gegenüber direkt erziehen und bilden zu können. Sein Hauptaugenmerk galt zunehmend der Selbstbildung, die – so sie denn Erfolge zeitigt – modellhaft und ermutigend für die Mitmenschen wirkt und eventuell auch für die Kultur fruchtbare Resultate abwirft:

> Mich selbst, ganz wie ich da bin, auszubilden, das war dunkel von Jugend auf mein Wunsch und meine Absicht.[11]

Vorurteilsfreiheit. Wer umfassendere Bildungsprozesse bei sich oder anderen initiieren will, wird oft mit jenen emotionalen und intellektuellen Hürden und Klippen konfrontiert, die als Denk-Klischees oder Vorurteile bezeichnet werden. Sie als solche zu erkennen und zu überwinden, ist nicht selten mit Angst und Widerständen verknüpft. In seinen *Vertraulichen Gesprächen* griff Erasmus daher zu einem Trick: Um seine Leser mit ihren Denkschablonen vertraut zu machen und sie gleichzeitig zu vorurteilsfreieren Formen des Lebens zu ermutigen, ließ er in seinen Dialogen jeweils Gesprächspartner auftreten, die sich auf witzig-komische Art ihre Vorurteile gegenseitig nachweisen. Im Lachen über den begrenzten Denkhorizont der dargestellten Figuren befreit sich der Leser zumindest für kurze Zeit auch von den eigenen Limitierungen.

Besonders gekonnt wandte Erasmus dieses Verfahren im Dialog *Der Abt und die gebildete Frau* an. Der Abt Antronius trifft auf Magdalia, eine emanzipierte Dame, die sich von den priesterlich-männlichen Vorurteilen ihres Gegenübers nicht beeindrucken lässt. So meint etwa der Geistliche: „Frau und Geist, das schließt sich aus; die Bücher rauben den Frauen zu viel von ihrer Hirnsubstanz, von der sie ohnehin zu wenig haben." Magdalia antwortet auf diesen angeblich weiblichen Mangel an Gehirn recht schlagfertig:

> Wie viel ihr Männer davon habt, weiß ich nicht. Ich möchte jedenfalls das wenige, das ich habe, lieber für ordentliche Studien verwenden als für das sinnlose Herunterleiern von Gebeten, für nächtelange Gelage und das Leeren mächtiger Humpen.[12]

Magdalia malt sich und dem Abt eine Welt aus, in der Männer und Frauen gleichberechtigt nebeneinander leben und die patriarchalischen Vorurteile an Gewicht verlieren. Dem guten Antronius wird daraufhin angst und bang, und es tröstet ihn nur bedingt, wenn Magdalia ihm schlussendlich erklärt: „Die Weltszene wandelt sich von Grund auf. Entweder muss man seine Maske ablegen und abtreten, oder jeder muss seine Rolle spielen." Dieser Satz spiegelt auch die Überzeugung des Erasmus wieder, der sein Dasein als dauerndes Spiel von Wandel und Anpassung verstand.

---

11 Goethe: Wilhelm Meisters Lehrjahre (1795/96), HA Band 7, München 1981, S. 290
12 Erasmus: Vertrauliche Gespräche, Zürich 2000, S. 145

Kapitel 9 · Humanismus und Humanität: Erasmus von Rotterdam

Der Körper als Thema. Manches an den Schriften von Erasmus wird der heutige Leser als modern erleben: seine Tendenz zu Vorurteilsfreiheit und Toleranz ebenso wie sein Bekenntnis zu Gewaltfreiheit und Pazifismus. Darüber hinaus beeindruckt dieser Autor aber auch durch seine Hinweise auf den leibhaftig-körperlichen Aspekt menschlichen Daseins. Er scheint ein Gelehrter gewesen zu sein, der trotz (oder vielmehr wegen) Krankheit, schwächlicher Konstitution und hypochondrischer Befürchtungen dem Leib eine gewichtige Rolle in seinen Überlegungen hat zukommen lassen. Ziemlich ungeniert schildert Erasmus in Briefen seine körperlichen Befindlichkeiten als Kranker wie Gesunder. Daneben erwähnt er in seinen Texten mehrfach Phänomene wie Zärtlichkeit, Sexualität ("Ein Weiberheld erzählt von der langen Reihe seiner Eheversprechen: ,Es waren Worte im Futur ausgetauscht, doch der Verkehr wurde im Präsens abgewickelt.'") und den menschlichen Organismus und wundert sich über jene, die sich diesbezüglich Hemmungen auferlegen:

> So frage ich denn, ob es der Kopf, das Gesicht, die Brust, das Auge oder sonst eines dieser sogenannten edlen Körperteile ist, wodurch Götter und Menschen gezeugt werden? Keineswegs, sondern jenes törichte, lächerlich wirkende Organ, über das man lachen muss, wenn je von ihm gesprochen wird.[13]

Mit den Verweisen auf Sinnlichkeit und Sexualität gelang es Erasmus, den Leib, das 1500 Jahre alte Anathema christlich geprägter Kultur, in seine humanistische Welt- und Lebensanschauung zu integrieren. Den Körper mit seinen Antrieben und Bedürfnissen angemessen zu berücksichtigen trägt entscheidend dazu bei, im Umgang mit sich und den anderen Milde, Nachsicht und Verständnis zu entwickeln. Wie später Georg Christoph Lichtenberg oder Friedrich Nietzsche, ließ auch Erasmus seinen Humanismus im Bios der menschlichen Existenz entspringen und ermahnte seine Leser, kein bloß vergeistigt-spirituelles Dasein zu führen. Er wollte kein verkopfter Professor sein, und als Maßstab für die Beurteilung von Menschen und Kultur dienten ihm nicht nur die gelehrten Schriften aus der Antike, sondern auch die organismischen Verhältnisse des eigenen Leibes – ein Maßstab, der Güte und Wohlwollen und damit letztlich auch das Humane als etwas Selbstverständliches inkludiert.

Wie sehr Goethe diesen Gedanken in seinem Dasein verwirklicht hat, wird an den *Römischen Elegien* evident. Der Gedichtzyklus entstand, inspiriert von der Italienischen Reise, in den Monaten nach der Rückkehr des Dichters nach Weimar. Damals lernte er Christiane kennen, die bald seine Geliebte wurde, und die (zusammen mit Faustina, der Geliebten aus seiner römischen Zeit) in den *Elegien* als nicht beim Namen genanntes Motiv immer wieder auftaucht. Die Reise nach Italien bedeutete für Goethe nicht nur eine Wende hinsichtlich seiner zukünftigen Rolle als Dichter und seiner literarischen Produktivität – die während und nach Italien merklich zunahm. Darüber hinaus ließ sich bei ihm und seiner Dichtkunst ein nochmaliger Zuwachs an natürlicher Selbstverständlichkeit registrieren, den man am ehesten auf die vollgültige Integration seiner vitalen Bedürfnisse, Leidenschaften und Triebimpulse während und nach seiner *Grand Tour* im Sehnsuchts-Land Arkadien zurückführen darf.

Homo pro se. In den *Dunkelmännerbriefen*, einer berüchtigten Satire-Zeitschrift der Reformationszeit (1515/16), hat Ulrich von Hutten seinen Zeitgenossen Erasmus als einen *Homo pro se* bezeichnet, als einen Menschen also, der für sich alleine steht. Diese Formel

---

13 Erasmus: Lob der Torheit (1511), Frankfurt am Main 1979, S. 83

wurde seither zur Charakterisierung des niederländischen Gelehrten häufig verwendet; darüber hinaus spielt sie aber auch auf eine wesentliche Voraussetzung für eine humanistische Einstellung generell an.

Mit seiner Formulierung hat Hutten zweifelsohne etwas Richtiges gesehen. Bekannt sind Aussagen von Erasmus wie etwa: „Ich wünsche Weltbürger zu sein, allen zu gehören, oder besser noch Nichtbürger bei allen zu sein"; sowie: „Ich liebe die völlige Freiheit und will und kann niemals einer Partei dienen." Der Gelehrte war stets auf Unabhängigkeit bedacht, und wir können verstehen, warum Luther über ihn schimpfte, er sei wie ein Aal: „Erasmus ist ein wunderliches Männlein; man weiß nit, wo man sein gewarten kann."

Nie ließ sich der Rotterdamer von irgendeiner weltanschaulichen Gruppierung vereinnahmen, und nie erledigte er die Geschäfte anderer, wenn sie nicht seinen eigenen Intentionen dienlich waren. In der Epoche massiver Religions- und Glaubenskämpfe tarnte er sich nach außen hin geschickt mit vielerlei Meinungen und Ansichten; in seinem Inneren jedoch blieb er eisern bei seinen ureigenen und manchmal auch eigensinnigen Standpunkten: „Beständig sein heißt nicht, immer dasselbe zu sprechen, sondern immer am gleichen Ziel festzuhalten."

Wie bei anderen Kulturrepräsentanten kann man auch bei Erasmus jene Charaktereigenschaften feststellen, die in der psychoanalytischen Terminologie Sigmund Freuds als „anal" bezeichnet werden: ausgeprägtes Autonomiestreben, Sparsamkeit, Ordnungsliebe und Reinlichkeit (im Hinblick auf soziale Kontakte mindestens ebenso sehr wie auf intellektuelle Arbeiten). Anders jedoch als in den vielgestaltigen neurotischen Ausformungen und Störungen bei allfälligen Patienten erfuhr die Analität bei Erasmus eine Wendung ins Sublimierte und kulturell Wertvolle – eine Ausgestaltung, die bei Sigmund Freud selbst ebenfalls zu beobachten war, und die als eine *Conditio sine qua non* für unabhängiges Denken und Urteilen gelten darf. Bei Goethe waren diese analen Aspekte darüber hinaus mit einem elaborierten Sinn für Schönheit amalgamiert, der für weitere Sublimierung ins kulturell Wertvolle sorgte.

Weltbürgertum. Neben „analen" Qualitäten imponierte bei Erasmus eine universelle Fähigkeit zur Kommunikation. Seine Korrespondenz umfasste einige Tausend Briefe, und die Liste seiner Brief-Partner liest sich wie ein *Who's who* der damaligen Zeit. Berührungsängste kannte dieser Mann kaum, und die Offenheit, mit der er anderen Menschen und fremdartigen Situationen gegenüber auftrat, war legendär. Ebenso unbegrenzt wie sein Bedürfnis nach Austausch war sein Wissensdurst und Bildungsinteresse; kaum ein Thema seiner Epoche, das von ihm nicht bedacht oder mit einem Kommentar versehen wurde. In Erasmus begegnet man einem Menschen, der bereits zu Beginn des 16. Jahrhunderts global dachte und empfand – zu einer Zeit also, zu der die Umrisse unseres Globus erst sehr allmählich zu erahnen und alles andere als bekannt waren.

Dass das Humane, der Humanismus und das Weltbürgerliche als Synonyme zu begreifen sind, wird an vielen Urteilen und Schriften des Erasmus von Rotterdam spürbar. *Expressis verbis* ausgedrückt hat es drei Jahrhunderte später auch Goethe, der in *Dichtung und Wahrheit* anerkennend über Johann Heinrich Merck schrieb: „Mit Verstand und Geist geboren, hatte er sich sehr schöne Kenntnisse, besonders der neueren Literaturen, erworben und sich in der Welt- und Menschengeschichte nach allen Zeiten und Gegenden umgesehen. Treffend und scharf zu urteilen, war ihm gegeben … Das Humane und Weltbürgerliche wird befördert …"[14]

---

14   Goethe: Dichtung und Wahrheit (1814), HA Band 9, München 1981, S. 505 f.

Der Humor. Witz, Schwank, Spottlust, Ironie und Karikatur: Erasmus beherrschte auf der Klaviatur des Humors viele Melodien. Sie reichten von der selbstironischen Relativierung seiner Person bis hin zur sarkastisch-ätzenden Kritik an kirchlichen und weltlichen Übeln und Missständen, an Scholastikern, philiströsen Mönchen und sogar am Papst. Ein Hauptmerkmal des Erasmischen Humors war die Tendenz, mit schlagfertigen, witzigen oder komischen Bemerkungen sich selbst ebenso wie viele andere Menschen vor Entwertungen aller Art zu schützen. Der Gelehrte muss die Würde der eigenen und fremden Individualität überaus hoch angesetzt und gleichzeitig gespürt haben, dass mittels Heiterkeit die Schläge des Schicksals und die Attacken der Umwelt dagegen abgewehrt oder zumindest abgemildert werden können.

Außerdem war Erasmus davon überzeugt, dass heitere Gemüter für Fanatismen und Aggressivitäten aller Art viel weniger anfällig sind als verängstigte und selbstentfremdete Individuen. Er empfahl daher, auf die schroffen Gegensätze und militanten Konflikte seiner Zeit mit geistreichem Humor, verschmitztem Lächeln und passionierter Leidenschaftslosigkeit zu reagieren. In gewisser Weise nahm der Rotterdamer Gelehrte damit eine Erkenntnis von Christoph Martin Wieland (1733–1813) vorweg, der im 18. Jahrhundert die Meinung vertrat: „Religionsschwärmerei und politische Schwärmerei, diese Ungeheuer, welche die schrecklichsten Katastrophen zu verursachen fähig sind, finden bei einem fröhlichen Volk keinen Zugang offen, oder verlieren bei ihm alle Macht zu schaden."

Erasmus war ein Denker, für den Humanismus gleichbedeutend mit der Abwesenheit jeglicher religiöser und politischer Schwärmereien und Fanatismen war. Er verabscheute Extreme, und zuhause fühlte er sich da, wo er Mitte, Maß und Menschlichkeit erlebte. Bei allem Fleiß und seiner Vielzahl intellektueller und schriftstellerischer Aufgaben gönnte er sich, wann immer möglich, ein behagliches Leben. Um ein solches zu führen, benötigte er keinen Luxus, wohl aber einige Spezifika: feine Bücher, ausgewählte Freunde, liberale und friedfertige Verhältnisse, kooperative Verleger sowie – gegen unbehagliche Stunden – einen Schuss Humor. Es ist dies jene Haltung, welche die Sinnwidrigkeiten, das Ängstigende und Absurde des menschlichen Daseins (von existentialistischen Humanisten wie Sartre[15] und Camus beschrieben) am ehesten ertragen lässt.

Literatur

1. Augustijn, C.: Erasmus von Rotterdam. Leben – Werk – Wirkung (1985), München 1986
2. Erasmus: Ausgewählte Schriften in acht Bänden, Darmstadt 1975
3. Ders.: Adagia (1500), Zürich 1984
4. Ders.: Das Lob der Torheit (1511), Frankfurt am Main 1979
5. Ders.: Süß scheint der Krieg den Unerfahrenen (1515), München 1987
6. Ders.: Vertrauliche Gespräche (1518), Zürich 2000
7. Halkin, L.: Erasmus von Rotterdam – Eine Biographie (1987), Zürich 1989
8. Huizinga, J.: Europäischer Humanismus – Erasmus (1924), Reinbek bei Hamburg 1993
9. Sartre, J.-P.: Ist der Existentialismus ein Humanismus? (1946), in: Drei Essays, Frankfurt am Main 1946
10. Schultz, U.: Erasmus von Rotterdam – Der Fürst der Humanisten, München 1998
11. Weiland, J.S. (Hrsg.): Erasmus von Rotterdam – Die Aktualität seines Denkens (1986), Hamburg 1988
12. Zweig, St.: Triumph und Tragik des Erasmus von Rotterdam (1938), Frankfurt am Main 1982

---

15 Sartre, J.-P.: Ist der Existentialismus ein Humanismus? (1946), in: Drei Essays, Frankfurt am Main 1946, S. 35

Pantheismus und Immanenz-Denken: Baruch de Spinoza

Literatur – 172

Spinoza? Das war für Goethe, welcher der Philosophie generell und den meisten Denkern vom Fach im Speziellen zeitlebens kritisch-distanziert oder zumindest indifferent gegenüber stand, *die* große Ausnahme: ein „alter Herr und Meister" (so an den Dichter Christian Gottlob von Voigt im Februar 1816); ein *Homo temperatissimus*, den große Aufrichtigkeit und Menschenliebe auszeichneten, und von dem Goethe überzeugt war, dass er bei ihm sehen wolle, „wie weit ich dem Menschen in seinen Schachten und Erdgängen nachkomme" (so an Ludwig Höpfner, einen Jugendfreund Goethes, im Mai 1773). Und obwohl Goethe Phasen sowohl der Distanz zu als auch der Wiederannäherung an Spinoza kannte, schrieb er in *Dichtung und Wahrheit* über den niederländischen Denker ausnehmend anerkennend und wertschätzend:

> Mein Zutrauen auf Spinoza ruhte auf der friedlichen Wirkung, die er in mir hervorbrachte, und es vermehrte sich nur, als man meine werten Mystiker des Spinozismus anklagte; … Denke man aber nicht, dass ich seine Schriften hätte unterschreiben und mich dazu buchstäblich bekennen mögen. Denn dass niemand den andern versteht, dass keiner bei denselben Worten dasselbe was der andere, denkt, dass ein Gespräch, eine Lektüre bei verschiedenen Personen verschiedene Gedankenfolgen aufregt, hatte ich schon allzu deutlich eingesehen, und man wird dem Verfasser von *Werther* und *Faust* wohl zutrauen, dass er, von solchen Missverständnissen tief durchdrungen, nicht selbst den Dünkel gehegt, einen Mann vollkommen zu verstehen, der als Schüler von Descartes, durch mathematische und rabbinische Kultur sich zu dem Gipfel des Denkens hervorgehoben; …[1]

Wer war Spinoza, inwiefern war Goethe von ihm nachhaltig beeinflusst und begeistert, und was hat uns dieser Denker aus dem 17. Jahrhundert fast 350 Jahre nach seinem Tode noch zu bedeuten?

Biographisches. Benedictus (oder auf Hebräisch Baruch: der Gesegnete) de Spinoza wurde 1632 in Vloonburg, dem Judenviertel Amsterdams geboren. Bei seinen Vorfahren handelte es sich um jüdische Kaufleute, die im 16. Jahrhundert aus Portugal in die Niederlande eingewandert waren, weil ihnen dieses Land im Vergleich zu ihrer von der Inquisition geprägten Heimat deutlich mehr religiöse Toleranz versprach. Die Niederlande waren in der zweiten Hälfte des 16. Jahrhunderts vom Spanien Philipps II. abgefallen und hatten den spanischen Feldzug gegen sie (1621–1628) siegreich überstanden. In den darauf folgenden Jahrzehnten, im sogenannten goldenen Zeitalter, ließ sich in diesem geographisch betrachtet kleinen, wirtschaftlich gesehen aber erfolgreichen und expansiven Staat während der Wirren des 30-jährigen Krieges als eine der wenigen Regionen in Europa relativ sicher und komfortabel leben.

Damals befand sich die größte Bank Europas in Amsterdam; in Leiden, Haarlem und Utrecht etablierte sich eine Textilindustrie großen Stils; und in Delft eröffnete eine Porzellanmanufaktur. Die Diamanten-Schleifer bearbeiteten Material aus den Kolonien, vorrangig aus Brasilien, und niederländische Seefahrer und Kaufleute gründeten zu dieser Zeit Neu-Amsterdam, das spätere New York. In den Niederlanden jener Zeit florierten die Künste und das intellektuell-kulturelle Leben. Rembrandt, Ruysdael und Vermeer führten die Malerei auf Weltniveau, und die Buchdrucker von Amsterdam waren bekannt dafür, dass sie alle jene Manuskripte in Bücher verwandelten, die anderswo in Europa der Zensur zum Opfer gefallen wären. Nicht zufällig hielten sich Descartes und La Mettrie einige Jahre in Holland auf, wo sie wichtige Werke verfassten.

---

1 Goethe: Dichtung und Wahrheit (1833), HA Band 10, München 1981, S. 78

Kapitel 10 · Pantheismus und Immanenz-Denken: Baruch de Spinoza

Die Spinozas passten in diese aufstrebend-expansive Atmosphäre des seinerzeitigen Amsterdams. Der Vater Michael Spinoza betrieb regen Handel mit Südfrüchten und galt als angesehener Kaufmann, der darüber hinaus als Angehöriger der jüdischen Oberschicht mehrmals das Amt des Vorstehers der jüdischen Gemeinde innehatte. Verheiratet war Michael Spinoza in zweiter Ehe mit Hanna Debora; seine erste Gattin Rachel war 1627 gestorben. Diese zweite Frau lebte ebenfalls nicht lange und starb an Tuberkulose, einer Krankheit, der auch ihr Sohn Baruch erliegen sollte. Neben der leiblichen Mutter sah Baruch in der Kindheit und Jugend noch weitere nahe Verwandte früh sterben: den Bruder Isaac (1649), die Schwester Miriam (1651), seine Stiefmutter Esther (1653) und schließlich auch seinen Vater (1654). Es liegt nahe, den häufigen Kontakt mit dem Tod als einen Faktor zu verstehen, der Spinoza gelehrt hat, Situationen der existenziellen Erschütterung und Heimatlosigkeit stoisch zu ertragen.

Spinoza wuchs im Geiste des Judentums auf und besuchte ab dem Jahre 1637 die Schule *Ets Haim* (Baum des Lebens), wo er in die jüdische Tradition und Religion eingeführt wurde. Als 17-Jähriger trat er in das Geschäft seines Vaters ein und übernahm dort widerwillig und ohne große innere Beteiligung dessen Stellung und Aufgabenbereich. Nach dem Tod des Vaters gründete der 22-jährige Baruch zusammen mit seinem Bruder Gabriel eine Handelsgesellschaft, die mehr Verluste als Gewinne abwarf. Zu jener Zeit unterhielt Spinoza zwar äußerlich noch rege Kontakte zur jüdischen Gemeinde, hatte sich innerlich aber bereits von zentralen Glaubensinhalten wie etwa den Vorstellungen über das Jenseits gelöst. Der Tod, dem er im Rahmen seiner Familie mehrfach begegnet war, galt ihm als das Ende des menschlichen Lebens, und zwar des körperlichen wie auch des seelisch-geistigen; der Sinn des Lebens konnte nur im Diesseits gesucht und gefunden werden.

Damals befasste sich Spinoza als Autodidakt mit verschiedenen Themen: Sprachen, Naturphilosophie und Mathematik. Anregungen erhielt er von freigeistigen Kaufleuten, die er an der Börse kennengelernt hatte, wobei der junge Mann die Hinweise auf moderne Literatur und Forschung auch deshalb verwerten konnte, weil er sich in einigen Sprachen gut zu verständigen wusste (Portugiesisch, Hebräisch, Italienisch, Französisch, Latein). Jan Rieuwertsz, der eine Verlagsbuchhandlung unterhielt, wurde zu einem der intimsten Freunde Spinozas.

Für Spinoza tat sich durch seine neuen Bekanntschaften und deren Empfehlungen eine Welt faszinierender Namen und Anschauungen auf – von Galilei, Kopernikus und Kepler über Leonardo da Vinci und Descartes bis zu Campanella und Cardano. Diese auf Libertinage und Emanzipation hin orientierten Schriftsteller, Künstler und Denker gaben frühe Modelle einer intellektuell freien Existenzform für den jungen Mann ab, die für sein weiteres Leben prägend und dominant geblieben sind. Parallel zu dieser Entwicklung war bei Spinoza eine Distanzierung von der Religion und der jüdischen Gemeinde zu konstatieren. Nach dem Tod des Vaters wurden die Gräben des Zweifels und der Skepsis seiner alten Weltanschauung gegenüber immer größer, so dass es zu Reibereien und offenen Disputen zwischen der Synagoge und Spinoza kam. Zuletzt wurde Spinoza aus der jüdischen Gemeinde ausgewiesen.

Als Spinoza von diesem Bann erfuhr, soll er gelassen und beinahe gleichgültig reagiert haben. Bestechungsversuche und Geldangebote, die man ihm machte, damit er seine abtrünnigen Meinungen und Ansichten revidierte, schlug er aus, wobei angemerkt werden muss, dass er sich trotz der Verbote zunächst in Amsterdam noch relativ unbehelligt bewegen konnte. Ab Mitte der 1650-er Jahre nahm Spinoza Unterricht bei van den Enden, einem ehemaligen Jesuiten, der einer Lateinschule als Leiter vorstand. Dieser Mann, der seinen Orden verlassen, eine Frau geehelicht und mit ihr sechs Kinder in die Welt gesetzt hatte, war ein Freidenker *par excellence* und damit eine wichtige Station für Spinozas intellektuelle und emotionale Entwicklung. Van den Enden machte den jungen Scholaren mit klassischer Literatur und Philosophie, dem Cartesianismus und Fragen der Politik und der Staatskunst vertraut. Er brachte ihm Montaigne und Rabelais ebenso wie die Schriften von Giordano Bruno, Thomas Hobbes und Niccolò Machiavelli nahe und vermittelte ihm die Gedanken der Stoa sowie von Epikur und Lukrez.

Vor allem die Philosophie von René Descartes sorgte in der ersten Hälfte des 17. Jahrhunderts unter den aufgeklärten Menschen Europas für rege Diskussionen. Descartes lebte – aus Gründen der Toleranz – einige Jahre in Amsterdam; es gibt jedoch keine Hinweise darauf, dass Spinoza den Autor des *Discours de la méthode* (1637) persönlich kennenlernte. 1649 verließ Descartes die Niederlande und ging nach Stockholm, wo er 1650 gestorben ist.

In der Schule des Dr. Franciscus van den Enden lernte Spinoza die Mathematik und die aufkommenden Naturwissenschaften schätzen; unter anderem die Schrift *Dioptrica* (1637) von Descartes, die sich mit der Lehre von der Brechung der Lichtstrahlen beschäftigt, wurde von ihm gelesen. Erwähnenswert scheint diese Lektüre vor allem, weil Spinoza darüber begann, optische Gläser zu schleifen, was später sein Broterwerb werden sollte. Da der Philosoph in den kommenden Jahren nur über ein geringes Einkommen verfügte, war er auf solche Tätigkeiten angewiesen. Er konnte vom Verkauf der Gläser einige Zeit leidlich gut leben, schädigte dabei aber durch den Quarzstaub seine tuberkulöse Lunge noch mehr.

Spinoza erwarb sich bei van den Enden ein weites Spektrum an Wissen und intellektuellen Fertigkeiten. Daneben vermutet man, dass es eine intime Beziehung mit Clara Maria, der ältesten Tochter van den Endens, gegeben haben soll. Wie dem auch sei: Spinoza hat ab 1660 auf diese und andere Genüsse eines weltlichen Lebens inklusive auf sein väterliches Erbe radikal verzichtet und sich eine asketisch anmutende Selbstdisziplin auferlegt, die ganz am Ziel einer philosophischen Reflexion und reinen Intellektualität ausgerichtet war. Damals bildete sich an der Schule van den Endens ein Kreis von Spinoza-Bewunderern, die die erste Publikation des angehenden Denkers *Kurze Abhandlung von Gott, dem Menschen und seinem Glück* (1660) begeistert begrüßten. Dieser Kreis blieb für den Philosophen lange Zeit eine wichtige emotionale Stütze.

Derlei hatte er nötig, da er ab 1660 auf Initiative der jüdischen Gemeinde Amsterdam nicht mehr betreten durfte. Spinoza zog daraufhin in das kleine Dünendorf Rijnsburg, dicht an der Nordsee gelegen. Hier bewohnte er ein Studier- und Schlafzimmer sowie eine Art Werkstatt, die er nutzte, um seine Linsen zu schleifen. Kontakte zur nahegelegenen Universität Leiden unterhielt er wenige; eher schon besuchte er die Buchläden der Stadt sowie die Druckerei der Brüder Elsevier, die die Werke Galileis und Descartes' verlegten.

In Rijnsburg begann Spinoza, an seinem Hauptwerk *Die Ethik nach geometrischer Methode dargestellt* zu arbeiten, das 1677 veröffentlicht wurde. Dieses Buch sollte dem Wunsch des Philosophen gemäß ohne seinen Namen erscheinen, da die Wahrheit überpersönlich sei und ihm mehr bedeutete als sein eigener Ruhm oder Ehrgeiz. Außerdem verfasste er seine *Abhandlung über die Verbesserung des Verstandes* (1661) sowie *Die Prinzipien der Philosophie des Descartes* (1663), so dass man die Rijnsburger Jahre als die produktivsten seines Lebens bewerten darf. Die *Abhandlung über die Verbesserung des Verstandes* ist von Spinoza nie fertiggestellt und nach seinem Tod als Fragment publiziert worden.

1663 kam es zu einem neuerlichen Umzug Spinozas, dieses Mal nach Voorburg beim Haag, und damit zu einer Fortsetzung der relativen Heimatlosigkeit des Denkers, die er durch Lebensart, Freundschaften und Bekanntschaften und nicht zuletzt durch seine kulturellen Interessen zu kompensieren wusste. Zu den wichtigsten Kontakten, die der Philosoph damals unterhielt, gehörten die Korrespondenz mit Heinrich Oldenburg, der als Sekretär der Londoner Royal Society umfassende Einblicke in das kulturelle Leben Englands hatte

Kapitel 10 · Pantheismus und Immanenz-Denken: Baruch de Spinoza

und seinem niederländischen Briefpartner davon immer wieder ausführlich berichtete, sowie die Bekanntschaften mit Gelehrten und Politikern, darunter auch Vertrauten eines der wichtigsten holländischen Regenten jener Zeit, Johan de Witt, der immer wieder seine schützende und fördernde Hand über Spinoza gehalten hat.

In der Voorburger Zeit machte sich bei Spinoza die schon Jahre vorhandene Tuberkulose klinisch bemerkbar. Die Krankheit ebenso wie der vornehme Ernst und der wache, unbestechliche, stolze Blick Spinozas haben ihren Niederschlag in einem Porträt gefunden, das damals (Mitte der 1660-er Jahre) entstanden ist. Es wird, da der Herzog Anton Ulrich von Braunschweig-Wolfenbüttel es 1705 erworben hat, das Wolfenbüttler genannt, und es ist die bekannteste Abbildung des Philosophen geblieben.

Von 1664–1667 ließen sich die Niederlande in einen verlustreichen Seekrieg mit England ein; vorrangig die überseeischen Kolonien standen damals auf dem Spiel, wobei schließlich die amerikanischen Besitzungen für die Holländer verloren gingen. Spinoza kritisierte diesen Waffengang, verurteilte die kriegerischen Auseinandersetzungen und wies auf die Rückschläge für Menschheit und Kultur hin, die mit Kriegen unweigerlich verbunden sind. Über Chauvinismus und Nationalismus erhaben, zog sich der Philosoph angesichts des kriegerischen Wahns seiner Landsleute auf die Position dessen zurück, der solche kollektivpsychotischen Aktivitäten immer nur studieren, nie aber gutheißen oder gar an ihnen partizipieren kann. In einem Brief aus dem Jahre 1665 schrieb er:

> Mich bewegen diese Wirren weder zum Lachen noch auch zum Weinen, sondern vielmehr zum Philosophieren und zum besseren Beobachten der menschlichen Natur. Denn ich halte es nicht für recht, über die Natur zu spotten, und noch viel weniger, über sie zu klagen, wenn ich denke, dass die Menschen wie alles übrige nur einen Teil der Natur bilden …[2]

Der Krieg mit England sowie Anregungen aus dem Kreis um Johan de Witt veranlassten Spinoza, sich der Politik zuzuwenden und den *Theologisch-politischen Traktat* zu verfassen, der 1670 anonym erschienen ist. Diese Schrift enthält wenig Anleitungen oder Kommentare zu tagespolitischen Fragen, dafür umso mehr Reflexionen über das Wesen der Politik und über den Aufbau und die Funktion von Staaten. Dabei machten sich die frühen Studien Spinozas bemerkbar, die er bei van den Enden absolviert und bei denen er die Gedanken von Niccolò Machiavelli und Thomas Hobbes kennengelernt hatte. Ganz im Sinne von Hobbes plädierte Spinoza für eine Eindämmung und Kontrolle kirchlicher Aktivitäten durch den Staat: Der Politik sollte der Primat gegenüber der Religion zukommen. Der Niederländer konnte dem englischen Kollegen jedoch nicht zustimmen, wenn es um die Art und Weise ging, wie der Leviathan (also der mächtige Staat) sich den Bürgern gegenüber einstellen und benehmen durfte; im *Theologisch-politischen Traktat* heißt es dazu:

> Es ist nicht der Zweck des Staates, die Menschen aus vernünftigen Wesen zu Tieren oder Automaten zu machen, sondern vielmehr zu bewirken, dass ihr Geist und ihr Körper ungefährdet seine Kräfte entfalten kann, dass sie selbst frei ihre Vernunft gebrauchen und dass sie nicht mit Zorn, Hass und Hinterlist sich bekämpfen, noch feindselig gegeneinander gesinnt sind. Der Zweck des Staates ist in Wahrheit die Freiheit.[3]

---

2 Spinoza: Brief an Heinrich Oldenburg (Herbst 1665), in: Briefwechsel, Sämtliche Werke Band 6, Hamburg 1986, S. 141

3 Spinoza: Theologisch-politischer Traktat (1670), Hamburg 1994, S. 301

Im weiteren führte Spinoza aus, dass er solche Qualitäten eines idealen Gemeinwesens am ehesten in Amsterdam realisiert sah – ein Urteil, das man eher als Wunsch und Sehnsucht denn als tatsächliche seinerzeitige Wirklichkeit bezeichnen muss. Weitaus realistischer sind dem Philosophen jene Partien seines *Traktates* gelungen, in denen es um die Fundierung einer materialistisch-naturalistischen Weltanschauung geht. Auf diesen Passagen fußen die atheistischen oder pantheistischen Vorstellungen und Konzepte Spinozas:

> 1. Dass nichts gegen die Natur geschieht, dass diese vielmehr eine ewige, feste und unveränderliche Ordnung einhält ... 2. Dass wir aus den Wundern weder das Wesen noch die Existenz und folglich auch nicht die Vorsehung Gottes erkennen können, dass vielmehr all das weit besser aus der festen und unwandelbaren Ordnung der Natur begriffen werden kann ... 3. dass (man) selbst unter den Ratschlüssen oder Willensakten Gottes und folglich auch unter seiner Vorsehung nichts anderes versteht als eben die Ordnung der Natur.[4]

Diese Grundüberzeugung Spinozas, die auch unter dem Schlagwort *deus sive natura* (Gott und Natur sind eins) bekannt geworden ist, sorgte nach ihrer Veröffentlichung für gehörigen Wirbel. Allen denkenden und wachen Menschen war klar, dass der Verfasser dieser Zeilen eine ungeheuerliche Idee in die Welt gesetzt hatte, wenn er die Wundermacht Gottes in Zweifel zog und denselben als mit der Natur identisch deklarierte. Man bezichtigte den Anonymus, hinter dem man Spinoza vermutete, des hinterhältigen Atheismus und drohte ihm mittels erzürnter öffentlicher Episteln bittere Rache für seine gottlosen Schriften an.

Für Spinoza war Ende der 60-er Jahre ein neuerlicher Umzug – dieses Mal nach Den Haag – aktuell geworden; in dieser Stadt blieb er bis zu seinem Tod 1677 wohnen. Behagliche Ruhe fand er dort jedoch nicht; insbesondere 1672 galt als ein Krisenjahr der niederländischen Republik: Zuerst erklärte Frankreich unter Ludwig XIV. mit seinen Verbündeten dem wohlhabenden Nachbarn den Krieg, wobei es im Gefolge der Kriegswirren zu einem Aufstieg des jungen und diktatorisch gesinnten Oranierprinzen Wilhelm III. in Holland kam. Außerdem wurde der langjährige Gönner und Beschützer Spinozas Johan de Witt vom Pöbel ermordet – eine Bluttat, deren Verantwortliche von Wilhelm III. später reich belohnt wurden, da sie ihm einen seiner schärfsten Kritiker aus dem Weg geräumt hatten.

Spinoza, der den Wechselfällen seines Lebens bis dahin ruhig und besonnen gegenüber gestanden hatte, geriet über die Ermordung de Witts derart in Rage, dass er ein Papier nahe der Mordstelle annageln wollte, worauf er die Worte *Ultimi barbarorum!* (die Schlimmsten der Barbaren) geschrieben hatte. Sein Vermieter in Den Haag war klug genug, die Wohnungstüre des Philosophen zu verschließen, so dass dieser nicht ausgehen konnte; er wäre sonst Gefahr gelaufen, ebenso wie de Witt von der Menge gelyncht zu werden.

Das Jahr 1673 brachte Ehrungen für Spinoza, die dieser jedoch allesamt dankend ablehnte. Zuerst wurde er nach Utrecht gebeten, das zu jener Zeit in der Hand der Franzosen war, und wo sich der französische Hof auf niederländischem Boden eingerichtet hatte. Man diskutierte mit dem Philosophen über Religion und Weltanschauung und bot ihm ein beträchtliches Jahressalär an, wenn er sein nächstes Buch Ludwig XIV. widmen wollte. Der Denker musste nicht lange überlegen und zog seine intellektuelle Unabhängigkeit diesem Kniefall vor einem König, den er als Mensch ebenso wie als Monarchen in keiner Weise schätzte, vor.

---

4 Spinoza: Theologisch-politischer Traktat (1670), Hamburg 1994, S. 94

Kapitel 10 · Pantheismus und Immanenz-Denken: Baruch de Spinoza

Ähnlich konsequent reagierte Spinoza auf eine weitere Offerte, die der Kurfürst Karl Ludwig von der Pfalz an ihn gerichtet hatte, der ihn nur allzu gerne als Professor in Heidelberg gesehen hätte. Der Denker antwortete höflich, aber ausweichend und verwies auf die Entwicklung seiner Philosophie, die bei einer größeren Lehrverpflichtung Schaden nehmen könne. Wie klug die Entscheidung des Philosophen war, zeigte sich 1676, als die Franzosen auch in Heidelberg einmarschierten und die dortige Universität zur Schließung zwangen.

Die Lebensverhältnisse für Spinoza hatten sich allerdings auch in seiner niederländischen Heimat seit dem Regierungsantritt Wilhelm III. verschlechtert. 1674 wurde (wohl auf Geheiß des Oranierfürsten) der *Theologisch-politische Traktat* verboten und sein Verfasser bespitzelt; der Druck auf den Philosophen nahm zeitweise außerordentlich zu. So überrascht es nicht, dass sich Spinoza 1675, nachdem er das Manuskript der *Ethik* abgeschlossen hatte, dazu entschloss, dieses nicht zu veröffentlichen. Die darin ventilierten Ideen schienen dem Denker derart delikat und für die damaligen Verhältnisse aufrührerisch, dass er befürchtete, wegen dieses Textes zumindest ein ähnliches Schicksal erleiden zu müssen wie sein ehemaliger Anhänger Adrian Koerbagh (den man eingekerkert hatte).

1776 erhielt der schon deutlich von Tuberkulose gezeichnete Spinoza prominenten Besuch aus Deutschland: Gottfried Wilhelm Leibniz hatte sich angesagt, bei seiner Rückkehr aus Paris über Holland auch den niederländischen Philosophen persönlich kennenlernen zu wollen. Aus der Literatur hatte der deutsche Universalgelehrte bereits erste Eindrücke von Spinozas Ansichten erhalten; insbesondere der *Theologisch-politische Traktat* galt ihm als ein Buch mit ungeheuerlichen Meinungen, als eine „bis zur Unerträglichkeit freche Schrift". Leibniz war bei all seiner universalen Gelehrtheit ein konservativer Mensch, für den Spinozas Thesen schlicht *shocking* gewesen sein müssen.

Bei dem Treffen der beiden Philosophen sollen die spinozistischen Gedanken beeindruckend auf den deutschen Gelehrten gewirkt haben; Vertraute von Leibniz berichteten, dass er nach diesem Gespräch für Monate von „gebräuchlichen Vorurteilen der Theologie" beinahe frei war – ein Effekt, der jedoch nicht lange anhielt. Manche Philosophie-Historiker behaupten, dass Leibniz – der übrigens später seinen Kontakt mit Spinoza bagatellisierte und sogar abstritt – seine Monadenlehre nur deshalb derart glatt und perfekt formulieren konnte, weil er damit die Ideen Spinozas vom Tisch wischen wollte: Ideen, die ihm wohl zeitlebens ein Dorn in seinem theistischen Philosophenauge blieben.

Nach dem Abschluss der *Ethik* 1675 blieben dem Denker nur noch wenige Jahre Lebensspanne. In dieser Zeit entstanden die *Abhandlung über den Regenbogen* – eine mathematisch-naturwissenschaftliche Arbeit über Fragen und Probleme der Optik und des Lichts – und der unvollendet gebliebene *Politische Traktat*, der Ansätze zu einer fundamentalen Kritik diverser Staatsformen (Monarchie, Aristokratie), aber auch des Volkes als ungebildete und unerzogene Masse beinhaltet.

Ende Februar 1677 wurde in Briefen von Bekannten mitgeteilt, dass Spinoza „sein Leben mit dem Tode vertauscht hat". Man fand bei ihm eine Barschaft, die für ein Begräbnis reichte, sowie einige private Gegenstände wie ein Bett, zwei Hüte, zwei Paar Schuhe, einen Reisesack, Wäsche, ein Schachspiel sowie seine Schleifmühle samt Zubehör. Den wertvollsten Teil des Nachlasses stellte die Büchersammlung des Philosophen dar, wobei man dabei kaum von einer Bibliothek in einem vornehm-gepflegten Sinne sprechen konnte – für eine solche fehlten die notwendigen Regale.

Nach dem Tode des Philosophen kümmerten sich seine Schüler und Bekannten um die Herausgabe der *opera postuma* inklusive der *Ethik*, die größtenteils in lateinischer Sprache und erst später in Übersetzungen erschienen sind. Beim Redigieren sowohl der Schriften als auch der Briefe Spinozas haben die Freunde und Förderer Retuschen in ihrem Sinne vorgenommen, die zum Teil erst im Laufe der späteren Rezeptionsgeschichte revidiert wurden.

Im 18. und 19. Jahrhundert bildete sich in Europa und vor allem in Deutschland eine Tradition des Spinozismus, an der Repräsentanten des Geisteslebens partizipierten. Bekannt geworden sind die Debatten zwischen Friedrich Heinrich Jacobi und Moses Mendelssohn um die korrekte Interpretation des Philosophen – eine Debatte, über die Goethe in *Dichtung und Wahrheit* berichtet hat. Der Weimaraner selbst zählte ebenso wie Herder zu den überzeugten Spinozisten, wobei insbesondere der Gedanke *Deus sive natura* eine große Faszination auf ihn ausgeübt hat, da diese Formel seiner eigenen Naturauffassung und seiner pantheistischen Religiosität entgegenkam.

Die Romantiker – allen voran Friedrich Schlegel – haben sich im Kontrast zur deutschen Klassik *ihren* Spinoza als einen Philosophen zurechtgelegt, der in seiner *Ethik* angeblich die „innerste Werkstätte der Poesie" entworfen hat. Der niederländische Denker habe Antworten auf die ewigen Sehnsüchte des Menschen gefunden und den „Geist der ursprünglichen Liebe" geatmet. In seiner *Rede über die Mythologie* (1800), die in der Zeitschrift *Athenaeum* erschienen ist, charakterisierte Schlegel den Linsen schleifenden Gelehrten als Vorfahren der Dichtkunst:

> Spinoza, scheint mir's, hat ein gleiches Schicksal wie der gute alte Saturn der Fabel … Im Gesang der Musen verschmelze seine Erinnerung an die alte Herrschaft in eine leise Sehnsucht. Er entkleide sich vom kriegerischen Schmuck des Systems und teile dann die Wohnung im Tempel der neuen Poesie mit Homer und Dante und geselle sich zu den Laren und Hausfreunden jedes gottbegeisterten Dichters.[5]

Einen wiederum eigenen Spinoza hat sich Heinrich Heine geschaffen, der aus der Skepsis den Romantikern gegenüber sowie aus der Begeisterung für Goethe erwachsen ist. In seiner Scheidung der Kultur in Nazarenertum einerseits und Hellenentum andererseits respektive in eine jüdisch-christliche Lehre vom asketischen, leib- und materiefeindlichen Geist und eine Lehre vom sinnen-, genuss- und kunstfreudigen Leben rangierte Spinoza für Heine eindeutig als imposanter Vorfahre einer hellenischen Lebensanschauung.

Wir könnten noch eine stattliche Zahl weiterer Interpreten anführen, die dem Werk des Philosophen spezifische Facetten und Schwerpunkte entnommen, ihn damit zu einem der Ihrigen gemacht und dafür gute Argumente gefunden haben: Pierre Bayle zählt ihn in seinem *Dictionnaire* zu den Atheisten, Ludwig Feuerbach in seiner Philosophie-Geschichte zu den Materialisten, Friedrich Engels zu den Naturalisten und Albert Einstein zu den Deterministen. Wenn wir im folgenden Spinoza als Ideengeber für Goethe wie für uns Heutige gelten lassen, sollten wir diesen Umstand im Sinn behalten, um nicht aus einem Denker, der sich nicht mehr wehren kann, leichthin einen der Unsrigen zu machen.

Spinoza als Denker der Immanenz. Die Menschheitsgeschichte kennt seit Jahrtausenden die Idee der Transzendenz, d. h. die Vorstellung und Überzeugung, dass es jenseits oder hinter den Dingen oder der Natur – also jenseits oder hinter der sicht- und erfahrbaren Welt – eine unsichtbare Macht oder Energie geben müsse, die all dies Sichtbare und Erfahrbare hervorgebracht hat (Schöpfungsmythos) und wenn möglich ordnend und regulierend in den Weltenlauf eingreifen kann.

Für diese transzendenten, jenseitigen Bezirke und Sphären hat es sich eingebürgert, Begriffe wie Gott oder das Göttliche, Jenseits, Himmel, Paradies, die Ewigkeit, das Spirituelle

---

5   Schlegel, F.: Rede über die Mythologie (1800), in: Literatur / Schlegel, Friedrich / Ästhetische und politische Schriften / Gespräch über die Poesie / Rede über die Mythologie / zeno.org

usw. zu gebrauchen und in diversen Religionssystemen auszuformulieren. In den meisten Religionen bildet das Zusammen- und Gegeneinander-Spiel des göttlich Transzendenten mit der Welt und den Menschen den Hauptinhalt von religiös-mythologischen Erzählungen, Dogmen und Lehrgebilden.

Ebenfalls seit Jahrtausenden hat sich in der Kulturgeschichte eine gegenläufige Tradition etabliert, die als Immanenz-Denken bezeichnet wird. Sie reicht bis zur griechischen Antike und zu den vorsokratischen Denkern (z. B. Xenophanes) zurück und geht von konträren Vorstellungen aus: Den Immanenz-Denkern zufolge gibt es keine Hinterwelten und kein Jenseits – das Universum sowie die sicht- und erlebbare Welt benötigen keinen Schöpfergott, oder zumindest wissen die Menschen von ihm nichts und rechnen nicht mit seiner Existenz. Allein die Naturgesetze sind es, die uns nach und nach verstehen lassen, wie der Kosmos entstanden ist und welches Schicksal ihm widerfährt.

Sich das Blinzeln nach drüben ins Jenseits und die Hoffnung auf transzendente Mächte und Einflussgrößen zu verbieten, wie es Vertreter des Immanenz-Denkens fordern, ist nicht jedermanns Sache. Eine solche Haltung und Einstellung, die sich auf das Diesseits sowie die Jetztzeit konzentriert und (wie Voltaire es in *Candide* ausgedrückt hat) den eigenen realen Garten und nicht illusionäre paradiesische Pflanzungen beackert, verzichtet auf all jene Glaubensartikel, die ausgleichende Gerechtigkeit, ewiges Leben und transzendente Sinngebung angesichts der Absurditäten unserer Welt versprechen.

Sich das Leben konsequent immanent, also unter den Menschen und auf unserem Globus mit all den damit verbundenen Limitierungen einzurichten, bedeutet des Weiteren, auf keinen *Deus ex machina* (Gott aus der Maschine) zu warten und zu vertrauen. Eine solche Institution kennen wir aus der Theaterwelt: Wann immer es in früheren Dramen eine Zuspitzung der Konflikte gab, ohne dass das Bühnenpersonal adäquate Lösungen zustande brachte, konnte sich der Dramenautor mit einem *Deus ex machina* aus der Affäre ziehen. Eine Macht von oben oder außen stieß in solchen Situationen zu den ratlosen Handelnden auf der Bühne hinzu und offerierte ihnen einen überraschenden Ausweg aus ihrer Malaise.

Auf der Bühne der Welt sind wir, wie die Franzosen sagen, *entre nous* (unter uns), und kein Regisseur oder Theater-Intendant und auch kein *Deus es machina* eilen uns zu Hilfe, um unsere Streitigkeiten und Händel zu schlichten, unsere Gebrechen zu lindern und uns aus den verschiedenen Begrenzungen zu erlösen. Immanenz-Denker verbieten sich und ihren Lesern Erlösungs-Szenarien während oder am Ende des individuellen Daseins respektive der Menschheitsgeschichte; derartige eschatologische Wunschträume sind zwar verstehbar, entbehren jedoch aller rationalen Wahrscheinlichkeit.

Immanenz-Denken fordert stattdessen Verantwortung der jetzt Lebenden für ihr eigenes Dasein, für das Zusammenleben mit anderen wie für den gesamten Globus und letztlich für den Kosmos (so gering unser Verantwortungs- und Einflussbereich diesbezüglich auch immer sein mag). Es gibt (so die Vertreter des Immanenz-Denkens) keinen allgütigen und allwissenden Gott-Vater, der unsere allfälligen Angelegenheiten für uns regelt und seine schützende Hand über uns hält. In dieser Hinsicht sind wir im Kosmos tatsächlich alleine.

Ganz und gar nicht alleine sind wir allerdings, sobald wir uns darauf besinnen, dass gegenseitige Hilfe, Solidarität und das Faktum, dass es die Mitmenschen gibt, in der Vergangenheit entscheidend dazu beigetragen haben, dass die Menschheit trotz aller massiven Hindernisse, Widerstände und Fährnisse ihrer bisherigen Geschichte bis heute überlebt und kulturell-gesellschaftliche Leistungen hervorgebracht hat, deren Niveau immer wieder neu staunen macht. So verstandenes Immanenz-Denken verweist auf die lange Reihe unserer Vorfahren und die bunte Diversität unserer Nachbarn und Zeitgenossen, ohne deren Wirken und Aufbau-Arbeiten die Existenz von uns allen nicht vorstellbar wäre.

Im biographischen Teil wurde bereits erwähnt, dass Spinoza mit seiner Formel *Deus sive natura* (Gott und Natur sind eins) für Aufruhr bei seinen Mitmenschen gesorgt hatte. Beinahe unisono war man sich einig, dass der Philosoph damit eine pantheistische Position bezogen hatte, die letztlich auf ein Immanenz-Denken sowie auf eine Infragestellung Gottes und womöglich sogar auf eine atheistische Einstellung hinauslief. Auch diejenigen, die seine Schriften gelesen hatten und den Niederländer nicht nur vom Hörensagen als verdammenswerte Kreatur attackierten, mussten bestätigen, dass sich Spinoza von den Transzendenz-Lehren etwa der katholischen Kirche merklich entfernt und an deren Stelle Überlegungen zur Gleichsetzung von Gott und Natur (und damit zum Pantheismus) formuliert hatte.

Wie gefährlich es im 17. Jahrhundert sein konnte, pantheistische Gedanken zu publizieren, hatte Spinoza an seinem italienischen Vorläufer Giordano Bruno (1548–1600) gesehen. Bruno hatte als einer der ersten Denker die Unendlichkeit und ewige Dauer des Weltalls postuliert, womit er (weil seiner Ansicht nach die unendliche materielle Welt keinen Platz für ein Jenseits bietet) sich eindeutig der Gruppe der Immanenz-Denker und Pantheisten annäherte. Da die Inquisition von Bruno einen vollständigen Widerruf seiner Ansichten forderte und dieser sich jedoch weigerte, dem Ansinnen des Heiligen Offiziums nachzukommen, wurde er auf dem Campo de' Fiori in Rom auf dem Scheiterhaufen hingerichtet. Man kann nachvollziehen, warum Spinoza stets einen Siegelring trug, auf dem das Wort *caute* (sei vorsichtig!) eingraviert war.

Umso anerkennenswerter ist es, wie geschickt und dennoch klar sich Spinoza in seinen Texten ausdrückte. Indem er Gott und die Natur gleichsetzte, ließ er das Universum mit seinen Manifestationen inklusive des Menschen mit dessen Seele und Geist aus der schöpferischen Natur entspringen. Diese nannte er *natura naturans* (die schaffende Natur) im Gegensatz zur *natura naturata* (geschaffene Natur). Unter *natura naturans* wollte Spinoza die Substanz und Ursache, unter *natura naturata* die Modi (der Substanz) und die Wirkungen (der Ursache) verstanden wissen.

Einen wichtigen Modus stellte für Spinoza die menschliche Existenz dar, die sich durch den Selbsterhaltungstrieb oder den *conatus* (Tendenz, Streben, Trieb) auszeichnet. Der spinozistische Selbsterhaltungstrieb will die Kraft und die Vitalität des Daseins verstärken oder zumindest sichern; außerdem muss er als Grundlage aller menschlicher Verhaltensweisen und aller emotionalen Zustände aufgefasst werden. Der *conatus* kann als Tendenz oder Energie des menschlichen Daseins verstanden werden, die dessen Ausmaß und Zeitdauer erhält und vermehrt, die Bedingungen seiner Existenz verbessert und begünstigt und sich allen Gefahren und Bedrohungen widersetzt. Ein gewisser Perfektionsdrang ist in diesem Konzept ebenfalls mitenthalten, und alle Rechts- und Moralvorstellungen stammen ebenso wie die Vernunftbegriffe und Kulturphänomene letztlich von diesem *conatus* ab.

Spinoza betonte, dass bei dem von ihm vertretenen naturalistischen Triebkonzept der Mensch zwar weitgehend, aber nicht absolut determiniert ist. Wenn man der Natur und ihren Gesetzen bei der Entstehung und der Erhaltung des menschlichen Daseins eine dominierende Rolle zugesteht, kann man leicht in den Fehler verfallen, alles am *Homo sapiens* als bloße Natur und damit als ein festgelegtes Spiel von *conatus* anzusehen. Gegen eine solche Position verwehrte sich der Philosoph. Für Spinoza bedeutete eine bestimmte Form des menschlichen Denkens ein Attribut Gottes (also der Natur), das nicht von anderen Attributen der Natur abhängt.

Spinoza war ein entschiedener Monist. Für ihn gab es nur die eine Substanz, die in sich ist, die durch sich begriffen wird und die den Begriff eines anderen Dinges nicht braucht. Diese Substanz weist die beiden Attribute Materie und Geist auf; sie ist unendlich, sie existiert und verfügt über unzählige Modi. Der Mensch etwa ist Körper und Geist zugleich; sein

Körper gehört in den Bereich der Ausdehnung, sein Geist in den Bereich des Denkens, ohne dass die beiden Sphären antagonistisch aufeinander einwirken könnten.

In seiner *Ethik* hat Spinoza auch eine Erkenntnistheorie formuliert, welche drei Stufen oder Niveaus des menschlichen Erkenntnisvermögens unterscheidet. Der Philosoph vertrat die Meinung, der Mensch könne sich, so er sich zur Vollkommenheit hinbewegt, von der niedrigsten Stufe der Erkenntnis, dem empirischen Sammeln von Fakten, über die zweite Stufe, dem vernunftmäßigen Schließen, zur höchsten Stufe der Erkenntnis, der Intuition und Reflexion, hin entwickeln.

Spinoza gestand den Sinneseindrücken nur geringe Genauigkeit zu; sie seien aufgrund des Zusammenfließens des eigenen Körpers mit anderen, den wahrgenommenen Körpern (in den Sinnesorganen) oftmals verworren und nicht selten Ursache für Irrtümer aller Art. Exakt jene Sinneseindrücke aber stellen das Material dar, aus dem die Erkenntnis der ersten Stufe gewonnen wird. Diese Form der empirischen Erkenntnis ist dadurch geprägt, dass sie immer nur Gegenstände, isolierte Sachverhalte oder Teile, nie aber das integrale Ganze zu ihrem Objekt macht. Spinoza nannte diese Stufe daher auch Erkenntnis aus unsicherer Erfahrung.

Erst die zweite Stufe der Erkenntnis ermöglicht dem Menschen die Synthese und Einordnung der Details in umfassendere Zusammenhänge. Grundlage und Voraussetzung dieser zweiten Spielart der Erkenntnis ist die Vernunft oder der Verstand (beide Termini verwendete Spinoza synonym). Durch rationales Schließen und Deduzieren gelangen wir von einfachen Wahrnehmungen zu komplexeren Begriffen und schließlich zur Mannigfaltigkeit der Natur, für deren adäquates Erfassen jedoch die dritte Stufe der Erkenntnis grundwesentlich ist:

> » Über diesen beiden Gattungen der Erkenntnis gibt es ... noch eine dritte Gattung, die wir das anschauende Wissen nennen wollen. Und diese Gattung des Erkennens schreitet ... fort zu der adäquaten Erkenntnis der Wesenheit der Dinge.[6]

Vermittelt die zweite Stufe der Erkenntnis eine rationale Gliederung und Ordnung des Wahrgenommenen, bietet dieses letztgenannte Niveau des Erkennens die Voraussetzungen für umfängliche Selbst- und Weltkenntnis. Das anschauende Wissen oder die Intuition weisen neben der Vernunft auch das Merkmal der geistigen Liebe auf. Von dieser geistigen Liebe meinte Spinoza, es gäbe in der Natur nichts, was ihr entgegengesetzt wäre oder was sie aufheben könnte; man kann sie als eine Haltung der uneingeschränkten Bejahung von Natur und Welt begreifen.

Selbsterkenntnis sowie profunde Kenntnis von Menschen und Welt waren für Spinoza nur um den Preis des persönlichen Engagements zu gewinnen. Die dritte Stufe der Erkenntnis sieht den Menschen nicht nur als unbeteiligten Beobachter, wie er in weiten Wissenschaftsbereichen eine dominierende Rolle spielt; der Einzelne muss vielmehr Stellung beziehen und sich intellektuell, emotional und sozial engagieren, wenn er auf der intuitiven Ebene etwas erkennen will. Im bereits erwähnten Begriff *amor dei intellectualis* klingt der gefühlsmäßige Aspekt dieser Erkenntnisform an. Spinoza sprach sogar von *scientia intuitiva* (intuitiver Wissenschaft), und es scheint, als ob dieses intuitive Erkennen vor allem auf Ganzheit und Wesensschau ausgerichtet war.

Wissenschaftliche Erkenntnis und Intuition bedeuteten für Spinoza nicht nur ein Plus an Wissen und Orientierung, sondern eine Anleitung zum richtigen Leben (Ethik) sowie

---

6 Spinoza: Ethik (1677), Hamburg 1989, S. 90

Faktoren der seelischen Gesundheit. Gesund ist oder wird man, wenn man – so würden Psychotherapeuten dies umschreiben – in der individuellen wie auch kollektiven Wahrheit lebt und sie erkennt; oder in den Worten Spinozas ausgedrückt: „Wahrlich, wie das Licht sich selbst und die Finsternis offenbart, so ist die Wahrheit die Norm ihrer selbst und des Falschen."[7]

Den drei Erkenntnisstufen ordnete Spinoza diverse Gefühle, Affekte und Leidenschaften zu, die als Vorläufermodell zu den Gefühlstheorien des 20. Jahrhunderts gelten dürfen. Das unterste Niveau der Erkenntnis zeichnet sich durch ein ungeordnet-wahlloses Rezipieren von Eindrücken und Impulsen aus. Begriffliche Gliederung und vernünftige Einordnung der Impressionen findet nicht statt; daher bleiben den betreffenden Individuen komplexere Sinn- und Bedeutungszusammenhänge verborgen.

Ausgehend von dieser Situation relativer Undurchschaubarkeit von Welt und eigener Existenz charakterisierte Spinoza die Stimmungen und Affekte, die infolgedessen bei Menschen entstehen. Die Verworrenheit ihrer Wahrnehmungen und der daraus entspringenden Gedanken spiegelt sich dem Philosophen zufolge in Empfindungen und Emotionen wider. Wer nur Teile und keine Totalitäten erkennt, ist diesen Partikeln mehr oder minder hilflos ausgeliefert und verfallen; er wird von ihnen so sehr affiziert, dass er ihnen gegenüber unfrei wird:

> Sehen wir doch, wie Menschen manchmal von einem einzigen Objekte dergestalt affiziert sind, dass sie es vor sich zu haben glauben, auch wenn es nicht gegenwärtig ist ... Wenn der Habgierige an nichts anderes denkt als an Gewinn und Geld, und der Ehrgeizige an Ruhm, so gelten diese nicht als wahnsinnig: Weil sie lästig zu sein pflegen und für hassenswert erachtet werden. In Wahrheit aber sind Habgier, Ehrgeiz, Wollust usw. Arten des Wahnsinns, wenn man sie auch nicht zu den Krankheiten zählt.[8]

Spinoza lieferte darüber hinaus eine fast psychodynamisch anmutende Erklärung von Liebe und Hass; beide Emotionen deutete er als Schicksale des menschlichen Selbstverwirklichungs-Dranges:

> Liebe ist nichts anderes als Freude, begleitet von der Idee einer äußeren Ursache; und Hass nichts anderes als Trauer, begleitet von der Idee einer äußeren Ursache. Wir sehen sodann, dass einer, ... der hasst, das Ding, das er hasst, zu entfernen und zu zerstören strebt.[9]

Sobald sich Individuen der zweiten oder dritten Erkenntnisstufe nähern, werden sie von anderen Emotionen und Stimmungen dominiert, die sich alle um Liebe oder Freude gruppieren. Der *amor dei intellectualis*, die geistige Liebe zu Gott (und somit zur Natur, zum Universum) ermöglicht es dem Menschen, höhere Vollkommenheit zu entwickeln. Ausgehend von den Emotionen, die sich im Gefolge der drei Erkenntnisstufen einstellen, formulierte Spinoza drei Grundaffekte, die allen Gefühlen und Stimmungen zugrunde liegen und die den *Homo sapiens* auszeichnen: Freude, Trauer und Begierde. Freude und Trauer entstehen jeweils als Nebeneffekte, sobald Individuen das Niveau ihrer Erkenntnisse und ihrer Vollkommenheit wechseln:

---

7 Spinoza: Ethik (1677), Hamburg 1989, S. 92
8 Spinoza: Ethik (1677), Hamburg 1989, S. 228
9 Spinoza: Ethik (1677), Hamburg 1989, S. 123

Kapitel 10 · Pantheismus und Immanenz-Denken: Baruch de Spinoza

> Wir sehen somit, dass die Seele große Veränderungen erleiden und bald zu größerer, bald dagegen zu geringerer Vollkommenheit übergehen kann; und diese Leidenschaften erklären uns die Affekte der Freude und der Trauer. Unter Freude verstehe ich demnach im folgenden die Leidenschaft, durch welche die Seele zu größerer Vollkommenheit übergeht; unter Trauer dagegen die Leidenschaft, durch die sie zu geringerer Vollkommenheit übergeht.[10]

Wohlgemerkt: Diese Emotionen entstehen als Resultate einer Bewegung, die nicht primär auf Freude oder Trauer, sondern auf irgendeine Leistung oder Handlung hin ausgerichtet ist. Sobald wir dadurch den Status unserer Vollkommenheit, unser personales Niveau, erhöhen, stellt sich Freude ein, und sobald wir gezwungen sind, Abstriche an dem Niveau vorzunehmen, haben wir mit Traueraffekten zu rechnen. In manchen Passagen der *Ethik* und ihrer Affekten-Lehre meint man schon Friedrich Nietzsche und dessen Psychologie des Ressentiments zu vernehmen – vor allem, wenn Spinoza die Affekte des Mitleids, der Demut oder der Reue als schwach und passiv demaskiert. Ein weiser Mann, so der Denker, wird sich niemals mit derlei Affekten zufrieden geben; er strebt vielmehr danach, von ihnen nicht behelligt zu werden, da sie sein Denken beeinträchtigen und das Niveau seiner Erkenntnis drücken statt anheben.

Auch alle Formen des Klagens und Anklagens wurden von Spinoza geringgeschätzt, da diese Affekte lediglich Ausdruck eines ohnmächtigen und unglücklichen Gemüts sind. Jene Emotionen, die Freude induzieren und im weitesten Sinne produktive Qualitäten aufweisen, wurden von ihm als dem Menschen gemäß und für die Entwicklung zur *scientia intuitiva* hilfreich wertgeschätzt:

> Keine Gottheit, noch sonst jemand, es sei denn ein Neider, ergötzt sich an meiner Ohnmacht und meinem Ungemach und rechnet uns Tränen, Schluchzen, Furcht und andere derartige Zeichen von Ohnmacht des Gemüts als Tugend an ... Dem weisen Manne ... ziemt es, sich mit Maß an wohlschmeckenden Speisen und Getränken zu laben und zu stärken, ebenso auch an Wohlgerüchen, an der Lieblichkeit grünender Pflanzen, an Schmuck, Musik, körperlichen Spielen, Theatern und anderen derartigen Dingen, aus denen jeder ohne irgendwelchen Schaden eines anderen für sich Vorteil ziehen kann.[11]

In der *Ethik* unterschied Spinoza außerdem adäquate und inadäquate Ideen. Menschen, die sich vorrangig auf der unteren Stufe der Erkenntnis bewegen, zeichnen sich durch ein Übermaß an inadäquaten, d. h. falschen und irrtumsbehafteten Gedankengängen aus, wohingegen diejenigen, die sich der zweiten oder dritten Erkenntnisstufe annähern, einen Zuwachs an adäquaten Ideen aufweisen. Letztere sind wesentlich, wenn ein Mensch sachgemäß handeln will und nicht aufgrund falscher Urteile permanenten Fehlhandlungen und den damit verknüpften Enttäuschungen unterliegt. In gewisser Weise nahm Spinoza auch den psychologischen Krankheits- und Neurosenbegriff vorweg, indem er im vierten Teil seiner *Ethik*, den er mit der Überschrift *Von der menschlichen Knechtschaft* versehen hat, über Menschen mit eingeschränkter Handlungsfähigkeit schrieb:

---

10 Spinoza: Ethik (1677), Hamburg 1989, S. 121
11 Spinoza: Ethik (1677), Hamburg 1989, S. 229

> Die menschliche Ohnmacht, die Affekte zu meistern und zu hemmen, nenne ich Knechtschaft; denn der von seinen Affekten abhängige Mensch handelt nicht aus eigenem Recht, sondern unterliegt dem Schicksal, in dessen Gewalt er in dem Maße steht, dass er oft gezwungen ist, dem Schlechteren zu folgen, obgleich er das Bessere sieht.[12]

Daneben hat Spinoza noch ein weiteres Merkmal fast aller an Neurosen leidenden Individuen richtig erfasst: Die meisten von ihnen berichten, dass sie sich angesichts ihrer neurotischen Symptome und der dabei zutage tretenden Affekte wie Opfer oder Objekte fühlen, welche die Subjektrolle und das Gesetz des Handelns aus der Hand gegeben haben und wie ein zur Passivität verdammtes Kaninchen vor der Schlange ihrer Neurose verharren. Eine solche Störung kann man in der Tat als eine (mehr oder minder frei gewählte) Knechtschaft begreifen, in die der Einzelne aus für ihn nicht durchschaubaren Gründen hineingeraten ist und von der er mutmaßt, dass er aus eigener Kraft nur schwerlich die Rolle des Herren und des Subjektes für sich zurückgewinnen kann.

Das aber war vielleicht die größte Leistung Spinozas als Immanenz-Denker: Dass er gezeigt und vorgelebt hat, wie man trotz unguter und zum Teil unerträglicher äußerer Bedingungen eine vornehme und würdevolle, dem Primat des redlichen, aufgeklärten, humanen und unabhängigen Denkens verpflichtete Existenz führen kann und in Zeiten der kollektiven Angst und Verdummung für sich die furchtlose Freiheit erobert, sich selbst, die anderen und die Welt realistisch erkennen zu wollen.

Der Preis, den der Philosoph für seine Freiheit des Denkens und Erkennens zu entrichten hatte, war hoch. Es macht die Größe, Tapferkeit und Liebenswürdigkeit dieses Mannes aus, dass er trotz aller Isolierung und Anfeindung am Leben und am intellektuellen Ideal festhielt und eine Philosophie schuf, die in ihrer Tiefgründigkeit und formvollendeten Schönheit vorbildlich bleiben wird. Bertrand Russell leitete das Spinoza-Kapitel in seiner *Philosophie des Abendlandes* (1950) mit Recht mit den Worten ein: „Spinoza ist der vornehmste und liebenswerteste der großen Philosophen. An Klugheit waren ihm einige andere überlegen, ethisch aber steht er am höchsten."

Spinoza, Goethe und wir. Eingangs haben wir einige Urteile Goethes über Spinoza zitiert, aus denen die hohe Wertschätzung des Dichters dem Philosophen gegenüber offenkundig geworden ist. Auf den letzten Seiten dürfte ersichtlich geworden sein, was Goethe an Spinoza als besonders anregend und hilfreich empfunden hat: Es war dies dessen konsequentes Immanenz-Denken, das nicht nur dazu beigetragen hat, transzendente Gottesvorstellungen zu hinterfragen und stattdessen eine pantheistische (manche meinen: atheistische) Weltsicht zu propagieren. Darüber hinaus ermöglichte dieses Denken, dass Spinoza (vor allem in der *Ethik*) eine modern anmutende, mancherlei Erkenntnisse der Tiefenpsychologie und Anthropologie des 20. und 21. Jahrhunderts vorwegnehmende Sicht auf den Menschen entwickeln konnte.

Beide Gesichtspunkte waren Goethe willkommen. Man hat in vielen Publikationen und Biographien das religiöse und zugleich Christentum- und Kirchen-kritische Weltbild des Dichters bedacht und verschiedene Phasen seines Lebens beschrieben, in denen er sich den Themen von Religiosität und Gottesglauben mit unverhohlener Skepsis zugewandt hat.

---

12 Spinoza: Ethik (1677), Hamburg 1989, S. 186

Letztlich kehrte er immer wieder zu spinozistischen Ideen und Ansichten zurück, die ihm als vernünftig, human und seinem eigenen Wesen gemäß erschienen.

Vor allem während seiner Sturm-und-Drang-Periode erlebte Goethe Spinozas Formel *Deus sive natura* als wohltuend und bestätigend. Dass die Natur göttlich ist und Gott immanent als Kosmos und Natur und nicht als eine transzendente, ängstigende, willkürliche Macht vorgestellt und definiert wurde, kam der seinerzeitigen Welt- und Lebensanschauung Goethes sehr entgegen. Man lese die Gedichte und großen Hymnen (*Mahomets-Gesang; Prometheus; Ganymed*), die Mitte der 70-er Jahre entstanden sind, und in denen sich Goethes pantheistisches, teilweise sogar atheistisches Erleben widerspiegelt. In *Prometheus* etwa setzt sich der Dichter (in Person des Prometheus) ablehnend bis negierend mit Zeus auseinander:

> Hier sitz' ich, forme Menschen / Nach meinem Bilde, / Ein Geschlecht, das mir gleich sei, / Zu leiden, weinen, / Genießen und zu freuen sich, / Und dein nicht zu achten, / Wie ich.[13]

Für Goethe wäre es schlicht undenkbar gewesen, seine Individualität und Persönlichkeit von den heteronomen Begründungen und Rechtfertigungen einer transzendenten Gottheit abhängig zu machen. Dass er, eingebettet in die Natur, deren Gesetzmäßigkeiten unterworfen und bei all seiner Geistigkeit ein Teil der (göttlichen) Natur war, akzeptierte er vollumfänglich und gerne – solange es sich nicht um Phänomene wie Krankheit oder Tod handelte.

Der Natur begegnete Goethe mit Staunen, Ehrfurcht, Hochachtung, aber auch mit Neugier und Erkenntnisdrang. Er bewunderte sie aufgrund ihres unermüdlichen Neu-Hervorbringens von Gestalten (Metamorphosen) und ihrer schwer zu durchschauenden, geheimnisvollen Produktivität – in dieser Hinsicht kannte er Empfindungen von Faszination und Schaudern, die man am ehesten noch als religiös bezeichnen kann.

Diese Lebenseinstellung und Weltanschauung lässt sich in Goethes Sturm-und-Drang-Lyrik nachverfolgen – sie spielt aber beispielsweise auch in *Faust I* eine Rolle. Mehrfach wird hier die wirkende Natur als der große Zusammenhang alles Seienden besungen, wobei der Einzelne sich als Teil und Funktion der kosmischen, pantheistischen Totalität begreifen darf. Zu Beginn des Dramas gibt der Erdgeist dem suchenden Faust (wo fass' ich dich, unendliche Natur?) zu verstehen, welches Gesetz des Schaffens ihn (den Erdgeist) umtreibt:

> In Lebensfluten, im Tatensturm / Wall' ich auf und ab, / Webe hin und her! / Geburt und Grab, / Ein ewiges Meer, / Ein wechselnd Weben, / Ein glühend Leben, / So schaff' ich am sausenden Webstuhl der Zeit, / Und wirke der Gottheit lebendiges Kleid.[14]

Wiederholt betonte Goethe, wie konsequent er seit seinen Erwachsenen-Jahren Gott in der Natur und die Natur als göttlich gesehen und erlebt hat, und wie sehr ihn religiöse Eiferer und Frömmler diesbezüglich entweder missverstanden oder angegriffen haben. Sein eigenes Immanenz-Denken und sein Heidentum gingen so weit, dass er das Christentum alleine schon wegen der jammervollen Christusfigur am Kreuz ablehnte – das Kruzifix empfand er als Zumutung, über die er sich mindestens ebenso empören konnte wie über Tabak rauchende Zeitgenossen.

Gottesdienst, Verehrung eines Allerhöchsten und Erfahrungen des Erhabenen waren für Goethe am ehesten in Form seiner Naturforschung gegeben – eine Form der Wissenschaft, die nicht analytischen, sondern synthetischen Vorgehensweisen gehorchte, und die statt eines invasiven einen betrachtend-schauenden Charakter aufwies. Immerhin gelang dem

---

13 Goethe: Prometheus (1774 / 1785), in: HA Band 1, München 1981, S. 46
14 Goethe: Faust I (1808), in: HA Band 3, Vers 501–509

dilettierenden Naturforscher mit dieser Methode sogar die Entdeckung des Zwischenkiefer-Knochens beim Menschen; ebenso war er fest überzeugt, mittels seiner Naturforschung die Urpflanze gefunden zu haben.

Die liberale Einstellung Goethes im Hinblick auf die Religion und den Gottesglauben kommt in einem Spruch zum Ausdruck, den er in einem Brief an Friedrich Heinrich Jacobi formuliert hat: „Als Dichter und Künstler bin ich Polytheist, Pantheist hingegen als Naturforscher ... Bedarf ich *eines* Gottes für meine Persönlichkeit, als sittlicher Mensch, so ist dafür auch schon gesorgt."[15] Und auch in seiner Autobiographie *Dichtung und Wahrheit* betonte er mehrfach, wie sehr er sich vom Christentum gelöst und stattdessen eine individuelle und weltimmanente Natur- und Daseinsfrömmigkeit entwickelt habe, die zwar seinem Wesen, nicht aber den Dogmen und Glaubensartikeln der etablierten Konfessionen entsprach. Auch in diesem Punkt wusste er sich eins mit Spinoza, den er in den *Zahmen Xenien* mit prägnanten Versen bedachte:

> » Der Philosoph, dem ich so gern vertraue, / Lehrt, wo nicht gegen alle, doch die meisten, / Dass unbewusst wir stets das Beste leisten: / Das glaubt man gern und lebt nun frisch ins Blaue.[16]

Dass Spinoza nicht nur für Goethe ein „Heiliger" war (so Goethe zu Frau von Stein), der ihm hinsichtlich einer autonomen und liberalen Welt- und Lebensanschauung ein überzeugendes Vorbild und in seinen Schriften ein außerordentlich anregender Denker gewesen ist, überrascht nicht. Aus der Reihe der bekennenden Spinozisten erwähne ich lediglich zwei Personen, an deren Namen ablesbar ist, inwiefern Spinoza auch für die Gegenwart Relevanz besitzt. So schrieb Friedrich Nietzsche an den Baseler Freund Franz Overbeck, wahrscheinlich nachdem er das Buch Kuno Fischers über Spinoza gelesen hatte:

> » Ich bin ganz erstaunt, ganz entzückt! Ich habe einen Vorgänger, und was für einen! Ich kannte Spinoza fast nicht: Dass mich jetzt nach ihm verlangte, war eine *Instinkthandlung*. Nicht nur, dass seine Gesamttendenz gleich der meinen ist – die Erkenntnis zum mächtigsten Affekt zu machen; in fünf Hauptpunkten seiner Lehre finde ich mich wieder, dieser abnormste und einsamste Denker ist mir gerade in diesen Dingen am nächsten: Er leugnet die Willensfreiheit; die Zwecke; die sittliche Weltordnung; das Unegoistische; das Böse ... *In summa*: Meine Einsamkeit, die mir, wie auf ganz hohen Bergen, oft, oft Atemnot machte und das Blut hervorströmen ließ, ist wenigstens jetzt eine Zweisamkeit.[17]

Wenngleich man bei Nietzsche neben den begeisterten Tönen – Spinoza sei der „reinste Weise, ein wissender Genius mit schlichter und erhabener Art" – auch kritische und weniger freundliche Gedanken über den Amsterdamer Denker lesen kann, überwog bei ihm die Anerkennung für dessen heroische und unerschrockene Weise des Philosophierens, mit der er für ihn ein Vorläufer geworden war.

Als zweiter Gewährsmann dient uns Sigmund Freud, der in seinen Schriften zwar selten auf Spinoza Bezug genommen hat, sich selbst aber in *Die Zukunft einer Illusion* als „Unglaubens-Genosse" des Amsterdamers bezeichnete. Darüber hinaus verwies Freud darauf, dass

---

15   Goethe: Brief an Friedrich Heinrich Jacobi (6.1. 1813), in: Briefe, HA Band 3, München 1988, S. 220
16   Goethe: Zahme Xenien, in: HA Band 1, München 1981, S. 329
17   Nietzsche, F.: Postkarte an Franz Overbeck (30.07. 1881), in: Briefe, KSB Band 6, München 1986, S. 111

Kapitel 10 · Pantheismus und Immanenz-Denken: Baruch de Spinoza

die Ideenwelt der spinozistischen Philosophie seinen eigenen Forschungsvorhaben zugute gekommen ist. An Lothar Bickel (1902–1951), einen Spinoza-Spezialisten mit Interessen an der Psychoanalyse, schrieb er:

> Meine Abhängigkeit von den Lehren Spinozas gestehe ich bereitwilligst zu. Ich habe keinen Anlass genommen, seinen Namen direkt zu erwähnen, weil ich meine Voraussetzungen nicht aus seinem Studium holte, sondern aus der von ihm geschaffenen Atmosphäre. Und weil es mir um eine philosophische Legitimation nicht zu tun war.[18]

Worauf aber zielte Nietzsche ab, wenn er von Zweisamkeit mit Spinoza sprach, und was meinte Freud mit der von dem Philosophen geschaffenen Atmosphäre, die für ihn und die Tiefenpsychologie zu einer Voraussetzung der eigenen Forschungsergebnisse wurde? Womöglich nahmen beide bei Spinoza etwas ähnlich Wertvolles und Bewunderungswürdiges wahr, das auch für uns bedeutsam sein könnte.

Nietzsche und Freud ebenso wie heutige Agnostiker schätzten und schätzen an Spinoza dessen pantheistisches Immanenz-Denken, das ein solides Fundament für Religionskritik, Jenseits-Skepsis und Verzicht auf Gottesvorstellungen abgegeben hat. Wer konsequent die Natur und den Kosmos als Geburtsstätte und Heimstatt begreift, gewinnt dadurch zwar weder ewiges Leben noch paradiesische Verhältnisse; er vergeudet aber auch nicht die kurze Spanne des Daseins an Themen und Motive der Transzendenz, deren Wirklichkeitskoeffizient bei nüchterner Sicht und Betrachtung als verschwindend gering anzusetzen ist.

Ähnlich wie der niederländische Philosoph wurden Nietzsche und Freud von der Majorität ihrer Zeitgenossen aufgrund ihrer philosophischen oder wissenschaftlichen Ansichten attackiert und als *Outsider* behandelt, wobei beide in der Rolle des Außenseiters ihrer bestehenden Kultur und Gesellschaft einen entlarvenden Spiegel vorgehalten haben. An Spinoza lässt sich ablesen, welche Freiheitsgrade des Denkens und Urteilens mit einer Existenzform jenseits des *Mainstreams* verbunden sind – aber auch, welchen Preis man dafür zu entrichten hat. Dass Goethe, der in seinem Dasein umfänglicher als Spinoza, Nietzsche und Freud in die Gesellschaft und Kultur seiner Zeit integriert und von ihr anerkannt war, dennoch um die Fragwürdigkeit des Eingebettet-Seins in die Majorität wusste, verdeutlicht eine Passage aus *Wilhelm Meisters Wanderjahre*:

> Nichts ist widerwärtiger als die Majorität: Denn sie besteht aus wenigen kräftigen Vorgängern, aus Schelmen, die sich akkommodieren, aus Schwachen, die sich assimilieren, und der Masse, die nachtrollt, ohne nur im mindesten zu wissen, was sie will.[19]

Nietzsche, Freud und selbstverständlich auch alle heutigen Spinoza-Leser dürften darüber hinaus von der Eleganz sowie der Ernsthaftigkeit und luziden Klarheit seiner Schriften begeistert (gewesen) sein. Beide (Nietzsche wie Freud) standen für aufklärerisches Schreiben und intellektuelle Redlichkeit und haben ihre eigenen Texte in Bezug auf Schönheit, Seriosität und Verständlichkeit an das spinozistische Niveau angeglichen. Selbst wenn die

---

18 Freud, S.: Brief an Lothar Bickel (28. Juni 1931), zit. n. Teresa Brennan: Jenseits der Hybris. Bausteine einer neuen Ökonomie, Frankfurt am Main 1997, S. 203
19 Goethe: Wilhelm Meisters Wanderjahre (1828), HA Band 8, München 1981, S. 307

meisten von uns schriftstellerisch nicht aktiv sind, können wir Spinoza, Nietzsche und Freud im Hinblick auf unser Denk- und Ausdrucksvermögen als zwar kaum erreichbaren, aber attraktiven Maßstab wählen.

Daneben haben weitere Aspekte im Denken und Dasein Spinozas für Nietzsche und Freud anregend und modellhaft gewirkt. So waren und sind dessen asketisch-zurückhaltende, an intellektueller Arbeit orientierte Lebenshaltung ebenso wie die von öffentlicher Anerkennung unabhängige Art des Forschens vorbildlich für jeden, dem es um Erkenntnisgewinn und Urteilsbildung bei komplexen Fragestellungen (Philosophie, Anthropologie, Kulturanalyse) geht. Voraussetzungen hierfür sind der Rückzug aus den entfremdenden Modalitäten des Alltags sowie Konzentration auf sich und das eigene Fragen. Spinoza zielte mit seinem *amor dei intellectualis* (vergeistigte Liebe zur Gott-Natur) und der *scientia intuitiva* (intuitive Wissenschaft) auf eine derartige Gesinnung und Existenzgestaltung ab, die auch in Freuds Sublimierungs-Konzept Eingang gefunden hat.

Literatur

1. Bartuschat, W.: Baruch de Spinoza, München 1996
2. Brennan, T.: Jenseits der Hybris. Bausteine einer neuen Ökonomie, Frankfurt am Main 1997
3. Delf, H. et al. (Hrsg.): Spinoza in der europäischen Geistesgeschichte, Berlin 1994
4. Deleuze, G.: Spinoza – Praktische Philosophie, Berlin 1988
5. Fischer, K.: Spinozas Leben, Lehre und Werke, 4. Aufl., Heidelberg 1898
6. Jaspers, K.: Spinoza, München 1986
7. Kayser, R.: Spinoza – Bildnis eines geistigen Helden, Leipzig 1932
8. Nietzsche, F.: Briefe, KSB Band 6, München 1986
9. Russell, B.: Philosophie des Abendlandes, Zürich 1950
10. Spinoza, B.: Sämtliche Werke in sieben Bänden und einem Ergänzungsband, Hamburg 1989
11. Vries, Th. de: Spinoza, Reinbek bei Hamburg 1970
12. Yovel, Y.: Spinoza – Das Abenteuer der Immanenz (1989), Göttingen 1994

Aufklärung und Bildung: Immanuel Kant

Literatur – 191

Obwohl Goethe im *siècle des Lumières*, im Zeitalter des Lichts und der Vernunft aufgewachsen ist, beschäftigte er sich literarisch selten direkt mit der Aufklärung. In seinen Schriften begegnen uns die Begriffe Aufklärung und aufgeklärt kaum – wohl aber in seiner Gesinnung, in manchen seiner literarischen Figuren sowie in der Wertschätzung einzelner Philosophen, die sich als Aufklärer hervortaten.

Anders verfuhr er mit dem Terminus Bildung, der für den Dichter einen zentralen Platz in seiner Welt- und Lebensanschauung und in seiner persönlichen Daseinsgestaltung einnahm. Im Unterschied zum Phänomen der Aufklärung, die Goethe oftmals als zu eindimensional und verstandesdominiert empfand, bedeutete ihm Bildung einen holistischen, Personen ebenso wie die Natur und Kultur integrierenden Prozess. Die Sphäre der Vernunft war dabei nur einer von mehreren Gesichtspunkten, die bei der Bildung eine wesentliche Rolle spielen sollten.

Was heißt Aufklärung? Obschon man mit Aufklärung meist die geistigen und kulturellen Entwicklungen Europas im 18. Jahrhundert meint, kann man frühere Phasen der Kulturgeschichte benennen, denen aufklärerische Impulse und Umwälzungen eigen waren. So hat Wilhelm Nestle in seinem viel zitierten Buch *Vom Mythos zum Logos* (1975) die Zeit um 600 v.Chr. im antiken Griechenland als aufklärerische Epoche beschrieben, in der Ideale und Werte hochgehalten und teilweise realisiert wurden, die im 18. Jahrhundert erneut relevante Aufmerksamkeit gewannen

Ebenso lassen sich ideengeschichtlich der Humanismus während der Zeit der Renaissance und Reformation sowie rationalistische Systeme des 17. Jahrhunderts (das Denken Spinozas; der Cartesianismus) benennen, an denen man unschwer aufklärerisches Gedankengut und emanzipatorische Gesinnung entdecken kann. Im Folgenden ist aber mit Aufklärung jene Epoche gemeint, die sich während des 18. Jahrhunderts vorrangig in England, Frankreich und Deutschland ereignete, und von der Friedrich Engels bewundernd als von einer Zeit sprach, die schonungslos alles der Kritik unterwarf und vor den Richterstuhl der Vernunft brachte.

Den frühesten Schwenk hin zu einer aufgeklärten Denkungsart und Kultur konnte man in England beobachten. 1688 war es dort zur *glorious revolution* gekommen, die einen souveränen Akt der Emanzipation des Parlaments ohne Zustimmung des Königs bedeutete, und in dessen Folge die Krone gezwungen war, auf angeblich göttliche Rechte zu verzichten und stattdessen auf profane Verträge mit dem Parlament einzugehen. Daraus resultierte ein System von *checks and balances*, das einer Aufteilung der Souveränität zwischen Krone, Lords und *Commons* gleichkam. Die Macht lag nun beim *King in Parliament*; die ein Jahr später erfolgte Deklaration der *Bill of Rights* bekräftigte die parlamentarischen Rechte und Freiheiten: freie Rede; Verbot eines stehenden Heeres; Zustimmung des Parlaments zu Steuern und Gesetzen.

Philosophisch und literarisch wurde dieser Prozess von John Locke (1632–1704) begleitet und kommentiert. Der Denker publizierte 1690 zwei Texte: *An Essay Concerning Human Understanding* (Versuch über den menschlichen Verstand) sowie *Two Treatises of Government* (Zwei Abhandlungen über die Regierung). Im Letzteren erläuterte er seine Staatstheorie und plädierte für eine konstitutionelle Regierung, die Freiheit und gleiches Recht für alle verbürgen sollte. Auch hinsichtlich der Religion äußerte sich Locke progressiv. In *The Reasonableness of Christianity* (1695) sowie im *Brief über Toleranz* (1689) gestand er der Vernunft den Primat gegenüber der göttlichen Offenbarung zu. Sein Buch *Some Thoughts on Education* (1693) atmet den Geist der Freiheit und des Fortschrittsglaubens und attestiert dem Menschen große Potentialitäten, wie sie Jahrzehnte später Jean-Jacques Rousseau in seinen pädagogischen Schriften aufgegriffen und modifiziert hat.

Man darf Locke als philosophische Initialzündung der britischen und der europäischen Aufklärung bezeichnen. Seine englischsprachigen Schüler und Anhänger David Hume (1711–1776) und George Berkeley (1685–1753) haben Lockes Erkenntnistheorie weiterentwickelt, während der Historiker Edward Gibbon (1737–1794) und der Philosoph Adam Ferguson (1723–1816) seine aufklärerischen Überlegungen in ihre geschichtswissenschaftlichen und ethischen Schriften haben einfließen lassen.

Goethe, der England nie bereiste, hatte zeitlebens eine hohe Meinung von britischer Denkungsart, Literatur und Kultur allgemein. An zwei Engländern hat sich der Dichter wiederholt gemessen und gerieben: Shakespeare galt ihm als sein wichtigstes Vorbild hinsichtlich der Poesie und Isaac Newton als der entschiedene wissenschaftliche Konterpart hinsichtlich der Farbtheorie; zur britischen Philosophie äußerte er sich kaum. Besonders schätzte Goethe an der Kultur Großbritanniens (auch im Gegensatz zur deutschen) deren weltmännisch-pragmatischen Grundzug. Der Dichter hatte neben Shakespeare auch zu anderen britischen Schriftstellern eine anerkennende literarische Beziehung aufgebaut, etwa zu Carlyle, Walter Scott, Lord Byron, William Wordsworth oder William Thackeray; er honorierte die Bevorzugung eines liberalen, am *Common sense* orientierten Lebensstils und stellte diesen dem Theorie-lastigen Vorgehen von kontinentaleuropäischen Denkern gegenüber:

》 Könnte man den Deutschen, nach dem Vorbilde der Engländer, weniger Philosophie und mehr Tatkraft, weniger Theorie und mehr Praxis beibringen, so würde uns schon ein gutes Stück Erlösung zuteil werden, ohne dass wir auf das Erscheinen der persönlichen Hoheit eines zweiten Christus zu warten brauchten. Sehr viel könnte geschehen von unten, vom Volke, durch Schulen und häusliche Erziehung, sehr viel von oben durch die Herrscher und ihre Nächsten.[1]

Im Gegensatz zur englischen Aufklärungsepoche, die einer gelungenen Revolution nachfolgte, bereitete das *siècle des lumières* in Frankreich die revolutionären Umbrüche von 1789 erst vor. Dort war der Absolutismus unter dem Regime Ludwig XIV. Ende des 17. Jahrhunderts ebenfalls in eine Krise geraten, aber es dauerte noch beinahe ein Jahrhundert, bis sich die Franzosen im Zuge der *Grande Révolution* ihres Königs und der Monarchie entledigten. Gewöhnlich nennt man mehrere Namen, die der Aufklärung in Frankreich und im übrigen Europa den Weg bereitet haben: Étienne Bonnot de Condillac (1714–1780) sowie Voltaire (1694–1778), die von den Schriften John Lockes beeindruckt waren und ihren Landsleuten Grundzüge der englischsprachigen Aufklärungsliteratur nahebrachten.

Voltaire lebte Anfang des 18. Jahrhunderts unfreiwillig einige Zeit in London. In den *Philosophischen Briefen über die Engländer* (1733) feierte er die kulturellen Errungenschaften eines Newton oder Locke, und da man in Frankreich erkannte, dass diese Elogen auf ein vernunftgemäßes, vom religiösen Aberglauben gereinigtes Weltbild ansteckenden Charakter haben könnten, reagierte das *Ancien Régime* mit der Verurteilung der *Briefe* zu Pranger und Feuer sowie mit einem Haftbefehl gegen Voltaire. Man befand sich in Frankreich damals *vor* einer glorreichen Revolution.

Das 18. Jahrhundert war in Frankreich ein *siècle des lumières* wie auch ein *siècle de la raison*. Die Vernunft in allen ihren Spielarten wurde von Schriftstellern, Philosophen und Künstlern als taugliches Mittel deklariert, die vielfältigen Fragen und Probleme des menschlichen Daseins zu lösen. Man spürte die immensen Chancen, die einem unvoreingenommenen und vorurteilsfreien Denken und Urteilen innewohnen, und wollte ein ganzes Volk von den Segnungen der intellektuellen Aufklärung und politischen Emanzipation überzeugen.

---

1   Eckermann, J.P.: Gespräch mit Goethe (12. März 1828), in: Gespräche mit Goethe, Berlin 1956, S. 400f.

Neben Voltaire und Condillac trugen noch etwa einhundert weitere Personen (inklusive die Salondamen!) zur Aufklärung in Frankreich bei. Dazu zählten Bernard de Fontenelle (1657–1757), der Wissenschaften wie Philosophie gleichermaßen zelebrierte, oder auch der Baron de la Brède et de Montesquieu (1689–1755), der in den Texten zur Rechts- und Geschichtsphilosophie (Hauptwerk: *De l'esprit des lois*, 1748) eine Theorie der Gewaltenteilung im Staat (gesetzgebende, ausführende, richterliche) entwickelte und damit moderne Strukturen schuf. Des Weiteren darf man Denis Diderot (1713–1784) hervorheben, der mit der *Enzyklopädie* (1751ff.) zeigte, wie breit angelegt er und seine literarischen Mitstreiter (d'Alembert, Grimm, Holbach) die Aufklärung interpretierten. Des Weiteren trugen Helvétius (1715–1771), Pierre Bayle (1647–1706), Vauvenargues (1715–1747) und Condorcet (1743–1794) mit ihren Schriften zur Helligkeit des *siècle des lumières* ebenso bei wie der im persönlichen Kontakt komplizierte Jean-Jacques Rousseau (1712–1778). Dessen *Émile* (1762) begründete den Glauben der Aufklärung an die Erziehbarkeit des Menschen mit, und dessen *Contrat social* wurde zum Meilenstein der politischen Emanzipationsliteratur und damit zu einer vorbereitenden Lektüre für die Französische Revolution.

Anders als bei Locke und den englischen Denkern hat sich Goethe hinsichtlich der französischen Aufklärer häufiger konkret positioniert. Über Melchior Grimms Zeitschrift *Correspondance littéraire, philosophique et critique*, die handgeschrieben und unter Umgehung der Zensur bei deutschen Aristokraten, Künstlern und Literaten zirkulierte und neueste intellektuelle Entwicklungen Frankreichs wiedergab, war der Weimarer über die aktuelle kulturelle Situation des Nachbarlandes stets bestens informiert.

Wie sehr Goethe die Texte Voltaires oder Diderots im Großen und Ganzen goutierte, kann man an einer Übersetzung ablesen, welche der Dichter 1802 in „Ermangelung des Gefühls eigener Produktion" anfertigte. Es handelte sich um das von Aufklärungsgesinnung durchzogene Drama *Mahomet der Prophet* (1741) – ein Stück Voltaires, das gegen religiösen Fanatismus und Aberglauben sowie gegen Heuchelei, Priesterbetrug und Willkür der Mächtigen und Herrschenden Stellung nahm. Und obwohl Goethe manche kritische Polemik aus Voltaires Mohammed-Bild wegretuschierte, entstand in der Übersetzung eine Mahomet-Figur, der Dämonisches und Leidenschaftlich-Unheimliches anhaftet, mit dem man sich nur ungern identifizieren mochte. Über Voltaire und dessen Leistung urteilte Goethe überwiegend zustimmend, wenngleich er die betont aufgeklärt-nüchterne Haltung des Franzosen der Natur gegenüber nicht teilte:

> » Und dann ... hat es wohl nie einen Poeten gegeben, dem sein Talent jeden Augenblick so zur Hand war wie Voltaire ... Sie ... haben keinen Begriff von der Bedeutung, die Voltaire und seine großen Zeitgenossen in meiner Jugend hatten, und wie sie die ganze sittliche Welt beherrschten. Es geht aus meiner Biographie nicht deutlich hervor, was diese Männer für einen Einfluss auf meine Jugend gehabt, und was es mich gekostet, mich gegen sie zu wehren und mich auf eigene Füße in ein wahreres Verhältnis zur Natur zu stellen.[2]

Verglichen mit England und Frankreich fand die Aufklärung in Deutschland später statt und wies weniger politischen Bezug auf; weder entsprang noch mündete sie in eine Revolution. Auch war sie nicht auf ein Zentrum oder eine Großstadt wie London oder Paris konzentriert, sondern verteilte sich auf kleinere Städte und zeigte entsprechend Lokalkolorit. Hamburg, Göttingen, Halle, Königsberg, Berlin, Leipzig oder Wolfenbüttel – die Stätten

---

2 Eckermann, J.P.: Gespräche mit Goethe vom 16. Dezember 1828 und vom 03. Januar 1830, in: Gespräche mit Goethe, Berlin 1956, S. 442 und S. 515

der deutschen Aufklärung zählten manchmal nur wenige Tausend Einwohner, und bisweilen konnte man den Eindruck bekommen, als handelte es sich bei diesen Projekten um Einmann-Unternehmen.

Neben Immanuel Kant, dessen Name regelhaft als *der* Vertreter der Aufklärung in Deutschland genannt wird, kann als ein früher Aufklärer der Philosoph und Mathematiker Christian Wolff (1679–1754) erwähnt werden, der in Halle lehrte, die Leibnizsche Philosophie in Richtung Rationalismus umformte, und dessen Schriften fast alle mit der damals ungewohnten Formel „Vernünftige Gedanken über … " begannen.

Bekannter als Christian Wolff wurde als Aufklärer Gotthold Ephraim Lessing (1729–1781). In *Erziehung des Menschengeschlechts* (1780) entwarf er die Utopie einer aufgeklärten Menschheit, die nicht mehr nur nach den Prinzipien von Lust und Ehrgeiz, sondern auch nach denjenigen von Pflicht und Vernunft lebt. In *Nathan der Weise* (1779) schuf Lessing eine überzeugende Parabel der Toleranz und Humanität, die zu Goethes Bonmot „Ein Mann wie Lessing täte uns not!" beitrug:

» Ein Mann wie *Lessing* täte uns not. Denn wodurch ist dieser so groß als durch seinen Charakter, durch sein Festhalten! – So kluge, so gebildete Menschen gibt es viele, aber wo ist ein solcher Charakter![3]

Eng befreundet mit Lessing war Moses Mendelssohn (1729–1786), der mit Kant im Briefwechsel stand. Von Mendelssohn stammt die Formel der alles zermalmenden Kritik als Charakteristikum der Philosophie Kants, der der Berliner Denker anfänglich skeptisch gegenüberstand. Erst nach und nach anerkannte er die Qualitäten des Königsberger Zeitgenossen, den er seinerseits vor allem mit der Schrift *Jerusalem oder Über religiöse Macht und Judentum* (1783) beeindruckte. Zusammen mit Lessing und dem Verleger Friedrich Nicolai publizierte Mendelssohn in den 60-er Jahren *Briefe die neueste Literatur betreffend*, die ein aufklärerisches Bildungsprogramm nicht nur für einige wenige, sondern für einen größeren Kreis der Bevölkerung darstellten.

Ebenfalls in Berlin ansässig war Rahel Varnhagen, geborene Levin (1771–1833). Zwar zählte sie nicht zu den Stars und Ideenproduzenten der Aufklärung; sie nutzte jedoch trotz ihrer gesellschaftlich nicht begünstigten Position (Frau und Jüdin) den Geist der Aufklärung, um für sich ein hohes Maß an Bildung und persönlicher Entwicklung zu realisieren. Nach dem Modell der Pariser Salonièren eröffnete sie einen Salon und lud Intellektuelle und solche, die es werden wollten, zu sich an den Gendarmenmarkt im Zentrum Berlins. Hier trafen sich Friedrich und August Wilhelm Schlegel, Ludwig und Friedrich Tieck, Brentano, Fichte, Chamisso, die Brüder Humboldt, Schleiermacher, Jean Paul, Prinz Louis Ferdinand, Heinrich Heine, der Philosoph Hegel und manche andere. Außerdem unterhielt sie einen Briefwechsel mit Goethe, der die aufgeweckte Dame ob ihrer ungekünstelt-authentischen Art mochte.

Das philosophische Zentralgestirn der deutschen Aufklärung war jedoch zweifelsohne Immanuel Kant. Goethe anerkannte den Königsberger Denker, obwohl er zugeben musste, dass er über Jahrzehnte hinweg dessen philosophische Gedankenwelt – z.B. seine *Kritik der reinen Vernunft* (1781) – nur aus zweiter Hand und vom Hörensagen kannte, ohne dass sie ihn tatsächlich angesprochen hätte. Erst als er auf die *Kritik der Urteilskraft* (1790) stieß, in der es neben Überlegungen zur Ästhetik (das Schöne, Erhabene, der Geschmack, das

---

3   Eckermann, J.P.: Gespräch mit Goethe (15. Oktober 1825), in: Gespräche mit Goethe, Berlin 1956, S. 216f.

Genie) auch um eine Auslegung der Natur geht (Gesetzmäßigkeit der Natur und Zweckmäßigkeit der Kunst), war für den Dichter ein Zugang zur philosophischen Gedankenwelt Kants eröffnet:

> Für Philosophie im eigentlichen Sinne hatte ich kein Organ; … nirgends fand ich Aufklärung nach meinem Sinne, denn am Ende kann doch nur ein jeder in seinem eignen Sinne aufgeklärt werden. Kants *Kritik der reinen Vernunft* war schon längst erschienen, sie lag aber völlig außerhalb meines Kreises … Wenn ich nach meiner Weise über Gegenstände philosophierte, so tat ich es mit unbewusster Naivität und glaubte wirklich, ich sähe meine Meinungen vor Augen … Nun aber kam die *Kritik der Urteilskraft* mir zuhanden, und dieser bin ich eine höchst frohe Lebensepoche schuldig. Hier sah ich meine disparatesten Beschäftigungen nebeneinander gestellt, Kunst- und Naturerzeugnisse eins behandelt wie das andere.[4]

Grundlegende Elemente der Aufklärung. Es führt zu weit, alle wichtigen Namen der europäischen Aufklärungsepoche und ihre Werke in unserem Rahmen aufzuführen. Stattdessen sollen wichtige Grundsätze, die von den erwähnten Denkern vertreten wurden, summarisch in wenigen Punkten zusammengefasst werden.

1) Aufklärung bedeutete für die meisten ihrer Vertreter ein egalitäres Anliegen. Gleichgültig, welche Themen, Fragen, Probleme sie im Detail behandelten – die Resultate ihrer Überlegungen und Untersuchungen sollten allen Menschen und nicht nur den Gebildeten oder Schriftgelehrten vermittelt werden und zugute kommen.

2) Der Prozess der Aufklärung war stets mit Schritten der Emanzipation vergesellschaftet. Die Autonomie von Individuen und Kollektiven wurde als hoher Wert erkannt und gegenüber den Machthabern in Staat und Kirche eingeklagt. Feudale wie klerikale Hierarchien gerieten aufgrund dieser Vorstellungen ins Wanken, und es überrascht nicht, dass mancherorts Aufklärung und Revolution Hand in Hand gingen.

3) Das autonome Individuum sollte sich durch eigenständiges Denken und freiheitliches Handeln auszeichnen. Dass ein korrekter Gebrauch der Vernunft und zielgerichtetes, lineares Denken den Einzelnen wie auch die Welt zu ändern vermögen – dieses Credo stand an zentraler Stelle im Kodex der Überzeugungen und Glaubenssätze der Aufklärer.

4) Damit Menschen in die Lage versetzt sind, vernunftgemäß zu denken, zu fühlen und zu handeln, müssen sie von Kleinkindbeinen an erzogen und geschult werden. Es gab daher in der Geschichte der Menschheit keine zweite Epoche mit derart großen Anstrengungen, eine Pädagogik für die Vielen zu entwickeln, deren Ziel und Zweck das aufgeklärte Individuum sein sollte. Von Jean-Jacques Rousseau über Pestalozzi bis zu Lessing reicht die Schar der vom Bildungsgedanken und pädagogischen Furor begeisterten Aufklärer, wobei Letzterer sogar die erwähnte *Erziehung des Menschengeschlechts* ins Auge gefasst hat.

5) Eng assoziiert mit der Idee der Erziehung ist diejenige des Fortschritts; hinsichtlich des Glaubens an Progression kommt der Aufklärungsepoche kaum ein anderes Zeitalter nahe.

---

4   Goethe: Einwirkung der neueren Philosophie (1820), in: Naturwissenschaftliche Schriften I, HA Band 13, München 1981, S. 25ff.

Kapitel 11 · Aufklärung und Bildung: Immanuel Kant

Die Zukunft mit ihren Potentialitäten und Entwicklungen stand damals im Mittelpunkt vieler Auseinandersetzungen und Publikationen, wobei die Chancen für den Einzelnen wie für Kollektive als fast unbegrenzt taxiert wurden. Goethe war in dieser Hinsicht merklich nüchterner und skeptischer: „Fehler der sogenannten Aufklärung: dass sie Menschen die Vielseitigkeit gibt, deren einseitige Lage man nicht ändern kann."[5]

6) Die zeitliche Dimension der Zukunft war in der Aufklärungsepoche ein wesentliches Unterscheidungsmerkmal zu Epochen wie Renaissance oder Antike, in denen die Evokation der Vergangenheit oder der gefeierte Augenblick, die Gegenwart, die dominierenden Zeitdimensionen abgaben. Ähnlich aber wie die Antike oder die Renaissance kannte die Epoche der Aufklärung die Hoch- und Wertschätzung des Individuums. Anders jedoch als die früheren Zeitalter sah sich der Einzelne im 18. Jahrhundert nicht mehr nur als Bewohner einer Polis, eines Stadtstaates oder wie Odysseus als *l'homme méditerranéen*. Seine ihm zugedachte Rolle war nun diejenige des Weltbürgers, der sich um Belange entfernter Gegenden des Globus kümmerte, und dem die Reiseschilderungen Alexander von Humboldts (1769–1859) wohlvertraute Selbstverständlichkeiten bedeuteten. Goethe bezog das Ideal des Weltbürgertums vor allem auf die Kultur, wogegen Hegel es auf die Geschichte und Politik anwandte und dementsprechend meinte, die Tageszeitung sei „die Bibel des modernen Menschen".

7) Für solche Weltbürger gehörte ein profundes, weite Bereiche der Kultur abdeckendes Wissen zur Grundlage ihrer Lebensgestaltung. Dem kamen viele Aufklärer nach, indem sie wissenschaftliche sowie philosophische Erkenntnisse ihrer Vergangenheit und Gegenwart in zum Teil gigantischen Enzyklopädien und Lexika zusammenfassten. Von Pierre Bayle bis Denis Diderot reichte die Reihe der Schriftsteller und Denker, die sich aufgrund ihrer enzyklopädischen Bemühungen berechtigten Ruhm erworben haben.

8) Wissen wurde im Jahrhundert der Aufklärung mit Macht gleichgesetzt, wobei die Vorstellung des eventuellen Machtmissbrauchs nicht verbreitet war. Man vertraute den Kräften der Vernunft und konnte sich ernsthafte Gefährdungen dieser rationalistischen Haltung kaum denken. Erst Hegel mit der dialektischen Sicht von Mensch und Welt und dann Schopenhauer mit der Betonung irrationaler Anteile der menschlichen Existenz haben den Glauben an die Überzeugungsmacht und die Durchsetzungskraft der Vernunft nachhaltig ins Wanken gebracht.

9) Die Aufklärung hatte sich den Kampf gegen alle Einflüsse, die einer vernunftgeleiteten Wissensvermittlung im Wege standen, auf ihre Fahnen geheftet. Damit wurden Gewalt, Aberglauben, Fanatismus, Intoleranz und Vorurteile aller Art zu natürlichen Feinden der Aufklärer. Und weil solche Geisteshaltungen in staatlichen und kirchlichen Institutionen ausgebrütet und gepflegt wurden (und werden), gerieten die meisten der Aufklärung nahestehenden Dichter, Philosophen und Schriftsteller fast zwangsläufig in eine Gegenposition zu Kirche und Staat.

10) Zu den Vorurteilen, gegen die viele Aufklärer opponierten, gehörten nationale, rassische und religiöse Überlegenheitsgefühle, Chauvinismus, angeblich gottgewollte Vorteile Einzelner aufgrund von Abstammung oder Besitz, Patriarchat, Militarismus sowie die

---

5   Goethe: Maximen und Reflexionen (1833), in: HA Band 12, München 1981, S. 387

Überzeugung von der angeborenen Bösartigkeit des Menschen. Dementsprechend wurde die Rolle der Frau von ihnen beginnend ebenso neu definiert, wie sie auch die Idee eines „ewigen Friedens" mit großer Ernsthaftigkeit und Verve ventilierten.

11) Die Werte von Mitmenschlichkeit, Toleranz, Friedfertigkeit, Achtung, Würde und Solidarität, die von vielen Aufklärern hochgehalten wurden, sollten für alle Menschen Gültigkeit besitzen. Die Gleichheit der Bürger vor dem Gesetz war eine weitverbreitete Forderung im 18. Jahrhundert, die erst allmählich eingelöst wird und als ubiquitär gültige Menschenrechte immer noch ein Desiderat der Zukunft bleibt.

12) Neben der Gleichheit – *égalité* – wurden von Aufklärern und vor allem von der Französischen Revolution noch *liberté* (Freiheit) und *fraternité* (Brüderlichkeit) als essentielle Werte des *siècle des lumières* angesehen und versucht, im großen Stil zu verwirklichen. Aus diesen Idealen und Wertvorstellungen entstanden im 19. Jahrhundert die gesellschaftlichen Richtungen von Liberalismus und Sozialismus, die entweder Freiheit oder Solidarität als höchsten Wert reklamieren. Gesellschaftsformen, die alle Werte ausgewogen berücksichtigen, sind eine noch einzulösende Aufgabe.

13) Die Emanzipation des Menschen aus sozialen, gesellschaftlichen, rassischen, religiösen, geschlechtlichen und anderen Beeinträchtigungen gelingt den Aufklärern zufolge am ehesten, wenn die Philosophie ihre Adepten und Leser lehrt, der Vernunft gemäß zu denken. Selbstreflexion, Selbstbesinnung und Selbstvergewisserung sind die Ziele und Horizonte, auf die hin eine Philosophie der Aufklärung respektive eine aufklärende Philosophie ausgerichtet sein sollen.

Immanuel Kant als Aufklärer. Das Jahrhundert des Lichts hat mit seinen Ansätzen, Impulsen und Vorstellungen ein kulturell ehrgeiziges Projekt entworfen und teilweise realisiert, von dem das 21. Jahrhundert in vielen Belangen profitiert. Als Kant sich in die Debatte um Zielsetzungen und Inhalte der Aufklärung mit eigenen Beiträgen einbrachte, konnte er auf eine kurze Tradition sowie auf etliche Zeitgenossen Bezug nehmen. Auf den ersten Blick jedoch waren die kritischen Schriften Kants – vor allem seine *Kritik der reinen Vernunft* (1781) – nicht dazu angetan, den Beifall anderer Denker, die an Aufklärung interessiert waren oder an ihr aktiv mitwirkten, hervorzurufen. Schließlich war es eines ihrer wichtigsten Anliegen, der Vernunft und dem Denken endlich freien Lauf zu lassen und sie nicht – wie bei Kant als Programm deklariert – in ihre Schranken zu weisen. Daher waren die Reaktionen der Mitwelt auf die *Kritik der reinen Vernunft* zurückhaltend bis ablehnend; selbst von Moses Mendelssohn musste Kant enttäuscht konstatieren, dass er „mein Buch zur Seite gelegt", noch bevor er es richtig verstanden hatte. In einem Brief an Kant sprach Mendelssohn von der *Kritik der reinen Vernunft* sogar als von einem „nervensaftzehrenden Werk".[6]

Es bedurfte energischer Werbeaktivitäten für die Philosophie Kants, um dessen Denken als kompatibel mit Anliegen der Aufklärung erscheinen zu lassen. Ein wichtiges Forum war damals die *Berlinische Monatsschrift*, in der viele Aufsätze zu Fragen und Themen der Aufklärung abgedruckt wurden. Auch Kant publizierte in dieser Zeitschrift – so seine Abhandlung

---

6 Mendelssohn, M.: Brief an Immanuel Kant vom 10. April 1783, zit. n. Weber, P.: Kant und die *Berlinische Monatsschrift*, in: Immanuel Kant und die Berliner Aufklärung, hrsg. v. Emunds, D., Wiesbaden 2000, S. 63

Kapitel 11 · Aufklärung und Bildung: Immanuel Kant

Beantwortung der Frage: Was ist Aufklärung? (1784). Darin ging er vom Individuum und den charakterlichen und intellektuellen Voraussetzungen aus, die vorhanden sein müssen, damit aus ihm ein aufgeklärter Mensch werden kann. Berühmt geworden sind die Anfangssätze des Textes, worin Kant eine eigenwillige, inzwischen aber weithin anerkannte Beschreibung und Definition des Begriffes Aufklärung ins Auge gefasst hat:

» Aufklärung ist der Ausgang des Menschen aus seiner selbst verschuldeten Unmündigkeit. Unmündigkeit ist das Unvermögen, sich seines Verstandes ohne die Leitung eines anderen zu bedienen … *Sapere aude!* Habe Mut, dich deines eigenen Verstandes zu bedienen! ist also der Wahlspruch der Aufklärung.[7]

Im weiteren Gang der Darstellung widmete sich Kant der Frage, welche Gründe dafür namhaft zu machen sind, weshalb so viele Menschen sich ihres eigenen Verstandes nicht bedienen und stattdessen den Status der Unmündigkeit in Kauf nehmen. Die Antworten darauf sind überraschend modern, da psychologisch, soziologisch und historisch zugleich geprägt:

» Faulheit und Feigheit sind die Ursachen, warum ein so großer Teil der Menschen, nachdem sie die Natur längst von fremder Leitung frei gesprochen … , dennoch gerne zeitlebens unmündig bleiben; und warum es anderen so leicht wird, sich zu deren Vormündern aufzuwerfen. Es ist so bequem, unmündig zu sein. Habe ich ein Buch, das für mich Verstand hat, einen Seelsorger, der für mich Gewissen hat, einen Arzt, der für mich die Diät beurteilt, usw.: so brauche ich mich ja nicht selbst zu bemühen. Ich habe nicht nötig zu denken, wenn ich nur bezahlen kann; andere werden das verdrießliche Geschäft schon für mich übernehmen.[8]

Worauf Kant abhob, sind die charakterlichen und persönlichen Qualitäten von Individuen, die darüber entscheiden, ob und wie der Einzelne denken, urteilen und handeln lernt. Jeder wählt nicht nur (wie der Philosoph Fichte einmal meinte) die Philosophie, die sein Charakter zulässt, sondern auch den Grad an aufgeklärter Wachheit und autonomer Urteilskraft, den das Niveau der personalen Fähigkeiten und Fertigkeiten erlaubt. Kant erwähnt die Emotionen und Haltungen der Angst, Feigheit, Bequemlichkeit oder narzisstischen Überheblichkeit, die das Geschäft des Selberdenkens und damit der Aufklärung erschweren oder sogar verunmöglichen. Außerdem beschreibt Kant hellsichtig die Dynamik zwischen Mündel und Vormund respektive zwischen Masse und ihren Herrschern. Weil der Einzelne wie auch ganze Sozietäten Autonomie nicht gelernt und geübt haben, sind sie dauernd auf der Suche nach Führung und Anlehnung. Die Führer spüren derartige Bedürfnisse und befriedigen sie *stante pede*, ohne dass sie am Grundübel (dem Mangel an Selbständigkeit) etwas zu ändern gedenken: Die Abhängigkeit der Geführten garantiert die Aufrechterhaltung der Rolle von Herrschern und Führern.

Kant vergleicht derart Geführte mit Hausvieh, das dumm gemacht und gehalten wird, um ihm hinterher zu beweisen, dass es außerhalb des Gängelwagens nicht lebensfähig ist und zugrunde geht. Das Defizit an Erziehung, Schulung und Aufklärung macht Kant zufolge die Einführung von Regeln und Gesetzen erst notwendig. Eine aufgeklärte, kundige und

---

7 Kant, I.: Beantwortung der Frage: Was ist Aufklärung? (1784), in: Werke Band VI, hrsg. v. Weischedel, W., Darmstadt 1998, S. 53

8 Kant, I.: Beantwortung der Frage: Was ist Aufklärung?, (1784), in: Werke Band VI, hrsg. v. Weischedel, W., Darmstadt 1998, S. 53

selbständige Sozietät käme mit einem Minimum von fixen Vorschriften und Anleitungen aus. Eine perfide Art der Verdummung besteht im Einpflanzen und in der Verbreitung von Vorurteilen. Diese scheinen einfache Lösungen für komplexe Probleme bereitzuhalten und sind deshalb bei Menschen, die das Denken nicht geübt haben, beliebt. Weltanschauungen bestehen bei ihnen oft aus einem Sammelsurium von Vorurteilen wie Rassismus, Nationalismus, Chauvinismus, religiösem Aberglauben, patriarchalischen Überzeugungen und anderen Ismen, die sich gegenseitig stützen und eine zähe und träge Gedanken- und Gefühlsmasse ergeben, die selbst durch revolutionäre Umwälzungen nicht beseitigt werden kann:

> Daher kann ein Publikum nur langsam zur Aufklärung gelangen. Durch eine Revolution wird vielleicht wohl ein Abfall von persönlichem Despotismus und gewinnsüchtiger oder herrschsüchtiger Bedrückung, aber niemals wahre Reform der Denkungsart zustande kommen; sondern neue Vorurteile werden, eben sowohl als die alten, zum Leitbande des gedankenlosen großen Haufens dienen.[9]

Bei aller Skepsis gegenüber öffentlichen (staatlichen oder kirchlichen) Versuchen, den Mitgliedern eines Gemeinwesens autonomes Denken zu lehren, und bei aller historischen Erfahrung, dass derartiges Dozieren oft auf die Festigung von Vorurteilen, Herrschaftsstrukturen und Hierarchien hinausläuft, gestand Kant den Menschen doch die Möglichkeit zu, nach und nach einen Status aufgeklärterer Autonomie für sich zu erobern. Dies sei jedoch nur möglich, wenn dem Einzelnen ein hohes Maß an Freiheit zugestanden wird. Aufklärung ohne Freiheit sei nicht denkbar und ein Widerspruch in sich selbst, wobei Kant sich auf die Freiheit beruft, von der Vernunft öffentlichen Gebrauch zu machen. Wohlgemerkt: Der Philosoph spricht von der Freiheit der Vernunft und nicht von derjenigen der bloßen Gedanken; von den Letzteren ist bekannt, dass sie beileibe nicht immer vernünftig sind und das Niveau der Aufklärung nicht immer anheben:

> Der öffentliche Gebrauch seiner Vernunft muss jederzeit frei sein, und der allein kann Aufklärung unter den Menschen zustande bringen; der Privatgebrauch derselben aber darf öfters sehr enge eingeschränkt sein, ohne doch darum den Fortschritt der Aufklärung sonderlich zu hindern. Ich verstehe aber unter dem öffentlichen Gebrauche seiner eigenen Vernunft denjenigen, den jemand als Gelehrter von ihr vor dem ganzen Publikum der Leserwelt macht.[10]

Wenn Kant hier von den Gelehrten spricht, die ihre Fähigkeit zum Vernunftgebrauch öffentlich einsetzen sollen, dachte er an Individuen, die wir heute als Intellektuelle (im wahren Sinne des Wortes) bezeichnen – an Menschen, welche die Wahrheit suchen und das Ergebnis dieser Suche unumwunden mitteilen. Er exemplifizierte anhand von Priestern, inwiefern sie als Vorsteher einer kirchlichen Gemeinde ihre Vernunft nicht öffentlich, sondern quasi privat und damit nicht frei gebrauchen. Sie dienen einem fremden Auftrag (dem ihrer Amtskirche) und sprechen ihre Dogmen und Glaubenssätze nicht vor der Weltöffentlichkeit aus; in ihrer priesterlichen Rolle nehmen sie keine Gelehrtenfunktion ein. Umgekehrt aber dürfen sich diese Personen, sobald sie die Rolle von Gelehrten übernehmen, in keiner Weise mehr vor

---

9   Kant, I.: Beantwortung der Frage: Was ist Aufklärung? (1784), in: Werke Band VI, hrsg. v. Weischedel, W., Darmstadt 1998, S. 54f.

10 Kant, I.: Beantwortung der Frage: Was ist Aufklärung? (1784), in: Werke Band VI, hrsg. v. Weischedel, W., Darmstadt 1998, S. 55

den Karren irgendeiner Autorität spannen lassen, sondern sind verpflichtet, sich frei nur noch ihrer eigenen Vernunft zu bedienen. Die Ausführungen Kants enthalten eine sublime Religionskritik, die darauf hinausläuft, die kirchliche Dogmatik als Bereich der Kultur zu charakterisieren, welcher der Aufklärung entgegensteht bzw. der – sobald er sich der Aufklärung im Sinne Kants öffnen würde – seine religiösen Glaubensinhalte zur Disposition stellen müsste:

> » Ich habe den Hauptpunkt der Aufklärung, die des Ausgangs der Menschen aus ihrer selbst verschuldeten Unmündigkeit, vorzüglich in *Religionssachen* gesetzt: Weil in Ansehung der Künste und Wissenschaften unsere Beherrscher kein Interesse haben, den Vormund über ihre Untertanen zu spielen; überdem auch jene Unmündigkeit, so wie die schädlichste, also auch die entehrendste unter allen ist.[11]

Kant hat mit seiner Abhandlung einige Tendenzen seiner Gegenwart sowie Traditionen des 17. und 18. Jahrhunderts aufgegriffen und gleichzeitig selbst eine Tradition in Gang gesetzt, die bis in unser 21. Jahrhundert reicht. So kann der Gedanke des freiheitlichen Gebrauchs der Vernunft als Voraussetzung und Ziel der Aufklärung insofern als modern bezeichnet werden, als Kant dabei auf den Prozess-Charakter und die Notwendigkeit des Lernens abhob. Menschen brauchen weitläufige Anleitung, um vernünftiges Denken zu lernen – und selbst dann ist ihnen die Wahrheit nicht mit einem Schlage zugänglich. Vielmehr sind sie als etwas aufgeklärtere Individuen eventuell in der Lage, Irrtümer, Vorurteile und Fehler früher zu erkennen und mit ihnen produktiv umzugehen. Auf diese Qualität aufgeklärten Denkens hat auch Ernst Cassirer in *Die Philosophie der Aufklärung* hingewiesen:

> » Die Vernunft ist weit weniger ein Besitz, als sie eine bestimmte Form des Erwerbs ist … Das 18. Jahrhundert … nimmt sie nicht als einen festen Gehalt von Erkenntnissen, von Prinzipien, von Wahrheiten als vielmehr als eine Energie; als eine Kraft, die nur in ihrer Ausübung und Auswirkung völlig begriffen werden kann. Und ihre wichtigste Funktion besteht in ihrer Kraft zu binden und zu lösen. Sie löst alles bloß Faktische, alles einfach Gegebene, alles auf das Zeugnis der Offenbarung, der Tradition, der Autorität Geglaubte auf; sie ruht nicht, bis sie es in seine einfachen Bestandteile und bis in die letzten Motive des Glaubens und Für-wahr-Haltens zerlegt hat.[12]

Im Sinne dieser Ausführungen Cassirers betonte Kant in seinem Aufsatz *Beantwortung der Frage: Was ist Aufklärung?*, dass man sich schwerlich einen *Zustand*, wohl aber einen *Prozess* der Aufklärung vorstellen könne:

> » Wenn denn nun gefragt wird: Leben wir jetzt in einem *aufgeklärten* Zeitalter? – so ist die Antwort: Nein, aber wohl in einem Zeitalter der *Aufklärung*.[13]

Aufklärung und Bildung. Die Überschrift wie auch das Entree dieses Kapitels versprechen neben der Erörterung des Begriffs Aufklärung auch eine Annäherung an den Begriff Bildung. Obgleich das Phänomen Bildung auf einem noch höheren Komplexitätsniveau anzusiedeln ist als dasjenige der Aufklärung, darf dieses Thema nicht mit dem Verweis auf angeblich unüberwindbare

---

11 Kant, I.: Beantwortung der Frage: Was ist Aufklärung? (1784), in: Werke Band VI, hrsg. v. Weischedel, W., Darmstadt 1998, S. 60
12 Cassirer, E.: Die Philosophie der Aufklärung (1932), Hamburg 1998, S. 15f.
13 Kant, I.: Beantwortung der Frage: Was ist Aufklärung? (1784), in: Werke Band VI, hrsg. v. Weischedel, W., Darmstadt 1998, S. 59

Schwierigkeiten, Fülle des Stoffes, Knappheit des hier zur Verfügung gestellten Manuskript-Platzes und ähnlichen Unredlichkeiten zur Seite geschoben werden. Also: Was heißt Bildung?

Bildung bedeutet anderes als Aufklärung – und ist zugleich (zumindest in unserem Jahrhundert) ohne Aufklärung kaum vorstellbar. Schon Kant hat die Unterschiede zwischen Bildung und Aufklärung hervorgehoben, wobei er Erstere in den Bereich der Pädagogik platzierte und mit Aspekten von Erziehung und Selbsterziehung assoziierte:

> Die Pädagogik oder Erziehungslehre ist entweder physisch oder praktisch ...
> Die praktische oder moralische ist diejenige, durch die der Mensch soll gebildet werden, damit er wie ein frei handelndes Wesen leben könne ... Sie ist Erziehung zur Persönlichkeit, Erziehung eines frei handelnden Wesens, das sich selbst erhalten, in der Gesellschaft ein Glied ausmachen, für sich selbst aber einen inneren Wert haben kann.[14]

Bildung und Aufklärung haben allein deshalb schon miteinander zu tun, da Letztere mächtigen Einfluss auf die Definition der Ersteren genommen hat. Seit der Epoche der Aufklärung handelt es sich bei Bildung um ein menschliches und nicht mehr um ein göttliches Projekt. Die Rolle Gottes als Menschenschöpfer und -bildner wurde von den Aufklärern beschnitten und durch Konzepte der Selbst-Bildung und -Gestaltung ersetzt. Seit dem *siècle des lumières* sind Menschen für ihre seelische, soziale und geistige Form und Gestalt zunehmend selbst verantwortlich – eine Tendenz, die sich im 20. Jahrhundert auf Jean-Paul Sartres bekannte existialistisch-anthropologische Formel zuspitzte: „Der Mensch ist, was er aus sich macht". Allenfalls die Biologie – so erzählen die Neuro-Wissenschaften – und hier besonders die Morphe und Funktion unseres Gehirns begrenzen neben den sozioökonomischen und kulturellen Verhältnissen um uns her unsere Bildungsimpulse.

Das 18. Jahrhundert entwickelte sich in Europa nicht nur zum *siècle des lumières*, sondern auch zum *siècle de la formation et éducation*, zur Epoche der Erziehung und Bildung von Individuen wie auch des ganzen Menschengeschlechts (Lessing). Dutzende von prominenten Pädagogen, Hofmeistern, Philosophen und Anthropologen widmeten sich intensiv den Fragen von Erziehung, Selbsterziehung sowie von Bildung im autonomen und heteronomen Sinne (ich bilde mich – ich werde gebildet): Pestalozzi, Salzmann, Basedow, Jachmann, Wilhelm von Humboldt, Jean-Jacques Rousseau, Jean Itard, Niethammer, Christian Reinhold, Schleiermacher, Kant und – natürlich Goethe; wobei dieser klar erkannte, dass nicht alle Menschen wünschen, gebildet zu werden oder sich selbst zu bilden:

> Nicht allen Menschen ist es eigentlich um ihre Bildung zu tun; viele wünschen nur ein Hausmittel zum Wohlbefinden, Rezepte zum Reichtum und zu jeder Art von Glückseligkeit.[15]

Wie aber lassen sich bildungshungrige Menschen erkennen, wie stimuliert man ihren Appetit, und mit welchen Lebensmitteln, welcher Speisenfolge lässt er sich stillen? Vor allem: Wie wird aus einem heteronomen ein autonomes Bildungsgeschehen? Zehn thesenartige Antworten auf diese Fragen, die eigentlich eigene Abhandlungen und ganze Monographien verdienen.

1) Bildung bedarf Schulung, Lernen und Wissen. Die Aufklärer erkannten, dass sich der Einzelne ohne ein solides Wissensfundament kaum je aus der Rolle des Unmündigen und aus

---

14 Kant, I.: Über Pädagogik (1803), in: Schriften zur Anthropologie, Geschichtsphilosophie, Politik und Pädagogik, Werkausgabe Band XII, Frankfurt am Main 1977, S. 712
15 Goethe: Wilhelm Meisters Lehrjahre (1795/96), HA Band 7, München 1981, S. 549

dem Status der Dummheit emanzipieren kann. Wer sich in vielen Belangen seines Lebens als unwissend und ahnungslos empfindet, kämpft verständlicherweise häufig mit Ohnmachts- und Minderwertigkeitsgefühlen, die ihn ängstlich und zurückgezogen oder aber gereizt und aggressiv, schwerlich aber souverän und in sich ruhend werden lassen. Die Bemühungen diverser Schriftsteller und Philosophen (Bayle, Diderot, d'Alembert) um eine enzyklopädische Zusammenfassung und Präsentation des Wissens ihrer Zeit trug dem Programmpunkt „Bildung durch Wissen" Rechnung.

Nun hat sich seit den Zeiten von Bayle, Diderot und d'Alembert das potenziell verfügbare Wissen nicht verdoppelt, verdrei- oder vervierfacht – es ist lawinenartig angewachsen, und ein Ende dieser Dynamik ist nicht in Sicht. Man spricht in diesem Zusammenhang von Wissensgesellschaft, um zum Ausdruck zu bringen, dass in hochentwickelten Ländern Wissen und Information zur zentralen Ressource geworden sind, die zunehmend global, synchron und digital organisiert und verfügbar ist.

Selbst in spezialistischen Wissens-Nischen ist es heute nicht mehr möglich, alles zu wissen. Erziehung, Schulung und Bildung in Bezug auf das derzeit und zukünftig verfügbare, weltweite Wissensangebot heißt deshalb, den Einzelnen zu befähigen, souverän mit seinem Nicht-Wissen umgehen zu lernen. Die uralte Sokratische Formel (Ich weiß, dass ich und was ich nicht weiß) wird zu einem Qualitätsmerkmal all jener werden, die eine Ahnung von der immensen Wissens- und Gedankenfülle haben, welche die Menschheit in ihrer bisherigen Kulturgeschichte angesammelt hat, und die sich jetzt, da dieser Satz geschrieben oder gelesen wird, schon wieder um Hekatomben vermehrt.

Wissen, wie und wo Information und Wissen beschafft, organisiert, bewertet und weiter in neue Wissenszusammenhänge eingestellt werden kann, zeichnet den Gebildeten des 21. Jahrhunderts aus. Das bedeutet kein Plädoyer für ausgedehnte persönliche Wissens-Leerstellen oder den Luxus der Dummheit. Im Gegenteil: Um in Wissenssozietäten reüssieren zu können, bedarf es vieler, komplexer Wissens-Fertigkeiten, begonnen beim mathematischen, naturwissenschaftlichen bis hin zum sprachlichen, historischen, psychologischen, gesellschaftlichen und künstlerischen Wissen.

2) Immer wieder lässt sich beobachten, dass es wissende oder sogar sehr wissende Menschen gibt, denen man trotz ihres Wissens das Prädikat der Bildung nur ungern verleihen möchte. Nachdenklich stimmende Beispiele aus der Zeit des Nationalsozialismus werden oftmals zitiert, die durchaus in der Lage waren, abends anrührende Goethe-Gedichte zu rezitieren, um am nächsten Morgen die unfassbarsten Inhumanitäten zu begehen oder anzuordnen.

Nun hat bereits Max Scheler vor beinahe einem Jahrhundert darauf hingewiesen, dass es unterschiedliche Formen des Wissens gibt; er führte diesbezüglich das Herrschafts-, Bildungs- und Erlösungswissen an, wobei er mit Herrschaftswissen auf die Beherrschung der äußeren (oder auch der inneren) Natur abzielte. In der Pädagogik haben sich diese Begriffe Schelers insofern gewandelt, als hier von Verfügungs- und Orientierungs- statt von Herrschafts- und Bildungswissen gesprochen wird. Das Erstere vermittelt Kenntnisse in Bezug auf Ursachen und Wirkungen, wohingegen das Letztere darüber hinaus auch Werte, ethische Standards und Ideale ins Visier nimmt.

Bezogen auf unser Thema kann man erwägen, den althergebrachten Scheler'schen Begriff des Bildungswissens zu reaktivieren und ihn für jene emotionalen, sozialen und geistigen Auseinandersetzungen des Einzelnen mit Wissensinhalten zu benutzen, bei denen der Betreffende als ein Veränderter hervorgeht. Der Umgang mit kulturellen Werken und Wissensinhalten – Literatur, Musik, bildende Kunst, Wirtschaft, Mathematik, Natur-, Sozial- und Geisteswissenschaften, Mythos und Religion, Philosophie etc. – darf und soll im personalen Gefüge von Individuen Spuren der Humanisierung hinterlassen, damit sie bildend wirken.

Diese bildende Wirkung besteht zu einem nicht unerheblichen Teil aus osmotisch anmutender Assimilation von Sinn, Wert und Bedeutung – von Qualitäten, die den jeweiligen kulturellen Phänomenen innewohnen, und die der Einzelne im Umgang mit ihnen anfänglich wie nebenbei und nach und nach dann bewusster aufnimmt und in den eigenen emotionalen und intellektuellen Stoffwechsel integriert. Die Wert- und Sinnhaftigkeit des betreffenden Wissensinhalts induziert (bei entsprechender Offenheit und passendem Sensorium) eine Veränderung im Wert- und Sinn-Erleben des Rezipienten, der sich im günstigen Fall in eine Zirkelbewegung von Wert-Wahrnehmung (Sensorium) und Wert-Realisation begibt.

3) Lange Zeit kommt es darauf an, von den Mitmenschen und ihrer Kultur gebildet zu werden. Bildung (verstanden als emotionaler, sozialer, geistig-intellektueller Prozess) findet während der ersten Jahrzehnte des Daseins nicht im Rückzug auf uns selbst, sondern im intensiven Austausch mit Lehrern, Erziehern, Mentoren, Vorbildern und der Peergroup einerseits sowie mit kulturellen Inhalten andererseits statt.

Die Bildung und Gestaltung unserer Person hängt in dieser Phase maßgeblich von den jeweiligen Angeboten sowohl interpersoneller als auch geistig-kultureller Art ab. Vermittelt über geeignete Modelle können intensive und fruchtbare Bildungsprozesse auch jenseits von intellektueller Wissensvermittlung angestoßen werden – z.B. bezüglich handwerklicher, künstlerischer, sozialer, emotionaler, mitmenschlicher Natur. Empathie-Vermögen, Solidarität, Nachsicht, Güte, humorvolle zwischenmenschliche Generosität sind Qualitäten eines gebildeten Menschen, die häufig um ein Vielfaches wertvoller und konstruktiver sind als noch so hochgezüchtete Intellektualität.

Im Hinblick auf die kulturellen Angebote, die nicht selten im Rahmen von Schulen und Hochschulen vermittelt werden, gilt es (ähnlich wie bei Erziehern, Lehrern und Mentoren) nach und nach das Wertvollere vom Wertloseren zu diskriminieren. Kinder, Jugendliche, Adoleszente begegnen diesen Angeboten gegenüber anfänglich mit einer Einstellung, die Friedrich Nietzsche mit einem Kamel verglichen hat: Sie nehmen auf sich, was man ihnen aufbürdet, ohne dabei fundierte Kritik zu üben (das anscheinend kritische Unterfangen von Jugendlichen ihren Schul-Inhalten und Lehrern gegenüber hat in der Regel eher mit Verweigerung, Trotz und Pseudo-Autonomie, nicht aber mit tatsächlichem Unterscheidungsvermögen zu tun).

Es bedeutet bereits einen merklichen Schritt hin zu einem gebildeten Menschen, wenn der Einzelne aufgrund seriöser Wert- und Geschmacks-Urteile das für ihn, seine Entwicklung und die Entwicklung einer Sozietät Hilfreiche und Zukunftsweisende vom Destruktiven und Regressiven zu unterscheiden lernt. Um tatsächlich Wertvolles zu erkennen, benötigt es Tausende Lehreinheiten, die stets mit Irrtümern und Fehleinschätzungen einhergehen, bevor man den Goethe'schen Gedanken halbwegs elegant umsetzen kann: „Alles Große bildet, sobald wir es gewahr werden."[16]

4) Es verwundert nicht, dass solche Bildungsprozesse die Betreffenden in direkte oder indirekte Konflikte mit ihrer Umwelt verbringen können. Ein am Sinn-, Wert- und Bedeutungsvollen ausgerichtetes Orientierungs- oder Bildungswissen sowie Identifizierungen mit modellhaften Gestalten, seien sie konkret erfahrbar oder aus der Literatur, der Tradition oder vom Hörensagen übernommen, rührt an die idealistischen Schichten unserer Persönlichkeit und damit an jene idealeren Sphären unserer Existenz, die den nüchternen und oftmals

---

16 Eckermann, J.P.: Gespräch mit Goethe (16. Dezember 1828), in: Gespräche mit Goethe, Berlin 1956, S. 443

kruden Dimensionen der Realität in Form von Träumen, Hoffnungen, Sehnsüchten und Utopien entgegengesetzt sind.

Sobald Idealität auf Realität trifft, sind Enttäuschungen und Konflikte unausweichlich – und sei es, dass wir bemerken, wie überaus zäh und widerständig die Wirklichkeit auf unsere Versuche reagiert, etwas Ideales (Wert, Sinn, Bedeutung) in die spröde Realität einzuweben. Goethe muss diese Erfahrung beispielsweise in Bezug auf den Wert der Schönheit und der poetischen Anmut hundertfach gemacht haben – jedenfalls hatte er für sich eine dazu passende Strategie entwickelt, die es ihm ermöglichte, am Idealen festzuhalten und sich trotz aller Hindernisse im Realen effektiv und geschmeidig zu bewegen:

» Alle Menschen guter Art empfinden bei zunehmender Bildung, dass sie auf der Welt eine doppelte Rolle zu spielen haben, eine wirkliche und eine ideelle, und in diesem Gefühl ist der Grund alles Edlen aufzusuchen.[17]

Es gehört mit zu den wesentlichen Geheimnissen einer Person, wie sie die Werthorizonte fest im Blick behält, die sie für ihr Wachstum und ihren Bildungsprozess benötigt, ohne dass sie aufgrund der häufig eklatanten und schmerzhaften Diskrepanzen mit der Wirklichkeit nur in Trauer, Zynismus oder Resignation verfällt. Wenn der Einzelne (ähnlich wie Goethe) dafür Lösungen gefunden hat, strahlt diese Errungenschaft etwas Würdevolles, Unantastbares und Edles aus, das die Mitmenschen zwar intuitiv spüren, ohne dass sie jedoch immer sagen könnten, welches Persönlichkeits- und Werde-Gesetz in ihm obwaltet.

5) Gleichgültig, ob es sich um Selbst- oder Fremdbildungsprozesse dreht: So oder so sind bedeutsame Ziele, Zwecke und Horizonte vonnöten, um sich entweder selbst in Bewegung zu setzen oder anderen Argumente an die Hand zu geben, bei sich Wachstumsregungen zu mobilisieren. Den dafür essentiellen Idealismus früh genug bei Kindern und Jugendlichen anzuregen und bei Erwachsenen hochzuhalten, erachtete auch Kant als zentrale Aufgabe von Erziehung und Bildung. Ihm schwebte diesbezüglich nicht nur eine Orientierung an harmlosen oder leicht zu realisierenden Werten und Idealen vor – der Königsberger Philosoph war inspiriert und gebildet genug, um sich und anderen nichts Geringeres als die Idee der Menschheit als Maßstab und Zielsetzung für Erziehungs- und Bildungs-Prozesse zuzumuten:

» Kinder sollen nicht dem gegenwärtigen, sondern dem zukünftig möglich besseren Zustande des menschlichen Geschlechts, das ist: der Idee der Menschheit und deren ganzer Bestimmung angemessen erzogen werden. Dieses Prinzip ist von großer Wichtigkeit. Eltern erziehen gemeiniglich ihre Kinder nur so, dass sie in die gegenwärtige Welt, und sei sie auch verderbt, passen.[18]

Derartige Großherzigkeit und Generosität in Sachen Bildung hätte den Beifall Goethes gefunden. Nichts hindert Erziehung und Bildung so sehr wie Kleinmut, Angst und Engstirnigkeit, und nichts fördert dieselben so sehr wie Atmosphären von Gelassenheit, Zuversicht, unerschütterlichem Glauben an die Wachstums- und Entwicklungs-Potentiale der eigenen Person wie auch des Gegenübers – bei gleichzeitig realistischer Einschätzung dieser Potentiale, die sich als Möglichkeit erweisen müssen und nicht das Unmögliche vom Himmel holen können:

---

17 Goethe: Dichtung und Wahrheit (1811), in: HA Band 9, München 1981, S. 463
18 Kant, I.: Über Pädagogik (1803), in: Schriften zur Anthropologie, Geschichtsphilosophie, Politik und Pädagogik, Werkausgabe Band XII, Frankfurt am Main 1977, S. 704

> Der geringste Mensch kann komplett sein, wenn er sich innerhalb der Grenzen seiner Fähigkeiten und Fertigkeiten bewegt; aber selbst schöne Vorzüge werden verdunkelt, aufgehoben und vernichtet, wenn jenes unerlässlich geforderte Ebenmaß abgeht.[19]

6) Ernst Robert Curtius, ein bedeutender Romanist im 20. Jahrhundert, hat angesichts des heraufziehenden Nationalsozialismus 1932 das Buch *Elemente der Bildung* publiziert, mit dem er an die Errungenschaften der europäischen Kulturgeschichte erinnern wollte, die er durch die braunen Horden in Gefahr sah. Darin erwähnte er Tugenden, die ihm zufolge vorhanden sein müssen, um Bildung zu erwerben, und die ihrerseits wieder einen Nachweis von Bildung bedeuten.

Curtius verwies in diesem Zusammenhang (wie Goethe und Kant) auf die Großherzigkeit als Kardinaltugend, ebenso wie auf den *Common sense*, von dem er als von einer Nötigung spricht, „aus dem engen Kreise des eigenen Lebens hinauszuschreiten"[20] und die Themen, Probleme und Fragestellungen der Welt als Angelegenheiten zu begreifen, die einen jeden Gebildeten berühren, und zu denen er Stellung beziehen muss. Man kann diese die Bildung ermöglichende Einstellung auch als Weltoffenheit bezeichnen; oder mit anderen Worten: Wir steigern unsere Bildung, sofern wir nicht nur private, sondern öffentliche Wesen werden. Die Griechen der Antike verwendeten für die Privatexistenz den Begriff des *idiotes* (Privatmann) – wer wollte bestreiten, dass es sich dabei um das Gegenteil eines gebildeten Menschen handelt.

Der Romanist erwähnt in seinem Text noch weitere Tugenden, die einen intellektuellen wie auch psychosozialen Bildungsprozess befördern: Respekt (vor Personen und deren Leistungen); Willigkeit (Hingabe an die unterschiedlichsten Bildungsinhalte); Demut (nicht wir sind großartig – die Kultur vielmehr weist Großartigkeiten auf); Freude (ohne ein Minimum an Lustempfinden erobern wir weder soziale Beziehungen noch komplexere geistige Gebilde); Sehnsucht (nach einem erstrebenswerten, aber weit entfernten und schwer erreichbaren Ziel). Vor allem die letztere Tugend war auch für Goethe als Antrieb seiner Persönlichkeitsbildung relevant:

> Niemand, auch wenn er noch so viel besitzt, kann ohne Sehnsucht bestehen; die wahre Sehnsucht aber muss gegen ein Unerreichbares gerichtet sein, die meinige war es gegen die bildende Kunst.[21]

7) Worauf Goethe in diesem Zitat anspielte, fällt zweifellos in den Bereich der Selbstbildung. Nicht mehr die anderen (Erzieher, Mentoren, Vorbilder), sondern er selbst suchte sich jene imaginären und unerreichbaren Ziele, die ihn letztlich zu Höchstleistungen und Bildungsprozessen auf anderen Gebieten als den von ihm intendierten anspornten, und die entscheidend mithalfen, die (wie er es Lavater gegenüber ausdrückte) Pyramide seines Daseins so hoch wie nur immer möglich zu spitzen.

Dass sein Haupttalent nicht in der Sphäre der bildenden Kunst lag, wie von ihm inniglich gewünscht, hat Goethe betrübt, und es dauerte bis zur italienischen Reise, sich mit dieser Einsicht zu arrangieren. Obwohl er sich damals dazu durchrang, sich fürderhin bevorzugt dem Hauptgeschäft der Literatur zu widmen, blieb seine unerfüllte Sehnsucht als Kennmarke

---

19 Goethe, Maximen und Reflexionen (1833), in: HA Band 12, München 1981, S. 532
20 Curtius, E.R.: Elemente der Bildung (1932), München 2017, S. 150
21 Goethe: Aus den Lesarten zum 12. Buch von Dichtung und Wahrheit, zit. n. Ernst Robert Curtius: Elemente der Bildung (1932), München 2017, S. 148

zukünftiger Bildungsprozesse bestehen. Sie trug mit dazu bei, dass alles, was Goethe in seiner nachitalienischen Zeit unternahm, zu Kunst geriet – selbst wenn es sich dabei, wie bei seinen Bemühungen um eine seriöse, empirisch fundierte Farbtheorie, um Wissenschaft handeln sollte.

Goethe formulierte während seiner Zeit in Italien als wesentlichen Vorsatz für seine weitere, von ihm vorangetriebene Persönlichkeitsbildung die Erkenntnis, dass Menschen (falls ihnen dazu die Möglichkeit geboten wird) nur jene Themen bearbeiten und jene Seiten an sich zur weiteren Blüte bringen sollten, für die sie aufgrund von Abstammung, Erziehung, Talent, Temperament, Charakter, Beziehungskonstellation, Vorgeschichte und Neigung prädestiniert erscheinen. Das bedeutet, dass nicht alle alles oder Gleiches lernen und sich einem nivellierenden Bildungsprozess unterwerfen sollten, sondern dass jeder sehr individuell sein ihm gemäßes Bildungsprogramm entwerfen und umsetzen darf und kann. Kein allgemeines Curriculum schwebte Goethe vor, das Richtung, Ziel und Inhalt von Bildungsprozessen determiniert; ihm war vielmehr daran gelegen, das je Eigene und Besondere einer Person zur Geltung zu bringen:

» Eine allgemeine Ausbildung drängt uns jetzt die Welt ohnehin auf, wir brauchen uns deshalb darum nicht weiter zu bemühen; das Besondere müssen wir uns zueignen.[22]

8) Beim Terminus der Bildung denken nicht wenige an die Phänomene von Schule, Hochschule und Lehre, Aus- und Weiterbildung sowie an die entsprechenden curricularen Vorgaben und Stoffgebiete, die von den Adepten dieser Bildungsanstalten ebenso wie von den Lehrenden bewältigt werden sollen. Schlussendlich erhoffen sich die Verantwortlichen (Lehrende, Schulbehörden, Ministerien etc.), die Auszubildenden auf ein vergleichbares Niveau des Denkens und Handelns zu verbringen und damit die kulturelle Zukunft einer Sozietät zu sichern.

Diesbezüglich hatte schon Nietzsche gehörige Zweifel angemeldet. Als junger Mann, der als frisch gebackener Professor für Philologie an die altehrwürdige Alma Mater von Basel berufen worden war, hielt er öffentliche Vorträge *Über die Zukunft unserer Bildungs-Anstalten*, die kurze Zeit später unter diesem Titel publiziert wurden. Darin bemängelte er, dass die Gelehrten (z.B. Professoren an Universitäten) zwar gelehrt, aber nicht gebildet seien und sich zu einer bildungsfernen Wissenselite sowie zu bloßen Bildungsphilistern entwickelt hätten.

Wenn Bildung – wie im 19. und verstärkt noch im 20. Jahrhundert geschehen – unter dem Gesichtspunkt der gesellschaftlichen und häufig auch der wirtschaftlichen Funktionalität standardisiert und in allgemein verbindliche Curricula gegossen wird, bedient man zwar zunehmend den objektiven Part von Bildung (Wissen, Fertigkeiten, Kompetenzen, wie sie im 21. Jahrhundert als Begriffe hoch im Kurs stehen), der sich messen und quantifizieren lässt, und der für utilitaristische Zwecke sowie für die Stabilisierung des sozioökonomischen *Status quo* bestens zu verwenden ist. Gleichzeitig wird aber die subjektive, individuell-persönliche Seite der Bildung, die Selbstbildung, systematisch vernachlässigt, und wir brauchen uns nicht zu wundern, wenn wir zuletzt nicht nur in einer *Theorie der Halbbildung*,[23] sondern auch in ihrer gelebten Praxis landen. Goethe jedenfalls plädierte für ein möglichst umfassendes Bildungsprogramm:

---

22 Goethe: Wilhelm Meisters Wanderjahre (1829), in: HA Band 8, München 1981, S. 484
23 Adorno, Th.W.: Theorie der Halbbildung (1959), in: GS Band 8, Frankfurt am Main 1972

> Einseitige Bildung ist keine Bildung. Man muss zwar von einem Punkte aus-, aber nach mehreren Seiten hingehen. Es mag gleichviel sein, ob man seine Bildung von der mathematischen oder philologischen oder künstlerischen Seite her hat … ; sie kann aber in diesen Wissenschaften allein nicht bestehen.[24]

9) Im weiteren Gespräch mit Riemer kam Goethe auf die Notwendigkeit zu sprechen, die unterschiedlichsten Wissens- und Bildungsquellen, seien sie aus diversen Schulen, Wissenschaften und Lehrbüchern oder aus den persönlichen Erlebnissen, Begegnungen und Reflexionen der Einzelnen gespeist, in einen mächtigen Bildungsstrom einfließen zu lassen, den man in gewisser Weise als Bildung zweiter Ordnung begreifen kann. Für derlei eigne sich eine spezielle oder besser allgemeine Form der Philosophie:

> Die Wissenschaften einzeln sind gleichsam nur die Sinne, mit denen wir den Gegenständen Face machen; die Philosophie oder die Wissenschaft der Wissenschaften ist der *sensus communis*.[25]

Speziell ist diese Art der Philosophie, weil nur wenige Philosophen vom Fach sie betreiben; allgemein hingegen ist sie, weil sie *Common sense*, den Gemeinsinn oder *sensus communis*, zu ihrem expliziten Forschungs- und Bildungsterrain erklärt. Es führte zu weit, hier zu klären, was unter *Common sense* zu verstehen ist. Ein Hinweis mag genügen, um zu verdeutlichen, welches Verhältnis Gemeinsinn und Bildung unterhalten. Den Beschreibungen des *sensus communis* durch Immanuel Kant in dessen *Kritik der Urteilskraft* (1790) zufolge dürfen wir uns darunter die Fähigkeit von Personen vorstellen, dem eigenen privaten Urteil „gleichsam die gesamte Menschenvernunft" als Maßstab und Korrektiv an seine Seite zu stellen. Dadurch, so Kant, könne man der Illusion entgehen, die Urteile, die aus subjektiven Privatbedingungen heraus gefällt werden, seien für sich genommen objektiv. Wer die gesamte Menschenvernunft (was immer dies im Detail sein mag) mitdenke, sei vor derlei Irrtümern gefeit.

Übertragen auf das Thema der Bildung bedeutet dies, dass wir bei wichtigen eigenen Entwicklungsschritten sowie bei existentiell relevanten Entscheidungen so sehr es geht die gesamte Menschenvernunft als Korrekturfaktor mit einbeziehen dürfen. Handeln wir derart, integrieren wir damit eine Perspektive in unser Dasein, die uns einerseits verobjektiviert, andererseits dem subjektiven Bildungsprozess überraschend weite und philosophische Dimensionen eröffnet: Es geht nicht mehr nur um Fragen des Details – es geht ums Ganze.

10) Das Ganze des Lebens? Ja, das Ganze des Lebens! Wer sich je den Luxus gönnt, neben den Tausenderlei kleinen Themen des Alltags etwas Übergeordnetes, Bedeutendes und enorm Wertvolles (und sei es nur für Minuten) gelten zu lassen, wird bei sich die Erfahrung der Verschiebung von Gewichtungen, Wertungen und Einschätzungen der eigenen Existenz machen; und wer diese Erfahrung wiederholt erlebt, begibt sich in einen Prozess der Bildung des eigenen Ich mit ungeahnten Tiefen-, Breiten- und Höhen-Effekten. Auf eine solche philosophische Art der Lebensgestaltung zielte der Schweizer Denker und Literat Peter Bieri (geb. 1944) ab:

---

24 Goethe: Gespräch mit Riemer am 24. Juli 1807, zit. n. zeno.org: Goethe – Gespräche – 1807
25 Goethe: Gespräch mit Riemer am 24. Juli 1807, zit. n. zeno.org: Goethe – Gespräche – 1807

> Der Gebildete ist an heftigen Reaktionen auf alles zu erkennen, was Bildung verhindert. Die Reaktionen sind heftig, denn es geht um alles: Orientierung, Aufklärung und Selbsterkenntnis, Fantasie, Selbstbestimmung und moralische Sensibilität, um Kunst und Glück ... Seine Heftigkeit steigert sich beim Versuch der Verharmlosung. Denn wie gesagt: Es geht um alles.[26]

Wenn es ums Ganze des eigenen Daseins wie auch um das Leben der anderen, um die Kultur und unseren Globus geht, tun wir gut daran, neben unserer Privatlogik (Alfred Adler) auch den *Common sense* zu bemühen. Mit ihm sind wir schlussendlich doch wieder bei der Vernunft (in Form der gesamten Menschenvernunft) und damit bei einem zentralen Begriff der Aufklärung angelangt. Dass Goethe dieses Ende des Kapitels uns nicht nur nachgesehen, sondern vollumfänglich akzeptiert hätte, mag ein letztes Zitat aus seiner Feder verdeutlichen, das auf die Vernunft als *Conditio sine qua non* jeder Bildung abhebt:

> Das Gewebe dieser Welt ist aus Notwendigkeit und Zufall gebildet; die Vernunft des Menschen stellt sich zwischen beide und weiß sie zu beherrschen; sie behandelt das Notwendige als den Grund ihres Daseins; das Zufällige weiß sie zu lenken, zu leiten und zu nutzen, und nur, indem sie fest und unerschütterlich steht, verdient der Mensch ein Gott der Erde genannt zu werden.[27]

Literatur

1. Adorno, Th.W.: Theorie der Halbbildung (1959), in: GS Band 8, Frankfurt am Main 1972
2. Bieri, P.: Wie wäre es, gebildet zu sein? (2005), https://www.nzz.ch/articleDAIPS-1.182217
3. Cassirer, E.: Die Philosophie der Aufklärung (1932), Hamburg 1998
4. Curtius, E.R.: Elemente der Bildung (1932), München 2017
5. Eckermann, J.P.: Gespräche mit Goethe (1836/48), Berlin 1956
6. Emunds, D. (Hrsg.): Immanuel Kant und die Berliner Aufklärung, Wiesbaden 2000
7. Goethe: Wilhelm Meisters Lehrjahre (1795/96), HA Band 7, München 1981
8. Goethe: Gespräch mit Riemer am 24. Juli 1807, zeno.org: Goethe – Gespräche – 1807
9. Goethe: Aus meinem Leben – Dichtung und Wahrheit (1811), in: HA Band 9, München 1981
10. Goethe: Einwirkung der neueren Philosophie (1820), in: HA Band 13, München 1981
11. Goethe: Wilhelm Meisters Wanderjahre (1829), in: HA Band 8, München 1981
12. Goethe, Maximen und Reflexionen (1833), in: HA Band 12, München 1981
13. Kant, I.: Beantwortung der Frage: Was ist Aufklärung? (1784), in: Werke Band VI, Darmstadt 1998
14. Kant, I.: Über Pädagogik (1803), in: Schriften zur Anthropologie, Geschichtsphilosophie, Politik und Pädagogik, Werkausgabe Band XII, Frankfurt am Main 1977

---

26 Bieri, P.: Wie wäre es, gebildet zu sein? (2005), https://www.nzz.ch/articleDAIPS-1.182217
27 Goethe: Wilhelm Meisters Lehrjahre (1795/96), HA Band 7, München 1981, S. 71

Tiefenpsychologie, Unbewusstes, Dämonisches: Sigmund Freud

Literatur – 209

Neben Künstlern, Wissenschaftlern und Philosophen, die auf Goethe direkt oder indirekt eingewirkt und sein Denken und Werk geprägt haben (z.B. Erasmus von Rotterdam, Spinoza, Immanuel Kant), lassen sich auch umgekehrt Einflussnahmen Goethes auf Zeitgenossen wie auf Nachgeborene konstatieren. Am Begriff des Unbewussten kann man derlei zeigen, und zugleich kann man sich fragen, inwiefern im Terminus des Dämonischen, den Goethe recht häufig gebrauchte, etwas von dem vorweggenommen wurde, was das Konzept des Unbewussten charakterisiert.

Zur Geschichte des Unbewussten. Lange schon, bevor sich Sigmund Freud und seine Schüler im Rahmen der Psychoanalyse mit dem Begriff des Unbewussten beschäftigten, hatten Philosophen und Dichter dieses Phänomen als bedenkenswert registriert. Frühe Überlegungen zum Unbewussten stellten etwa Plotin (205–270 n.Chr.) sowie in der Neuzeit Gottfried Wilhelm Leibniz (1646–1716) an. Im 18. und zu Beginn des 19. Jahrhunderts kam es vor allem unter Romantikern zu regelmäßigem literarischen Austausch, das Unbewusste betreffend. Doch auch nicht-romantisch gesinnte Denker wie Georg Christoph Lichtenberg (1742–1799) oder Karl Philipp Moritz (1756–1793) befassten sich mit diesem Topos. In den *Sudelbüchern* des Ersteren heißt es: „Es denkt, sollte man sagen, so wie man sagt: es blitzt."[1]; und Letzterer meinte im *Magazin zur Erfahrungsseelenkunde*: „Das unpersönliche *es ...* (bezeichnet) das *unbekannte etwas*, welches vor uns in Dunkelheit gehüllt ist."[2]

Beide, den Göttinger Professor für Physik Georg Christoph Lichtenberg wie auch den Literaten Karl Philipp Moritz, zählt man aufgrund ihrer Formulierungen zu den Begründern einer Es-denkt-Tradition, die sich von der Ich-denke-also-bin-ich-Tradition eines René Descartes dezidiert abheben wollte. Descartes hatte mit seiner Formel „Ich denke, also bin ich" eine Beschreibung des Menschen und seines Bewusstseins in die Welt gesetzt, die sich bis in die Moderne hinein tradiert hat und heute noch dazu beiträgt, dass manche Wissenschaftler (z.B. Psychologen, Neuro-Wissenschaftler) und Philosophen und selbstverständlich auch Nicht-Wissenschaftler die Macht des Bewusstseins als viel zu hoch taxieren und das Unbewusste als eine zu vernachlässigende Größe unterschätzen.

Mit dem Begriff des Es zielten Lichtenberg und Moritz auf jene Dimensionen des menschlichen Seelenlebens ab, die man gemeinhin das Unbewusste nennt. Schon bei ihnen war das Unbewusste – so vage sie es damals auch noch beschrieben haben – als Gegenspieler zur im 18. Jahrhundert gefeierten Vernunft und zum menschlichen Bewusstsein konzipiert. Ihre vereinzelten Gedanken dazu versuchten nach ihnen einige Denker der Romantik zu systematisieren. Die Epoche der Romantik kann als eine Art Gegenbewegung gegen das *Siècle des Lumières* verstanden werden. Nicht mehr das Helle und Klare des Bewusstseins und der Vernunft, sondern das Geheimnisvolle, Irrationale, Dunkle des Seelenlebens stand nun im Fokus des Interesses. Francisco de Goya (1746–1828) hat dieses Dunkle in einem seiner *Caprichos* (1799), einem Zyklus von Radierungen und Aquatinta-Arbeiten, eindrücklich aufs Papier gebracht; *Capricho* Nummer 43 trägt den Titel *Der Schlaf der Vernunft gebiert Ungeheuer*.

Wie sehr es sich bei den von Romantikern bedachten und in ihren Texten geschilderten Phänomenen tatsächlich um Ungeheuer handelt, sei dahingestellt. Jedenfalls gehörten bei ihnen die Tag- und Nachtträume von Menschen ebenso wie Märchen, Wahnzustände,

---

1 Lichtenberg, G. Chr.: Sudelbücher, Heft K (1793-1796), in: Schriften und Briefe II, München 1994, S. 412
2 Moritz, K.Ph.: Magazin zur Erfahrungsseelenkunde, erster Band, erstes bis drittes Stück (1783), Nördlingen 1986, S. 71

Kapitel 12 · Tiefenpsychologie, Unbewusstes, Dämonisches: Sigmund Freud

Fieber-Fantasien, Déjà-vu-Erlebnisse, Delirien oder das Unheimliche und Phantastische zu ihren bevorzugten Sujets und Forschungsthemen.

Kunstmaler wie Caspar David Friedrich, Philipp Otto Runge, Carl Gustav Carus, Philosophen wie Friedrich Wilhelm Joseph Schelling und Johann Friedrich Herbart, Komponisten wie Robert Schumann, die große Schar romantisch orientierter Schriftsteller (Friedrich Rückert, Joseph von Eichendorff, Clemens Brentano, Achim von Arnim, Ludwig Tieck, Samuel Taylor Coleridge, Percy Bysshe Shelley, John Keats, Mary Shelley, Robert Burns, Edgar Allen Poe, Nathaniel Hawthorne, Alfred de Musset, Alexander Puschkin, Nicolai Gogol, E.T.A. Hoffmann) oder auch Ärzte dieser Epoche (z.B. Samuel Hahnemann, Christoph W. Hufeland, John Brown) wurden nicht müde, das unbewusste Seelenleben zu erkunden und in teilweise skurril anmutenden spekulativen Theorie-Gebäuden zu systematisieren. So versuchte Carl Gustav Carus in seinem Buch *Psyche* (1846) diverse Stufen des Unbewussten zu diskriminieren, und Eduard von Hartmann, vielgelesener Modephilosoph seiner Epoche, publizierte 1869 eine mehrbändige *Philosophie des Unbewussten*, die unter anderem Sigmund Freud und C.G. Jung mit beeinflusste.

Als deutlich einflussreicher und konziser als manche romantische Spekulation erwiesen sich auf philosophischem Terrain die Ausführungen Arthur Schopenhauers und Friedrich Nietzsches zum Unbewussten. Der Erstere vertrat in seinem Hauptwerk *Die Welt als Wille und Vorstellung* (1819) die Ansicht, dass in jedem Menschen ein unbewusster, triebhafter Lebensdrang dominiert, der den gesamten Organismus in Aufbau, Selbsterhaltung und Lebensäußerungen reguliert. Dieser Lebensdrang sei Teil eines gigantisch gedachten Welt-Willens, der nicht nur einzelne Organismen, sondern die gesamte Natur und das Leben an sich hervorgebracht hat und erhält.

Vom Willen, einer unbewusst wirkenden Lebens- und Triebschicht, steigen Gedanken, Gefühle, Handlungsmotive und alle übrigen seelischen Phänomene auf. Für den Philosophen bedeutete der Lebenswille jenes gesuchte *Ding an sich*, das Immanuel Kant als unerkennbar hingestellt hatte. Schopenhauer jedoch nahm für sich den Ruhm in Anspruch, die Metaphysik auf eine Erfahrungsgrundlage gestellt und das Ding an sich erfahrbar gemacht zu haben – eine Grundlage, die jeder bei sich selbst in Erfahrung bringen könne, wenn er intuitiv in sich selbst hineinlausche und dabei den Drang und Willen zum Leben empfinde.

Für Schopenhauer waren die Vernunft und der Intellekt, mithin also das Bewusstsein des Menschen, nichts anderes als bloße Werkzeuge und Abkömmlinge des Willens. Sie sind vergleichbar mit einer Laterne, die sich der Wille in der Dunkelheit des Daseins angezündet hat, um zielgerechter seine Absichten betreiben zu können. Daher muss man nicht glauben, dass die Intelligenz auf objektive Welteinsicht zielt; sie ist ein Instrument der Lebenspraxis und als solches den Absichten, Impulsen und Zielen des Willens, also des Unbewussten im Menschen unterworfen.

Schopenhauer benutzte gerne Bilder und Gleichnisse in seinen philosophischen Ausführungen. Dabei verglich er den Willen mit einem blinden Riesen, der den Intellekt (in seiner Terminologie: die Vorstellung) als einen lahmen Zwerg auf seinen Schultern trägt. Letzterer wähnt sich fälschlicherweise in der Situation, den Ersteren lenken und dominieren zu können, indes der Wille ungebärdig, triebhaft ist, so dass er letztlich jene Daseins- und Existenz-Richtungen einschlägt, die ihm die allergrößten Befriedigungen (z.B. Sexualität) versprechen. Das Bewusstsein gaukelt sich selbst etwas vor, wenn es meint, Herrschaft über den Menschen zu besitzen. Die Entscheidungen und Handlungen der Menschen sind nur scheinbar frei und bewusst gewählt; dumpfe, dunkle und unbewusste Motivationen vom Leibe her determinieren unser Geschick.

Ähnlich wie Schopenhauer positionierte sich Friedrich Nietzsche in Bezug auf die Rolle des Unbewussten im menschlichen Dasein. Auch er war von der Macht leibhaftiger Impulse und Regungen überzeugt; zugleich relativierte er die angebliche Überlegenheit der menschlichen Vernunft und des Bewusstseins und stellte sich damit in die Es-denkt-Tradition von Lichtenberg und Karl Philipp Moritz:

> Was den Aberglauben der Logiker betrifft: so will ich nicht müde werden, eine kleine kurze Tatsache immer wieder zu unterstreichen, welche von diesen Abergläubischen ungern zugestanden wird – nämlich, dass ein Gedanke kommt, wenn *er* will, und nicht, wenn *ich* will; so dass es eine Fälschung des Tatbestandes ist zu sagen: Das Subjekt *ich* ist die Bedingung des Prädikats *denke*. Es denkt; aber dass dies *es* gerade jenes alte berühmte *Ich* sei, ist, milde geredet, nur eine Annahme, eine Behauptung, vor allem keine unmittelbare Gewissheit.[3]

Nicht dem bewussten Ich kommt also alle Macht auf Erden zu; halb ohnmächtig muss es zusehen, wie *es* in einem denkt und wie Gedanken unwillkürlich von innen, aus der Tiefe hochsteigen und das Bewusstsein überschwemmen. Nicht das Wünschen des Ich dominiert; das spielerische Eigenleben in uns degradiert das Ich zum staunenden Logenplatzbesitzer, der den Darbietungen auf der Bühne des Unbewussten, Hintergründigen mit offenem Munde folgt. Was aber soll dieses Hintergründige, Tiefe, das Unbewusste und das Innen sein? In *Also sprach Zarathustra* (1883) stellte Nietzsche dieses Tiefe und Unbewusste, das in den Menschen den Ton Angebende vor:

> Hinter Deinen Gedanken und Gefühlen, mein Bruder, steht ein mächtiger Gebieter, ein unbekannter Weiser – der heißt Selbst. In Deinem Leibe wohnt er, Dein Leib ist er.[4]

Dieser kurze Passus, in *Also sprach Zarathustra* unter der Überschrift *Von den Verächtern des Leibes* platziert, entsprach dem Motto, unter dem Nietzsche philosophieren wollte. Ihm war es wichtig, alle philosophischen Thesen und Wahrheiten vom Organismus und der Natur her zu denken – und nicht umgekehrt das Bewusstsein oder die Vernunft über, hinter oder jenseits des Leibes agieren zu lassen. Dementsprechend ordnete er schon vor den Erkenntnissen der Psychoanalyse viele Alltagsphänomene wie die Träume als Leistungen des Unbewussten und damit des Gesamtorganismus eines Menschen ein. Sie, die Träume, sind manchmal verlässlicher und auskunftsfreudiger als das wache Bewusstsein:

> *Aus dem Traume deuten.* Was man mitunter im Wachen nicht genau weiß und fühlt – ob man gegen eine Person ein gutes oder ein schlechtes Gewissen habe, darüber belehrt völlig unzweideutig der Traum.[5]

So sehr Nietzsche hinter die Äußerungen des unbewussten Leibes (z.B. in Träumen) ein Ausrufezeichen zu setzen gewillt war, so sehr hielt er bei den Ein- und Auslassungen des Bewusstseins generelle Fragezeichen für angebracht. Denken, Wollen, Urteilen, Entscheiden, Erinnern sind Akte eines bewussten Wachzustandes eines Menschen, und nicht selten sind wir gewillt, denselben den Vorrang vor allen unbewussten Regungen eines Individuums einzuräumen. Nicht so Nietzsche, der in den rationalen Vorgängen eines

---

[3] Nietzsche, F.: Jenseits von Gut und Böse (1886), in: KSA 5, München 1988, S. 31
[4] Nietzsche, F.: Also sprach Zarathustra (1883), in: KSA 4, München 1988, S. 40
[5] Nietzsche, F.: Menschliches, Allzumenschliches, Band 2 (1878/86), in: KSA 2, München 1988, S. 408

Menschen irrationale Motive und Antriebe am Werke sah und sie – etwa im Hinblick auf Erinnerungen – auch so benannte:

» „Das habe ich getan", sagt mein Gedächtnis. „Das kann ich nicht getan haben" – sagt mein Stolz und bleibt unerbittlich. Endlich – gibt das Gedächtnis nach.[6]

Man könnte noch Dutzende weiterer Testpassagen zitieren, an denen deutlich wird, wie sehr Nietzsche ein Vertreter einer dynamischen Psychologie des Unbewussten und damit ein Vorläufer jener Seelenkunde war, die mit dem Namen Sigmund Freud (1856–1939) untrennbar verbunden ist und die als exquisite Lehre vom unbewussten Seelenleben gilt: die Psychoanalyse.

Erste eigene Erfahrungen mit dem Phänomen des Unbewussten sammelte Freud in seiner Praxis beim Umgang mit hysterisch erkrankten Patientinnen. An ihnen erkannte er, dass sie mit ihren Symptomen jene Konflikte und Daseinsnöte unbewusst zum Ausdruck brachten, die sie bewusst nicht benennen konnten. In den *Studien über Hysterie* (1895) hat Freud dazu beeindruckende Fallbeispiele veröffentlicht. So zeigte er an der Patientin Elisabeth von R., die nicht stehen und gehen konnte, dass sie mit den körperlichen Beschwerden ihrer Umwelt unbewusst mitteilte, wie beschwerlich ihr das alleine und aufrecht Stehen (auch im übertragenen Sinne) falle, und wie sehr sie darunter leide, dass es in ihrem Leben „nicht weiter gehe". Als kaum zu widerlegenden Hinweis auf die Existenz des Unbewussten wertete es Freud, dass die Symptome der Patientin für einige Zeit verschwanden, sobald es ihr gelang, mit ihm direkt über ihre Daseinsnöte zu sprechen.

Der Begründer der Psychoanalyse bezeichnete diese therapeutischen Gespräche als kathartische Bewusstmachung des Unbewussten, wobei er in der Frühzeit der Psychoanalyse meinte, den entscheidenden Heilfaktor in der Katharsis (Läuterung der Seele) entdeckt zu haben. Später musste er jedoch zugeben, dass daneben weitere Veränderungen bei Patienten nötig sind, um deren hysterische Krankheitssymptome (die heute als dissoziative Störungen bezeichnet werden) nachhaltig günstig zu beeinflussen.

Die Beobachtungen rund um das Krankheitsbild der Hysterie sowie die partiellen Erfolge durch die Verbalisierung von Konflikten (als *talking cure*, also als analytische Gesprächstherapie bezeichnet) bewogen Freud zur Formulierung seines Konzepts des zweigeteilten Seelenlebens. Er war überzeugt, dass es nicht nur bei dissoziativ erkrankten Patienten, sondern bei allen Menschen bewusste wie auch unbewusste psychische Anteile gibt, wobei sich die Bewusstmachung des Unbewussten häufig als schwer zu bewerkstelligende Aufgabe erweist.

Mit der Idee, dass unbewusste Konflikte und Nöte beim Menschen körperliche Beschwerden und Krankheiten hervorrufen können, erweiterte Freud das Spektrum pathogener Faktoren beträchtlich. Um 1900 stritten Humoral- und Zellularpathologen, ob Erkrankung als Resultat veränderter Körpersäfte oder veränderter Zellverbände zu verstehen sei. So oder so war die Überzeugung weit verbreitet, dass Traumen (Unfälle, Verbrennungen) oder Erreger (Tuberkel-Bakterien, Spirochäten und andere Mikroben) für die Entstehung von Krankheiten verantwortlich zu machen sind.

Dass Freud im Rahmen seiner Lehre vom Unbewussten auch psychosoziale Belastungen und Erschütterungen in den Rang ernsthafter Pathogenese-Faktoren erhob, klang in den Ohren ärztlicher Kollegen ungewöhnlich und für nicht wenige regelrecht provozierend. Erst in den folgenden Jahrzehnten würdigte man etwa die *Studien zur Hysterie* als Vorläufer psychosomatischer Krankheitsmodelle.

---

6 Nietzsche, F.: Jenseits von Gut und Böse (1886), in: KSA 5, München 1988, S. 86

Die Existenz und Wirkungsmächtigkeit des Unbewussten hat Freud in Büchern wie *Die Traumdeutung* (1900) sowie in *Zur Psychopathologie des Alltagslebens* (1904) weiter beschrieben. Seiner Meinung nach waren es vor allem die Phänomene des Traums, welche die Hypothese eines seelisch Unbewussten stützten. Dabei ging er von folgender Traumtheorie aus: Die Anregung zum Traum stammt aus einem Erlebnis des Vortages (Tagesrest), das unbewusste seelische Tiefenschichten des Träumers affiziert. Dieses Erlebnis stimuliert alte Erinnerungen und Wünsche, die keinen Zugang zum wachen Bewusstsein haben. Vor allem infantil-sexuelle Reminiszenzen melden sich im Traum und suchen symbolische Wunscherfüllung. Eine direkte Darstellung dieser Wünsche und ihrer Befriedigung widerspräche den Wertvorstellungen des Träumers. Daher wacht eine Art Zensor darüber, dass dieses infantile Material nicht unverstellt ins Bewusstsein eindringt.

Im Traum herrschen nach Freud andere Gesetze als im wachen Leben. Es dominiere der sogenannte Primärprozess, bei dem – anders als beim Sekundärprozess des Bewusstseins – Zeit- und Raumvorstellung ebenso wie die Logik außer Kraft gesetzt sind. Verschiebungen, Verdichtungen, Verkehrungen ins Gegenteil und Symbolisierungen sorgen dafür, dass unbewusste infantile Wünsche vom innerseelischen Zensor nicht erkannt werden und als eigentümliche Traumbilder dem Träumenden beim Erwachen Interpretations-Rätsel aufgeben.

In *Zur Psychopathologie des Alltagslebens* beschrieb Freud erneut beredt die Existenz und das Wesen des Unbewussten. Fehlleistungen wie Vergessen, Verlesen, Verschreiben, Verlegen und andere Symptom- und Zufallshandlungen bedeuteten ihm untrügliche Nachweise für das Walten des Unbewussten. Wie ein witziger Kobold wirke dieses Unbewusste im Normalleben des Menschen, so dass sich Freud für seine Charakterisierung zu einem Vers aus Goethes *Faust* berechtigt fühlte: „Nun ist die Luft von solchem Spuk so voll, dass niemand weiß, wie er ihn meiden soll."

In *Die Traumdeutung* und *Zur Psychopathologie des Alltagslebens* imponiert das Unbewusste als eine Zweitpersönlichkeit, die im Gegensatz zur bewussten Persönlichkeit steht. Der wache sowie bewusst denkende Mensch ist einigermaßen vernünftig und moralisch, indes ihn die Träume und Fehlleistungen als triebhaftes, perverses, egozentrisches, asoziales Wesen erscheinen lassen. Ähnliches könne man auch an Witzen zeigen, in denen sexuelle und aggressive Impulse investiert seien, die eine Art Befriedigung im Moment der Pointe sowie des lauthals Los-Lachens erfahren. Auf diese Zusammenhänge ging Freud gesondert in *Der Witz und seine Beziehung zum Unbewussten* (1905) ein.

Freud war der festen Überzeugung, dass das Unbewusste nicht nur über gewisse, eng einzugrenzende Autonomiegrade verfüge, sondern ein deutliches Übergewicht im Daseinsvollzug eines Menschen aufweise. Mit seinem Konzept des Unbewussten entwarf er ein Menschenbild, bei dem die Tiefenpersönlichkeit viel mehr Kraft und Macht als das oberflächliche Bewusstsein besitzt. Von Alltagsphänomenen bis hin zu Krankheitsbildern und sogar dem Ab- oder Überleben einer Person war das Unbewusste, das in seiner Terminologie sowohl das Es (Triebe, Impulse, Verdrängtes) wie auch das Über-Ich (Normen, Werte, Ich-Ideal, Gewissensfunktion) mit einschloss, als wesentliches *Agens movens* zu vermuten.

Die Beschreibung des Unbewussten durch ihn rechnete Freud zu den drei großen Kränkungen der Menschheit. Die erste Kränkung sei auf Kopernikus zurückzuführen, der zeigte, dass sich die Erde (damit auch der Mensch) nicht im Mittelpunkt des Weltalls befindet. Die zweite Kränkung gehe auf das Konto von Charles Darwin, der die Abstammung des Menschen aus dem Tierreich (Primaten als allernächste Verwandte) nachgewiesen habe. Die dritte Kränkung bestehe im psychoanalytischen Konzept des unbewussten Seelenlebens, das deutlich mache, dass der Mensch nicht mehr Herr im eigenen Hause ist.

Freud war mit der Angabe von Quellen und Vorläufern für seine Konzepte und Publikationen in der Regel sparsam und zurückhaltend. So finden sich in seinen Abhandlungen

Kapitel 12 · Tiefenpsychologie, Unbewusstes, Dämonisches: Sigmund Freud

von den eben erwähnten Namen und Stationen, das Unbewusste betreffend, nur wenige. Allenfalls bekannte er sich zur Lektüre von Schopenhauers Schriften; Nietzsche hingegen wollte er nicht ausführlicher gelesen haben. Den „wilden Psychoanalytiker" Georg Groddeck, auf den der Begriff Es in der Psychoanalyse hauptsächlich zurückgeht, zitierte er lediglich in einer Fußnote.

Wen Freud jedoch überraschend häufig und ausführlich in seinen Schriften erwähnte, waren Goethe und seine Werke. Das Gesamtregister der Imago-Ausgabe (Gesammelte Werke Freuds) gibt Dutzende Literatur- und biographische Hinweise auf den Weimarer Dichter, der auf ihn, den Begründer der Psychoanalyse, wie eine Vater-Figur gewirkt haben mag. Jedenfalls griff er gerne zur 143-bändigen Sophien-Ausgabe der Werke Goethes, um darin nachzublättern, was „der Alte" oder „der Meister" zu irgendeinem Thema zu sagen hatte.

In seiner Abhandlung *Eine Kindheitserinnerung aus Dichtung und Wahrheit* (1917) untersuchte Freud ein Kindheitserlebnis Goethes, das in Bettina von Arnims *Goethes Briefwechsel mit einem Kinde* (1835) beschrieben wurde. Dabei warf der etwa vierjährige Johann Wolfgang, der unbeaufsichtigt zuhause war, Geschirr auf die Straße, was den uneingeschränkten Beifall einiger Nachbarskinder fand. Als Frau Aja dazu stieß, reagierte sie nicht mit größeren Erziehungsmaßnahmen, sondern mit lachend-zustimmendem Verständnis auf ihren Hätschelhans.

Freud interpretierte den Akt des Geschirr-Werfens als eine symbolische Handlung: Eigentlich, so Freud, wollte Goethe den jüngeren Bruder Hermann Jakob „hinauswerfen", da er auf ihn eifersüchtig war. Diese fragwürdige Interpretation ergänzte Freud mit einer Feststellung, der man viel eher zuzustimmen geneigt ist: Dass die unbedingte Zuneigung und Anerkennung durch die Mutter bei Johann Wolfgang ein stabiles Empfinden von Selbstwert induziert hat, und dass derlei Empfinden die später eingenommene Eroberer-Rolle und seine Zuversicht auf Erfolg im Erwachsenenleben mitbedingte. Man tritt Freud wahrscheinlich nicht zu nahe, wenn man diese Beobachtung nicht nur auf die Biographie Goethes, sondern auch auf seine eigene Lebensgeschichte (mit ähnlich gutem Mutter-Verhältnis) bezieht.

Freud hat noch in einem anderen Zusammenhang auf Goethe und dessen Rolle für ihn und die Psychoanalyse Bezug genommen. 1930 war ihm der Goethe-Preis der Stadt Frankfurt am Main zugesprochen worden, und für diese Ehrung entwarf er eine Ansprache, die er allerdings nicht selbst vortragen konnte, da seine gesundheitlichen Probleme (Krebs) dies nicht erlaubten. An seiner Stelle verlas die Tochter Anna den Text bei der feierlichen Verleihung des Preises. In einer Passage des Vortrags bezeichnete Freud den Dichter als einen Vorläufer der Psychoanalyse, der in vielen seiner Werke die Phänomene des menschlichen Seelenlebens als unbewusst-dynamisches Geschehen beschrieben hat:

>> Ich denke, Goethe hätte nicht, wie so viele unserer Zeitgenossen, die Psychoanalyse unfreundlichen Sinnes abgelehnt. Er war ihr selbst in manchen Stücken nahe gekommen, hatte in eigener Einsicht vieles erkannt, was wir seither bestätigen konnten, und manche Auffassungen, die uns Kritik und Spott eingetragen haben, werden von ihm wie selbstverständlich vertreten. So war ihm z.B. die unvergleichliche Stärke der ersten affektiven Bindungen des Menschenkindes vertraut … Von der stärksten Liebesanziehung, die er als reifer Mann erfuhr, gab er sich Rechenschaft, indem er der Geliebten zurief: „Ach, du warst in abgelebten Zeiten meine Schwester oder meine Frau." … Den Inhalt des Traum-Lebens umschreibt Goethe mit den stimmungsvollen Worten: „Was von Menschen nicht gewusst / Oder nicht bedacht, / Durch das Labyrinth der Brust / Wandelt in der Nacht."[7]

---

7 Freud, S.: Ansprache im Frankfurter Goethe-Haus (1930), in: GW XIV, Frankfurt am Main 1976, S. 547f.

Goethe, das Unbewusste und das Dämonische. Womit wir bei Goethe und seiner Beziehung zum Unbewussten angekommen sind. Der Dichter kannte einige der weiter oben erwähnten Künstler, Wissenschaftler und Philosophen, die als Ideengeber in der Geschichte des Unbewussten eine Rolle spielten, persönlich oder über ihre Veröffentlichungen. Er nahm aber keinen direkten Bezug auf deren Überlegungen (etwa auf den Topos „es denkt"), sondern entwickelte ein eigenwilliges Konzept des Unbewussten, das in seiner Terminologie als das Dämonische firmiert.

Was meinte Goethe, wenn er vom Dämonischen sprach, und was versteht man unter einem Dämon? Das griechische Wort *Dämon* wurde ursprünglich als Synonym für *Theos*, für Gott oder das Göttliche, verwendet. Außerdem meinte man mit Dämonen die Seelen der Verstorbenen, die als Schatten, körperlose Gestalten vorgestellt wurden, und mit denen man gerne Umgang pflegte. Im deutschen Wort Schemen (schemenhaft) ist dieser Bedeutungsaspekt von Dämon mitenthalten.

In Hesiods *Theogonie* (aus dem 7. Jahrhundert v.Chr.) tummeln sich Heerscharen von Dämonen, die als unsichtbare Wesen die Menschen umgeben und ihnen Schutz und eventuell sogar Reichtum gewähren. Sokrates sprach später von seinem individuellen *Daimonion* und meinte damit einen guten Geist, der ihn von Kindesbeinen an begleitet und ihn stets vor Unrecht und Unglück bewahrt habe. Diese innere Stimme wirkte wie eine Ergänzung zum Logos, also zur Vernunft; was Letztere nicht rational erkennen konnte, sei der Ersteren intuitiv zugänglich gewesen. Für Sokrates besaß sein Daimonion dermaßen große Bedeutung, dass er ihm im Zweifel mehr gehorchte als seinen rationalen Erwägungen.

Bei Platon veränderte sich die Funktion der Dämonen hin zu einem Mittel- und Mittlerwesen: Dämonen vermitteln zwischen den Göttern und Menschen, übergeben göttliche Befehle oder menschliche Gebete an die jeweiligen Adressen, geleiten die abgeschiedenen Seelen zum Hades und erläutern so diffizile Begriffe und Phänomene wie etwa den Eros. Mit der veränderten Funktion der Dämonen einher geht deren Zug um Zug verändertes Wesen: Sie werden nunmehr als langlebig, aber – anders als die Götter – als sterblich vorgestellt. Sie empfinden Lust und Schmerz, und nach und nach kristallisieren sich gute und böse Dämonen heraus, die für die Überwachung menschlicher Handlungen zuständig sind und den gesamten Verkehr zwischen Göttern und Menschen beaufsichtigen.

Mit der Integration von jüdischen und christlichen Glaubensinhalten in das antik-hellenistische Weltbild und *vice versa* erfuhren die Dämonen eine nochmalige Transformation. Die guten Dämonen näherten sich den Engeln an und wurden als solche frei von Sinnenlust und Leibhaftigkeit als rein geistige Wesenheiten imaginiert. Als eigentliche Dämonen hingegen galten heidnische Gottheiten, die sonst in die jüdisch-christliche Lehre des Monotheismus nicht so ohne weiteres einzufügen waren, oder gefallene Engel, die sich Gott gegenüber als illoyal erwiesen hatten.

Als Beispiel für eine heidnische Gottheit, die über Nacht in einen Dämon im Sinne des christlichen Weltbildes umgewandelt wurde, gilt der semitische Gott Baal; ihm wurde die Funktion eines Generalassistenten des Teufels (Satan, Beelzebub) angedichtet. In dieser Rolle und Funktion gab er im 20. Jahrhundert eine willkommene Folie ab für die dämonisch-sinnlich-vitale Bühnenfigur des Baal; im gleichnamigen Stück *Baal* (1918) von Bertolt Brecht mimt er die Hauptfigur.

Augustinus (354–430 n.Chr.) hat in seinen Schriften *De civitate Dei* (Vom Gottesstaat) und *De civitate Diaboli* (Vom Dämonenreich) seine in Bezug auf das Dämonische überschießende Fantasie glänzend unter Beweis gestellt. Beeinflusst war Augustinus vom dualistisch orientierten Manichäismus, einer Offenbarungslehre, die sich auf den persischen Religionsstifter Mani (216–276 n.Chr.) berief und von einer Trennung in zwei antagonistische

Reiche – das Reich des Lichts und des Heils sowie das Reich des Bösen und der Finsternis – ausging. Dämonen wurden eindeutig der letzteren Region zugerechnet.

Plotin (205–270 n.Chr.) dagegen, der in Rom eine neuplatonische Philosophenschule gegründet hatte, sich als treuer Schüler und Fortsetzer der Ideen Platons verstand und sich gegen das in Rom und Italien um sich greifende Christentum scharf abgrenzte, verfolgte den Gedanken Platons weiter, dass die Dämonen auch als eine Aktivität, Tätigkeit und Qualität der menschlichen Seele vorstellbar wären. Vor allem im Hinblick auf den Eros und seine machtvolle Gestaltungs- und Veränderungskraft lag eine solche Interpretation nahe.

Die Ansichten Plotins waren mit den Vorstellungen der römischen Mythologie leicht in Übereinstimmung zu bringen. Die Römer der Antike kannten eine dem griechischen *Daimonion* analoge Kraft und Energie, die sie *Genius* nannten. Die Genien (als Plural von Genius) waren als persönliche Schutzgeister konzipiert, zu denen der Einzelne eine ziemlich persönliche Beziehung unterhielt. So opferte man den Genien, bat um deren Unterstützung und Rat in verzwickten existenziellen Situationen und erhoffte sich effektive Geborgenheit, Inspiration und Hilfe bei allfälligen Bedrohungen und Erschütterungen. Im *Genius loci* (Geist des Ortes) hat sich das Wort *Genius* ebenso erhalten wie im Begriff des Genies – was übersetzt daher so viel wie erzeugende Kraft, aber auch persönlicher Schutzgott bedeutet.

Goethe war viel zu sehr Hellene und viel zu wenig Christ, als dass es für ihn eine Frage gewesen wäre, welcher Dämonologie er sich in seinem Dasein anschließen und welche Dämonologie er für seine Sicht der Dinge weiterentwickeln wollte. Dass er beabsichtigte, sich mit dem Dämonischen zu beschäftigen, geht bis auf seine Lektüre der *Sokratischen Denkwürdigkeiten* (1759) von Johann Georg Hamann zurück, auf den Goethe während seiner Zeit in Straßburg über Johann Gottfried Herder aufmerksam gemacht worden war. Hamann hinterfragte das Sokratische *Daimonion* ziemlich unkonventionell und modern:

> Ob dieser Dämon des Sokrates nichts als eine herrschende Leidenschaft gewesen und bei welchem Namen sie von unseren Sittenlehrern gerufen wird, oder ob er ein Fund seiner Staatslist; ob er ein Engel oder Kobold, eine hervorragende Idee seiner Einbildungskraft, oder ein erschlichener und willkürlich angenommener Begriff einer mathematischen Unwissenheit; ob dieser Dämon nicht vielleicht eine Quecksilberröhre oder den Maschinen ähnlicher gewesen, welchen die Bradleys und Leuwenhoeks ihre Offenbarungen zu verdanken haben; ob man ihn mit dem wahrsagenden Gefühl eines nüchternen Blinden oder mit der Gabe aus Leichendornen und Narben übelgeheilter Wunden die Revolutionen des Wolkenhimmels vorher zu wissen, am bequemsten vergleichen kann?[8]

An die Straßburger Studentenzeit schloss sich bei Goethe jene Phase des Schaffens und literarischen Experimentierens an, die man gemeinhin als Sturm-und-Drang-Periode bezeichnet. Diese Epoche tendierte dazu, das Dämonische als eine Energie aufzufassen, welche das geistig-intelligible Profil einer Person maßgeblich prägt und mitbestimmt. Ausgehend von Hamanns Interpretation des Sokratischen *Daimonions* als Genius eines Menschen war auch Goethe gewillt, das Dämonische als plastische Kraft zu verstehen, der Künstler, Ausnahmemenschen und Genies ihre Originalität und Produktivität zu verdanken haben. Goethe sah sich hierin in Übereinstimmung mit GWF Hegel:

> Das Daimonion steht demnach in der Mitte zwischen dem Äußerlichen der Orakel und dem rein Innerlichen des Geistes; es ist etwas Innerliches, aber so, dass es als ein eigener

---

8 Hamann, J.G.: Sokratische Denkwürdigkeiten (1759), zit.n. http://www.zeno.org/nid/20009175318

Genius, als vom menschlichen Willen unterschieden, vorgestellt wird, – nicht als seine Klugheit, Willkür.[9]

Das Dämonische wurde also während der Epoche des Sturm und Drang bevorzugt als positiv wirkende Kraft eingeordnet, von der man als Künstler oder Denker froh sein konnte, wenn man in ihren Einfluss geriet; dadurch erhöhten sich die Chancen auf ein wahrhaft poetisches Dasein. Als Prototyp eines vom Dämonischen infizierten Schaffenden feierte Goethe in den 70-er Jahren die Figur des Prometheus, dem er ein eigenes Gedicht widmete. In der letzten Strophe spricht Prometheus über sich und sein Selbstwertgefühl, das ihn zum Schaffenden macht und die Götter zu bloßen Objekten und Betrachtern degradiert: „Hier sitz' ich, forme Menschen / Nach meinem Bilde, / Ein Geschlecht, das mir gleich sei, / Zu leiden, weinen, / Genießen und zu freuen sich, / Und dein nicht zu achten, / Wie ich!"[10]

Bei der Interpretation des Dämonischen als schaffende, innovative, produktive Energie blieb Goethe jedoch nicht stehen. Je mehr er andere Künstler, aber auch Wissenschaftler, Philosophen, Politiker, Militärs kennenlernte, umso mehr musste er zugeben, dass sich auch unter den Letztgenannten Menschen mit dämonischen Qualitäten finden lassen. Als Beispiele aus den Bereichen Politik und Militär nannte Goethe Friedrich II., Peter den Großen, Herzog Karl August sowie „im höchsten Grade" Napoleon. Vor allem bei Letzterem war der Dichter von dessen dämonischer Art überzeugt und beeindruckt:

> Das Dämonische, sagte er (Goethe), ist dasjenige, was durch Verstand und Vernunft nicht aufzulösen ist. In meiner Natur liegt es nicht, aber ich bin ihm unterworfen. Napoleon ... war es durchaus, sagte Goethe, im höchsten Grade, so dass kaum ein anderer ihm zu vergleichen ist.[11]

Bei Politikern und Militärs wie Friedrich II. oder Napoleon musste Goethe feststellen, dass das Dämonische an ihnen durchaus nicht nur günstige, weil poetisch-produktive Effekte zeitigte. Zwar eigne ihrer Person zweifellos etwas Faszinierendes – dieses Faszinosum sei jedoch mit Schrecklichem, Ungeheurem, Unfassbarem durchsetzt. Die Reflexionen über diese Aspekte des Dämonischen, die Goethe im vierten Teil der Autobiographie *Aus meinem Leben – Dichtung und Wahrheit* (entstanden 1813, publiziert 1833) angestellt hat, nehmen die Formel des Religionswissenschaftlers Rudolf Otto (1869–1937) vom *mysterium tremendum et fascinans* vorweg. In seinem Buch *Das Heilige* (1917) führte Otto aus, dass die religiösen Empfindungen von Gläubigen sich aus einem *tremendum*-Anteil (Erleben eines Schauders, bedingt durch die Allmacht Gottes) und einem *fascinans*-Anteil (Erleben eines beglückenden Gefühls) zusammensetzen.

Überträgt man diese Gedanken auf die von Goethe geschilderten Figuren wie Friedrich II. oder Napoleon, kann man deren Ausstrahlung als etwas Religiöses in nicht-religiöser Gestalt bezeichnen. Im 20. Jahrhundert gab es für solche fatalen Kombinationen aus (die Massen) faszinierenden, in ihren Bann schlagenden und zugleich schaudererregenden Herrschern leider Anschauungsmaterial im Übermaß (Hitler, Mussolini, Franco, Stalin, Mao Zedong). Die Charakterisierung, die Goethe in seiner Autobiographie für derlei Individuen verwendet hat, klingt erschreckend aktuell und beinahe so, als ob er nicht nur Friedrich II. und Napoleon mit ihren verheerenden Wirkungen (sie hinterließen bei ihren Feldzügen

---

9   Hegel, GFW: Vorlesungen über die Geschichte der Philosophie (1833-36), in: Werke 18, Frankfurt am Main 1986, S. 99
10 Goethe: Prometheus (entstanden 1774), in: HA Band 1, München 1981, S. 46
11 Eckermann, J.P.: Gespräch mit Goethe (02. März 1831), in: Gespräche mit Goethe, Berlin 1956, S. 609

Millionen Tote) erlebt, sondern mindestens so Grauenvolles von dämonischen Polit-Führern der Zukunft befürchtet hatte:

> Am furchtbarsten aber erscheint dieses Dämonische, wenn es in irgendeinem Menschen überwiegend hervortritt ... Es sind nicht immer die vorzüglichsten Menschen, weder an Geist noch an Talenten, selten durch Herzensgüte sich empfehlend; aber eine ungeheure Kraft geht von ihnen aus, und sie üben eine unglaubliche Gewalt über alle Geschöpfe ... Alle vereinten sittlichen Kräfte vermögen nichts gegen sie; vergebens, dass der hellere Teil der Menschen sie als ... Betrüger verdächtig machen will, die Masse wird von ihnen angezogen.[12]

Und weiter führte Goethe aus, dass solche Herrscher oft nur „durch das Universum selbst, mit dem sie den Kampf begonnen", zu überwinden sind. Dabei hatte er das Schicksal Napoleons und seiner *Grande Armée* vor Augen, die im Winter 1812 geschlagen und massiv dezimiert aus dem Russland-Feldzug zurückkamen, da sie das Universum in Form des russischen Winters völlig unterschätzt hatten.

Für die Kulturgeschichte unvergleichlich produktiver stellen sich jene Menschen dar, die ihre dämonischen Kräfte und Energien in Kunst, Wissenschaft, Philosophie, Technik und Alltagsgestaltung zur Geltung bringen. Goethe erwähnte in diesem Zusammenhang Wolfgang Amadeus Mozart (den er als 14-jähriger Knabe im Sommer 1763 bei einem Konzert in Frankfurt erlebte), Lord Byron sowie den Ausnahme-Violinisten Niccolò Paganini (Goethe lernte Paganini im Herbst 1829 in Weimar kennen und hörte ihn damals bei einem öffentlichen Konzert). Solche Gestalten interessierten ihn, weil er an ihnen etwas von der eigenen Dynamik seines Lebens und Schaffens erkennen konnte.

Den schöpferisch dichterischen Genius in sich zu spüren, ist das Eine – ihn zu verstehen und einzuordnen, das Andere. Goethe hatte oft genug das Wirken eines *Daimonions* bei sich registriert („In meiner Natur liegt es nicht, aber ich bin ihm unterworfen"), ohne dass er hätte sagen können, was diese Kraft im Detail bedeutet hat. So versuchte er, sich anhand der Lebensläufe anderer Künstler wie auch der eigenen Biographie dem Dämonischen zu nähern. Daneben griff er auf eine bestens bewährte Strategie zurück und verlegte das Dämonische ins Gemüt mancher seiner literarischen Figuren, wo es ihm – wie von Zauberhand arrangiert – als eigenständige Dynamik wieder begegnete.

Als ein Roman, in den Dämonisches in hohem Grade investiert wurde, kann Goethes *Die Wahlverwandtschaften* (1809) gelesen werden. Der Dichter ließ vier Personen, zwei Männer (Eduard und der Hauptmann) und zwei Frauen (Charlotte und Ottilie), in einem quasi experimentellen Versuch aufeinandertreffen und sich über Kreuz ineinander verlieben. Die Macht des Eros, der dabei offenkundig wird, ist überwältigend und überrollt jegliche vernünftig-sittlichen Erwägungen und Vorsätze der vier involvierten Akteure – wobei der Begriff Akteure beinahe fehlgeht. Die Beteiligten meinen zu handeln und werden doch von einer schicksalhaft scheinenden Kraft (dem Dämon?) wie Figuren auf einem Schachbrett hin und her geschoben, bis eine fatale Situation zwischen ihnen entstanden ist, die keine Akteure, sondern nur noch Opfer kennt. Selbst die stets zur Vernunft und Mäßigung bereite Charlotte muss sich eingestehen:

> Es sind gewisse Dinge, die sich das Schicksal hartnäckig vornimmt. Vergebens, dass Vernunft und Tugend, Pflicht und alles Heilige sich ihm in den Weg stellen; es soll etwas geschehen, was ihm recht ist, was uns nicht recht scheint; und so greift es zuletzt durch, wir mögen uns gebärden, wie wir wollen.[13]

---

12 Goethe: Dichtung und Wahrheit (1833), in: HA Band 10, München 1981, S. 177
13 Goethe: Die Wahlverwandtschaften (1809), in: HA Band 6, München 1981, S. 460

Die Wahlverwandtschaften verkünden, dass das Menschenleben einen dämonischen Untergrund aufweist, den es selbst zumeist nicht kennt, und der sich oft genug zu Unzeiten bemerkbar macht. Einer der gefährlichsten, unberechenbarsten Dämonen, dem Menschen begegnen, ist der Eros – ein Gedanke, den bereits Platon und Plotin formuliert haben, und den Goethe aus eigener Erfahrung, die ihn oft an den Rand von Abgründen geführt hat, bestätigen konnte. Im Roman sind Eduard und Ottilie am heftigsten von diesem Dämon in Beschlag genommen; Ottilies Schilderung ihrer Situation klingt wie das Eingeständnis einer umfassenden Hilflosigkeit angesichts der Macht ihres Dämons, dem sie vollkommen ausgeliefert ist:

> Ich bin aus meiner Bahn geschritten, und ich soll nicht wieder hinein. Ein feindseliger Dämon, der Macht über mich gewonnen, scheint mich von außen zu hindern, hätte ich mich auch mit mir selbst wieder zur Einigkeit gefunden.[14]

Mit Eros und Sexus meldet sich Natur in uns; oder besser ausgedrückt: Wir sind durch und durch organische Natur, die beseelt und vergeistigt ist, aber deshalb das Materiell-Organische nicht abgelegt hat, auch wenn es uns in vielen Momenten nicht bewusst ist. Wie Nietzsche in *Also sprach Zarathustra* formuliert hat, steht hinter dem Bewusstsein des Menschen als ältere und viel umfassendere Vernunft sein Leib, sein Organismus als verlängerte und vor allem unbewusste Natur – eine Natur, die sich jedoch, z.B. in Eros und Sexus, Gehör zu schaffen weiß.

Die Natur im Menschen – oder besser: der naturhafte Mensch wirft enorme Probleme auf, die nicht selten in Widerspruch zu den Satzungen und Normen von Kultur und Gesellschaft stehen. Letztere vermitteln Regularien für die Einfriedung und Kanalisierung von natürlichen Impulsen und Bedürfnissen – die sich jedoch nur selten mit diesen kulturellen Regelwerken zufrieden geben. Eher schon führt dies zu einem *Unbehagen in der Kultur*, wie es von Freud 1930 in der gleichnamigen Schrift beschrieben wurde.

Man hat Goethes *Wahlverwandtschaften* als seinen modernsten und zugleich tragischsten Roman bezeichnet. Tragisch, weil der Dichter mit einer für ihn ungewöhnlichen Unerbittlichkeit und Konsequenz dieses Kammerspiel bis zu seinem fatalen Ende durchkomponiert hat; modern, weil hierin bereits alle Konflikte offen angesprochen werden, die sich aus den antagonistischen Verhältnissen von Natur und Kultur, Bewusstsein und unbewusst Dämonischem, Vernunft und irrationalen Wünschen und Bedürfnissen ergeben; modern vor allem aber auch, weil Goethe für diese das Wesen des Menschen zutiefst charakterisierenden Konflikte keine billigen Lösungen angeboten hat.

Wer nach der Lektüre von *Die Wahlverwandtschaften* noch meint, Goethe als bloßen Repräsentanten einer anmutig-harmlosen Liebeslyrik einordnen zu dürfen, irrt gewaltig. Das Dämonisch-Unbewusste, Irrationale im Menschen – im Roman als Eros und Sexus präsent – kann beseligen wie erschüttern, beglücken wie zerstören und wirkt bisweilen wie ein *mysterium tremendum et fascinans*. Selbst Goethe wurde einige Jahre nach der Veröffentlichung der *Wahlverwandtschaften* von der enormen Macht des Eros beinahe in aussichtslose Verzweiflung gestürzt, als er mit 74 Jahren um die 18-jährige Ulrike von Levetzow warb und letztlich eine Absage erhielt.

Die Wahlverwandtschaften bedeuten in Bezug auf das Unbewusste des menschlichen Daseins eine Vorwegnahme der dynamischen Psychologie des 20. Jahrhunderts. Ähnlich wie Sigmund Freud und seine psychoanalytischen Nachfolger war Goethe von der Einsicht

---

14 Goethe: Die Wahlverwandtschaften (1809), in: HA Band 6, München 1981, S. 476f.

überzeugt, dass Menschen ihr Leben nicht nur bewusst gestalten, sondern von irrational-vitalen Kräften gelenkt und bestimmt werden. Diese fasste der Dichter im Roman als Dämonisches zusammen; die Psychoanalyse hat sich darauf geeinigt, sie als das Unbewusste zu bezeichnen, ohne sie damit ihres Unheimlichkeits-Charakters zu berauben.

Goethe hat sich der Thematik des Dämonischen auch im weltanschaulichen Gedicht *Urworte. Orphisch* gewidmet, das er 1817 verfasste und 1820 in den Heften *Zur Morphologie* veröffentlichte. So wie der Dichter zeitlebens auf der Suche nach der Urpflanze und anderen Urphänomenen war, leuchtete es ihm ein, die in der orphisch-antiken Literatur verwendeten Begriffe für Grundmächte des menschlichen Lebens als *Urworte* zu begreifen. Als derartige Grundmächte wurden im Schrifttum der antiken Orphiker (im 6. Jahrhundert v.Chr.) aufgeführt: *Dämon* (Individualität, Charakter); *Tyche* (Zufälliges); *Eros* (Liebe, Leidenschaft); *Ananke* (Beschränkung, Pflicht); *Elpis* (Hoffnung) – wobei Goethe in einem Kommentar zu seinem Gedicht die in Klammern angegeben Übersetzungen vorschlug. Das Gedicht ist in fünf Stanzen mit acht Zeilen aufgebaut; die erste Stanze ist mit *Dämon* überschrieben und lautet:

> Wie an dem Tag, der dich der Welt verliehen, / Die Sonne stand zum Gruße der Planeten, / Bist alsobald und fort und fort gediehen / Nach dem Gesetz, wonach du angetreten. / So musst du sein, dir kannst du nicht entfliehen, / So sagten schon Sibyllen, so Propheten; / Und keine Zeit und keine Macht zerstückelt / Geprägte Form, die lebend sich entwickelt.[15]

In diesem Gedicht wird das *Daimonion* zum angeborenen Temperament, Charakter und Individualitäts-Muster. Trotz aller Umwelteinflüsse und eigener Akzentsetzungen, die Menschen in ihrem Dasein hinsichtlich ihrer Person vornehmen, ging Goethe davon aus, dass uns eine Art Lebens- und Bewegungsgesetz eingeboren ist, das wir möglicherweise modifizieren, nicht aber grundsätzlich über Bord werfen und durch andere Gesetzmäßigkeiten ersetzen können. Die Entwicklungspsychologie im 21. Jahrhundert bestätigt Goethe diesbezüglich und korrigiert ihn zugleich. Es gibt in der Tat angeborene Temperamente, mit denen Menschen ihr Leben lang haushalten dürfen und müssen; darüber hinaus bilden sich jedoch Charakter, Gangart und Lebensstil eines Individuums in den ersten Kindheitsjahren als regelhafte Antworten und *Patterns of Behavior* (fixe Verhaltensmuster) aus und bleiben in der Regel unverändert erhalten. Der französische Moralist Alain (1868–1951; bürgerlicher Name: Émile-Auguste Chartier) sprach in diesem Zusammenhang von einem Schwur und Jean-Paul Sartre entsprechend von einer Urwahl, die wir unbewusst und präverbal als drei-, vier- und fünfjährige Kinder ablegen, und an die wir uns – ebenfalls meist unbewusst – jahrzehntelang halten.

Mit ähnlich großer Überzeugungskraft hat Heraklit im sechsten vorchristlichen Jahrhundert davon gesprochen, dass der Charakter des Menschen sein Schicksal sei. Bezieht man diesen Satz wie auch die eben erwähnten Überlegungen zur Charakterbildung auf *Urworte. Orphisch*, kann man Goethes Begriff des Dämons für die Gangart, den Lebensstil und das Bewegungsgesetz einer Person nachvollziehen. Dass es sich bei diesem *Daimonion* häufig um einen Schutzgeist handelt, der die Menschen in unübersichtlichen und herausfordernden Situation davor bewahrt, völlig kopflos oder wirr und stattdessen ihrem Charakter gemäß zu reagieren, werden die meisten bestätigen können. Wie sehr sich dieser Dämon jedoch auch als Quälgeist erweisen kann, bemerkt man spätestens, wenn wir darangehen, irgendeine als störend empfundene Verhaltensweise ändern zu wollen. Im ungünstigen Fall macht

---

15 Goethe: Urworte. Orphisch (1820), in: HA Band 1, München 1981, S. 359

man dabei Bekanntschaft mit dem Phänomen des Wiederholungszwangs; die Psychoanalyse bezeichnet damit Verhaltensmuster, die wider besseres Wissen fast zwanghaft ablaufen, obwohl sie wenig nützlich oder sogar schädlich sind.

Gesteht man Goethes Gedicht Gültigkeit und Relevanz zu, darf man sich fragen, inwiefern Änderungen unserer Person sowie Gestaltung unseres Daseins überhaupt möglich sind. In *Urworte. Orphisch* heißt es dazu in der vierten Stanze, überschrieben mit *Ananke* (Nötigung, Zwang): „Da ist's denn wieder, wie die Sterne wollten: / Bedingung und Gesetz; und aller Wille / Ist nur ein Wollen, weil wir eben sollten, / Und vor dem Willen schweigt die Willkür stille."[16] Doch bei aller Skepsis hinsichtlich der Veränderbarkeit und Freiheit unserer Lebensführung darf noch ein zweiter Gedanke Goethes zitiert werden: „Kein Mensch kann eine Faser seines Wesens ändern, ob er gleich vieles an sich bilden kann."[17] Bildung wäre demnach der eigentliche Inhalt eines psychotherapeutischen Prozesses.

Wie sehr Goethe seinem *Daimonion* und damit dem Unbewussten Folge leistete oder zumindest versuchte, dessen Regungen und Strebens-Richtungen zu registrieren, kann man an vielen Situationen seiner Biographie aufzeigen. In Briefen wie auch in den Gesprächen mit Eckermann kam er wiederholt auf die Dämonen zu sprechen, mit denen er Beziehungen pflegte, wie sie so ähnlich Menschen der griechischen und römischen Antike verwirklicht haben mögen.

Auf einer Reise von Heidelberg (wo Goethe unter anderem Sulpiz Boisserée besucht und dessen Sammlung mittelalterlicher Kunst bestaunt hatte) zurück nach Weimar haben, so der Dichter in einem Brief an seinen Heidelberger Gastgeber, die Dämonen „zuletzt noch einige Gesichter geschnitten ... Ich tat aber nicht dergleichen, und so ging es vorüber".[18] Ein Jahr später wollte Goethe erneut in den Frankfurter Raum aufbrechen – vor allem auch, um neuerlich Marianne Willemer zu treffen, mit der sich eine platonisch-lyrische Liebschaft ergeben hatte, die ihren Niederschlag in den Gedichten des *West-östlichen Divan* (1819) gefunden hat. Kurz nach Weimar brach jedoch die Achse des Reisewagens, und der Dichter beschloss daraufhin, kehrtzumachen und zuhause zu bleiben. In einem Brief an Zelter nahm er auf diesen Vorfall Bezug und ordnete ihn als „grillenhafte Streiche" seines Dämons ein. Überall haben Dämonen „ihre Pfoten im Spiel"[19] und wirken wie Kobolde, die sich mit Schabernack und Scherz in Erinnerung rufen, falls der Einzelne sie vergessen sollte.

Doch nicht nur Bagatellen und Quisquilien gehen à Konto der Dämonen. Goethe neigte dazu, auch entscheidendere Weichenstellungen seiner Existenz dem Einfluss seines Daimonions zuzuschreiben und seinem Unbewussten ein gehöriges Mitspracherecht bei der Gestaltung des Daseins zuzugestehen. In einer Unterhaltung mit Eckermann kam er auf die günstigen biographischen Rahmenbedingungen zu sprechen, in denen die Beziehung mit Schiller gedeihen konnte:

>> Je höher ein Mensch, sagte Goethe, desto mehr steht er unter dem Einfluss der Dämonen, und er muss nur immer aufpassen, dass sein leitender Wille nicht auf Abwege gerate. So waltete bei meiner Bekanntschaft mit Schillern durchaus etwas Dämonisches ob; wir konnten früher, wir konnten später zusammengeführt werden, aber dass wir es

---

16 Goethe: Urworte. Orphisch (1820), in: HA Band 1, München 1981, S. 360
17 Goethe: Brief an F.J. Jacobi (31. März 1784), zit. n. Wolfgang Rothe: Der politische Goethe, Göttingen 1998, S. 34
18 Goethe: Brief an S. Boisserée (23. Oktober 1815), in: Briefe, HA Band 3, München 1988, S. 326
19 Goethe: Brief an Zelter (6. November 1830), in: Briefe, HA Band 4, München 1988, S. 407

gerade in der Epoche wurden, wo ich die italienische Reise hinter mir hatte und Schiller der philosophischen Spekulation müde zu werden anfing, war von Bedeutung und für beide von größtem Erfolg.[20]

In gewisser Weise lässt sich auch das autobiographische Projekt Goethes *Aus meinem Leben – Dichtung und Wahrheit* als Versuch lesen, neben den vielen sozialen und kulturellen Einflüssen, die es in seinem Dasein auf ihn gegeben hat, die Rolle seines Charakters und des Unbewussten, also die Bedeutung des *Daimonions* im Hinblick auf seine Existenz zu erfassen und zu beschreiben.

Mit seinen biographischen Skizzen über Philipp Hackert, Johann Joachim Winckelmann sowie Benvenuto Cellini übte sich Goethe gleichsam im Erspüren der jeweiligen Charaktere sowie Lebens- und Kunststile. Insbesondere bei Cellini (1500–1571), dem italienischen Goldschmied, Bildhauer und rabiaten Renaissance-Menschen, handelte es sich um eine dämonische Gestalt, deren bewusste wie auch unbewusste Gangart im autobiographischen Text nachvollziehbar und offenkundig wird. Mit seiner eigenen Autobiographie beabsichtigte Goethe ebenfalls keine bloße Erinnerungsarbeit abzuliefern. Vielmehr wollte er an seinem Lebenslauf zeigen, wie sich ein Ich als Resultat des Zusammenwirkens von Individuum und Welt entfaltet. Diese Entfaltung verglich Goethe mit der allmählichen, unbewussten Entwicklung einer Entelechie, also einer Form und Gestalt, die zwar bereits angelegt, aber noch nicht zur Blüte und Reife gelangt ist:

> Den Menschen in seinen Zeitverhältnissen darzustellen und zu zeigen, … wie er sich eine Welt- und Menschenansicht daraus gebildet und wie er sie, wenn er Künstler, Dichter, Schriftsteller ist, nach außen abspiegelt. Hierzu wird ein kaum Erreichbares gefordert, dass nämlich das Individuum sich und sein Jahrhundert kenne – sich, inwiefern es unter allen Umständen dasselbe geblieben; das Jahrhundert, als welches sowohl den Willigen als Unwilligen mit sich fortreißt, bestimmt und bildet.[21]

Unter diesen Vorzeichen ging Goethe daran, seine Werdens- und Lebensgeschichte unter Maßgabe von bewussten wie unbewussten Entscheidungen, Akzentsetzungen und Einflussnahmen durch die Umwelt zu rekapitulieren. In den vier Bänden, die zwischen 1811 und 1833 (posthum) publiziert wurden, lässt sich sein Dasein in zeitlicher Abfolge von der Geburt in Frankfurt bis zur Übersiedlung nach Weimar nachvollziehen. Band vier erschien so spät, weil der Autor noch lebende Personen, die in seinem Text Erwähnung fanden, schützen wollte. Neben den vier Bänden von *Dichtung und Wahrheit* verfasste Goethe weitere autobiographische Abschlags-Zahlungen: *Italienische Reise* (Aus meinem Leben. Zweite Abteilung – 1813–1817); die *Campagne in Frankreich* (1822) sowie die *Belagerung von Mainz* (1822); darüber hinaus *Tag- und Jahreshefte* (Ergänzung sonstige Bekenntnisse – 1817–1830).

Aus der Perspektive des Alters heraus – Goethe war sechzig Jahre alt, als er begann, sich ernsthaft mit der Autobiographie zu beschäftigen – schien es ihm, als ob ihn schon seit seiner Geburt eine Art *Daimonion* begleitete und seine Entwicklung begünstigte. Ähnlich wie in der Psychoanalyse Georg Groddeck und Sigmund Freud, stützte sich auch der Dichter auf das sächlich-unbegreifliche Wörtchen *es*, um den Dämon, die unbewusst wirkende und

---

20 Eckermann, J.P.: Gespräch mit Goethe (24. März 1829), in: Gespräche mit Goethe, Berlin 1956, S. 466f.
21 Goethe: Dichtung und Wahrheit (1811), in: HA Band 9, München 1981, S. 9

oft erst im Nachhinein spürbare Energie und Kraft zu benennen, die sich im menschlichen Dasein bemerkbar macht:

> » Es war nicht göttlich, denn es schien unvernünftig, nicht menschlich, denn es hatte keinen Verstand, nicht teuflisch, denn es war wohltätig, nicht englisch (engelhaft), denn es ließ oft Schadenfreude merken. Es glich dem Zufall, denn es bewies keine Folge, es ähnelte der Vorsehung, denn es deutete auf Zusammenhang … Dieses Wesen, das zwischen alle übrigen hineinzutreten, sie zu sondern, sie zu verbinden schien, nannte ich dämonisch, nach dem Beispiel der Alten und derer, die etwas Ähnliches gewahrt hatten. Ich suchte mich vor diesem furchtbaren Wesen zu retten, indem ich mich, nach meiner Gewohnheit, hinter ein Bild flüchtete.[22]

Doch vor dem eigenen Unbewussten können wir nicht fliehen, und je entschiedener wir versuchen, diesem Dämon auszuweichen, umso heftiger meldet er sich (zum Beispiel in Form von Fehlleistungen, Träumen, Symptomen, Symbolhandlungen) zu Wort. Auch Goethe musste rückblickend anerkennen, dass die Ausweich-Manöver seiner Existenz (von denen es viele gab, insbesondere in Bezug auf Frauen, in die er verliebt war: Käthchen Schönkopf, Friederike Brion, Lili Schönemann, Charlotte von Stein, Minna Herzlieb, Marianne von Willemer) ihn letztendlich doch wieder mit unbewussten Motiven und Verhaltensmustern seines Charakters konfrontierten.

Doch immer, wenn er sich seinem *Daimonion* überließ und dessen Impulsen Folge leistete, trug dies zur weiteren Entwicklung seiner Person und seines Werks und damit zur Entfaltung seiner Entelechie (Form und Gestalt) maßgeblich bei. Einen solchen entscheidenden Moment gab es, als Goethe im Herbst 1775 eigentlich nach Italien aufgebrochen war, zugleich aber große Ambivalenz verspürte, ob er nicht besser das Angebot des Herzogs Karl August annehmen sollte, nach Weimar zu gehen: „Ich packte für Norden und ziehe nach Süden, ich sagte zu, und komme nicht, ich sagte ab und komme!" In dieser ambivalenten Situation entschied nicht Goethes Verstand (der womöglich gute Argumente gefunden hätte, dieses damals auf den ersten Blick traurig wirkende 6.000-Seelen-Nest links liegen zu lassen), sondern sein Unbewusstes, sein *Daimonion* – und riss sich vom Süden los, um gen Nordosten (Weimar) zu reisen. Wie wenig er voraussehen konnte, worauf er sich mit dieser mächtigen Kurskorrektur seines Daseins eingelassen hatte, wird an den letzten Zeilen von *Dichtung und Wahrheit* deutlich, in denen Goethe betonte, dass er bei dieser Entscheidung seines Dämons nur zusehen konnte, heil anzukommen:

> » Wie von unsichtbaren Geistern gepeitscht, gehen die Sonnenpferde der Zeit mit unsers Schicksals leichtem Wagen durch, und uns bleibt nichts als, mutig gefasst, die Zügel festzuhalten und bald rechts, bald links, vom Steine hier, vom Sturze da, die Räder wegzulenken. Wohin es geht, wer weiß es? Erinnert er sich doch kaum, woher er kam.[23]

---

22 Goethe: Dichtung und Wahrheit (1833), in: HA Band 10, München 1981, S. 175
23 Goethe: Dichtung und Wahrheit (1833), in HA Band 10, München 1981, S. 187

Literatur

1. Eckermann, J.P.: Gespräche mit Goethe, Berlin 1956
2. Freud, S.: Ansprache im Frankfurter Goethe-Haus (1930), in: GW XIV, Frankfurt am Main 1976
3. Goethe: Gedichte und Epen I, in: HA Band 1, München 1981
4. Goethe: Die Wahlverwandtschaften (1809), in: HA Band 6, München 1981
5. Goethe: Aus meinem Leben – Dichtung und Wahrheit (1811-1833), in: HA Band 9 und 10, München 1981
6. Goethe: Briefe, HA Band 1-4, München 1988
7. Hamann, J.G.: Sokratische Denkwürdigkeiten (1759), zit.n. http://www.zeno.org/nid/20009175318
8. Hegel, GFW: Vorlesungen über die Geschichte der Philosophie (1833-36), in: Werke 18, Frankfurt am Main 1986
9. Lichtenberg, G. Chr.: Sudelbücher, Heft K (1793-1796), in: Schriften und Briefe II, München 1994
10. Moritz, K.Ph.: Magazin zur Erfahrungsseelenkunde (1783ff.), Nördlingen 1986
11. Nietzsche, F.: Menschliches, Allzumenschliches, Band 2 (1878/80), in: KSA 2, München 1988
12. Nietzsche, F.: Also sprach Zarathustra (1883), in: KSA 4, München 1988
13. Nietzsche, F.: Jenseits von Gut und Böse – Vorspiel einer Philosophie der Zukunft (1886), in: KSA 5, München 1988

Variationen über die Sehnsucht

Literatur – 226

„Kennst du das Land? wo die Zitronen blühn ..." Beinahe reflexartig denkt man an dieses Lied der Mignon aus *Wilhelm Meisters Lehrjahre* (1796), sobald man den Begriff Sehnsucht mit Goethe in Verbindung bringt. Die erste Zeile des Liedes, das Mignon – so will es der Roman – ungemein sehnsüchtig vorträgt, wurde beinahe zum Motto für jene Italiensehnsucht, die um 1800 und in den Jahrzehnten danach viele bildungsbeflissene Deutsche und Nordeuropäer befallen hatte.

Schriftsteller, bildende Künstler, Komponisten und Scharen von Sehnsuchts-Infizierten reisten nach Italien, um dort Vitalität, Schönheit, Echtheit, Harmonie, Maß und Individualität zu erleben, die in der Antike, in der Renaissance und Klassik dominant und im Norden zu wenig repräsentiert waren. Neben Goethe waren es zu seiner Zeit etwa Johann Joachim Winckelmann, Johann Gottfried Seume, Jacob Philipp Hackert, Johann Heinrich Wilhelm Tischbein, Carl Gustav Carus, Karl Philipp Moritz, Wilhelm Müller, Bertel Thorvaldsen, Leo von Klenze, Karl Friedrich Schinkel und Felix Mendelssohn Bartholdy, die als Kulturschaffende mehr oder weniger ausgedehnte Italienische Reisen unternahmen. Nicht jeder von ihnen kehrte allerdings wie Goethe als Veränderter zurück, dessen Sehnsüchte gestillt oder zumindest gemildert worden waren.

In Goethe war die Sehnsucht nach Arkadien (auch ich in Arkadien – so lautete sein begeisterter Kommentar, als er italienischen Boden betrat) bereits während seiner Kindheit und Jugend geweckt worden. Von seinem Vater Johann Caspar Goethe war ihm wiederholt die Welt Italiens mit den *ruine parlanti*, mit den sprechenden Ruinen aus der Antike, in Form von Stichen und Abbildungen sowie seiner in italienischer Sprache verfassten Reisebeschreibung der eigenen *Grand Tour* nahegebracht worden. In *Aus meinem Leben – Dichtung und Wahrheit* (1811 ff.) erinnerte sich Goethe mit merklicher Begeisterung:

> Innerhalb des Hauses zog meinen Blick am meisten eine Reihe römischer Prospekte auf sich, mit welchen der Vater einen Vorsaal ausgeschmückt hatte, gestochen von einigen geschickten Vorgängern des *Piranese* ... Hier sah ich täglich die Piazza del Popolo, das Coliseo, den Petersplatz, die Peterskirche von außen und innen, die Engelsburg und so manches andere.[1]

Das Motiv und die Empfindung der Sehnsucht bezogen sich bei Goethe jedoch nicht nur auf seine jahrzehntelang vorgestellte und in Gedanken ausgemalte Italienreise. Daneben kannte er viele weitere Situationen und zwischenmenschliche Kontakte, die er sehnsuchtsvoll imaginierte. Spuren davon finden sich immer wieder über sein Werk verstreut, so dass man zu Recht annehmen kann, Goethe habe dieser Emotion eine gewichtige Rolle nicht nur in seinem persönlichen Leben, sondern auch generell in der *Conditio humana* zugewiesen.

Terminologisches. Doch was bedeutet Sehnsucht im Detail? Blättert man in *Kluges Etymologischem Wörterbuch*, stößt man auf die Worte Sehnen und Sucht, die in der Sehnsucht enthalten sind. Beide Begriffe standen ursprünglich für kraftlos, siech und krank und widersprachen damit zum Teil jenen Bedeutungen, welche der lateinischen (*desiderium*), französischen (*désir ardent*) oder englischen (*ardent desire for*) Umschreibung für Sehnsucht innewohnen. Im *Desiderium* steckt neben dem dringenden Wunsch auch kraftvolles Verlangen, Begehren und Lust. Eher schon kommt im französischen *nostalgie* (Sehnsucht, Heimweh – vom griechischen *nostos* = Rückkehr und *algos* = Schmerz) oder im englischen

---

1 Goethe, J.W.: Dichtung und Wahrheit (1811), HA Band 9, München 1981, S. 14

longing (Sehnsucht, Verlangen) etwas von dem zum Ausdruck, was den deutschen Terminus in die Nähe von Krankheit, Schwäche und Kraftlosigkeit rücken lässt.

Bei der begrifflichen Einordnung der Sehnsucht fallen Termini auf, die in ihrem Umkreis beheimatet sind. Eng verwandt mit ihr und oftmals als Synonym für die Sehnsucht verwendet sind Verlangen, Begehren und Wünschen. Diese Begriffe allerdings beziehen sich normalerweise auf konkrete Objekte oder Situationen – ein Kontext, der bei der Sehnsucht nicht immer gegeben ist oder diffuser konfiguriert sein kann. Und noch ein weiterer Begriff – die Hoffnung – unterscheidet sich von der Sehnsucht. Die Hoffnung ist, selbst wenn sie nicht selten ähnlich vage Konturen aufweist wie die Sehnsucht, immer zukunftsorientiert, wohingegen die Sehnsucht durchaus auch rückwärtsgewandt sein kann.

Sehnsucht aus tiefenpsychologischer Sicht. Sigmund Freud hat sich in mehreren seiner Essays zur Sehnsucht geäußert. So lesen wir in seiner *Analyse der Phobie eines fünfjährigen Knaben* (1909), dass es sich bei manchen Ängsten des von ihm untersuchten kleinen Hans um verdrängte oder ungestillte Sehnsüchte nach seiner Mutter handelte. Der Begriff wurde von Freud im Sinne seiner psychosexuellen Entwicklungslehre als Synonym für die Verliebtheit respektive die infantile Sexualität des kleinen Hans gebraucht, den das ödipale Schicksal ereilt hat und der die eigene Mutter begehrt. Den Kern der sehnsüchtigen Wünsche des kleinen Hans machen dabei seine Vorstellungen aus, immerzu bei der Mutter und in der Familie bleiben zu wollen und die Expansion in eine ungewisse Welt nicht vollziehen zu müssen. Die in der ödipalen Konfliktsituation schlummernde Sehnsucht kann als Wunsch nach perpetuierter Kindheit und Verwöhnung übersetzt und umschrieben werden.

In seinen *Vorlesungen zur Einführung in die Psychoanalyse* (1917) definierte Freud die Sehnsucht als seelisches Phänomen, das immer dann entsteht, wenn Menschen ihre libidinösen Bedürfnisse nicht befriedigen können und trotz fehlender Befriedigung nicht im Sinne einer Neurose erkranken. Solche Menschen ertragen Trieb-Versagungen und sind dabei nicht sonderlich glücklich; sie entwickeln Sehnsucht als ein Leiden ohne Neurose. Diese Form des Trieb-Verzichts erinnert an eine andere von Freud beschriebene Form der selbstauferlegten Versagung: an die Sublimierung. Wir kommen auf die Verknüpfungen von Sehnsucht und Sublimierung noch gesondert zu sprechen.

Einige Jahre später erwähnte Freud erneut die Sehnsucht, diesmal im Zusammenhang mit Angst und Schmerz. In *Hemmung, Symptom und Angst* (1926) verließ er die Ebene bloßer Triebpsychologie und siedelte die Sehnsucht als seelische Regung im Bereich der Objektpsychologie an. Je sehnsüchtiger Menschen ihre Mitmenschen (Objekte) empfinden, umso ängstigender und schmerzhafter erleben sie deren möglichen Verlust. Paradebeispiel dafür ist die Mutter-Kind-Beziehung. Für ein kleines Kind bedeutet seine Mutter normalerweise diejenige Person, auf die es am dringendsten angewiesen und daher intensiv bezogen ist. Die fürsorgende Anwesenheit der Mutter stellt die Grundbedingung des Existierens für das Kind dar, und dementsprechend wichtig, wertvoll und sehnsüchtig definiert ein Kind diese Person. Jede Form mütterlicher Unzuverlässigkeit bis hin zum Verlassen-Werden kann das Kind als Verzweiflung, Angst oder Schmerz bei sich verspüren – Affekte und körperliche Zustände, die in ihrem Ausmaß die Sehnsucht widerspiegeln, mit der diese Beziehung als existentieller Halt und Grund, als Orientierung, Heil oder Rettung vom Kind gewünscht, verlangt und begehrt wird.

Neben der Sehnsucht nach der Mutter (als Garantin für Versorgt-, Gehegt- und Geliebt-Werden) erwähnte Freud in seinen Schriften auch die Vater-Sehnsucht (in *Die Zukunft einer Illusion*, 1927). Sie bilde den Kern vieler Religionen und manifestiere sich als Gottes-Sehnsucht oder in einem weiteren Sinn als Sehnsucht nach Erlöst- und Gehalten-Werden durch transzendente Instanzen, denen die Gläubigen die Attribute von Allmacht, Allwissenheit, Ewigkeit, immerwährender Güte und Nachsicht sowie ausgleichender Gerechtigkeit zuschreiben.

Sowohl die in *Hemmung, Symptom und Angst* erwähnte Sehnsucht nach der Mutter als auch die eben dargelegte Vatersehnsucht zielen auf Zustände, die man als paradiesisch bezeichnet. Kinder wie Erwachsene verspüren nach Freud, dass das ozeanische Gefühl der großen Symbiose mit Mutter und Vater nicht dauerhaft besteht; je seelisch labiler Menschen sind, umso mehr beantworten sie ihre umgebende Realität, die ihnen Vereinzelung und Reifung abverlangt, mit der regressiven Sehnsucht nach dem heimelig-schützenden Mutterschoß und der väterlichen Allmacht.

Diesen Gedanken hat Otto Rank weiterverfolgt. In *Das Trauma der Geburt und seine Bedeutung für die Psychoanalyse* (1924) interpretierte er die Sehnsüchte von Menschen als Reaktionen auf das Ur-Trauma der Geburt. Er ging davon aus, dass die intra-uterinen Zustände paradiesisch gewesen sein müssen. Der Geburtsvorgang wie auch die Erfahrung der Trennung von der Mutter und des Hineingeworfen-Seins in eine kalte und unverständige Welt wirke für Menschen schockartig und sei mit der Vertreibung aus dem Paradies zu vergleichen. Die derart Vertriebenen entwickeln eine stetige Sehnsucht nach intra-uterinen Verhältnissen, die sich in Sitten, Bräuchen, Kulthandlungen oder Fehlleistungen widerspiegelt. So könne in der Architektur (Höhlenbau) ebenso wie in den Mythen und Religionen, den Künsten und Wissenschaften das Motiv der sehnsuchtsvoll erwünschten Rückkehr in die Gebärmutter nachgewiesen werden. Die Kultur, so Rank, sei letztlich auf dem Boden dieser Sehnsucht entstanden und interpretierbar. Aber auch in seelischen Erkrankungen sei diese Dynamik zwischen Ur-Trauma und daraus abgeleiteter Sehnsucht nachweisbar. Ob jedoch die Sehnsucht, die zur Entstehung von Neurosen beiträgt, und die Sehnsucht im Rahmen von Kulturprozessen identisch sind, wird uns im Hinblick auf Goethe noch gesondert beschäftigen.

Ähnlich wie die von Freud beschriebene Vatersehnsucht kann auch die von Alfred Adler erwähnte Sehnsucht nach persönlicher Überlegenheit und Macht als Kompensationsbewegung auf erlebte oder imaginierte Schwäche und Hilflosigkeit verstanden werden. Für Adler war die Situation des Menschen von Kindesbeinen an geprägt durch ein fundamentales Erleben von Ohnmacht, Angst und Minderwertigkeit. Diese Empfindungen mobilisieren bei ihm Strebens-Impulse nach Angstfreiheit, Sicherheit und Potenz, die ihm im Status von Größe und Unantastbarkeit gegeben scheinen. Nicht allen Menschen gelingt es aber, durch Können und reale Fertigkeiten ihre Minderwertigkeitsgefühle zu besänftigen und somit ein solides Selbstwertgefühl zu erreichen. Manche greifen zu antisozialen Verhaltensweisen oder Kriminalität, um auf der Unnützlichkeits-Seite des Lebens nach oben zu gelangen. Meist berufen sich die Betreffenden dabei auf Meinungen oder Fiktionen über sich und die Welt, die ihnen ihre Kompensationsbewegungen hin zu Größe und Macht plausibel machen.

In diesem Zusammenhang kann die Sehnsucht auch als Vorstufe neurotischer Störungen eingeordnet werden. Bei ihnen lassen sich illusionäre Meinungen und Fiktionen beobachten, die den Charakter von Kompensation und Überwindung der eigenen inferioren Situation zum Inhalt haben. Menschen sehnen sich nach Ruhm und Ehre, nach Glück in der Liebe und nach Erfolg im Beruf, nach Anerkennung bei den Freunden und nach Ehrfurcht, mit der ihre Feinde sie behandeln sollen. Gleichzeitig sind diese Sehnsüchte oftmals mit Passivität und abwartender Haltung assoziiert, die an Tagträume und Wunscherfüllungs-Phantasien (Symptome neurotisch erkrankter Menschen) erinnern.

In dieser rückwärtsgewandten, regressiven Sehnsucht sind Adler zufolge Wünsche nach Verwöhnung und Verzärtelung (nach Renaissance privatistischer Kindheits-Verhältnisse) investiert, die einem erwachsenen Souveränitäts-Ideal (*Common sense*) diametral entgegenstehen. Ähnlich wie bei Sigmund Freud beurteilte Adler solche Sehnsuchts-Empfindungen als untaugliche Versuche, die paradiesischen Zeiten und Zustände der Kindheit zu perpetuieren und zu imaginieren – wie sehr dies auch immer den realen und konkreten Gegebenheiten des Einzelnen entgegengesetzt sein mag.

Die Sehnsucht als romantisches Phänomen. Sowohl der Terminus als auch die emotionale Haltung der Sehnsucht erhielten während der Zeit der Romantik einiges Gewicht. Dichter wie Eichendorff, Novalis, Chamisso, Schlegel oder Tieck und Maler wie Caspar David Friedrich oder Carl Blechen haben in ihrem Leben und Werk das Motiv der Sehnsucht weitdimensioniert empfunden, gestaltet, erlitten und künstlerisch überhöht. Bei manchen von ihnen konnte man den Eindruck gewinnen, als sehnten sie sich nach der Sehnsucht – als dermaßen zentral und unverzichtbar für ihre Existenz und den künstlerischen Prozess galt vielen diese Emotion in der Zeit um und nach 1800.

Eindrücklich kommt die Sehnsucht schon im Motto von Novalis zum Ausdruck, das dieser als charakteristisch für die Romantik formuliert hat: Nach innen führt der Weg! Novalis schwebte nicht nur ein bloßer Weg, sondern eine existentielle Richtung und ein Ziel vor. Erkenntnis, Wahrheit, Sinn und Wert, Identität, Rettung und Heil waren für ihn nur um den Preis von Innenschau und Eroberung tiefverborgener Seeleninhalte zu erringen. Nach diesem Innen der eigenen Person war das romantische Sehnen und Trachten ausgerichtet; diesem Innen widmeten viele Menschen damals Aufmerksamkeit, emotionales Interesse und intellektuelle Kraft. Bei aller Dringlichkeit des Haben- und Erkennen-Wollens zeichnete dieses Innen eine grandios vage-diffuse Beschaffenheit aus. Wie konnte man wissen, dass man innen angekommen war? Waren es Assoziationen, Erinnerungen, Bilder, leibhaftige Empfindungen oder verschwommene Atmosphären, die innen auf uns warteten? Welche Rolle spielten dabei die Träume, Visionen, Wahninhalte oder deliranten Welten von Fiebernden? Und hatte man damit zu rechnen, auf Etagen des Unbewussten zu stoßen, wie der romantische Arzt Carl Gustav Carus sie in seinem Buch *Psyche. Zur Entwicklungsgeschichte der Seele* (1846) beschrieben hatte, sobald die Reise nach innen angetreten wurde?

Die lediglich ungefähren Umrisse der Antworten auf diese Fragen ließen für die meisten Romantiker die Sehnsucht nach dem Innen nicht kleiner, sondern im Gegenteil noch interessanter für die eigene Existenz werden. Hinzu kam, dass für sie der Innenraum der Seele mit dem Außenraum der umgebenden Natur zu korrespondieren pflegte. Die schon aus der Antike bekannte Idee, dass der Mikrokosmos (Psyche) und der Makrokosmos (Natur, Weltall) einander entsprechen und sich im Makrokosmos die Strukturen und Gesetzmäßigkeiten des Mikrokosmos widerspiegeln, erlebte in der Romantik eine fulminante Neuauflage. Wenn Novalis von Innen als Horizont sprach und damit die Erkenntnis seelischer Mechanismen meinte, konnte dieses Ziel auf dem Umweg über Außen, über die vertiefende Anschauung von Natur und ihr innewohnender Dynamiken, erreicht werden.

Dies erklärt die vielen Natur- und Landschaftsdarstellungen, die die Sujets der Künstler jener Epoche dominieren. Carl Blechen, Caspar David Friedrich, Carl Gustav Carus, Philipp Otto Runge, Johan Christian Dahl und andere bildeten einsame Küstengegenden, weite Blicke auf Gebirge, Eis und Schnee, einzeln stehende Bäume, undurchdringlich dichte Wälder und unendlich hohe Himmel ab, die als pure Elemente respektive als nicht enden wollender Raum dem Auge des Betrachters die Möglichkeiten des Hinein-Steigens und des Sich-darin-Verlierens boten. Parallel dazu riefen diese Bilder die Idee von Fernweh und Verheißung, die Erfüllung lange gehegter Wünsche und Fantasien wach. Sie dienten damit als Resonanzflächen für seelisch-geistige Regungen und Empfindungen des Individuums, um diese zu potenzieren und zum Echo des innersten Wesenskerns eines Menschen werden zu lassen. In diesem Sinne hielten Natur und Kosmos dem romantischen Menschen voluminöse Spiegel vor, in denen sich sein Innenleben vielfältig brechen und reflektieren konnte.

Darüber hinaus verlagerte die Romantik in die unverstellte und von Menschenhand nicht deformierte Natur das vital-ursprüngliche, nicht entfremdete Leben, dem man die Nähe zu vegetativen Prozessen ebenso wie zu naturhaften Gewalten anmerkte und das – wenn Verschmelzung mit ihm gelänge – das eigene Daseinsgefühl mit ähnlichen Attributen bereichern konnte. Auch aufgrund solcher Verheißungen sehnte sich der romantische Mensch in die unendlichen Räume von Kosmos und Natur, in denen er Ganzheit, Fülle, Weite, Echtheit sowie die Ursprünglichkeit anzutreffen hoffte, von der in den Schriften Rousseaus die Rede war. Der heutige Typus des Outdoor- und Abenteuer-Urlaubers sucht ähnlich wie in der Romantik einige dieser Ideen und Attribute für sich in der Natur zu erobern. Manche Aspekte der romantischen Sehnsucht nach exaltiert aufwühlenden Erlebnissen im Außen, die zur Steigerung der inneren Daseinsfülle beitragen sollten, kommen in einem Gedicht von Joseph von Eichendorff (1788–1857) zum Ausdruck, das den Titel *Sehnsucht* trägt:

> Es schienen so golden sie Sterne, / Am Fenster ich einsam stand / Und hörte aus weiter Ferne / Ein Posthorn im stillen Land. / Das Herz mir im Leibe entbrennte, / Da hab ich mir heimlich gedacht: / Ach, wer da mitreisen könnte / In der prächtigen Sommernacht![2]

Im weiteren Verlauf des Gedichtes verlegte Eichendorff in seine prächtige Sommernacht den Ort von Liebe und Glück (in Form einer jungen Frau), der alle Mangelzustände des Dichters (Einsamkeit, Wunsch nach Aufbruch und Veränderung, Fernweh, Schmerz ob der unerfüllten Begierden) zu beheben versprach. Draußen in der Welt spielte sich das Drama von Expansionsschritten, Entwicklungen, Triumphen und Niederlagen ab, die recht eigentlich das Innenleben des Verfassers ausmachten. Der romantisch-sehnsuchtsvolle Blick in die Ferne induzierte das wahre Gefühl in der Seele des Schauenden.

Goethe als sehnsuchtsvoller Romantiker?   Goethe stand der Romantik und ihren Vertretern skeptisch bis ablehnend gegenüber: „Das Klassische nenne ich das Gesunde und das Romantische das Kranke." – so lautete lapidar sein diesbezügliches Werturteil.[3] Und doch kannte er die eben aufgezählten Aspekte der Sehnsucht auch bei sich selbst zur Genüge. Vor allem der vor-italienische, am Weimarer Hof in verschiedenste Verwaltungsaufgaben verstrickte Goethe projizierte viele seiner Wünsche, Fantasien, idealen Hoffnungen und Entwürfe auf eine weit entfernte und eigentümlich bunt schillernde Fläche, die er (wie bereits erwähnt) Arkadien nannte. Die Italien-Schilderungen seines Vaters waren in die Vorstellungen des Sohnes ebenso mitinvestiert wie dessen eigene Bedürfnisse und Lebenserfahrungen sowie die teilweise begeisterten Berichte anderer Italien-Reisender, die schon vor ihm das Land südlich des Alpenhauptkammes kennengelernt hatten:

> Kennst du das Land? wo die Zitronen blühn, / Im dunkeln Laub die Gold-Orangen glühn, / Ein sanfter Wind vom blauen Himmel weht, / Die Myrte still und hoch der Lorbeer steht, / Kennst du es wohl? / Dahin! Dahin / Möcht' ich mit dir, o mein Geliebter, ziehn.[4]

---

2   Eichendorff, J. von: Sehnsucht (1834), in: Werke in einem Band, München 1996, S. 30
3   Eckermann, J.P.: Gespräch mit Goethe (02. April 1829), in: Gespräche mit Goethe, Berlin 1956, S. 467
4   Goethe, JW: Mignon (1795/96), aus: Die Sammlung von 1815, in: Sämtliche Gedichte, Frankfurt am Main 2007, S. 89

Kapitel 13 · Variationen über die Sehnsucht

Dieses Lied der Mignon, das sie in *Wilhelm Meisters Lehrjahre* (1795/96) der Hauptfigur des Romans mit – wie Goethe schrieb – unwiderstehlicher Sehnsucht vorsingt, wurde ebenso zu einer Vorlage für die Dichter nach Goethe wie ein zweites Poem in *Wilhelm Meisters Lehrjahre*: Nur wer die Sehnsucht kennt, weiß, was ich leide! Die Spuren beider Lieder lassen sich bis in Eichendorffs Sehnsuchts-Gedicht hinein verfolgen.[5] In den Jahren vor seiner italienischen Reise, die Goethe in Weimar hauptsächlich in der Rolle des Beamten und erfolglosen Troubadours Frau von Steins, nicht jedoch als identitätsbewusst-erfolgreichen Menschen, Künstler und Erotiker sahen, quälten ihn Empfindungen des Mangels, die für ihn zum Anlass für Sehnsüchte aller Art wurden. Arkadien als Metapher für das Gesamt dieser Sehnsüchte bedeutete eine Mischung aus realistischen wie irrealen Träumen und Fantasien, aus Vagem und Konkretem, Diffusem und Machbarem, aus Konjunktiv und Imperativ.

In der Zeit nach seiner italienischen Reise imponierte Goethe als realitätsangepasster und nüchterner Mensch, der sich keine fantastisch anmutenden oder nostalgischen Sehnsüchte oder Illusionen mehr erlaubte. Die romantische Unbestimmtheit mancher Vorstellungen wurde eingetauscht gegen die Gebote des Machbaren, die ihm als Programm des Schaffens und Entwerfens zwar enge, aber zielgerichtete Zügel anlegten. In einem Gespräch Goethes mit Kanzler Müller (1823) über das Thema Sehnsucht vernehmen wir nicht mehr den überschwänglichen Ton des Mignon-Liedes, sondern die kargere Melodie einer abgeklärt-desillusionierten Weisheit, die der Sehnsucht nur als vorwärts gerichtetes Streben einen Platz im Seelenhaushalt zuzubilligen bereit war:

> Es gibt kein Vergangenes, das man zurücksehnen dürfte, es gibt nur ein ewig Neues, das sich aus den erweiterten Elementen des Vergangenen gestaltet, und die echte Sehnsucht muss stets produktiv sein, ein neues Bessres schaffen.[6]

Sehnsucht, Sucht und Schmerz. Bis jedoch eine derart abgehangene, nüchterne Haltung unser Gemüt durchzieht, bräuchte es bei den meisten von uns nicht eine, sondern viele italienische Reisen. Und selbst dann wäre es alles andere als gewiss, ob wir unsere rückwärtsgewandten und/oder illusionären Sehnsüchte tatsächlich gegen die abgespeckten, dafür aber progressiveren Varianten einzutauschen bereit wären. Wie sehr unerfüllte Sehnsüchte (etwa nach Schutz, Geborgenheit, Verständnis, Heimat, Symbiose) sowie irreale Erwartungen seelischen Schmerz bis zu körperlichen Symptomen bereiten können, bestätigen uns die Alltagserfahrung ebenso wie die Anamnesen von Schmerzpatienten. Auch das erwähnte Gedicht Goethes aus *Wilhelm Meisters Lehrjahre* (Nur wer die Sehnsucht kennt) spielt auf dies schmerzhafte Erleben an. Wieder ist es Mignon, die Romanfigur mit den größten Sehnsüchten und den geringsten Erfüllungsmomenten, die folgendes Lied singt:

> Nur wer die Sehnsucht kennt, / Weiß, was ich leide! / Allein und abgetrennt / Von aller Freude, / Seh' ich ans Firmament / Nach jeder Seite. / Ach! der mich liebt und kennt, / Ist in der Weite. / Es schwindelt mir, es brennt / Mein Eingeweide. / Nur wer die Sehnsucht kennt, / Weiß, was ich leide![7]

---

5 siehe hierzu Frühwald, W.: Die Poesie und der poetische Mensch – Zu Eichendorffs Gedicht *Sehnsucht*, in: Segebrecht, W.: Gedichte und Interpretationen Band 3: Klassik und Romantik, Stuttgart 2014, S. 381 ff.

6 Goethe, J.W.: Gespräch mit Kanzler Müller vom 04. November 1823, in: Schmidt, H.: Goethe-Lexikon, Paderborn 2015, S. 51

7 Goethe, JW: Mignon – Die Sammlung von 1815, in: Sämtliche Gedichte, Frankfurt am Main 2007, S. 253

Das Gedicht zielt auf das Ohnmacht-Erleben ab, das Mignon in Schmerz und Trauer verbringt und letztlich sogar als körperliches Leiden imponiert. Ihrer Sehnsucht nach dem Geliebten kann sie nicht aktiv begegnen, und so bleibt ihr passives Warten und Sehnen, das sich schließlich zum brennenden Schmerz wandelt. Dass sich Sehnsüchte als körperliche Missempfindung bemerkbar machen können, kommt schon im Begriff des Fern-Wehs zum Ausdruck. Mit diesem Terminus umschreiben wir eine Form der Sehnsucht, die vorrangig Matrosen, LKW-Kapitäne und anderes fahrendes Volk befällt, sobald sie für längere Zeit der Sesshaftigkeit anheimgestellt sind. Diese Immobilität wird als Unfreiheit und reduzierte Vitalität empfunden und mit drängenden Wünschen nach der alten Beweglichkeit beantwortet. Kann diese nicht erreicht werden, reagieren manche unfreiwillig sesshaft Gewordene mit körperlicher Unruhe, Schlafstörungen, Appetitlosigkeit und anderen Krankheitssymptomen, die zur Krankheitsentität des Fern-Wehs zusammengefasst werden.

Ähnliche Krankheitssymptome wie beim Fernweh lassen sich bei der entgegengesetzten Richtung der Sehnsucht, beim Heimweh, konstatieren. Auch diese Emotion kann vom Betreffenden außerordentlich schmerzhaft und peinigend erlebt werden und führt nicht selten dazu, dass sich der Heimweh-Kranke in seiner Sehnsucht halb verzehrt und erst dann gesundet, wenn er wieder heimatliche Erde unter seinen Füßen spürt. Der Basler Arzt Johannes Hofer hat im 17. Jahrhundert solche Patienten als Nostalgie-krank (als Rückkehrleidend) bezeichnet. Wenig später etablierte sich dafür der Begriff der Schweizer Krankheit, womit das Heimweh jener Söldner gemeint war, die aus der Schweiz stammend in irgendwelchen europäischen Armeen ihren Dienst versahen und beim Hören vertrauter heimatlicher Lieder in Melancholie verfielen oder körperliche Symptome (Entkräftung, Abzehrung, Fieber) entwickelten. In Frankreich war es deshalb im 18. Jahrhundert bei Todesstrafe verboten, den Kuhreigen zu pfeifen oder zu singen, weil Schweizer Söldner dadurch zur Fahnenflucht verleitet wurden.

Ein Dichter, der ebenfalls von eigentümlichem Heimweh befallen wurde, war Heinrich Heine. Er lebte viele Jahre im Exil in Paris, in einer Stadt, die er ob ihrer Vitalität und Intellektualität schätzte. Gleichzeitig sehnte er sich oft nach Deutschland zurück, obgleich ihn sein Vaterland nicht gerade nobel behandelt hatte. Das Deutschland seiner Gedichte bedeutete für Heine jedoch mehr eine Allegorie für eine ideale Heimat des Geistes denn für die reale Heimat eines konkreten Landes. Vor allem im Gedichtzyklus *Deutschland – ein Wintermärchen* klingen manche Aspekte dieser Heimatliebe und des Heimwehs an. Doch auch in anderen Heine-Gedichten spürt man einen Schuss Nostalgie nach dem ihm verwehrten Deutschland, von dem sich der Dichter gleichzeitig spöttisch-ironisch wieder distanzierte. Heine beherrschte meisterhaft das lyrische Spiel von Annäherung und Abstand, das der ursprünglichen Sehnsucht nach Heimat die Rolle einer Emotion zuweist, die zum Anlass seiner Dichtung wurde:

> » Oh, Deutschland, meine ferne Liebe, / Gedenk ich deiner, wein ich fast! / Das muntre Frankreich scheint mir trübe, / Das leichte Volk wird mir zur Last …
> Lächelnde Weiber! Plappern immer, / Wie Mühlenräder stets bewegt! / Da lob ich Deutschlands Frauenzimmer, / Das schweigend sich zu Bette legt.
> Und alles dreht sich hier im Kreise, / Mit Ungestüm, wie'n toller Traum! / Bei uns bleibt alles hübsch im Gleise, / Wie angenagelt, rührt sich kaum.
> Dem Dichter war so wohl daheime, / In Schildas teurem Eichenhain! / Dort wob ich meine zarten Reime / Aus Veilchenduft und Mondenschein.[8]

---

8   Heine, H.: Heimweh (Paris anno 1839), in: Sämtliche Gedichte, Frankfurt am Main 2005, S. 338

Nur wenige vermögen so gekonnt wie Heine ihre Emotionen in Sprache zu verwandeln, und nicht wenige verstummen regelrecht angesichts ihrer unerfüllten Wünsche und Bedürfnisse. Solcherlei lässt sich nicht selten bei chronischen Schmerzpatienten beobachten, deren Symptomatik stellvertretender Ausdruck tiefgreifender Sehnsüchte geworden ist. Die körperlichen Schmerzen verdecken die zugrundeliegenden Emotionen und Frustrationen und bewirken, seelische Schmerzen der Trauer und Enttäuschung über unerfüllte Träume und Sehnsüchte nicht zu erleben.

Ähnliche Verhältnisse kann man bei Suchtpatienten konstatieren. Alte Psychiater haben die Formel geprägt, dass auf dem Boden jeder Sucht eine Sehnsucht zu finden sei. Meist halten diese Sehnsüchte für die Betreffenden in irgendeiner Weise Erinnerungen an oder Aufforderungen zu existentiellen Aufgaben und Themen (Liebe, Sexualität, Expansion, Aufbruch, Veränderung) bereit, die von ihnen als ängstigend, schmerzlich, bedrängend und unangenehm erlebt und entsprechend dem Prozess des Verdrängens und Vergessens anheimgestellt wurden. Süchte versprechen nun beides: sowohl eine Art Befriedigung als auch eine Art Vergessen zugrundeliegender Sehnsüchte. Das Suchtmittel verbringt uns in Zustände, in denen wir paradiesische Verhältnisse und intrauterine Atmosphären, grenzüberschreitende Expansionsschritte und Stimmungen der überbordenden Lebensfülle zu erreichen scheinen. Gleichzeitig ermöglichen die meisten Suchtmittel kurzfristiges Vergessen von Lebensaufgaben und Insuffizienzempfindungen. Sie gaukeln uns Größe, Souveränität und Gelassenheit vor, wo Ohnmacht, Minderwertigkeit und Ungenügen schmerzhaft zu spüren wären. Dass die Suchtmittel den Abhängigen nach der Ekstase in die Situationen des Katzenjammers und der Katerstimmung und damit verknüpft in alte Sehnsüchte entlässt, trägt nicht unwesentlich zum Wiederholungs-Zwang des süchtigen Verhaltens bei.

Die Sehnsucht in der Philosophie. Platon war ein Philosoph, der sich mit Sehnsucht als Phänomen der *Conditio humana* früh beschäftigt hat – etwa in *Das Gastmahl*. Dort lässt er über die Frage debattieren, was denn das Wesen des Eros sei. Dazu nimmt auch Aristophanes Stellung und erzählt den Mythos, wie aus dem Urwesen Mensch, das vier Arme, vier Beine und zwei Gesichter gehabt und sich Rad schlagend und ausgelassen durch die Gegend bewegt hat, Mann und Frau geworden sind. Zeus nämlich, dem dieses Urwesen zu mächtig und autark geworden war, teilte es mittendurch, so dass Mann und Frau mit je zwei Armen und Beinen und je einem Gesicht entstanden. Immerhin positionierte er die Geschlechtsteile so, dass bei Umarmungen die Zeugung von Nachkommen möglich wurde. Seit dieser Trennung, so Aristophanes, kennen Mann und Frau die immerwährende Sehnsucht, einander zu finden und so zu umarmen, dass aus den beiden Hälften wieder eine Einheit entsteht. Diese Sehnsucht sei eines der Hauptcharakteristika der Liebe und des Eros und mache das fortdauernde Suchen von Menschen nach ihrer Ergänzung verständlich. Ihr Streben nach Nähe und Verschmelzung sei auf ihre Sehnsucht zurückzuführen, den ehemaligen Urzustand wiederherstellen.

Soweit die Ausführungen von Aristophanes, die im *Gastmahl* von Sokrates durch andere Vorstellungen ergänzt werden. Für den Letzteren entspringt die Sehnsucht des Gottes Eros einer anderen Mangelsituation als jener von Aristophanes propagierten. Nicht die Trennung von einem konkreten Gegenüber, sondern die Trennung von der Welt der Ideen und Werte lässt Eros zu einer göttlichen Kraft werden, die darauf ausgerichtet ist, den Menschen mit dieser idealen Welt wieder in Kontakt zu bringen. Eros wird für Sokrates (und Platon) zur Gottheit, die größere geistige Einheiten schafft und die dem Einzelnen Zugang zum Schönen, Guten, Wahren und zur Weisheit ermöglicht.

Fasst man verschiedene Aspekte der Gottheit Eros zusammen, die im *Gastmahl* entfaltet werden, muss diese als eine Kraft vorgestellt werden, welche die Sehnsucht des Menschen nach Aufhebung seiner körperlichen, seelischen, sozialen und geistigen Trennung von anderen Menschen und vom Weltganzen sowie nach einer Überwindung seiner Vereinzelung zu erfüllen verspricht. Diese Sehnsucht kam für Platon einem Anthropinon, einer Wesenseigentümlichkeit des Menschen gleich, da sie bei allen von uns anzutreffen sei und unsere Lebensbewegung maßgeblich mitbeeinflusse.

Ein weiterer Philosoph der Sehnsucht war Friedrich Nietzsche. In *Also sprach Zarathustra* (1883) findet sich ein Abschnitt, der mit *Von der großen Sehnsucht* überschrieben ist. Darin begegnet uns eine Form der Sehnsucht, die nichts mit vergangenheitsbezogener Nostalgie oder einem Sehnen nach dem verlorenen Paradies der Kindheit zu tun hat. Nietzsches große Sehnsucht zielt auf anderes ab. Sein Sehnen und Trachten bezieht sich auf den Menschen, der zukünftig seinen wahren und ihm eigenen Potentialitäten gemäß leben kann und wird. Dieser Mensch ist kraftvoll, frei und ungebunden, fähig zum Ja wie zum Nein, zur Liebe wie zur Verachtung. Er lebt ohne Herren und Götter über sich, ist sich sein eigenes Schicksal und schafft sich fruchtbar und reich immer neu.

Diese Seele eines Menschen der Zukunft singen zu hören – danach sehnte sich Zarathustra-Nietzsche. Er, der sich von der Mediokrität der Philister distanzierte, um den Menschen von morgen vor sein geistiges Auge treten lassen zu können, kannte keine größere und brennendere Sehnsucht als diejenige, den Menschen endlich aufrecht gehen zu sehen. Der Mensch der Jetzt-Zeit sei lediglich auf dem Sprung zum Morgen, das für ihn völlig neuartige Formen der Existenz bereithalten wird.

Im 20. Jahrhundert tauchte der Terminus der Sehnsucht im Bereich des philosophischen Schrifttums bei Ernst Bloch auf, der besonders mit *Das Prinzip Hoffnung* (1959) bekannt geworden ist; darin widmete er einige Kapitel dem Sehnen und der Sehnsucht. Für Bloch gehörte die Sehnsucht zu den basalen Regungen der Menschen. Unter Sehnsucht verstand er gefühltes Streben, das seinen Ursprung im Leib hat und sich dort als vages und unbestimmtes Drängen meldet. Dieses Drängen ist gleichbedeutend mit unserem Lebendig-Sein: „Vom Dass des Drängens kommt kein Lebender los, so müde er auch davon geworden sein mag. Dieser Durst meldet sich stets und nennt sich nicht."[9]

Richtet sich das Drängen nach außen und über den eigenen Leib, das bloße Innere hinaus, nannte Bloch es Streben, und wird dieses unbestimmte Streben mehr oder minder bewusst erlebt, gespürt und gefühlt, hieß er es Sehnsucht. Diese Sehnsucht kann sich blind und leer schweifend, gleichsam frei flottierend und suchtartig, in sich selbst verbohren und wird dann zu dem, was weiter oben als Sehnsucht nach der Sehnsucht beschrieben wurde – eine (romantische) Krankheit, die so manchen Pubertierenden oder Verliebten heimzusuchen pflegt. Die gerichtete und nicht nur sich selbst suchende Sehnsucht imponiert nach Bloch je nach Richtung und Objekt als Trieb, Begierde, Vorstellung, Tagtraum, Leidenschaft, Wunsch oder Wille. Triebe und Begierden sind ähnlich bei Mensch und Tier, Vorstellungen, Tagträume, Leidenschaften, Wunsch und Wille nach Bloch nur beim Menschen zu beobachten. Diese Vorstellungen, Wünsche, Tagträume sowie der Wille seien geprägt davon, dass sie immer Vorstellung, Wunsch und Wille eines besseren Etwas (das Goethe'sche neue Bessre?) darstellen. Mit dem besseren Etwas sind Werte und Ideale gemeint, auf die unsere Wünsche und unser Wille hin tendieren, und deren Inhalte sie bilden. Dieses zukünftige bessere Etwas

---

9   Bloch, E.: Das Prinzip Hoffnung (1959), Frankfurt am Main 1959, S. 49

haben Menschen seit ehedem in Bildern und Systemen organisiert, die sie Utopien nennen, und denen sie sich mit dem Prinzip Hoffnung auf Umsetzung und Realisierung annähern.

Mit seinen Ausführungen hat Bloch die Theorie Freuds über das Wesen der Sehnsucht vom Kopf auf die Beine gestellt. Freud verstand die Sehnsucht als jene Form der Libido, der weder die Umwandlung in ein neurotisches Symptom noch eine wirkliche Befriedigung geglückt ist. Für ihn bestanden primär Trieb und Libido, die sekundär ein Schicksal erfahren, das zur Entstehung von Sehnsucht beiträgt. Gerade umgekehrt verfuhr Bloch bei seiner Theorie, die der Sehnsucht (als nach vorne und in die Zukunft gerichtetes Streben des Menschen) den Primat zuweist und Phänomene wie Trieb, Begehren, Wünsche und Vorstellungen als sekundäre Phänomene daraus hervorgehen lässt.

Sehnsucht, Kunst und Kultur. Bei Platon, Nietzsche und Bloch treffen wir nicht auf Nostalgie oder wehmütige Stimmungen des Nicht-Mehr, wenn sie über die Sehnsucht nachdenken. Vielmehr geht es ihnen um das zukünftige Noch-Nicht einer wertvolleren Welt, das den Inhalt und das Wesen der Sehnsucht ausmachen soll. Diese Form der Sehnsucht bewegt in der Kunst und in anderen Bereichen der Kultur Menschen dazu, aktiv am Heraufkommen eines neuen Besseren zu arbeiten und damit sowohl zur Kultur- als auch zur eigenen Persönlichkeitsentwicklung beizutragen. Einen solchen Sehnsuchts-Effekt hatte eventuell auch Freud im Visier, wenn er diese Emotion als Leiden ohne Neurose bezeichnete und die erfolgte Triebversagung mit dem Mechanismus der Sublimierung verglich. Freud zufolge ist Letztere für die Entstehung von Kulturleistungen aller Art verantwortlich zu machen. Selbst wenn man der triebversagend-sublimierenden Umwandlung von Libido-Quanten als Mechanismus der Kulturentstehung keinen Glauben schenken mag, trifft Freuds Gedanke im Sinne der Sehnsucht nach einer idealeren und humaneren Welt doch zu. Als *Agens movens* für diese Form von Sublimierung kommen dabei aber nicht so sehr biologisch umgewandelte Triebanteile, sondern soziokulturell vermittelte Werte und Ideale in Betracht.

In der Kunst etwa kann die Sehnsucht nach Schönheit, Echtheit, Wahrhaftigkeit, Freiheit, Solidarität und Humanität federführend für den jeweiligen Künstler werden. Je mehr sich Künstler in ihrem Werk solchen Werten annähern, umso mehr befriedigen sie damit eventuell unsere und ihre Sehnsüchte nach Ganzheit (Gestaltpsychologie), nach Verstehen, Einigung und Verständigung, nach Transzendenz (Grenzüberschreitung) und Mehrung von Daseinsfülle. So ist von Rilke bekannt, dass er sich jahrelang nach den letzten Strophen der *Duineser Elegien* sehnte, auf die er geduldig und gespannt wartete, bis endlich die Vollendung des Gedicht-Zyklus gelang. Die Tage der Niederschrift in Muzot und seine Stimmungen dabei hat der Dichter an Freunde brieflich mitgeteilt, so dass wir sowohl seine Sehnsucht nach dem rechten Wort, das seine Aufgabe lösen konnte, als auch seinen jubelnden Triumph im Augenblick des Zusammenfallens von Erwartung und Erfüllung nachvollziehen können.

Im Unterschied zu den regressiven Tendenzen verschiedener Süchte, die scheinbar all dies ebenfalls zu ermöglichen versprechen, befriedigen Künste mehr im apollinischen denn dionysischen Sinne. Nicht (nur) der rauschhafte Zustand des Augenblicks, dem die Kälte der Ernüchterung folgt, sondern die in die Zukunft und auf einen Werthorizont verweisende Dauer des Kunstwerks ermöglichen es Künstlern und ihrem Publikum, die Kunst als tragfähigen Weg zum Menschen und zur Welt von morgen zu erleben. Die *Duineser Elegien* jedenfalls sind als Ergebnis der ekstatischen Tage von Muzot seit Jahrzehnten für jedermann zugänglich und nachzuerleben – ein Phänomen, auf das schon Goethe hingewiesen hat, der einmal meinte, andere würden ihre Räusche ausschlafen, wohingegen seine Räusche auf dem Papier stünden. Die *Pastorale* von Beethoven, Rodins *Bürger von Calais* oder die Serie der *Engel* von Paul Klee künden von einer Welt der Kunst und Kultur, in der die Umrisse der menschlichen Existenz in beredte Zeichen verwandelt wurden. Lyonel Feininger, der sich im letzten Jahrhundert mit seinem als Prisma-Ismus bezeichneten Stil einen Namen machte, schrieb dementsprechend über die Sehnsucht der Künstler:

» Wir leben ständig in der Sehnsucht, und von außen her kann keine Erlösung davon kommen, sondern nur die Anregung zur Gestalt ... Wir haben die innere Vision, die eigene unbeeinflusste letzte Form für unseren Sehnsuchtsausdruck zu suchen und zu geben.[10]

Von der Utopie zur Dystopie. Diese Sehnsucht, die Welt neu und besser zu planen und zu schaffen, kennen nicht nur Künstler; diese Impulse sind auch bei Wissenschaftlern, Technikern, Politikern und vielen anderen Menschen anzutreffen. Im Gegensatz zu Künstlern verfügen Wissenschaftler, Politiker, Techniker allerdings über weitreichende Organisationen und Machtstrukturen, die es ihnen erlauben, Ergebnisse ihres Forschens und Wollens in großem Maßstab Realität werden zu lassen – eine Realität, die Völker und Gesellschaften betreffen kann und nicht immer nur zu deren Nutzen gereicht.

Denn in die hehren Ziele der Weltverbesserung mischen sich bei Wissenschaftlern, Politikern und Technikern wie bei allen Menschen Wünsche nach persönlichem Erfolg, Anerkennung, Macht und Überlegenheit. Anders aber als bei den Künstlern, deren Größen- und Allmachtgelüste auf Bühnen oder in einem Konzertsaal ausagiert werden und dort allenfalls mäßigen Schaden anrichten, kann es im Bereich von Wissenschaft, Technik, Politik zu fragwürdigen Resultaten der „Weltverbesserung" kommen, die das Leben und Wohlergehen von Menschen beeinträchtigen oder gefährden. Vor allem handlungsorientierte Politiker haben im Verein mit Naturwissenschaftlern und Technikern in der Vergangenheit die Gültigkeit und Brisanz dieser warnenden Beschreibung vielfach demonstriert.

Die Sehnsucht nach besseren Welten ist häufig auch bei politisch und sozial interessierten Intellektuellen beheimatet und prägt deren Denken. Bei ihnen lässt sich eine Tradition diagnostizieren, die man seit Thomas Morus (1477–1535) mit dem Begriff der Utopie belegt. Thomas Morus hat 1516 sein Buch *Utopia* publiziert, das er mit dem Untertitel *Ein wahrhaft goldenes Büchlein von der besten Staatsverfassung und von der neuen Insel Utopia* versah. Darin entwickelte er neben einer Sozial- und Gesellschaftskritik, welche die damaligen Verhältnisse in England attackierte, den Gedanken einer kommunistischen Republik, der er den Namen Utopia verlieh. Obwohl dieser Name so viel wie kein Ort oder nirgends bedeutet, beschrieb Morus konkret und direkt die Umrisse, Gesetze, Regeln sowie den Charakter dieser Republik, in der alle mit gleichen Rechten und Pflichten und mit gleichem Eigentum versehen sein sollten. Demokratische Ideen waren bei Morus mit autoritären Gedanken vermengt, die sich auf ökonomische, juristische, soziale, politische Strukturen von Utopia beziehen.

Diese Schrift gab den Anstoß für weitere Entwürfe sozialutopischen Charakters. Zu erwähnen sind Francis Bacons *Nova Atlantis* (1627) oder Robert Owens *A New View of Society* (1812) sowie *Essays on the Formation of Human Character* (1813). Owen favorisierte genossenschaftliche Modelle von Wirtschaft und Politik; bei ihm tauchte 1827 das erste Mal der Terminus des Sozialismus als Sammelbegriff für jene zukunftsorientierten Konzepte auf, die auf humanere, friedlichere, gerechtere und allgemeine Wohlfahrt ermöglichende Formen des Zusammenlebens vieler Menschen abzielen.

---

10 Feininger, L.: Brief an Paul Westheim vom 14. März 1917, in: Kunstmuseum Ahrenshoop (Hrsg.): Lyonel Feininger, Bonn 2016, S. 52 f.

Neben England waren es vor allem Frankreich, Spanien, Russland und Deutschland, die in den letzten Jahrhunderten utopisch-sozialistische Denker mit offensichtlich großen Sehnsüchten nach einer besseren Welt hervorgebracht haben. Zu ihnen zählen Saint-Simon (1760–1825) und seine Anhänger, die Saint-Simonisten, Charles Fourier (1772–1837) und Pierre-Joseph Proudhon (1809–1865), der mit seiner 1840 veröffentlichten Broschüre *Qu'est-ce que la propriété?* (Was ist Eigentum?) und mehr noch mit seiner Antwort *La propriété, c'est le vol!* (Eigentum – das ist Diebstahl!) bekannt geworden ist. Später hat er seinen Ausspruch revidiert und meinte: *La propriété, c'est la liberté!* (Eigentum ist Freiheit), wobei er jedoch keine kapitalistische Akkumulation von Besitz im Sinne hatte.

Ähnlich wie Proudhon und sehr im Gegensatz zu Marx, Engels und anderen staatsgläubigen Kommunisten fühlten sich spanische Syndikalisten (z. B. Francesc Ferrer, 1859–1909), russische Anarchisten (z. B. Michael Bakunin, 1814–1876; Peter Kropotkin, 1842–1921) oder deutsche Anarchisten (z. B. Max Stirner, 1806–1856; Gustav Landauer, 1870–1919) einem libertären Sozialismus verpflichtet. Dieser räumt dem Individuum den Vorrang vor den Interessen des Staates und der Gesellschaft ein. Die eben genannten Namen stehen für die Sehnsucht, eine Gesellschaft der Zukunft zu bauen, in welcher der Einzelne nicht mehr Mittel zum Zweck eines anderen oder einer Organisation ist, sondern Zweck für sich selbst sein darf.

Wie sehr jedoch Utopien in ihr Gegenteil (Dystopien) umschlagen und die in ihnen investierten Sehnsüchte pervertiert werden, sobald einige Wenige aus ihren Träumen und Wünschen autoritär-erzwungene Realität für die Massen und die Vielen zu machen bereit sind, kann man anhand zweier utopischer Romane ebenso wie anhand jener diktatorischen Staatssysteme studieren, die im 20. Jahrhundert ihr grausiges Unwesen trieben und viele Millionen Menschenleben kosteten. Bei den beiden Romanen handelt es sich um *Brave New World* (1932) von Aldous Huxley und um *Neunzehnhundertvierundachtzig* (1950) von George Orwell. In diesen Texten begegnet uns eine Welt der Tyrannei und Unfreiheit, die entweder durch biologistisch-technizistische Argumente (Huxley) oder durch kollektivistisches Denken (Orwell) legitimiert wird. Huxleys zukünftige Menschen sind gen-manipuliert und in ihrem Tun und Lassen und in ihren Emotionen von chemischen Substanzen determiniert. Keineswegs attraktiver imponieren die Verhältnisse in Orwells Welt, die vom großen Bruder und seiner Allgegenwart geprägt ist, und in der die Menschen jeglicher Möglichkeit eines privaten Lebens verlustig gegangen sind. Beide Dystopien sind in gewisser Weise traurige Gegenwart geworden.

Weil die Sehnsucht nach besseren Welten und einem glücklicheren und erfüllteren Leben zu unseren wesentlichen Regungen gehört, sind wir – das lehren diese utopischen Romane ebenso wie unsere historische Realität – anfällig für die politischen und technokratischen Rattenfänger, die uns die Erfüllung unserer Träume schon für morgen versprechen und uns dafür aber heute den Preis von Unglück und Verderben abverlangen.

Zur Anthropologie der Sehnsucht. Fassen wir die verschiedenen Formen von Sehnsucht zusammen, lassen sich zwei Richtungen unterscheiden, in die sich die Sehnsüchte von Menschen erstrecken: zum einen in eine rückwärtsgewandte, vergangenheitsbezogene, nicht selten regressive und zum anderen in eine vorwärtsgewandte, zukunftsorientierte und im günstigen Fall progressive Richtung. Der ersteren Variante wohnt der Wunsch nach Atmosphären von Heimat, ozeanischem Gefühl, Geborgenheit, Sicherheit und Verstanden-Werden inne. Diese Empfindungen – so besagt es die psychoanalytische Theorie – gab es im intrauterinen Zustand oder in den wenigen Monaten nach unserer Geburt, da wir von unserer Umwelt kaum getrennt und im Einklang mit ihr existierten. Dies Paradies soll verlockend gewesen sein, so dass wir uns ein Leben lang in es zurücksehnen und unser Sinnen und

Trachten danach ausrichten, es zumindest in Bruchteilen wieder auferstehen zu lassen. Marcel Prousts *Auf der Suche nach der verlorenen Zeit* (1913–1927) bietet für diese Form der Sehnsucht ein literarisch überzeugendes Beispiel.

Die zweite Variante ist dieser ersteren oberflächlich betrachtet diametral entgegengesetzt und kann mit Sehnsucht nach Aufbruch, fernen Ufern, Abenteuern und Veränderungen beschrieben werden. Nicht die Heimat, sondern die Fremde, nicht der Uterus, sondern die Weite des Kosmos, nicht die Reise nach innen und nach gestern, sondern die Gestaltung des Außen und des Morgen sind Ziel und Inhalt dieser verlangenden Wünsche und Vorstellungen.

Darüber hinaus gibt es jedoch bei manchen auch Impulse, diese beiden Richtungen zum Ausgleich zu bringen und als ein Sehnen nach Individualität und personaler Identität zu überwölben. Die Sehnsucht nach Selbst- und Person-Werdung verleitet den Einzelnen dazu, Facetten der eigenen Persönlichkeit zu suchen und ihnen womöglich zum Austrag zu verhelfen. Damit konterkariert er wenigstens punktuell jene Tendenz zu einem selbstentfremdeten Dasein, bei dem wir alle den Stilen, Gesetzen und Vorstellungen der Vielen gemäß leben. Das (passagere) Ich-selbst-Werden ist das Seltenste und Kostbarste, das es in unserer Existenz zu erobern gibt, und dementsprechend groß und zentral, wenngleich nicht immer bewusst und klar, sind unsere Wünsche danach. Heinrich Heine hat dieser Sehnsucht im Gedicht *Zuweilen* kurz und pointiert Ausdruck verliehen:

> Zuweilen dünkt es mich, als trübe / Geheime Sehnsucht deinen Blick – / Ich kenn es wohl, dein Missgeschick: / Verfehltes Leben, verfehlte Liebe!
> Du nickst so traurig! Wiedergeben / Kann ich dir nicht die Jugendzeit – / Unheilbar ist dein Herzeleid: / Verfehlte Liebe, verfehltes Leben![11]

Die Sehnsucht nach personaler Identität beinhaltet die Hoffnung, weder die Liebe noch jene Zustände zu verfehlen, in denen die Antagonismen von Heimat und Fremde, Aufbruch und Regression, morgen und gestern aufgehoben werden oder sich einander annähern. Wenn sich die Sehnsüchte nach dem Nicht-Mehr wie auch nach dem Noch-Nicht die Waage halten und keine einseitige Gewalt mehr über uns haben – dann, ja dann imaginieren sich nicht wenige von uns als rund und ganz, glücklich und zufrieden, entspannt und angekommen und als identisch mit ihrem Wesensgrund.

Anschaulich kommt die Unbedingtheit dieses Strebens in Goethes Figur des Faust zum Ausdruck. Faust leidet durch viele Szenen hindurch an seiner Sehnsucht, einen Moment absolut wunschloser Daseinsfülle und fragloser Identität zu erleben. Der Pakt mit Mephisto dreht sich um die Frage, ob und wo es einen derartigen Augenblick für Faust gibt, zu dem er aus vollem Herzen sagen kann: Verweile doch, du bist so schön! Dieser Utopie jagt Faust, angefeuert durch Mephisto, über einige Akte hinweg nach. Weder in Auerbachs Keller noch in der Walpurgisnacht, weder bei Gretchen noch bei Helena noch sonst irgendwo findet der Vielstudierte Atmosphären und Situationen vor, die seinem Maßstab der Unbedingtheit und seiner Sehnsucht nach Sehnsuchtslosigkeit gerecht werden könnten. Das Glück ist immer da, wo er noch nicht oder nicht mehr ist, und lässt sich nicht behalten. Ungesättigt und unbefriedigt stirbt er zum Schluss mit einem Vorgefühl von solch hohem Glück und der Erkenntnis, dass nur der sich Freiheit und Leben verdient, der sie sich täglich erobern muss.

---

11 Heine, H.: Zuweilen (1837-44), in: Sämtliche Gedichte, Frankfurt am Main 2005, S. 351

Kapitel 13 · Variationen über die Sehnsucht

So mächtig auch die Sehnsucht nach dem unbedingten Augenblick, der zur Ewigkeit werden dürfte, und nach dem Selbst und der Person, die ganz geworden ist und keine weiteren Sehnsüchte mehr kennt, das Leben eines jeden von uns prägen und bewegen mag, so sehr bleibt das Ziel dieser Sehnsucht ein Traum und eine Illusion. Das tägliche Erobern von Freiheit und Leben, von Glück und Zufriedenheit, von Identität und Eigentlichkeit gehört zum gesetzmäßigen Programm unserer Existenz, ohne dass wir Freiheit, Glück oder Identität ganz und für immer besäßen.

Der gefühlte und erlebte (relative) Mangel an Freiheit und Glück, an Einheit, Ganzheit und personaler Identität wirkt wie ein Sprungbrett zu immer neuen Sehnsüchten und Zielen, die uns permanent in Schwung und Spannung halten. Im Spannungsfeld zwischen dem Nicht-Mehr und dem Noch-Nicht entstehen Wünsche und Fantasien, Entwürfe und die dazugehörigen Emotionen, die uns seelisch-geistig mit unseren Zielen und Horizonten verknüpfen – ja: Die Sehnsucht nach einem Selbstentfremdungs-, Leid- und Defizit-freieren Leben kann als wesentlicher und zentraler Bestandteil unseres Gefühlslebens überhaupt bezeichnet werden.

Wie sehr das Sehnen nach andauerndem Glück und fortwährender Daseinsfülle die Herzen der Menschen schon seit Jahrhunderten bewegt, wird an einem mittelalterlichen Epos deutlich, das Hartmann von Aue um 1200 verfasst hat, und das den Titel *Erec* trägt. Dem jungen Ritter Erec wird am Artushof im Beisein der Königin von einem vorbeireitenden Zwerg mit einer Geißel ins Gesicht geschlagen – eine Herausforderung, die Erec prompt und ganz im Stile seiner Zeit mit Aufbruch und Rache beantwortet. Dabei gewinnt er die Liebe der schönen Enite, Tochter eines verarmten Grafen, die er zur Frau nimmt, und mit der er sich an den Artushof zurück begibt. So weit – so gut. Nach der Hochzeit jedoch fällt Erec aus dem Rahmen des damaligen (wie auch heutigen) Protokolls. Statt, wie es sich für einen jungen Ritter geziemt, weiterhin auf *aventiure* zu gehen und die Händel der Welt auch als seine eigenen zu begreifen, behält Mal für Mal die Sehnsucht nach Heimat und liebendem Umsorgt-Sein die Oberhand. Erec *verliget* sich bei Enite, genießt das Glück maßloser Minne, versäumt seine Pflicht als Herr des Hofes und gefährdet damit die Ehre und das Wohl der Gesellschaft. Letztlich ist es Enites kluger Argumentation und Tat zu verdanken, dass Erec doch noch zum Ritter reift und *aventiure* als notwendiges Pendant zur Welt der Minne akzeptiert. Der ans *verligen* gewöhnte Erec bricht erst auf, als Enite schweigend voranreitet und ihm als Pferdeknecht dient. Zusammen bestehen sie so manche Abenteuer, und als sie nach langer Zeit wieder zuhause angekommen sind, bekennt Erec:

> Ich wusste wohl, dass der Weg zum höchsten Ruhm / irgendwo in der Welt liegt, / aber ich wusste nicht genau, wo, / und so bin ich auf die Suche geritten, / ohne zu wissen, wohin.[12]

So sehr Erec in vielen seiner Überlegungen und Verhaltensweisen ein Mensch des Mittelalters ist, der dem damaligen Ehren- und Sittenkodex unterworfen war, so sehr trägt er dennoch Züge von uns Modernen an sich, die wir in unserer Sehnsucht nach dauerndem Glück und unendlicher Daseinsfülle nur allzu gerne ebenfalls die Bequemlichkeiten des *verligens* gegen die Ungewissheiten der *aventiure* eintauschen. Doch nicht jedem von uns gelingt es so wie Erec, die Welt der *aventiure* und die Welt der Minne miteinander versöhnend auszugleichen und den Weg zum Glück, zum Du wie auch zum eigenen Ich irgendwo

---

12 Hartmann von Aue: Erec, Frankfurt am Main 2007, S. 371

unsicher draußen in der Welt zu suchen. Die Sehnsucht nach einem erfüllten Dasein und personaler Identität findet am ehesten Befriedigung, wenn wir wie Erec unseren Lebensweg nicht nostalgisch zurück nach gestern, sondern weit ausholend und auf die Zukunft gerichtet um den Globus führen lassen. Wie groß der existentielle Einsatz ist, den wir dabei zu entrichten haben, und auf welche illusionären Bequemlichkeiten des *verligens* wir in dieser Hinsicht verzichten müssen, erzählt uns Goethe in seinem Gedicht *Selige Sehnsucht* (1817) aus dem *West-östlichen Divan*.

Als Anregung für *Selige Sehnsucht* wie für weitere Gedichte aus dem *West-östlichen Divan* diente Goethe die Lyrik des persischen Poeten Hafis (1315–1390); dessen *Diwan* erwies sich als Stimulus für Goethes eigene Dichtkunst. In einem Brief an Zelter bezeichnete Goethe die *Selige Sehnsucht* als „Überblick des beweglichen, immer kreis- und spiralartig wiederkehrenden Erde-Treibens, Liebe, Neigung, alles Reale geläutert, sich symbolisch auflösend". Ergänzend könnte man auch Attribute wie nüchtern, skeptisch und weise verwenden, um die Qualitäten dieses Gedichts zu beschreiben. Vollends kommen diese Merkmale in der letzten Strophe des Poems zum Tragen:

> Und so lang du das nicht hast, / Dieses: Stirb und werde! / Bist du nur ein trüber Gast / Auf der dunklen Erde.[13]

Sehr viel lapidarer lassen sich die Werde-Prozesse, die Metamorphose und ihr Zusammenhang mit dem unausweichlichen Abschiednehmen vom ach so schönen Gestern nicht ausdrücken. Vergleicht man diese Zeilen mit den Eingangssätzen des Kapitels, verdeutlicht dies auch den Wandel der Sehnsucht, den Goethe in seinem Dasein realisierte. Zwischen dem vor-italienischen Dichter, der sich nach Arkadien sehnte, und dem lächelnden Weisen des *West-östlichen Divan* lagen drei Jahrzehnte Lebensspanne, aber ein Vielfaches davon an Lebens- und Weltkenntnis. Und der Inhalt von Goethes Sehnsucht im Alter waren keine blühenden Zitronenbäume mehr, sondern die Akzeptanz und Umsetzung seiner sehr individuellen Entwicklungs- und Existenzgesetze.

Literatur

1. Bloch, E.: Das Prinzip Hoffnung (1959), Frankfurt am Main 1959
2. Eichendorff, J. von: Werke in einem Band, München 1996
3. Goethe, J.W.: Maximen und Reflexionen, in: HA Band 12, München 1981
4. Goethe, J.W.: Dichtung und Wahrheit (1811), HA Band 9, München 1981
5. Goethe, J.W.: Sämtliche Gedichte, Frankfurt am Main 2007
6. Hartmann von Aue: Erec, Frankfurt am Main 2007
7. Heine, H.: Sämtliche Gedichte, Frankfurt am Main 2005
8. Kunstmuseum Ahrenshoop (Hrsg.): Lyonel Feininger, Bonn 2016
9. Schmidt, H.: Goethe-Lexikon, Paderborn 2015
10. Segebrecht, W.: Gedichte und Interpretationen Band 3: Klassik und Romantik, Stuttgart 2014

---

13 Goethe, J.W.: Selige Sehnsucht (1817), in: Sämtliche Gedichte, Frankfurt am Main 2007, S. 530

Langeweile, Muße, *dolce far niente*

Literatur – 244

Fragt man mit Goethes Leben zumindest oberflächlich vertraute Personen nach einer Abbildung, die ihnen jählings als typisch für den Dichter einfällt, hat man zu gewärtigen, dass die meisten auf das Gemälde *Goethe in der Campagna* von Johann Heinrich Tischbein verweisen. Diese Abbildung fehlt in keiner Goethe-Biographie und keinem Bildband über ihn; darüber hinaus ziert sie alle möglichen Goethe-Devotionalien.

Der Maler Tischbein (1751–1829) entstammte einer Künstlerfamilie. Aufgrund von Stipendien konnte er sich mehrfache Italien-Aufenthalte leisten, so auch während der Jahre von 1783 bis 1787, die er vorrangig in Rom und Neapel verbrachte. Als Goethe im Herbst 1786 in Rom eintraf, lernte er Tischbein persönlich kennen und zog *stante pede* in jenes Haus ein, das Tischbein und andere Künstler am Corso mitten in der Ewigen Stadt bewohnten. Mit dem Maler ergab sich vorerst eine enge Freundschaft, die sich allerdings im Laufe der darauffolgenden Monate abkühlte. Im Winter 1786 waren die beiden jedoch noch ein Herz und eine Seele, so dass man die Skizzen, die Tischbein damals für das besagte Bild von Goethe anfertigte, als Resultate eines intimen Zugangs zum Dichter werten darf. In seinem Tagebuch notierte Goethe über den Fortgang seines Porträts:

> » Ich soll in Lebensgröße als Reisender, in einen weißen Mantel gehüllt, in freier Luft auf einem umgestürzten Obelisken sitzend, vorgestellt werden, die tief im Hintergrunde liegenden Ruinen der *Campagna di Roma* überschauend. Es gibt ein schönes Bild, nur zu groß für unsere nordischen Wohnungen.[1]

In der Tat geriet das Ölbild schlussendlich viel zu groß für nordische Wohnungen, und daher verwundert es nicht, dass es 1887, hundert Jahre nach seiner Entstehung, nach vielen Umwegen im Frankfurter Städel-Museum landete, wo es seither an prominenter, ausreichend geräumiger Stelle zu bewundern ist. Obwohl sich Goethe und Tischbein schließlich entzweiten, vermerkte Ersterer im Tagebuch noch an: „Mein Porträt wird glücklich, es gleicht sehr, und der Gedanke gefällt jedermann."

Seit *Goethe in der Campagna* öffentlich zugänglich ist, hat dieses Bild diverse Lesarten erfahren. Tischbein selbst merkte an, dass er in dem Porträt den Dichter darstellen wollte, wie er „über das Schicksal der menschlichen Werke nachdenkt". Einige Interpreten meinten im Gesicht des Porträtierten den „schauervollen Gedanken der Vergänglichkeit" zu erkennen, wohingegen andere auf den großen, eleganten Hut abhoben, den Goethe auf dem Bild trägt, und der womöglich die Anmutung eines Heiligenscheins vermittelt. Wie dem auch sei: Wir verwenden *Goethe in der Campagna* als Einstieg in das Thema *Langeweile, Muße und dolce far niente* und gehen davon aus, dass uns das Bild hinsichtlich einer Klärung des Begriffs der Muße behilflich sein kann. Inwiefern es daneben auch für die Einordnung von Langeweile und *dolce far niente* herangezogen werden kann, wird sich erweisen. Beginnen werden wir jedenfalls mit Letzterem.

Langeweile, Nichts-Tun, dolce far niente. Nichtstun ist (so meinte Oscar Wilde) die allerschwierigste Beschäftigung und zugleich diejenige, die am meisten Geist voraussetzt.[2] Diesen Gedanken ventilierte der Dichter in einem fiktiven Dialog zwischen den zwei Müßiggängern Gilbert und Ernest, die sich in der Bibliothek eines Londoner Stadthauses in der Piccadilly

---

1 Goethe: Tagebucheintragung vom 29. Dezember 1786, in: Tagebuch der Italienischen Reise für Frau von Stein, zit.n. http://www.zeno.org/nid/20004861760
2 siehe hierzu Wilde, O.: Der Kritiker als Künstler (1891), in: Der Kritiker als Künstler und andere Essays, Zürich 1999

über Kunst, Leben und Muße austauschen. Die beiden Dandys plaudern witzig und mit Esprit über Balzac, Flaubert, Lord Byron und Madame de Sévigné, genießen den Blick auf den Green Park und bestätigen aufs Köstlichste ihre These vom geistreichen *dolce far niente* als einer intellektuellen wie auch emotionalen hohen Herausforderung, der oftmals nur wenige gerecht werden können.

Wie aber hat dieses Nichts-Tun auszusehen, damit es als süß und inspirierend und nicht als *boring* (englisch: langweilig) und ennuyierend (französisch: *ennui* = Langeweile) imponiert? Man muss dafür nicht gleich Seneca zustimmen, um die heiklen Probleme zu benennen, die oft mit dem Nichts-Tun verbunden sind. Der römische Denker im ersten Jahrhundert nach Christus war überzeugt, dass freie Zeit ohne geistige Tätigkeit dem Tod oder zumindest dem lebendigen Begraben-Sein ähnele. Als Stoiker war er es gewohnt, seine Lebensspanne für kontinuierliches Nachdenken und Schreiben zu nutzen, so dass er jene Stimmung kaum kannte, die viele überfällt, sobald sie keine strukturierenden Aufgaben zu erledigen, keine Arbeiten zu vollbringen oder keine ablenkenden Events auf ihrer Agenda zu verzeichnen haben – die Langeweile, zu der sich bereits Blaise Pascal äußerte:

> Nichts ist dem Menschen unerträglicher als völlige Untätigkeit, als ohne Leidenschaften, ohne Geschäfte, ohne Zerstreuungen, ohne Aufgabe zu sein. Dann spürt er seine Nichtigkeit, seine Verlassenheit, sein Ungenügen, seine Abhängigkeit, seine Ohnmacht, seine Leere. Allsogleich wird dem Grunde seiner Seele die Langeweile entsteigen …[3]

In ein ähnliches Horn stieß Immanuel Kant in seiner *Anthropologie in pragmatischer Hinsicht* (1798). Der Königsberger Denker war wie Pascal und vor ihm Seneca überzeugt, dass Menschen ohne Aufgaben, Struktur oder Zerstreuung unweigerlich der Langeweile und womöglich sogar der Verzweiflung anheimfallen – wobei Kant die Entstehung von Langeweile durchaus mit übermäßigen Bedürfnissen nach Gemächlichkeit (wir würden es Verwöhnung nennen) in Verbindung brachte:

> So ist die Anekelung seiner eigenen Existenz, aus der Leerheit des Gemüts an Empfindungen, zu denen es unaufhörlich strebt, der *langen* Weile, wobei man doch zugleich ein Gewicht der Trägheit fühlt, d.i. des Überdrusses an aller Beschäftigung, die Arbeit heißen und jenen Ekel vertreiben könnte, … dessen Ursache keine andere ist als die natürliche Neigung zur *Gemächlichkeit*.[4]

Kant empfahl, um der Langeweile vorzubeugen, Zerstreuungen wie Spiel, gesellige Unterhaltungen, schöne Künste und sonstigen Zeitvertreib. Auf derlei billige Kompensationsstrategien wollte sich Arthur Schopenhauer nicht einlassen – zumindest war ihm daran gelegen, diese als solche in drastischer Klarheit zu benennen:

> Was nun aber wirft die freie Muße der meisten Menschen ab? Langeweile und Dumpfheit, so oft nicht sinnliche Genüsse oder Albernheiten da sind, sie auszufüllen. Wie völlig wertlos sie ist, zeigt die Art, wie sie solche zubringen: Sie ist eben das *ozio lungo d'uomini ignoranti* (die Langeweile der Unwissenden) des Ariosto (*Orlando furioso*).

---

3 Pascal, B.: Pensées – Über die Religion und über einige andere Gegenstände (1670), Gerlingen 1994, S. 75
4 Kant, I.: Anthropologie in pragmatischer Hinsicht (1798), in: Schriften zur Anthropologie, Geschichtsphilosophie, Politik und Pädagogik 2, Werkausgabe Band XII, Frankfurt am Main 1977, S. 443

> Die gewöhnlichen Leute sind bloß darauf bedacht, die Zeit zuzubringen; wer irgendein Talent hat, – sie zu benutzen ... während den Allermeisten die freie Muße nichts abwirft als einen Kerl, ... der sich schrecklich langweilt.[5]

Schopenhauer charakterisierte die Langeweile also ähnlich wie Seneca, Pascal und Kant als ein Phänomen der Leere und nichtssagenden Freizeit – ein Phänomen, das nicht wenige Gelangweilte allein schon über ihre Gestik, Mimik und Körperhaltung zum Ausdruck bringen. Wir wären nicht überrascht, in diesem Zusammenhang müde abwinkende, gähnende Zeitgenossen vor uns zu sehen, die ihr ewig gefülltes Campari-Glas betrachten und ihre Augenlider nur diskret heben, um dem Kellner wortlos anzudeuten, dass frische Oliven und ein Zahnstocher gelegen kämen. Ihre ganze Erscheinung betont ihre Abstammung: Adel der blasierten Lässigkeit, nicht von dieser Welt.

Allein das Wort Langeweile lässt vermuten, dass diese Stimmung respektive Verstimmung eng mit dem Erleben und Gestalten der (Lebens)-Zeit verknüpft ist. Das Wort Weile bedeutet so viel wie Zeit oder Ruhe; die Langeweile kann daher als lange oder kaum dahinfließende Zeit übersetzt werden. Im Gegensatz zu den geschäftigen, nervösen, abgehetzten und umtriebigen Menschen scheinen die Gelangweilten ein Übermaß an Zeit zur Verfügung zu haben. Sie sitzen und warten, dösen und schauen oder verrichten allenfalls ennuyiert (gelangweilt) irgendeine Tätigkeit, die ihr inneres Wesen nicht weiter in Wallung zu versetzen vermag. Vielen dieser Zeitgenossen vergeht die Zeit schlecht oder gar nicht, und nicht selten sehnen sie Momente der Zerstreuung oder Abwechslung herbei.

In eine derartige Stimmung bzw. Verstimmung geraten Menschen, wenn ihnen der Aufgabencharakter der Welt verlustig geht. Derjenige, der nicht mehr weiß, was er tun soll, dem sein Alltag oder seine Mitmenschen oder die Verhältnisse auf dem Globus keine Aufforderungen mehr darstellen, verstehend oder stabilisierend oder helfend oder gestaltend einzugreifen, läuft Gefahr, Langeweile, Gleichgültigkeit oder Überdruss entwickeln.

Dabei darf man es sich als keine leichte Übung vorstellen, die Aufgaben der Umwelt und die Imperative, die von ihnen ausgehen, nicht mehr oder nur noch schemenhaft wahrzunehmen. Normalerweise befinden wir uns mitten in der Welt mit ihren Anforderungen, Themen und Problemen, die auf Lösungsversuche warten. Es bedarf oftmals eines kräftigen Distanz-Manövers und Nivellierungs-Aktes, um sich die Welt vom Halse zu halten.

Oder aber – dies ist bei kleinen Kindern zu beobachten – die Betreffenden sind zu wenig geübt, um die jeweiligen Möglichkeiten und Notwendigkeiten von Aktivität, Gestaltung und Verantwortungsübernahme zu erkennen. So hat es jedenfalls Ernst Bloch bei seinem Sohn Jan erlebt. Dieser hatte sich eines Tages gelangweilt, woraufhin er ins Arbeitszimmer seines Vaters ging und mit klagend-fragendem Ton feststellte: „Daddy, I don't know what to do!" Bloch soll darauf lediglich geantwortet haben: „But I know!" – und sich dann weiter seinem Manuskript zugewandt haben.

Bei Erwachsenen mit differenzierten Sozialisations- und Bildungs-Prozessen erfolgt die Nicht-Wahrnehmung potentieller Aufgaben meist, wenn sie Wertvolles ihrer Welt entwerten. Solange sie Werte wahrnehmen und erkennen, affizieren diese sie und ziehen sie ins Zentrum von Leben und Welt. Von jedem Wert gehen ein Imperativ und ein Sollen aus, deren Dringlichkeiten nur schwer hintangestellt werden können. Wer Sensorien für diese Werte entwickelt hat, muss sich regelrecht anstrengen, wenn er die Wertewelt ausblenden

---

5 Schopenhauer, A.: Aphorismen zur Lebensweisheit, in: Parerga und Paralipomena (1851), Zürcher Ausgabe Band 8, Zürich 1977, S. 26 f.

Kapitel 14 · Langeweile, Muße, *dolce far niente*

will; oder aber Erkrankungen (Depressionen) bringen ihn dazu, das ihn umgebende Wertvolle und Hochstehende einzuebnen und aus dem Gesichtsfeld zu verlieren – womit er gleichgültig und bei ihm eine Distanzbewegung induziert wird.

Wenn sich Menschen dauerhaft von ihrer Mitwelt entfernen, haben sie meist einen Preis dafür zu entrichten: Dieser kann in Einsamkeit, Angst, Depression oder Langeweile bestehen. Letztere darf man daher als eine Folge des Wegrückens der Welt verstehen – eine Überlegung, die Martin Heidegger in *Die Grundbegriffe der Metaphysik* (1929/30) angestellt hat. Langeweile (wie auch Angst) sei ein Zeichen dafür, so der Philosoph, dass sich zwischen dem Individuum und seiner Welt ein Hiatus aufgetan hat, so dass der Einzelne das Nichts spürt und erahnt.[6]

Wer aufgrund seiner Distanz zur Welt nicht mehr weiß, was er tun und wer er werden soll, fällt nicht nur aus dem Rahmen von Aufgaben, Anforderungen und Entwicklungschancen. Darüber hinaus steigt er auch gleichsam aus dem Strom der Zeit aus, in dem jeder mitschwimmen muss, wenn er nicht an den Ufern der Werdens-Hemmung stranden will. Die Zeit stellt so etwas wie das innerste Substrat unserer werdenden Person dar; nur wenn es gelingt, unsere Vergangenheit, die Gegenwart und unsere Zukunft zu synthetisieren und auf eine verbindende Schnur zu ziehen, entsteht in uns das befriedigende Empfinden von Identität, Personalität, Werden und Entwicklung.

Viktor Emil von Gebsattel hat in *Prolegomena einer medizinischen Anthropologie* (1954) dargelegt, inwiefern Neurosen als Formen einer Werdens-Hemmung imponieren und bei ihnen das subjektive Erleben der Zeit verändert oder gestört ist. Vor allem bei der Melancholie und bei den Zwangsneurosen könne man einen fast völligen Stillstand der Zeit konstatieren. Solchen Menschen wird ihre Weile lang; parallel dazu starren sie hilflos auf die verrinnende Zeit, die ihnen Stunde für Stunde vorrechnet, wie sehr sie ihr Leben verpassen und die Möglichkeiten der Zeitigung nicht beim Schopfe packen. Das nicht gelebte, also langweilige Leben und die vertanen Chancen der Zeitigung können bei manchen erschütternde Ausmaße annehmen; in diesem Zusammenhang darf man auf einen Aphorismus Marie von Ebner-Eschenbachs verweisen, in dem sie die Langeweile als Halbschwester der Verzweiflung bezeichnete.

Gehen wir von den Beschreibungen Gebsattels aus, können wir formulieren, dass im Zentrum vieler seelischer Störungen nicht nur – wie Freud es beschrieben hat – die Angst zu finden ist; mindestens ebenso oft stoßen wir auf die Langeweile, die durch Symptome, Zerstreuung und Events (Sucht, Essstörungen, histrionische Abwechslungen, Perversionen aller Art) klein gehalten oder überspielt wird. Die Stimmung der Langeweile darf dabei sowohl als Basis dieser Störungen wie auch als Resultat und Konsequenz diverser neurotischer Arrangements verstanden werden. Und ähnlich wie Neurosen als spezifisch menschliche Phänomene gelten, kann man auch die Langeweile als ein Anthropinon auffassen: „Wenn die Affen es dahin bringen könnten, Langeweile zu haben, so könnten sie Menschen werden" – meinte Goethe in seinen *Undatierbaren Aphorismen*.[7]

Als Beispiel für den Zusammenhang von Langeweile, Distanz zum Leben und Werdens-Hemmung kann das Stück *Warten auf Godot* (1952) von Samuel Beckett gelten. In dem Stück warten zwei Männer (Estragon und Wladimir) auf Godot. Weil Godot nicht kommt, sein Kommen aber fest zugesagt hat und es sich demnach nur noch um wenige Minuten handeln

---

6   Heidegger, M.: Die Grundbegriffe der Metaphysik (1929/30), Tübingen 2004, S. 117 ff.
7   Goethe: Undatierbare Aphorismen aus seinem Nachlass, in: Sprüche in Prosa, Frankfurt am Main 2005, S. 121

kann, bis er denn endlich da ist, vertreiben sich die beiden ihre Zeit mit allerlei Plauderei und Schabernack. Was für den Zuschauer immer deutlicher wird, je länger das Stück währt, das ist die unendliche Leere und Langeweile, mit der Estragon und Wladimir zu kämpfen haben, und die sie anscheinend schon ihr ganzes Leben über quält. Wenn sie nicht auf Godot warten müssten, hätten sie auf der Welt nichts mehr zu schaffen. Dementsprechend fragil und fragwürdig erleben die beiden das Fundament ihres Daseins:

> ESTRAGON: Wir finden doch immer was, um uns einzureden, dass wir existieren, nicht wahr, Didi?
> WLADIMIR: Ja, ja, wir sind Zauberer.[8]

Das Leben als bloßer Zaubertrick und Mogelpackung, als ganz ordentlich gespielte und doch niemals ernst gemeinte existentielle Veranstaltung, als frustranes Warten auf … – ja, auf wen oder was eigentlich?, als hohle und sinnentleerte Zeit-Totschlägerei ohne tragende Geschichte und lohnendes Ziel – so lässt Beckett seine Bühnenfiguren auf einem gottverlassenen Globus von Situation zu Situation stolpern, ohne dass es genügend Trost zwischenmenschlicher Nähe oder sinn- und wertvolle Aufgabenstellungen gäbe. Als Abwechslung des tristen, eintönigen Wartens erhalten Estragon und Wladimir Besuch von zwei ebenfalls reichlich gelangweilt wirkenden Herrschaften, denen es zwar zu verdanken ist, dass einige Sätze hin und her gewechselt werden, die aber der allgemeinen Inhaltslosigkeit kein effektives Paroli bieten können:

> POZZO (untröstlich): Langweilen Sie sich?
> ESTRAGON: Kann man wohl sagen.
> POZZO zu Wladimir: Und Sie, mein Herr?
> WLADIMIR: Es ist kein reines Vergnügen.[9]

Alle möglichen und unmöglichen Ereignisse ergreifen die Protagonisten dankbar beim Schopfe, um ihre Langeweile zumindest für kurze Zeit mit Aktivitäten zu füllen: kleinste Missverständnisse, Unachtsamkeiten, Fehlleistungen (so etwa vertauschte Schuhe) werden zu Staatsaffären hochgespielt, nur um für einige Minuten miteinander hadern, streiten oder sich versöhnen zu können. Wie dünn der Firnis ist, mit dem die Leere und Langeweile überpinselt werden, spürt man allerorten, z. B., wenn Estragon und Wladimir sich wieder einmal wegen irgendeiner Nichtigkeit beschimpfen wollen und ihnen bald schon die Schimpfworte auszugehen drohen:

> ESTRAGON: Giftzwerg!
> WLADIMIR: Rotzlöffel!
> ESTRAGON: Rindsknochen!
> WLADIMIR: Scheißkerl!
> ESTRAGON: Ober … forstinspektor![10]

Doch auch existentiell relevante Themen wie Angstanfälle, Panikattacken, Trennungen, Versöhnungen, Depressionen oder Suizidversuche wirken bei den beiden immer nur als hilflose Gesten, um ihre Langeweile nicht spüren zu müssen. Damit erinnern sie tatsächlich an Menschen mit neurotischen Symptomen, die ihr Leben mit viel Lärm um nichts zubringen

---

8   Beckett, S.: Warten auf Godot (1952); Frankfurt am Main 1971, S. 171
9   Beckett, S.: Warten auf Godot (1952); Frankfurt am Main 1971, S. 101
10 Beckett, S.: Warten auf Godot (1952); Frankfurt am Main 1971, S. 187

und irgendwann feststellen, dass es über Lachen und Weinen Abend geworden ist, ohne dass etwas Entscheidendes passiert oder Godot oder eine andere, sie aus ihrer Misslichkeit erlösende Person gekommen wäre.

Die neurotisch-putzigen Arrangements von Estragon und Wladimir erwachsen auf dem Boden der Langeweile und tragen ihrerseits wieder zur Perpetuierung von Langeweile bei. Ein Verlassen dieses Zirkels wäre den Beckett'schen Figuren nur möglich, wenn sie sich vom Warten auf Godot frei machen und sich stattdessen der Welt mit ihren Aufgaben und damit einer verändernden Tat zuwenden könnten. Estragon und Wladimir haben jedoch nicht nur mit Langeweile zu kämpfen, weil sie vergeblich warten – sie warten auch vergeblich, weil sie Langeweile haben; und in gewisser Weise könnte man sagen, dass sie ihre Langeweile hegen und pflegen, um weiter warten zu können und zu müssen.

Bevor wir aber die Langeweile in Acht und Bann tun, soll doch auch noch eine Lanze für sie gebrochen werden. Kein Geringerer als Friedrich Nietzsche hat sich unmissverständlich dafür ausgesprochen, die Langeweile als Tugend zu betrachten, der etliche Qualitäten eigen sind. In *Menschliches, Allzumenschliches* (1878/80) hat der Philosoph mehrfach betont, dass der „Mut zur Langeweile" nur bei den Geistern ersten Ranges zu finden sei, und dass es lediglich die „feinsten Tiere" seien, die für sie zugänglich sind. Die Verstimmung der Langeweile wurde von Nietzsche also überraschenderweise als exquisite Stimmung geadelt, die für die kräftigen Naturen unter uns Entwicklungschancen bietet.

Nietzsche fasste die Langeweile als Voraussetzung auf, produktiv und originell denken und handeln zu können. Wer die Lebenszeit dauernd mit Aktivitäten und Aufgaben verbringt oder vollständig in die öffentliche Meinung eingespannt ist, hat viel zu wenige Freiräume für sich und seine ureigensten Gedanken. Nur wer die Langeweile (als unstrukturierte, von Aufgaben und äußerlichen Imperativen primär freie Zeit) nicht fürchtet und vor ihr nicht flieht, kommt eventuell in den Genuss von Rahmenbedingungen, die ein individuelles Denken, Urteilen und Empfinden entstehen lassen:

> Um der Langeweile zu entgehen, arbeitet der Mensch entweder über das Maß seiner sonstigen Bedürfnisse hinaus oder er erfindet das Spiel, das heißt die Arbeit, welche kein anderes Bedürfnis stillen soll, als das nach Arbeit überhaupt. Wer des Spieles überdrüssig geworden ist und durch neue Bedürfnisse keinen Grund zur Arbeit hat, den überfällt mitunter das Verlangen nach einem dritten Zustand, welcher sich zum Spiel verhält, wie Schweben zum Tanzen, wie Tanzen zum Gehen, nach einer seligen, ruhigen Bewegtheit: es ist die Vision der Künstler und Philosophen vom Glück.[11]

Im Alltag freilich begegnen uns statt Künstlern und Philosophen oft genug Estragons und Wladimirs, die vom Schweben und Tanzen träumen, denen es aber an Mut und Wissen, Verbundenheitsempfinden, Tüchtigkeit und Selbstwertgefühl mangelt, um der Langeweile auf produktive Art ins Auge zu schauen. Die meisten, die bei sich auf innere Impulse und Imperative zur Selbstwerdung warten, warten im Grunde genommen doch nur auf Godot und damit letztlich wieder auf Hilfe oder Erlösung von außen. Für diese Menschen wird die Langeweile nicht zur vorbereitenden Stimmung für den künstlerisch-philosophischen Aufbruch zum eigenen Selbst; sie bleibt vielmehr eine Verstimmung, welche die geschäftige Passivität des Wartens weiter ermöglicht, legitimiert und perpetuiert.

Im Alltag werden jedoch auch Künstler und Philosophen bisweilen von den Empfindungen der Langeweile heimgesucht und geplagt. So lesen wir in Briefen und Aufzeichnungen

---

11 Nietzsche, F.: Menschliches, Allzumenschliches (1878/80), in: KSA 2, München 1988, S. 346

Goethes von der „unendlichen Langeweile des täglichen Lebens", von 16 Stunden des Tages, die eine „furchtbare Länge" mit sich brächten, sowie von langen Tagen und Nächten, in denen man „nicht immer dichten, tun oder geben" kann.[12] Zu Eckermann meinte er, derartige Phasen des Lebens ertragen und über sich ergehen lassen zu müssen – merkliche Produktivität stehe dabei jedenfalls nicht zu erwarten:

> Mein Rat ist daher, nichts zu forcieren und alle unproduktiven Tage und Stunden lieber zu vertändeln und zu verschlafen, als in solchen Tagen etwas machen zu wollen, woran man später keine Freude hat.[13]

Muße und dolce far niente. Wie aber mit freier Zeit (die in keiner Weise gleichbedeutend mit Muße sein muss) umgehen, ohne in Langeweile zu verfallen? Welche Qualitäten und Merkmale dürfen gegeben sein, damit Freizeit zur Muße wird? Was zeichnet die Freizeit oder die Muße aus, und wie wird aus Nichts-Tun *dolce far niente*, also etwas Süßes, Angenehmes und Erstrebenswertes? Was schließlich hat Muße mit Müßiggang zu schaffen, und ist Letzterer immer schon ein Laster?

Der Begriff Muße leitet sich vom mittelhochdeutschen Wort *muoze* ab und bedeutete ursprünglich so viel wie Möglichkeit und Gelegenheit. Diese bezogen sich auf den Raum (im Begriff des Spielraums angedeutet) ebenso wie auf die Zeit (Freizeit), wobei Muße und Weile oft miteinander oder synonym verwendet wurden. Neben diesen positiven Konnotationen kannte das Mittelalter die Bedeutungsnähe von Muße zur Trägheit bis hin zur Wollust, woraus die damalige Verknüpfung von Müßiggang und Laster nachvollziehbar wird. Nebenbei sei bemerkt, dass der Wortstamm für Muße und für Müssen identisch war, und dass sich aber die Bedeutungen der beiden Begriffe im Laufe der Jahrhunderte diametral auseinander entwickelt haben.

Zwar kommt die Muße (*mouze*) als Terminus aus dem Alt- und vor allem Mittelhochdeutschen her – als Phänomen jedoch ist sie schon viel länger bekannt und beschrieben. In der römischen Antike verwendete man das Wort *otium*, um auf Ähnliches abzuzielen, wie es im Begriff der Muße zum Ausdruck kommt. Interessant ist die enorme Bedeutungsvielfalt von *otium*, die uns hinsichtlich einer Definition von Muße wichtige Hinweise liefert – wenngleich man bedenken darf, dass sich ein Leben mit bevorzugt *otium* in Rom nur Privilegierte (die Freien) leisten konnten, deren Sklaven ihre Tage mit *negotium* (Arbeit) zuzubringen hatten. *Otium* hingegen bedeutete so viel wie Muße, Ruhe von Berufstätigkeit, Freizeit, Müßiggang, müßiges Leben, literarische Beschäftigung, wissenschaftliche Betätigung, Studium, politische Ruhe, Friede oder Windstille. Man sieht: eine Aufzählung der inhaltlichen Aspekte von Muße (*otium*) kann herausfordernd wirken.

Von Cicero stammt die Formel *otium cum dignitate*, also würdevolle Muße, die auf eine philosophische, die eigene Person wie auch die Welt bedenkende Schau hin angelegt war. Ebenso war die schöpferische Muße gemeint, wenn in der Antike von *otium* die Rede war – eine entspannte und spielerische Art der Nachdenklichkeit und des Lauschens auf Einfälle, Fantasien und Bilder, die sich in gewisser Weise als Kommentar zum Leben und zu dessen Phänomenen einstellte, ohne dass der Betreffende damit bestimmte Ziele und Zwecke verfolgte.

---

12 sämtliche Aussagen Goethes zitiert nach Schulz, K.: Goethe – Eine Biographie in 16 Kapiteln, Stuttgart 1999, S. 349

13 Eckermann, J.P.: Gespräch mit Goethe (11. März 1828), in: Gespräche mit Goethe, Berlin 1956, S. 391 f.

Das intentionslose Schauen, Hören und Sinnieren zeichnet auch heute noch die Muße aus. Normalerweise ist unser Alltag gekennzeichnet durch Tausende von Reizen, Aufgaben, Erledigungen, Problemstellungen, Kontakten, Konsum-Angeboten und Terminen, die unsere Tage und Wochen in der Regel komplett ausfüllen. Selbst jene Zeiträume, die wir als Freiräume definieren, erhalten rasch Programmpunkte zugeordnet: vom Kino-Besuch bis zum Shopping-Ausflug, vom Fitness-Training bis zur Studiosus-Städtetour sind unsere Freizeiten häufig minutenexakt getaktet, ohne dass dies Muße bedeutet. Im Gegenteil: Meist wissen wir bereits im Voraus, was wir mit unserer freien Zeit anzustellen haben, um uns nicht zu – langweilen. Den Mut zum stunden- oder tageweisen Programm- und Intentionslosen Dasein, von dem wir sagen können, es sei ereignisarm, dafür aber gedankenreich, bringen wir nur selten auf – eine Daseinsform, die Goethe im Gedicht *Gefunden* prägnant skizziert hat:

》 Ich ging im Walde / So für mich hin, / Und nichts zu suchen, / Das war mein Sinn.[14]

Dass derartige interesselose Momente des Existierens nicht häufiger zu beobachten sind, verdanken wir unter anderem den Einflüssen einer christlich geprägten Kultur, die den Müßiggang und die Trägheit als Laster disqualifizierte, ebenso wie dem Geist des Wirtschafts- und Gesellschaftssystems. Max Weber hat in *Die protestantische Ethik und der Geist des Kapitalismus* (1920) ausführlich beschrieben, inwiefern sich die in der westlichen Kultur seit über zwei Jahrhunderten entwickelte und derzeit dominierende Wirtschafts- und Gesellschaftsform des Kapitalismus als überwiegend Muße-feindlich (dafür als überaus Konsum-freundlich) erwiesen hat. Zumindest käme es protestantisch-kapitalistisch gesinnten Arbeitgebern kaum in den Sinn, ähnlich wie in der Antike die Muße (*otium*) als das begriffliche Positivum und die Arbeit (*negotium*) als das Negativum (*neg* bedeutet im Lateinischen eine Verneinung) zu begreifen.

Muße heißt freies Verweilen in der Zeit sowie Betrachten des Daseins ohne Angst, Begierden und Affekt. Sie ereignet sich jenseits von Notdurft und Zweckrationalismus, wobei sie in kulturelle Kontexte eingebettet ist und mit diversen Begriffen und Inhalten assoziiert wird. Sprachen die Alten von *otium* und kontrastierten diese mit *negotium*, benutzen heute viele Termini wie *chillen*, relaxen und meditieren sowie Wellness und *Quality time*, um auf Ähnliches wie in der römischen Antike abzuheben. Ob allerdings mit Relaxen analoge Ergebnisse erzielt werden, wie es der tradierte Muße-Begriff zumindest idealerweise glauben macht, darf füglich bezweifelt werden.

Friedrich Nietzsche, ein entschiedener Verfechter eines mußevollen Daseins, machte vor allem die Arbeit (im Sinne von selbstentfremdeter, körperlich und geistig erdrückender Tätigkeit) dafür verantwortlich, dass Menschen kaum Gelegenheiten finden, *otium cum* oder auch *sine dignitate* zu realisieren. Wenn ihnen die Arbeitsorganisation freie Zeiten ermöglicht, sind sie in der Regel derart erschöpft und zugleich ungeübt, dass ihnen jegliches Interesse und jede Lust an Muße verleidet ist; stattdessen sind sie froh, sich zu erholen, um anderntags wieder ihre Arbeit aufzunehmen:

》 *Muße und Müßiggang.* – Es ist eine ... eigentümliche Wildheit in der Art, wie die Amerikaner nach Gold trachten: und ihre atemlose Hast der Arbeit – das eigentliche Laster der neuen Welt – beginnt bereits durch Ansteckung das alte Europa wild zu machen und eine ganz wunderliche Geistlosigkeit darüber zu breiten. Man schämt sich jetzt schon der Ruhe; das lange Nachsinnen macht beinahe Gewissensbisse. Man denkt mit der Uhr in der

---

14 Goethe: Gefunden (1813), in: Gedichte und Epen I, HA Band 1, München 1981, S. 254

Hand, wie man zu Mittag isst, das Auge auf das Börsenblatt gerichtet, … man hat keine Zeit und keine Kraft mehr für die Zeremonien, für die Verbindlichkeit mit Umwegen, für allen Esprit der Unterhaltung und überhaupt für alles Otium.[15]

Ersetzen wir den Begriff der Uhr durch den Terminus Smartphone, haben wir nicht den Eindruck, als ob hier ein Philosoph aus dem 19. Jahrhundert geschrieben hat. Wir sind zwar technisch in einem neuen, nämlich dem digitalen Zeitalter angelangt, wobei man uns bei jedem Update unserer Software verspricht, uns damit ein nochmaliges Plus an Zeitersparnis und einfacherer Bedienung unseres Daseins zu sichern. Die meisten von uns empfinden sich dadurch aber letztlich doch in einer Lebenssituation, die entfernt an jene unseligen Sklavenverhältnisse erinnert, die keine Muße kannten, und denen wir doch schon längst, unter anderem mittels unserer Technik, entkommen sein wollten:

> So gibt es nur selten Stunden der erlaubten Redlichkeit: in diesen aber ist man müde und möchte sich nicht nur „gehen lassen", sondern lang und breit und plump sich hinstrecken … Gibt es noch ein Vergnügen an Gesellschaft und an Künsten, so ist es ein Vergnügen, wie es müde-gearbeitete Sklaven sich zurecht machen. … Die Arbeit bekommt immer mehr alles gute Gewissen auf ihre Seite: der Hang zur Freude nennt sich … „Bedürfnis der Erholung" und fängt an, sich vor sich selber zu schämen. „Man ist es seiner Gesundheit schuldig" – so redet man … Ja, es könnte bald so weit kommen, dass man einem Hang zur *vita contemplativa* (das heißt zum Spazierengehen mit Gedanken und Freunden) nicht ohne Selbstverachtung und schlechtes Gewissen nachgäbe.[16]

Das Konzept von *vita contemplativa* (kontemplatives, nachdenkliches, beschauliches Leben), das einige Parallelen mit der Muße aufweist, geht unter anderem auf Aristoteles zurück, der damit ein fast ausschließlich dem Erkenntnisgewinn gewidmetes Leben (*bios theoretikos*) beschrieben hat. Der Erkenntnisgewinn war für ihn wertvoller als politische oder soziale Aktivitäten (*bios praktikos*). Um den Erkenntnisgewinn zu ermöglichen, sei Konzentration nötig, die zum Beispiel im Peripatos (Schuleinrichtung des Aristoteles) gewährleistet wurde. Ähnliches hatte Platon im Sinn, als er seine Akademie gründete, zu der lediglich handverlesene Schüler Zutritt hatten, und die vom lärmigen Alltag räumlich abgegrenzt war.

Im Mittelalter bezog man den Begriff der *vita contemplativa* auf das mönchische Leben, das sich ähnlich wie das antike philosophische Leben zumindest bei Platon und Aristoteles in separaten Räumen und Orten ereignen sollte. Hierzu erbaute man Kloster-Anlagen, die in sich wiederum mit speziellen Räumlichkeiten für Konzentration, Kommunikation, Alltags-Verrichtungen und Gottesdienst ausgestattet waren. Die Kontemplation, in der Regel verstanden als schauend-betend-meditierende Kontaktnahme mit der Gottheit, fand alleine oder unter den Mitmönchen statt. Hierfür wurde ein strenges Regelwerk erdacht, das den Lebensrhythmus der Kloster-Insassen oftmals bis in kleinste Details festlegte.

Eine nochmals andere Ausgestaltung erlebte die *vita contemplativa* in Form von Universitäten, die – etwa in England – als Campus entworfen wurden, der ebenfalls eine in sich abgeschlossene Einheit innerhalb von Städten bildete, und dessen Räumlichkeiten in mancherlei Hinsicht an die Klöster des Mittelalters erinnern. Auch hier sollte – so die konzeptionelle Überlegung – durch Konzentration, Abgrenzung, eigenen Rhythmus des Daseinsvollzugs, Abwechslung von Studienzeiten (der Adept war mit sich und dem Lernstoff alleine) und

---

15 Nietzsche, F.: Die fröhliche Wissenschaft (1882), in: KSA 3, München 1988, S. 556 f.
16 Nietzsche, F.: Die fröhliche Wissenschaft (1882), in: KSA 3, München 1988, S. 556 f.

Kapitel 14 · Langeweile, Muße, *dolce far niente*

Kolloquien (Lehrende und Lernende trafen sich zu Vortrag und Disputation) eine Atmosphäre des Lehrens, Lernens und Forschens erzeugt werden, welche bei den Beteiligten persönliche Reifung wie auch wissenschaftlichen Erkenntnisgewinn induzierte. In den *Institutes for Advanced Studies* (so in Princeton, USA) oder in diversen Begegnungsstätten für Fellows und Stipendiaten (etwa die Villa Massimo in Rom) versucht man auch noch im 21. Jahrhundert, zumindest einen Teil der Tradition von *vita contemplativa* inklusive der dafür nötigen räumlichen und zeitlichen Voraussetzungen fortzuführen.

Eine andere moderne Lesart des Konzepts von *vita contemplativa* hat Hannah Arendt vorgeschlagen. In ihren Büchern *Vita activa oder Vom tätigen Leben* (1958) sowie *Vita contemplativa – Vom Leben des Geistes* (postum 1989) untersuchte sie einerseits die Begriffe Arbeiten, Herstellen und Handeln (wesentliche Phänomene von *Vita activa*) sowie die Begriffe Denken, Wollen und Urteilen (als *Vita contemplativa*). Diese letztere Form des Lebens bedeutete für sie eine sehr besondere und durchaus seltene Art der Existenz.

Im Alltag sind wir Arendt zufolge in der Regel oft mit Arbeiten und Herstellen und manchmal auch mit Handeln (im Sinne von tatsächlichem Neubeginn) beschäftigt. Zu derlei Tätigkeiten bilden uns Gesellschaft und Kultur umfassend aus, so dass deren Bestand gesichert ist. Das Geschäft von Denken, Wollen und Urteilen, die *Vita contemplativa*, ist verglichen damit merklich schwieriger zu erlernen; diesbezüglich müsste man lange Zeit wirklichen Denkern (beispielsweise im Dialog) bei deren Denk-Akten beiwohnen. Doch ist nur ein Teil der Denk-Akte für Studierende auf diese Weise erlebbar; der meist größere Part findet in der stillen Einsamkeit des Denkers (z. B. eines Philosophen) statt, der allenfalls im Nachhinein davon berichten kann.

Wer sich bevorzugt auf der Ebene von *Vita contemplativa* aufhält und die Ebene von *Vita activa* außer Acht lässt, läuft nach Arendt Gefahr, in der *Weltentfremdung* zu landen. Wer sich hingegen fast ausschließlich im Bereich von *Vita activa* bewegt und *Vita contemplativa* vernachlässigt, wird bei sich womöglich mit *Selbstentfremdung* rechnen müssen. Was Arendt zufolge bitter nottut, ist ein permanenter und situationsadäquater Wechsel von *Vita activa* und *Vita contemplativa*. Für beide Ebenen sind, so die Philosophin, gesonderte Räume und Zeiten der Daseinsgestaltung notwendig – und sei es nur, dass wir vom Schreibtisch (als eventueller Ort des Herstellens oder Handelns und damit der *Vita activa*) aufstehen und uns zum Nachdenken und schauenden Sinnieren (*Vita contemplativa*) in unseren Fauteuil setzen.

Womit wir wieder zurück zu unserem Ausgangsthema, der Muße, kommen. *Vita contemplativa* wie auch Muße, so dürfen wir die bisherigen Ausführungen zusammenfassen, können sich ereignen, wenn es dafür die nötigen räumlichen wie auch zeitlichen Voraussetzungen gibt. Es müssen keine Klöster, Akademien, Hörsäle, Universitäts-Gelände oder *Institutes for Advanced Studies* sein, um Muße zu ermöglichen; aber ein Minimum an Freizeit und Freiraum sind allem Anschein nach unabdingbar, damit wir Mußefähigkeit (in Form von gelöstem Denken, Schauen, Spazierengehen mit Gedanken – so Nietzsche) entwickeln. Dazu eignen sich auch Gärten und Parks, Eremitagen, Bibliotheken, Museen, manche Bäderanlagen und Hotels oder schlicht eine besondere Stelle der eigenen Wohnung.

Doch was sind die Charakteristika von Raum- und Zeit-Erleben bei *otium*, Muße und *Vita contemplativa*? Greifen wir zur Beantwortung dieser Frage auf ein jahrhundertealtes Beispiel für Muße zurück, auf Giovanni Boccaccios *Dekameron*, das Mitte des 14. Jahrhunderts entstanden ist. Die Rahmenhandlung dieser Novellensammlung ist denkbar einfach und beklemmend zugleich: Sieben Frauen und drei junge Männer ziehen sich vor der Pest, die damals in Florenz wütete, auf ein Landhaus in der Nähe der Stadt zurück, wo sie sich zehn Tage lang jeweils zehn Geschichten erzählen, die sie sich auf Geheiß eines ihrer Auserwählten ausmalen und gegenseitig berichten. Nach zehn Tagen mit je zehn Geschichten sind hundert Novellen entstanden; die jungen Leute kehren in die Stadt zurück.

Das Dekameron wurde schon häufiger als Paradebeispiel für Muße angeführt, da es einige jener Qualitäten aufweist, die wir partiell bereits als für die *Vita contemplativa* typisch beschrieben haben: Boccaccio versetzt den Schauplatz der Handlung in einen eigenen, abgeschlossenen Raum (Abgrenzung zum Alltag, Intimität, Konzentration), und die Protagonisten ebenso wie die Leser erfahren ein sehr eigenes Zeiterleben. Fast scheint es, als ob die Betreffenden aus der historisch ablaufenden Zeit (in Florenz) herausgefallen sind und sich den Luxus gönnen und die Freiheit nehmen, sich mit ihren Geschichten in andere Zeitabläufe zu imaginieren.

Der eigen strukturierte Raum und die eigen konzipierte Zeit – diese beiden Aspekte haben wir nun schon mehrfach als grundwesentlich für die Muße benannt. Hinzu kommt im *Dekameron* ein weiterer wesentlicher Gesichtspunkt: Die Zeit imponiert manchmal, als ob sie stehengeblieben ist, oder als ob sie sich im Kreise immer weiter dreht, ohne dass das Geschehen an ein zeitliches Ende kommt. So kann man sich das Spiel des zehn Geschichten-Erfindens von zehn Personen an zehn Tagen ohne weiteres beliebig multipliziert vorstellen, wobei sich die ganze Fülle und Weite des Lebens in dieser sehr eigenen, stehenden respektive sich im Kreise drehenden Zeit abbilden ließe.

Das Zeiterleben der handelnden Figuren wie auch des Lesers von *Dekameron* verändert sich dergestalt, dass man von einem Stillstand oder einem kleinen Ewigkeits-Empfinden der Zeit sprechen kann. Wenn jedes Zurückschauen und Nach-vorne-Blicken auf ein und denselben Zeitpunkt zusteuert und einschwenkt, befinden wir uns wie in einem zirkulären Zustand, der kein Vorher und kein Nachher akzeptiert; wir tauchen in ein langes Jetzt ein, das ein artifizielles, aber kein natürliches Ende kennt.

Das Erleben dieser Ewigkeitsinseln im Strom der Zeit, der sonst stetig dahinfließt, bedeutet ein weiteres Charakteristikum der Muße. Im Zustand von *otium* haben wir die Zeit nicht nur vergessen – sie hat für uns den Aggregatzustand von liquide hin zu arretiert gewechselt, und deshalb können wir müßig schauen und hören und denken, ohne dass uns dabei irgendetwas ablenkt – schon gar kein Chronometer, das uns zurückholt in die Welt- und Raum-Zeit der Physik. Rainer Maria Rilke hat derlei in seinen *Sonetten an Orpheus* lyrisch zum Ausdruck gebracht, wobei er eindeutig für ein mußevolles Verweilen bei Dingen und Situationen wirbt:

> » Wir sind die Treibenden. / Aber den Schritt der Zeit, / nehmt ihn als Kleinigkeit / im immer Bleibenden. / Alles das Eilende / wird schon vorüber sein; / denn das Verweilende / erst weiht uns ein. / Knaben, o werft den Mut / nicht in die Schnelligkeit, / nicht in den Flugversuch. / Alles ist ausgeruht: / Dunkel und Helligkeit, / Blume und Buch.[17]

Mit Verweilen ist nun gerade jenes Zeiterleben gemeint, das eben als eine Miniatur-Ewigkeit bezeichnet wurde. Goethe lässt in *Faust I* die Hauptfigur Mephisto gegenüber ausrufen: „Werd' ich zum Augenblicke sagen: / Verweile doch! du bist so schön! / Dann magst du mich in Fesseln schlagen, / Dann will ich gern zugrunde gehn!"[18] Damit spielte der Dichter auf einen zeitlichen Zustand an, der Ähnlichkeiten mit dem Zeiterleben der Muße aufweist – ein Zeiterleben, bei dem nicht das Sequentielle und die Chronologie der Abläufe, sondern die Parallelität und die Gleichzeitigkeit von Eindrücken und Erlebnissen (verschiedene Gegenstände, Ereignisse, Sinnesqualitäten) im Vordergrund steht. Der Philosoph Günter Figal (geb. 1949) beschrieb dies treffend in einer Abhandlung über Muße:

---

17 Rilke, R.M.: Sonette an Orpheus, das XXII. Sonett (1922), in: Die Gedichte, Frankfurt am Main 2006, S. 731
18 Goethe: Faust I (1808), in: HA Band 3, München 1981, Vers 1699–1702

> Wer Muße hat, lebt nicht nach der Uhr ... Dass in der Muße die Zeit ihre Dominanz verliert, also ... das Nacheinander nicht mehr von Bedeutung ist, lässt sich auch so ausdrücken, dass an die Stelle des Nacheinanders das Nebeneinander tritt. Im Museumsraum ist das, im Wortsinne, offensichtlich. Bild hängt neben Bild, und das eigentümliche Vergnügen, das man empfinden mag, kommt aus dieser Fülle von Möglichkeiten der Betrachtung und der Betrachtbarkeit. Ein Nebeneinander in diesem Sinne ist nicht zeitlich, sondern räumlich. Raum lässt nebeneinander sein, und entsprechend ist die Muße nicht wesentlich zeitlich, sondern, wie schon aus ihrer Affinität zu besonderen Räumen geschlossen, räumlich.[19]

Muße kann aufgrund dieses Herausfallens aus chronologischen Abläufen und wegen des eigentümlich statisch und parallel (und nicht sukzessive) anmutenden Zeit-Empfindens als eine Art des Existierens charakterisiert werden, bei dem es um nichts Geringeres als um ein Gegenmodell zu den Ewigkeits-Zuständen geht, die von Priestern und Transzendenz-Vertretern jeglicher Couleur seit Jahrhunderten verheißen werden: die Ewigkeiten vor und besonders nach unserem Leben. Wenn man diesen Verheißungen Glauben schenken dürfte, könnten wir uns ein Dasein nach unserem Tode ausmalen, das ähnlich statisch-zirkulär verläuft (oder eben nicht verläuft, sondern sich permanent ereignet), wie wir es in den Minuten oder Stunden der Muße hier auf Erden manchmal schon genießen.

Womöglich liegt es an diesen Qualitäten der Muße, dass dieselbe in manchen Religionen (wie dem kurz erwähnten Protestantismus, insbesondere der Calvinistischen Provenienz) oder auch Philosophien als expliziter und anzustrebender Wert nicht auftaucht. Hans-Georg Soeffner in der lesenswerten Abhandlung *Muße – Absichtsvolle Absichtslosigkeit*[20] erwähnt in diesem Zusammenhang auch die zwei Existenz-Denker Sören Kierkegaard und Martin Heidegger, die in ihren Schriften (und teilweise in ihrem gelebten Leben ebenso) ganz offensichtlich bemerkenswert wenige Muße-Aspekte berücksichtigt haben. Verfolgt man den Gedanken weiter, kann man die Muße auch als ein entschiedenes Bekenntnis zum immanenten Leben (statt Heideggers grimmig-ängstigendem Vorlaufen zum Tode) auffassen, als eine tapfere Ewigkeitsbekundung *en miniature*, die auf illusionäre Hoffnungen in Bezug auf transzendente Erlösungsszenarien verzichtet und stattdessen für die begrenzten, dafür aber realen irdischen Freiheiten plädiert. In der Muße eröffnen sich zwar nur kleine Freiräume und -zeiten; doch jene Menschen, die sie nutzen, erleben die begrenzten Freiheiten womöglich würdevoller und effektiver als die illusionären: Sie empfinden dann *otium cum dignitate* (eine würdevolle Muße) im direkten und im übertragenen Sinne:

> Der menschliche Entwurf der Muße klammert das für unsere Spezies unaufhebbare Bedrohungsszenario (Begrenzung, Tod) nicht aus. Im Gegenteil: Er antwortet ... bewusst darauf – allerdings entschlossen innerweltlich ... Die Muße setzt dieser Bedrohung die Chance entgegen, bereits *im* Leben und *vor* dessen unausweichlichem Endpunkt einen Freiraum zu schaffen ... So erweist sich ... der Freiraum gelebter Muße als ... eine Enklave des menschlich noch Verfügbaren gegenüber der geballten Macht des Unverfügbaren.[21]

---

19 Figal, G.: Die Bedeutung von Muße für ein gutes Leben (2014), zit. n. https://www.schader-stiftung.de/themen/gemeinwohl-und-verantwortung/fokus/nachhaltigkeit

20 Soeffner, H.-G.: Muße – Absichtsvolle Absichtslosigkeit, in: Hasebrink, B. und Riedl, P.P. (Hrsg.): Muße im kulturellen Wandel – Semantisierungen, Ähnlichkeiten, Umbesetzungen, Berlin 2014, S. 34–53

21 Soeffner, H.-G.: Muße – Absichtsvolle Absichtslosigkeit, in: Hasebrink, B. und Riedl, P.P. (Hrsg.): Muße im kulturellen Wandel – Semantisierungen, Ähnlichkeiten, Umbesetzungen, Berlin 2014, S. 52 f.

Eine analoge Positionierung hat in poetisch-epischer Form Thomas Mann in *Der Zauberberg* (1924) vorgenommen. In diesem Roman, in dem nicht wenige Tuberkulose-Patienten im Davoser Sanatorium die Alternative von einerseits Langeweile und andererseits Muße erleben und sich zumindest einige von ihnen nach und nach für die Letztere entscheiden, lässt der Autor seine Hauptfigur Hans Castorp während einer für ihn lebensbedrohlichen Schnee-Wanderung einen festen Vorsatz fassen, dem man den Charakter von *otium cum dignitate* ebenfalls nicht absprechen mag:

» Tod oder Leben – Krankheit, Gesundheit – Geist und Natur. Sind das wohl Widersprüche? Ich frage: Sind das Fragen? Der Mensch ist Herr der Gegensätze, sie sind durch ihn, und also ist er vornehmer als sie. Ich will dem Tode Treue halten in meinem Herzen, doch mich hell erinnern, dass Treue zum Tode und Gewesenen nur Bosheit und finstere Wollust und Menschenfeindschaft ist, bestimmt sie unser Denken und Regieren. *Der Mensch soll um der Güte und Liebe willen dem Tode keine Herrschaft einräumen über seine Gedanken.*[22]

In den Momenten der Muße kennen wir keine Hierarchie von Gedanken – eher schon erleben wir wiederkehrende, disparate, assoziative, sich von der Seite einschleichende, überraschende, widersprüchliche, aufwühlende oder auch jählings Lösungen vorgaukelnde Gedanken. Muße wird als gedanklich offen empfunden, als Freiraum für Kreativität, Originalität, Musikalität, Intellektualität und poetische Ausgestaltung der Existenz. Aufgrund eines solchen Potenzials birgt die Muße aber auch die Gefahr in sich, persönliche und soziale Ordnungen zu destabilisieren, da sie uns, manchmal mittels eines einzigen oder weniger Gedanken, aus dem Alltag herauszukatapultieren vermag. Damit kann man die Muße auch als existentielle Lockerungsübung verstehen, als anarchische Energie, die sich Freiräume sucht oder schafft und Pläne, Regeln und Ordnungsgefüge überschreitet. Sie darf jedem anempfohlen werden, der überwiegend geregelte Alltage (etwa als Jurist, Wissenschaftler, Ingenieur, Beamter, Gelehrter) aufzuweisen hat, und dem es gut zu Gesichte stünde, bisweilen produktiv-neue Gedanken und Konzepte zu entwickeln. Schon Nietzsche bemängelte bei diesen Berufs-Gruppen das Defizit an Originalität aufgrund von Mußeunfähigkeit:

» *Hauptmangel der tätigen Menschen.* – Den Tätigen fehlt gewöhnlich die höhere Tätigkeit: ich meine die individuelle. Sie sind als Beamte, Kaufleute, Gelehrte, d.h. als Gattungswesen tätig, aber nicht als bestimmte einzelne und einzige Menschen; in dieser Hinsicht sind sie faul ... Die Tätigen rollen, wie der Stein rollt, gemäß der Dummheit der Mechanik. Alle Menschen zerfallen, wie zu allen Zeiten so auch jetzt noch, in Sklaven und Freie; denn wer von seinem Tage nicht zwei Drittel für sich hat, ist ein Sklave, er sei übrigens wer er wolle: Staatsmann, Kaufmann, Beamter, Gelehrter.[23]

Beinahe zeitgleich mit *Menschliches, Allzumenschliches* publizierte Paul Lafargue (1842–1911), Schwiegersohn von Karl Marx, seine Schrift *Recht auf Faulheit* (1883), in der er sich für eine entschiedene Reduktion der Arbeitszeit auf nicht mehr als drei Stunden täglich sowie auf die strikte Einhaltung von Sonn- und Feiertagen aussprach. Zwar bewegten sich seine Argumente – bei seiner Nähe zu Karl Marx und zum Marxismus kein Wunder – vorrangig auf ökonomischer Ebene. Zugleich aber imaginierte er bei deutlich größerer Freizeit und Möglichkeit zu Muße wünschenswerte psychosoziale und kulturelle Konsequenzen:

---

22 Mann, Th.: Der Zauberberg (1924), Frankfurt am Main 1986, S. 685 f.
23 Nietzsche, F.: Menschliches, Allzumenschliches (1878/86), in: KSA 2, München 1988, S. 231 f.

Kapitel 14 · Langeweile, Muße, *dolce far niente*

> Würde die Arbeiterklasse das Laster, das sie beherrscht und ihre Natur erniedrigt (die Lohnarbeit), aus ihrem Herzen reißen und sich in ihrer furchtbaren Kraft erheben, … nicht, um das *Recht auf Arbeit* einzufordern, … sondern um ein ehernes Gesetz zu schmieden, das jedem Menschen verbietet, mehr als drei Stunden am Tag zu arbeiten, so würde die Erde, die alte Erde, bebend vor ausgelassener Freude, spüren, dass sich in ihr ein neues Universum rührt.[24]

Die Gedanken Nietzsches und Lafargues hat im 20. Jahrhundert Bertrand Russell (1872–1970) aufgegriffen und auf seine Art radikalisiert. In seinem Buch *Lob des Müßiggangs* (1932) äußerte er seine entschiedene Skepsis im Hinblick auf die Überschätzung von Arbeit in der westlichen Welt. Statt zehn oder zwölf Stunden des Tages mit teilweise erschöpfenden oder gar erniedrigenden Tätigkeiten zuzubringen und dies auch noch als grandiose gesellschaftliche und persönliche Errungenschaft zu feiern, sei es für den Einzelnen wie die Kultur bedeutend gesünder, sinnvoller und produktiver, weniger Zeit mit Lohnarbeit und mehr Zeit für die Pflege und Entwicklung der eigenen Person wie auch der allgemeinen Kultur aufzubringen:

> Die Moral der Arbeit ist eine Sklavenmoral … Bei dem Stand der modernen Technik wäre es möglich, allen Menschen Freizeit und Muße gleichmäßig zuzuteilen … Wenn auf Erden niemand mehr gezwungen wäre, mehr als vier Stunden täglich zu arbeiten, würde jeder Wissbegierige seinen wissenschaftlichen Neigungen nachgehen können und jeder Maler könnte malen, ohne dabei zu verhungern, und wenn seine Bilder noch so gut wären. Junge Schriftsteller brauchten nicht durch sensationelle Reißer auf sich aufmerksam zu machen … Vor allem aber wird es wieder Glück und Lebensfreude geben, statt der nervösen Gereiztheit, Übermüdung und schlechten Verdauung.[25]

Mußefähigkeit bedeutet demnach eine Emanzipationsstrategie, mit deren Hilfe sich der Einzelne sowohl den ihn determinierenden Alltags-Themen (wie etwa seiner Arbeitswelt) als auch den ihn eventuell limitierenden eigenen Persönlichkeitszügen gegenüber einen mehr oder minder großen Spielraum zumindest der geistigen Beweglichkeit schaffen kann. In der chinesischen Philosophie gibt es für eine derartige Haltung schon seit Jahrhunderten den Begriff des *Wu wei* – was etwa mit Nicht-Handlung übersetzt werden kann.

Das Konzept von *Wu wei* geht auf Laotse zurück, der im sechsten Jahrhundert vor Christus gelebt haben soll. Laotse gilt als der Begründer des Taoismus, wobei man inzwischen davon ausgeht, dass sich diese Philosophie- und Denkrichtung in China im Hinblick auf ihre Entstehung aus anderen Quellen gespeist hat; ob die historische Gestalt des Laotse je gelebt hat, wird bezweifelt. Wie dem auch sein mag: Die Idee von *Wu wei* wurde im Taoismus hoch gehalten und tradiert. Sie bedeutet keinesfalls – wie eine schlichte Übersetzung es womöglich nahelegt –, im Leben nicht zu handeln; das Handeln erfolgt vielmehr vor dem Hintergrund von Großmut, Gelassenheit und Augenmaß sowie in merklicher Übereinstimmung mit den Gegebenheiten und gesetzmäßigen Abläufen der Natur: „Niemals machen und doch bleibt nichts ungetan." – „Der Edle tut es ohne Absicht." – so lauten einige Sätze aus dem *Tao Te King*, jener Sammlung von Spruchkapiteln, die auf Laotse zurückgehen soll, und in der wesentliche Weisheiten des Taoismus zusammengefasst sind.

---

24 Lafargue, P.: Das Recht auf Faulheit (1883), Stuttgart 2018, S. 52
25 Russell, B.: Lob des Müßiggangs (1932), Wien 1957, S. 14/16/29 f.

Wenn wir *Wu wei* mit unserem Konzept von Muße in Verbindung bringen, so am treffendsten über die Begriffe der Absichtslosigkeit sowie der Gelassenheit. In der abendländischen Philosophie wurden derartige Tugenden vor allem in der Stoa wertgeschätzt. In der zeitgenössischen Philosophie hat sich Martin Heidegger (in *Gelassenheit*, 1955) mit diesem Topos auseinandergesetzt. Günter Figal, der lange Zeit den Lehrstuhl von Husserl und Heidegger in Freiburg innehatte, bezieht in seiner erwähnten Abhandlung die Gelassenheit auf die Muße: „Man muss nicht mit allem, was da ist, rechnen und zusehen, ob es sich der eigenen Rechnung fügt. Man kann es sein lassen, nicht resignativ, sondern so, dass man das eigene Tun im Lassen, im Gelassenen versteht. Ohne solches Seinlassen und die ihm zugehörige Gelassenheit gibt es keine Muße."[26]

Eine Berufsgruppe, die sich solche von Muße und Gelassenheit geprägte Lebenseinstellungen und -haltungen systematisch zu eigen und zum Hauptinhalt ihres Berufes wie auch ihres Alltags gemacht hat, sind die Flaneure (vom französischen Wort *flanet* abgeleitet = umherschweifen, schlendern). Im 19. Jahrhundert waren diese Personen meist als Dandys unterwegs, wobei dem Dandy mehr narzisstische Bedürfnisse unterstellt werden als dem Flaneur. Flaneurs wurden besonders im 20. Jahrhundert in der Literatur beschrieben: Soziologen wie Georg Simmel und David Riesman sowie Dichter, Schriftsteller und Intellektuelle wie Edgar Allen Poe, Joseph Roth, Franz Hessel, Siegfried Kracauer und Walter Benjamin entwarfen in ihren Schriften diverse Spielarten des Flaneurs. Bekannt geworden ist hierbei Benjamins *Passagenwerk* (1983 publiziert), dessen Gedanken-Kaleidoskop auf unzähligen flanierenden Schlendereien durch Paris entstanden ist.

Die Momente der Muße können wir daher als Phasen eines schlendernden Betrachtens des Daseins auffassen, in denen wir wie ein Flaneur über die verschiedenen Plätze und durch die Gassen unseres Lebens streifen, uns treiben und uns von den überraschenden Eindrücken dieses Existenz-Bummels anmuten lassen, hier und da etwas verweilen und dann wieder absichtslos und ohne erkennbares Ziel weiter flanieren. Womöglich würden wir dabei auch auf Korrekturbögen unseres Lebens stoßen – ein Wunsch und eine Formulierung, die von Eduard von Keyserling (1855–1918) stammen, dem das Flanieren durch Städte wie Wien und München ebenfalls nicht fremd war.

Diese Form des mußevollen, bei scheinbaren Nebensächlichkeiten verweilenden und dabei aufschlussreiche Trouvaillen (französisches Wort für erfreulichen Zufallsfund) realisierenden Schlenderns durch die eigene Lebensgeschichte wurde nicht nur von den Flaneurs in den Rang beinahe eines Berufs erhoben. Analoges geschieht im günstigen Falle auch im Rahmen von erfolgreich verlaufenden Psychotherapien, bei denen sich sowohl der Patient als auch der Therapeut flanierend durch die Biographie des Ersteren bewegen und auf umso interessantere Funde stoßen, je mehr sie ihre Sitzungen nicht als trocken-analytische Arbeits-, sondern als Mußestunden begreifen. Womöglich hatte Nietzsche derlei im Sinn, als er in *Götzen-Dämmerung* schrieb: „Müßiggang ist aller Psychologie Anfang. Wie? wäre Psychologie – ein Laster?"[27]

Noch eine letzte Profession sei erwähnt, bei der sich die Merkmale eines Muße-orientierten Daseins wie eine Voraussetzung für erfolgreiche Umsetzung der jeweiligen Aufgaben und Herausforderungen des Berufs lesen: der Philosoph. Natürlich gibt es viele Spielarten, diesen Beruf auszuüben; einer aber, der ihn nicht nur als bloßen Broterwerb, sondern regelrecht als „müßige" Existenz-Form verstanden hat, war Arthur Schopenhauer:

---

26 Figal, G.: Bedeutung von Muße für ein gutes Leben (2014), zit. n. a. a. O.
27 Nietzsche, F.: Götzen-Dämmerung (1889), in: KSA 6, München 1988, S. 59

Kapitel 14 · Langeweile, Muße, *dolce far niente*

> Zum Philosophieren sind die zwei ersten Erfordernisse diese: erstlich, dass man den Mut habe, keine Frage auf dem Herzen zu behalten, und zweitens, dass man alles das, was sich von selbst versteht, sich zum deutlichen Bewusstsein bringe, um es als Problem aufzufassen. Endlich auch muss, um eigentlich zu philosophieren, der Geist wahrhaft müßig sein: Er muss keine Zwecke verfolgen und also nicht vom Willen gelenkt werden, sondern sich ungeteilt der Belehrung hingeben, welche die anschauliche Welt und das eigene Bewusstsein ihm erteilt.[28]

Goethe in der Campagna. Wir kommen zum Schluss unseres Kapitels auf den Ausgangspunkt desselben zurück. Tischbeins Bild *Goethe in der Campagna* war der Anlass, einige Begriffe zu thematisieren, die uns auf den Seiten bisher beschäftigten: Langeweile, Muße, *Vita contemplativa*, *otium cum dignitate*, Flaneur, *Wu wei*, Müßiggang, *dolce far niente* und einige andere mehr. Wenn wir uns nach diesen terminologischen, literarischen, anthropologischen und psychologischen Ausflügen fragen, was denn das Gemälde Tischbeins zu bedeuten hat, landen wir meiner Meinung nach weder bei den im Blick Goethes angeblich vorhandenen „schauervollen Gedanken der Vergänglichkeit" noch bei seinem großen Hut, der den Eindruck eines Heiligenscheins vermitteln soll, sondern beim Begriff der Muße.

Auf dem Gemälde sehen wir Goethe zusammen mit verschiedenen historischen Gegenständen (Aquädukt, ein korinthisches Kapitell, ein Bas-Relief, Ruinen), die der Dichter allesamt – wie für die Muße beschrieben – nebeneinander und natürlich nicht chronologisch nacheinander betrachtet. Sein Blick fixiert keinen dieser Gegenstände gesondert; vielmehr hat man den Eindruck, dass er absichtslos, ohne vorgegebenes Thema und ohne fixe Intentionen, ins Weite und Ferne schaut und sich wie ein Flaneur seinen Gedanken hingibt, die in ihm gerade aufsteigen. Weder scheint ihn die Vergangenheit noch die Zukunft groß zu bewegen – er ist im Süden, in Arkadien, bei sich und dem ureigenen Identitätserleben angekommen und will weder nach vorne noch nach rückwärts etwas anders haben. Wann, wenn nicht in dieser Situation, imponiert Goethe als einerseits völlig konzentriert und andererseits komplett geöffnet für die Motive und Impressionen, die ihm die Welt in diesem Moment zu bieten hat?

Man hat an diesem Gemälde Tischbeins zu Recht bemängelt, dass es Goethe in gewisser Weise disproportional darstellt: Sein linkes Bein ist unter dem Mantel merklich zu lang geraten (so dass lästerhafte Kritiker meinten, er habe darunter seine römische Mätresse versteckt), und der rechte Fuß ist dem Künstler wie ein zweiter linker Fuß im Schuh geraten. Diese künstlerischen Defizite haben zur Spekulation Anlass gegeben, das Bild sei nicht von Tischbein, sondern von einem dilettierenden Maler fertig gestellt worden. Womöglich sprechen diese Unebenheiten jedoch auch für unsere These vom mußevollen Goethe: Muße nämlich induziert neben den erwähnten Qualitäten auch Sinn für Witz, Komik, Schalk und Humor.

---

28 Schopenhauer, A.: Über Philosophie und ihre Methode, in: Parerga und Paralipomena II (1851), Zürich 1994, S. 10

Literatur

1. Beckett, S.: Warten auf Godot (1952); Frankfurt am Main 1971
2. Figal, G.: Die Bedeutung von Muße für ein gutes Leben (2014), zit. n. https://www.schader-stiftung.de/themen/gemeinwohl-und-verantwortung/fokus/nachhaltigkeit
3. Eckermann, J.P.: Gespräche mit Goethe (1836), Berlin 1956
4. Goethe: Tagebucheintragung vom 29. Dezember 1786, in: Tagebuch der Italienischen Reise für Frau von Stein, zit.n. http://www.zeno.org/nid/20004861760
5. Goethe: Faust I (1808), in: HA Band 3, München 1981
6. Goethe: Gefunden (1813), in: HA Band 1, München 1981
7. Goethe: Sprüche in Prosa, Frankfurt am Main 2005
8. Große, J.: Philosophie der Langeweile, Stuttgart 2008
9. Hasebrink, B. und Riedl, P.P. (Hrsg.): Muße im kulturellen Wandel – Semantisierungen, Ähnlichkeiten, Umbesetzungen, Berlin 2014
10. Heidegger, M.: Die Grundbegriffe der Metaphysik (1929/30), Tübingen 2004
11. Kant, I.: Anthropologie in pragmatischer Hinsicht (1798), in: Werkausgabe Band XII, Frankfurt am Main 1977
12. Lafargue, P.: Das Recht auf Faulheit (1883), Stuttgart 2018
13. Mann, Th.: Der Zauberberg (1924), Frankfurt am Main 1986
14. Nietzsche, F.: Menschliches, Allzumenschliches (1878/80), in: KSA 2, München 1988
15. Nietzsche, F.: Die fröhliche Wissenschaft (1882), in: KSA 3, München 1988
16. Nietzsche, F.: Götzen-Dämmerung (1889), in: KSA 6, München 1988
17. Pascal, B.: Pensées – Über die Religion und über einige andere Gegenstände (1670), Gerlingen 1994
18. Rilke, R.M.: Die Gedichte, Frankfurt am Main 2006
19. Russell, B.: Lob des Müßiggangs (1932), Wien 1957
20. Schopenhauer, A.: Parerga und Paralipomena I (1851), Zürich 1994
21. Schopenhauer, A.: Parerga und Paralipomena II (1851), Zürich 1994
22. Schulz, K.: Goethe – Eine Biographie in 16 Kapiteln, Stuttgart 1999
23. Wilde, O.: Der Kritiker als Künstler (1891), in: Der Kritiker als Künstler und andere Essays, Zürich 1999

Schönheit ist ein Versprechen von Sinn

Literatur – 263

Die Schönheit war im 20. Jahrhundert eine Weile lang in Verruf geraten: Wer von ihr in einem naiv-selbstverständlichen Sinne sprach, geriet rasch in Verdacht, Theodor W. Adornos Verdikt von der Unmöglichkeit, nach Auschwitz weiterhin (schöne) Gedichte zu schreiben, nicht verstanden zu haben; oder man attestierte ihm eine bedenkliche Nähe zum Kitsch und damit zur Sentimentalität und Trivialität – Schönheit als Nippes und Massenware; oder der Betreffende sah sich dem Vorwurf des Eskapismus ausgesetzt – so, als ob er aus einer hässlichen Realität ins Imaginäre des Schönen fliehen wollte und sich dabei, wie Sigmund Freud es ausdrückte, des „milde berauschenden Empfindungscharakters"[1] der Schönheit bediente. In diesem Zusammenhang galten Künstler als unseriös, sobald sie unbedenklich und unreflektiert nur das Schöne in den Mittelpunkt ihres Schaffens rückten und damit Ästhetik, Kunst und Kultur eventuell als Alibi[2] missbrauchten.

Doch trotz dieser schlechten Presse in der zweiten Hälfte des 20. Jahrhunderts ließ und lässt sich bei vielen Menschen ein ungebrochener Hang beobachten, intuitiv das Schöne (was immer es sein mag) zu suchen und Hässliches zu meiden: Naturparks, Schlösser und Gärten, Museen, Ausstellungen, Konzerte, Kleidung, Accessoires, Architektur, Gebrauchsgegenstände, Sonnenuntergänge, Strandatmosphären, Möbel, Schmuck, die unberührte Natur und nicht zuletzt schöne Mitmenschen – die Reihe des erhofften Schönen ließe sich beliebig verlängern.

Was aber ist schön? Das Attribut schön wird in Tausenderlei Bereichen und Zusammenhängen benutzt: schönes Wetter, schönes Wochenende, schönes Bild, schöner Blumenstrauß, schönes Mittagessen, schöne Frau, schöner Urlaub, schöne Wohnzimmercouch, schöne Aussicht – die Liste kommt an kein Ende. Seit langem verwenden wir den Begriff sowohl für Naturphänomene (das Gewachsene, Gewordene, das Naturschöne) als auch Kulturphänomene (das Geschaffene, Gemachte, das Kunstschöne), ohne dass wir in der Regel angeben könnten, was wir im Detail darunter verstehen und wie das Schöne näher definiert werden soll.

Das Wort schön leitet sich etymologisch vom althochdeutschen *sconi* ab, das so viel wie ansehnlich, glänzend, rein und herrlich bedeutete. Im Mittelhochdeutschen erweiterte sich der Bedeutungsgehalt von schön um die Qualitäten schonend und freundlich. Wir Heutigen gebrauchen den Begriff häufig in einem ästhetischen Sinne (angenehme Wirkungen auf die Sinnesorgane auslösend), daneben aber auch als Synonym für dekorativ, hübsch, attraktiv, angenehm, beträchtlich, besonders, formvollendet oder außerordentlich. Wie variabel das Wort schön in den verschiedenen Zusammenhängen eingesetzt werden kann, verdeutlichen auch manche Redewendungen wie: schöne Augen machen; das ist zu schön, um wahr zu sein; schön ist, was gefällt; das schöne Geschlecht (die Frauen) und die schönen Künste (z. B. Musik, Malerei). Was aber ist das Wesen der Schönheit, welche Bedeutung hat sie für Menschen, und inwiefern hilft uns Goethe, diese Fragen zu beantworten? Hierzu ein erster Hinweis von ihm:

» Das Schöne ist ein Urphänomen, das zwar nie selber zur Erscheinung kommt, dessen Abglanz aber in tausend verschiedenen Äußerungen des schaffenden Geistes sichtbar wird und so mannigfaltig und so verschiedenartig ist, als die Natur selber.[3]

---

1 Freud, S.: Das Unbehagen in der Kultur (1930), in: GW XIV, Frankfurt am Main 1999, S. 441
2 Frisch, M.: Kultur als Alibi (1949), in: Gesammelte Werke in zeitlicher Folge, Band II, Frankfurt am Main 1998, S. 337–343
3 Eckermann, J.P.: Gespräch mit Goethe (18. April 1827), in: Gespräche mit Goethe, Berlin 1956, S. 314

Survival of the prettiest. Mit diesen Gedanken Goethes sind wir keineswegs bei rundum befriedigenden Antworten auf die Fragen nach dem Schönen angekommen. Immerhin verweisen sie jedoch auf die Diversität der Natur, die eine Blaupause für die unendliche Variabilität von Schönheit abgibt und womöglich generelle Fingerzeige zum Verständnis des Schönen geben kann. Wo also findet sich und welchen Zweck verfolgt das Schöne in der Natur?

Aus Charles Darwins Evolutionstheorie kennen viele die bisweilen fragwürdig interpretierte Formel vom Überleben des Tüchtigsten (*survival of the fittest*) als wesentlichen und überaus effektiven Selektionsfaktor. Einige Jahrzehnte lang haben schlicht und krude gestrickte Charaktere daraus die Berechtigung abgeleitet, ihre Interessen rücksichtslos und brutal anderen gegenüber durchsetzen zu dürfen – schließlich handele es sich dabei um ein evolutionäres Prinzip, das schon in der Natur angelegt sei. Dieser Sozialdarwinismus spielte vor allem zur Zeit des Manchester-Kapitalismus im 19. Jahrhundert eine beherrschende Rolle; in den letzten Jahren allerdings war auch unter manchen neoliberal Gesinnten ein zum Verwechseln ähnlich gelagertes Ideengut zu konstatieren. Obwohl wir inzwischen längst wissen, dass Darwin unter *the fittest* keineswegs rüpelhafte Egozentriker im Visier hatte, sondern vielmehr jene Lebewesen (Tiere ebenso wie Menschen), die zu umfänglichen Formen der Kooperation und Kommunikation in der Lage waren und sind, hat sich das Konzept vom Überleben des Tüchtigsten als zentraler evolutionärer Selektionsfaktor durch fast alle Interpretationsvarianten hindurch konstant gehalten. In diesem Zusammenhang dürfen die Qualitäten von Fitness (Kooperation, Kommunikation, Robustheit etc.) um das Merkmal der Schönheit ergänzt werden.

Nicht wenige Forschungsergebnisse von Soziobiologen lassen uns vermuten, dass Schönheit (wie immer man dieselbe im Detail definieren mag) im Pflanzenreich ebenso wie unter Tieren und auch bei Menschen einen exquisiten Selektions-Vorteil bedeutet, der letztlich bei der Auswahl potentieller Geschlechtspartner und damit bei der Weitergabe genetischen Materials eine wesentliche Rolle spielt. Eines der bekanntesten Beispiele hierfür ist der Radschlagende Pfau, der mittels seines imposanten und faszinierenden Gefieders mehr oder minder erfolgreich um weibliche Geschlechtspartner wirbt.

Analog lassen sich anmutig-schöne Bewegungen von brünstigen Tieren als Werbemaßnahmen interpretieren, sich mit den entsprechenden Vertretern ihrer Gattung fortzupflanzen und so dem eigenen Gen-Mix zur Weitergabe zu verhelfen. Die sexuelle Selektion oder geschlechtliche Zuchtwahl stützt sich dabei auf den Phänotyp des jeweiligen Individuums. Der besonders große See-Elefant, der über alle Maßen behaarte Löwe, die farblich und vom Bewegungsmuster her auffälligen Fische, die schönen, also intensiv duftenden oder kolorierten Pflanzen oder eben der als schön empfundene Mann (breitschultrig, prägnantes Kinn) und die schön anzusehende Frau (wie immer ihre Schönheit charakterisiert sein mag) werden – so die soziobiologische These – bei der Auswahl als Geschlechtspartner bevorzugt, so dass über die Generationen betrachtet sich deren jeweilige genetische Information durchsetzen konnte und weiterhin durchsetzen wird und dadurch sogar ein Zuwachs an Schönheit für die jeweiligen Gattungen zu vermuten steht.

Wer schön sein will, muss leiden. Weil einerseits die Ergebnisse solcher Selektionsmechanismen oft erst nach Jahrzehnten und Jahrhunderten zur Geltung kommen und andererseits Einzelne (falls sie zur Gruppe der nicht bevorzugt Schönen gehören) häufig viel daran setzen, ihren Schönheits-Index nach oben zu korrigieren, entwickeln Menschen schon Jahrhunderte lang Strategien, angebliche wie reale Schönheitsdefizite zu kompensieren.

Vor allem Frauen waren und sind von derlei den eigenen Körper und dessen Ausstrahlung verändernden Modulationsaktivitäten betroffen – wobei die dominierenden, kulturell vermittelten Ästhetik-Vorstellungen und Schönheits-Imperative maßgeblich die diversen Aktivitäten der Einzelnen mitdeterminieren. Von den Versuchen chinesischer Mütter, die Füße ihre neugeborenen Töchter durch Bandagen klein und zierlich zu halten, über die Formungsabsichten des Hinterhaupts bei Kindern im Alten Ägypten bis hin zu den seit dem 16. Jahrhundert in Mode gekommenen Korsetten (z. B. Sanduhrform, Schnürbrust, Konus-Form) reichen die autoplastischen Aktivitäten des *body-shaping*.

Verglichen mit analogen, im 21. Jahrhundert in der westlichen Welt gängigen Möglichkeiten nehmen sich diese Schönheits-Modulationen der Vergangenheit aber beinahe harmlos aus. Heutzutage stellen Schönheits-Chirurgen und Beauty-Center ein regelrechtes Arsenal von Interventionen bereit, um ästhetische Bedürfnisse ihrer Klientel zu befriedigen: Silikon-Implantate, Peeling, Fettabsaugung, Botulinus-Toxin-Injektionen, Laser-Behandlung von Hautarealen, Face-Lifting, Unterspritzung von zu flach erlebten Körperpartien, Korrektur-Operationen imaginierter oder realer Unebenheiten (Nase, Brust, Kinn, Schamlippen, Oberschenkel, Po etc.).

Daneben begreifen viele den Körper als exquisites Ausdrucks- und Kommunikationsorgan, dem unter den Kautelen der Schönheit bisweilen fragwürdige Botschaften eingebrannt werden. Tattoos sowie Piercings und Brandings schmücken inzwischen die Oberflächen (Häute) von Millionen Menschen, wobei der Informationsgehalt dieser Mitteilungen von den Namen ehemaliger Geliebter bis hin zu komplexen weltanschaulichen Kommentaren reicht. Konrad Paul Liessmann hat darauf hingewiesen, dass sich die Betreffenden mit derlei Aktivitäten in einem direkt-konkreten Sinne einen Charakter geben[4] – das Wort Charakter bedeutete im Griechischen so viel wie das Eingeritzte.

Hinzu kommen ganze Industriezweige, die sich inhaltlich und vor allem ökonomisch mit der Genese und dem Erhalt individueller Schönheit beschäftigen: Mode, Kosmetik, Wellness, Fitness, Ernährung (*artsy food*). Sie alle strapazieren die Leidensfähigkeit ihrer Kundschaft entweder direkt (die Schuh-Mode der *High Heels* induziert beispielsweise orthopädische Krankheits-Entitäten) oder indirekt über entsprechende finanzielle Opfer, die erbracht werden müssen, um Mode, Kosmetik, Wellness, Fitness und Ernährung auf einem ästhetisch hohen und höchsten Level zu generieren, zu erhalten und zu konsumieren.

Symmetrie, Asymmetrie und Schönheit I. Doch wann sprechen wir von einem schönen Menschen? Und damit assoziiert wiederum die Frage: was heißt und wie definieren wir schön? In der Psychologie und Soziologie der vergangenen Jahrzehnte hat sich ebenso wie in den Neurowissenschaften die Disziplin der Attraktivitäts-Forschung etabliert, die diese Fragen auf theoretischer wie empirischer Ebene zu beantworten versucht. Diverse Experimente und interkulturelle Untersuchungen brachten überraschende Ergebnisse, welche die Hypothese der individuellen Schönheitskonzepte (schön ist, was gefällt) grundsätzlich in Frage stellen.

So konnte gezeigt werden, dass das Qualitätsurteil „schön", das Menschen in Bezug auf ihre Mitmenschen fällen, neben subjektiven auch aus objektiven respektive intersubjektiven Quellen gespeist wird. Ob Männer oder Frauen (äußerlich betrachtet) als schön empfunden werden, hängt nicht nur vom jeweils individuellen Geschmack des Betrachters, sondern auch von beinahe allgemeingültigen Kriterien ab. So werden Männer weltweit tendenziell als schöner klassifiziert, wenn sie groß gewachsen sind; bei Frauen hingegen spielt die Körpergröße in Bezug auf ihre ästhetische Einordnung keine entscheidende Rolle.

---

4   Liessmann, K.P.: Schönheit, Wien 2009, S. 100

Bezüglich des Gesichts erleben wir unser Gegenüber umso eher als schön, je mehr es uns selbst gleicht (Ähnlichkeit) und je mehr es dem gemittelten äußerlichen Schönheitsideal entspricht (Durchschnittlichkeit).

Beide Phänomene lassen sich durch computertechnisch hervorgerufene Matching- und Morphing-Prozeduren nachweisen und replizieren. Dabei werden Einzelgesichter computertechnisch entweder mit dem eigenen Gesicht (Matching) oder mit vielen anderen Gesichtern übereinander gelagert (Morphing), so dass Ähnlichkeit und/oder Durchschnittlichkeit induziert werden. Diese Art von Schönheit verspricht zwar keineswegs Sinn, Glück oder das künftige Bessere, wohl aber Vertrautheit (Matching bedeutet narzisstische Spiegelung und Morphing die Annäherung an das bekannte Allgemeine) und damit auch ein hinreichendes Ausmaß an relativer Angstfreiheit und Behaglichkeit. So neu diese Forschungsergebnisse sind, so alt ist die dahinter liegende Idee und Theorie. Immanuel Kant hat bereits in seiner *Kritik der Urteilskraft* (1790) den Begriff der „ästhetischen Normalidee" geprägt, womit er auf eben jene Phänomene und Ergebnisse der Durchschnittlichkeit von Schönheitsempfindungen beim Menschen abhob, die in den letzten Jahren empirisch nachgewiesen wurden:

» Wenn das Gemüt es auf Vergleichungen anlegt, allem Vermuten nach wirklich, wenngleich nicht hinreichend zum Bewusstsein, ein Bild gleichsam auf das andere fallen zu lassen, und, durch die Kongruenz der mehreren von derselben Art, ein Mittleres herauszubekommen wisse, welches allen zum gemeinschaftlichen Maße dient.[5]

Neben diesen schon von Immanuel Kant antizipierten Matching- und Morphing-Effekten tendieren wir dazu, die Gesichter unserer Mitmenschen als attraktiv und schön zu empfinden, wenn sie ein hohes Maß an Symmetrie aufweisen. Sobald wir unser Gegenüber (vor allem im Hinblick auf dessen Gesicht) als disproportional wahrnehmen, neigen wir dazu, dieses als unschön oder sogar hässlich zu beurteilen. Höhergradige Asymmetrien von Gesichtern lösen bei uns meist Zurückhaltung und Distanz aus; symmetrisch imponierende Gesichter wirken dagegen als anziehend und schön. Diesbezüglich zeigen sich kaum Differenzen zwischen Versuchspersonen verschiedener Geschlechter und Kulturen.

Interessant ist in diesem Zusammenhang das Forschungsergebnis, dass perfekt symmetrische Gesichter (in Form von gespiegelter linker oder rechter Gesichtshälfte) jedoch als weniger schön empfunden werden. Sie wirken nicht selten steril, leblos oder langweilig und verlieren damit an Attraktivität. Der Schönheitsfleck beispielsweise von Cindy Crawford (eine US-amerikanische Schauspielerin), von dem sie zu Beginn ihrer Karriere überzeugt war, dass sie ihn entfernen lassen müsse, um makellos schön zu sein, gilt inzwischen als ein markantes Schönheitsmerkmal, das sie als interessant und individuell erscheinen lässt.

In Bezug auf diese die Attraktivität eines Menschen steigernden Asymmetrien haben Psychologen, Soziologen und Mediziner interessante wissenschaftliche Resultate generiert. Kleine, das Erleben von Schönheit steigernde, nicht schmälernde Asymmetrien verhalten sich bei genauerer Betrachtung oft den Gesetzmäßigkeiten des goldenen Schnittes gemäß. So konnte nachgewiesen werden, dass die vorderen Schneidezähne als besonders schön beurteilt werden, wenn sich der kleinere zum größeren Schneidezahn im Breitenverhältnis von 1:1,618 befindet – ein Verhältnis, das exakt dem goldenen Schnitt entspricht. Auch die vertikalen Größen-Proportionen von Menschen (Länge von Beinen, Armen, Rumpf, Schädel) induzieren in uns Empfindungen von Schönheit und Attraktion, wenn sie sich an die Regeln des goldenen Schnitts halten.

---

5   Kant, I.: Kritik der Urteilskraft (1790), Werkausgabe Band X, Frankfurt am Main 1992, S. 152

Vor allem Frauengesichter imponieren als schön, wenn sie neben den Proportionen des goldenen Schnitts auch jene von Kindergesichtern aufweisen: große Augen, hohe Stirn, niedrige Kieferpartie. Volle Lippen wirken bei Frauen ebenfalls als attraktiv; womöglich signalisieren sie einen höheren Östrogen-Spiegel, was auf einen postpubertären und genitalen Zustand hinweist. Männliche Gesichter dagegen zeichnen sich, soll man sie als schön empfinden, durch ein kräftig-kantiges Kinn, hervorstehende Wangenknochen sowie durch tendenziell kleinere Augen aus.

Symmetrie, Asymmetrie und Schönheit II. Nicht nur die Gestalt und das Gesicht von Menschen können mit den Attributen von schön oder hässlich versehen werden. Oftmals bezeichnen wir auch die Verhältnisse, in denen einzelne Personen oder Gruppierungen leben, als gelungen, produktiv und schön oder aber als misslungen und destruktiv. Die soziale Symmetrie als Ausdruck und Resultat von Ordnung und Regelmäßigkeit spielt hierbei eine wesentliche Rolle und lässt die zwischenmenschlichen Beziehungen als mehr oder minder schön erscheinen.

Als literarisches Beispiel für Symmetrie wie auch Asymmetrie von interpersonellen Relationen mag Goethes Text *Die Wahlverwandtschaften* (1809) herangezogen werden. Goethe hat darin die Zusammenhänge von symmetrischen und asymmetrischen Beziehungskonstellationen mit deren Ge- oder Misslingen anhand des letztlich fatalen Schicksals zweier Paare demonstriert, die sich über Kreuz ineinander verlieben – eine Beziehungs-Dynamik, die fast einer Gesetzmäßigkeit wie in der Chemie (Anziehung zwischen verschiedenen Elementen) ähnelt und überaus tragisch endet. Eduard und Charlotte werden von Goethe anfänglich als annähernd symmetrisches Paar charakterisiert; analog dazu der Hauptmann und Ottilie, die zu den beiden Erstgenannten hinzukommen. Ihre gegenseitige Verliebtheit – Eduard und Ottilie sowie der Hauptmann und Charlotte finden zueinander – zerstört die ursprüngliche Symmetrie und schafft in der Folge neue, zuerst verheimlichte Beziehungs-Konstellationen, denen der Autor es aber versagt, in eine andersgeartete Symmetrie und damit in Harmonie, Proportion und Schönheit einzumünden.

Bei einer genaueren Lektüre des Textes wird allerdings bereits auf den ersten Seiten offenkundig, dass die oberflächliche Symmetrie der Ehebeziehung zwischen Eduard und Charlotte von keinem geringen Anteil asymmetrischer Elemente durchzogen ist. Ähnlich wie für die Gesichter oben beschrieben, müssen auch soziale Konstellationen ein gewisses Maß an Asymmetrie aufweisen, um nicht steril, langweilig, monoton oder leblos zu wirken. In den *Wahlverwandtschaften* allerdings machen sich die Asymmetrien eher als störende Dissonanzen und nicht als belebende Spannungen bemerkbar. Die Protagonisten des Romans sind nicht in der Lage, das Verhältnis von Symmetrie und Asymmetrie so zu gestalten, dass daraus letztlich für alle Beteiligte ein gedeihliches und zufriedenstellendes Leben erwachsen würde. Beim Finale des Geschehens werden wir mit dem Gegenteil von Schönheit, mit massiver Asymmetrie und Disharmonie konfrontiert: Das gemeinsame Kind von Eduard und Charlotte stirbt bei einer Kahnfahrt; Ottilie und Eduard (eines der beiden neuen Liebespaare) finden ebenfalls den Tod; Charlotte und der Hauptmann (das andere Liebespaar) überleben, ohne dass wir uns als Leser ein glückliches und schönes Dasein der beiden imaginieren dürften.

Das Schöne, das Gute, das Wahre. Seit der griechischen Antike gibt es die tradierte Ansicht und Theorie, dass Schönheit mit anderen Vorzügen und Werten assoziiert ist. Vor allem Platon beschäftigte sich in einigen seiner Dialoge mit dem Problem des Schönen, wobei er etwa in *Hippias Major* (Dialog: Der größere Hippias) Sokrates wiederholt nach dem

Wesen der Schönheit fragen lässt, indes sein Dialogpartner, der Sophist Hippias, jeweils mit Beispielen für Schönheiten antwortet, welche den fragenden Sokrates in keiner Weise zufriedenstellen.

Brauchbarere Ergebnisse liefert in dieser Hinsicht Platons Dialog *Das Gastmahl*, in dem neben den Debatten über das Wesen des Eros auch diejenigen über die Schönheit im Mittelpunkt stehen. Das Schöne und der Eros sind aufeinander bezogen, da Letzterer das Erstere begehrt. Die Schönheit kann sich Platon zufolge in verschiedenen Gewändern zu erkennen geben: als Schönheit des Körpers oder als eine schöne Seele; als äußerlich-sinnliche oder als innerlich-geistige Qualität; als diverse Lebens-, Wissens- und Erkenntnisformen und zuletzt als pure Idee des Schönen, als das Ur-Schöne. Als Beispiel für diese Theorie wird im *Gastmahl* Sokrates selbst bemüht. Der sturztrunkene Alkibiades charakterisiert den älteren Sokrates als äußerlich potthässlichen Menschen, in den er sich gleichwohl aufgrund von dessen klugen Fragen und exzellenten Rede-Beiträgen verliebt habe – nicht ein makelloser Körper, sondern eine schöne Seele haben den Eros des Jüngeren entfacht. Im Dialog *Timaios* schließlich wird das Konzept der schönen Seele noch weiter erläutert. Platon verband hier das Schöne mit dem Guten; nicht mehr das Sinnlich-Schöne (der äußere Schein), sondern das Ideell-Schöne (die innere Einstellung und Gesinnung) steht nun zur Debatte:

> Alles Gute nun ist schön, und was schön ist, entbehrt nicht des richtigen Maßes. Demnach darf auch ein lebendes Wesen, wenn man ihm Schönheit zusprechen soll, des Ebenmaßes nicht entbehren.[6]

Es bedeutete nur noch einen kleinen Schritt für die antiken Philosophen, neben das Gute auch andere Wertdimensionen (das Wahre, das Echte, das Vollkommene, das Wohlproportionierte, die Harmonie) zum Schönen hinzuzugesellen. Der spätantike Philosoph Plotin (205–270 n.Chr.) propagierte darüber hinaus, dass Werte wie Lebendigkeit und der möglichst vollendeten Form ins axiologische Umfeld des Schönen gerückt wurden. Die Schönheit war von da an in ein komplexes, weitverzweigtes Wert-Erleben eingebettet, das sich bevorzugt an ideell-geistigen Wert-Dimensionen orientierte und die sinnlich erfahrbaren Qualitäten des Schönen als sekundär erscheinen ließ. Das wertvolle Sein galt mehr als der schöne Schein.

Für diesen Aspekt des Schönen lieferte Goethe ein häufig zitiertes literarisches Beispiel: Es ist dies das sechste Buch von *Wilhelm Meisters Lehrjahre* (1795/96), betitelt mit *Bekenntnisse einer schönen Seele*. Darin verarbeitete Goethe ein Manuskript von Susanna von Klettenberg, einer Stiftsdame und Freundin seiner Mutter, in dem der weltliche wie auch der spirituelle Entwicklungs- und Bildungsweg dieser Frau als eine Ich-Erzählung rekapituliert wird. Der Begriff der schönen Seele geht auf Christoph Martin Wieland zurück, und auch Friedrich Schiller hat in seiner Schrift *Über Anmut und Würde* (1793) noch vor Goethes *Wilhelm Meister*-Roman den Topos der schönen Seele ausführlich erörtert. Eine Seele und damit letztlich die gesamte Person wird hiernach als schön bezeichnet, wenn ihre Antriebe, Leidenschaften und Affekte mit den sittlich-moralischen Kräften und der Vernunft ein harmonisches Verhältnis bilden. Pflicht und Neigung, Sinnlichkeit und vernunftbegabte Reflexions- und Entscheidungsfähigkeit halten sich dabei idealerweise die Waage. Die Schönheit entsteht in diesem Zusammenhang durch das hohe Maß an die verschiedensten Strebungen eines Menschen ausgleichenden Tugenden und Strategien:

---

6 Platon: Timaios, in: Sämtliche Dialoge Band VI, Hamburg 1988, S. 134

> Eine schöne Seele nennt man es, wenn sich das sittliche Gefühl aller Empfindungen des Menschen endlich bis zu dem Grad versichert hat, dass es dem Affekt die Leitung des Willens ohne Scheu überlassen darf, und nie Gefahr läuft, mit den Entscheidungen desselben in Widerspruch zu stehen. Daher sind bei einer schönen Seele die einzelnen Handlungen eigentlich nicht sittlich, sondern der ganze Charakter ist es ... Die schöne Seele hat kein andres Verdienst, als dass sie ist.[7]

Bei derartiger Umschreibung einer schönen Seele kann man verstehen, dass dieses Konzept nicht von allen kritiklos mit Applaus versehen wurde. Abgesehen davon, dass Menschen mit solch schönem Charakter eher die Ausnahme denn die Regel bilden, hatte auch Hegel mit seiner Bemerkung nicht ganz Unrecht, wenn er bemängelte, dass diese schönen Seelen die Realität kaum touchieren und nicht selten in „sehnsüchtiger Schwindsucht" zerfließen.

Schönheit und Vollkommenheit. Wenn wir uns fragen, welche Phänomene und Situationen wir mit dem Prädikat schön belegen, stoßen wir oft auf den Begriff der Vollkommenheit. Ebenmaß, Ausgeglichenheit, Proportion, Ordnung, Harmonie, prägnante, gelungene und runde Gestalt, Unübertrefflichkeit, Perfektibilität, Makellosigkeit, Wunschlosigkeit – diese Attribute gehören sämtlich ins nähere Umfeld der Vollkommenheit und spiegeln ebenfalls die Dimensionen des Schönen wider.

Betrachtet man diese Begrifflichkeiten näher, wird man zugeben, dass sie tendenziell etwas Übermenschliches, beinahe Göttliches an sich tragen. Welcher Mensch – außer einem Model wie Kate Moss?!? – könnte schon von sich behaupten, sein Körper und sein Gesicht seien makellos? Und welche menschliche Leistung, und sei sie noch so exzellent, kann mit Recht als unübertrefflich klassifiziert werden? Realisierte Vollkommenheit, gibt es die überhaupt?

Antworten auf diese Fragen finden wir in der Individualpsychologie Alfred Adlers. Adler ging davon aus, dass sich die Menschen im Vergleich zu ihrer Umwelt (Natur, Mitmenschen und Kultur) als mehr oder minder unterlegen erleben. Dies Empfinden beginnt sich in der Kindheit breit zu machen und hält gewöhnlich bis ins Alter der Betreffenden an. Zwar wechseln die Situationen und Inhalte der Kleinheitsgefühle im Laufe eines Menschenlebens; das Faktum aber der Inferioritäts-Empfindungen ist über die Daseinsspanne eines Menschen hinweg konstant.

Da sich Menschen aufgrund ihrer Minderwertigkeitsempfindungen unwohl fühlen, greifen sie zu vielerlei Kompensationsstrategien, um ihr Erleben von Unterlegenheit abzuschwächen. Eine weit verbreitete und oft zur Anwendung gelangende Möglichkeit, das Inferioritätserleben und die damit assoziierte Dysphorie zu dämpfen, besteht nun gerade im Streben nach Perfektibilität und Vollkommenheit. Wer sich in irgendeinem Bereich seiner Existenz als (nahezu) perfekt und makellos empfindet, fühlt sich groß und mächtig und vergisst seine Kleinheits- und Ohnmachtsgefühle.

Wohlgemerkt: Adler sprach von Vollkommenheitsstreben und nicht von tatsächlicher Vollkommenheit. Ersteres gibt eine Richtung und ein Ziel vor, und beides kann dazu beitragen, dass der Einzelne aufgrund dieser Zielsetzung sozial und/oder kulturell wertvolle Beiträge und Leistungen vollbringt; Letztere subsumierte Adler auch unter dem Begriff des Gemeinschaftsgefühls. So führt das Vollkommenheitsstreben eines Künstlers häufig zu

---

7 Schiller, F.: Über Anmut und Würde (1793), in: Sämtliche Werke Band V, Darmstadt 1993, S. 468

eindrücklichen Kunstschöpfungen, denen wir nicht selten das Prädikat des Schönen verleihen. Der Schönheitssinn eines Autors, Malers, Bildhauers, Tonsetzers oder Choreographen kann daher auch als Spielart des Alfred Adler'schen Gemeinschaftsgefühls oder *Common sense* interpretiert werden. Soziale und kulturelle Verbundenheit gehen mit dem Vollkommenheitsstreben günstigenfalls Hand in Hand; Goethe in seinen *Maximen und Reflexionen* meinte dazu:

> *Vollkommenheit:* ist schon da, wenn das Notwendige geleistet wird. *Schönheit:* wenn das Notwendige geleistet, doch verborgen ist. Vollkommenheit kann mit Disproportion bestehen; Schönheit allein mit Proportion.[8]

Wähnt sich hingegen eine Person bereits als vollkommen (gleichgültig, ob es sich dabei um ethisch-moralische, intellektuelle, soziale, handwerkliche oder künstlerische Vollkommenheit handeln soll) und nicht nur mit einem gehörigen Schuss Vollkommenheitsstreben versehen, betritt sie mit dieser Überzeugung eventuell bereits das Terrain von Größenidee, Neurose und psychosozialer Störung. Das Streben nach Vollkommenheit ist durchaus als Faktor der Produktivität und Originalität zu bewerten, wohingegen die angeblich realisierte Vollkommenheit den Verdacht der Überheblichkeit und zügellosen Größenfantasie auslöst.

Das tatsächlich Vollkommene gehört der Sphäre des Göttlichen an (wenn es sie denn gäbe), indes Menschen einem bekannten Diktum von Jean-Paul Sartre zufolge immer nur verunglückte Versuche sind, Götter sein zu wollen. Bei hohen Ausprägungsgraden von Schönheit allerdings, bei denen wir geneigt sind, von Vollkommenheit zu sprechen, kann es uns passieren, dass wir regelrecht erschrecken oder in Ehrfurcht erstarren, so als ob wir mit einer Götterwelt in Kontakt gekommen sind. Goethe mochte derlei erlebt und zum Ausdruck gebracht haben, als er im *Buch Suleika* des *West-östlichen Divan* angesichts des schlechthin Schönen der Natur dichtete: „Unmöglich scheint immer die Rose." Eine ähnliche Empfindung dürfte Rainer Maria Rilke umgetrieben haben, wobei er für seine Erfahrungen einer göttlich-überirdischen, weil umwerfenden Schönheit, deren Ausmaßen er sich nicht gewachsen fühlte, das Bild und die Metapher eines Engels verwendete; bei ihm heißt es entsprechend in den *Duineser Elegien*:

> Denn das Schöne ist nichts / als des Schrecklichen Anfang, den wir noch grade ertragen, / und wir bewundern es so, weil es gelassen verschmäht, / uns zu zerstören. Ein jeder Engel ist schrecklich.[9]

Schönheit und das Erhabene. Nehmen wir Schönes in übermenschlicher Größe und Dimension wahr, sprechen wir auch vom Erhabenen. Das Hochgebirge, das Meer, das Himmelsgewölbe mit seinen unendlichen Ausdehnungen und Himmelskörpern sind oft genannte Beispiele für derlei Erhabenes. Der englische Philosoph Edmund Burke (1729–1797) war einer der ersten, der in seiner *Philosophischen Untersuchung über den Ursprung unserer Ideen vom Erhabenen und vom Schönen* (1757) Kriterien für das Erhabene formulierte: groß, dunkel, mächtig, unendlich, prächtig – aber auch der plötzliche Einbruch von lauten Geräuschen oder von Leere und Stille.

---

8 Goethe, J.W.: Sprüche – Sämtliche Maximen und Reflexionen, Frankfurt am Main 2005, S. 177
9 Rilke, R.M.: Duineser Elegien – Die erste Elegie (1912), in: Die Gedichte, Frankfurt am Main 2006, S. 689

Immanuel Kant beschäftigte sich in der *Kritik der Urteilskraft* (1790) ebenfalls mit dem Phänomen des Schönen und Erhabenen. Als schön bezeichnete er Gegenstände oder Situationen, die in uns „interesseloses Wohlgefallen" auslösen. Schönheit, so Kant, induziere weder Begierden noch Affekte oder Ressentiments, wobei dies für Objekte der Natur wie auch der Kultur (etwa Kunstwerke) gelte. Abgesehen davon, dass diese Definition bei den Zeitgenossen Kants auf nachhaltige Kritik stieß, lockerte der Königsberger Denker damit die seit Platon und Plotin stets postulierte Einheit des Schönen mit dem Guten und Wahren etwas auf.

Im Gegensatz zum Schönen erleben wir Kant zufolge bei der Konfrontation mit Erhabenem enorme Emotionen. Das Gebirge (von ihm als das statisch Erhabene bezeichnet) und das Meer (als das dynamisch Erhabene charakterisiert) induzieren bei uns primär Ohnmachts- und Unterlegenheitsgefühle. Allerdings setzen wir oft unser Bewusstsein und unseren Intellekt gegen diese Naturphänomene und bugsieren uns so in eine Lage der moralisch-geistigen Überlegenheit – das Erhabene ist keine Qualität des betrachteten Objekts, sondern eine Empfindung des Betrachters, der an seinem Objekt mittels einer intellektuell-gemüthaften Bewegung Erhabenheit erlebt:

> » Schön ist das, was in bloßer Beurteilung (also nicht vermittelst der Empfindung des Sinnes nach einem Begriffe des Verstandes) gefällt. Hieraus folgt von selbst, dass es ohne alles Interesse gefallen müsse. Erhaben ist das, was durch seinen Widerstand gegen das Interesse der Sinne unmittelbar gefällt.[10]

In eine ähnliche Richtung, allerdings mit deutlicher sozialpolitischer Kritik versehen, argumentierte der Philosoph Günther Anders (1902–1992), der sich in seiner Abhandlung *Kafka, pro und contra – Die Prozessunterlagen* (1951) auf die Definitionstradition des Erhabenen als Verbindung des Schrecklichen mit dem Schönen bezog. Für ihn bedeutete das (politisch) Erhabene jenes Übermächtige und Schreckenerregende, das auf die Ausübung seiner Übermacht verzichtet, Distanz zum Betrachter einhält und diesem deshalb letztlich – als schön imponiert.[11]

Das Erhabene führt also, wie schon Immanuel Kant erläuterte, dem Menschen einerseits seine Kontingenz und Endlichkeit und damit seine (relative) Machtlosigkeit vor Augen; andererseits fasziniert es ihn gerade aufgrund seiner Größe und Überlegenheit. Es verkörpert damit eben jenes *Mysterium tremendum et fascinans*, welches dem Religionsphilosophen Rudolf Otto (1869–1937) zufolge das Wesen des Numinosen und die Erfahrung des Heiligen charakterisiere.[12] Eine analoge, aber nicht auf das Heilige und Göttliche abzielende Unterscheidung von Erhabenem und Schönem formulierte der Philosoph Richard Rorty (1931–2007):

> » In meinem Wortgebrauch ist das Streben nach dem Schönen der Versuch, vertraute Dinge zu Mustern größerer Harmonie und Dichte zu ordnen ... Im Gegensatz dazu ist das Streben nach dem Erhabenen der Versuch, in Berührung zu kommen mit etwas

---

10 Kant, I.: Kritik der Urteilskraft (1790), Werkausgabe Band X, Frankfurt am Main 1992, S. 193

11 siehe hierzu Anders, G.: Kafka, pro und contra – Die Prozessunterlagen (1951), in: Mensch ohne Welt, München 1984, S. 87

12 siehe hierzu Otto, R.: Das Heilige – Über das Irrationale in der Idee des Göttlichen und sein Verhältnis zum Rationalen (1917), München 2004

Unvertrautem, weil Unsagbarem – etwas, das keiner Neubeschreibung und Rekontextualisierung zugänglich ist.[13]

Der schöne Schein und das wahre Sein. Was aber, wenn sich Schreck Auslösendes und Übermächtiges nicht zurückhalten? Wenn Hässliches sich als hässlich und Absurdes sich als sinnwidrig erweist? Wenn sich das Leben in allen jenen Aspekten bemerkbar macht, die wir mit Abscheu, Distanz und Widerwillen betrachten? Und wenn sich uns das wahre Sein ungeschminkt und ohne Dämpfung in seinen schrillen Dissonanzen und unauflösbaren Disharmonien präsentiert?

Nietzsche, dem die Aporien (Weglosigkeiten) und Schattenseiten der menschlichen Existenz vertraut waren, plädierte gerade deshalb für Daseinsformen, denen Ästhetik, Kunst und Schönheit innewohnen. Weil das Ausmaß der Sinnwidrigkeiten im Menschenleben das Tolerierungs- und Verarbeitungsvermögen des Einzelnen beinahe regelhaft übersteigt und ihn zu vergiften droht, braucht es unserem Denker zufolge ein Antidot (Gegengift), um das Leben erträglich werden zu lassen. Dieses Antidot suchte und fand Nietzsche in der Kunst und in der Schönheit. In seiner frühen Philosophie berief er sich diesbezüglich auf die griechischen Gottheiten Apoll und Dionysos, wobei das Apollinische die bewussten, hellen und aufgeklärten Facetten des Schönen repräsentierte, indes das Dionysische für unbewusste, triebhafte, chthonische und ekstatische Aspekte der künstlerischen, ästhetischen und kreatürlichen Daseinsmomente stand. Die apollinischen und dionysischen Kräfte und Prinzipien schaffen das Schöne, das nach Nietzsche das menschliche Leben um ein Vielfaches mehr rechtfertige als alle religiösen, historisch-ideologischen, moralischen, psychologischen, soziologischen, politischen und sonstigen Rechtfertigungsversuche zusammengenommen:

> Nur als *ästhetisches Phänomen* ist das Dasein und die Welt auf ewig gerechtfertigt. – Die *Kunst* ... allein vermag jene Ekelgedanken über das Entsetzliche oder Absurde des Daseins in Vorstellungen umzubiegen, mit denen sich leben lässt.[14]

Noch radikaler als Immanuel Kant löste Nietzsche das Schöne und die Kunst aus der Einbettung in andere Wertbereiche, die seit der Antike zum festen Definitions-Bestandteil der Schönheit zählten. Dies erklärt auch, warum Nietzsche die Umschreibung Stendhals „Schönheit ist nur ein Versprechen von Glück" außerordentlich schätzte. Das Schöne bedeutet seither nicht mehr das sinnliche Scheinen einer Idee, wie es von Platon vertreten wurde, und weist nicht mehr auf Unendliches oder Überirdisches hin. Nietzsche wie Stendhal beabsichtigten, das Schöne und die Kunst wieder mitten im Leben entspringen und auf es zurückwirken zu lassen, und sie waren sich einig darin, es als einen Wert *per se* zu begreifen, der dem Idealismus eines Platon entgegentritt:

> An einem Philosophen ist es eine Nichtswürdigkeit zu sagen: das Gute und das Schöne sind eins: fügt er gar noch hinzu „auch das Wahre", so soll man ihn prügeln. Die Wahrheit ist hässlich: wir haben die Kunst, damit wir nicht an der Wahrheit zugrunde gehen.[15]

---

13 Rorty, R.: Die Schönheit, die Erhabenheit und die Gemeinschaft der Philosophen (1999), Frankfurt am Main 2000, S. 16

14 Nietzsche, F.: Die Geburt der Tragödie aus dem Geiste der Musik (1872), in: KSA 1, München 1988, S. 47 und 57

15 Nietzsche, F.: Aus dem Nachlass (1888), in: KSA 13, München 1988, S. 500

Nietzsche postulierte geradezu einen Willen zum Schein, der das Schöne in Kontraposition zum krude-hässlichen Sein zur Entfaltung kommen lässt und den Menschen über ihre vielfältigen Sinndefizite hinweghilft. Anders aber als Narkotika (Alkohol, Drogen) oder betäubend wirkende Ideologien (Religionen, religiös-politische Weltanschauungen) induzieren Schönheit und Kunst im günstigen Falle keine Verdrängungen der Wirklichkeit. Im Gegenteil: Sie benennen die Untiefen und Wertlücken des menschlichen Lebens, und gleichzeitig liegt in der Art und Weise ihrer Benennung ein letzter Rest von Würde, Anmut, Hoffnung und Trost, der dem Humanen Ausdruck verleiht, selbst wenn die Humanität mit Füßen getreten wird. Als ein Beispiel sei ein Ausschnitt aus Albert Camus' *Hochzeit in Tipasa* zitiert – Erinnerungen an Algerien und an die Begegnung mit dem Absurden:

» Im Frühling wohnen in Tipasa die Götter. Sie reden durch die Sonne und durch den Duft der Wermutsträucher, durch den Silberkürass des Meeres, ... Hier begreife ich den höchsten Ruhm der Erde: das Recht zu unermesslicher Liebe. Es gibt nur diese eine, einzige Liebe in der Welt ... Alles hier lässt mich gelten, wie ich bin; ich gebe nichts von mir auf und brauche keine Maske; es genügt mir, dass ich geduldig die schwierige Wissenschaft lerne: zu leben.[16]

Das Schöne und die Kunst. Nicht nur Menschen und ihre Beziehungen, Tiere, Pflanzen und die gesamte Natur können als schön empfunden und bezeichnet werden (das Naturschöne). Daneben gibt es das kulturell geschaffene oder vermittelte Schöne, für das sich fast Jahrtausende lang bevorzugt die Künstler zuständig fühlten (das Kunstschöne). Bis weit ins 19. Jahrhundert hinein galt es als exquisite Aufgabe wie auch als Vorrecht von Malern, Bildhauern, Dichtern, Architekten, Tänzern, Schauspielern und Tonsetzern, Sachwalter des Schönen zu sein.

Der Künstler ist der Schöpfer schöner Dinge – heißt es in Oscar Wildes Vorrede zu *Das Bildnis des Dorian Gray* (1890/91). Diese Vorrede geriet ihm zu einem Manifest des Ästhetizismus, einer Weltanschauung, die in der Schönheit (dem Ästhetischen) den höchsten Wert sieht und Phänomene wie Ethik, Moral, Erkenntnisbemühungen, Mythos, Religion, Politik, Geschichte und soziale Verhältnisse verglichen mit dem Schönen als nachgeordnet klassifiziert. Bei Wilde findet sich sogar der Gedanke, dass der (libertäre) Sozialismus als Ideologie nur deshalb vor anderen politischen Systemen rangiere, weil er am ehesten die hässlichen Seiten der Gesellschaft – Pauperismus, Ungerechtigkeiten, Verwahrlosung, Bildungsdefizite, Krankheiten – zu beseitigen versprach.

Oscar Wilde war nicht der einzige Vertreter des Ästhetizismus. Sein Lehrer in Oxford, Walter Pater, gehörte ebenso zu dieser Gruppe wie John Ruskin, Aubrey Beardsley, Frederic Leighton oder Stéphane Mallarmé in Frankreich und Stefan George in Deutschland. Der Typus des Dandy verkörperte die ästhetisierenden Ideale (nicht selten auch Manierismen) dieser Künstler am sinnfälligsten, wobei es einem Fehlurteil gleichkäme, sie als bloße Narzissten einzuordnen und ihren seriösen Einsatz für eine schönere und damit auch für eine humanere Welt geringzuschätzen.

Das ästhetische Manifest Wildes verdeutlichte etwas von dem, was die meisten Künstler der Neuzeit (zumindest bis zum 20. Jahrhundert) auszeichnete: Sie verstanden sich mehrheitlich als Speerspitze des Fortschritts hin zu einer aufgeklärten, emanzipierten sowie

---

16 Camus, A.: Hochzeit in Tipasa (1938), in: Hochzeit des Lichts, Frankfurt am Main 1988, S. 9 ff.

freiheitlich und sozial gesinnten Menschheit. Die Schönheit, die sie in ihren Werken zum Ausdruck brachten, sollte das Publikum ermutigen, sensibilisieren und in gewisser Weise auch verführen, sich diesen Gesichtspunkten der Welt gegenüber zu öffnen und sich, wenn möglich, auch dafür zu engagieren.

Authentizität, Weltoffenheit, liberale und tolerante Weltanschauung, Solidarität, intellektuelles und soziales Engagement, Würde, Humanität, Gelassenheit und Souveränität – alle diese Wertdimensionen sollten unter der Flagge der Schönheit den Kunstgenießenden und Kunstkonsumenten nahegebracht werden, um sie mittels der Kunst letztlich nicht so sehr zu überzeugen, sondern sie durch Schönheit, Vollkommenheit, Anmut und Erhabenheit beinahe zu überrumpeln und überreden. Friedrich Nietzsche durchschaute diese Vorgehensweise von Künstlern, die das Schöne als Argument für ihre eigenen Überzeugungen heranziehen, durchaus:

> Der Künstler hat in Hinsicht auf das Erkennen der Wahrheiten die schwächere Moralität, als der Denker; er will sich die glänzenden, tiefsinnigen Deutungen des Lebens durchaus nicht nehmen lassen und wehrt sich gegen nüchterne, schlichte Methoden und Resultate. Scheinbar kämpft er für die höhere Würde und Bedeutung des Menschen; in Wahrheit will er die für seine Kunst *wirkungsvollsten* Voraussetzungen nicht aufgeben, also das Phantastische, Mythische, Unsichere, Extreme, den Sinn für das Symbolische, die Überschätzung der Person, den Glauben an etwas Wunderartiges im Genius: Er hält also die Fortdauer seiner Art des Schaffens für wichtiger als die wissenschaftliche Hingebung an das Wahre in jeder Gestalt.[17]

Die Verschönerung der Welt. Allem Anschein nach sind es nicht nur die Künstler, denen es ein hohes Anliegen ist oder zumindest war, die Welt zu verschönern und ihre defizitär-hässlichen Aspekte abzumildern. Derartige Impulse dürfen wir bei vielen Menschen annehmen; womöglich handelt es sich dabei sogar um eine Eigentümlichkeit des Humanen, die unsere Gattung schon seit Jahrzehntausenden auszeichnet.

Schönheit und Verschönerung der umgebenden Welt bewegte die Menschen wahrscheinlich schon in sehr frühen Kulturen. Höhlenmalereien mögen magisch-mythischen Zwecken gedient haben – daneben waren sie jedoch schlicht auch schön. Schmuck, Körperbemalungen sowie die kunstvolle Gestaltung von Statuetten, Kultgegenständen oder von Alltags- und Gebrauchsdingen zeugen ebenfalls von genuinen Bedürfnissen der Menschen nach Ästhetisierung ihrer Welt und ihres Daseins. Besonderes ästhetisches Engagement legten unsere Vorfahren bei der Errichtung von Gebäuden und dem Arrangement von Orten an den Tag, in und an denen sie die Anwesenheit von Göttern vermuteten – jene Lebewesen, die sie am wertvollsten und als heilig empfanden, sollten die schönsten Wohn- und Weihestätten erhalten. Auch die Götterstatuen und Götzenbilder waren dementsprechend prächtig gestaltet; zu Recht sprach man in diesen Zusammenhängen von der blendenden Schönheit, die von den Götterbildern der Alten ausgegangen sein muss.

Zwischen diesen letztlich von Menschen geschaffenen göttlichen Verhältnissen und den irdischen Gegebenheiten tun sich jedoch seit jeher enorme Lücken auf. Sobald wir uns und unsere gesellschaftlichen, politischen, sozialen, ökonomischen und sonstigen Rahmenbedingungen unvoreingenommen betrachten, begegnet uns keineswegs nur Schönes,

---

17 Nietzsche, F.: Menschliches, Allzumenschliches (1878), in: KSA 2, München 1988, S. 142

Erhabenes und Vollkommenes. Im Gegenteil: Phänomene wie Krieg, Terror, Verelendung, Armut, Unterdrückung, Mord, Krankheit und Tod sind nicht anders denn als hässlich sowie fratzen- und ekelhaft zu bezeichnen! Dies Abscheuliche und Misslingende ist mindestens ebenso weit verbreitet und dominant wie das Schöne, Edle und Harmonische. Womöglich haben bereits unsere Altvordern während der Frühzeit der Menschheit diese und viele andere Defizite des menschlichen Daseins als überaus störend und sinnwidrig empfunden, und zumindest ein Teil ihrer Verschönerungs-Impulse mag dem Faktum geschuldet gewesen sein, mittels Schönheiten aller Art den Disparatheiten der menschlichen Existenz Paroli zu bieten. Das Schöne wäre demnach für sie mit einem Versprechen von Sinn konkordant gewesen.

Dazu passt die Wahrnehmungstheorie der Gestaltpsychologie, die davon ausgeht, dass Menschen beim Erleben von unfertigen, lädierten oder defizitären Gestalten dazu neigen, dieselben im Geiste zu ergänzen, zu heilen und zu vervollkommnen. Es gehört allem Anschein nach zu den menschlichen Wesenseigentümlichkeiten, komplette, prägnante und runde Gestalten wahrnehmen und empfinden zu wollen – wobei es gleichgültig ist, ob es sich dabei um geometrische Figuren, um einen unaufgeräumten Schreibtisch, den eigenen Körper oder um komplexe psychosoziale und interpersonelle Gestalten und Verhältnisse handelt.

Christian von Ehrenfels (1859–1932), ein wesentlicher Mitbegründer der Gestaltpsychologie, hat in seinen Schriften zur *Ästhetik* (München 1986) das Schöne als „geahnte Einheit in der Mannigfaltigkeit" definiert. Er hob damit auf das prinzipiell Offene, Fragmentarische und Ergänzungs-Bedürftige aller Wahrnehmungsakte ab, wobei Schönheit entsteht, sobald der Wahrnehmende aus den Partikeln seiner Sinneseindrücke im Geiste kongruente und kohärente Zusammenhänge schafft. Das Schöne – etwa eines Bildes, einer Symphonie oder eines Bauwerks – entsteht bei jeder Beschäftigung und Wahrnehmung beispielsweise eines Kunstobjekts neu, und immer wieder werden dabei überraschende Einheiten und Einsichten in Bezug auf Vielfalt und Mannigfaltigkeit des betrachteten Objekts generiert: „Es steht manches Schöne isoliert in der Welt", meinte Goethe in seinen *Maximen und Reflexionen*, „doch der Geist ist es, der Verknüpfungen zu entdecken und dadurch Kunstwerke hervorzubringen hat."[18]

Schönheit wäre damit ein Versprechen von Ganzheit, Rundung und gelungener Gestalt, und die Impulse der Verschönerung der Welt können als Versuche gewertet werden, lädierte und unfertige Gestalten (von der persönlichen Krankheit oder Unebenheit des Gesichts bis zu kollektiven Gestaltdefiziten wie Armut, Krieg, Verwahrlosung) zu komplettieren und zu kompensieren. Aber auch umgekehrt gilt: Immer, wenn wir komplette und vollkommene Gestalten wahrnehmen oder sie im Geiste dazu imaginieren, empfinden und erleben wir Abschattungen und Grade von Schönheit. Künstler sind (oder waren) von Berufs wegen mit solcher Gestaltwerdung betraut, nach der sich allerdings die meisten anderen Menschen (also Nicht-Künstler) ebenso sehen. Goethe hatte Entsprechendes im Sinn, als er über die Gestalt-ermöglichende Kraft und Potenz der Malerei (sowie der Kunst im Allgemeinen) schrieb:

> Die Malerei ist für das Auge wahrer als das Wirkliche selbst. Sie stellt auf, was der Mensch sehen möchte oder sollte – nicht, was er gewöhnlich sieht.[19]

---

18 Goethe: Sprüche – Sämtliche Maximen und Reflexionen, Frankfurt am Main 2005, S. 138
19 Goethe: Sprüche – Sämtliche Maximen und Reflexionen, Frankfurt am Main 2005, S. 184

Kapitel 15 · Schönheit ist ein Versprechen von Sinn

Von der Allgegenwart und Abwesenheit der Schönheit. Eine derartige Aussage war zu Lebzeiten Goethes beinahe eine Selbstverständlichkeit, hat aber spätestens im 20. Jahrhundert ihre nicht hinterfragbare Gültigkeit verloren. Wie eingangs erwähnt, gingen die Malerei sowie die schönen Künste insgesamt ihrer Funktion als genuine Heimstatt des Schönen verlustig; von heutigen künstlerischen Werken erwarten wir stattdessen andere Qualitäten wie etwa Authentizität, ungeschminkte Widerspiegelung der Realität, Aufklärung, Aktualität sowie ein ziemlich hohes Maß an Außergewöhnlichkeit, das häufig ins Extravagante kippt und mit Thrills (*sensation seeking*) angereichert wird.

Außerdem müssen wir uns seit dem letzten Jahrhundert verstärkt mit dem *Kunstwerk im Zeitalter seiner technischen Reproduzierbarkeit* – so der Titel eines oft zitierten Essays von Walter Benjamin aus dem Jahre 1935 – anfreunden. Als künstlerisch wertvoll gilt seither vor allem das Seltene und Einmalige – eine Aura, die durch die Reproduktionen merklich gelitten hat. Schönheit im herkömmlichen Sinne wird dabei nur noch selten anvisiert, und manche Ästhetik- und Kunst-Philosophen fragen sich ernsthaft, „ob die gegenwärtige Kunst recht damit hat, nicht schön sein zu wollen".[20] Das Schöne ist offenkundig aus dem angestammten Bereich der Kunst ausgewandert, und daher interessiert uns brennend die Frage nach seinem Verbleib. Beinahe zeitgleich mit der massenhaften Reproduktion von Kunstwerken (Drucke, Fotografien, Schallplatten, CDs, Abgüsse etc.) war eine Welle der Verschönerung von Alltagsgegenständen und -verrichtungen zu beobachten, die das Dasein in der westlichen Welt seither charakterisieren:

» Die Entthronung des Schönen in der modernen Kunst steht in umgekehrt proportionalem Verhältnis zur ubiquitär werdenden Affirmation des Schönen in den alltagsästhetischen Moden, in Design, Werbung und Kosmetik.[21]

Der Widerspruch in unserer Überschrift erweist sich also bei genauerer Betrachtung lediglich als ein scheinbarer. So sehr wir an zeitgenössischen Kunstwerken das Schöne vermissen mögen, so sehr begegnet uns eben dieses Schöne in unserem Alltagsleben. Kleidung, Möbel, Architektur, Autos, Gebrauchsgegenstände aller Art (Design), Sport, Essen (Michelin-Sterne) – wir können uns das Nicht-Gestylte kaum mehr imaginieren, vom Kugelschreiber bis zum Schöner-wohnen-Katalog, vom Catering-Service der Geburtstags-Party bis hin zu den raffinierten ästhetischen Duft- und Akustik-Untermalungen von Toiletten in gehobenen Mittelklasse-Hotels.

Die Abwesenheit der Schönheit in der Kunst korrespondiert also mit der flächendeckenden Anwesenheit des Schönen im Alltag zumindest der westlichen Welt, und so steht zu vermuten, dass ein Teil jener Effekte, die bisher vom Kunstschönen ausgelöst wurden, im Alltagsschönen gefunden oder wenigstens gesucht werden können. Doch um welche Wirkungen handelt es sich beim Erleben, Konsum und Genuss von Schönheiten der Kunst respektive des Alltags?

Beim Kunstschönen durfte man lange davon ausgehen, dass die Rezipienten durch das Erhabene, Anmutige oder Vollkommene der Kunst in ihrer Stimmung angehoben und in ihrem Erkenntnis-Horizont geweitet wurden. Wohlgefallen, Freude, Begeisterung, Identifikation und Glück – solche und ähnliche Emotionen vermag das Kunstschöne zu induzieren,

---

20 Menke, Chr.: Die Macht der Schönheit, in: Was ist noch schön an den Künsten? Eine Vortragsreihe der Bayerischen Akademie der Schönen Künste, hrsg. von Michael Krüger, Göttingen 2015, S 104
21 Menninghaus, W.: Das Versprechen von Schönheit, Frankfurt am Main 2003, S. 170

wobei das Publikum, soweit es offen und aufnahmebereit ist, von der Authentizität, der Weltoffenheit und den Freiheitsgraden, die in vielen Kunstwerken investiert sind, angesteckt wird: Wer je mit sehendem Auge einige Tage in Weimar zugebracht hat, wird in der Regel mit dem festen Vorsatz wieder zu Hause ankommen, von nun an das eigene Leben verfeinern und verschönern zu wollen.

Derartige Wirkfaktoren hatte auch Friedrich Schiller im Visier, wenn er in *Über die ästhetische Erziehung des Menschen in einer Reihe von Briefen* (1795) seiner Überzeugung Ausdruck verlieh, dass die Ästhetik (womit er das Schöne meinte) als pädagogischer Einfluss aussichtsreicher zu beurteilen sei als noch so klug und edel klingende ethische Imperative. Der Schönheit gestand er zu, die sinnlichen Tendenzen im Menschen (Stofftrieb) mit den vernünftig-geistigen Anteilen (Formtrieb) zu versöhnen und zum produktiven Ausgleich zu bringen – ein Ausgleich, den Schiller im spielenden Menschen (*Homo ludens*) als gelungen ansah.

Die Verschönerung des Daseins als Voraussetzung für dessen ethisch-moralische Verfeinerung: Man könnte meinen, dass unsere Kultur mit ihrer weit verbreiteten Situations- und Waren-Ästhetik auf dem besten Wege ist, die Überlegungen Schillers Wirklichkeit werden zu lassen. Und doch kommen uns Zweifel, ob das *Design* hinreicht, um das *Sein* nachhaltig zu verändern – oder ob sich Design wie der schöne Schein benimmt und die tragischen Unebenheiten und Defizite des Seins lediglich kaschiert. Das 20. Jahrhundert hat jedenfalls erschreckend viele Individuen erlebt, die sich abends und am Wochenende am Kunstschönen ergötzten, um dann während der Woche barbarischste Inhumanitäten zu planen und zu realisieren.

Wer aber will uns beweisen, dass Alltagsschönes imstande ist, diesbezüglich humanisierender zu wirken als Kunstschönes? Oder erwarten die Apologeten von Mode, Werbung und Design einen quasi-religiösen Effekt, ähnlich wie er Ende des 19. Jahrhunderts zu beobachten war, als sich die Schönheit im Rahmen des Ästhetizismus schon einmal daran machte, nicht nur die Kunst, sondern das gesamte menschliche Leben, individuelles wie kollektives, zu erobern und zu dominieren? Soll Schönes im Alltag nicht nur, wie Nietzsche es beschrieben hat, ablenken, verdecken oder trösten, sondern sogar erlösen?

> ❭❭ So nimmt eine regelrechte ästhetische Religion Gestalt an, und unter der Devise *l'art pour l'art* setzt sich die Idee durch, dass Schönheit ein erstrangiger, um jeden Preis zu verwirklichender Wert ist, was so weit geht, dass für viele das Leben selbst als Kunstwerk gelebt werden muss.[22]

Was Umberto Eco in seiner *Geschichte der Schönheit* für die Entwicklung von Ästhetizismus und Dandytum im 19. Jahrhundert erörtert hat, weist gewisse Parallelen zu manchen Kultur- und Gesellschaftsbereichen im 21. Jahrhundert auf. Weil die herkömmlichen Götter und Gottesdienste längst obsolet geworden sind, verfallen manche, die es sich leisten können, auf die Idee, Erfüllung wie Verlängerung ihres Lebens (bis hin zur imaginierten Unsterblichkeit) von der makellos-vollkommenen Schönheit ihrer Waren- und Konsumwelt zu erwarten.

Der *Homo consumens* hat sich in den letzten Jahrzehnten merklich zum *Homo aestheticus* gewandelt, wobei der Besitz des Schönen (z. B. Kunst-Originale, vor allem aber das Alltagsschöne der „feinen Leute"[23]) den Genuss desselben schon längst abgelöst hat. Die Daseinsalternative des *Homo aestheticus et consumens* lautet nicht mehr noch wie bei Erich Fromm:

---

22 Eco, U.: Die Geschichte der Schönheit (2004), München 2012, S. 330
23 Veblen, Th.: Theorie der feinen Leute (1899), Frankfurt am Main 1986, S. 119 ff.

Haben oder sein. Vielmehr lebt er nach der imperativen Formel: Haben des schönen und originalen Scheins! – eine Existenzform, die ihn anfällig macht für alle die Beltracchis[24] dieser Welt, die ihr Geld mit Kopien und Fälschungen von Kunstwerken verdienen und damit die Bedürfnisse ihrer Klientel zu befriedigen vorgeben.

Schönheit ist ein Versprechen von Sinn. Doch worin bestehen letztlich diese Bedürfnisse, und warum hält die Befriedigung durch den Besitz von schönen Gegenständen oder Kunstwerken häufig nur kurze Zeit an? Die Überschrift unseres Essays gibt darauf indirekt eine Antwort, wobei sie auf ein oft zitiertes Bonmot von Stendhal (1783–1842) anspielt: Schönheit ist nur ein Versprechen von Glück. In der Abhandlung *Über die Liebe* (1822) findet sich als Fußnote versteckt diese Definition des Schönen, die eine Weiterentwicklung eines Gedankens von Thomas Hobbes (1588–1679) darstellt. Letzterer war, ähnlich wie Stendhal zwei Jahrhunderte nach ihm, überzeugt, dass Schönheit als das Anzeichen eines zukünftigen Guten zu interpretieren ist. Beides, das Glück wie auch das zukünftige Gute (oder Bessere), kann durchaus mit dem Schönen assoziiert werden.

Bisher haben wir Naturschönes, Kunstschönes und Alltagsschönes (Mode, Design, Kosmetik) voneinander unterschieden. Vor allem Letzteres besitzen wir oftmals, wobei auch das Natur- und Kunstschöne in unseren Besitz übergehen kann. Neben der Tatsache, dass sich sehr gut Betuchte einen „echten Matisse" oder einen großen Garten mit Naturschönheiten leisten können, ist damit gemeint, dass wir mittels Reproduktion von Kunst (Drucke, Musik-CDs) dieselbe jederzeit beinahe derart erleben können, als besäßen wir den echten Matisse oder säßen im Konzertsaal; oder wir besuchen den öffentlichen Park mit seinen Naturschönheiten regelmäßig, so dass er zum festen Bestandteil unseres Lebens wird.

Doch es ist eigenartig: Je mehr sich Schönes als angeblicher Besitz erweist, umso schwieriger wird es nicht selten, das Schöne weiter als solches zu erkennen und wertzuschätzen. Als ob sich ein Empfinden von gewöhnlicher Selbstverständlichkeit einstellt, summen wir – quasi als unseren jederzeit verfügbaren Besitz – die kleine Nachtmusik vor uns hin, betrachten den Matisse-Druck nur noch aus dem Augenwinkel und laufen blindlings durch den Park, ohne von dessen exquisiten Sichtachsen und Baum-Arrangements Kenntnis zu nehmen – von den eventuellen Schönheiten der Mitmenschen, die wir als obligat erachten, ganz zu schweigen. Schließen sich demnach Schönheit und Besitz aus? Kann man Schönheit nur erleben und genießen, nicht aber sammeln, kaufen und konservieren? Ist das Erlebnis von Alltags-, Natur- und Kunstschönem, vor allem aber das Erleben von zwischenmenschlich schönen Situationen mit Seltenheit, Einmaligkeit und Außergewöhnlichkeit assoziiert?

Der zweite Teil von Goethes *Faust* gibt Antworten auf diese Fragen. Nachdem Faust bereits im ersten Teil vom Aussehen einer Frau völlig hin- und weggerissen ist – den Anblick von Gretchen kommentiert er entzückt: „Bei'm Himmel, dieses Kind ist schön! / So etwas hab' ich nie gesehen." –, erlebt er bei der Begegnung mit Helena nochmals eine Steigerung seiner Begeisterung. Helena galt in der griechischen Mythologie als schönste Frau ihrer Zeit, und jeder sinnlich ansprechbare Mann wollte sie deshalb unbedingt besitzen. Verheiratet mit dem Sparta-König Menelaos, wurde sie von Paris geraubt und nach Troja gebracht – ein Akt, der für den Ausbruch des Trojanischen Krieges maßgeblich verantwortlich war. Nach

---

24 Wolfgang Beltracchi (geboren 1951) wurde 2011 aufgrund von Kunstfälschung zu sechs Jahren Gefängnis verurteilt; man vermutet, dass sein Betrugsgewinn etwa 50 Millionen Euro betragen hat.

der Niederlage von Troja kehrte Helena zu Menelaos zurück, nicht ohne zuvor noch Deiphobos, den Bruder von Paris, geehelicht zu haben.

Goethe verwendete nun in *Faust II* den Mythos und die Figur der Helena als Symbol der Verknüpfung von Sinnlichkeit und Ewigkeit, also von Materie gewordener, verkörperter Schönheit einerseits und der Idee des Schönen andererseits. Ersteres ist man überzeugt, begreifen und besitzen zu können, wohingegen Letzteres stets nur als ideell Gedachtes, als Wert und Bedeutung imaginiert werden kann. Der Dichter relativierte jedoch in *Faust II* die beiden Facetten des Schönen, die materiell-körperliche ebenso wie die ideelle: Denn weder lässt sich die Schönheit besitzen wie anderes Hab und Gut („Unteilbar ist die Schönheit; der sie ganz besaß, / Zerstört sie lieber, fluchend jedem Teilbesitz."[25]), noch kann man sie ewig genießen (Helena zu Faust: „Ein altes Wort bewährt sich leider auch an mir: / Dass Glück und Schönheit dauerhaft sich nicht vereint."[26]).

Weil Schönheit als ideeller Wert immer an Materiell-Körperliches gebunden ist, um erlebbar zu werden, kann sie nicht auf Dauer gestellt werden – Materie und Organismen sind vergänglich; und weil dieser Wert nur erlebbar wird, wenn Vollkommenes im Spiel ist, lässt sich das Schöne nicht teilen – wir besäßen nach solchen Teilungen allenfalls einen „halben Matisse" oder nur noch die halbe Helena und verlören deren Ganzheit und Vollkommenheit und damit deren Schönheit aus den Augen. Schönheit als das Erleben des Schönen muss daher immer wieder neu gesucht und erobert werden, ohne dass sie je zum dauerhaften Besitz wird. Wie bei anderen Wertkonstellationen ebenso, benötigen wir für ihre Wahrnehmung ein geeignetes Sensorium, das es uns ermöglicht, jene situativen Momente zu erfassen, in denen sich Schönes ereignet und demaskiert. Emotionale Offenheit und Wertempfänglichkeit sind *Conditio sine qua non*, um allfällige Schönheit zu registrieren, sich von ihr affizieren zu lassen und sich für sie zu begeistern.

Geschieht Derartiges, empfinden wir die jeweiligen Gegenstände oder Situationen nicht nur als schön, sondern darüber hinausgehend auch als zumindest andeutungsweise sinn-, wert- und bedeutungsvoll. Die Abschattungen von gelungener Prägnanz und Vollkommenheit, die dem Schönen anhaften, verweisen ebenso auf die Dimensionen von Sinn und Wert wie jene Aspekte des Außergewöhnlichen und Nicht-Trivialen, die manche Augenblicke des Schönheits-Erlebens zu regelrechten Glücks-Momenten aufgipfeln. So scheint das Schöne nicht nur Glück, sondern auch das Erleben von Sinn, Wert und Bedeutung zu versprechen; oder anders ausgedrückt: Glücksempfindungen werden induziert, wenn wir (häufig überraschend) auf Sinn- und Wertvolles, Prägnantes und Vollkommenes – und damit auf Schönes stoßen.

Die Verknüpfungen der Schönheit mit Sinn, Wert und Bedeutung gehorchen hier keineswegs immer der von Platon geforderten Einbettung des Schönen ins Wahre und Gute; oft genug sind es Werte wie Vitalität, Enthusiasmus, Originalität, Freiheit und Autonomie, Individualität und Authentizität, Utopisches und Unmögliches, Leidenschaftlichkeit und ein hohes Maß an Erotik, aber auch würdevoll erlittene Vergeblichkeit und Niederlagen, welche das axiologische (Werte betreffende) Fundament des Schönen bilden. Goethe hatte wohl Ähnliches im Sinn, als er in einem Gespräch mit Eckermann meinte:

》 Man kann zwar nicht sagen, dass das Vernünftige immer schön sei; allein das Schöne ist doch immer vernünftig, oder wenigstens es sollte so sein.[27]

---

25 Goethe: Faust II (1832), in: HA Band 3, München 1986, Vers 9061–62
26 Goethe: Faust II (1832), in: HA Band 3, München 1986, Vers 9939–40
27 Eckermann, J.P.: Gespräch mit Goethe (18. April 1827), in: Gespräche mit Goethe, Berlin 1956, S. 317

Ersetzen wir das Adjektiv vernünftig mit sinn-, wert- und bedeutungsvoll (was wohl als Exemplifizierung von Vernunft gelten darf), touchieren wir wieder die Überschrift unseres Textes: Schönheit ist ein Versprechen von Sinn und Glück zugleich.

Literatur

1. Anders, G.: Mensch ohne Welt, München 1984
2. Camus, A.: Hochzeit des Lichts, Frankfurt/Main 1988
3. Eckermann, J.P.: Gespräche mit Goethe (1836/48), Berlin 1956
4. Eco, U.: Die Geschichte der Schönheit (2004), München 2012
5. Freud, S.: Das Unbehagen in der Kultur (1930), in: GW XIV, Frankfurt am Main 1999
6. Frisch, M.: Kultur als Alibi (1949), in: Gesammelte Werke in zeitlicher Folge, Band II, Frankfurt am Main 1998
7. Goethe: Faust II (1832), in: HA Band 3, München 1986
8. Goethe: Sprüche – Sämtliche Maximen und Reflexionen, Frankfurt am Main 2005
9. Kant, I.: Kritik der Urteilskraft (1790), Werkausgabe Band X, Frankfurt am Main 1992
10. Liessmann, K.P.: Schönheit, Wien 2009
11. Menke, Chr.: Die Macht der Schönheit, in: Was ist noch schön an den Künsten? Eine Vortragsreihe der Bayerischen Akademie der Schönen Künste, hrsg. von Michael Krüger, Göttingen 2015
12. Menninghaus, W.: Das Versprechen von Schönheit, Frankfurt am Main 2003
13. Nietzsche, F.: Die Geburt der Tragödie aus dem Geiste der Musik (1872), in: KSA 1, München 1988
14. Nietzsche, F.: Menschliches, Allzumenschliches (1878), in: KSA 2, München 1988
15. Nietzsche, F.: Aus dem Nachlass (1888), KSA 13, München 1988
16. Otto, R.: Das Heilige – Über das Irrationale in der Idee des Göttlichen und sein Verhältnis zum Rationalen (1917), München 2004
17. Platon: Timaios, in: Sämtliche Dialoge Band VI, Hamburg 1988
18. Rilke, R.M.: Die Gedichte, Frankfurt am Main 2006
19. Rorty, R.: Die Schönheit, die Erhabenheit und die Gemeinschaft der Philosophen (1999), Frankfurt am Main 2000
20. Schiller, F.: Über Anmut und Würde (1793), in: Sämtliche Werke Band V, Darmstadt 1993
21. Veblen, Th.: Theorie der feinen Leute (1899), Frankfurt am Main 1986

Man reist nicht, um anzukommen, sondern um zu reisen

Literatur – 283

Den Gedanken dieser Überschrift, den Goethe in Gesprächen mit Caroline Herder im September 1788 geäußert hat, bejahen wohl viele Reisende auch noch im 21. Jahrhundert. Anders als im 18. Jahrhundert, als Reisen das Vorrecht von einigen wenigen war, haben sich dieses Recht inzwischen Millionen Menschen erobert. Schätzungen sprechen weltweit von über einer Milliarde Reisen jährlich, wobei Anlass und Zweck von Aufbrüchen und Ankünften sehr unterschiedlich sind: Entdeckungs- und Forschungsreisen, Geschäfts- und Handelsreisen, Urlaubs-, Studien- und Bildungsreisen, Pauschal- und Individualreisen, Weltreisen und Betriebsausflüge, Städte-, Konzert-, Sprach-, Kunst- und Pilgerreisen, Abenteuer-, Wellness- und Sportreisen und viele weitere Varianten.

Bei derart großer Diversität des Reisens verwundert es nicht, auf die unterschiedlichsten Motive bei den Betreffenden zu stoßen. Je nach finanzieller Ausstattung, Milieu-Zugehörigkeit und Zwecken der jeweiligen Reise können dabei die persönliche Entwicklung und Bildung oder auch Amüsement, Abenteuer, Erkenntnisgewinn, Neugier, Fernweh, Erholung, Abwechslung, Entspannung, Vertreibung von Langeweile, Spiritualität im Mittelpunkt des Interesses stehen.

Dass sich Menschen von zuhause weg in die Ferne bewegen, ist als Phänomen uralt und tritt in der Menschheitsgeschichte parallel zum Phänomen der Sesshaftigkeit auf. Doch obwohl in den mythologischen Ursprungs-Epen diese Bewegungen in vielfältiger Art besungen werden – als Paradebeispiel dient hierfür die *Odyssee*, in der die Irrfahrten des Odysseus ausführlich geschildert werden –, assoziieren wir derlei kaum mit unseren heutigen Formen des Reisens.

Wenn wir in unserem Zusammenhang von Reisen sprechen, meinen wir eine freiwillige Unternehmung, die nicht primär dem Gelderwerb dient und normalerweise eine zyklische Bewegung – Aufbruch, Passage, Ankunft, Rückkehr – aufweist; Geschäftsreisen sollen deshalb ebenso wie erzwungene „Touren" – z. B. individuelles Exil, kollektive Völkerwanderungen, Migrations- und Fluchtbewegungen – hier nicht zur Debatte stehen. Auch gehen wir davon aus, dass der Reisende nicht nur die Fremde, sondern ebenso ein Zuhause und eine Heimat kennt, wenngleich wir natürlich alle nur Gast auf Erden sind und uns damit in gewisser Weise dauernd auf einer Art Lebensreise befinden – ein Motiv, das Franz Schubert in seiner *Winterreise* (1827) großartig vertont hat.

Das Faszinosum des Reisens. Im 21. Jahrhunderts blüht und boomt das Geschäft mit Touristik und Reisen beinahe weltweit. Wer es sich irgendwie leisten kann, verbringt einen Großteil seiner Ferien, seiner Freizeit, seines Urlaubs oder auch die Zeit seiner Rente wie weiland das fahrende Volk, nämlich unterwegs. Also fragen wir uns, was denn die Faszination und das Wesen dieser eigentümlichen Beschäftigung ausmachen.

» Wenn jemand eine Reise tut, / So kann er was verzählen; / Drum nahm ich meinen Stock und Hut / Und tät das Reisen wählen.[1]

Mit diesen Versen beginnt das Gedicht *Urians Reise um die Welt* (1789) von Matthias Claudius (1740–1815), der sich als Lyriker und Journalist sowie als Herausgeber des *Wandsbeker Boten* einen Namen gemacht hat. Wer damals Reisen unternahm, hatte tatsächlich etwas zu erzählen: von fremden Ländern, Völkern, Sitten, von Abenteuern, Revolutionen oder Aufständen, die sich an manchen Orten Europas ereigneten und die den Einzelnen alles andere als sicher und gefahrlos seine Route verfolgen ließen.

---

1 Claudius, M.: Urians Reisen um die Welt (1789), in: Worauf es ankommt – Ausgewählte Werke nach Gattungen geordnet, Gerlingen 1995, S. 446

Obwohl Ende des 18. Jahrhunderts Europa und die anderen Kontinente noch weitaus weniger erforscht und bekannt waren als heute, musste Matthias Claudius in seinem Gedicht zum Schluss feststellen, dass man selbst bei einer Reise quer durch die Welt letztlich fast immer nur auf Bekanntes und Althergebrachtes stoße, das einem genauso oder zumindest ähnlich auch zu Hause hätte begegnen können. Die im Vergleich zu seinen Eingangszeilen bei weitem weniger oft zitierten Schlussverse seines Poems lauten dementsprechend:

> Und fand es überall wie hier, / Fand überall n' Sparren, / Die Menschen grade so wie wir / Und eben solche Narren.[2]

Doch obschon viele Reisende nach ihrer Tour den Schluss-Vers von Matthias Claudius' Gedicht bestätigen, beschäftigen sich die meisten von ihnen bereits wenige Wochen oder Monate später mit den nächsten Reisevorbereitungen. Was also sind die treibenden, womöglich nur halb bewussten Motive dieser Beschäftigung?

Eingangs haben wir schon einige mögliche Motivationen für diverse Reise-Unternehmungen benannt. Ein gemeinsamer Nenner, der etwa bei Abwechslung, Neugier, Fernweh und Abenteuer eine Rolle spielen kann, besteht in der Vorstellung von neu gewonnener, schier grenzenloser Freiheit. Die Limitierungen, Regeln und Wiederholungen des stets und ewig Gleichen und damit die Notwendigkeiten, die den Alltag charakterisieren und oft genug stumpf und öde erscheinen lassen, schrumpfen für den Touristen in ihrer Macht und Unabweisbarkeit, sobald er auf Reisen geht, ja meist schon, wenn er den Plan dazu fasst.

Sich Reiseziele auszumalen bedeutet, sich Freiräume und -zeiten vorzustellen – Räume und Zeiten, die mit einem deutlichen Plus an Möglichkeiten versehen sind, verglichen mit unserem sonstigen Dasein. Die Fantasie gaukelt uns zumindest vor, wir könnten mittels einer Tour den Festlegungen und Zwängen unserer Existenz entrinnen, unsere vielfältigen Begrenzungen hinter uns lassen und uns überraschend und neu in einer anderen Welt mit einem weiteren Raum und einer intensiver verlaufenden Zeit entwerfen und wiederfinden.

Unser Alltag bringt es mit sich, dass wir in Relation zu einem mehr oder minder begrenzten Horizont von Motiven und Möglichkeiten leben und uns zu ihnen stereotyp verhalten. Die uns bekannten Mitmenschen und ihr Beziehungsgeflecht, unsere beruflichen Aufgabenfelder, unser Liebespartner, unsere Familie oder unser Wohnort bilden ein in der Regel konsistentes Gewebe von Themen, Fragen und Antworten, die uns als Individuen prägen und nicht selten auch festlegen.

Reisevorbereitungen wie eine Reise selbst können zu Veränderungen des Weltverhältnisses beitragen, indem sie die Routine des Althergebrachten lockern, das Gesichtsfeld weiten und uns mit neuen Gegebenheiten konfrontieren. Zwar gab Horaz zu bedenken, dass derjenige, der übers Meer fährt, nur den Himmelsstrich, nicht aber sich selbst verändert. Aber immerhin vermag ein ungewohnter Himmelsstrich in bestimmten Fällen zur Änderung der Existenzbedingungen eines Individuums (und damit auch zu dessen Änderung) beizutragen.

Dass eine Umstellung der konkreten Lebensverhältnisse für den Einzelnen nicht geringzuschätzen ist, kommt auch in einem Gedanken von Georg Wilhelm Friedrich Hegel zum Ausdruck. Der Philosoph vertrat die Ansicht, dass der Mensch ist, was er in seiner Welt ist, und dass damit die Metamorphose von Individuen eventuell möglich wird, wenn sie sich in einer anderen denn ihrer bisherigen Welt einrichten und bewegen.

---

2 Claudius, M.: Urians Reisen um die Welt (1789), in: Worauf es ankommt – Ausgewählte Werke nach Gattungen geordnet, Gerlingen 1995, S. 449

Reisen bedeutet darüber hinaus oftmals eine Akzentverschiebung hinsichtlich des subjektiven Raum- und Zeiterlebens eines Menschen, die sich nicht nur auf die Gegebenheiten der objektiven Raumzeit beziehen (z. B. Zeitverschiebung bei Interkontinentalflügen). Viele Reisende erhoffen sich bei ihren Touren „erfüllte Zeit" im bewegten und veränderten Raum – wobei nicht wenige Reisende dem Motto zu folgen scheinen: Überwinde den Raum und vermehre die Zeit. Je rascher wir den objektiven Raum durchmessen, umso mehr an subjektiver Zeit – und damit an Leben und Erleben – verheißt man uns. Die Touristik-Branche der letzten Jahrzehnte hält sich eisern an diese Regel und verspricht ihren Kunden damit Lebenslust, Glück und Zufriedenheit.

Dass auf Reisen der Quotient von Raum und Zeit sowie das daraus entspringende Wohlgefühl auch umgekehrt ihre Gültigkeit haben, konnte erfolgreich von einem Individualreisenden besonderer Art gezeigt werden. Auf seinem *Spaziergang nach Syrakus im Jahre 1802* (1811) plädierte Johann Gottfried Seume (1763–1810) für Langsamkeit der Fortbewegung und gestaltete mit dieser Art des Reisens den Raum der Fremde und die Zeit der Erfahrung außerordentlich facetten- und erlebnisreich. Nur wer gemächlich gehe, könne wirklich etwas sehen – so Seume. Einen ähnlichen Gedanken vertrat der französische Schriftsteller und Philosoph Alain, mit bürgerlichem Namen Émile-Auguste Chartier (1868–1951), der in seinen viel gerühmten *Propos* über das Reisen anmerkte:

> » Für meinen Geschmack besteht Reisen darin, alle zwei Meter stehenzubleiben und dieselben Dinge unter einem neuen Gesichtswinkel zu betrachten. Manchmal genügt es schon, dass ich mich ein wenig nach links oder rechts setze, um alles mehr zu verwandeln, als wenn ich hundert Kilometer hinter mich brächte.³

Beim Reisen weiten wir den subjektiv erlebten Raum häufig in eine zwar vorgestellte, letztlich aber unbekannte Fremde. Erwartungen, Wünsche und Hoffnungen besiedeln diesen Raum vor und zu Beginn einer Tour, und es sind diese Emotionen und Gedanken, die uns zeigen, dass wir nicht nur arretiert im Trott unserer Gewohnheiten leben müssen, sondern dass es in uns die Freiheit des Konjunktivs und des Möglichkeitssinnes gibt, den Robert Musil in seinem *Mann ohne Eigenschaften* beschrieben hat. Die *Einschiffung nach Kythera*, die Jean-Antoine Watteau (1684–1721) zwischen 1710 und 1718 mehrfach in kunstvolle Bilder verwandelt hat, und die das Motiv der Vorbereitung auf eine verheißungsvolle Zukunft in sich birgt (die Insel Kythera galt im 18. Jahrhundert als ideales Eiland der Liebe und Konfliktfreiheit), findet im übertragenen Sinne bei einem jeden statt, der gedanklich und emotional seine Reise plant.

Diese Verheißungen, Erwartungen, Wünsche und Hoffnungen betreffen nicht nur die Qualität der Betten oder der kulinarischen Genüsse am Ankunftsort, sondern vor allem die eigene Person hinsichtlich ihres Verhaltens und Erlebens. Wer reist, entwirft und imaginiert neben der Reiseroute oder der Fremde, in die er eintauchen will, in gewisser Weise auch sich selbst. Dieser Entwurf des eigenen Selbst und seiner neuen Aktivitäten und Qualitäten bedeutet einen zentralen Aspekt des Reisens schlechthin. Wer nach und nach die Etappen seiner Tour erreicht, hofft damit immer auch einen Teil seiner eigenen Existenz zu realisieren.

Wir tragen die Bilder und Vorstellungen hinsichtlich der Passage und des Ankunftsortes unserer Reise ebenso in uns wie (oft unbewusst) diejenigen über unsere Person, und oft genug sehen wir deshalb auf der Tour nicht, was wir wissen (Goethe: Man sieht nur, was man weiß), sondern viel eher, was wir wünschen und was zu unserem Charakter respektive dem Entwurf

---

3   Alain: Die Pflicht glücklich zu sein (1928), Frankfurt am Main 1993, S. 131 f.

von uns zu passen scheint. Unsere Meinungen und Überzeugungen über uns und die Welt sind zählebig und widerstehen so mancher Wirklichkeit, die zu ihnen kontrastiert; und der Zwang, beim Reisen etwas erleben und die ganze Person ins Erlebnis involvieren zu wollen, lässt für Reisende aus Banalitäten exquisite *Events* entstehen. Ernst Bloch (1885–1977), der das Reisen und den Reiz der Fremde als eine Form eines zukünftigen „Noch-Nicht" beschrieben hat, fasste dieses durch das Reisen veränderte Wahrnehmen und Erleben in seinem Buch *Das Prinzip Hoffnung* (1959) in die Worte:

» Indem das Wunschbild unbelehrt bleibt, dringt es nicht richtig ins nüchtern Vorhandene ein; der Durchschnittsreisende, ohnehin durch Hotel, Fremdenführer, Wagenfahrten isoliert, nimmt eben die Armut noch weniger wahr als zu Hause. Anderseits ist der gleiche Bürger imstande, kraft der eigenen Verfremdung, die er den Gegenständen gibt, keine Abstumpfung des Alltags zu haben und an den Gegenständen gegebenenfalls Bedeutungen zu sehen, die im Alltag nur ein tüchtiger Maler entdeckt.[4]

Reisen zählt seit Jahrzehnten zu jenen Veranstaltungen, die man auf (zumindest in der westlichen Welt) die Majorität, das Kollektiv oder die Masse beziehen darf. Selbst wenn man die Individualreisen berücksichtigt, bewegt man sich zahlenmäßig bei den Betreffenden im Bereich nicht von einigen wenigen, sondern von Hunderttausenden Personen. Die millionenfache Unruhe von Zeitgenossen zu Beginn der Urlaubs- und Ferienzeit, ihre monomorphen Bewegungen (in Flughäfen und auf Autobahnen zu beobachten) sowie ihr imperativer Fluchtreflex weg von zu Hause und hin in die verheißungsvolle Fremde – all das sind Symptome eines kollektiven Verhaltensmusters, von denen der Einzelne sich nur schwer freizumachen vermag.

Im Rudel traben wir einige Male im Jahr den angeblichen Chancen und Möglichkeiten von Lustgewinn, Erholung, Abenteuern und Selbstverwirklichung hinterher, die dem Reisen innewohnen, und der Verdacht liegt nahe, dass dies oftmals dem Zwecke dient, uns mit der übrigen Zeit unseres Daseins zu versöhnen, das nicht selten eintönig und selbstentfremdet ist. Wer reist, bewegt sich, und wer sich bewegt, lebt – so oder so ähnlich mag das fundamentale Empfinden vieler Touristen sein, die sich vor dem Hintergrund eines wenig abwechslungsreichen Alltags nach den Gestaden eines echten, authentischen und lebendigen Daseins sehnen. Vor 2000 Jahren bot man dem Plebs des römischen Staates in dieser Hinsicht Brot und Spiele, um ihn ruhig und gefügig zu halten. Uns lockt man mit Facebook, Fernsehen und Fernreisen, um unsere Impulse nach Weite, Glück und Leben, nach Transzendenz von Grenzen sowie nach Wachstum und Veränderung entweder zu betäuben oder in nichtssagende Richtungen zu kanalisieren.

Aus dem Luxus des Reisens, der noch vor wenigen Jahrzehnten nur den Betuchten und Privilegierten offenstand, ist inzwischen der Zwang zu reisen geworden, den die Vielen zu erfüllen haben, damit sie nach ihrem Urlaub – wie Matthias Claudius es in seinem Gedicht ausgedrückt hat – etwas zu verzählen haben. Weil Touristen diese Erwartungshaltung spüren, packen sie ihre Passage voll mit Besichtigungen, Führungen, Kontakten mit Einheimischen, kulinarischen (und sexuellen) Ereignissen sowie abenteuerlich-herausfordernden Exkursionen. Statt einer Erzählung von der Metamorphose der eigenen Person und ihres Fühlens, Wahrnehmens und Denkens hören die Zuhausegebliebenen vom Heimkehrer dann Aufzählungen von Aktivitäten, die als dem Inhaltsverzeichnis des Baedekers abgelauscht imponieren.

---

4   Bloch, E.: Das Prinzip Hoffnung, Frankfurt am Main 1959, S. 431

Wie aber lässt sich angesichts der selbstentfremdenden, bisweilen absurd anmutenden Eigentümlichkeiten des Massentourismus tatsächlich individuell, der eigenen Person angemessen reisen? Was bedeutet in diesem Zusammenhang angemessen, und wie können Reisen beschaffen sein, die das eigene Selbst fördern und zum produktiven Wachstum stimulieren? Welches sind lohnende Reiseziele, und wie kann aus dem Massenphänomen der Individualreise eine Reise von Individuen werden?

Zur Beantwortung dieser Fragen schildere ich Beispiele von Reisenden, die ihre Touren unter sehr eigenwillige Überschriften stellten und die Zeit ihrer Reise als wesentliches Ingredienz ihrer Biographie und Existenz verstanden. Diese bekannten Touristen ordne ich drei Gruppen (Wissenschaftler, Künstler und Philosophen) zu. Reisen war für sie ein existentielles Thema, dessen Durchführung sie mit Ernst und Umsicht ins Auge fassten.

Wenn Wissenschaftler reisen. Natürlich ist Vorsicht geboten, wenn von *den* Wissenschaftlern die Rede ist. Es gibt nicht *die* Wissenschaftler, genauso wenig wie es *die* Künstler oder *die* Philosophen gibt. Dennoch lässt sich an manchen Vertretern dieser Zunft prototypisch studieren, wie sich Reisen ereignen und welche Resultate sie zur Folge haben können.

Ein Forscher, der den größten Teil seiner wissenschaftlichen Erkenntnisse einer weiten Reise verdankte, war Charles Darwin (1809–1882). Darwin war ein verträumter, stiller Junge, dem man kaum zugetraut hätte, dass er je den Mut und die Expansivität an den Tag legen würde, seine Heimat England hinter sich zu lassen und einige Jahre lang an einer Forschungsreise teilzunehmen. Im Rahmen seines Studiums der Botanik und Zoologie hatte Darwin jedoch den Biologen James Henslow kennengelernt, der ihn protegierte und ihm ab 1831 einen Platz auf der *Beagle* verschaffte, einem Schiff der Kriegsmarine, das unter dem Kapitän Robert FitzRoy segelte, um die Küsten von Südamerika zu vermessen. Für Darwin war vorgesehen, als Naturkundler und Gesellschafter des Kapitäns zu fungieren – eine Aufgabe, die er in den fünf Jahren, die er auf der *Beagle* zubrachte, bestens erfüllte.

Die Reise ging rund um die Erde: Kapverdische Inseln, Bahia, Rio de Janeiro, Buenos Aires, Montevideo, die Falklandinseln, Feuerland, die Magellanstraße, Valparaiso, die Galapagos-Inseln, Sydney, Tasmanien, Madagaskar, das Kap der Guten Hoffnung, St. Helena und viele weitere Stationen wurden von der *Beagle* angelaufen. Auf den Galapagos-Inseln machte der leidenschaftliche Sammler Darwin besonders reichhaltige Beobachtungen, die sein Nachdenken über die Veränderung der Arten in der Tier- und Pflanzenwelt gewaltig stimulierten. Das Naturparadies von Galapagos, wo es eine vom Menschen wesentlich unberührte Vegetation und eine unbedrohte Tierwelt gab, war vermutlich der Geburtsort seiner Ahnungen zur Abstammungstheorie.

Darwins Sammeltrieb fand in den Tropen reiche Beute: Pflanzen, Insekten, Steine, Skelette von ausgestorbenen Tierarten, Fische und Vögel – dies alles wurde von ihm nach England geschickt, wo Fachleute es beschrieben und klassifizierten. Die immense Produktivkraft der Natur stand ihm auf dieser Reise deutlich vor Augen. Die fünfjährige Reise auf der *Beagle* hatte Darwin den Stoff geliefert, den er in den kommenden Jahrzehnten immer wieder neu und originell ordnen und schließlich als empirische Basis seiner Entwicklungs- und Deszendenztheorie nutzen konnte. Nach seiner abenteuerlichen Forschungsreise lebte der Gelehrte fortan zurückgezogen und sesshaft in Downe, einem kleinen Dorf in der Grafschaft Kent, wo er zusammen mit seiner Familie ein äußerlich betrachtet unspektakuläres Dasein führte.

Die Eindrücke seiner Reise waren bei ihm auf ein empfängliches Gemüt, auf großes wissenschaftliches Interesse sowie auf eine geduldige Wesensart gestoßen, die es Darwin ermöglichten, jahrzehntelang davon zu zehren und wiederholt neue Erkenntnisse und

Spekulationen daraus abzuleiten. Ohne die fünf Jahre auf der *Beagle* wäre er einerseits wohl nie in der Lage gewesen, die Abstammungslehre zu formulieren; andererseits wäre ohne Darwins Charakter und Lebensstil aus den Ereignissen dieser Reise auch keine bahnbrechende wissenschaftliche Forschung, sondern allenfalls ein nichtssagendes Abenteuer erwachsen.

Ein zweiter englischer Wissenschaftler, den wir bezüglich seiner Reiselust und den daraus resultierenden Konsequenzen für die Forschung erwähnen, ist Arnold Toynbee (1889–1975). Sein Vater war als Arzt und seine Mutter als Historikerin tätig; vor allem ihrem Einfluss schreibt man es zu, dass aus dem Sohn ein Geschichts- und Kulturwissenschaftler wurde. Toynbee besuchte ein Internat in Winchester, das für ihn ein hartes Training in den antiken Sprachen Latein und Griechisch sowie den damit verknüpften Kulturen bereithielt. Er konnte schließlich diese toten Sprachen fließend sprechen und lateinische und griechische Gedichte verfassen. Nach seiner Gymnasialzeit studierte er in Oxford Geschichte und Klassische Sprachen, was ihm aufgrund seiner gediegenen Ausbildung in Griechisch und Latein nicht schwerfiel.

Wegen seiner exzellenten Studienleistungen hatte man den jungen Studenten zum Tutor für alte Geschichte ernannt. Zuvor bot man Toynbee an, ihm einen Studienaufenthalt zu finanzieren, was auf dessen Zustimmung stieß. Er beschloss, eine ausgedehnte Exkursion durch Griechenland zu unternehmen, um vor Ort seine klassisch-humanistische Bildung zu vervollkommnen. Ähnlich wie Goethe auf seiner Italienischen Reise (die Toynbee in seiner Autobiographie mehrmals zitierte) erlebte der junge Historiker in Griechenland wiederholt Glücksempfindungen, wenn er Orte und Landschaften, über die er bis dahin nur gelesen hatte, leibhaftig vor sich sah und wiedererkannte:

> Zu den größten intellektuellen Freuden meines Lebens gehörte das aufgeregte Wiedererkennen, wenn mein Blick zum ersten Mal auf ein Stück der mir schon lange aus zweiter Hand vertrauten griechisch-römischen Landschaft fiel, die eine Fülle von historischen Assoziationen heraufbeschwor: Das ist es![5]

Nach der Griechischen Reise kehrte Toynbee nach England zurück und unterrichtete als Tutor und später als Fellow am *Balliol College* in Oxford. Seine Reise wie seine Studien hatten dazu beigetragen, dass er sich ausführlich mit dem antiken Historiker Thukydides beschäftigte und dessen Gedanken mit den aktuellen historischen Ereignissen (etwa dem Ersten Weltkrieg) in Verbindung brachte. Ausgehend davon gewann in Toynbee der Gedanke die Oberhand, der Geschichtsverlauf respektive der Ablauf der Kultur- und Zivilisationsgeschichte gehorche zyklischen Gesetzen, die sich im Hinblick auf ihre zugrundeliegende Dynamik in den verschiedenen Epochen ähnlich oder gleichartig beobachten lassen.

Diese Hypothese verfolgte der britische Historiker in den folgenden Jahren stringent weiter; sie führte zur Ausarbeitung seines Hauptwerkes *A Study of History*, das er ab 1934 in zwölf Bänden publizierte und das ihn als Wissenschaftler und Kulturphilosoph berühmt machte. Das konkrete Erleben Griechenlands sowie das sinnliche Erfassen seiner Landschaft und Architektur führte bei Toynbee außerdem zur Publikation zweier Schriften über die griechische Antike – *Greek Civilisation and Character* (Griechische Kultur und Charakter) sowie *Greek Historical Thought* (Gedanken zur griechischen Geschichte).

Anders als Goethe in Italien fand Toynbee in Griechenland jedoch nicht zu einem tieferen Verständnis seiner Person oder zur Entdeckung seiner Körperlichkeit und Sexualität. Wir

---

5 Toynbee, A.: Erlebnisse und Erfahrungen (1969), München 1970, S. 33

dürfen ihn uns vielmehr als jungen Mann vorstellen, der über viel intellektuelles Wissen die Antike betreffend verfügte und dementsprechend entzückt war, wenn er auf alte Tempel oder andere Zeugnisse längst vergangener Epochen stieß, die seine Fantasie beflügelten und in ihm euphorische Gefühle auslösten. Später hat er die emotional außerordentlich bewegenden Qualitäten dieser ersten Griechenlandreise sogar mit denjenigen seiner Kindheit verglichen.

Toynbee muss zu jener Zeit jedoch wie ein halber *Cephalopode* (Kopffüßler) durch die Welt gelaufen sein, der seinen Unterleib kaum spürte; zumindest tauchen in seinen autobiographischen Skizzen jener Zeit keinerlei Andeutungen über intime Bekanntschaften, Zärtlichkeit und Sexualität auf. Der angehende Historiker scheint stattdessen bei seiner Reise neben der klassischen Antike auch einen Teil seiner Kindheit, der er nachgetrauert hatte, gesucht zu haben. Die Beschäftigung mit dem Gestern bewahrte ihn lange Zeit vor den ihn partiell überfordernden Themen und Aufgaben seiner Gegenwart und der allernächsten Zukunft – eine Daseinsstrategie, die bei Historikern gar nicht so selten anzutreffen ist.

Ein weiterer reiseaktiver Forscher war Sigmund Freud (1856–1939), der etwa Urlaubsreisen in die Alpen, Vortragsreisen bis nach Amerika sowie Bildungsreisen nach Italien und Griechenland unternahm; die Letzteren stehen im Mittelpunkt der Erörterung. Freud war ein Verehrer Goethes wie auch anderer Dichter und Künstler; das Motiv einer Bildungsreise nach Italien war dem Begründer der Psychoanalyse ebenso wie seinerzeit Goethe vertraut. Freud hatte bereits als junger Student von solchen Expansionsschritten geträumt; in einem Brief an Romain Rolland erinnerte er sich daran:

> Ich habe … daran gezweifelt, dass ich Athen je werde sehen können. So weit zu reisen, es „so weit zu bringen", erschien mir außerhalb jeder Möglichkeit. Das hing mit der Enge und der Armseligkeit unserer Lebensverhältnisse in meiner Jugend zusammen. Die Sehnsucht zu reisen war gewiss auch ein Ausdruck des Wunsches, jenem Druck zu entkommen, verwandt dem Drang, der so viele halbwüchsige Kinder dazu antreibt, von zu Hause durchzugehen. Es war mir längst klar geworden, dass ein großes Stück der Lust am Reisen in der Erfüllung dieser frühen Wünsche besteht, also in der Unzufriedenheit mit Haus und Familie wurzelt. Wenn man zuerst das Meer sieht, den Ozean überquert, Städte und Länder als Wirklichkeiten erlebt, die so lange ferne, unerreichbare Wunschdinge waren, so fühlt man sich wie ein Held, der unwahrscheinlich große Taten vollbracht hat.[6]

Freuds Deutung des Reisens als Flucht, Emanzipation, Wunscherfüllung oder Heldentat passte gut zu seiner seinerzeitigen existentiellen Situation. Eine weite Reise konnte für ihn in der Tat wie ein Beweis für die erfolgreiche Ablösung vom Elternhaus und für die heldenhafte Eroberung der Welt gelten. Das letztere Motiv spiegelt sich auch in manchen seiner jugendlichen Hannibal-Phantasien sowie im Faktum wider, dass er sich als Begründer der Psychoanalyse mit dem Moses der Israeliten verglich.

So nimmt es denn nicht Wunder, dass Freud ab 1895 beinahe regelmäßig ausgedehnte Reisen nach Italien, Griechenland, Südtirol und in die Schweiz unternahm, die den tradierten Ansprüchen von Bildungs- ebenso wie von Urlaubsreisen Genüge tun konnten. Er besichtigte z. B. in Florenz, Venedig, Neapel oder Rom Baudenkmäler und Kunstwerke, die man gesehen haben musste, wenn man als Bildungsreisender etwas zu erzählen haben wollte.

---

6 Freud, S.: Brief an Romain Rolland (Eine Erinnerungsstörung auf der Akropolis) (1936), in: Gesammelte Werke XVI, Frankfurt am Main 1993, S. 256

Doch Freud wäre nicht der Ur-Psychoanalytiker gewesen, wenn er die Touren nur einem vom Baedeker diktierten Besichtigungsprogramm unterworfen hätte. Seit seinen ersten tiefenpsychologischen Funden und Schriften war er immer damit beschäftigt, in oder hinter allen von ihm beobachteten Phänomenen die Wirkungsmacht unbewusster Seelenkräfte zu detektieren und zu beschreiben. So charakterisierte er die Architektur Roms als Metapher für das Unbewusste. Ähnlich wie in der menschlichen Seele das Vergangene zwar vergessen werden kann, aber nie verloren geht, könne man an den Bauwerken der Ewigen Stadt ihre Geschichte von der Antike bis in die Neuzeit ablesen. Analog zu Fehlleistungen, Träumen, Symptomen und Assoziationen eines Individuums interpretierte Freud das *Forum Romanum*, das Kolosseum oder die Trajans-Säule als Erinnerungsspuren, an denen die gesamte Historie einer Stadt bzw. der römischen Kultur konstruiert oder rekonstruiert werden kann.

Darüber hinaus studierte Freud intensiv einzelne Kunstwerke, die in Rom *en masse* zu sehen sind. Der Begründer der Psychoanalyse hatte zeitlebens Zugang zu den Werken der Dichtkunst und der Bildhauerei; musikalische Werke allerdings bereiteten ihm Mühe, da er diese als zu flüchtig erlebte und daher seine Stärke der wiederholten Reflexion und Betrachtung an ihnen nicht auszuspielen vermochte. In Rom beschäftigte sich Freud nachhaltig mit Michelangelo und dessen Moses-Statue. An dieser Plastik glaubte er auch einen Teil seines eigenen Schicksals und Charakters wiederzuerkennen. Vor allem mit dem gebändigten Zorn-Affekt der Moses-Figur konnte sich Freud identifizieren, da er – ähnlich wie Moses, der vom Berg Sinai zurückgekommen war und den Israeliten die Gesetzestafeln bringen wollte, zu gewärtigen hatte, dass diese sich um goldene Kälber gruppierten und sie anbeteten – im Bereich der Psychoanalytischen Vereinigung einige Abweichler und Treulose (z. B. Adler, Stekel, Jung) zur Kenntnis nehmen musste, die seiner Meinung nach ebenfalls die reine Lehre (der Psychoanalyse) verraten hatten.

Die Reise nach Rom sowie die Beschäftigung mit dem *Moses des Michelangelo* (1914), aus der diese Abhandlung Freuds hervorgegangen ist, ermöglichten dem Begründer der Psychoanalyse eine diagnostische Einordnung wie auch eine Anleitung zum Umgang mit seiner Lebenssituation. Als Haupt der Psychoanalytischen Vereinigung spürte Freud die Gefahr, die von den Renegaten in Wien und Zürich für ihn persönlich wie auch für die psychoanalytische Bewegung ausging, und seine Auseinandersetzung mit dem Moses-Mythos trug dazu bei, diese Situation etwas zu entschärfen. Zugleich eröffneten ihm die Distanz zu Wien und das Modell der Michelangelo-Figur einen produktiven Umgang mit seinen Verstimmungen und Affekten. Nicht das Ausagieren seines Zorns über die Abweichler, sondern ein Transformieren dieser Emotion in Energie und Tatkraft in Bezug auf den weiteren Auf- und Ausbau der Psychoanalyse und ein Hintanstellen der persönlichen Kränkung waren die Resultate, die Freud aus seiner Romreise mit nach Hause nahm. Von nun an ging er einsamer, aber auch unbeirrter seinen Weg, für den er sich in der Stadt am Tiber ein Vorbild gesucht hatte.

Wenn Dichter reisen. Viele Leser werden bei dieser Überschrift (und besonders in einem Buch über Goethe) sofort an den Weimarer Dichter und seine italienische Reise denken. Kaum eine andere Reise eines Schriftstellers oder Künstlers wurde in den vergangenen zwei Jahrhunderten derart intensiv bedacht, beschrieben und erforscht wie diejenige Goethes, und nur wenige touristische Unternehmungen haben für die Gebildeten so modellhaft gewirkt wie dessen Reise nach Italien, das er sehnsüchtig sein Arkadien nannte.

Als sich Goethe im Herbst 1786 inkognito nach Italien davonstahl, befand er sich in einer entfremdenden Lebenssituation: Beinahe zehn Jahre war er in Weimar gewesen und hatte sich mit vielerlei Verpflichtungen beladen lassen. An erster Stelle sind die diversen Aufgaben zu nennen, die er als Angestellter des Herzogs Karl August zu erledigen hatte, und denen er *cum grano salis* sehr gewissenhaft nachgekommen ist. Vom Bergbau über den Straßenbau bis zu delikaten juristischen und finanziellen Entscheidungen war Goethe damals ein Hans Dampf in allen Gassen, der zu den diversen Problem- und Aufgabenfeldern kompetente Urteile abgeben, richtungsweisende Orientierung liefern und exzellente Umsetzungen und Lösungen garantieren sollte.

Daneben darf auch der Minnedienst in Anschlag gebracht werden, den der Dichter ebenfalls fast ein Jahrzehnt bei der Freifrau von Stein zubrachte, ohne dass er dabei wirklich zum Mann (im Sinne von gelebter Sexualität) geworden wäre. Zwar lernte er von und bei ihr aristokratische Umgangsformen und vor allem die Kunst der Sublimierung – allein, es waren dies Formen des Eros, die ihn letztlich nicht wirklich befriedigten und seine Person wie seine künstlerischen Neigungen und Talente nur partiell zum Wachstum anregten.

Diesen existentiell-gordischen Knoten um die Mitte seines Lebens versuchte Goethe mit einem Befreiungsschlag zu durchhauen. Die Reise in das Land, wo die Zitronen blühen, war ihm von seinem Vater schon mehrfach ans Herz gelegt worden, ohne dass der Sohn bis anhin darauf im Sinne einer Realisierung reagiert hätte. Nun war die Daseinskrise groß genug, um entschiedene Veränderungen herbeizuführen, und der Dichter flüchtete gleichsam in die neuen Verhältnisse jenseits der Alpen.

Im 18. Jahrhundert war eine italienische Reise unter Betuchteren keine absolute Rarität; schon Goethes Vater hatte eine derartige Tour absolviert, wobei er wie auch andere Italien-Reisende das Unterfangen als Bildungsreise verbuchte, die ihn mit der europäischen Kulturgeschichte in Kontakt brachte. Bei Goethe junior kamen nun Aspekte hinzu, die existentieller und persönlicher Art waren. Diese Reise bedeutete ihm Flucht vor der Weimarer Entfremdung und vor den Menschen dort, die ihn zunehmend auf bestimmte Züge seines Daseins festlegen wollten; Flucht vor den Alltäglichkeiten, die seine künstlerisch-wissenschaftlichen Impulse zu ersticken drohten; und Flucht vor dem Etabliert-Sein, in dem man sich zwar kommod einrichten, das aber die Paralyse der Persönlichkeitsentwicklung bedeuten kann.

Die Flucht Goethes endete glücklich, so dass er ein Scheitern oder Misslingen seiner Existenz abwenden konnte. Maßgeblichen Anteil daran hatte Faustina, die Tochter eines Schankwirts, deren Einflussnahme auf ihn von Goethe in den *Römischen Elegien* überzeugend besungen wurde. Die Entdeckung von Leiblichkeit und Sexualität, von der viele Biographen behaupten, dass Goethe sie vollumfänglich erst in Italien erlebt habe, kann als ein unschätzbares Positivum seiner Reise verrechnet werden.

Des Weiteren wurde Goethe in Italien seine Funktion deutlich, die er zukünftig einzunehmen gedachte und die seinem Wesen entsprach. Nicht die administrativen Aufgaben eines Herzogtums, sondern Kunst und Wissenschaft waren die Domänen, die sein Leben nach der italienischen Reise geprägt haben. Die Weichenstellung dafür erfolgte weit entfernt von Weimar irgendwo zwischen Rom, Neapel und Palermo. Daneben erkannte und akzeptierte Goethe in Italien, dass sein Dasein zyklisch angelegt und die Rückkehr nach Weimar deshalb zwingend war. Nicht ein Hinter-sich-Lassen der Heimat oder eine Übersiedlung in den Süden bedeutete die italienische Reise für ihn, sondern eine Phase seines Lebens, die von Rückkehr und damit von Begrenzung, Entsagung und Verzicht gekennzeichnet war. Goethe ist diese Verzichtleistung keineswegs leicht gefallen. Später urteilte er über diese Reise, sie habe einen Scheitel- und Wendepunkt seines Daseins bedeutet: Bis 1786 habe er das Motto des „Noch-Nicht" gelebt, und nach 1788 das Motto des „Nicht-mehr"; lediglich in Italien habe bei ihm das Glück des momentanen Augenblicks dominiert.

Ein anderer reisender Dichter war Theodor Fontane (1819–1898), wobei die Anlässe, Motive und Resultate seiner Reisen im Vergleich zu Goethe sehr anders gelagert waren. Auf den ersten Blick war Fontane ein sesshafter Mensch, dem häufige Aufbrüche eventuell auch deshalb nicht sonderlich am Herzen lagen, da die Vorfahren bereits weite Strecken zwischen sich und ihre ehemalige Heimat zurückgelegt hatten. Fontane stammte von Hugenotten ab, die im 17. Jahrhundert aus Frankreich nach Preußen eingewandert waren; damals war ihnen vom Großen Kurfürsten Religionsfreiheit zugesichert worden. Verglichen mit den teilweise blutigen Verfolgungen, welche die Hugenotten in Frankreich zu gewärtigen hatten, bot das preußische Exil bedeutend günstigere Existenzformen. Doch trotz Assimilations- und Integrationsversuchen fühlten sich viele Hugenotten und ihre Abkömmlinge auch im 19. Jahrhundert in Preußen noch nicht zuhause. Ein Rest von Unterlegenheitsgefühl und Außenseitertum war bei manchen von ihnen noch nachweisbar, und man kann mutmaßen, dass auch Theodor Fontane davon nicht ganz verschont geblieben ist.

Womöglich erklärt diese Herkunft auch jenes beim Dichter über Jahre hinweg bestehende Interesse, seine Heimat, die Mark Brandenburg, wandernd zu bereisen. Einerseits mag dabei der Wunsch eine gewichtige Rolle gespielt haben, sich dieser neuen Heimat zu versichern und sie durch Wanderungen, Erlebnisse und Erkenntnisse für sich in Besitz zu nehmen. Darüber hinaus hat Fontane seine Reisen durch die Mark Brandenburg in so glänzender Weise geschildert, dass daraus eine bis heute viel gelesene und teilweise immer noch gültige Beschreibung von Preußen entstanden ist, welche die Sitten und Bräuche ebenso ins Auge fasst wie die architektonischen oder naturgegebenen Sehenswürdigkeiten der Mark.

Blättert man in den *Wanderungen durch die Mark Brandenburg*, gewinnt man den Eindruck, dass hier ein wohlwollend-gebildeter Schriftsteller seinen Mitbürgern nicht nur die Schönheiten ihrer Heimat vor Augen halten wollte. Darüber hinaus hat er damit auch um deren Gunst und Anerkennung geworben, so dass nicht nur die Mark, sondern auch der Dichter darin in einem hellen Licht erscheinen. Sofern ein Fremder oder Außenstehender das Innere eines Landes, Volkes oder einer Kultur zu bereisen, zu verstehen und zu beschreiben unternimmt, diktiert ihm nicht selten die Sehnsucht nach dem Dazugehören und einem Leben mitten im Kreise der Beschriebenen die Feder. Fontane hat das Programm seiner Vorfahren – sich in der Fremde ganz zu integrieren – wandernd und reisend in Literatur umgesetzt.

Ein weiterer Tourist, den wir in unserem Zusammenhang erwähnen, ist Anton Tschechow (1860–1904). Um seinen 30. Geburtstag herum brach dieser russische Schriftsteller zu einer sonderbaren Reise auf. Quer durch Sibirien fuhr er auf die unwirtliche Insel Sachalin, die damals als Kolonie für Sträflinge diente. Drei Monate lang erforschte Tschechow die Insel, ihre Geo- und Ethnographie und vor allem ihre Bewohner, wobei er über 7000 Karteikarten anlegte, auf denen er seine Eindrücke, Beobachtungen und Überlegungen notierte. Hinzu kamen zum Teil wörtlich übernommene Erzählungen und Berichte von Verbrechern und Strafgefangenen, die dem Autor Ausschnitte ihrer Lebensgeschichte oder auch erschütternde Details des zaristischen Strafsystems mitteilten.

Gegen heftige Widerstände seines Verlegers Suvorin montierte Tschechow seine Reiseaufzeichnungen zu einem über 400 Seiten dicken Buch, das 1895 unter dem Titel *Die Insel Sachalin* erscheinen konnte. Der Text wurde eine aufrüttelnde Klageschrift, durchzogen vom sozialen, gesellschaftlichen, humanen Engagement seines Verfassers, der über *Die Insel Sachalin* schrieb: „Ich bin froh, dass in meiner belletristischen Garderobe auch dieser grobe Häftlingskittel hängt."

Das Buch weist merkwürdige Polaritäten auf. Tschechow hat darin etwa die Beichte eines Mörders neben die lyrische Schilderung der Flora und Fauna dieses Eilands platziert – eine Anordnung, welche die Wirkung sowohl der Beichte als auch der Naturbeschreibung erhöht. Außerdem bezieht der Text einen Teil der Spannung aus dem Kontrast zwischen Tschechows politisch-sozialen Anliegen und seiner Erkenntnis, das Leben eigentlich nur beschreiben, es jedoch nicht wirklich verändern zu können.

Die Reise auf die Insel Sachalin bestätigte den Autor hinsichtlich dieser Polarität. Das Stückchen Erde am Ende der Welt wurde für ihn zur Metapher für die menschliche Existenz, die ausgespannt ist zwischen der Möglichkeit aktiver Veränderung und der Vergeblichkeit jeglichen Tuns, zwischen der Würde eines jeden Individuums und den erniedrigenden Verhältnissen, in denen Menschen oftmals zu vegetieren gezwungen sind. Seine Fahrt bedeutete für Tschechow das Eintauchen in eine Atmosphäre, die ungeschönt alle Tragik und Verwerfungen des menschlichen Daseins widerspiegelte. Davon Zeugnis abzulegen war für ihn zuletzt eine fraglos-imperative Konsequenz, die sich aus seiner Reise ergab.

Wenn Philosophen reisen. Wenn es eine Berufsgruppe gibt, von der man gemeinhin annimmt, sie sei mehr oder minder resistent gegenüber den üblichen Touristikangeboten, so ist es diejenige der Philosophen. Vertretern dieser Zunft traut man im 21. Jahrhundert noch am ehesten zu, den Lockungen des Massentourismus zu widerstehen und sich – wenn überhaupt – individualreisend auf Tour zu begeben.

Als Beispiel hierfür beginnen wir mit Michel de Montaigne (1533–1592). Dieser eigenartige Denker der späten Renaissance ist mit einem einzigen Buch unsterblich geworden: den *Essais*, die 1580 in einer ersten Auflage erschienen sind und vom Verfasser in den kommenden Jahren mehrfach erweitert wurden. Mit diesem Buch hat Montaigne unter Beweis gestellt, dass die Besinnung auf die eigene Person, gepaart mit Echtheit und Wahrhaftigkeit, zu einer außerordentlichen Gedankenfülle beitragen kann, von der auch wir Heutigen noch begeistert sind, und die uns immer wieder zu Reflexionen über das eigene Leben anregt.

Montaigne hat seine *Essais* in ziemlicher Abgewandtheit von den Händeln der Welt geschrieben. Nach dem Tod seines einzigen Freundes Étienne de la Boëtie, der ihm seine Bibliothek vermacht hatte, zog sich Montaigne auf sein Schloss zurück und arbeitete jahrelang in einem Turm, wo er sich als Gesprächspartner bedeutende Dichter und Philosophen der griechischen und römischen Antike wählte. Im Dialog mit ihnen entstand eine Philosophie der Alltäglichkeit, die aufgrund ihrer Lebensnähe sowie ihrer in keiner Weise alltäglichen Weite und Tiefe der Ideen völlig zu Recht zu den wichtigsten Texten der europäischen Kultur gerechnet wird.

Weil Montaigne ein kranker Mann war (er litt an Nierensteinen und Koliken und starb mit 59 Jahren an einem Nierenversagen), bemühte er sich wiederholt um Behandlung dieser Krankheit. Die diagnostischen wie auch therapeutischen Möglichkeiten waren bei solchen Krankheitsbildern im 16. Jahrhundert denkbar schlecht, so dass sich der Philosoph verschiedene Behandlungskonzepte selbsttätig zusammenstellen musste. Als sinnvolle Möglichkeit therapeutischer Beeinflussung schätzte Montaigne eine Badekur ein, wobei die Bäder von Lucca in Italien hoch gelobt wurden. Nach dem Abschluss und der Veröffentlichung der *Essais* 1580 brach er daher auf und unternahm eine siebzehn Monate dauernde Badereise, die ihn über Deutschland und die Schweiz in den Süden Italiens führte.

Da Montaigne während seiner Reise ein Tagebuch führte, das nicht primär zur Veröffentlichung gedacht war, mit viel Glück jedoch 1774 in Frankreich unter dem Titel *Tagebuch einer Reise Michel de Montaignes durch Italien, die Schweiz und Deutschland in den Jahren 1580 und 1581* publiziert und von Otto Flake Anfang des 20. Jahrhunderts ins Deutsche übersetzt und herausgegeben wurde, wissen wir ziemlich detailliert über den Ablauf dieser Unternehmung Bescheid. Sein Inhalt demonstriert, dass es bei Montaignes italienischer Reise um mehr als eine bloße Bäderkur ging. Obwohl der Autor haarklein die Symptome seiner Nierenkoliken und Steinabgänge beschreibt, befällt den Leser nie das Gefühl einer Krankengeschichte. Im

Gegenteil: Wie ein Gesunder scheint Montaigne überall, wohin er bei seiner Tour gelangte, mit großer Neugier und nimmersattem Aufnahmevermögen die sozialen, politischen, historischen, architektonischen und naturhaften Verhältnisse der jeweiligen Gegend geradezu aufgesogen zu haben. Von den Speisen und Getränken über die Sitten und Gebräuche bis hin zur Begegnung mit einzelnen Personen und ihren Schicksalen hat er alles ihm Begegnende für interessant und des Notierens wert erachtet und dementsprechend seinem Reisetagebuch anvertraut.

Bei alledem vermittelt dieses Diarium den Eindruck, als ob sein Verfasser die Unannehmlichkeiten seiner Reise irgendwie genossen und als Rahmenbedingung seiner Unternehmung völlig bejaht hat. So sehr er sonst in vielerlei Hinsicht mit den Meinungen und Positionen der antiken Schriftsteller und Denker übereinstimmte, so sehr setzte er sich bezüglich seiner Reise und ihrer Einordnung von den Alten ab. Nicht wenige Philosophen der Antike vertraten einen skeptischen Standpunkt, was den Sinn und die Resultate von Reisen anbelangt, und die meisten von ihnen stimmten mit Seneca überein, der darauf hingewiesen hat, dass man durch Ortsveränderung einem inneren Übel nicht entfliehen kann:

> Du sollst nicht wechseln die Gegend und von einem Ort zum anderen hinüberspringen, ich will es nicht; erstens, weil so häufiges Reisen Zeichen einer unsteten Sinnesart ist: Kraft zu gewinnen durch Muße vermag sie nicht, wenn sie nicht aufhört, herum zu blicken und umherzuirren.[7]

Im Gegensatz dazu begegnen wir bei Montaigne einer eindeutigen Wertschätzung des Reisens. Im dritten Buch seiner *Essais*, das nach seiner Tour durch Deutschland, die Schweiz und Italien entstanden ist, lesen wir hinsichtlich der Bewegung und des Aufbruchs in neue Gegenden und Länder:

> Keineswegs möchte ich, dass das Vergnügen des Herumstreifens mir das des Zuhause-Seins trübe – im Gegenteil strebe ich an, dass sie sich wechselseitig fördern und steigern ... Die Einteilung meines Reiseplans lässt sich jederzeit und allerorts ändern. Er gründet auf keinen großen Erwartungen, jede Tages-Etappe ist mir Ziel genug (und mit meiner Lebensreise halte ich es genauso).[8]

Montaigne war einer der ersten Menschen der Neuzeit, der sich als *homo movens*, als eine durch und durch bewegte und bewegende Person erfahren und beschrieben hat, und der die Bewegungen des Reisens mit den Metamorphosen und der Dynamik der eigenen Existenz in Beziehung setzte. Die Erfahrung eines Angelus Silesius – „Mensch, so du etwas hast, bleib' ja nicht steh'n, du musst von einem Licht fort in das nächste geh'n!" – war dem französischen Moralisten bestens vertraut; dementsprechend hat er seine Reisen mit allen dabei zu Tage tretenden Eventualitäten und Misslichkeiten als eine passende Metapher für das Leben schlechthin interpretiert.

Ein weiterer Philosoph, den wir hinsichtlich seiner Reiseaktivitäten erwähnen, ist Georg Wilhelm Friedrich Hegel (1770–1831). Er entsprach dem weiter oben angedeuteten Bild eines Denkers, der sich dem Geschäft der philosophischen Spekulation zuwendet und ansonsten wenig Ablenkung und Zerstreuung (durch Urlaubsreisen) sucht. Doch

---

7   Seneca, A.: An Lucilius – Briefe über Ethik, 69. Brief, in: Philosophische Schriften Band 3, Darmstadt 1999, S. 617
8   Montaigne, M. de: *Essais*, Drittes Buch, Über die Eitelkeit, in der ersten modernen Gesamtübersetzung von Hans Stilett, Frankfurt am Main 1998, S. 477/491

trotz seines zurückgezogenen Lebensstils kam es bei Hegel in seinen späteren Jahren selten einmal zu einer Tour, die er allerdings ganz im Sinne seiner Philosophie zu nutzen wusste.

Eine erste Reise führte den in Berlin ansässigen Philosophen 1822 über Magdeburg, Kassel und Köln nach Brüssel, Gent, Antwerpen, Den Haag und Amsterdam. Auf den Stationen nahm Hegel begierig Impressionen der Landschaft, der Sitten und Bräuche, der Architektur wie auch in Museen der Kunstwerke und Sammlungen in sich auf. Viele dieser Eindrücke sind in seine Vorlesungen (etwa über die Ästhetik) eingeflossen und haben zur Anschaulichkeit mancher seiner Theorien beigetragen.

Ähnlich begeistert war Hegel auf seiner zweiten Reise, die er 1824 über Dresden und Prag nach Wien unternahm, und die für ihn wie eine Antithese zu seinen sonstigen, von Intellektualität geprägten Aktivitäten gewirkt hat. Diese Stadt mit ihren Theatern, Opernhäusern, Museen, öffentlichen Sammlungen, Schlössern, Kirchen und anderen großzügigen Prachtbauten stimulierte die seelisch-leiblichen Anteile des Denkers derart, dass er so lange zu bleiben beschloss, bis dass er nur noch Geld für seine Rückreise übrig hatte. Im Ballett enthusiasmierte er sich für zwei Pariser Tänzerinnen, die beim *Pas de deux* einen stumpfen Winkel (und nicht nur einen rechten wie die Berliner Balletteusen) zu bilden imstande waren, und bei einer Aufführung des weltberühmten Kasperl in der Leopoldstadt war er schlicht hingerissen. Sogar auf musikalische Abenteuer ließ Hegel sich in Wien ein, wobei er von Rossinis Musik und den italienischen Sängerinnen besonders berauscht zu sein schien. Die schönen Tage waren schon nach zwei Wochen vorüber; Hegel musste aufgrund seiner finanziellen Ressourcen die Heimreise antreten.

Noch eine dritte Reise ist erwähnenswert, bei welcher der Impuls Hegels, die Welt in allen Facetten kennenlernen und beschreiben zu wollen, neuerlich konkrete Gestalt annahm. Der Philosoph wollte seine Gedanken an der konkreten Wirklichkeit eichen und sich bestätigen lassen – eine Haltung, die ihm zu Recht die Bezeichnung des Real-Idealismus einbrachte. Diese dritte Unternehmung führte Hegel 1827 nach Paris, wo sein ehemaliger Schüler Victor Cousin (1792–1867) eine Philosophie-Professur innehatte. Dieser ließ es sich nicht nehmen, seinen inzwischen berühmt gewordenen Lehrer durch die Seine-Metropole zu führen und ihm als Cicerone die Sehenswürdigkeiten zu präsentieren. Hegel muss aus mehreren Gründen fasziniert gewesen sein. Zum einen hatte er mit Paris historischen Boden betreten, der ihn an für ihn relevante Namen und Ereignisse erinnerte: die Aufklärung, die Französische Revolution, Napoleon und schließlich die präverolutionäre Atmosphäre 1827, kurz vor der bürgerlichen Erhebung 1830 – all das war Zeitgeschichte nach dem Geschmack des Philosophen, der hier den Geist in konkrete Historie verwandelt und damit seine Theorie über den Ablauf der Geschichte scheinbar bestätigt vor sich sah.

Zum anderen bot Paris eine Fülle von kulturellen Höhepunkten, die Hegel seiner Natur gemäß am liebsten alle genossen und assimiliert hätte: Oper, Theater, Museen, Bibliotheken, architektonische Meisterleistungen, überbordender Luxus in den Geschäften und Restaurants, ganz zu schweigen von der Tatsache, dass in jedem Café Zeitungen aus aller Welt auslagen – diese Bibeln des modernen Menschen, wie Hegel sie selbst genannt hat. Der Denker hatte in Paris ein Empfinden von geistig-kultureller Heimat, das er nicht müde wurde, seiner zu Hause gebliebenen Frau in den farbigsten Worten zu schildern. Gleichzeitig meldete sich aber – bei dem reichhaltigen Angebot an Delikatessen kein Wunder – bei Hegel sein altes Magenleiden, das er von französischen Ärzten kurieren ließ, ohne dass deren Versuche ihn überzeugten. Er verordnete sich selbst eine Art Diät und beschloss, die körperliche Malaise als Zeichen zu werten, die Heimreise antreten zu sollen.

Die Reisen Hegels muteten wie Unternehmungen an, die von ihm formulierte Theorie der dialektischen Weltverhältnisse *in praxi* überprüfen zu wollen. So kann man beim Touristen

Hegel die Motive der Polarität von Heimat und Ferne, Gewohntem und Extraordinärem, Regel und Chaos, Freiheit und Zwang sowie zwischen dem überraschenden Leben und der vorhersehbaren Notwendigkeit in vielerlei Facetten nachweisen. Der Philosoph muss überwältigt gewesen sein von den thetisch-antithetischen und synthetischen Erfahrungen, die ihm seine Reisen bescherten und die ihm scheinbare Bestätigungen für seine philosophische Form der Interpretation von Kosmos, Leben und Kultur verschafften.

Ganz andere Intentionen verfolgte Jean-Paul Sartre (1905–1980) mit seinen Reisen. Zuallererst muss von ihm festgestellt werden, dass er ein überaus reisefreudiger Mensch war, der einen gehörigen Teil seines Lebens außer Haus verbracht hat. Zu seinem Nomadentum passt, dass er über weite Phasen seines Daseins keine eigene Wohnung besaß, mehr oder minder aus Koffern lebte und in Hotelzimmern logierte. Sartre war nicht nur in Sachen Philosophie, Literatur, Politik und Gesellschaftskritik ein unruhiger Geist; auch die Gestaltung seines Alltags wies reichlich Bewegungen und Veränderungen auf, so dass man häufig nicht genau wusste, wo sich der existentialistische Denker gerade aufhielt und wohin ihn seine allernächsten Pläne und Projekte führen würden. Oft genug diktierten ihm die tagespolitischen Ereignisse die Stationen seiner Lebenstour, die ihn von Algerien bis in die Vereinigten Staaten von Amerika, von China bis in die Tschechoslowakei, von Polen bis weit in die Sowjetunion hinein führten, ohne dass dabei die Atmosphäre von Unruhe und Anspannung je ganz von Sartre gewichen wäre.

Ähnlich erging es dem Philosophen im Hinblick auf seine diversen literarischen Vorhaben. Essays, Dramen, Romane, eine Autobiographie, Briefe, Tagebücher, literaturpsychologische Studien, ein Drehbuch, politische und historische Abhandlungen und nicht zuletzt zwei voluminöse philosophische Hauptwerke hat dieser *Poly-Scribent* (Vielschreiber) in seinem Leben verfasst, ohne dass er den Eindruck erweckte, sich jemals geschont oder ausgeruht zu haben. Im Gegenteil: Müdigkeit bekämpfte er mit Kaffee, Zigaretten und Tabletten, und er lebte und arbeitete fieberhaft und suchtartig, gleichsam nach einem Motto, das von dem Filmemacher Rainer Werner Fassbinder (1945–1982) stammt, und das auf Sartre und dessen Lebensstil aber mindestens ebenso zutrifft: „Schlafen kann ich, wenn ich tot bin!"

Der *Workaholic* Sartre machte so gut wie nie Urlaub im Sinne von Entspannung und Muße, und eigentlich alle seine Reiseaktivitäten dienten irgendeinem Zweck, egal ob politischer, sozialer oder literarischer Natur. Eine der wenigen Ausnahmen bildete seine italienische Reise im Herbst 1951, als er ein großes Buchprojekt – seinen *Saint Genet, Komödiant und Märtyrer* (1952), eine Studie von etwa tausend Seiten Umfang – beendet hatte und noch kein anderes Projekt dringlich und aktuell war. Weil diese Reise eindeutig einen Ausnahmecharakter in der Biographie Sartres aufweist, soll sie hier kurz Erwähnung finden.

Das Ungewöhnliche an diesem Unterfangen bestand für Sartre darin, sich wie ein Tourist durch Italien zu bewegen. Er hatte keinen Auftrag, kein fixes Ziel und keinen Plan, und nicht einmal die Frage, ob, und wenn ja, mit welchem Thema er sich denn während der kommenden Wochen beschäftigen wollte, war für diesen Schriftsteller *par excellence*, der ohne Stift und einem Blatt Papier nicht leben mochte, geklärt:

> Wenn ich am 17. in den Zug steige, werde ich die Hände in den Taschen und *unbeschriebenes* Papier im Koffer haben. Was werde ich schreiben? Ich habe hundert Pläne, und ich weiß es nicht, das amüsiert mich.[9]

Seine Reise bringt Sartre, diesen letzten Touristen – er ist ein letzter, weil im späten Herbst tatsächlich nur noch wenige Reisende durch Italien ziehen; er ist aber auch ein letzter insofern,

---

9 Sartre, J.-P.: Königin Albemarle oder Der letzte Tourist (1991), Reinbek bei Hamburg 1994, S. 7

als er die Kultur und das Land, wo die Zitronen blühen, erfahren will, bevor es in einem eventuellen Krieg oder Aufruhr untergeht – nach Rom, Neapel, Capri und Venedig. Überall, wohin er kommt, entwickelt er für ihn neue und ungewohnte Perspektiven, mit denen er die Menschen, Plätze, Bauten, Kunstwerke und die Natur um sich her in sich aufsaugt und wirken lässt.

Während seiner Passagen notiert Sartre unaufhörlich seine Eindrücke auf kleine Zettel, Fetzen Papier und später auch in gebundene Hefte. Aber die Art seiner Aufzeichnungen unterscheidet sich grundlegend von seinen übrigen Tagebüchern, Briefen und Notate, von denen man annehmen kann, dass auch sie wie im Flug geschrieben worden sind. Im Herbst 1951 fährt ein Sartre durch Italien, dem das Leben *per se* ein Wert geworden ist, ohne dass es permanent in reflektierende, Erkenntnis heischende Sprache verwandelt werden müsste. Gerüche, der Wind, das Wetter, die Stille, das Wasser, das Hupen der Autos, Musik, die Kunstwerke Tintorettos, Essen und Trinken, Glockengeläut, die Antike – alles scheint Sartre gelten zu lassen, wie es das Jahrtausende alte Spiel von Natur und Kultur hervorgebracht und für gut befunden hat, ohne dass er es einer Kritik oder Theorie unterwerfen hätte müssen.

Dieser Sartre erinnert an den Nietzsche des *amor fati*, dem kein Vorwärts und kein Rückwärts in den Sinn kam, wenn er die Erde, diesen klugen, wahrscheinlich einmaligen Einfall des Kosmos, genoss und erlebte. Und er erinnert an den Rilke der *Duineser Elegien*, der das hohe Lied des großen Ja zu singen wusste, obschon ihm sehr klar vor Augen stand, dass er ein Vergänglicher ist und sein Ja zum Leben seinen Tod unweigerlich mit einschließt:

> Die Lagune. Im zarten, rosagrauen Abendnebel die schon schwarze Lagune. Mitten im Wasser, dreihundert Meter vom Kai entfernt, senkt sich eine Mauer aus hellgrauem Stahlbeton ins Wasser, gerade und leblos. Sie verdeckt die Giudecca. Sie, sie allein wirkt wie aus totem Stein. Lampen werfen ihr Licht fächerförmig auf diese graue Masse. Es ist ein amerikanisches Kriegsschiff.[10]

Sartre hat in seinem Schriftstellerdasein eigentlich nie Lyrik verfasst – bis auf seine Aufzeichnungen von dieser italienischen Reise, die nach seinem Tod von Arlette El Kaim-Sartre unter dem Titel *Königin Albemarle oder Der letzte Tourist* (1991) herausgegeben wurden. Diesen Aufzeichnungen eignet ein lyrischer Ton, den man sonst im Werk dieses Autors vermisst. Nun geht man in der Literaturwissenschaft davon aus, dass dem Lyriker eine bestimmte zeitliche Dimension – die Gegenwart, der Augenblick – besonders am Herzen liegt, wohingegen der Epiker sein Werk vorrangig in der Vergangenheit ansiedelt und der Dramatiker seine Stücke in die Zukunft reichen lässt.

Sartre war ein Mensch, dem das Einlassen auf den Moment und das Verschmelzen mit dem Jetzt zwar ein hoher Wert war, von dem er aber spürte, dass er ihn selten verwirklichen konnte. Wahrscheinlich hat er sich in seiner fiebernden Suche nach Leben und noch mehr Leben, die ihn zu vielen Beziehungsfragmenten geführt hat, nach einem Goethe'schen bzw. Faustischen Augenblick gesehnt, auf den er sich ganz einlassen und zu dem er hätte sagen können: „Verweile doch, du bist so schön." Das Italien im Herbst 1951 sah einige Wochen lang einen Sartre, der lyrisch geworden war und sich an den Moment des Daseins hingeben konnte, ohne andauernd Vergangenes oder Zukünftiges als Flucht vor der Gegenwart bedenken und ins Feld führen zu müssen. In der Schilderung von Venedig wird diese Form der Hingabe besonders deutlich:

---

10 Sartre, J.-P.: Königin Albemarle oder Der letzte Tourist (1991), Reinbek bei Hamburg 1994, S. 81 f.

> Venedigs Tristesse ist wie eine bestimmte sanfte und durchdringende Kälte, die einen langsam, aber sicher bis in die Knochen erstarren lässt. Warum? Es gibt hier nicht mehr Elend als anderswo, oder man sieht es jedenfalls nicht. Nichts Hässliches. Sanfte und sichere Schönheiten, das Wasser, die Palazzi, die Gemälde. Das Leben ist leicht … Man gibt sich hin. Außer dem Grandhotel Bauer Grünwald ist nichts hässlich. Man braucht sich nicht gegen etwas Hässliches zu spreizen.[11]

Trotz seiner Vertiefung in jahrhundertealte Bilder, Statuen und architektonische Meisterwerke gelang es Sartre, dieser Vergangenheit momentanen Sinn und gegenwärtige Bedeutung abzugewinnen. Ohne große Theorien oder Abhandlungen zu zitieren, notierte Sartre *al fresco*, quasi auf den noch feuchten Kalk, seine Gedanken und Überlegungen, die er von den Steinen und Leinwänden abzulesen schien, wie Musiker ihre Noten vom Blatt spielen. Neben poetischer Schönheit und Anmut entstand dabei vor allem auch eine sprudelnde Lebendigkeit, die man an manchen seiner anderen Texte – man denke nur an die *Kritik der dialektischen Vernunft* (1960) – schmerzlich vermisst. So aber erlebt man beispielsweise Sartres architektonische Notizen über die Gotik oder das Barock wie tupfende, schwirrende Tänze, von Balletteusen zur Aufführung gebracht, die nichts anderes zum Ausdruck bringen wollen als die Leichtigkeit des Seins:

> Die Gotik ist ein Divertimento, keine Notwendigkeit. Leichte Backsteinhäuser, und die größten begnügten sich mit dem byzantinischen Stil (San Marco und der Fondaco dei Turchi). Daher die Arabesken. Was sie aber wollen, ist der Kreis. Sie hängen so sehr an ihm, dass ihre Gotik weniger ein Spitzbogen als eine Kerbe im Kreis ist … Der Stein ahmt das Schwanken, die Umwege des Wassers nach. Er hat seine Redundanz, seine Wiederholungen. Die Seinswiederholungen des Steins (Arkaden) sind wie die Wiederholungen der Spiegelung auf der Welle … Das ist kein versteinertes Wasser, es ist die intelligente Imitation des Wassermotivs durch den Stein.[12]

Die italienische Reise Sartres zeigt ihn uns als *l'homme méditerranéen*, als einen Menschen, der den Augenblick bejubelnd genießt. Bedeutung, Sinn und Wahrheits-Partikel suchte der Philosoph während seiner Wochen im Süden nicht in den großen historischen und gesellschaftlichen Theorien und Modellen, sondern in den alltäglichen Begebenheiten, etwa im *Caffè Greco* oder in einer Gondel, im zufälligen Arrangement mit Menschen, auf die er stieß, oder in den überraschenden Perspektiven und Blicken, die in den Straßen und Palästen Roms und Venedigs auf ihn warteten.

Bedeutung, Sinn und Wahrheits-Partikel demaskieren sich, wenn Menschen das Naheliegende und Selbstverständliche in ihrer Seins-Art und ihren Beziehungen untereinander erahnen, wobei Reisende – weil sie Fremde sind und für sie die Dinge und Verhältnisse nicht als selbstverständlich erscheinen – prädestiniert für derartiges Erleben und Empfinden sind. Es ist daher ein Irrtum mancher Touristen zu glauben, sie könnten in fremder Gegend ähnlich viele Sinn- und Bedeutungszusammenhänge wahrnehmen, wenn sie dort wie die Einheimischen leben, als wenn sie sich lediglich auf der Durchreise befinden.

Der Perspektivwechsel ist eine Voraussetzung für die Wahrnehmung neuer Sinnaspekte und Bedeutungsbezüge und verändert die Dimensionen des bisher Gewohnten. Das Kleine

---

11 Sartre, J.-P.: Königin Albemarle oder Der letzte Tourist (1991), Reinbek bei Hamburg 1994, S. 172
12 Sartre, J.-P.: Königin Albemarle oder Der letzte Tourist (1991), Reinbek bei Hamburg 1994, S. 226 f.

wird groß und das Große wird klein, das Wichtige wird peripher, und das anscheinend Unwesentliche schiebt sich in den Mittelpunkt des Interesses – so erleben nicht wenige Touristen ihre Reise, und solche Effekte hat auch Sartre bemerkt und beschrieben:

> Das Menschengeschlecht – oder, wer weiß, der historische Prozess – schrumpft zu einem kleinen, begrenzten Wimmeln im Raum und in der Zeit. Von irgendwo außerhalb der Zeit und des Raumes sehe ich es in seiner Gesamtheit … Die Gegenwart ist, was ich berühre, sie ist das Werkzeug, das ich handhaben kann, ist das, was auf mich einwirkt oder was ich verändern kann.[13]

Wer sich als Reisender auf derartige Veränderungen seiner Beziehungen zur Welt und zu den Mitmenschen einlässt, wird bisweilen nicht nur mit der Wahrnehmung ungewohnter Sinn- und Wertaspekte in seiner Umwelt, sondern auch bei sich selbst belohnt. Das Neue, Fremde, Überraschende, Abenteuerliche und Geheimnisvolle einer Reise ereignet sich einerseits um uns her; andererseits hat der Tourist damit zu rechnen, dieses auch in sich zu entdecken und die eigene Person als ähnlich überraschend, neu und geheimnisvoll zu erleben.

Auf solche Zusammenhänge zielte auch Jean Paul ab, der vom menschlichen Unbewussten als von dem wahren inneren Afrika sprach, das man bereisen könne und solle wie einen fernen Kontinent. Bei vielen Reisenden steht zu vermuten, dass sie ihre Tour unbewusst als einen Aufbruch zum eigenen Selbst planen und beginnen, ohne dass sie sich diese Aspekte je vergegenwärtigen. Nicht selten gleichen solche Fahrten einer Odyssee mit all den Unwägbarkeiten und Entbehrungen, die schon das antike Epos beschrieben hat; oder wie Dantes Kontakt mit der Unterwelt, die so manche unangenehme Verdrängung unseres Daseins offenbar werden lässt.

So kommt es, dass viele Reisen zwar als Suche nach dem Selbst initiiert und halb bewusst auch vorgestellt werden – und dann aber als touristisches Spektakel enden. Die Konfrontation mit den ungelebten und ungeliebten Seiten der Existenz ängstigt nicht wenige Passanten auf dem Weg zur eigenen Person, und aus Sorge vor den möglichen Konsequenzen dieser Konfrontation bleiben nicht wenige beim bloßen Urlaubs- oder Reisevergnügen hängen und zucken vor den eventuell existentiellen Dimensionen dieser Unternehmung zurück:

> Was den Wert des Reisens ausmacht, ist die Angst. Denn in einem gewissen Augenblick, so fern von unserer Heimat, von unserer Sprache, … überfällt uns eine unbestimmte Angst, und wir empfinden unwillkürlich das Verlangen, in den Schutz unserer alten Gewohnheiten zurückzukehren … Deshalb darf man nicht sagen, man reise zu seinem Vergnügen. Es gibt kein Vergnügen des Reisens. Ich möchte eher eine Askese darin sehen. Man reist um der Bildung willen, wenn wir unter Bildung die Betätigung des geheimsten unserer Sinne verstehen, nämlich des Sinns für das Ewige. Das Vergnügen lenkt uns von uns selbst ab, so wie die von Pascal beschriebene Zerstreuung uns von Gott entfernt. Das Reisen, das gleichsam eine höhere und ernstere Wissenschaft ist, führt uns zu uns zurück.[14]

Reisen sind Versuche, das Leben tief und bedeutsam werden zu lassen, sich aus den Rastern und Schemata des Alltags zu lösen und das Nicht-Alltägliche und Außergewöhnliche erlebbar und verfügbar werden zu lassen. Wir alle sehnen uns nach dem Zentrum dessen, was

---

13 Sartre, J.-P.: Königin Albemarle oder Der letzte Tourist (1991), Reinbek bei Hamburg 1994, S. 246
14 Camus, A.: Tagebücher 1935–1951, Reinbek bei Hamburg 1989, S. 14

wir Leben nennen, und stellen uns vor, dass dort Erfüllung, Glück und Zufriedenheit in hohem Maße zu finden sind. Darüber hinaus suchen wir vor allem aber auch uns selbst bzw. jene Aspekte unserer Person, die im nivellierenden Geschäft der Alltäglichkeit kaum zur Geltung kommen.

Die Suche nach diesen seltenen Selbst-Anteilen erfolgt an Orten, die man im übertragenen Sinne als Heterotopien bezeichnen könnte. Dieser Begriff geht auf Michel Foucault zurück, der damit institutionalisierte Orte charakterisierte, die andere Werte, Normen und Regeln aufweisen als ihre Umgebung. Als Beispiele wählte er Jugend- oder Altenheime, Kliniken, Kasernen, Kinos, Theater, Gärten, Museen, Bibliotheken, Gästehäuser, Festwiesen oder auch Bordelle.

Bei den individuellen Reisezielen handelt es sich nicht um institutionalisierte, sondern um persönliche Heterotopien – um Orte, die ebenfalls andere Wertigkeiten, Sinndimensionen und Bedeutungen aufweisen als der Alltag der Betreffenden, ohne dass sie als solche kenntlich gemacht wären. Diese Sehnsuchtsorte (z. B. Goethes Italien respektive Arkadien) sind keine Utopien – es gibt sie sehr real, obgleich in der Regel nur für wenige Tage oder Wochen und meist nur für ein einziges Mal. Nicht selten führt die Wiederholung von Reisen zu desillusionierenden Enttäuschungen, und der ehemals *hetero topos*, der andere, verheißungsvoll fremde Ort mit seinen eigentümlichen Erlebensweisen von Raum und Zeit, hat sich in Ordinäres, Banales und Triviales aufgelöst – ein Phänomen, mit dem auch Goethe bei seiner zweiten italienischen Reise konfrontiert war.

Obwohl Matthias Claudius schon vor über 200 Jahren in seinem Gedicht *Urians Reise um die Welt* hinsichtlich der Effekte von Reisen eine nachvollziehbare und berechtigte Skepsis angemeldet hat, bleibt wohl bei vielen Menschen auch zukünftig der Impuls erhalten, sich in die Fremde aufzumachen, um letztlich die Heimat respektive die Fremde des eigenen Selbst zu erreichen. Dass sich beim Reisen solche Motive oftmals mit anderen, profanen und alltäglichen verschränken, ist nicht weiter beklagenswert, wenn man nur weiß und angemessen bedenkt, dass man heutzutage zwar in 80 Tagen gemächlich rund um die Welt, aber nur schwer bis zum eigenen Selbst gelangen kann.

Literatur

1. Alain: Die Pflicht glücklich zu sein (1928), Frankfurt am Main 1993
2. Bloch, E.: Das Prinzip Hoffnung, Frankfurt am Main 1959
3. Camus, A.: Tagebücher 1935-1951, Reinbek bei Hamburg 1989
4. Claudius, M.: Worauf es ankommt – Ausgewählte Werke nach Gattungen geordnet, Gerlingen 1995
5. Freud, S.: Brief an Romain Rolland, in: Gesammelte Werke XVI, Frankfurt am Main 1993
6. Montaigne, M. de: Essais, in der ersten modernen Gesamtübersetzung von Hans Stilett, Frankfurt am Main 1998
7. Sartre, J.-P.: Königin Albemarle oder Der letzte Tourist (1991), Reinbek bei Hamburg 1994
8. Seneca, A.: An Lucilius – Briefe über Ethik, in: Philosophische Schriften Band 3, Darmstadt 1999
9. Seume, J.G.: Spaziergang nach Syrakus (1811), Nördlingen 1985
10. Toynbee, A.: Erlebnisse und Erfahrungen (1969), München 1970

Aphorismen, bevorzugt von Goethe, über die Menschen und das Leben

Aphorismen sind kurze und prägnante Sprüche (im Griechischen bedeutet *aphorizein* so viel wie genau bestimmen und abgrenzen), die nicht selten eine witzige oder humorvolle Wendung nehmen. „Ein Aphorismus braucht nicht wahr zu sein," meinte Karl Kraus (1874–1936), „aber er soll die Wahrheit überflügeln. Er muss mit einem Satz über sie hinauskommen."

Zu den Meistern des aphoristischen Stils zählen etwa die französischen Moralisten La Rochefoucauld, La Bruyère und Vauvenargues und im 20. Jahrhundert Paul Valéry; unter englischsprachigen Aphoristikern stechen Oscar Wilde und George Bernard Shaw hervor; den deutschsprachigen Vertretern rechnet man Georg Christoph Lichtenberg, Jean Paul, Novalis, Arthur Schopenhauer, Friedrich Nietzsche, Marie von Ebner-Eschenbach und eben Karl Kraus zu.

Auch Goethe war ein exzellenter Aphoristiker, wobei sich seine Sentenzen und Bonmots als Einschübe in Romanen (in *Wilhelm Meisters Lehrjahren* und *Wanderjahren* oder in den *Wahlverwandtschaften*) wie auch als eigenständige Sammlungen finden (*Maximen und Reflexionen; Xenien*). Goethe hat Hunderte Aphorismen zu den unterschiedlichsten Themenfeldern verfasst, woraus hier lediglich einige Dutzend ausgewählt wurden – vermengt mit eigenen Aperçus, die als solche leicht zu erkennen sind.

> Der Mensch ist dem Menschen das Interessanteste und sollte ihn vielleicht ganz allein interessieren. Alles andere, was uns umgibt, ist entweder nur Element, in dem wir leben, oder Werkzeug, dessen wir uns bedienen.
>
> Was bin ich denn gegen das All? … wie kann ich ihm gegenüber, wie kann ich in seiner Mitte stehen?
>
> Der Mensch ist Materie, die nach ihrer Bedeutung sucht.
>
> Wüchsen die Kinder in der Art fort, wie sie sich andeuten, so hätten wir lauter Genies.
>
> Ein Genie dient nicht – es herrscht.
>
> Alles Gescheite ist schon gedacht worden, man muss nur versuchen, es noch einmal zu denken.
>
> Es hört doch jeder nur, was er versteht.
>
> Küsse mich! – Sonst küss' ich dich!
>
> Liebschaften, Seitensprünge, Affären sind nicht so sehr eine Frage der Moral als eine Frage von Vornehmheit und Geschmack.
>
> Gelegenheit macht Verhältnisse, wie sie Diebe macht.
>
> Der große Gegenspieler des Lebens: der Plan.
>
> Gewisse Bücher scheinen geschrieben zu sein, nicht damit man daraus lerne, sondern damit man wisse, dass der Verfasser etwas gewusst hat.
>
> Keine Bücher schreiben über Bücher, die von Büchern handeln.
>
> Wer Träume verwirklichen will, muss auch welche haben.
>
> Handeln ist leicht, Denken schwer; nach dem Gedanken handeln unbequem.

Kapitel 17 · Aphorismen, bevorzugt von Goethe, über die Menschen und das Leben

Man vergilt es – meint Nietzsche – einem Lehrer schlecht, wenn man ewig sein Schüler bleibt. Stimmt. Man vergilt es ihm noch schlechter, wenn man niemals richtig sein Schüler geworden ist.

Der Handelnde ist immer gewissenlos, es hat niemand Gewissen als der Betrachtende.

Dies kleine Leben umgibt der Schlaf (Shakespeare). Diesen kleinen Schlaf umgibt das große Leben (Schlafgestörter).

Nur derjenige kann das Spielbein der Imagination einsetzen, dem das Standbein der Erfahrung nicht Mal für Mal umzuknicken droht.

Manche verbringen Jahrzehnte damit, Fahrpläne des Lebens zu studieren, ohne je in einen Zug einzusteigen.

Der Starke ist am mächtigsten allein (Schiller). – Leider sind wir im Schnitt überwiegend Halbstarke.

Beim Lesen darauf achten, an welchen Gedanken die Wünschelrute der inneren Zustimmung ausschlägt; sie zeigt Adern unserer Wertvorräte an.

Sein Jahrhundert kann man nicht verändern, aber man kann sich dagegen stellen und glückliche Wirkungen vorbereiten.

Der ist der glücklichste Mensch, der das Ende seines Lebens mit dem Anfang in Verbindung setzen kann.

Die kürzeste Verbindung zwischen zwei Punkten im menschlichen Dasein? Der Umweg.

Liebe herrscht nicht, aber sie bildet, und das ist mehr.

Man wird nie betrogen, man betrügt sich selbst.

Vollkommenheit ist die Norm des Himmels – Vollkommenes wollen die Norm des Menschen.

Wir werden krank, wenn wir Ideen verwirklichen wollen, für die wir nicht geboren und gebaut sind.

Sage mir, mit wem du umgehst, so sage ich dir, wer du bist; weiß ich, womit du dich beschäftigst, so weiß ich, was aus dir werden kann.

Sich mitzuteilen ist Natur; Mitgeteiltes aufzunehmen, wie es gegeben wird, ist Bildung.

Als Kind glaubte ich an meine Eltern und den lieben Gott; als Jugendlicher an den Sozialismus und die Macht der Liebe; als junger Mann an die Großen aus Wissenschaft, Kunst und Philosophie; als Erwachsener an mich; und morgen?

Die Sierra Nevada von oben: Das alte, zerfurchte Gesicht Spaniens, seine Sorgenfalten, die von Philipp II., der Inquisition und dem Obristen Franco erzählen.

Mallorca von oben, bei Abendsonne: Ein riesiges Tier, dessen Rücken sich langsam aus dem Meer hebt, und an dessen Haut sich die Kletten der Fincas und Hütten festgesogen haben.

Das Meer bei tiefer Abendsonne von oben: Elefantenhaut, für die man fast zärtliche Gefühle hegen kann.

Man muss nur *ein* Wesen recht von Grund aus lieben, da kommen einem die übrigen alle liebenswürdig vor!

Gegen große Vorzüge eines andern gibt es kein Rettungsmittel als die Liebe.

Fassadenmenschen sind zufrieden mit Fassadenmalerei; Menschen mit Persönlichkeit bestehen auf Höhlenmalerei.

Man darf nur alt werden, um milder zu sein; ich sehe keinen Fehler begehen, den ich nicht auch begangen hätte.

Um die Einsamkeit ist's eine schöne Sache, wenn man mit sich selbst in Frieden lebt und was Bestimmtes zu tun hat.

Abends glauben wir an die Poesie des Daseins – und morgens wundern wir uns, welche Hormonschwankung uns da wieder heimgesucht hat.

Wenn der Wind der Veränderung bläst, bauen die einen Mauern – die anderen stellen Windräder auf (chinesisches Sprichwort).

Werte und Ideale schauen wir nicht im Moment des Triumphes – da sind wir berauscht und betäubt. Wir erkennen sie in Situationen der Niederlage und des Scheiterns – als Anker, Rettung, Dennoch.

Wie viele Zumutungen erträgt eine Liebe?

Steigerungsform von widermenschlich: Krieg.

Unsre modernen Kriege machen viele unglücklich, indessen sie dauern, und niemand glücklich, wenn sie vorbei sind.

Sag mir, warum dich keine Zeitung freut? / Ich liebe sie nicht, sie dienen der Zeit.

Psychologische Gesetzmäßigkeit: parallele Ausmaße von ungebildet und eingebildet.

Die Höhe reizt uns, nicht die Stufen; den Gipfel im Auge wandeln wir gerne auf der Ebene.

Faust: er will den Augenblick verewigen; Don Juan: er will den Augenblick wiederholen.

Der Undank ist immer eine Art Schwäche. Ich habe nie gesehen, dass tüchtige Menschen undankbar gewesen wären.

Das Leben als kubische Gleichung: Es gibt mehrere, aber nicht unendlich viele Lösungen; und man muss sich an Gesetze halten.

Liebe als Gleichung mit mehreren Unbekannten: Je nachdem, wer für x, y oder z steht, kann die Aufgabe gelöst werden.

Wer Saiten berührt, muss sich über Schwingungen nicht wundern.

Zärtlichkeit, Sexualität, das Du, Kunst, Wissenschaft, Philosophie: Sie retten und erlösen nicht, aber sie trösten.

Das Leben kann nur mit Fassung ertragen werden, wenn man ihm eine Verfassung gibt.

Wenn man alle Gesetze studieren sollte, so hätte man gar keine Zeit, sie zu übertreten.

Kapitel 17 · Aphorismen, bevorzugt von Goethe, über die Menschen und das Leben

Wer zu streng mit sich umgeht, schlägt zum Schluss über die Strenge.

Es bedeutet bereits Krankheit, angesichts der Kürze des Lebens und der Tatsache, dass es nur einmal währt, dasselbe nicht zu genießen (frei nach Abbé Galiani).

Die sedierte Republik: massenhafter Versuch, die realen Dimensionen der eigenen Persönlichkeit und die der anderen nicht wahrnehmen zu müssen.

Die Menschen sind als Organe ihres Jahrhunderts anzusehen, die sich meist unbewusst bewegen.

Wer nichts für andere tut, der tut auch nichts für sich.

Horaz über die Aufgabe des Schriftstellers: *prodesse et delectare* (nützen und erfreuen) – eine Formel, die genauso gut für Ärzte und Psychotherapeuten gilt.

Rat zu geben ist das dümmste Handwerk, das einer treiben kann. Rate sich jeder selbst und tue, was er nicht lassen kann.

Wenn wir die Menschen nur nehmen, wie sie sind, so machen wir sie schlechter; wenn wir sie behandeln, als wären sie, was sie sein sollten, so bringen wir sie dahin, wohin sie zu bringen sind.

Mit drei Jahren *sagt* man das erste Mal ich; mit dreißig Jahren *wird* man das erste Mal ich.

Es bildet ein Talent sich in der Stille, / Sich ein Charakter in dem Strom der Welt.

Moralin: in Formalin eingelegte Moral.

Inwendig lernt kein Mensch sein Innerstes / Erkennen. Denn er misst nach eignem Maß / Sich bald zu klein und leider oft zu groß. / Der Mensch erkennt sich nur im Menschen, nur / Das Leben lehret jeden was er sei.

Aufrichtig zu sein kann ich versprechen, unparteiisch zu sein aber nicht.

Reiche schwimmen im Geld – ich schwimme im See.

Es ist besser, das geringste Ding von der Welt zu tun als eine halbe Stunde für gering zu halten.

Alles Große bildet, sobald wir es gewahr werden.

Liebe: Sorge tragen, dem anderen nur das zu zeigen, was seiner Würde entspricht.

Wer glaubt, ist immer schon zuhause. Wer zweifelt, ist stets unterwegs.

Toren und gescheite Leute sind gleich unschädlich. Nur die Halbnarren und die Halbweisen, das sind die gefährlichsten.

Unsre *Eigenschaften* müssen wir kultivieren, nicht unsre *Eigenheiten*.

Antwort auf die Frage: „Wie war der Urlaub?" – „Ereignisarm, aber gedankenreich."

Es ist nichts schrecklicher als eine tätige Unwissenheit.

Nationalliteratur will jetzt nicht viel sagen; die Epoche der Weltliteratur ist an der Zeit.

Man fühlt sich in einer Bibliothek wie in der Gegenwart eines großen Kapitals, das geräuschlos unberechenbare Zinsen spendet.

Das Können ist des Dürfens Maß – gilt für Bergsteiger wie für Gipfelstürmer aller Art.

Was ihr nicht rechnet, glaubt ihr, sei nicht wahr!

Verwaltung: Wenn Zahlen sich über das Leben hermachen. Leben: die Spalten zwischen den Zahlenwerken nutzen.

Durée: die Momente unseres Daseins auf eine verbindende Schnur der Identität ziehen.

Wir sind Zwiebel ohne Kern (Ibsens *Peer Gynt*); aber manche Schale ist derart verkrustet, dass wir meinen, es sei unser innerstes Ich, das widerständige Selbst.

Definition einer runden Persönlichkeit: eine, die Ecken und Kanten hat.

Jemanden, der schweigt, soll man nicht unterbrechen. (Japanisches Sprichwort)

Wer sich etwas vorspielt, muss sich nichts vormachen.

Was wäre ich denn, wenn ich nicht immer mit klugen Leuten umgegangen wäre und von ihnen gelernt hätte?

Nicht wir sind groß – die Welt mit ihren sozialen und kulturellen Aufgaben ist groß.

Die Menschen werfen sich im Politischen wie auf dem Krankenlager von einer Seite zur andern, in der Meinung, besser zu liegen.

Noch ist es Tag, da rühre sich der Mann, / Die Nacht tritt ein, wo niemand wirken kann.

Religion als Stütze und Trost der Menschen bei Erschütterungen aller Art mag ich *respektieren – rezeptieren* würde ich sie allerdings nicht.

Was der Mensch als Gott verehrt, ist sein eigenstes Innere herausgekehrt.

Es gibt viele Menschen, die sich einbilden, was sie erfahren, das verstünden sie auch.

Das Wahre fördert; aus dem Irrtum entwickelt sich nichts, er verwickelt uns nur.

Beim Zerstören gelten alle falschen Argumente, beim Aufbauen keineswegs. Was nicht wahr ist, baut nicht.

Unbedingte Tätigkeit, von welcher Art sie sei, macht zuletzt bankrott.

Herrschen lernt sich leicht, regieren schwer.

Ein Mensch zeigt nicht eher seinen Charakter, als wenn er von einem großen Menschen oder von irgendetwas Außerordentlichem spricht. Es ist der rechte Probierstein aufs Kupfer.

Majestät ist das Vermögen, ohne Rücksicht auf Belohnung oder Bestrafung recht oder unrecht zu handeln.

Welche Regierung die beste sei? Diejenige, die uns lehrt, uns selbst zu regieren.

Zu allen Zeiten sind es nur die Individuen, welche für die Wissenschaft gewirkt, nicht das Zeitalter. Das Zeitalter war's, das den Sokrates durch Gift hinrichtete; das Zeitalter, das Hussen verbrannte; die Zeitalter sind sich immer gleich geblieben.

Panoramic ability (Vermögen des großen Überblicks) schreibt mir ein englischer Kritiker zu, wofür ich allerschönstens zu danken habe.

Der Glaube ist ein häusliches, heimliches Kapital – wie es öffentliche Spar- und Hilfskassen gibt, woraus man, in Tagen der Not, Einzelnen ihr Bedürfnis reicht; hier nimmt der Gläubige sich seine Zinsen im Stillen selbst.

Es begegnete und geschieht mir noch, dass ein Werk bildender Kunst mir beim ersten Anblick missfällt, weil ich ihm nicht gewachsen bin.

Alles Vortreffliche beschränkt uns für einen Augenblick, indem wir uns demselben nicht gewachsen fühlen; nur insofern wir es nachher in unsere Kultur aufnehmen, es unseren Geist- und Gemütskräften aneignen, wird es uns lieb und wert.

Kein Wunder, dass wir uns alle mehr oder weniger im Mittelmäßigen gefallen, weil es uns in Ruhe lässt; es gibt das behagliche Gefühl, als wenn man mit Seinesgleichen umginge.

Mancher klopft mit dem Hammer an der Wand herum und glaubt, er treffe jedes Mal den Nagel auf den Kopf

Der Sinn erweitert, aber lähmt; die Tat belebt, aber beschränkt.

Ein großer Fehler: dass man sich mehr dünkt, als man ist, und sich weniger schätzt, als man wert ist.

Versuche, die eigene Autorität zu fundieren: Sie ist überall begründet, wo Meisterschaft ist.

Die Botaniker haben eine Pflanzenabteilung, die sie *Inkomplette* nennen; man kann eben auch sagen, dass es inkomplette, unvollständige Menschen gibt. Es sind diejenigen, deren Sehnsucht und Streben mit ihrem Tun und Leisten nicht proportioniert ist.

Das Gewebe unseres Lebens und Wirkens bildet sich aus verschiedenen Fäden, indem sich Notwendiges und Zufälliges, Willkürliches und Rein-Gewolltes, jedes von der verschiedensten Art und oft nicht zu unterscheiden, durcheinander schränkt.

Serviceteil

Personenverzeichnis – 294

© Springer-Verlag GmbH Deutschland, ein Teil von Springer Nature 2019
G. Danzer, *Voilà un homme - Über Goethe, die Menschen und das Leben*,
https://doi.org/10.1007/978-3-662-57672-4

Personenverzeichnis

A

Abbé Galiani 288
Adler, A. 48, 134, 190, 214, 252, 273
Adorno, Th.W. 246
Agricola, R. 140, 146
Alain 205, 268
Alberti, L.B. 139
Alkibiades 251
Anaximander 128
Anders, G. 254
Angelus Silesius 277
Anna Amalia 20, 53–54, 56, 73, 75
Arendt, H. 237
Aristophanes 219
Aristoteles 29, 33, 108, 236
Arnim, A. von 195
Arnim, B. von 3, 7, 199
Auguste zu Stolberg 54
Augustinus 200

B

Bacon, F. 222
Baggesen, J. 23, 118
Bakunin, M. 223
Balzac, H. de 229
Basedow, J.B. 184
Bayle, P. 9, 162, 176, 179, 184
Beardsley, A. 256
Beauvoir, S. de 20
Beckett, S. 231, 233
Beethoven, L. van 15, 221
Bembo, P. 139
Benjamin, W. 242, 259
Bergman, T. 104
Berkeley, G. 175
Bieri, P. 190
Blechen, C. 215
Bloch, E. 220–221, 230, 269
Boccaccio, G. 139, 146, 237
Boëtie, É. de la 29, 276
Böhme, G. 49
Böhme, H. 103
Boisserée, S. 206
Bovenschen, S. 32–33
Brandes, G. 99, 104, 116
Brant, S. 139, 142–143, 146
Brecht, B. 69, 200
Brentano, C. 102, 177, 195
Brion, F. 14–16, 52, 123, 208
Brown, J. 195
Bruno, G. 158, 164

Buff, Ch. 16, 52, 123
Buffon, G. 8–9
Bulgakow, M. 118
Burke, E. 253
Burns, R. 195
Bury, F. 60

C

Campanella, T. 157
Camus, A. 146, 153, 256
Cardano, G. 138, 157
Carlyle, Th. 175
Carus, C.G. 195, 212, 215
Cassirer, E. 46, 183
Catull 68
Cellini, B. 138, 207
Chamisso, A. von 118, 177, 215
Cicero 140, 146, 234
Claudius, M. 266, 269, 283
Coleridge, S.T. 195
Condillac, É.B. de 175
Condorcet, Marquis de 176
Conrady, K.O. 99, 116
Corneille, P. 9
Cotta, J.F. 24
Cranach, L. 139
Curtius, E.R. 146, 187

D

Dahl, J.Chr. 215
Dante 146, 162, 282
Darwin, Ch. 198, 247, 270
Descartes, R. 156–158, 194
Diderot, D. 176, 179, 184
Dilthey, W. 139
Dürer, A. 139, 145–146
d'Alembert, J.-B. 176, 184

E

Ebner-Eschenbach, M. von 286
Eckermann, J.P. 36–37, 59, 69, 79, 107, 114, 132, 206, 234, 262
Eco, U. 260
Ehrenfels, Chr. von 258
Eichendorff, J. von 195, 215–216
Einstein, A. 146, 162
Eisler, H. 119
Eissler, K. 127
Engels, F. 115, 162, 174, 223

Epikur 33, 158
Erasmus von Rotterdam 139, 194

F

Faustina 57–58, 68, 70–71, 74, 151, 274
Feininger, L. 222
Ferguson, A. 175
Ferrer, F. 223
Feuerbach, L. 115, 162
Fichte, J.G. 24, 177, 181
Ficino, M. 139
Figal, G. 238, 242
FitzRoy, R. 270
Flake, O. 276
Flaubert, G. 115, 229
Fontane, Th. 115, 274–275
Foucault, M. 283
Fourier, Ch. 223
Franz I. 144–145
Frau Aja 4–5, 7, 9, 13, 56, 59, 199
Frau von Stein 53, 55–58, 64, 70, 170, 208, 217, 274
Freud, S. 4, 13, 17, 62, 82, 110, 112, 115, 131, 134, 152, 170–171, 194–195, 197–199, 204, 207–208, 213, 215, 221, 231, 246, 263, 272, 283
Friedenthal, R. 99
Friedrich II. 202
Friedrich, C.D. 195, 215
Frisch, M. 47
Froben, J. 143, 145
Fromm, E. 260

G

Galilei, G. 157–158
Gebsattel, V.E. von 231
Gellert, Chr.F. 9, 11
George, S. 256
Ghibellino, E. 54
Gibbon, E. 175
Giotto 139
Goethe, August 64, 73
Goethe, Cornelia 3, 6, 8–9, 11, 54–55
Goethe, Jakob 8–9, 199
Goethe, Johann Caspar 3–4, 6, 9–10, 16–17, 212, 216, 274
Gogol, N. 195
Goldsmith, O. 14
Goldstein, K. 12
Gottsched, J.Chr. 11

Personenverzeichnis

Gounod, Ch. 118
Goya, F. de 194
Grabbe, Chr. D. 118
Grimm, M. 176
Groddeck, G. 127, 199, 207
Gundolf, F. 81–82

H

Hackert, Ph. 60, 207, 212
Hafis 138, 226
Hahnemann, S. 195
Hannibal 272
Hartmann von Aue 225
Hartmann, E. von 195
Hartmann, N. 32
Hawking, S. 37
Hawthorne, N. 195
Hegel, G.W.F. 121, 177, 179, 201, 252, 267, 277–278
Heidegger, M. 48, 231, 239, 242
Heine, H. 162, 177, 218–219, 224
Heinrich VIII. 142, 144
Heisenberg, W. 49
Helvétius, C.A. 176
Henslow, J. 270
Heraklit 205
Herbart, J.F. 195
Herder, C. 266
Herder, J.G. 14–15, 20, 24, 27, 34, 52, 56, 68, 139, 146, 162, 201
Herzlieb, M. 107, 208
Hesiod 200
Hessel, F. 242
Hippias 251
Hobbes, Th. 158–159, 261
Hofer, J. 218
Hoffmann, E.T.A. 195
Holbach, P.H. 14, 176
Holbein, H. 145
Homer 9, 162
Horaz 140, 267, 288
Hufeland, Chr.W. 195
Huizinga, J. 6, 139, 153
Humboldt, A. von 24, 139, 146, 177, 179
Humboldt, W. von 24, 26, 139, 146, 177, 184
Hume, D. 175
Husserl, E. 40–41, 242
Hutten, U. von 139, 143, 146, 151
Huxley, A. 223

I

Ibsen, H. 118, 289

J

Jacobi, F.H. 24, 106, 115, 162, 170
Jaspers, K. 48
Jean Paul 2, 177, 282, 286
Jerusalem, K.W. 16, 52
Julius II. 147
Jung, C.G. 127, 134, 195, 273
Jung-Stilling, J.H. 52
Juvenal 140

K

Kant, I. 23, 47, 50, 63, 104, 177–178, 180–181, 183–184, 187, 190, 194–195, 229, 249, 254–255
Karl August 20, 22–23, 28, 53–54, 56, 58, 62, 64, 147, 202, 208, 274
Karl V. 144–145
Kauffmann, A. 60
Keats, J. 195
Kepler, J. 157
Kestner, J. 16, 52, 59
Keyserling, E. von 242
Klee, P. 95, 221
Klettenberg, S.K. von 12, 93–94, 251
Klinger, M. 118
Klopstock, F.G. 9
Knebel, K.L. von 28
Koffka, K. 46
Köhler, W. 46
Kopernikus, N. 157, 198
Körner, Chr.G. 21, 24
Kracauer, S. 242
Kraus, K. 286
Kropotkin, P. 223

L

La Bruyère, J. de 286
La Mettrie, J.O. de 156
La Rochefoucauld, F. de 286
Lafargue, P. 240
Landauer, G. 223
Laotse 241
Lavater, J.C. 2, 188
Leibniz, G.W. 37, 161, 177, 194
Leighton, F. 256
Lenau, N. 118
Lengefeld, Ch. von 21–22
Lenz, J.M.R. 118
Leonardo da Vinci 48, 138, 157
Lessing, G.E. 9, 118, 146, 177–178, 184
Levetzow, U. von 62, 69, 204
Lichtenberg, G. Chr. 151, 194, 196, 286
Liessman, K.P. 248

Locke, J. 148, 174–176
Lord Byron 81, 175, 203, 229
Ludwig XIV. 160, 175
Lukács, G. 94
Lukrez 158
Luther, M. 143, 149, 152

M

Machiavelli, N. 144, 158–159
Madame de Sévigné 229
Mallarmé, S. 256
Mann, H. 118
Mann, Th. 118, 133, 240
Manutius, A. 142–143
Marlowe, Chr. 118, 138
Martial 73–74, 76, 140
Marx, K. 115, 223, 240
Matisse, H. 261
Mayer, H. 115–116
Melanchthon, Ph. 146
Mendelssohn Bartholdy, F. 212
Mendelssohn, M. 162, 177, 180
Menke, Chr. 259
Menninghaus, W. 259
Merck, J.H. 59, 138, 152
Merleau-Ponty, M. 44, 47–48, 147
Meyer, J.H. 26, 60, 138–139
Michelangelo 139, 273
Molière 9
Montaigne 29, 31–32, 139, 145–146, 158, 276–277
Montesquieu 176
Morgenstern, K. 84
Moritz, K.Ph. 194, 196, 212
Morus, Th. 139–140, 143, 145–146, 222
Mozart, W.A. 203
Müller, F. von 54, 217
Müller, O. 49
Müller, W. 212
Musil, R. 268
Musset, A. de 195

N

Napoleon 8, 202, 278
Nestle, W. 174
Newton, I. 2, 36–37, 39–40, 50, 175
Nicolai, F. 177
Nietzsche, F. 5, 30–31, 34, 45, 55, 65, 72, 80–82, 112, 114–115, 123, 132, 135, 146, 151, 167, 170–171, 186, 189, 195–196, 199, 204, 209, 220–221, 233, 235, 237, 240, 242, 244, 255, 257, 260, 263, 280, 286
Novalis 215, 286

O

Oeser, A.F. 9–10
Oldenburg, H. 158
Orwell, G. 223
Otto, R. 202, 254
Overbeck, F. 170
Ovid 9, 60, 68, 140
Owen, R. 222

P

Paganini, N. 203
Paracelsus 118, 138
Pascal, B. 229
Pater, W. 256
Pestalozzi, J.H. 178, 184
Petrarca, F. 139, 141, 146
Philipp II. 156, 287
Pico della Mirandola 139
Pirckheimer, W. 139, 146
Platon 93, 200–201, 204, 219–221, 236, 250–251, 254–255, 262
Plessing, F.V.L. 55
Plotin 194, 201, 204, 251, 254
Poe, E.A. 195, 242
Portmann, A. 49
Properz 68, 140
Proudhon, P.-J. 223
Proust, M. 224
Puschkin, A. 118, 195

Q

Quintilian 140

R

Rabelais, F. 158
Racine, J. 9
Raffael 139
Rank, O. 214
Rattner, J. 123, 134–135
Reik, Th. 45
Reinhard, K.F. 107
Rembrandt 156
Reuchlin, J. 139, 143
Rhenanus, B. 139, 144
Riesman, D. 242
Rilke, R.M. 69, 221, 238, 253, 280
Rodin, A. 221
Rolland, R. 272
Rorty, R. 254
Roth, J. 242
Rousseau, J.-J. 14, 174, 176, 178, 184, 216
Rückert, F. 195

Runge, Ph.O. 195, 215
Ruskin, J. 256
Russell, B. 146, 168, 241
Ruysdael, S. van 156

S

Saint-Exupéry, A. de 45
Saint-Simon, H. de 223
Salzmann, Chr.G. 184
Sartre, J.-P. 2, 20, 45, 48, 146, 153, 184, 205, 253, 279–283
Scheler, M. 27, 32, 185
Schelling, F.W.J. 115, 195
Schiller, F. 6, 20–30, 34, 68, 81, 90, 93, 120, 141, 146, 206, 251, 260, 287
Schinkel, K.F. 212
Schlegel, A.W. 24, 177
Schlegel, F. 162, 177, 215
Schleiermacher, F. 177, 184
Schlosser, J.G. 54
Schöne, A. 37, 124
Schönemann, L. 53, 123, 208
Schönkopf, K. 11, 13, 15–16, 52, 208
Schopenhauer, A. 30–31, 115, 179, 195, 199, 229–230, 242, 286
Schrimpf, H.J. 49
Schubert, F. 15, 266
Schulz, G. 119, 121
Schumann, R. 195
Scott, W. 175
Seidel, Ph. 55
Seneca 229, 277
Seume, J.G. 212, 268
Shaftesbury, A. 14
Shakespeare 14, 90.–92., 94, 126, 138, 175, 286
Shaw, G.B. 286
Shelley, M. 195
Shelley, P.B. 195
Simmel, G. 31, 33–34, 242
Soeffner, H.-G. 239
Sokrates 33, 200–201, 219, 251, 289
Solger, K. 102
Spies, J. 118
Spinoza, B. de 156, 174, 194
Staiger, E. 95, 99, 116
Stekel, W. 273
Stendhal 109, 115, 255, 261
Sterne, L. 14
Stirner, M. 115, 223
Straus, E. 41–43, 49

T

Terenz 140
Thackeray, W. 175

Thales 128
Thorvaldsen, B. 212
Thukydides 271
Tibull 68, 140
Tieck, F. 177
Tieck, L. 177, 195, 215
Tintoretto 139
Tischbein, J.W. 60, 212, 228, 243
Tizian 139
Tolstoi, L. 115
Toynbee, A. 271
Trunz, E. 80
Tschechow, A. 275–276

U

Unseld, S. 78

V

Valéry, P. 118, 286
Varnhagen, R. 177
Vasari, G. 139
Vauvenargues, L. de Clapiers 286
Veblen, Th. 260
Vermeer, J. 156
Viëtor, K. 99
Virgil 140
Voltaire 14, 139, 163, 175–176
Vulpius, Christiane 21, 25, 60, 62, 68, 71, 73–74, 79, 151

W

Watteau, J.-A. 268
Weber, M. 235
Wertheimer, M. 46
Wieland, Chr.M. 20, 27, 56, 93, 109, 153, 251
Wilde, O. 228, 256, 286
Willemer, J.J. von 62
Willemer, M. von 62, 206, 208
Winckelmann, J.J. 56, 139, 207, 212
Witt, J. de 160
Wolff, Chr. 177
Wordsworth, W. 175

X

Xenophanes 163

Z

Zapperi, R. 57
Zelter, C.F. 28, 63–64, 206, 226
Ziegesar, S. von 107

MIX
Papier aus verantwortungsvollen Quellen
Paper from responsible sources
FSC® C105338

If you have any concerns about our products,
you can contact us on
ProductSafety@springernature.com

In case Publisher is established outside the EU,
the EU authorized representative is:
**Springer Nature Customer Service Center GmbH
Europaplatz 3, 69115 Heidelberg, Germany**

Printed by Libri Plureos GmbH
in Hamburg, Germany